Südsee

Rosemarie Schyma

Inhalt

Wissenswertes über die Südsee

Viel Meer und ein bisschen Land	10
Natur und Umwelt	12
Vulkane, Riffe und Atolle	12
Flora und Fauna	15
Passat und Hurrikane	17
Wirtschaft, Soziales und aktuelle Politik	22
Zwischen Kokosnüssen und Schecks	22
Das Paradies liegt immer anderswo	23
Politik – The Pacific Way	24
Geschichte	28
Besiedlungsgeschichte	28
Die europäische Einflussnahme	29
Schritte in die politische Unabhängigkeit	32
Zeittafel	36
Gesellschaft und Alltagskultur	38
Mana und Tapu	38
Frauen und Männer	39
Feste und Feiertage	41
Kunst und Kultur	48
Die Kunst zu bauen	48
Handwerk	49
Literatur	50
Essen und Trinken	55
Der Erdofen	56
Spezialitäten	56
Geregelte Mahlzeiten	56
Getränke	57
Kava	57
Kulinarisches Lexikon Englisch	58
Kulinarisches Lexikon Französisch	60

Wissenswertes für die Reise

... in der Südsee
Informationsquellen	64
Reise- und Routenplanung	66
Gut zu wissen	73
Sprachführer Englisch	78
Sprachführer Französisch	80
Fidschi	82
Tonga	86
Samoa	90
Amerikanisch-Samoa	93
Cook-Inseln	96
Französisch-Polynesien	100

Unterwegs in der Südsee

Kapitel 1 Fidschi

332 Inseln mitten im Meer des Friedens?	110
Steckbrief Fidschi	112
Auf einen Blick: Fidschi	114
Insel Viti Levu	116
Die Hauptstadt Suva	116
Richtig Reisen-Tipp: Firewalking	127
Entlang der Kings Road	129
Richtig Reisen-Tipp: Yaqona, das Nationalgetränk	131
Richtig Reisen-Tipp: Koroyanitu National Heritage Park	133
Entlang der Queens Road	135
Insel Vanua Levu	144
Labasa	144
Savusavu	144
Hibiscus Highway	145
Insel Taveuni	150
Tavoro Falls und Coastal Walk	150
Des Voeux Peak und Lake Tagimaucia	151
The Great White Wall	151
Insel Ovalau	154
Levuka	154

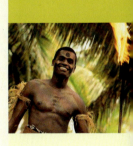

Inhalt

Insel Kadavu	160
Vunisea · Riffe	160
Wanderung auf den Nabukelevu	160
Mamanuca-Gruppe	165
Yasawa-Gruppe	168

Kapitel 2 Tonga

Der lange Abschied von der Macht	174
Steckbrief Tonga	178
Auf einen Blick: Tonga	180
Die Tongatapu-Gruppe	182
Die Hauptstadt Nuku'alofa	182
Richtig Reisen-Tipp: Das Heilala-Festival	186
Insel Tongatapu	190
Insel 'Eua	195
Die Ha'apai-Gruppe	198
Insel Lifuka	198
Insel Foa	200
Richtig Reisen-Tipp: Ha'apai für Abenteurer	202
Insel 'Uiha	203
Insel Uoleva	203
Insel Telekivava'u	203
Die Vava'u-Gruppe	204
Insel Vava'u	204
Insel Foi'ata	210
Insel Utungake	211
Die Niua-Gruppe	212
Insel Niuatoputapu	212
Insel Tafahi	213
Insel Niuafo'ou	213

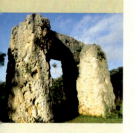

Kapitel 3 Samoa und Amerikanisch-Samoa

Die geteilten Inseln	218
Steckbrief Samoa	220

Auf einen Blick: Samoa und Amerikanisch-Samoa	222
Insel 'Upolu	224
Die Hauptstadt Apia	224
Richtig Reisen-Tipp: Aggie Grey's Hotel & Bungalows	229
Die Cross Island Road	233
Rund um 'Upolu	235
Insel Savai'i	244
Inselrundfahrt	244
Richtig Reisen-Tipp: Wohnen ohne Wände	246
Halbinsel Falealupo	247
Pulemelei-Pyramide	247
Steckbrief Amerikanisch-Samoa	252
Insel Tutuila (Amerikanisch Samoa)	254
Pago Pago	254
Inseltouren	258

Kapitel 4 Cook-Inseln

15 Inseln – traumhaft schön und bald menschenleer?	266
Steckbrief Cook-Inseln	268
Auf einen Blick: Cook-Inseln	270
Insel Rarotonga	272
Avarua	272
Auf der Küstenstraße um Raratonga	282
Richtig Reisen-Tipp: Der Master of Disaster	285
Insel Aitutaki	288
Richtig Reisen-Tipp: ›Ja sagen‹ in der Südsee	293
Weitere Inseln der Südgruppe	296
Insel Atiu	296
Insel Mangaia	298
Insel Ma'uke	300

Kapitel 5 Französisch-Polynesien

Am Anfang war Bougainville	304
Steckbrief Französisch-Polynesien	306

Inhalt

Auf einen Blick: Französisch-Polynesien	308
Die Gesellschaftsinseln	310
Insel Tahiti	310
Hauptstadt Pape'ete	311
Richtig Reisen-Tipp: Tagesausflug nach Tetiaroa	318
Rundfahrt um Tahiti Nui	320
Halbinsel Tahiti Iti	333
Insel Mo'orea	335
Richtig Reisen-Tipp: Überwasserbungalows	342
Insel Bora Bora	344
Insel Huahine	348
Insel Raiatea	352
Insel Taha'a	355
Die Tuamotu-Inseln	360
Insel Rangiroa	360
Insel Manihi	362
Die Gambier-Inseln	366
Insel Mangareva	366
Die Austral-Inseln	368
Insel Tubuai	368
Insel Rurutu	369
Die Marquesas-Inseln	372
Insel Nuku Hiva	372
Richtig Reisen-Tipp: Per Schiff von Insel zu Insel	379
Insel Hiva Oa	380
Register	382
Abbildungsnachweis/Impressum	416

Themen

Der Klimawandel im Pazifik	20
Noni – Zauberfrucht aus der Südsee?	25
Die Kokospalme	26
James Cook	33
Das dritte Geschlecht	40
Von einem der auszog, das Paradies zu finden – Paul Gauguin	46
Kunst, die unter die Haut geht	52
»Erbarmt euch der canibalischen Fidschi!«	124
Meke und Taralala – zwei Tänze in Fidschi	137
Kerekere – das soziale Netz der Fidschianer	149
Die Republik Minerva	192
Die Firma	231
Fa'a Samoa – die samoanische Lebensweise	242
Lust oder Frust? – Kindheit und Jugend in Samoa	261
Die Kunst des Tanzens	278
Juwelen aus dem Meer	321
Marie-Thérèse und Bengt Danielsson	328

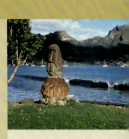

Alle Karten auf einen Blick

Fidschi: Überblick	114
Suva: Cityplan	120
Tonga: Überblick	180
Nuku'alofa: Cityplan	184
Samoa und Amerikanisch-Samoa: Überblick	222
Apia und Halbinsel Mulinu'u: Cityplan	266
Pago Pago: Cityplan	256
Cook-Inseln: Überblick	270
Avarua: Cityplan	274
Französisch-Polynesien: Überblick	308
Pape'ete: Cityplan	312

Reiseatlas Südsee 386

Begegnung mit Rochen in einer Lagune von Bora Bora, Französisch-Polynesien

Wissenswertes über die Südsee

Viel Meer und ein bisschen Land

Klares, türkisfarbenes Wasser, weißer Sandstrand, hohe, sich im Wind wiegende, sattgrüne Kokospalmen, ewiger Sonnenschein und sorglose, schöne Menschen – seitdem vor fast zweihundertfünfzig Jahren »La Nouvelle Cythère« (Tahiti) in den Weiten des fernen Pazifiks ›entdeckt‹ wurde, hat für viele von uns das Paradies auf Erden nur einen Namen – die Südsee.

180 000 Treffer erhält, wer bei einer bekannten Suchmaschine ›Südsee‹ eingibt. Ganz schön viele, wenn man bedenkt, dass sich dieser Terminus geografisch gesehen auch auf zahlreiche Inseln bezieht, die im Norden des Äquators liegen.

Der Begriff Südsee geht auf den Spanier Vasco Núñez de Balboa zurück. Auf der Suche nach dem sagenhaften Goldland überquerte er die Landenge des heutigen Panama und erblickte 1513 als erster Europäer schier grenzenlose Wassermassen, die er Mar del sur (Südmeer) nannte. Wenige Jahre später durchsegelte der portugiesische Seefahrer Fernão de Magalhães, auch als Magellan bekannt, den neu entdeckten Ozean. Da auf seiner glücklosen Irrfahrt rund 100 Tage lang Windstille herrschte, nannte er das Meer Mar pacifico (Stiller Ozean). Für den französischen Geografen Philippe Buache war Mitte des 18. Jh. das größte Weltmeer schlicht der Große Ozean. Andere Gelehrte jener Zeit sprachen von Ozeanien und unterstrichen damit die Bedeutung der enormen Wasserfläche für dieses Gebiet.

In Politik und Wirtschaft hat sich heute mehr und mehr die Bezeichnung Südpazifik durchgesetzt, zu dem sich inzwischen alle unabhängigen und nicht selbstständigen Inseln und Inselgruppen rechnen, die zwischen den Philippinen und Indonesien auf der einen und dem amerikanischen Festland auf der anderen Seite liegen. Australien als eigener Kontinent zählt nicht dazu.

Doch egal welchen Begriff man bevorzugt, gemeint ist jene unvorstellbar große Wasserfläche, die im Norden durch die Beringstraße, die USA und Russland sowie im Süden durch die Antarktis begrenzt wird. Im Osten reicht sie bis an das amerikanische Festland heran und im Westen bis nach Australien sowie Süd- und Südostasien. In Nord-Süd-Richtung erstreckt sich dieser Ozean über rund 15 000 km und in Ost-West-Richtung über rund 18 000 km – umfasst damit eine Fläche von etwas mehr als 181 Mio. Quadratkilometer. Mit diesen Ausmaßen bedeckt das größte Weltmeer gut ein Drittel der Erdoberfläche, und alle Kontinente fänden bequem darin Platz.

In dieser riesigen Region liegen zum Teil weit verstreut Inseln und Inselgruppen, deren gesamte Landfläche addiert lediglich 1,3 Mio. Quadratkilometer ausmacht. Bedenkt man ferner, dass hiervon 1,15 Mio. Quadratkilometer, also nahezu 90 %, allein schon auf Neuguinea und Neuseeland entfallen, wird deutlich, wie verschwindend klein die Gesamtfläche aller übrigen Inseln zusammen ist – winzige Stecknadelköpfchen inmitten einer gewaltigen ›Wasserwüste‹.

In der Literatur bewegen sich die Angaben über die Zahl dieser Inseln zwischen dreitausend und mehreren zehntausend. Es scheint Geschmackssache zu sein, ob man jede von Wasser umgebene Landmasse als Insel bezeichnet, also auch Felsen im Meer, Sandbänke auf winzigen Koralleninseln etc. Dementsprechend stark variieren auch die Zahlen- und Flächenangaben hinsichtlich der einzelnen Länder.

Unabhängig von den exakten Ziffern werden die pazifischen Inseln nach geografischen, aber auch mit Einschränkungen nach anthropologischen, ethnografischen und kulturellen Gesichtspunkten üblicherweise in drei Großbereiche eingeteilt: Mikronesien, das so genannte ›Kleininselgebiet‹ im Norden, Melanesien, das ›Schwarzinselgebiet‹ im Westen und Polynesien, das ›Vielinselgebiet‹ im Osten.

Polynesien, der flächenmäßig größte Bereich, stellt ein Dreieck dar, wobei Hawai'i im Norden, die Osterinseln im Südosten und Neuseeland im Südwesten die jeweiligen Eckpunkte bilden. Im Gegensatz zu den Bewohnern melanesischer Inseln sind Polynesier überwiegend hellhäutig und hoch gewachsen. Die in diesem Reiseband vorgestellten Inselstaaten liegen alle im sogenannten polynesischen Dreieck, nur die Fidschi-Inseln befinden sich im äußersten Westen und damit bereits im Übergangsbereich zu Melanesien.

Fidschi, Tonga, Samoa, die Cook-Inseln und Französisch-Polynesien – das sind mehr als ein Dutzend Inselgruppen, jede für sich einzigartig, unvergleichlich, und alle zusammen sind sie die touristischen Big Five einer faszinierenden Inselwelt, die man hierzulande meist die Südsee nennt.

Die berühmte Lagune von Bora Bora, Französisch Polynesien

Natur und Umwelt

Geboren aus dem Inneren unserer Erde, vervollständigt durch Abermillionen kleinster Lebewesen – Wunderwerke der Natur sind sie alle, diese Inseln inmitten des Pazifischen Ozeans. Die majestätisch hohen, genauso wie die kleinen, ganz flachen, die man ›motu‹ nennt. Doch nun haben die ersten von ihnen SOS gefunkt – Land unter.

Vulkane, Korallenriffe und Atolle

von Andreas Stieglitz

Durchschnittlich 4000 m tief ist der Meeresgrund des Pazifischen Ozeans, und doch liegen zahlreiche Vulkaninseln, Korallenriffe und Atolle verstreut in seinen schier unermesslichen Weiten. Einen Hinweis auf ihre Entstehung ergibt der Umstand, dass sich die Inseln zumeist wie Glieder einer Perlenkette aneinanderreihen. Im westlichen Pazifik erstreckt sich ein weiter Inselbogen von Papua-Neuguinea bis nach Neuseeland, der den Bismarck-Archipel, die Salomonen, Vanuatu, die Fidschi-Inseln und die Kermadec-Tonga-Gruppe umfasst. Im mittleren Pazifik ordnen sich die Inseln meist in Südost/Nordwest-Richtung an, so beispielsweise die Hawai'i-Inseln.

Plattentektonik des Pazifiks

Die Bildung dieser Inselketten steht in engem Zusammenhang mit der Plattentektonik. Die Gesteinskruste der Erde besteht aus sechs großen und verschiedenen kleineren Krustenteilen (Platten), die verschiebbar auf einer fließfähigen Schicht des oberen Erdmantels liegen. In Ozeanien kommen die große Pazifische Platte, die Australische Platte, die Philippinen-Platte im Nordwesten und die Nasca-Platte im Südosten zusammen. Aufgrund innerer Kräfte der Erde bewegen sich diese Platten ganz allmählich in unterschiedlicher Richtung – teils gegeneinander, teils auseinander.

Die Pazifische Platte und die östlich sich anschließende Nasca-Platte driften seit langer Zeit auseinander. In der Zerrungszone entstanden dabei Risse, aus denen glutflüssiges Magma aus dem Erdinnern aufquillt (Sea-Floor-Spreading). Längs der Dehnungsfugen haben die emporsteigenden vulkanischen Schmelzen nach und nach ein lang gestrecktes Gebirge auf dem Meeresgrund aufgetürmt. Nur an einer Stelle ragt dieser Ostpazifische Rücken knapp über den Meeresspiegel empor: gut 600 m erhebt sich die Osterinsel (Rapanui) aus dem Meer.

Hingegen bewegt sich die Pazifische Platte auf die Australische Platte sowie die Philippinen-Platte zu und taucht in der Kontaktzone im Winkel von 45° unter sie ab. Im Unterschiebungsbereich (Subduktionszone) werden Gesteine und Sedimente in eine Tiefe von 700 bis 900 km verfrachtet und dort aufgeschmolzen. Aufgrund des Abtauchens in die Tiefe durchziehen mächtige Tiefseegräben längs der Subduktionszonen den Meeresgrund. Mit 11 022 m bildet der Marianen-Graben an der Grenze der Pazifischen Platte zur Philippinen-Platte die tiefste Stelle der Erde. Quer durch die Südsee verlaufen der Neue-Hebriden-Graben sowie der Kermadec-Tonga-Graben. Allein in diesen Tiefseegräben verschwinden alljährlich 250 000 m^2 des pazifischen Meeresbodens.

Vulkane, Riffe und Atolle

Das Abtauchen der Pazifischen Platte in der Subduktionszone verläuft alles andere als reibungslos. Immer wieder verhaken sich die Gesteinsschichten miteinander, um sich dann ruckartig zu lösen und weiterzugleiten. Ein leichtes Rucken in der Erdkruste bedeutet indes nichts anderes als das Auslösen eines Erd- und Seebebens. Die Bebenzentren liegen meist in einer Tiefe von 100 bis 300 km. Von ihnen gehen sogenannte Tsunami aus, ringförmig expandierende Flutwellen, die sich an Küsten bis zu etwa 35 m Höhe aufsteilen und katastrophale Überschwemmungen verursachen können.

In größerer Tiefe wird die abtauchende Platte aufgeschmolzen, doch auch dies nicht ohne Folgen: Die sich ausdehnende glutflüssige Gesteinsschmelze dringt unter gewaltigen Eruptionen zum Meeresgrund empor und türmt allmählich einen unterseeischen Vulkan auf. Sofern die vulkanische Tätigkeit lange genug anhält, erhebt sich schließlich die höchste Spitze des Vulkans über den Meeresspiegel – eine Vulkaninsel ist geboren.

Ring of Fire und Hot Spots

Gewöhnlich bleibt es jedoch nicht bei einer einzelnen Insel, da es längs des gesamten Tiefseegrabens zu vulkanischer Aktivität kommt. Wie Perlen reihen sich die Vulkaninseln entlang der Tiefseegräben aneinander: die Salomonen, Vanuatu, die Fidschi-Inseln und die Kermadec-Tonga-Inseln. Sie alle gehören dem Ring of Fire, dem zirkumpazifischen Vulkangürtel an, der den Verlauf der Subduktionszone nachzeichnet und zwei Drittel aller aktiven Vulkane der Erde umfasst.

Vulkaninseln sind indes nicht ausschließlich an Tiefseegräben gebunden. Im Zentralpazifik liegen Inselketten vulkanischen Ursprungs, die sich zumeist in Südost/Nordwest-Richtung erstrecken und auf sogenannte Hot Spots (›heiße Flecken‹) zurückgehen. Auch im Bereich eines Hot Spot steigen große Mengen glutflüssiger Gesteinsschmelze aus dem Erdinnern empor, die allmählich eine Vulkaninsel aufbauen.

Wie jedoch vermag ein einzelner Förderpunkt von Magma einer ganzen Inselkette zur Existenz zu verhelfen? Die Plattentektonik liefert eine überraschend einfache Erklärung. Die Pazifische Platte zieht mit der Zeit über den jeweiligen, nahezu unbeweglich tief im Erdmantel liegenden Hot Spot hinweg. Irgendwann auf dieser Drift, die mit etwa einem Zentimeter pro Jahr verläuft, reißt der ›Bodenkontakt‹ des Vulkans mit seiner Förderquelle, dem Hot Spot, ab. Etwas versetzt beginnt sich ein neuer Vulkan aufzubauen, bis auch dieser durch die stete Drift der Pazifischen Platte erlischt und sich der Vulkanismus daneben fortsetzt. Im Laufe von Jahrmillionen entsteht eine mehr oder minder zusammenhängende Kette von Vulkanen, die auf dem Meeresgrund einen lang gestreckten Rücken bilden und mit ihren höchsten Gipfeln aus dem Wasser ragen.

Die meisten Inselketten Polynesiens gehen auf einen Hot Spot zurück. Die Hawai'i-Inseln zeigen dies besonders anschaulich. Der Hot Spot liegt hier gegenwärtig unter der Insel Hawai'i, bezeugt durch die aktiven Vulkane Mauna Loa und Kilauea. Nach Nordwesten nimmt das Alter der Inseln stetig zu. Auf der ältesten Insel der Hawai'i-Kette, Kauai, ist der Vulkanismus bereits vor 5 Mio. Jahren erloschen.

Inseln vulkanischen Ursprungs erreichen mitunter gewaltige Höhen. Mit dem Vulkan Mauna Kea erhebt sich Hawai'i 4205 m über den Meeresspiegel. Bedenkt man, dass der Meeresgrund um den Hawai'i-Rücken mehr als 5000 m tief ist, müsste man eigentlich sogar von einem stolzen 9000er sprechen!

Ganz im Gegensatz zu diesen hohen Vulkaninseln stehen Riffe, Koralleninseln und Atolle, die den Meeresspiegel meist nur um wenige Meter überragen. Bereits vor 150 Jahren hat Charles Darwin die bis heute in ihren Grundzügen gültige Entstehungstheorie formuliert. Die verschiedenen Rifftypen verstand er als unterschiedliche Entwicklungsstadien der Atollbildung.

Das Riff entsteht

Ein Korallenriff setzt zunächst die Existenz einer Vulkaninsel oder eines flachen Küstenabschnitts voraus. Bei mindestens 20 °C

13

Natur und Umwelt

warmem, sauerstoffreichem Meerwasser mit ausreichendem Salzgehalt gedeihen Korallentiere im seichten Küstensaum. Diese urtümlichen, zur Klasse der Hohltiere gehörenden Lebewesen siedeln sich meist fest auf dem Untergrund an und sondern Kalk ab, der das schützende Außenskelett (Korallenkalk) bildet. Eine flach abfallende Küste ist Voraussetzung für ihr Wachstum, denn Korallentiere sind lichtbedürftig und gedeihen nur bis zu einer Wassertiefe von 50 m.

Die Korallenskelette bauen das Korallenriff um etwa 10 bis 25 mm pro Jahr auf. Unterschiedliche Arten von Korallenstöcken und Einzeltieren (Korallenpolypen) begründen die große Formenvielfalt der Korallenriffe. Sie bieten zugleich einer Vielzahl anderer Meerestiere (Kalkalgen, Muscheln, Schnecken, Foraminiferen) einen geeigneten Lebensraum.

Die der Küste vorgelagerten Riffe wachsen allmählich zusammen, bis ein kranzförmiges, bis zu einem Kilometer breites Saumriff die Insel umschließt bzw. die Küste abschirmt. Das Wachstum ist stets zum Meer hin gerichtet, während die Korallen nach innen, dem Lande zu, zerfallen. Im Mündungsbereich von Flüssen, wo das Meerwasser getrübt und brackig ist, entstehen Einschnitte im Riff. Sie bilden für die Schifffahrt bedeutsame Passagen. Zu den Inseln, die von einem hohen Saumriff umgeben sind, gehört Tahiti in Französisch-Polynesien.

Der Vulkan versinkt

Nach dem Abklingen des Vulkanismus, der ihr zur Existenz verholfen hat, droht einer Vulkaninsel der allmähliche Untergang – im wahrsten Sinne des Wortes. Mit dem Absinken der Insel versuchen die Korallen schritt-

Die Lavafelsen von Savai'i

zuhalten, indem sie durch das Emporwachsen auf den abgestorbenen Korallenstöcken in die lichtdurchflutete obere Wasserschicht streben. Das nach außen wachsende Korallenriff umgibt die schrumpfende Insel gleich einem natürlichen Damm. Zwischen diesem Wall- oder Barriere-Riff und der Insel entsteht eine sich vergrößernde Seichtwasserzone – die Lagune. Bora Bora (Französisch-Polynesien) ist ein typisches Beispiel für eine Insel mit Wallriff. Einzigartig in seiner gewaltigen Ausdehnung ist das große Barriereriff vor der Nordostküste Australiens, das sich über 2000 km erstreckt.

Eine Welt aus Atollen

Ist die Vulkaninsel schließlich im Meer versunken, zeugt nurmehr das kranzförmige Riff oder Atoll von ihrer einstigen Existenz. Das Atoll umschließt eine meist seichte, bis hundert Meter tiefe Lagune, während es nach außen hin steil zum Meeresgrund abfällt. Schmale Einbuchtungen, Rinnen und Passagen, die auf Erosion und gestörtes Korallenwachstum zurückgehen, spalten das Atollriff in zahlreiche Koralleninselchen auf. Auf den winzigen Eilanden kann sich allmählich Korallensand ansammeln. Erste Pflanzen, deren Samen angeweht wurden, vermögen Fuß zu fassen. Auf den felsigen Atollen bildet sich mit der Zeit eine dünne Humusschicht, Kokospalmenhaine besetzen die Oberfläche – die Voraussetzungen für eine Besiedlung durch Menschen sind nun gegeben.

Die etwa 300 pazifischen Atolle haben zumeist einige Kilometer Durchmesser und erheben sich 2–3 m über den Meeresspiegel. Mikronesien bildet ein charakteristisches Atollgebiet im westlichen Südpazifik. Hier liegt das Kwajalein-Atoll der Marshall-Inseln, das mit einer Fläche von 2500 km^2 die größte Lagune des Pazifiks umschließt.

Neukaledonien nimmt in der Südsee eine geologische Sonderstellung ein. Die ungewöhnliche, bis in das Erdaltertum (Paläozoikum) zurückreichende Gesteinsvielfalt bezeugt, dass Neukaledonien ursprünglich zu Australien gehörte. Der Nordosten des australischen Kontinents ist vor langer Zeit im Meer versunken. Vor etwa 40 Mio. Jahren tauchte dann aber ein kleines Bruchstück der untergegangenen australischen Landmasse wieder aus dem Meer auf. Sie bildet das heutige Neukaledonien.

Flora und Fauna

Die ursprüngliche Pflanzenwelt, wie sie vor der Zeit der ersten Besiedlung bestand, lässt sich aus der heutigen Flora kaum noch rekonstruieren. Sicher ist jedoch, dass die Pflanzen der pazifischen Inseln hauptsächlich mit denen des heutigen Indonesien und Sri Lankas verwandt sind. Einige Arten haben sich vermutlich mittels schwimmfähiger Samen oder Früchte ausgebreitet, aber weit wichtiger bei ihrer Verbreitung waren zweifelsohne Wind und Vögel.

Natur und Umwelt

Die ›Garteninsel‹ Taveuni

Allgemein lässt sich feststellen, dass die Artenvielfalt der auf den Inseln beheimateten Pflanzen von Westen nach Osten abnimmt. Aufgrund des kargen Bodens ist der Pflanzenwuchs auf den flachen Koralleninseln äußerst artenarm. Aber auch auf den hohen Inseln im zentralen bzw. östlichen Pazifik wuchsen zwar eine Vielzahl immergrüner Baumarten, Farne und Moose; doch vermutlich kaum Nutzpflanzen, von deren Früchten oder Wurzelknollen sich die frühen Einwanderer hätten ernähren können.

Nutzpflanzen aus Asien

Im Zuge der Besiedlung brachten die Menschen aus Asien eine Reihe von Nutzpflanzen auf die pazifischen Inseln mit, darunter u. a. Taro, Yams, Maniok (auch Kassava oder Tapioka genannt), den Brotfruchtbaum, Papiermaulbeerbaum, die Obst- und Mehlbanane, Pandanus, Mangobaum, die Papaya und nicht zuletzt die wichtigste Kulturpflanze der südpazifischen Inselwelt und Sinnbild der Südsee schlechthin – die Kokospalme. Mittlerweile konnte die Einfuhr von 72 Pflanzenarten in das polynesische Siedlungsgebiet nachgewiesen werden.

Eine Sonderstellung nimmt die Süßkartoffel, auch Batate genannt, ein. Während alle anderen eingeführten Pflanzen aus Asien kommen, stammt sie eindeutig aus Amerika und muss durch vor-europäische Kontakte in den Südpazifik gelangt sein.

So wie viele Nutz- sind ebenfalls die meisten farbenprächtigen Zierpflanzen, wie beispielsweise die Bougainvillea, Gardenie, der Hibiskus, einige Orchideenarten, der Frangipani, der Flammenbaum u. v. a. m., zum Teil erst sehr spät eingeführt worden. So legten zu Beginn des 20. Jh. Europäer auf einigen Inseln Botanische Gärten mit nicht heimischer Vegetation an, deren Vertreter jedoch heute allgemein als typisch für die Südsee angesehen werden.

Tiere als blinde Passagiere

Ähnlich wie bei den Pflanzen nimmt der Artenreichtum der Tiere auf den Inseln von Westen nach Osten beträchtlich ab. Bis zur Besiedlung der pazifischen Inseln gab es außer auf Neuguinea und dem Bismarckarchipel keine wild lebenden Säugetiere; allenfalls einige insekten- und fruchtfressende Fledermausarten, die schon vorher auf den Korallen- und Vulkaninseln heimisch waren. Darüber hinaus gelang es einigen wenigen Reptilien, verschiedene Inseln Polynesiens zu erreichen.

Erst die Einwanderer führten Nutztiere und auch als ›blinde Passagiere‹ mitgereiste Mäuse, Ratten und Insekten ein. Kapitän Cook etwa brachte Rinder, Pferde, Schweine und Geflügel nach Tahiti. Andere von Europäern eingeführte Tiere haben sich aufgrund nicht vorhandener natürlicher Feinde zum Teil stark vermehrt und das sensible ökologische Gleichgewicht auf den Inseln erheblich gestört. Als Beispiele seien hier der Indische Mynah, eine Amselart, sowie der Mungo genannt. Beide wurden auf einige Inseln Fidschis importiert, der Indische Mynah gegen Ende des 19. Jh., um Schädlinge der Kokospalme zu bekämpfen, und der Mungo zur Rattenbekämpfung auf den Plantagen. Dieser Plan schlug leider fehl, doch hat die Einführung des Mungos zur Ausrottung heimischer Landvogelarten geführt.

Vergeblich war auch der Import von Kröten, die in den 1930er-Jahren aus Hawai'i geholt wurden, um die Insekten auf den Zuckerrohrplantagen zu dezimieren. Wer heutzutage mit einer der kleinen Inlandsmaschinen bei regnerischem Wetter auf der zu Fidschi gehörenden Insel Ovalau landet, kann allerdings die entstandene Krötenplage vom Fenster aus bezeugen. Zum Teil wurden weitere neue Tierarten eingeführt, mit dem Ziel, die entstandenen ökologischen Schäden auszugleichen, was unweigerlich zu neuen Plagen führte.

Demgegenüber ist die Form- und Farbenpracht der Unterwasserwelt praktisch unerschöpflich. Viele Fischarten und Muscheln, Meeresschildkröten und Krebse hatten und haben noch immer eine zentrale Bedeutung in der Ernährung der Inselbewohner.

Passat und Hurrikane

Das Klima der hier vorgestellten polynesischen Inseln ist tropisch und wird hauptsächlich von den mehr oder weniger stetigen Passatwinden bestimmt. Die mittlere Jahrestemperatur beträgt rund 27 °C. In Meereshöhe fallen bzw. steigen die Temperaturen selten auf Extremwerte unter 18 °C und über 35 °C. Die jahreszeitlichen Unterschiede im Klima sind weniger deutlich ausgeprägt als in anderen Regionen der Erde.

Die Niederschläge nehmen von Osten nach Westen und mit wachsender Nähe zum Äquator zu. Im Durchschnitt fallen die Niederschläge vorwiegend zwischen November und April, also in den Sommermonaten der Südhalbkugel. Entscheidend für die Verteilung der Niederschlagsmengen ist jedoch nicht nur die geografische Lage, sondern auch die jeweilige Beschaffenheit der Inseln. Infolge des Passats erhalten die Luvseiten im Südosten der hohen Inseln wesentlich mehr Niederschläge als die Leeseiten im Nordwesten. Auf Atollen, wo Hindernisse fehlen, die den Passat zum Aufsteigen und somit zum Abregnen bringen, kann es in manchen Jahren zu Dürreperioden kommen, die gravierende Konsequenzen für das gesamte Ökosystem haben.

Charakteristisch für das Klimageschehen im Südpazifik sind die tropischen Wirbelstürme, die ebenfalls regelmäßig in den dortigen Sommermonaten entstehen. Solche Hurrikane können Windgeschwindigkeiten zwischen 120 und 300 km/h erreichen und sind zumeist von heftigen Niederschlägen begleitet. Wirbelstürme gehören zu den bedrohlichsten Naturgewalten, Wind und Wellen zerstören Korallenriffe, Plantagen und ganze Dörfer, sintflutartige Regenfälle führen zu Überschwemmungen und tragen den ohnehin teilweise nur spärlich vorhandenen Humus ab. Kleine, flache Atolle werden mitunter völlig überspült.

Mont Otemanu auf Bora Bora

Natur und Umwelt

Der Klimawandel im Pazifik

Während Wissenschaftler derzeit verschiedene Klimamodelle diskutieren, leiden die Bewohner der pazifischen Inseln schon heute unter den verheerenden Folgen der durch Menschen verursachten Klimaänderung – sie werden buchstäblich ihrer Lebensgrundlage beraubt.

Aufgrund kontinuierlicher Messungen und Satellitenaufnahmen sind eine Reihe von globalen Klimaänderungen bekannt, die gravierende Konsequenzen für die Bevölkerung pazifischer Inseln bereits haben und noch haben werden. Dies sind: Teilüberschwemmungen und Überflutungen ganzer Inseln, Schädigung und Zerstörung der Korallenriffe und damit einhergehend die fortschreitende Erosion der Inseln sowie die Verbrackung des Süßwasservorkommens, das Ausbleiben ganzer Fischarten sowie die Zunahme extremer Wetterereignisse, um nur einige zu nennen.

Der vom Menschen verursachte globale Temperaturanstieg der erdnahen Atmosphäre betrug in den letzten 100 Jahren 0,6–0,8 °C. Wobei anzumerken ist, dass hierfür die Industrienationen verantwortlich sind, die Bewohner der pazifischen Inseln selbst tragen nur einen äußerst geringen Anteil zur Verstärkung des Treibhauseffektes bei. Die von Wissenschaftlern für die nächsten 100 Jahre erarbeiteten Szenarien hinsichtlich der zukünftigen globalen Temperaturerhöhung schwanken zwischen 1,3 und 4 °C.

Messdaten belegen, dass sich das Oberflächenwasser des Pazifik u. a. aufgrund von Meeresströmungen regional unterschiedlich stark erwärmt hat. So betrug der Temperaturanstieg in den Gewässern rund um Französisch-Polynesien 0,6 °C, im Bereich der Fidschi-Inseln 0,75 °C und vor Samoa sogar 1,1 °C. Der auf Erwärmung zurückzuführende Anstieg des Meeresspiegels betrug im letzten Jahrhundert 10–20 cm, wobei er sich in den letzten Jahren auf rund 3 mm pro Jahr beschleunigt hat. Der bis zum Jahr 2100 prognostizierte Anstieg des Meeresspiegels beträgt im globalen Mittel 48 cm. In letzter Zeit befürchten immer mehr Wissenschaftler allerdings einen deutlich höheren Wert, der zudem schneller eintreten soll.

Die unmittelbare Gefährdung der Bewohner niedriger Inseln durch den steigenden Meeresspiegel ist leicht nachvollziehbar. Atolle, die teilweise nur wenige Meter über die Wasseroberfläche hinausragen, werden überflutet und verschwinden ganz. Einige Inseln Tuvalus, eines Inselstaats nordwestlich von Samoa, sind heute schon Beispiele für solch dramatische Ereignisse. Doch auch die Bevölkerung hoher Inseln ist direkt vom Meeresanstieg betroffen. Rund 90 % der Siedlungen Fidschis etwa befinden sich in der nur 5 m flachen Küstenzone, die in besonderem Maße der Erosion und Überflutung ausgesetzt ist.

Seit Jahren unstrittig bei Wissenschaftlern wie auch durch Augenzeugenberichte gestützt sind die Zunahme klimatischer Auffälligkeiten sowie die Frequenz und Intensität der Extremwetterereignisse. So kommt es immer wieder zu sintflutartigen Niederschlägen während der eigentlich trockenen Jahreszeit. Diese Phasen starker Regenfälle wechseln sich ab mit ungewöhnlich langen Trockenzeiten. Für die Bevölkerung bedeutet dies, dass sie u. a. mit Trinkwasser von anderen Inseln versorgt werden muss, und dass

Klimawandel

Thema

Strom rationiert wird, weil die Talsperren zur Elektrizitätserzeugung nahezu leer sind. Starkregen mit Überschwemmungen der Häuser und landwirtschaftlichen Nutzflächen hat ökonomische Schäden zur Folge, die von vielen Betroffenen kaum getragen werden können.

Ebenfalls häufen sich die Berichte von immer heftigeren tropischen Wirbelstürmen, die ganze Dörfer und Plantagen zerstören. Der Weltbank-Bericht 2000 schätzt die Schäden, die durch Wirbelstürme und steigenden Meeresspiegel auf den Pazifischen Inseln zwischen 1990 und 2000 entstanden sind, auf über 1 Milliarde US-$.

Einheimische Fischer beklagen das Ausbleiben bestimmter Fischarten. Da wärmeres Meerwasser weniger Plankton enthält als kühleres, fehlt besonders den in Küstennähe vorkommenden Fischen Nahrung, und sie wandern in andere Regionen ab. Für die einheimischen Fischer mit ihren kleinen Booten lohnt es sich deshalb kaum noch, überhaupt hinauszufahren. Laut Weltbank-Bericht wird sich der Temperaturanstieg des Meeres auch auf die Bestände größerer Fischarten auswirken. In Ländern des zentralen Pazifik, wie beispielsweise Samoa, ist bereits der Fang des für den Export bestimmten Thunfischs so weit zurückgegangen, dass mit dem Zusammenbruch des gesamten Wirtschaftszweiges gerechnet werden muss.

Das sehr fragile Ökosystem Korallenriff benötigt u. a. ein sehr begrenztes Temperaturfenster (s. S. 13f.). Schon ein geringfügiger Anstieg der Meerestemperatur veranlasst Korallenpolypen die Algen, mit denen sie eine Symbiose eingehen, abzustoßen. Die Folge ist die sogenannte Korallenbleiche, eine Schädigung, die letztendlich das Absterben der Korallentiere bedeutet.

Die in und von einem intakten Korallensystem lebenden Fische stellen ihrerseits jedoch die wichtigste Nahrungsquelle der Inselbewohner dar. Zudem kann ein zerstörtes Korallenriff nicht mehr als natürlicher Wellenbrecher fungieren. Dies führt wiederum zur verstärkten Erosion der dahinter liegenden Insel. Hinzukommt, dass die sogenannte Süßwasserlinse, also jene flache Wasserschicht, die sich im Inseluntergrund angesammelt hat, infolge des ansteigenden Meeresspiegels langsam versalzt. Aufgrund fehlender Flüsse auf Atollen ist dieses Grundwasser die einzige Süßwasserreserve für die Inselbewohner und als solche ebenfalls unerlässlich für die landschaftliche Nutzung. Doch wenn Trinkwasserbrunnen und Böden verbracken und dringend benötigte Humusschichten ins Meer gespült werden, wird die gesamte Subsistenzwirtschaft der einheimischen Bevölkerung gestört und fehlende Grundnahrungsmittel müssen teuer importiert werden. Im Extremfall müssen die Inselbewohner evakuiert und umgesiedelt werden – nur wohin?

Hinweis: Längst ist bekannt, dass das Flugzeug das mit Abstand klimaunverträglichste Verkehrsmittel ist. Doch gibt es für Reisen in den südpazifischen Raum keine realistische Alternative. Wenn Sie einen Beitrag zum Klimaschutz leisten möchten, können Sie Ihren eigenen Emissionsausgleich organisieren. Als Beispiel sei *atmosfair* genannt, eine Initiative, die u. a. vom Bundesumweltministerium unterstützt wird. Unter www.atmosfair.de können Sie ermitteln, wie viel klimaschädliche Gase Ihre Reise verursachen wird. Mit dem entsprechenden, freiwillig eingezahlten Betrag finanziert *atmosfair* Klimaschutzprojekte in Ländern wie Indien, Brasilien und Südafrika.

Wirtschaft, Soziales und Politik

Kennzeichnend für die meisten südpazifischen Inselstaaten sind ihre ›Kleinheit‹, ihre Ressourcenarmut, ihre riesigen Entfernungen zueinander sowie ihre Isolation vom Rest der Welt. Zwar sind einige von ihnen politisch selbstständig – aber wirtschaftlich unabhängig? Nein, das kann sich kein Inselstaat leisten.

Zwischen Kokosnüssen und Schecks

Die niedrigen Atolle, diese oftmals so malerisch anmutenden Eilande, können landwirtschaftlich kaum genutzt werden. Der karge Boden besteht überwiegend aus Korallensand, zudem wird der Anbau von Nutzpflanzen durch den Mangel an Süßwasser erschwert. Die einzigen Kulturpflanzen, die unter diesen äußerst schwierigen Bedingungen gut wachsen, sind die Kokospalme sowie etwas weiter landeinwärts der Brotfruchtbaum (Artocarpus altilis), dessen bis zu 2 kg schwere Früchte von den Inselbewohnern gekocht, geröstet oder gebacken verzehrt werden. Die Atollbewohner sind auf das Vorhandensein einer intakten Süßwasserlinse angewiesen, um beispielsweise Sumpftaro anbauen zu können. Die Blätter dieses Knollengewächses werden im jungen Zustand als Gemüse und seine bis zu 4 kg schweren Knollen ähnlich wie unsere Kartoffeln zubereitet.

Die Süßwasserlinse, das oftmals einzige Trinkwasserreservoir dieser kleinen Inseln, entsteht, wenn sich frisches Regenwasser auf dem porösen Kalkgestein als Schicht sammelt und wegen seiner geringeren Dichte auf dem seitlich eindringenden Meerwasser schwimmt. Nur an diesen Stellen können Nutzpflanzen, deren Wurzeln bis an die Süßwasserschicht heranreichen, kultiviert werden. Unter diesen Bedingungen können die Atollbewohner das anpflanzen, was sie zum Überleben dringend benötigen, aber zu mehr reicht es nicht, schon gar nicht zum Export der Feldfrüchte.

Die sogenannten hohen Inseln im pazifischen Raum besitzen ausreichend Humusboden und Süßwasser, so dass eine üppige tropische Vegetation gedeihen kann. Dennoch ist auch auf diesen, von der Natur begünstigten Inseln die überregionale Vermarktung der Kulturpflanzen extrem schwierig. Die oftmals riesigen Entfernungen von einer Inselgruppe zur anderen, aber auch zu den potenziellen Abnehmerstaaten führen zu äußerst hohen Transportkosten. Die ohnehin schwer exportierbaren, weil leicht verderblichen landwirtschaftlichen Produkte wie Obst und Gemüse sind somit auf dem internationalen Markt kaum noch konkurrenzfähig.

Ferner verfügen die pazifischen Inselstaaten bis auf wenige Ausnahmen über keinerlei abbaubare Bodenschätze. Von den hier vorgestellten Inselstaaten wurde bis Ende 2006 Gold in der Mine von Vatukoula (Viti Levu) gewonnen, doch nun ist nach Aussagen der Betreiber die Ader erschöpft und die Mine nicht länger rentabel. Eine ähnliche Entwicklung nahm bereits vor Jahrzehnten die Phosphatgewinnung auf dem zu Französisch-Polynesien gehörenden Tuamotu-Archipel.

In den letzten Jahren gelang es einigen Pazifikstaaten, kleinere Industrien aufzubauen. Darüber hinaus gibt es zum Teil bereits sehr erfolgreiche Nischenprodukte, die auf dem Weltmarkt angeboten werden: schwarze Perlen, Ingwer, qualitativ hochwertige Vanille, Noni-Produkte (s. S. 25) sowie ein besonders in den USA beliebtes Mineralwasser, um nur einige Beispiele zu nennen. Eine weitere Ressource, die gewinnbringend genutzt wird, ist der Fischreichtum. Jedoch hat sich in der Vergangenheit herausgestellt, dass die Vergabe von Fischereilizenzen an die USA, Japan, Taiwan und Südkorea in der Praxis nicht unproblematisch ist. So kann u. a. die Einhaltung der zuvor vereinbarten Fangquoten nur unzureichend kontrolliert werden.

Ungeachtet aller erkennbaren Risiken für die autochthone Kultur sehen viele Pazifikstaaten im Tourismus eine Chance, um zumindest teilweise aus den roten Zahlen zu kommen und der Bevölkerung dringend benötigte Arbeitsplätze anbieten zu können. Den meisten Gewinn jedoch schöpfen die internationalen Hotelketten ab, denen die Resortanlagen gehören. Erst in jüngster Zeit werden, wie in Französisch-Polynesien oder auf den Cook-Inseln, kleine, private Unterkünfte angeboten. Auf der zu Fidschi gehörenden Yasawa-Gruppe haben sich einheimische Familien zusammengeschlossen und bieten nun Übernachtungsmöglichkeiten für preisbewusste Reisende auf traumschönen Inseln. Auf diese Weise profitiert die lokale Bevölkerung erstmalig direkt vom Fremdenverkehr.

Das Paradies liegt immer anderswo

Weitere wesentliche Haushaltsposten der Pazifikstaaten sind die Entwicklungshilfezuweisungen sowie die Transferzahlungen der im Ausland lebenden Arbeitsmigranten. Der Mangel an weiterführenden Schulen sowie an Arbeitsplätzen hat u. a. dazu geführt, dass

Ein erfolgreiches Exportprodukt: schwarze Perlen

Wirtschaft, Soziales und Politik

vor allem junge Menschen ihre kleinen Außeninseln verlassen haben und in die Städte der jeweiligen Hauptinseln abgewandert sind. Wie in anderen Regionen der Welt hat diese Entwicklung auch auf den pazifischen Inseln zu schwerwiegenden sozialen Problemen geführt. Weil sich aber durch den Zuzug von immer mehr Menschen die Chancen auf einen Arbeitsplatz weiter verschlechtern, wandern seit Jahren viele von ihnen nach Neuseeland, Australien oder in die USA ab.

Wer im Ausland eine Stelle gefunden hat, schickt Geld, so viel wie nur eben geht. Schließlich, so der Plan, wollen sie alle später wieder heimkehren auf ihre Insel. Und bis zu jenem Tag muss die Familie unterstützt werden, so will es die Tradition, die man respektiert, um selbst respektiert zu werden. Ohne diese Schecks könnten die auf den Inseln verbliebenen, zumeist älteren Familienmitglieder heute kaum ihren inzwischen erlangten Lebensstandard aufrechterhalten. Und die jeweiligen Pazifikstaaten ihrerseits wären ohne diese Devisen wirtschaftlich kaum lebensfähig.

Politik – The Pacific Way

Der Prozess der Entkolonialisierung ist im pazifischen Raum längst noch nicht abgeschlossen. So haben weder Amerikanisch-Samoa noch Französisch-Polynesien ihre politische Souveränität wiedererlangt. Dabei ist die jeweilige innenpolitische Situation in den beiden Ländern sehr unterschiedlich. Während die Einwohner Amerikanisch-Samoas mit dem derzeitigen Status zufrieden scheinen, existiert seit vielen Jahren auf den Inseln Französisch-Polynesiens eine starke antikoloniale Widerstandsbewegung.

Die Bevölkerung der Cook-Inseln hat den Status einer freien Assoziierung gewählt, der ihnen u. a. die finanzielle Unterstützung der ehemaligen Kolonialmacht Neuseeland garantiert. Andere politisch unabhängige Pazifikstaaten haben sich für ein Verfassungsmodell entschieden, das westliche Demokratievorstellung mit traditionellen Herrschaftsformen verknüpft. So liest sich die Liste der Inhaber politischer Ämter und Ministerposten Fidschis und Samoas wie das Who's who der traditionellen Führungsschicht – ein Umstand, den die Mehrheit der Bevölkerung kaum infrage stellt. Nur ein einziges Mal schien sich eine Änderung abzuzeichnen: Im April 1987 gewann die Koalition aus der überwiegend von Indern unterstützten National Federation Party und der gewerkschaftsorientierten Fiji Labour Party die Parlamentswahlen. Sowohl der neue Regierungschef Dr. Timoci Bavadra als auch die von ihm eingesetzten Minister gehörten nicht der traditionellen Elite an. Doch nur 32 Tage nach Veröffentlichung des Wahlergebnisses putschte das Militär und stellte die alten Machtverhältnisse wieder her.

In Tonga herrschte König Taufa'ahau Tupou IV. mehr als 40 Jahre, nach Art seiner Vorväter, wie ein absoluter Monarch. Ob sein Sohn, der nun amtierende König, offen für Reformen ist, bleibt abzuwarten. Auch wenn die Forderungen nach mehr Demokratie in der Vergangenheit gewaltfrei vorgebracht wurden, kam es Ende 2006 zu schweren Unruhen in der Hauptstadt.

Vor vielen Jahren schon haben die Pazifikstaaten Organisationen gegründet, die ihren Interessen und Forderungen auf der internationalen Bühne mehr Gewicht verleihen sollen. In diesem Zusammenhang ist vom damaligen Premierminister und späteren Präsidenten Fidschis, Ratu Sir Kamisese Mara, der Ausdruck »The Pacific Way« propagiert worden. Dahinter steht die Überzeugung, dass die vielen kleinen Inselstaaten nur gemeinsam der politischen, vor allem aber der wirtschaftlichen Übermacht der Industriestaaten etwas entgegensetzen können. Ferner beinhaltet dieses Schlagwort auch die Vorstellung von einer pazifischen Identität. Somit beschreibt »The Pacific Way« die gemeinsame Suche nach einem praktikablen Weg zwischen Tradition und Fortschritt ungeachtet aller kulturellen Unterschiede, nationalen Egoismen und wirtschaftlichen Konkurrenzen. Kein einfacher Weg, wie die letzten Jahre gezeigt haben.

Noni-Frucht

Noni – Zauberfrucht aus der Südsee?

Thema

Der Geschmack der reifen Noni-Frucht wird mit unangenehm, faulig, an ranzigen Käse erinnernd umschrieben. Was so schmeckt, muss gesund sein – sehr gesund! dachten sich findige Geschäftsleute und brachten Noni-Produkte als Wundermittel gegen allerlei Krankheiten auf den Markt.

Der Noni-Baum, sein wissenschaftlicher Name lautet *Morinda citrifolia,* war ursprünglich in Südostasien beheimatet und wurde von frühen Siedlern in den gesamten pazifischen Raum gebracht. Die Inselbewohner Polynesiens aßen die blassgrünen Früchte dieses Laubbaumes nur in Notzeiten, als Medizin spielten sie, soweit man heute weiß, eine eher unbedeutende Rolle.

In einigen westlichen Industriestaaten werden der Noni-Frucht dagegen eine Vielzahl gesundheitsfördernde Eigenschaften nachgesagt. Glaubt man den Anbietern, so werden durch den Konsum von Noni-Produkten Diabetes, Arthritis, Depressionen, ja selbst Krebs geheilt. Was für ein Einsatzspektrum! Verantwortlich hierfür soll der Wirkstoff Xeronin sein, der jedoch weder in der medizinischen noch in der pharmazeutischen Fachwelt bekannt ist. Marktführer dieser Produkte ist Tahitian NONI International, Inc. (TNI) mit Sitz in Utah (USA).

Vor den Vertrieb neuartiger Lebensmittel, und als solches gelten sämtliche Noni-Produkte, hat die Europäische Kommission ein Genehmigungsverfahren gemäß der Novel Food-Verordnung gelegt. Hersteller oder Anbieter müssen den Nachweis erbringen, dass von ihren neuen Produkten keine gesundheitlichen Gefahren für den Verbraucher ausgehen. Nach einigem bürokratischen Hin und Her wurde 2003 die Zulassung für den Vertrieb von Noni-Saft erteilt. Aufgrund des hohen Kaliumgehalts der Noni-Frucht wurde Menschen mit bereits vorhandener Nierenschädigung der Verzehr allerdings abgeraten. Gesetzlich verboten sind hingegen die Werbung mit gesundheitsbezogenen Versprechungen sowie der Verkauf weiterer aus Noni hergestellte Erzeugnisse wie Tees, Kapseln, Blättern etc. Soweit die rechtliche Situation innerhalb der EU und der Schweiz. In den USA sieht die Lage ähnlich aus.

Seit 2005 ist sowohl in Deutschland als auch in Österreich und Frankreich von Fällen schwerer Leberentzündung nach der Einnahme von Noni-Säften berichtet worden, doch ein direkter Zusammenhang zwischen Konsum und möglicher Leberschädigung konnte bislang nicht nachgewiesen werden. Somit darf Noni-Saft wie andere Fruchtsäfte vorerst weiterhin vertrieben werden. Der Geschmack zumindest ist ansprechender geworden, seitdem bis zu 15 % andere Fruchtanteile wie beispielsweise von Himbeeren und Trauben zugemischt werden.

Für einige pazifische Inselstaaten jedenfalls entwickelt sich der Absatz auf dem Weltmarkt höchst erfreulich. Im Fall Französisch-Polynesien rangiert der Export von Bestandteilen der Noni-Frucht mittlerweile an erster Stelle. Noch besser läuft es freilich für die ausländischen Firmen, die zum Teil ihre Produkte auf Vertreterbasis sowie im Internet vertreiben. Bei Preisen von bis zu 54 € pro Liter erwirtschaften sie Milliardenumsätze.

Wirtschaft, Soziales und Politik

Die Kokospalme

Sonne, Strand und Kokospalme, das ist der übliche Dreiklang unseres Südsee-Klischees. Wobei letztere für die Inselbewohner traditionell die wichtigste Nahrungs- und Rohstoffquelle ist, mancherorts ersetzt sie sogar das fehlende Trinkwasser. Kein Wunder also, dass sie auch der ›Baum des Lebens‹ genannt wird.

Cocos nucifera, die Kokospalme, besitzt einen unverzweigten, bis zu 30 m hohen und schlanken Stamm, an dessen Schopf gefiederte Blätter wachsen, die jeweils etwa 6 m lang werden können. Als typisch tropische Pflanze benötigt sie eine durchschnittliche Temperatur von ca. 25–30 °C, feuchten Boden, hohe Luftfeuchtigkeit und ausreichend Sonnenlicht. Ihre Frucht, die Kokosnuss, reift aus den weiblichen Blüten heran. Eine Palme kann über 100 Jahre alt werden, etwa ab dem 12. Lebensjahr wachsen 50–80 Nüsse pro Jahr heran, erst nach weiteren 30 Jahren lassen die Erträge nach.

Zwar ist es durchaus möglich, dass die wasserundurchlässigen Kokosnüsse von Südostasien aus mit den Meeresströmungen bis zu einigen Inseln im Pazifik getrieben wurden und an Land Wurzeln geschlagen haben. So konnte nachgewiesen werden, dass die Keimfähigkeit der schwimmfähigen Früchte auch nach mehr als 100 Tagen im Salzwasser und nach über 4500 km Drift im Meer nicht beeinträchtigt wird. Dennoch geht man davon aus, dass Menschen für die Verbreitung der Kokospalme sorgten. Vermutlich brachten polynesische Seefahrer im Zuge der verschiedenen Besiedlungswellen die Nüsse als Proviant mit.

Seit jeher nutzen die Inselbewohner alle Teile des Baumes als gehaltvolle Nahrung, anstelle des fehlenden Trinkwassers und als Rohstofflieferanten: Der Stamm dient als Brennholz, kann aber auch als Pfosten zum Hausbau sowie bei der Möbelproduktion benutzt werden. Die geflochtenen Wedel werden zur Dacheindeckung, Wandverkleidung oder als Bodenmatten verwendet. Ferner können sie zur Herstellung von Körben, Hüten, Fächern und Besen genutzt werden.

Die aus mehreren Schichten bestehende Nuss wird von einer zunächst grünen, später braun werdenden Außenhaut umgeben. Darunter liegt eine dicke braune Bastschicht, die wiederum eine sehr harte Schale umschließt, in deren Hohlraum sich bis zu 1 l Kokoswasser und das Fruchtfleisch befinden. Die Fasern der Bastschicht werden zu Schnüren und Seilen gedreht, die man traditionell anstelle von Nägeln und Schrauben zum Haus- und Bootsbau benötigt.

Neuerdings werden sie auch zu sogenannten Cocobricks verarbeitet, die in Wasser eingeweicht bis zum Zehnfachen ihres Volumens aufquellen und statt Torf als Pflanzsubstrat genutzt werden. Darüber hinaus dienen die Fasern als Füllmaterial für Polster, Matratzen und finden bei der Wärmedämmung Verwendung. Die Schale wird als Trinkgefäß und Brennstoff gebraucht. Das süßliche Kokoswasser der noch jungen, grünen Nüsse ist ein wichtiger, auf einigen Atollen lebensnotwendiger Trinkwasserersatz. Das weiße Fruchtfleisch wird roh gegessen oder geraspelt zu der so genannten Kokosmilch verarbeitet, die ein wichtiger Bestandteil der

›Baum des Lebens‹

Thema

einheimischen Küche ist. In getrocknetem Zustand wird das Fruchtfleisch als Kopra zumeist exportiert und dient als Ausgangsstoff zur Herstellung von Speisefett, getrockneten Kokosflocken etc. Das ausgepresste Öl wird auf den Inseln mit stark duftenden Blüten versetzt und wegen seiner hautpflegenden Eigenschaften als Kosmetikum verwendet.

Wie vielseitig die Kokospalme ist, zeigen die erfolgreichen Versuche, aus Kokosöl alternative Treibstoffe zu gewinnen. Mittlerweile konnte ein Verfahren zur Bio-Kraftstoffherstellung entwickelt werden, bei dem Erdöl oder anderen fossilen Brennstoffen maximal 10 % Kokosöl beigemengt wird, ohne dass Motor-Adaptierungen erforderlich sind. Dies könnte zur Entlastung der chronisch negativen Handelsbilanzen der Pazifikstaaten beitragen, machen doch die Treibstoffimporte inzwischen ein Drittel der gesamten Importe aus.

Die Kokospalme, das ›Himmelsgeschenk‹, wie sie auch genannt wird, könnte demzufolge zukünftig noch weitaus wertvoller für die Inselbewohner werden, als sie heute schon ist. Allerdings ist sie für den Menschen, ob Einheimischer oder Besucher, nicht gänzlich ungefährlich, denn: Weltweit werden pro Jahr etwa 150 Personen durch herabfallende Kokosnüsse getötet.

Junge Kokosnüsse am Fruchtstand der Palme

Geschichte

Lange bevor die Europäer die pazifische Inselwelt für sich ›entdeckten‹, waren die Inseln besiedelt. Nach den europäischen Seefahrern kamen Händler, Siedler, Missionare und Kolonialbeamte, die ihrerseits die Geschichte der Südsee maßgeblich veränderten.

Besiedlungsgeschichte

Obwohl bis heute noch nicht alle Fragen im Zusammenhang mit der Besiedlung Ozeaniens abschließend geklärt werden können, ist Asien zweifelsfrei der Ursprungsland der Südpazifikvölker. Ebenfalls unstrittig ist, dass die Besiedlung im Laufe verschiedener Migrationswellen erfolgte, die sich über einen Zeitraum von vielen Jahrtausenden erstreckten. Theorien, wie etwa die von Thor Heyerdahl, Polynesien sei von Südamerika aus besiedelt worden, sind zwar praktisch von ihm umgesetzt worden, gelten aber in Forscherkreisen seit langem als höchst unwahrscheinlich. Der norwegische Anthropologe hatte 1947 zusammen mit fünf weiteren Besatzungsmitgliedern mit der Kon-Tiki, einem nach alten Vorbildern der Inkas erbauten Floß, von der Westküste Südamerikas aus den nahezu 7000 km entfernten, zu Polynesien gehörenden Tuamotu-Archipel erreicht. Bei dieser Aufsehen erregenden Fahrt nutzten die Forscher sowohl die vorherrschenden Windrichtung des Passatwindes als auch die Fließrichtung des Humboldtstromes.

Bekannt ist, dass während der letzten großen Eiszeit, also etwa 70 000 bis 9000 v. Chr., der Meeresspiegel bedeutend tiefer lag als heute. In jener Zeit bildete Australien mit den Inseln Neuguinea und Tasmanien eine zusammenhängende Landmasse, den früheren Kontinent Sahul, der nur durch eine enge Wasserstraße vom asiatischen Festland getrennt war.

Es wird angenommen, dass die erste Einwanderungsgruppe mithilfe einfacher Boote über diese Meerenge kamen und zunächst die Küstengebiete, später auch das Hochland Sahuls besiedelte. Die bislang ältesten Hinweise auf Menschen im Südpazifik, ca. 40 000 Jahre alte Faustkeile, die diese Theorie belegen, stammen aus Australien. Das Ende der Eiszeit – der australische Kontinent und Neuguinea waren mittlerweile durch das Meer getrennt – bedeutete auch den Abschluss dieser Besiedlungsphase.

Etwa um 4000 v. Chr. scheint eine neue Welle von Einwanderern ebenfalls aus Südostasien an der Nordküste Neuguineas und im Bismarck-Archipel eingetroffen zu sein. Diese Menschen nutzten für ihre Reisen bereits hochseetaugliche Auslegerboote. Mit ihnen gelangte u. a. das Schwein in den pazifischen Raum, das im Leben der Ozeanier bis heute eine bedeutende Rolle spielt.

Im Verlauf von zwei Jahrtausenden entwickelte sich aus dem Zusammentreffen mit bereits ansässigen Bevölkerungsgruppen und den Neuankömmlingen die austromelanesische Mischkultur. Während dieser Zeit tauchten fein gearbeitete, mit geometrischen Mustern versehene Töpferwaren auf. Dank der hervorragenden Navigationstechnik verbreitete sich diese Kultur zunächst bis in den Zentralpazifik. Ihr Name, Lapita, stammt von einem Fundort in Neukaledonien. Diese Menschen kannten darüber hinaus neue Gartenbautechniken und brachten weitere Nutzpflanzen wie die Kokospalme, Taro, Yams,

Brotfrucht sowie die Banane mit. Ferner siedelten sie in größeren Gemeinschaften, betrieben Viehzucht und Fischfang. Die Ausbreitung der Lapita-Kultur lässt sich bis nach Fidschi, Tonga und Samoa verfolgen.

Die archäologische Fundsituation dieses Inseldreiecks im Zentralpazifik belegt eine Besiedlung zwischen 1500 und 1000 v. Chr., wahrscheinlich sogar schon früher. Nach einer Theorie, die »Schnellzug nach Polynesien« genannt wird, drangen Seefahrer aus Taiwan über die Philippinen direkt in diese Region vor, ohne sich zuvor mit den Melanesiern zu vermischen. Forschungsergebnisse aus dem Jahr 2008, bei denen menschliches Erbgut untersucht wurde, scheinen diese Annahme zu belegen. So konnte der Genetiker Jonathan Friedlaender mit seinem Team eine enge Verwandtschaft zwischen Polynesiern und der Urbevölkerung Taiwans feststellen, wohingegen die Gemeinsamkeiten zwischen Polynesiern und Melanesiern geringer sind.

Unstrittig ist, dass von hier aus, das heißt vom Inseldreieck Fidschi/Tonga/Samoa aus, der östliche Pazifik erschlossen wurde, d. h. die Lapita-Menschen können nach dieser Theorie als die Vorfahren der Polynesier angesehen werden. Es wird angenommen, dass einige der Cook-Inseln bereits um 500 v. Chr. und die zu dem heutigen Gebiet Französisch-Polynesiens gehörenden Marquesas-Inseln um 300 v. Chr. besiedelt waren. Mit der Erschließung Neuseelands ab 750 n. Chr. endete die Erstbesiedlung Polynesiens im Wesentlichen, isoliert liegende Inseln wurden erst später erreicht. Anzumerken bleibt, dass die verschiedenen Quellen bei den Datierungen erheblich voneinander abweichen. So schwanken die zeitlichen Angaben um mehrere Jahrhunderte.

Allgemein gelten die Polynesier als die größten Navigatoren aller Zeiten. Aufgrund ihrer genauen Beobachtungen und hervorragenden Kenntnisse bezüglich Wind, Wetter, Meeresströmungen, Wolkenbildungen, Sternen und deren Konstellationen im Jahresverlauf sowie den Verhaltensweisen von Vögeln und Fischen konnten sie gezielt ausgedehnte Fahrten unternehmen. Auf den bis zu 25 m langen, hochseetauglichen Doppelrumpfbooten fanden bis zu 80 Personen samt Vorräten, Saatgut, Setzlingen und Nutztieren Platz. Als Gründe für solche Fernreisen werden Landknappheit auf übervölkerten Inseln sowie kriegerische Konflikte angenommen.

Die europäische Einflussnahme

Bereits seit der von Claudius Ptolemäus im 1. Jh. verfassten ›Geographia‹ existierte die Hypothese vom unbekannten Südkontinent *terra australis.* Diese riesige Landmasse musste, so die auch in den folgenden Jahrhunderten immer wieder aufkeimende Überlegung, als Gegengewicht zu den Kontinenten der nördlichen Halbkugel vorhanden sein. Alte Reiseberichte schienen diese Annahme zu bestätigen, und in den Phantasien der Gelehrten der damaligen Zeit wandelte sich dieser sagenhafte Südkontinent im Laufe der Zeit zu einem unermesslich reichen Land, in dem buchstäblich Milch und Honig flossen. So brachen im 16. Jh. die Portugiesen und Spanier auf, im 17. Jh. die Niederländer, anschließend die Briten und Franzosen und suchten nach der *terra australis incognita.* Gegen Ende des 18. Jh. war der Großteil der pazifischen Inseln auch den Europäern bekannt, und die Weltkarten waren nach und nach ergänzt worden.

Nach den Seefahrern kamen die ersten europäischen Händler, und mit ihnen begann schon bald der Raubbau an den natürlichen Ressourcen verschiedener Inselgruppen. So wurden zu Beginn des 19. Jh. beispielsweise auf Fidschi die Sandelholzbestände nahezu vollständig abgeholzt. Kaum war der Handel mit dem wegen seines angenehmen Geruchs in China sehr begehrten Holzes zusammengebrochen, begann der mit Bêche-de-mer, einer Seegurkenart, deren getrocknetes Fleisch ebenfalls in Asien als Delikatesse und Aphrodisiakum geschätzt wurde.

Während dieser Zeit kamen auch desertierte Seeleute, entlaufene Sträflinge und Abenteurer, die ihr Glück auf den Inseln ver-

Geschichte

suchten. Als Experten für Feuerwaffen und als Vermittler zwischen den Einheimischen und den Europäern bauten sie sich zunehmend eine Machtstellung auf.

In den 1820er-Jahren erreichten die ersten Walfänger den Südpazifik. Einige Inseln, wie etwa die Samoas, Tongas sowie Französisch-Polynesiens, dienten dabei als Versorgungs- und Überwinterungsstützpunkte, die eigentlichen Walfanggründe lagen weiter südlich. Bei diesen zum Teil mehrere Monate dauernden Aufenthalten stieg die Kriminalitätsrate rund um die neuen Hafenorte, Plünderungen, Vergewaltigungen und Morde waren an der Tagesordnung. Um die Mannschaft an Bord zu ergänzen, wurden junge einheimische Männer zur Arbeit herangezogen, gewaltsam mitgenommen und später als Arbeitskräfte auf den Plantagen und Minen in Übersee verkauft. *Blackbirding* wurde diese Form der Sklaverei später genannt.

Weitere Folgen der ersten Kontakte zwischen der einheimischen Bevölkerung und den ersten Europäern waren die von ›Weißen‹ eingeschleppten Krankheiten, die die Inselbevölkerung drastisch dezimierten. So ging die Einwohnerzahl Tahitis zwischen 1773 und 1803 von rund 200 000 auf etwa 5000 zurück, auf den Inseln Fidschis starben rund 40 000 Menschen allein an Masern. Auch in anderen Regionen des Südpazifiks wurden ganze Gebiete entvölkert. Die Einheimischen besaßen gegen diese für sie bislang unbekannten Krankheiten, wie beispielsweise Masern, Keuchhusten, Tuberkulose, Windpocken, Grippe, Typhus und Cholera, keine natürlichen Abwehrkräfte, und die traditionelle Medizin der Heiler, die oft gleichzeitig Priester waren, half auch nicht.

Bemerkenswert ist in diesem Zusammenhang, dass die christlichen Kirchen – die ersten Missionare begannen 1797 auf Tahiti ihr Werk –, sehr rasch ihre Chance in der Behandlung dieser Krankheiten erkannten. Folgerichtig gehörte u. a. die Vermittlung medizinischer Kenntnisse zum Ausbildungsprogramm zukünftiger Missionare. Vorzugsweise behandelten sie traditionelle Oberhäupter und deren Angehörige, von deren Heilung sie

sich weitere Vorteile bei der Bekehrung größerer Bevölkerungsteile versprachen. Glückte es einem Missionar besser als einem einheimischen Priester, einen Kranken zu heilen, d. h. gemäß der traditionellen Vorstellung, die Strafe der Götter von diesem abzuwehren, war dies ein klarer Beweis für die überlegene Kraft des Weißen und somit des weißen Gottes. Was lag da näher, als an den eigenen Glaubensinhalten zu zweifeln und den neuen, offenbar stärkeren Glauben anzunehmen?

Chronologisch betrachtet sind die weißen Siedler die nächste Gruppe, die die Kultur der jeweiligen Inselgesellschaft maßgeblich beeinflusste. Was sie von den anderen unterschied, war, dass sie sich zum Bleiben ent-

Die europäische Einflussnahme

Der erste europäische Stützpunkt am Pointe Venus auf Tahiti

schlossen hatten, dass viele von ihnen Frauen und Kinder nachkommen ließen und sie Bedarf an Land und an billigen Arbeitskräften hatten. Konnten diese nicht aus den Reihen der Einheimischen rekrutiert werden, wurden sie zunächst von anderen, zumeist melanesischen Inseln importiert, in späteren Jahren wurden indische und chinesische Kontraktarbeiter angeworben. Gegenwärtige Konflikte auf einigen Inselgruppen resultieren aus den Einwanderungen ausländischer Arbeitskräfte jener Tage.

In der zweiten Hälfte des 19. Jh. waren weite Teile der pazifischen Inseln christianisiert. Siedler und erste europäische Firmen, wie etwa das Hamburger Handelshaus Johann Cäsar Godeffroy & Sohn, hatten sich niedergelassen. Als erstes europäisches Land erklärte Frankreich 1847 die Gesellschaftsinseln zum Protektorat und vergrößerte in den Folgejahren seinen Besitz um weitere Inseln des heutigen Französisch-Polynesiens. Die anderen Mächte zögerten zuerst, doch bald schon erkannten auch sie die strategische Bedeutung und das wirtschaftliche Potenzial der Inseln. In den 1880er-Jahren begann der Wettlauf der Kolonialmächte, und binnen weniger Jahre waren die Inselgruppen in ›Schutzgebiete‹ aufgeteilt. Von den in diesem Band vorgestellten Ländern beanspruchte Deutschland die westlichen Inseln Samoas, die USA bekamen die östlichen

Geschichte

Inseln. England eignete sich Fidschi an, schloss, wie die anderen Großmächte auch, mit Tonga einen sogenannten Freundschaftsvertrag und erklärte die südlichen Cook-Inseln zum britischen Protektorat, das Jahre später der neuseeländischen Verwaltung unterstellt wurde.

Anzumerken bleibt, dass die künstlichen Grenzen dieser nun überwiegend als Kolonien ausgewiesenen Gebiete nicht notwendigerweise kulturell zusammengehörige Bevölkerungsgruppen umfassten. So wird die politisch zu Fidschi gehörende Lau-Inselgruppe eindeutig von Polynesiern bewohnt. Gleiches gilt für die im äußersten Norden gelegene Insel Rotuma, die seit 1881 ebenfalls zum Gebiet Fidschis gezählt wird, sich kulturell und sprachlich aber von der Hauptinsel Viti Levu, und besonders stark von den Inselgruppen im Westen unterscheidet. Umgekehrt wurden einige zusammengehörende Einheiten auf dem Reißbrett geteilt, wie beispielsweise die Inseln Samoas in West- (ursprünglich deutsche Kolonie) und Ost-Samoa (noch immer Amerikanisch-Samoa).

Zu Beginn des Ersten Weltkrieges besetzten neuseeländische Truppen West-Samoa. 1919 unterstellte der Völkerbund West-Samoa der neuseeländischen Verwaltung, später wurden die Inseln Treuhandgebiet der Vereinten Nationen.

Der Zweite Weltkrieg begann für die Bewohner vieler pazifischer Inseln im Dezember 1941 mit dem japanischen Angriff auf den US-amerikanischen Marinestützpunkt Pearl Harbor. Auch wenn die in diesem Band vorgestellten Inselstaaten nicht direkt in Kampfhandlungen einbezogen waren, so stationierten die Amerikaner Zehntausende Soldaten auf den Inseln Samoas, Fidschis, der Cooks und Französisch-Polynesiens zum Schutz gegen das weitere Vordringen japanischer Truppen. Die in dieser Zeit gebauten, zum Teil noch heute existierenden überdimensionierten Flugplätze, Straßen und Hafenanlagen, der Import bislang nicht gekannter Versorgungsgüter, vor allem jedoch die Verhaltensweisen der Soldaten bedeuteten insgesamt gravierende Einschnitte für die jeweilige Inselbevölkerung und eine Verfremdung ihrer kulturellen Identität.

Schritte in die politische Unabhängigkeit

Als erstes Land im Pazifik erlangte 1962 Samoa die politische Unabhängigkeit. Fidschi wurde 1970 politisch selbstständig, im selben Jahr stellte auch Tonga seine Unabhängigkeit wieder her. Die Bevölkerung der Cook-Inseln dagegen wählte 1965 den Status der ›freien Assoziierung‹ mit Neuseeland. Der Prozess der Dekolonisierung des Pazifiks ist bis heute nicht abgeschlossen. Frankreich wie auch die USA halten an ihren Überseeterritorien im Pazifik fest. Dabei gilt das Verhältnis zwischen Washington und Pago Pago als entspannt. Strategische Interessen der Amerikaner an Samoa dürften derzeit nur eine untergeordnete Rolle spielen. Umgekehrt sind Amerikanisch-Samoaner an einer Änderung des Status quo aus wirtschaftlichen Gründen kaum interessiert.

Anders sieht dagegen die Lage bei den östlichen Nachbarn aus. In den 1960er-Jahren verlegten die Franzosen ihr Atomtestgelände von Algerien nach Französisch-Polynesien, genauer auf die zu den Tuamotus gehörende Insel Moruroa. In den folgenden Jahren führten die Franzosen Atomtests nicht nur auf dieser Insel, sondern ebenfalls auf Fangataufa durch. Ungeachtet jahrzehntelanger in- und ausländischer Proteste hielt Paris bis 1996 unbeirrt an seinem Testprogramm fest. Bis heute kämpfen die von den Folgen der Atomtests betroffenen Menschen in Französisch-Polynesien vergeblich um die offizielle Anerkennung ihrer gesundheitlichen Schäden sowie um die Zahlung einer Invalidenrente. Wie die Entwicklung Französisch-Polynesiens hinsichtlich einer politischen Selbstständigkeit in naher Zukunft weitergehen wird, ist zurzeit wegen der innenpolitischen Querelen und Regierungswechsel unklar. Sicher scheint jedoch zu sein, dass sich die Bevölkerungsmehrheit eine größere politische Unabhängigkeit wünscht.

Der Kartograf der Südsee

James Cook Thema

Als er am 27. Oktober 1728 als Sohn von Grace und James Cook sen. in Marton (England) geboren wird, ahnt noch niemand, dass er später Kapitän James Cook, der größte Entdecker und genialste Kartograf aller Zeiten genannt wird.

Die Familie ist bitterarm, die meisten seiner zahlreichen Geschwister sterben noch im frühen Kindesalter. James lernt lesen und schreiben, findet eine erste Anstellung als Gehilfe in der Gemischtwarenhandlung des kleinen Ortes. Im Alter von 18 Jahren jedoch heuert er auf einem Kohlenfrachter an. 1755 geht er zur Königlichen Marine und wird Matrose auf der HMS Eagle. Dieser Schritt markiert einen Wendepunkt im Leben des jungen Mannes. Von nun an geht alles sehr rasch:

Nur zwei Jahre später darf er sich nach bestandener Prüfung ›Master‹ (Steuermann) nennen. Auf einer Erkundungsfahrt vermisst und kartografiert er sowohl Neufundland als auch die Ostküste Kanadas derart exakt, dass seine Karten, besonders die von der Mündung des St.-Lorenz-Stromes nahe Québec, den britisch-französischen Krieg (1756–1763) entscheidend beeinflussen. Diese sind so präzise, dass sie noch Ende des 20. Jh. genutzt werden. Sein guter Ruf als Navigator, vor allem aber seine Begabung als exzellenter Beobachter und gewissenhafter Kartograf helfen ihm, trotz seiner Herkunft und geringen Schulbildung, zum Leutnant zur See und Befehlshaber der HMS Endeavour ernannt zu werden.

Zwischen 1768 und 1771 ist James Cook auf seiner ersten Südsee-Expedition. Sie führt ihn um das Kap Hoorn herum u. a. zu den Tuamotus und nach Tahiti. Hier sollen er und die mitreisenden Wissenschaftler den Durchgang der Venus vor der Sonnenscheibe beobachten. Anhand der gewonnenen Messdaten erhofft man sich, den Abstand der Erde zur Sonne bestimmen zu können. Doch kann, wie sich dann vor Ort herausstellt, das seltene Schauspiel am Himmel mit der zur Verfügung stehenden Ausrüstung nicht beobachtet und vermessen werden. Die Bucht, in der James Cook mit der HMS Endeavour vor Anker ging, wird noch heute nach dem Zweck seiner ersten Pazifikreise genannt: Pointe Venus am Kilometerstein 10. Eine kleine Säule mit einer Kugel am Strand erinnert an das Ereignis.

Ein traditioneller Priester namens Tupaia berichtet Cook von mehr als 100 weiteren Inseln, die sich in der Nähe befinden sollen. Zu Ehren der Royal Society nennt James Cook diesen Archipel ›Society Islands‹, die Gesellschaftsinseln. Anschließend läuft er weitere Inseln wie Bora Bora und Mo'orea an, erreicht Neuseeland, kartografiert die Küstenlinien gewohnt exakt und findet heraus, dass das Land aus zwei Inseln besteht. Im Anschluss segelt er in westliche Richtung, erkundet Australien und nimmt es für England ›in Besitz‹. Über Batavia, das heutige Jakarta, und um das Kap der Guten Hoffnung kehrt er im Juli 1771 nach England zurück.

Bereits im Jahr darauf, mittlerweile im Rang eines Commanders, startet Cook seine zweite Reise in den Pazifik. Mit zwei Schiffen, der HMS Resolution und der HMS Adventure segelt er um die Südspitze Afrikas herum. Er nimmt einen südlichen Kurs und dringt weit in antarktische Gewässer vor, weiter als je ein anderer zuvor. Die Packeisgrenze zwingt ihn,

Geschichte

seinen Kurs zu ändern. Auf dieser Expedition reist Cook abermals nach Neuseeland und Tahiti, zu den Marquesas und zur Osterinsel. Auf Tonga ist er von der Freundlichkeit der Bevölkerung derart begeistert, dass er den Archipel die ›Freundschaftsinseln‹ nennt. Heute weiß man, dass seine Gastgeber planten, ihn und seine Leute zu töten, doch waren sie sich nicht einig, wer die Tat begehen sollte. Cook verlässt Tonga in Unkenntnis der dramatischen Lage, segelt weiter und entdeckt als erster Europäer einige Inseln des heutigen Vanuatu und Neukaledoniens. Zurück in England wird er 1775 zum Kapitän ernannt und in die Royal Society berufen.

Während der Expedition begleitete ihn ein Bewohner der Insel Raiatea namens Omai als Berater und Dolmetscher. Cook nimmt ihn mit nach England, wo er als ›edler Wilder‹ der Londoner Gesellschaft präsentiert wird. Ebenfalls mit an Bord sind der deutsche Gelehrte Johann Reinhold Forster und sein Sohn Georg, die die Flora und Fauna auf den Inseln untersuchen sollen. Ihre 1777 veröffentlichten Tagebücher mit Reisebeschreibungen und Beobachtungen der fremden Kulturen sowie die genauen Zeichnungen sind noch heute eine Fundgrube für jene, die sich mit pazifischen Ethnien beschäftigen. Und die von ihnen mitgebrachten Kulturerzeugnisse der Inselbewohner werden als Cook/Forster-Sammlung in Oxford, Wien, Göttingen und anderswo noch immer ausgestellt.

Auf seiner dritten Fahrt in die Südsee (1776–1779), erneut mit der HMS Resolution, will er die Seeverbindung zwischen dem Nordpazifik und dem Atlantik, die sogenannte Nordwestpassage, finden. Auch wieder an Bord der Polynesier Omai, der wieder zurück auf seine Insel möchte, und ein junger Offizier, der später sehr berühmt werden soll: William Bligh. Cook segelt nach Neuseeland, geht vor einigen Inseln Tongas vor Anker und besucht mehrere Gesellschaftsinseln. Auf Raiatea angekommen, verlässt Omai das Schiff. Anschließend erreicht Cook als erster Europäer einige der Inseln Hawai'is, die er Sandwich-Inseln nennt. An der Westküste Amerikas entlang segelnd nimmt er Kurs auf die Beringstraße. Meterhohe Packeiswände zwingen ihn jedoch zur Umkehr. Nach mehreren Zwischenstationen landet Cook Monate später erneut auf Hawaii, wo ihn Einheimische am 14. Februar 1779 während einer Auseinandersetzung töten.

Kapitän James Cook hat zweifellos mit seinen großen Entdeckungsreisen entscheidend unser Bild der Erde geprägt. Ferner gelang es ihm mittels besserer Ernährung der Mannschaft, die an Bord so gefürchtete, in jener Zeit häufig tödlich verlaufende Krankheit Skorbut zu bekämpfen. Er erkannte, dass diese Erkrankung auf Vitamin-C-Mangel zurückzuführen ist, und nahm ausreichend Sauerkraut mit und ließ während der Landgänge Obst als Proviant sammeln. Darüber hinaus hat er durch seine Expeditionen bewiesen, dass der legendäre Südkontinent, die *terra australis incognita,* nach der seit der Antike gesucht wurde, nicht existiert.

Ach übrigens: Die Cook-Inseln erhielten ihren Namen nicht von James Cook, das hätte wohl nicht zum Charakter dieses Mannes gepasst. Er nannte sie die Harvey-Inseln. Erst Admiral Adam Johann Baron von Krusenstern, der zu Beginn des 19. Jh. die erste russische Weltumsegelung durchführte, hatte den Einfall, sie nach ihm, dem größten Entdecker, zu benennen.

Kapitän James Cook

Zeittafel

1500–1000 v. Chr.	Erste Besiedlung einiger Inseln von Fidschi, Tonga und Samoa.
500 v. Chr.	Einige der Cook-Inseln sind erschlossen.
300 v. Chr.	Erste Siedler lassen sich auf den Marquesas-Inseln nieder.
1520–1722	Die ersten europäischen Seefahrer durchqueren den Pazifik und sichten einige Inseln Polynesiens.
1768–1779	Der Brite James Cook unternimmt seine drei Fahrten in den Pazifischen Ozean und kartografiert eine Vielzahl von Inseln.
1789	Vor Tofua (Tonga) bricht die Meuterei auf der Bounty aus.
1797	Beginn der Christianisierung auf verschiedenen Inselgruppen Polynesiens.
1840	Die ersten europäischen Siedler lassen sich auf Samoa nieder.
1842	Frankreich annektiert die Marquesas-Inseln und erklärt Tahiti zum französischen Protektorat.
1850	Das Hamburger Handelshaus Johann Cäsar Godeffroy & Sohn eröffnet auf den Tuamotus seine erste Niederlassung, wenige Jahre später die erste in Apia auf 'Upolu (Samoa).
1860	Europäische Siedler lassen sich auf Fidschi nieder und gründen auf Ovalau die erste Stadt.
1865-1866	Ankunft von chinesischen Kontraktarbeitern auf den Inseln des heutigen Französisch-Polynesiens.
1874	Fidschi wird britische Kolonie.
1879	Die ersten indischen Kontraktarbeiter werden auf die Inseln Fidschis gebracht.
1880	Frankreich annektiert die Tuamotu-Inseln, die Gambier-Inseln 1881, die Gesellschaftsinseln 1887, die Austral-Inseln 1900.
1888	Neuseeland erklärt die Cook-Inseln zu seinem Protektorat.

Der Vertrag von Berlin regelt die gemeinsame Verwaltung Samoas durch Deutschland, England und die USA.	**1889**
Der Vertrag von Berlin wird annulliert. Die USA erhalten Ost-Samoa, Deutschland West-Samoa.	**1899**
Die Cook-Inseln werden von Neuseeland annektiert.	**1901**
Neuseeland erhält das Mandat des Völkerbundes über West-Samoa.	**1919**
Thor Heyerdahl unternimmt seine Kon-Tiki-Expedition, mit der er beweisen will, dass Polynesien von Südamerika aus besiedelt wurde.	**1947**
West-Samoa wird als erstes pazifisches Land unabhängig.	**1962**
Frankreich errichtet auf Mororua (Tuamotu-Inseln) ein Zentrum zur Durchführung von Kernwaffenversuchen.	**1963–1966**
Unabhängigkeit der Cook-Inseln in freier Assoziierung mit Neuseeland und erste nationale Wahlen.	**1965**
Frankreich führt Atombombentests auf Mororua und Fangtaufa durch.	**1966–1995**
Tonga wird ein souveräner Staat und Mitglied des Commonwealth of Nations. Fidschi erlangt seine Unabhängigkeit.	**1970**
Militärputsche auf Fidschi und Rassenunruhen zwischen Fidschianern und Indern.	**1987**
West-Samoa ändert seinen Namen zu Unabhängiger Stadt Samoa.	**1997**
In Fidschi wird erneut eine gewählte Regierung gestürzt und eine Übergangsregierung eingesetzt.	**2000**
Siaosi Tupou V. wird König von Tonga. Im Oktober kommt es zu schweren Unruhen in der Hauptstadt Nuku'alofa. In Fidschi übernimmt das Militär unter Josaia Bainimarama die Macht.	**2006**
In Französisch-Polynesien kommt es immer wieder zu schweren innenpolitischen Krisen und Neuwahlen.	**2006–2008**

Gesellschaft und Alltagskultur

Tradition und Moderne, Frauen und Männer – in der polynesischen Gesellschaft keine Gegensätze, vielmehr zwei Welten, die parallel, sich jeweils ergänzend, gelebt werden. Verschiedene Facetten einer faszinierenden Kultur.

Die traditionellen Gesellschaften Polynesiens wiesen relativ einheitliche Merkmale auf. Ihr streng hierarchisches, pyramidenförmiges System gliederte sich in eine, in der Literatur oft als ›Adel‹ bezeichnete, zum Teil absolut regierende Herrschaftsklasse, deren Titel im Normalfall über den erstgeborenen Sohn weitervererbt wurde. Diese Oberschicht war zudem traditionell gegliedert in Oberhäupter niedrigeren und übergeordneten Ranges. Zu ihren Aufgaben gehörte es u. a. Arbeiten der Gemeinschaft zu organisieren, über die Nutzung von Land und den Anbau von Feldfrüchten zu entscheiden. Auf einigen polynesischen Inselgruppen übernahm das Oberhaupt auch rituelle und religiöse Aufgaben, in anderen Regionen hatte sich dagegen eine eigene Priesterklasse herausgebildet.

Hinzu kamen in allen Gesellschaften Polynesiens die Spezialisten wie beispielsweise Navigatoren, Haus- und Bootsbauer, Schnitz- und Tatauiermeister, die den jeweiligen traditionellen Oberhäuptern gegebenenfalls als Berater zur Seite standen und großes Ansehen genossen. Das notwendige Wissen dieser Experten wurde in mündlicher Überlieferung innerhalb der Familie weitergegeben.

An unterster Stelle in der gesellschaftlichen Hierarchie stand das zumeist tributpflichtige Volk. Unter der Anleitung der Spezialisten verrichteten sie einfache Arbeiten, bauten Feldfrüchte an oder ernteten, errichteten Häuser oder gingen auf Fischfang. Darüber hinaus rekrutierten sich aus ihren Reihen die Krieger. Einige Inselgruppen kannten darüber hinaus ›Sklaven‹, Kriegsgefangene anderer Inselgruppen und deren Nachkommen zumeist.

Mana und Tapu

Charakteristisch für die verschiedenen Bevölkerungsgruppen Polynesiens war ihre Vorstellung von einer spirituellen Kraft, die der Einzelne von den Ahnen erhielt. Das polynesische Wort hierfür ist *mana,* in der Literatur häufig mit ›außergewöhnliche Wirksamkeit‹, aber auch ›Macht‹ umschrieben. War jemand, so die traditionelle Auffassung, überdurchschnittlich erfolgreich in seinem Tun, so war dies ein Beleg dafür, dass er *mana* besaß. Er wurde von den anderen in besonderem Maße anerkannt und respektiert.

Entscheidend in diesem Zusammenhang ist, dass es sich bei *mana* um einen Vergleichswert handelte und der *mana*-Träger ständig unter Erfolgszwang stand. Jemand konnte beispielsweise ein außergewöhnlich guter Krieger sein. Unterlag der zuvor stets Siegreiche aber, so war gemäß der traditionellen Vorstellung das *mana* seines Gegners stärker. Ähnlich erging es den polynesischen Priestern, die ihr *mana* oftmals durch Magie erworben hatten. Konnte eine Krankheit nicht geheilt werden, d. h. gelang es nicht, die Strafe der Götter von einem Erkrankten abzuwehren, bedeutete dies, dass das *mana* des Priesters zu schwach war, oder er es gänzlich verloren hatte. Auch in diesem Fall führte der Misserfolg letztendlich zur Aberkennung der sozialen Stellung.

Da *mana* gemäß polynesischer Sichtweise übertragbar war, konnten auch Pflanzen, Tiere, ja, selbst Gegenstände diese außergewöhnliche Kraft besitzen. Berührte etwa ein Oberhaupt irgendeinen unbelebten Gegenstand, so besaß auch dieser *mana*.

Um *mana* nicht zu verlieren, musste der Einzelne oder die Gruppe eine Reihe von rituellen Vorschriften beachten. Wichtig in diesem Kontext ist der polynesische Begriff *tapu,* das in unserem Sprachgebrauch davon abgeleitete Wort *tabu* bedeutet ›verboten‹, ›untersagt‹.

Beide Begriffe gehören gemäß der traditionellen Vorstellungswelt untrennbar zusammen. Jemand erwirbt im Laufe seines Lebens durch Übertragung *mana* oder erbt diese spirituelle Kraft von den Ahnen – auf jeden Fall muss er durch die Einhaltung bestimmter Ritualvorschriften dafür sorgen, dass er *mana* behält. Denn die Wirksamkeit von *mana* kann auch verloren gehen, wenn eine andere Person gewisse Regeln nicht einhält, d. h. absichtlich oder unabsichtlich das *tapu* bricht.

Auch wenn sich vieles auf den polynesischen Inseln in den letzten Jahrzehnten verändert hat, werden diese traditionellen Verhaltensvorschriften prinzipiell noch eingehalten. So ist es beispielsweise weiterhin *tapu*, den Kopf einer Person zu berühren, weil dort *mana* sitzt. Aufgrund dieses *tapu*-Bruchs verliert das Gegenüber seine Kraft, und derjenige, der das *tapu* gebrochen hat, wird unweigerlich schwer ›bestraft‹. Somit sind Krankheit, Unfall bzw. plötzlicher Tod gemäß der traditionellen Vorstellungswelt (die auch weiterhin gilt) unabwendbar Folgen einer verbotenen Handlung.

Frauen und Männer

Üblicherweise waren die Oberhäupter in den traditionellen Gesellschaften Polynesiens Männer. Deren Titel wurde in männlicher Linie zunächst auf die erstgeborenen Söhne vererbt. War dies nicht möglich, so wurde das Amt entweder in mütterlicher Linie oder an

Frauen verkaufen Ananas auf dem Markt in Nuku'alofa, Tonga

Gesellschaft und Alltagskultur

Das dritte Geschlecht — Thema

Cindy, Amy oder Vanessa tragen Frauenkleidung, verhalten sich wie Frauen und lieben Männer. Doch manch' Schöne der Nacht, oftmals sogar die Schönste, entpuppt sich als Mann.

In polynesischen Gesellschaften gehören Transvestiten zur Kultur – zur traditionellen wie zur modernen. Bereits im Kindesalter werden manche Jungen zu Mädchen erzogen, ihnen werden alle Arbeiten aufgetragen, die als weiblich gelten. Dies geschieht häufig vor allem aus praktischen Gründen, wenn ein Ehepaar überwiegend Söhne hat und der Mutter ein Mädchen als Haushaltshilfe und bei der Betreuung der jüngeren Kinder fehlt. Allmählich übernehmen die *fa'afafine*, wie sie in Samoa genannt werden, ihre neue Rolle als Mädchen und später als Frau. *fa'afafine* bedeutet übersetzt ›leben wie eine Frau‹. In Tonga heißen sie *fakaleiti* oder kurz *leiti*, in Französisch-Polynesien *mahu* oder *raerae*. Mann oder Frau? Sie verkörpern das dritte Geschlecht auf den polynesischen Inseln.

Manche kehren während der Pubertät in die angeborene Rolle zurück, viele bleiben jedoch in ihrer anerzogenen, fühlen sich als Frau, kleiden sich wie eine Frau, leben mit einem Mann zusammen, und den adoptierten Kindern sind sie eine liebevolle Mutter. Die meisten sind berufstätig, arbeiten häufig in der Tourismusbranche sowie als Tänzerinnen, Choreographinnen und Sängerinnen, andere wiederum verdienen als Lehrerinnen ihren Lebensunterhalt.

Wie groß ihre Akzeptanz innerhalb der Gesellschaft ist, wird deutlich, wenn auf den Inseln Samoas, Französisch-Polynesiens, Tongas und anderswo die beliebten Schönheitswettbewerbe für Transvestiten stattfinden. Hier erscheinen sie ganz besonders ›aufgebrezelt‹, tragen schrille Modeschöpfungen am strammen Körper und gewagte Highheels an den etwas zu breiten Füßen. Die dreitägige Wahl zur Miss Galaxy, wie dieser Wettbewerb in Tonga heißt, ist mittlerweile die größte Show des Landes. Wer im Juli in Nuku'alofa dieses Spektakel erleben möchte, sollte rechtzeitig Karten reservieren, die Veranstaltung ist schnell restlos ausverkauft!

Die Schönste ist ein Mann

Feste

eine Tochter weitergegeben. So gab es in der Vergangenheit in Tonga, Samoa und Französisch-Polynesien eine Reihe von Frauen, die hohe, teilweise die höchsten gesellschaftlichen und politischen Herrschaftstitel trugen.

Grundsätzlich sah die Lebensphilosophie polynesischer Inselgesellschaften eine strikte Trennung in weibliche und männliche Lebensbereiche vor. In der Dorfgemeinschaft existierte sowohl das Frauen- als auch das Männerdorf; und keine der beiden Seiten hätte sich jemals in die Angelegenheiten der anderen eingemischt.

Wie umfassend diese Zuordnung beispielsweise in Samoa war, wird daran deutlich, dass nicht nur Tätigkeiten, sondern auch die Gegenstände selbst wie etwa Handwerksprodukte in weiblich, *toga,* und männlich, *'oloa,* unterteilt wurden. Zu den Produkten der Frauen zählten z. B. die äußerst fein gewobenen Kleidmatten, die zum Kostbarsten überhaupt gehörten. Der Wert einer solchen Kleidmatte hing von ihrem Alter ab, dem Rang der Frau, die sie hergestellt hatte, und von den Gelegenheiten, bei denen sie bereits eine Rolle als Geschenk gespielt hatte. Kochen und andere häusliche Tätigkeiten gehörten traditionell dagegen in den *'oloa*-Bereich, waren also Männersache.

Noch heute ist in vielen Bereichen eine Trennung in weibliche und männliche Zuständigkeitsfelder zu beobachten. Das Leben in den Städten, das Arbeitsleben nach westlichen Vorbildern erfordert Anpassungen, aber in den Dörfern existieren die verschiedenen Lebenswelten auch weiterhin. So feiern Frauen und Männer bei einem größeren Fest stets getrennt voneinander, und selbstverständlich sitzen sie weder in der Kirche noch im Bus zusammen.

Feste und Feiertage

Die Bewohner der pazifischen Inseln feiern gern und häufig. Neben den christlichen Feiertagen, die überall auf den pazifischen Inseln begangen werden, gibt es eine große Anzahl weiterer nationaler Feste und Veranstaltungen. Hier eine kleine Auswahl der wichtigsten Termine:

Januar
Amerik. Samoa: *Martin Luther King Day* (dritter Montag)
Franz. Polynesien: *Chinesisches Neujahrsfest* (Ende Januar/Anfang Februar, mit Feuerwerk, Tänzen und Ausstellungen in Pape'ete)

Februar
Cook-Inseln: *Cultural Festival Week* (Mitte des Monats, Kunst- und Handwerksausstellungen sowie Kanuregatten in Avarua)

März
Amerik. Samoa: *Cultural Handicraft Month* (inkl. Ausstellungen im Haydon Museum)

April
Amerik. Samoa: *Flag Day* (17. 4.; mit Umzügen, traditionellen Tänzen und Gesängen, aber auch mit Sportveranstaltungen wie dem Langbootrennen, *fautasi,* man feiert das Hissen der US-Flagge im Jahre 1900)
Cook-Inseln: *Island Dance Festival* (Mitte des Monats. Einwöchiges Fest, bei dem die besten Tänzer/innen ermittelt werden); *The Tinman* (Ende des Monats, die Antwort der Cook-Inseln auf den Ironman von Hawaii)
Samoa: *National Youth Week* (Ende des Monats bis Anfang Mai, verschiedene Veranstaltungen mit Jugendgruppen)

Mai
Samoa: *Mothers of Samoa Day* (14. 5.; Tag, an dem die Mütter des Landes für ihre Rolle innerhalb der Familie, an ihrem Arbeitsplatz und innerhalb der Gemeinde geehrt werden)
Tonga: Eröffnung des Parlaments mit Zeremonien und Umzügen

Juni
Franz. Polynesien: *Heiva i Tahiti* (Ende Juni/Anfang Juli, das wichtigste Kulturereignis des Landes. Das mehrwöchige Festprogramm umfasst Ausstellungen, Paraden, Sportveranstaltungen, Musik-, Tanz- und Schönheitswettbewerbe. Seinen Höhepunkt erreicht das

Gesellschaft und Alltagskultur

Fest am 14. Juli mit den Feierlichkeiten zum französischen Nationalfeiertag.)
Tonga: *Emancipation Day* (4.6.; Tag der nationalen Einheit); *National Music Festival* (Wettbewerb von Musikgruppen und Solisten); *Heilala Festival Week* (Ende des Monats bis Anfang Juli, Paraden, Sport-, Tanz-, Musikveranstaltungen sowie Schönheitswettbewerb)
Samoa: *Independence Celebrations* (1.–3.6.; anlässlich der Unabhängigkeitsfeierlichkeiten finden Tanz-, Musik- und Sportveranstaltungen statt. Höhepunkt dieser Festtage sind die Regatten der traditionellen, bis zu vierzig Ruderer fassenden Langboote, der sogenannten *fautasi*, im Hafen von Apia.)

Juli
Amerik. Samoa: *Independence Day* (4.7.; US-amerikanischer Nationalfeiertag)
Cook-Inseln: *Gospel Day* (26.7.; auf Rarotonga wird der Beginn der Christianisierung gefeiert); *Constitution Celebrations* (Ende des Monats bis Anfang August, mit umfangreichem Kulturprogramm, Sport- und Musikveranstaltungen)
Fidschi: *Bula Festival* (einwöchiges Fest in Nadi mit Paraden und Musik- und Tanzveranstaltungen)
Samoa: *Musika Extravaganza* (Musikfestival, bei dem traditionelle und moderne Kompositionen von etablierten und jungen Künstlern interpretiert werden)

Traditioneller Tanz auf den Yasawas

Feste

Tonga: *Miss Galaxy* (dreitägiger Schönheitswettbewerb der *fakaleiti*, s. S. 40)

August
Fidschi: *Hibiscus Festival* (einwöchiges Fest in Suva mit diversen Veranstaltungen)
Tonga: *Heilala Festival Week* (größtes Fest in Nuku'alofa mit Paraden, Tanzveranstaltungen sowie Schönheitswettbewerb, s. S. 186)

September
Amerik. Samoa: *Labor Day* (zweiter Montag des Monats)
Franz. Polynesien: *Floralies Day* (Ende September/Anfang Oktober, Blumenschau)
Fidschi: *Sugar Festival* (in Lautoka)

Samoa: *Teuila Tourism Festival Week* (Anfang des Monats, kulturelle Veranstaltungen, traditionelle Tanzwettbewerbe, Sport)

Oktober
Verschiedene Inselstaaten: *Children's White Sunday* (2. So und Mo, Fest der Kinder, bei dem sie von den Erwachsenen bedient werden); *Palolo Rise* (sieben Tage nach Vollmond, *palolo* sind bis zu 20 cm lange, im Korallenriff lebende Würmer, die in dieser Zeit an der Meeresoberfläche auftauchen, um sich fortzupflanzen. Die Inselbewohner fischen diese Tiere, die in der gesamten Südsee als Delikatesse gelten, mit Handnetzen ab.)
Cook-Inseln: *National Gospel Day* (26. 10.; mit Kirchenkonzerten wird auf allen Inseln, außer auf Rarotonga, der Ankunft des Missionars John Williams gedacht)
Franz. Polynesien: *Stonefishing Festival* (Ende Oktober, u. a. auf den Inseln Huahine und Taha'a wird an den traditionellen Fischfang mit Gesangs- und Sportwettbewerben erinnert); *Hawaiki nui Va'a* (wichtigstes Sportereignis des Jahres. Ein Rennen mit mehr als 100 Auslegerbooten von Huahine nach Raiatea, Taha'a und Bora Bora); *Floralies Day* (Ende Oktober/Anfang November, eine Blumenausstellung mit anschließendem Ball)

November
Cook-Inseln: *Tiare Festival Week* (dritte Woche des Monats; das berühmte Blumen-Festival inkl. Parade mit geschmückten Fahrzeugen durch die Hauptstadt)
Fidschi: *Diwali Day* (Anfang des Monats wird das hinduistische Lichtfest gefeiert)
Franz. Polynesien: *Tattoonesia* (in der zweiten Woche des Monats; beim Tattoo-Festival treffen sich Künstler aus aller Welt)

Dezember
Amerik. Samoa: *Holiday Performing Arts Festival* (in der dritten Woche des Monats)
Franz. Polynesien: *Tiare Tahiti Day* (1. 12.; in Pape'ete werden auf den Straßen, in Hotels und öffentlichen Gebäuden die weißen, wundervoll duftenden Blüten der Nationalblume, *Gardenai tahitensis,* verteilt)

Polynesische Tänzerinnen am Strand

Gesellschaft und Alltagskultur

Von einem der auszog, das Paradies zu finden – Paul Gauguin

Wer an die Südsee denkt, hat auch Gemälde Paul Gauguins vor Augen, kaum bekleidete Frauen, geheimnisvoll und von exotischer Schönheit inmitten einer Welt voller leuchtender Farben. Gemalte Träume, vom Künstler verzweifelt in der Realität gesucht.

Im Juni 1891, zwei Tage nach seinem 43. Geburtstag, erreicht Paul Gauguin die Südseeinsel Tahiti. Hinter ihm liegen Jahre voller finanzieller und gesundheitlicher Probleme, eine gescheiterte Ehe und die Trennung von seinen fünf Kindern.

Zehn Jahre lang, von 1873–1883, hatte er zusammen mit seiner Ehefrau, der aus Dänemark stammenden Mette-Sophie Gad, und den gemeinsamen Kindern in Paris ein bürgerliches Leben geführt. Als Bankangestellter und durch erfolgreiche Börsenspekulationen war er zu einigem Wohlstand gekommen, hatte in seiner Freizeit zu malen begonnen und bereits einige Bilder und Zeichnungen ausgestellt.

Doch nach einem Börsencrash und dem Verlust seines Arbeitsplatzes steigt er aus. Er beschließt, nur noch zu malen und hofft, mit seinen Bildern den Lebensunterhalt für sich und seine Familie zu bestreiten – vergeblich. Die Ehe zerbricht darüber, seine Frau zieht mit den Kindern nach Kopenhagen, er wohnt abwechselnd bei Künstlerkollegen auf dem Lande, kehrt für kurze Zeit nach Paris zurück, nimmt Gelegenheitsjobs an, um zu überleben.

1887 reist er nach Panama, von dort nach Martinique, kehrt aber nach wenigen Monaten krank und desillusioniert nach Frankreich zurück. Gauguin wohnt für wenige Wochen bei Vincent van Gogh. Auch dies ist nicht harmonisch: Während eines Streits zwischen den beiden schneidet sich van Gogh einen Teil seines linken Ohres ab.

Vier Jahre später flieht Gauguin erneut. Diesmal in die Südsee! Wieder hofft er, das Paradies zu finden, in dem man, ohne zu arbeiten, ein glückliches, ursprüngliches Leben führt, ganz so wie die Inselbewohner selbst. Von dem Geld, das er durch den Verkauf mehrerer Bilder in Paris erhalten hat, will er sich hier eine ›Eingeborenenhütte‹ kaufen. »Die Tahitier«, so meint er vor seiner Abreise zu wissen, »die glücklichen Bewohner eines unbeachteten Paradieses in Ozeanien, kennen vom Leben nichts als die Freuden. Für sie heißt leben, zu singen und zu lieben.« Doch gleich nach Ankunft in Pape'ete ist er schockiert, westliche Einflüsse haben die polynesische Kultur und die alten Traditionen fast vollständig verdrängt. Die Stadt erinnert ihn an das Europa, dem er entfliehen wollte. Er mietet sich ein Haus an der Südküste, wohnt dort zusammen mit einer 13-jährigen tahitianischen Geliebten, die ihm häufig auch Modell steht. Wieder wird er krank, wieder plagen ihn finanzielle Nöte. Er borgt sich Geld und kehrt nach Frankreich zurück.

Es dauert zwei Jahre, da reist er erneut ab. Sein Ziel ist wieder Tahiti, wieder ein Haus außerhalb der Hauptstadt, deren Verwestlichung seit seinem ersten Aufenthalt noch weiter fortgeschritten ist, wieder eine sehr junge Einheimische, die mit ihm lebt. Sein Gesundheitszustand verschlechtert sich. Er ist an Syphilis erkrankt, leidet an Herzbeschwerden, hat Hautauschlag und eine chronische Augenentzündung. Seine Geliebte bringt eine Tochter zur Welt, die bald darauf

Paul Gauguin

Thema

stirbt. Als er dann noch erfährt, dass auch eins seiner Kinder, die er mit Mette-Sophie hat, gestorben ist, unternimmt er einen Suizidversuch. Während dieser Jahre, immer wieder unterbrochen durch Krankenhausaufenthalte, beendet er seinen Roman Noa Noa, illustriert ihn und malt wie besessen.

Als sich seine finanzielle Situation vorübergehend bessert, zieht es ihn nach Atuona, dem Hauptort der Insel Hiva Oa. Doch wieder kommt er zu spät. Auch auf dieser fernen, zu den Marquesas gehörenden Insel ist die Kultur der Einheimischen nahezu zerstört, wie er verbittert erkennt. In seinem Maison du Jouir lebt er erneut mit einem sehr jungen Mädchen zusammen. Todkrank gerät er, wie die Jahre zuvor auf Tahiti, mit den örtlichen französischen Kolonialbeamten und mit den katholischen Missionaren in Konflikt. Er wird wegen Beleidigung zu einer dreimonatigen Haftstrafe und einer Geldbuße verurteilt. Die Strafe tritt er jedoch nicht mehr an, er stirbt am 8. Mai 1903.

Gefunden hat er es wohl nie, sein Paradies. Genauso wenig wie Charles Strickland, jener Geschäftsmann in »The Moon and Sixpence« (in deutscher Sprache unter »Silbermond und Kupfermünze« erschienen) von William Somerset Maugham, dem das Leben Gauguins als Romanvorlage diente.

Paul Gauguin malte die Tahitianerinnen mit melancholischen Zügen

Kunst und Kultur

Kunst in Polynesien ist weitaus vielfältiger als das, was uns die Auslagen der Souvenirgeschäfte heutzutage anbieten. Handwerker waren hoch angesehene Meister, ihre Werke wahre Kostbarkeiten. Und Literatur der Südsee meint mehr als das geschriebene Wort.

Die Kunst zu bauen

Es gehört sicherlich zu den herausragenden Leistungen überhaupt, dass es den Polynesiern einst gelang, eine vollständige materielle Kultur auf der Grundlage nur weniger Ressourcen aufzubauen. Da ihnen Metalle unbekannt waren, fertigten sie zum Zeitpunkt der ersten Kontakte mit den Europäern beispielsweise ihre Werkzeuge aus Naturmaterialien wie Stein, Holz und Muscheln. Doch ungeachtet ihrer vergleichsweise geringen technischen Ausstattung vermochten diese alten Kulturen beispielsweise Tempelanlagen, Häuser und hochseetaugliche Boote u. a. m. zu bauen.

Kultstätten und Pyramiden

Die Bedeutung des Ha'amonga Maui Trilithon, dieses massiven, aus drei Teilen bestehenden Steinmonumentes von Tongatapu, der Hauptinsel Tongas, das etwa im 12. Jh. gebaut wurde, ist uns heute nicht mehr bekannt. Doch egal, ob es sich bei diesem Trilithon um den Eingang zu einer Residenz eines Königs handelte oder ob das Monument zu astronomischen Berechnungen diente, sozusagen als Stonehenge Polynesiens, allein die Leistung, jene tonnenschweren Korallenquader zu bearbeiten, zu transportieren und aufzustellen, ist imponierend.

Die Bevölkerungen Tongas, der Cook-Inseln, vor allem jedoch die Inselbewohner Französisch-Polynesiens errichteten vermutlich ab dem 14. Jh. zum Teil kleine sakrale Bauwerke, später weitläufige, aus Korallenkalkstein und Basaltplatten gebaute Kultstätten, sogenannte **Marae**. Der Begriff *marae* oder *malae* bedeutet ›gefällt, von Bäumen, Sträuchern und Unkraut befreit‹ und bezeichnet einen heiligen, bis zu mehreren Tausend Quadratmetern großen Platz, der früher einerseits zu gesellschaftlichen Zwecken als Versammlungsort genutzt wurde, andererseits der Verehrung der Götter diente, an dem verschiedene Zeremonien abgehalten wurden. Am hinteren Ende der rechteckigen, meist von Mauern umschlossenen Anlage befand sich eine steinerne, pyramidenförmig gestufte Plattform von beachtlicher Größe. Überreste solcher eindrucksvollen Kultbauten aus voreuropäischer Zeit können noch heute, teilweise bereits restauriert, auf einigen Gesellschaftsinseln sowie auf den Marquesas bewundert werden.

Hausbau

Die traditionelle Bauweise mit Naturmaterialien hat sich in einigen Regionen Fidschis, vor allem jedoch auf den Inseln Samoas noch erhalten. Charakteristisch war und ist noch heute die rundherum offene Bauweise der sogenannten **Fale,** wie die Wohnhäuser Samoas heißen, die kaum Privatsphäre zulassen. Mehrere Pfosten auf einer zumeist hölzernen Plattform, in einigen Fällen auch auf einem Steinfundament, tragen das gewölbte, ursprünglich aus Kokospalmwedeln geflochtene Dach. Wie auf den Inseln Fidschis wurden auch auf Samoa die Einzelteile nur mit

Handwerk

zum Teil eingefärbten Kokosfaserschnüren kunstvoll zusammengebunden.

Bootsbau

Ähnlich wie beim Hausbau waren die alten Polynesier auch beim Bau ihrer großen hochseetauglichen, bis 80 Passagiere tragenden Doppelrumpf- bzw. kleineren Auslegerboote ausschließlich auf pflanzliche Materialien angewiesen. Die ganze Konstruktion solcher Boote, mit denen mehr als 1000 km auf offener See zurückgelegt werden konnten, hielt ohne Nagelung nur durch Zusammenbinden der einzelnen Plankenstücke mit Kokosfaserschnüren. Als zusätzliche Abdichtung wurden Baumharze genutzt. Die großen Mattensegel wurden aus den Blättern der Schraubenpalme (Pandanus tectorius) geflochten. Zu Recht wurden diese mit vergleichsweise einfachen Mitteln und technischen Möglichkeiten gefertigten Boote Meisterwerke der Schiffbaukunst genannt.

Weitgehend in Vergessenheit geraten ist neben dieser Form des Bootsbaus auch die hoch entwickelte Kunst des zielsicheren Navigierens, für die die Polynesier einst berühmt waren. Sonne, Mond und Sternenbilder, aber auch Wind und Wolkenformationen, Farbe und Temperatur des Meeres, Strömungen, Wellenbewegungen sowie Verhalten von Fischen und Vögeln dienten in voreuropäischer Zeit der Orientierung.

Handwerk

In der stark hierarchisch gegliederten Gesellschaft des alten Polynesiens besaßen die Handwerker und Berufsspezialisten einen besonderen Status und waren hoch angesehen. Diese ›Meister‹ oder ›Künstler‹, Frauen und Männer, galten in ihrem Fach als Haus- oder Bootsbauer, Schnitzer, Tatauierer oder Heilkundiger als besonders erfahren und hatten spezielle Kenntnisse, die sie der nächsten Generation mündlich überlieferten.

Die traditionelle Herstellung einer Reihe von kunsthandwerklichen Erzeugnissen ist

Ein Holzschnitzer auf 'Upolu bei der Arbeit

Kunst und Kultur

bis heute erhalten geblieben, teilweise sind ihre Formen jedoch dem Geschmack und Bedürfnissen der Touristen angepasst worden. Angemessen klein, so dass die Souvenirs in die Koffer passen, und vor allem nicht so schwer sollen sie sein. Ein weiteres Kriterium ist die gewünschte Exotik der Mitbringsel. So schnitzen Künstler heute beispielsweise Masken, obwohl es sie auf den polynesischen Inseln ursprünglich nie gab.

Tiki – eine göttliche Figur

Charakteristisch für die bildende Kunst der zu Französisch-Polynesien gehörenden Marquesas-Inseln sind die **Tiki,** ins Deutsche übersetzt etwa ›Figur‹ oder ›Statue‹. Dieser Begriff bezieht sich auf den polynesischen Gott, der den ersten Menschen erschuf, sowie auf den Gott der Steinmetze und Holzschnitzer, darüber hinaus wurde ein *tiki* als Symbol vergöttlichter Stammesahnen verstanden. Ein *tiki* stellt eine – häufig geschlechtslose – Figur mit einem Totenkopf, auffällig großen leeren Augenhöhlen, einem Nasenstumpf und einem breiten Mund, zum Teil mit hervorquellender Zunge dar. Diese früher fast 3 m hohen, tonnenschweren Steinplastiken wurden ungefähr ab dem 17. Jh. auf *marae* platziert, den sakralen Plätzen, und wurden in vorchristlicher Zeit vermutlich als Vermittler zwischen Göttern und Menschen angesehen. Kleinere *tiki* dienten oftmals als Familienschutzgötter.

Das *tiki*-Motiv findet sich auf verschiedenen Gegenständen. Als Ohrschmuck gehörte es zum wertvollsten Besitz der Marquesaner. Der üblicherweise aus Pottwalzahn gefertigte Stift zeigte zumeist eine Gruppe kleiner *tiki,* der runde, aufgesteckte Knopf bestand aus einem bearbeiteten Gehäuse einer Kegelschnecke.

Tapa – Stoff aus Baumrinde

Das polynesische Wort *tapa* bezeichnet einen Rindenbaststoff, der aus der Innenrinde bestimmter Bäume, meist des Papiermaulbeerbaumes (Broussonetia papyrifera), hergestellt wird. Nach dem Ablösen der Rinde wird die Bastschicht zunächst in der Sonne getrocknet, gelagert, stundenlang gewässert und schließlich mit Schlegeln aus Eisenholz zu hauchdünnen Bahnen geklopft. Danach werden die Bahnen zu mehreren Schichten übereinander gelegt und die Fasern durch weiteres Klopfen zusammengefügt. Mit Matrizen oder Stempeln werden die weißlichen Bahnen mit braunen und gelb-braunen Farben bedruckt oder bemalt. Die Herstellung und Bearbeitung von Rindenbaststoffen gehört ausschließlich zum Aufgabenbereich der Frauen.

Tapa, in Fidschi auch *masi* genannt, wurde traditionell vor allem zur Bekleidung verwendet, aber auch als Schlafunterlage und zum Abteilen von Räumen. Noch heute wird *tapa* als Zeremonialgeschenk zu bestimmten Anlässen wie Geburt, Hochzeit oder Todesfall überreicht, um soziale Beziehungen auszubauen oder bereits bestehende zu festigen.

Geflochtene Kunstwerke

Charakteristisch für das Kunsthandwerk Samoas waren die äußerst fein geflochtenen Kleidmatten, die zum Kostbarsten überhaupt gehörten. Sie wurden ausschließlich von Frauen in monate-, manchmal jahrelanger Arbeit zumeist aus den Blättern der Schraubenpalme (Pandanus tectorius) oder anderen pflanzlichen Materialien hergestellt. Auf Tonga tragen Männer und Frauen noch immer zu besonderen Anlässen ihre geflochtenen Gürtelmatten, *ta'ovala kie,* die sie über die Kleidung binden. Aber auch auf allen anderen polynesischen Inselgruppen wurden und werden noch heute Gebrauchsgegenstände wie Taschen, Fächer, Hüte oder Körbe aus zuvor präparierten Blättern der Schraubenpalme oder Kokospalmwedel geflochten.

Literatur

Südseeliteratur meint hierzulande oftmals jene Romane, die von Europäern und Amerikanern über die Südsee verfasst wurden und häufig den romantischen Südseetraum zum Thema haben. Hierunter fallen Werke von

Literatur

Herman Melville, Robert Louis Stevenson, W. Somerset Maugham, James Norman Hall und Charles Nordhoff, James Michener, um nur einige zu nennen. Wir denken unwillkürlich an »Die Südsee«, »Die Schatzinsel«, »Die Meuterei auf der Bounty« und und und. Diese Erzählungen und (verzerrten) Darstellungen der Südsee haben uns in unserer Jugend begleitet und zweifellos maßgeblich zum Bild der Südsee im Westen beigetragen.

Einige von uns erinnern den »Papalagi«, jenes Kultbuch aus den frühen 1970ern, mit dem verheißungsvollen Untertitel »Die Reden des Südseehäuptlings Tuiavii aus Tiavea«. Die in diesem Büchlein enthaltenen Schilderungen und Weisheiten über Sexualität, Geld, Zeit oder die »schwere Krankheit des Denkens« nährten die Sehnsucht nach einer anderen, naturnäheren und somit, wie man in jener Zeit meinte, per se besseren Gesellschaft. Doch welch eine Enttäuschung als bekannt wurde, dass die damals unter einem Kneipentisch gekaufte Raubkopie purer Schwindel war! Der Verfasser hörte auf den wenig melodisch klingenden Namen Erich Scheuermann und stammte aus einer holsteinischen Kleinstadt.

Literatur aus der Südsee

Mit Ausnahme der Insel Rapa Nui (Osterinsel) kannten die Bewohner Polynesiens keine eigene Schrift, diese wurde erst von den europäischen Missionaren eingeführt. Zuvor wurde alles Wissen, die Mythen und Genealogien in Geschichten und Liedtexten mündlich überliefert und in Tänzen weitergegeben. So ›illustrierten‹ beispielsweise die Arm- und Handbewegungen in den klassischen Tänzen der Tonganer bedeutende historische Ereignisse. Von einer Generation zur nächsten wurde von den Großtaten der Ahnen, ihren Abenteuern bei der Entdeckung neuer Inseln und von der Schönheit der Heimatorte erzählt, gesungen und getanzt – und von der

Tiki-Figur auf den Marquesas, Mittler zwischen Göttern und Menschen

Kunst und Kultur

Kunst, die unter die Haut geht

Tatauierung, das ist jener Körperschmuck, der einst eine Person in ein eindrucksvolles Gesamtkunstwerk von Kopf bis Fuß verwandelte. ›Bilder auf der Haut‹ – bei uns wohl eine Modeerscheinung, auf den Inseln der Südsee eine Rückbesinnung auf das kulturelle Erbe.

Die Tradition, die Haut mit geometrischen Mustern dauerhaft zu schmücken, war im gesamten pazifischen Raum verbreitet, auf den Inseln Polynesiens jedoch war diese Kunst am höchsten entwickelt. Von hier stammt auch der Begriff *tatau* (›richtig schlagen‹), den Kapitän James Cook von seinen Südsee-Expeditionen lautmalerisch als *tattoo* mitgebracht hatte und der sich in unserem Sprachgebrauch als ›tätowieren‹ durchgesetzt hat.

Ein hoch angesehener Spezialist trieb das zuvor in eine Mischung aus Ruß, Wasser oder Kokosöl getauchte, kammähnlich gezahnte Tatauierinstrument mit kräftigen, rhythmischen Schlägen in die Oberhaut. Waren die Wunden nach etwa 4 Wochen abgeheilt, blieb eine bläulich-schwarze Ornamentierung zurück. Bezeichnenderweise nannten die Samoaner ihre Tatauiermeister *tufuga ta tatau,* die Bewohner der Marquesas-Inseln ihre Künstler *tuhuna patu tike,* zu Deutsch etwa ›Meister des Bilderklopfens‹.

Nahezu alle polynesischen Inselgruppen kannten diesen Körperschmuck, doch gab es große regionale Unterschiede. Auf den Samoa-Inseln wurden die Jungen von der Hüfte bis zu den Knien großflächig tatauiert, die Mädchen vor allem in den Kniekehlen und auf dem Handrücken. Auf Fidschi wurden nur die Mädchen dekoriert. Auf einigen Inseln dieser Gruppe wurden die Ornamente nur im Genitalbereich aufgebracht, während auf anderen der Rücken, die Brust, der Bereich vom Nabel bis zu den Oberschenkeln, die Handrücken und Arme sowie die Mundpartie geschmückt wurden. Die ersten Stichmuster erfolgten zumeist bei einsetzender Pubertät als Teil der Initiationszeremonie, die den Übergang des Mädchens zur Frau und Aufnahme in die Welt der Erwachsenen vorbereitete und hervorhob. Darüber hinaus galten sie als Zeichen der Schönheit und des Mutes.

Auf den zu Französisch-Polynesien gehörenden Marquesas-Inseln waren viele Männer und Frauen am ganzen Körper einschließlich des Gesichtes tatauiert, wobei die prachtvollen Bilder in jahrzehntelanger Arbeit

Tatauierung

nach und nach entstanden. Jedes Bildelement, jede Linie und jede Kurve, jede Raute und jeder Kreis, hatte einen speziellen Namen, eine bevorzugte Körperstelle sowie vermutlich eine besondere Bedeutung. Darauf lassen die Studien schließen, die Karl von den Steinen, ein deutscher Ethnologe, Ende des 19. Jh. durchführte. Demnach spiegeln einige Motive Ereignisse aus dem eigenen Leben wider, andere erzählen Geschichten von den Ahnen.

Berichten sie vielleicht von jenen Vorfahren, die einst über den großen Ozean kamen, um die Inseln zu besiedeln? Die Ornamentierung der polynesischen Tatauierung ähnelt jedenfalls den Designs der für die Lapita-Kultur typischen Keramik, deren früheste Spuren auf den melanesischen Inseln Papua-Neuguineas, Vanuatus und Neukaledoniens zu finden sind. Auch sie weist filigrane geometrische Verzierungen auf, die mit kammähnlichen Stempeln aufgebracht wurden. Entsprechende Muster finden sich ebenfalls auf den *tapa*, jenen Rindenbaststoffen, die zur Fertigung u. a. von Kleidung diente und noch heute Verwendung finden (s. S. 50).

Vor allem unter dem Druck der Missionare musste die Tatauierkunst auf fast allen pazifischen Inseln aufgegeben werden. Doch seit drei Jahrzehnten etwa erlebt diese uralte Tradition eine Renaissance. Viele junge Menschen in Polynesien verstehen ihre ›Bilder auf der Haut‹ als ein deutliches Symbol ihrer Rückbesinnung auf das kulturelle Erbe, als ein – schmerzvolles – Bekenntnis zur polynesischen Identität.

Eine junge Frau lässt sich tatauieren

Kunst und Kultur

Liebe wurde berichtet, von der unglücklichen zumeist, von Abschied und Schmerz.

In den 1960er-Jahren, also zeitgleich mit der einsetzenden Entkolonialisierung, hat sich auf den Inseln Polynesiens eine eigenständige Literatur entwickelt. Die ersten einheimischen Schriftsteller begannen, die alten Überlieferungen, Erzählungen und Liedtexte aufzuschreiben, doch bald schon folgten Romane, in denen sie sich mit ihrer neueren Geschichte und Identitätsfindung auseinandersetzten. Veröffentlicht wurden diese Werke in englischer Sprache, der Sprache der einstigen Kolonialmacht, aber die einzige, in der sie auf den meisten Inseln verstanden wurden.

Polynesische Autoren

Einer der Gründerväter dieser neuen Südseeliteratur ist der Historiker und Lyriker Albert Wendt, ein in Apia geborener Samoaner mit deutschen Vorfahren. Sein 1973 veröffentlichter Roman »Sons for the Return Home«, war der erste eines samoanischen Autors überhaupt. Sechs Jahre später folgte »Leaves of the Banyan Tree«, in deutscher Sprache zunächst unter dem Titel »Der Clan von Samoa«, später unter »Die Blätter des Banyanbaums« erschienen, ist eine Familiensaga über drei Generationen, in der der wirtschaftliche Aufstieg und Fall eines Clans erzählt wird – die polynesische Antwort auf die Buddenbrocks sozusagen. Mittlerweile hat er zahlreiche weitere Romane und Kurzgeschichten, Gedichtbände, Drehbücher und ein Theaterstück geschrieben.

Mit den jeweiligen Lebenswirklichkeiten, mit den ganz alltäglichen Problemen und Nöten der Inselbewohner, aber auch vom Dilemma, einen Weg zu finden, zwischen dem traditionellen und dem modernen Lebensstil haben sich auch die anderen einheimischen Autoren beschäftigt. So wie beispielsweise die ebenfalls in Samoa geborene Sia Figiel in ihrem Erstlingswerk »Where We Once Belonged«, das unter dem Titel »Alofa« in deutscher Sprache erschienen ist. Darin erzählt sie von einem Mädchen, das inmitten westlicher Konsumgüter, Kung-Fu-Filme und Popidole aufwächst und dennoch die Traditionen ihrer Vorfahren retten soll.

Der Tonganer Epeli Hau'ofa, ein Sozialwissenschaftler, berichtet in seinen urkomischer und manchmal grotesken Satiren in »Tales of the Tikongs« (»Die Rückkehr durch die Hintertür«) von einer korrupten Inselgesellschaft und von trotteligen westlichen Experten und Entwicklungshelfern.

Joseph C. Veramu aus Fidschi ist Journalist, betreut u. a. soziale Projekte und schreibt Erzählungen und Kinderbücher. In »Moving Through the Streets«, unter dem Titel »Durch die Straßen von Suva« in deutscher Übersetzung erschienen, lässt er uns teilhaben an den Lebensläufen zweier Jugendlicher, deren Lebenswelt geprägt ist von Arbeitslosigkeit, Drogen und Kriminalität.

Weitere, auch international renommierte polynesische Schriftsteller sind beispielsweise die Tonganerin Konai Helu Thaman, Pio Manoa und Jo Nacola aus Fidschi sowie Marjorie Crocombe und Thomas Davis von den Cook-Inseln, letzterer war mit einer kurzen Unterbrechung von 1978 bis 1987 auch Premierminister seines Landes.

Mit einiger Verzögerung entwickelte sich auch auf den Inseln Französisch-Polynesiens eine eigenständige Literatur. Manche dieser Schriftsteller publizieren ihre Werke in französischer Sprache, andere ausschließlich in ihren Regionalsprachen, was eine Verbreitung und Auseinandersetzung mit anderen pazifischen Künstlern naturgemäß erschwert. Bedeutende zeitgenössische Schriftstellerinnen, deren zentrales Thema die kulturelle Entwurzelung ist, sind u. a. Chantal T. Spitz, Michou Chaze und Célestine Hitiura Vaite, deren Debütroman »Breadfruit« (»Unter dem Frangipani-Baum«) das Leben mehrerer tahitianischer Frauen aus vier Generationen verfolgt.

Zahlreiche Gedichtbände, Kurzgeschichten und Romane dieser Autoren aus der Südsee sind auch hierzulande erhältlich, manche von ihnen sind ins Deutsche übersetzt worden und laden so, ganz unkompliziert, zu einer literarischen Entdeckungsreise in die Südsee ein (siehe hierzu S. 64).

Essen und Trinken

Die Pazifikstädte geben sich international: Überall finden Sie den Italiener an der Ecke, können japanisch essen, auch die üblichen Fast-Food-Ketten gibt es mittlerweile. Angesichts dieser kulinarischen Weltoffenheit sei die Frage gestattet: Was isst (und trinkt) eigentlich die Südsee?

Um es gleich vorwegzunehmen: Die Speisen sind nahrhaft! Zu den traditionellen Grundnahrungsmitteln gehören Wurzelfrüchte wie Taro (Dalo), Yams, Kassava (auch Tapioka oder Maniok genannt), Kochbananen und Brotfrucht – wahre Protein- und Stärkebomben allesamt.

Der Bedarf an tierischem Eiweiß wird zumindest auf kleineren Inseln und in Küstennähe durch Fisch und Meeresfrüchte gedeckt, in anderen Regionen durch Hühnerfleisch ergänzt, als Gemüse dienen häufig noch junge Taroblätter. Die besonders beliebten Ferkel und Schweine werden auf vielen Inseln ausschließlich für ein Festmahl geschlachtet. Überhaupt, es wird viel gegessen, sehr viel. Bis auf wenige Ausnahmen gilt nach wie vor in der Südsee: Dick ist schick! Kräuter und Gewürze werden in der herkömmlichen Küche kaum verwendet, zur Verfeinerung dient aus frischen Kokosraspeln gepresste Kokosmilch, die durch ihren Kalorienreichtum erheblich zum oben erwähnten Motto beiträgt.

Die einheimischen Nahrungsmittel werden heutzutage oftmals durch fettes Importfleisch, Konserven, Nudeln sowie stark zuckerhaltige Snacks ergänzt, in den Hauptstädten sogar nahezu verdrängt. Da überrascht es nicht, wenn eine Studie der Weltgesundheitsorganisation (WHO) feststellt, dass die Inselbewohner Polynesiens zu den dicksten Menschen der Welt zählen, mit den bekannten fatalen Folgen wie Diabetes, Herzinfarkt und Schlaganfall selbst schon bei jungen Leuten.

Die Milch der Südsee

Unter Kokosmilch versteht man in der Südsee nicht etwa die wässrige Flüssigkeit im Innern einer Kokosnuss, sondern eine milchige Flüssigkeit, die aus dem geriebenen frischen Fruchtfleisch einer reifen Kokosnuss gewonnen wird.

Achten Sie beim Kauf einer Kokosnuss immer darauf, dass sie möglichst viel Kokoswasser enthält (gegebenenfalls schütteln Sie die Nuss). Bohren Sie Löcher in die drei »Augen« der Nuss und gießen Sie das Kokoswasser aus. Legen Sie anschließend die Nuss für etwa 30 Min. in einen schwach geheizten Backofen, um das Fruchtfleisch von der Schale zu lösen. Um die Kokosnuss in zwei Teile zu spalten, genügen zwei bis drei kräftige Schläge mit einem Hammer. Nun können Sie mit der Messerspitze das Kokosfleisch leicht ablösen und die dünne braune Haut entfernen.

Das so gewonnene Fruchtfleisch wird fein geraspelt und mit der gleichen Menge Wasser kurz aufgekocht. Kneten Sie die abgekühlte Flüssigkeit kräftig durch und gießen Sie sie durch ein feines Küchenhandtuch oder Musselintuch ab. Pressen Sie dabei möglichst viel Flüssigkeit aus – Ihre Kokosmilch ist fertig.

Essen und Trinken

Der Erdofen

Häufig sonntags, ganz bestimmt aber im Rahmen von Familienfeierlichkeiten wird der Erdofen bestückt, der in Fidschi *lovo* genannt wird, in Samoa, Tonga und auf den Cook-Inseln *umu*, auf einigen Inseln Französisch-Polynesiens heißt er *hima'a*, auf anderen *umukai*. Eine Erdmulde wird mit zuvor erhitzten Steinen ausgelegt, hierauf schichtet man die einzelnen, in Bananenblätter gewickelten Speisen, zuerst die Knollenfrüchte, anschließend Fleisch, Fisch und Meerestiere und zum Schluss, ganz oben das Gemüse. Anschließend wird alles mit Blättern, Palmwedel und Matten abgedeckt, damit die Speisen langsam garen können. Nach mehreren Stunden ist das Mahl fertig.

Das Ausheben der Grube, das Erhitzen der Steine, das Bestücken des Erdofens mit Nahrungsmitteln … einfach alles, was mit der Zubereitung der Speisen in einem Erdofen zu tun hat, ist Männersache.

Spezialitäten

Nicht fehlen darf bei einem solchen Festmahl in Fidschi und auf den Inseln Samoas *palusami*, das ist Corned Beef mit Gemüse und etwas Kokosmilch. Statt des Corned Beefs können auch Meeresfrüchte verwendet werden. Alle Zutaten werden vermischt und in junge Taroblätter gewickelt im Erdofen langsam gegart.

Besonders delikat an heißen Tagen schmeckt in Zitrone marinierter und mit Kokosmilch servierter roher Fisch. Diese Köstlichkeit wird auf den Inseln Fidschis *kokoda* genannt, *ika mata* heißt sie auf einigen Cook-Inseln und in Französisch-Polynesien *i'a ota* oder *poisson cru*. Unbedingt probieren!

Als Dessert wird in Französisch-Polynesien häufig *poi* gereicht, das ist eine Art Pudding aus Bananen oder einer anderen Frucht, Stärkepulver und Kokoscreme. In Fidschi heißt eine besonders verführerische Süßspeise *vudi vakasoso*. Das ist eine reife, frittierte Kochbanane mit dicker Kokosmilch übergossen – köstlich! Frittierte Brotfrucht- oder Yamsscheiben (Chips) werden mit Saucen oder Dips gereicht und sind eine leckere Knabberei.

Eine Möglichkeit, all diese Spezialitäten zu kosten, haben Touristen anlässlich der sogenannten Island Nights, die in den großen Hotels regelmäßig zusammen mit Vorführungen landestypischer Tänze stattfinden.

Poisson cru à la Tahitienne
Zutaten für 4 Personen:
800 g frischen rohen Thunfisch (oder Mahi Mahi oder ein anderer fester weißer Fisch)
1 Salatgurke, 1 Tomate, 1 Zwiebel,
1 Paprika, Saft von 4 Limonen,
4 Esslöffel Kokosmilch
Den Fisch würfeln, waschen, abtropfen lassen und in eine Schüssel geben. Den Limonensaft über den Fisch geben und mehrere Stunden im Kühlschrank ziehen lassen. Einen Teil des Saftes wegnehmen. Das Gemüse ebenfalls würfeln und zusammen mit der Kokosmilch dazugeben und gut durchmischen. Mit Salz und Pfeffer abschmecken. Wird stilecht kalt auf einem Salatbett in einer halben Kokosnuss serviert.

Geregelte Mahlzeiten

In ländlichen Regionen Polynesiens essen die Familien selten an einem Tisch, meistens wird am Boden ein Stoff ausgebreitet, die Familienmitglieder setzen sich im Schneidersitz an ihre angestammten Plätze und das Familienoberhaupt spricht ein Gebet. Gegessen wird nach nach einer festen Reihenfolge: Das Oberhaupt, in den meisten Fällen der Vater, beginnt zusammen mit dem ältesten Sohn, die übrigen Familienmitglieder essen später. Gegessen wird in der Regel mit den Fingern.

Ist ein Gast anwesend, wird erwartet, dass dieser das Gebet spricht und zusammen mit dem Haushaltsvorstand als Erster isst. Hat man genug gegessen, bedankt man sich. Üblicherweise wird einem nun eine Schale

Kava

Männer bei einer Kava-Zeremonie

mit Wasser und ein Handtuch gereicht, damit man sich die Hände reinigen kann.

Getränke

Ursprünglich gab es auf den polynesischen Inseln keine alkoholischen Getränke. Heutzutage wird in den ländlichen Regionen zum Essen Wasser und nach dem Essen Tee mit Milch und Zucker gereicht. Eine Lizenz zum Ausschank von Alkohol haben meist nur Hotels und die Restaurants der gehobenen Preisklassen – dort bekommen Sie Softdrinks und Wein, vor allem auf den touristischen Inseln Französisch-Polynesiens zum Teil exzellente französische Weine.

In allen anderen Inselstaaten erhalten sie lokale Biersorten, die ebenfalls empfehlenswert sind. Ob Fiji Bitter, Royal Tongan oder samoanisches Vailima, sie alle können mit einem Forster's durchaus konkurrieren. Sehr gute Liköre wie etwa Kaffee- oder Kokoslikör sind in einigen Inselstaaten direkt beim Produzenten erhältlich.

Kava

Abgesehen vom Wasser einer noch jungen Kokosnuss gibt es auf den meisten pazifischen Inseln nur ein charakteristisches Getränk: *kava*. Die Samoaner nennen es *'ava*, die Fidschianer *yaqona* oder einfach *grog*. Wenn Sie in die Südsee reisen, werden Sie dieses Getränk sicherlich kennenlernen, vor allem in Fidschi.

Aber egal auf welcher Insel Sie sich aufhalten, es ist eine Ehre, als Tourist auf ein (oder zwei, drei ...) Schälchen eingeladen zu werden (Näheres zu *kava*, seiner Zubereitung und zur Zeremonie s. S. 131).

Kulinarisches Lexikon Englisch

Im Restaurant

Reservieren Sie uns bitte für heute Abend einen Tisch für ... Personen.	Would you reserve us a table for ... for this evening, please ?
Bitte warten Sie, bis Ihnen ein Tisch zugewiesen wird.	Please wait to be seated.
Essen nach Belieben zum Einheitspreis	all you can eat
Die Speisekarte, bitte.	The menu, please.
Weinkarte	wine list
Auf Ihr Wohl!	Cheers!
Die Rechnung, bitte.	My check, please.
Vorspeise	appetizer
Suppe	soup
Hauptgericht	main course
Nachspeise	dessert
Beilagen	trimmings
Tagesgericht	meal of the day
Gedeck	cover
Messer	knife
Gabel	fork
Löffel	spoon
Glas	glass
Flasche	bottle
Salz/Pfeffer	salt/pepper
Zucker/Süßstoff	sugar/sweetener
Kellner/Kellnerin	waiter/waitress

Zubereitungen

boiled	gekocht
broiled	gegrillt
caesar's salad	Salat mit Mayonaise und Parmesan
fish boiled in coconut cream	Fisch in Kokosmilch
fried	frittiert (meist paniert)
fried eggs (sunny side up/ over easy)	Spiegeleier (Eigelb roh/ beidseitig gebraten)
marinated raw fish	marinierter roher Fisch
rare/medium rare	blutig/rosa
stuffed	gefüllt
underground oven	Erdofen
well done	durchgebraten

Fisch und Meeresfrüchte

calamary	Tintenfisch
crab	Krebs/Krabbe
gamba	Garnele
lobster	Hummer
oyster	Auster
prawn	Riesengarnele
shellfish	Schalentiere
shrimp	Krabbe
swordfish	Schwertfisch
tuna	Thunfisch

Fleisch und Geflügel

bacon	Frühstücksspeck
beef	Rindfleisch
chicken	Hähnchen
drumstick	Hähnchenkeule
ham	Schinken
lamb	Lamm
porc chop	Schweinekotelett
sausage	Würstchen
spare ribs	Rippchen
veal	Kalbfleisch

Gemüse und Beilagen

breadfruit	Brotfrucht
beans	Bohnen
cabbage	Kohl
carrot	Karotte
chestnut	Esskastanie
coconut	Kokosnuss
cooking banana	Kochbanane
cucumber	Gurke
eggplant	Aubergine
french fries	Pommes frites
garlic	Knoblauch
lettuce	Kopfsalat
manioc	Maniok
mushrooms	Pilze
noodles	Nudeln
onion	Zwiebel

pepper	Paprikaschote	**Käse**	
peas	Erbsen	cheddar	kräftiger Käse
potatoe	Kartoffel	curd	Quark
rice	Reis		
sweet corn	Mais	**Nachspeisen und Gebäck**	
sweet potato	Süßkartoffel	pancake	Pfannkuchen
taro	Taro	pastries	Gebäck
tomato	Tomate	sundae	Eisbecher
yam	Yams	whipped cream	Schlagsahne
Obst		**Getränke**	
apple	Apfel	beer (on tap/draught)	Bier (vom Fass)
banana	Banane	coffee	Kaffee
grape	Weintraube	(decaffeinated/decaf)	(entkoffeiniert)
kiwi	Kiwi	icecube	Eiswürfel
lemon	Zitrone	juice	Saft
mango	Mango	light beer	alkoholarmes Bier
melon	Melone	liquor	Spirituosen
orange	Orange	milk	Milch
pawpaw	Papaya	red/white wine	Rot-/Weißwein
pear	Birne	soda water	Sprudelwasser
pineapple	Ananas	sparkling wine	Sekt

Mittagessen auf dem Banana Leaf

Kulinarisches Lexikon Französisch

Im Restaurant

Ich möchte einen Tisch für … Personen reservieren.	Je voudrais réserver une table pour … personnes.
Die Speisekarte, bitte.	La carte, s'il vous plaît.
Weinkarte	carte des vins
Auf Ihr Wohl!	A votre santé!
Die Rechnung, bitte.	L'addition, s.v.p.
Appetithappen	amuse bouche
Vorspeise	hors d'œuvre
Suppe	soupe
Hauptgericht	plat principal
Nachspeise	dessert
Beilagen	garniture
Tagesgericht	plat du jour
Gedeck	couvert
Messer	couteau
Gabel	fourchette
Löffel	cuillère
Glas	verre
Flasche	bouteille
Salz/Pfeffer	sel/poivre
Zucker/Süßstoff	sucre/saccharine
Kellner/Kellnerin	serveur/serveuse

Zubereitung

à la nage de …	in einem Sud von …
à l'huile d'olive	in Olivenöl
à point	medium gebraten
bien cuit/-e	gut durchgebraten
braisé/-e	geschmort
chaud/-e	heiß
cru/-e	roh
farci/-e	gefüllt
glacé/-e	gefroren, geeist
grillé/-e	gegrillt
nature	in Salzwasser gekocht, ohne Gewürze
saignant	blutig/roh

Fisch und Meeresfrüchte

calamar	Tintenfisch
coquillage	Schalentier
espadon	Schwertfisch
homard	Hummer
huître	Auster
langouste	Languste
langoustine	Langustine
saumon	Lachs
seiche	Sepia
thon	Thunfisch

Fleisch

agneau	Lamm
brochette	Spießchen
carré (d'agneau)	(Lamm-)Rücken
côte de …	Rippenstück vom …
entrecôte	Zwischenrippenstück
escalope	Schnitzel/Schnitte
gigot (d'agneau)	(Lamm-)Keule
porc	Schwein
poule	Huhn
poulet	Hähnchen
veau	Kalb

Gemüse und Beilagen

ail	Knoblauch
artichaut	Artischocke
aubergine	Aubergine
avocat	Avocado
banane plantain	Kochbanane
carotte	Möhre, Karotte
champignons	Pilze
concombre	Gurke
courgette	Zucchini
haricots	Bohnen
laitue	Kopfsalat
mais	Mais
manioc	Maniok
noix de coco	Kokosnuss
oignon	Zwiebel
patate douce	Süßkartoffel
pâtes	Nudeln
petits pois	Erbsen
poivron	Paprika
pommes de terre	Kartoffeln
riz	Reis
tomate	Tomate

Obst

ananas	Ananas
banane	Banane
citron	Zitrone
fraise	Erdbeere
grappe de raisin	Weintraube
kiwi	Kiwi
mangue	Mango
melon	Melone
papaye	Papaya
poire	Birne
pomme	Apfel

Käse & Snacks

casse-croûte	belegtes Baguette
croque madame	Toast mit Schinken, Käse und Spiegelei
croque monsieur	Toast mit Schinken und Käse
fromage	Käse
fromage blanc	Quark, Frischkäse

Nachspeisen und Gebäck

coupe de glace	Eisbecher
crème anglaise	Vanillecreme
crème Chantilly	Schlagsahne
crêpe	dünner Pfannkuchen
gâteau	Kuchen

Getränke

bière (pression)	Bier (frisch gezapft)
café	Kaffee
eau de vie	Schnaps, Obstbrand
eau gazeuse/plate	Mineralwasser mit/ohne Kohlensäure
jus	Saft
lait	Milch
limonade	Limonade
thé	Tee
vin blanc/rouge	Weiß-/Rotwein
vin en carafe/au pichet	offener Wein
vin mousseux	Sekt

Essenzubereitung im Umukai, einem Erdofen

Traditionelle Architektur auf der Insel Savai'i, Samoa: ein *fale*

Wissenswertes für die Reise

Informationsquellen

Die Südsee im Internet

www.pazifik-infostelle.de: deutschsprachige Publikationen mit kritischen Beiträgen zu ökologischen, politischen und wirtschaftlichen Themen.

www.pacificislands.cc: Online-Ausgabe des Pacific Magazine, einer monatlich erscheinenden Zeitschrift mit Beiträgen über den gesamten pazifischen Raum in englischer Sprache.

http://pidp.eastwestcenter.org/pireport: tägliche Nachrichten aus dem pazifischen Raum in englischer Sprache.

www.wetteronline.de: Hier erfahren Sie die Wetterprognosen für alle pazifischen Inselstaaten.

Lesetipps

Nachfolgend eine Auswahl weiterführender Literatur in deutscher Sprache:
Konflikte und Krisen in Ozeanien, Böge, V. et al. (Hrsg.), Neuendettelsau, 2005.
Die deutsche Südsee 1884–1914, Hiery, H. J. (Hrsg.), Paderborn, 2001.
Die pazifische Inselwelt. Eine Länderkunde, Kreisel, W., Stuttgart, 2004.
Von Kokos zu Plastik – Südseekulturen im Wandel, Schindlbeck, M., Berlin, 1993.

Alte und neue Reisebeschreibungen
Kurs auf die Südsee. Das Tagebuch der Mrs. Robert Louis Stevenson, Jolly, R. (Hrsg.), Müncchen, 2005.
Reisende in der Südsee (seit 1520), Keller, U. (Hrsg.), Wien, 2004.
Auf der Datumsgrenze durch die Südsee, Scherer, K., Köln, 2005.
Manuiota'a. Tagebuch einer Reise auf die Marquesas-Inseln, Suggs, R. C. & B. Lichtenstein, Berlin, 2004.
Die glücklichen Inseln Ozeaniens, Theroux, P., Hamburg, 1993.

Literatur aus dem Pazifik
Alofa, Figiel, S., Zürich, 2001.
Rückkehr durch die Hintertür, Hau'ofa, E., Zürich, 1998.
Südsee-Kurzgeschichten, Reiter, S. (Hrsg.), Hamburg, 2005.
Inselfeuer. Gedichte aus Tonga, Thaman, K. H., Nürnberg, 1986.
Unter dem Frangipani-Baum, Vaite, München, 2002.
Durch die Straßen von Suva, Wetzlar, 2000.
Die Blätter des Banyanbaums (Der Clan von Samoa), Wendt, A., Zürich, 1998.

Klassiker der Südsee-Literatur
Südseegeschichten, London, J., Frankfurt/M., 2000.
Regen: Und andere Meistererzählungen, Maugham, W. S., Zürich, 2007
Taipi. Vier Monate auf den Marquesas-Inseln oder Ein Blick auf Polynesisches Leben, Melville, H., Berlin, 2001.
Die Südsee, Michener, J. A., München, 2002.
Meuterei auf der Bounty, Nordhoff, C. B. & Hall, J. N., Frankfurt/M. 2006.
In der Südsee, Stevenson, R. L., Zürich, 2000.

Sperrung von EC-und Kreditkarten bei Verlust oder Diebstahl*:

0049-116 116

oder 0049-30 4050 40509
(* Gilt nur, wenn das ausstellende Geldinstitut angeschlossen ist,
Übersicht: www.116116.eu)
Weitere Sperrnummern:
– MasterCard: 0049-69-79 33 19 10
– VISA: 0049-69-79 33 19 10
– American Express: 0049-69-97 97 1000
– Diners Club: 0049-69-66 16 61 23
Bitte halten Sie Ihre Kreditkartennummer, Kontonummer und Bankleitzahl bereit!

Diplomatische Vertretungen

In keinem der in diesem Band vorgestellten Inselstaaten existieren Botschaften deutschsprachiger Länder. Zuständig sind deshalb die jeweiligen Vertretungen in Australien, Frankreich, Neuseeland sowie den USA, die Sie im Notfall kontaktieren können.

Deutsche Botschaften
... in Neuseeland
Hausanschrift: 90–92 Hobson Street, Thorndon, Wellington
Postanschrift: P.O. Box 1687, Wellington, Neuseeland, Tel. 0064-4-473 60 63, Fax 0064-4-473 60 69, German.Embassy@iconz.co.nz
Für Amerikanisch-Samoa, die Cook-Inseln, Fidschi, Samoa, Tonga

... in Frankreich
13/15, Avenue Franklin D. Roosevelt, F-75008 Paris, Tel. 0033-1 53 83 45 00, Fax 0033-1 53 83 46 50, info@amb-allemagne.fr
Für Französisch-Polynesien

Österreichische Botschaften
... in Australien
Hausanschrift: 12 Talbot Street, Forrest, ACT 2603, Canberra
Postanschrift: P.O. Box 3375, Manuka, ACT 2603, Canberra, Australien, Tel. 0061-2-6295 1533 und 6295 1376, Fax 0061-2-6239 6751, canberra-ob@bmeia.gv.at
Für die Cook-Inseln, Fidschi, Samoa, Tonga

... in Frankreich
6, Rue Fabert, F-75007 Paris, Tel. 0033-1 40 63 30 63, Fax 0033-1 45 55 63 65, paris-ob@bmeia.gv.at
Für Französisch-Polynesien

Österreichisches Generalkonsulat
... in USA
11859 Wilshire Boulevard, Suite 501, Los Angeles, California 90025, Tel. 001-310 444 9310, Fax 001-310 477 9897, los-angeles-gk@bmeia.gv.at
Für Amerikanisch-Samoa

Österreichisches Honorarkonsulat
... in Französisch-Polynesien
Hausanschrift: Boulevard Pomare, Pape'ete, Tahiti
Postanschrift: B.P. 4500, 98713 Pape'ete, Tahiti, Französisch-Polynesien, Tel./Fax 00689-43 91 14
Für Französisch-Polynesien

Schweizer Botschaften
... in Neuseeland
Hausanschrift: 22–24 Panama Street, Wellington
Postanschrift: P.O. Box 25004, Wellington, Neuseeland, Tel. 0064-4-472 15 93, Fax 0064-4-499 63 02, wel.vertretung@eda.admin.ch
Für Amerikanisch-Samoa, die Cook-Inseln, Fidschi, Samoa, Tonga

... in Frankreich
142, rue de Grenelle, F-75007 Paris, Tel. 0033-1 49 55 67 00, Fax 0033-1 49 55 67 67, par.vertretung@eda.admin.ch
Für Französisch-Polynesien

Darüber hinaus werden deutschsprachige Staaten in Fidschi, auf den Cook-Inseln, in Tonga, Samoa und Französisch-Polynesien jeweils durch ein Honorarkonsulat vertreten, deren Anschriften Sie in den jeweiligen Länderkapiteln finden (s. S. 82, 96, 86, 90, 100).

Österreich und die Schweiz unterhalten gemeinsam ein Honorarkonsulat in Französisch-Polynesien (S. 100).

Reise- und Routenplanung

Die Südsee als Reiseregion

Die hier vorgestellten Inselstaaten eignen sich sehr gut für **Individualreisen**. Viele Passagiere der Fluggesellschaft Air New Zealand nutzen auf Ihrem Weiterflug nach Neuseeland den Stopp auf einer südpazifischen Insel zu einem Zwischenaufenthalt.

Organisierte Reisen

Einige spezialisierte Reiseveranstalter bieten Pauschal-Arrangements an, bei denen Sie mehrere Inselstaaten kennenlernen können. Die Klassiker unter den organisierten Südsee-Rundreisen kombinieren Aufenthalte auf Fidschi, Tonga, Samoa oder auf Fidschi, Cook-Inseln, Französisch-Polynesien. Diese Reisen dauern in der Regel drei Wochen, wobei die meisten Veranstalter individuelle Verlängerungen anbieten.

Andere Veranstalter konzentrieren sich auf nur ein Land, bieten dann aber oft mehrtägige Ausflüge zu anderen Inselgruppen. Beim ›Island-Hopping‹ in Französisch-Polynesien lernen Sie verschiedene Gesellschaftsinseln und einige Eilande des Tuamotu-Archipels kennen oder reisen bis zu den Marquesas. Für einen solchen Trip sollten Sie ebenfalls mindestens drei Wochen veranschlagen.

Einige Reiseveranstalter, wie etwa Polynesia Tours, bieten Reisen an, die ganz nach Ihren Wünschen zusammengestellt werden. Ebenso ist es möglich, zuvor einen Schwerpunkt der Tour (Tauchurlaub, Kreuzfahrt, Segeltörn etc.) zu wählen.

Allerdings sollten Sie bei Ihrer Planung bedenken, dass oft weniger mehr ist. Auch wenn es zunächst verlockend scheint, lassen Sie sich besser nicht dazu verführen, zu viele Inseln auf Ihrer Reise besuchen zu wollen.

Die **Preise** in den verschiedenen Inselstaaten sind sehr unterschiedlich. Das Preisniveau sowohl bei den Unterkünften als auch bei der Verpflegung ist auf den Inseln Französisch-Polynesien am höchsten. Etwas preisgünstiger sind dagegen Fidschi, die Cook-Inseln sowie Tonga und Samoa.

Reiseveranstalter

Zahlreiche Reiseveranstalter bieten Flug- und Seereisen in verschiedene Regionen des Pazifik: unter anderem Studienreisen, Kreuzfahrten und Segeltörns.

… in Deutschland
Cruising Reisen GmbH: Hauptstraße 28, D-30974 Wennigsen, Tel. 0049 5103 700 00, Fax 0049 5103 700 070, www.cruising-reise.de
GeBeCo mbH & Co KG: Holzkoppelweg 19, D-24118 Kiel, Tel. 0049 431 54 46 0, Fax 0049 431 54 46 111, www.gebeco.de
Polynesia Tours: Zimmerstraße 69, D-10117 Berlin, Tel. 0049 30 40 30 30 85, Fax 0049 30 30 40 40 84, www.polynesia-tours.de
Westtours-Reisen GmbH: Adenauerallee 76, D-53113 Bonn, Tel 0049 228 915 31 60, www.westtours.de

… in Österreich
Coco Weltweit Reisen: Eduard-Bodem-Gasse 8, A-6020 Innsbruck, Tel. 0043 512 36 57 91, Fax 0043 512 36 57 91-7, coco@coco-tours.at
Jet Reise- und Touristik GmbH: Maria-Theresien-Straße 21/5, A-6020 Innsbruck, Tel. 0043 512 58 17 77, Fax 0043 512 58 17 77 59, www.jet-touristik.com

… in der Schweiz
Inselträume: Mendlegatter 6, CH-9050 Appenzell, Tel. 0041 71 787 37 66, Fax 0041 71 787 48 30, www.inseltraeume.ch
Ozeania Reise AG: Badenerstraße 12, CH-5442 Fislisbach bei Baden, Tel. 0041 56 484 20 20, Fax 0041 56 484 20 21, www.ozeania.ch

Reisen mit Kindern

Die Inselbewohner sind sehr kinderfreundlich, in den meisten Restaurants wird man allerdings vergeblich nach Wickelräumen und Kinderstühlen Ausschau halten. In den meisten Hotels und Resorts sind Kinder gern gesehene Gäste, manche haben sich jedoch auf Paare spezialisiert und nehmen Kinder grundsätzlich nicht auf. Öffentliche Spielplätze sind rar und wenn, dann allenfalls in den jeweiligen Hauptstädten vorhanden.

Reisen mit Handicap

Die Inseln der Südsee sind leider kein geeignetes Urlaubsziel für Menschen mit Behinderung. Bislang haben nur wenige Hotels, zumeist der oberen Preiskategorien, barrierefreie Wege verwirklicht.

Anreise

Einreise- & Zollbestimmungen

Deutsche, österreichische und Schweizer Staatsbürger benötigen bei Aufenthalten bis zu 30 Tagen in keinem der hier erwähnten Länder ein Visum. Es genügt die Vorlage eines noch mindestens sechs Monate gültigen, elektronisch lesbaren Reisepasses und eines unveräußerlichen Weiter- bzw. Rückflugtickets. In einigen Fällen wird zusätzlich die bestätigte Hotelbuchung für mindestens die erste Nacht sowie der Nachweis ausreichender finanzieller Mittel verlangt. **Kinderausweise** und Kindereinträge im Pass der Eltern werden nicht mehr akzeptiert.

In allen Inselstaaten ist die Einfuhr von Pflanzen, Tieren und Nahrungsmitteln grundsätzlich untersagt. Dieses streng gehandhabte Verbot dient dem Schutz der heimischen Natur; eingeführte Schädlinge könnten schwerwiegende ökologische und landwirtschaftliche Probleme verursachen. Daher werden im Flugzeug nach der Landung, bevor die Passagiere von Bord gehen, Insektizide versprüht – unter Hinweis auf die gesetzlichen Bestimmungen der WHO.

Generell gilt für alle Inselstaaten, dass die Einfuhr von Drogen und pornografischen Publikationen verboten ist.

Anreise mit dem Flugzeug

Von Europa führen mehrere Flugrouten in die Südsee: über Nordamerika, Südamerika, Asien und Australien bzw. Neuseeland.

Fluggesellschaften, die von Deutschland, Österreich oder von der Schweiz aus in den Südpazifik fliegen, sind u. a.: Air France (www.airfrance.fr), Air New Zealand (www.eu.airnewzealand.com), Lan Airlines (www.lan.com), Korean Air (www.koreanair.com).

Die Reisezeit (inkl. Umsteigen und Wartezeit auf Anschlussflüge) ab Frankfurt/M. beträgt bei diesen Gesellschaften in Ost- wie in Westrichtung mind. 26 Std. Air Tahiti Nui (www.airtahitinui.com) fliegt ab Paris in ca. 21 Std. nach Französisch-Polynesien.

Reisen zwischen den Inselstaaten

Alle hier vorgestellten Inselstaaten verfügen über eigene Fluggesellschaften, von denen einige auch internationale Verbindungen anbieten. Aktuelle Info unter: www.airpacific.com und www.polynesianblue.com.

Weiter- oder Rückreise

Einen Tag vor Ihrer Weiter- bzw. Rückreise sollten Sie Ihren Flug bei der entsprechenden Fluglinie telefonisch bestätigen lassen.

Anreise mit dem Schiff

Anbieter für Schiffsreisen mit einem Luxusliner oder mit einem Frachter sind u. a.:
Die Kreuzfahrten Zentrale
(www.kreuzfahrten-zentrale.de),
Fachreiseagentur für Seereisen Kapitän Hoffmann (www.frachtschiff-reisen.net),
NSB Reisebüro GmbH/Frachtschiff-Touristik
(www.nsb-frachtschiffreisen.de).

Reise- und Routenplanung

Unterkunft

Hotels und Resorts

Zum Standard der **teuren Hotels** und Resorts gehören vollklimatisierte Zimmer mit Bad, WC, Kühlschrank, Telefon, Video und Fernseher sowie Tennisplätze, Bar und Restaurant. Das reichhaltige Frühstücksbuffet ist nicht immer im Übernachtungspreis inbegriffen. Vor allem in den Resorts der exklusiven Kategorie wohnen die Gäste in luxuriösen Bungalows, die dem traditionellen Stil des jeweiligen Landes nachempfunden sind.

Auch Hotels der **mittleren Preisklasse** haben Zimmer mit Klimaanlage und Kühlschrank. Deckenventilatoren sind bei den preiswerten Unterkünften üblich.

Der Preisunterschied zwischen Einzel- und Doppelzimmern in Resorts und Hotels ist gewöhnlich gering. Nicht selten sind die Zimmer und Bungalows so geräumig, dass eine weitere Person gegen einen verhältnismäßig geringen Aufpreis mit übernachten kann.

Pensionen und Gästehäuser

Pensionen und Gästehäuser sind überwiegend preiswertere Unterkünfte mit einfachen Zimmern und Bungalows. In manchen hat man die Wahl zwischen Zimmern mit oder ohne Dusche/WC. Die Atmosphäre ist familiärer als in den Hotels und das Essen im Allgemeinen gut.

Billigunterkünfte

Sogenannte *budget accommodations* bieten neben Einzel- und Doppelzimmern oftmals Schlafsäle *(dormitories)* für Rucksacktouristen. Ausgestattet mit Gemeinschaftsduschen und einer Küche für Selbstversorger haben sie den Charakter einer Jugendherberge. Für Alleinreisende bildet das *dormitory* die preisgünstigste Übernachtungsmöglichkeit. In den Schlafsälen wird gewöhnlich keine Bettwäsche gestellt. Benötigt wird ein eigener Schlafsack sowie ein Moskitonetz.

Camping

Für Camping-Urlaub ist die Südsee kaum geeignet. Nur in Französisch-Polynesien und in Fidschi gibt es vereinzelt Zeltplätze. In Tonga kann man mitunter im Garten eines Gästehauses sein Zelt aufschlagen. In den anderen Ländern ist das Zelten entweder ausdrücklich untersagt oder nur weitab von Siedlungen und nach Absprache mit dem Fremdenverkehrsamt geduldet.

Sport und Aktivurlaub

Fahrrad fahren

Die Benutzung von Fahrrädern ist in einigen Unterkünften kostenfrei. Radtouren für den ambitionierten Sportler werden bislang nur auf Viti Levu (Fidschi) angeboten.

Golf

Ausgezeichnete Möglichkeiten zum Golf spielen bieten Fidschi, Französisch-Polynesien und Samoa, kleiner, aber nicht minder reizvoll sind die Plätze auf den Cook-Inseln, auf Tonga und Amerikanisch-Samoa.

Strände

In der Inselwelt des Pazifik sind Strände sicherlich ebenso ungezählt wie die strandgesäumten Koralleninselchen *(motu)*. Aber Bilderbuchstrände gibt es nicht wie Sand am Meer. Vor allem auf den hohen vulkanischen Inseln werden Küstenlandschaften oft von Klippen, Sümpfen, Mangrovendickicht oder Urwald bestimmt. Und nicht immer eignen sich die bei Ebbe seichten Lagunen zum Schwimmen und Schnorcheln. In der Nähe von Städten und Dörfern ist das Baden ohnehin nicht empfehlenswert, denn Abwässer gelangen meist ungeklärt ins Meer.

Tennis

Die meisten größeren Hotel- und Resortanlagen verfügen über eigene Tennisplätze.

Wandern

Auf vielen der hier vorgestellten Inseln kann man ausgezeichnet wandern – entlang sandiger oder felsiger Küsten, durch dichten Urwald, zerklüftetes Bergland und tiefe Täler. Auf den schwierigen Strecken durch unwegsames Terrain oder auf den überwiegend traditionellen Verkehrsrouten, die seit alters her die Dörfer untereinander verbinden und durch Clan-Land gehen, sind häufig einheimische Führer erforderlich.

Ausgewiesene Wanderwege gibt es nur sehr selten (Info über Fremdenverkehrsämter, Hotels und Gästehäuser). Besonders hervorzuheben sind die zum Teil ausgeschilderten, organisierten Trekking-Touren in Fidschi, Französisch-Polynesien, Tonga, Samoa und auf den Cook-Inseln.

Wassersport

Tauchen: Die Tauchgründe im Südpazifik sind bei Amateuren wie Profis gleichermaßen beliebt. Die Sichtweiten schwanken zwischen 15 und 45 m recht stark. Bei Wassertemperaturen zwischen 24 und 29 °C kann man das ganze Jahr über tauchen, wobei ein 5 mm-Neoprenanzug auch in der kühleren Jahreszeit völlig ausreicht.

Faszinierende Unterwasserlandschaften lassen auch verwöhnte Taucherherzen schneller schlagen. In allen hier vorgestellten Ländern außer Amerikanisch-Samoa bieten professionelle Tauchschulen Kurse (Naui-, PADI- oder CMAS-Zertifikate), Training, Charter und geführte Tauchgänge an.

Boote: Große Hotels und Resorts stellen ihren Gästen in der Regel Kanus, Kajaks, kleine Segel-Katamarane (Hobie Cats), Surfbretter oder sogar auch Schnorchelausrüstungen zur Verfügung, gegen einen Aufpreis werden beispielsweise Wasserski und Hochseeangeln angeboten.

Segeln: Internationale Yacht-Charter-Unternehmen gibt es in Fidschi, Tonga und Französisch-Polynesien.

Zuschauersport

Besonders interessant sind die speziellen Sportarten der Südsee wie **Kirikiti**. So nennen die Samoaner ihre Variante des Kricketspiels, das in jedem Dorf gespielt wird. **Rasenbowling** wird dagegen auf den Cook- und den Fidschi-Inseln gespielt. Weiße Kleidung ist Pflicht! Nationalsport auf den Inseln Französisch-Polynesiens ist das **Rudern** mit Auslegerbooten – vergleichbar mit den Regatten der traditionellen, bis zu 40 Ruderer fassenden Langboote in Samoa.

Während des **Heiva i Tahiti,** dem größten Festival Französisch-Polynesiens, können Sie beim Speerwerfen auf Kokosnüsse zuschauen, andere stemmen mehr als 100 kg schwere Steine oder klettern in Rekordzeit Kokospalmen hoch. **Rugby** ist auf allen Inseln der Südsee sehr beliebt. In Samoa gibt es auch erfolgreiche Rugby-Spielerinnen.

Reisezeit und Ausrüstung

Reisezeit

Der größte Teil der hier beschriebenen Inseln liegt in der tropischen Klimazone. Demzufolge ist das Klima warm und sonnig und man unterscheidet im Allgemeinen nur zwei Jahreszeiten: Im Südsommer von November bis April können die **Temperaturen** bei hoher Luftfeuchtigkeit auf über 30 °C ansteigen. In diesen Monaten treten vorwiegend in den westlichen Regionen des Südpazifik tropische Wirbelstürme auf. Von Mai bis Oktober, also im Südwinter, herrscht kühleres Wetter mit Tagestemperaturen von 23 bis 25 °C und es ist weitestgehend trocken.

In vielen Reiseführern kann man lesen, dass aus oben genannten Gründen die beste Reisezeit zwischen Mai und Oktober liegt. Doch wie in Mitteleuropa hält sich die Natur nicht unbedingt an diese Regeln. Manchmal fällt die Regenzeit aus oder verschiebt sich, in manchen Jahren regnet es heftig und lang

Reise- und Routenplanung

anhaltend in den sogenannten ›trockenen‹ Monaten. Deshalb: Die beste Reisezeit für die Südsee ist Januar bis Dezember!

Ausrüstung

Leichte, legere, waschbare und schnell trocknende Baumwollkleidung sowie ein Sweatshirt oder eine leichte Jacke für kühlere Nächte sind zu jeder Jahreszeit angemessen. Regenjacken eignen sich bei feuchtheißem Klima nur bedingt; vor tropischen Regengüssen schützt man sich am besten mit einem großen Regenschirm.

Eine zu knappe Bekleidung bei Frauen verstößt gegen die Anstandsregeln, insbesondere außerhalb der Städte oder Hotels. Die einheimischen Frauen tragen sogar zum Schwimmen einen Wickelrock *(lavalava, sulu, pareu)* und ein T-Shirt. Infolge des stärkeren westlichen Einflusses gilt dies inzwischen auf Tahiti und Rarotonga weniger. Männer können sich in der Öffentlichkeit in kurzen Hosen, nicht aber ohne Hemd zeigen. Strand-Look ist nur an Hotelstränden und am Swimmingpool angebracht.

Klimatabelle Suva (Fidschi)

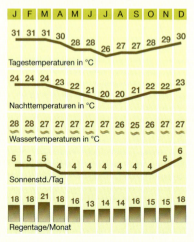

Gesundheit & Sicherheit

Gesundheit

Impfungen sind für Reisende derzeit in keinem der Inselstaaten vorgeschrieben, es sei denn, die Einreise erfolgt aus Cholera- oder Gelbfieber-Gebieten. Eine Erst- bzw. Nachimpfung gegen **Poliomyelitis** (Kinderlähmung) und **Tetanus** ist in jedem Fall ratsam. Gegen **Hepatitis A** (infektiöse Gelbsucht) gibt es eine aktive Schutzimpfung. Um einer Infizierung mit **Hepatitis B** oder **AIDS** vorzubeugen, ist darauf zu achten, dass eventuelle Injektionen unter Verwendung neuer Nadeln und Spritzen verabreicht werden. Auch in diesen Ländern steigt die Rate der HIV-Positiven. Die Wahrscheinlichkeit, in der Südsee an **Typhus** zu erkranken, ist eher gering. Erkundigen Sie sich vor Reiseantritt beim Gesundheitsamt. Grundsätzlich ist zu beachten, dass das Risiko abhängig vom Reisestandard (Luxushotel oder Billigunterkunft) ist.

Im feuchtheißen Klima der Tropen besteht die Gefahr, dass sich selbst eine geringfügige Hautverletzung wie ein aufgekratzter Mückenstich entzündet und über eine schlecht heilende Wunde zu einem **Tropengeschwür** entwickelt, Desinfektionsmittel gehören daher unbedingt in die Reiseapotheke.

Beim Schwimmen und Schnorcheln schützen am besten **Bade- oder Turnschuhe** vor messerscharfen Korallen sowie stacheligen und giftigen Lebewesen (s. S. 74).

Tropenkrankheiten

Alle hier beschriebenen Staaten sind frei von **Malaria.** Allerdings kommt überall in Ozeanien das **Denguefieber** vor, das ebenfalls von einer Mücke übertragen wird. Es dauert etwa eine Woche an und wird von schweren grippeähnlichen Symptomen begleitet, gefolgt von einer langdauernden Genesungsphase. Gegen diese Erkrankung gibt es keinen Impfschutz, die Vorsorge besteht in ganztägigem Insektenschutz, da die Überträger-Mücken

Etwas Vorsicht ist auch im Südseeparadies geboten

vor allem am Tage stechen. Eine medikamentöse Behandlung ist ebenfalls nicht möglich – allenfalls kann man die Beschwerden mit fiebersenkenden Mitteln lindern.

Reiseapotheke

In die Reiseapotheke gehören: ein ausreichender Vorrat aller Medikamente, die schon zu Hause benötigt werden, Medikamente gegen Erkrankungen des Magen-Darm-Traktes, schmerzstillende und fiebersenkende Mittel, eine entzündungshemmende Salbe, ein Mittel zur Wunddesinfektion (Jodtinktur), Arznei gegen Übelkeit (Seekrankheit), Brand- und Zugsalbe, ein Mittel gegen Insektenstiche, Juckreiz und allergische Reaktionen, Verbandmaterial (Pflaster, Kompressen, elastische und Mullbinden, Verbandklammern, Sicherheitsnadeln), Schere, Pinzette, Fieberthermometer, sterile Spritzen und Nadeln, evtl. entkeimende Tabletten, Mücken- und Sonnenschutzmittel. Aufgrund der extremen Sonneneinstrahlung schützen nur Lotionen mit sehr hohem Lichtschutzfaktor oder UVA- und UVB-Blockern vor Sonnenbrand. Darüber hinaus bieten ein T-Shirt beim Schnorcheln und leichte, die Arme und Beine bedeckende Baumwollkleidung insbesondere beim Wandern und Radfahren einen angemessenen Sonnenschutz.

Krankenversicherung

Da die Krankenkassen in außereuropäischen Ländern entstandene Kosten nicht übernehmen, ist eine Reisekrankenversicherung empfehlenswert. Wichtig ist, dass die Leistungen nicht nur ambulante und stationäre Behandlungen, sondern auch einen etwaigen Rücktransport einschließen, denn die medizinischen Einrichtungen in diesen Ländern sind nicht überall für den Notfall ausgerüstet.

Jetlag

Egal, ob Sie Ihre Reise in die Südsee in östlicher oder westlicher Richtung antreten, der Flug ist lang, und Ihr Körper muss sich auf einen neuen Tag-Nacht-Rhythmus einstellen. Grundsätzlich gilt: Die Adaptionszeit bei Reisen in östlicher Richtung dauert einige Tage länger, als wenn man seine Reise in Richtung

Westen beginnt; ältere Menschen benötigen für die Anpassung mehr Zeit als jüngere. Rechnen Sie aber mit 5–8 Tagen, ehe sich Ihr Körper umgestellt hat.

Medikamenteneinnahme

Bei Zeitverschiebungen ändert sich auch die Zeit für die Einnahme von Medikamenten. Fragen Sie Ihren Arzt, ob Sie Ihre Arzneimittel problemlos bei Reisen in östlicher Richtung am ersten Morgen weglassen bzw. bei Reisen in Richtung Westen am ersten Morgen einnehmen können. Ziel sollte in jedem Fall sein, die Medikamente nach einer kurzen Übergangszeit zur selben Tageszeit wie zuhause einzunehmen.

Sicherheit

Die hier beschriebenen Inselstaaten gehören zu den Ländern, in denen sich Reisende zu Recht sicher fühlen können – zumindest solange man nicht durch unbeaufsichtigte Wertgegenstände einen Diebstahl provoziert.

Frauen sollten vorsichtshalber nicht allein an einsamen Stränden baden, dunkle und unbelebte Straßen in den Städten meiden und zu vorgerückter Stunde ein Taxi nehmen. Das gilt vor allem am Wochenende, wenn viele Einheimische vermehrt Alkohol konsumieren.

Regierungsamtlich informiert das Deutsche Auswärtige Amt (www.auswaertiges-amt.de) über den aktuellen Sicherheitsstand in den jeweiligen Ländern.

Kommunikation

Post

Postlagernde Sendungen *(poste restante)* an die Postämter werden in der Regel einen Monat lang aufbewahrt. Holt man sie nicht ab, gehen sie an den Absender zurück. Da es keinen Zustelldienst gibt, ist die Angabe des Postfaches (Post Office Box/P.O. Box oder Boîte Postale/B.P.) auch bei Privatadressen wichtig. Luftpostbriefe sind ca. 10 Tage unterwegs, Pakete auf dem Seeweg nach Europa mindestens zwei bis drei Monate.

Fernsehen

Auf allen hier erwähnten Inselstaaten gibt es lokale Fernsehsender, in den größeren Hotels kann man auch internationale Satelliten-Sender wie beispielsweise CNN empfangen.

Telefonieren

Gute internationale Telekommunikationsmöglichkeiten gibt es in den Hauptstädten, größeren Städten sowie größeren Hotels. Auf den meisten der hier vorgestellten Inseln gibt es Kartentelefone.

Vorwahl von allen Inselstaaten: Deutschland: 00 49; Österreich: 00 43; Schweiz: 00 41 Die Ländervorwahlen der Inselstaaten finden Sie unter den jeweiligen Länderkapiteln.

Handy: Europäische Mobiltelefone funktionieren zumindest auf vielen großen Inseln (nicht aber in Amerikanisch-Samoa, dort ist das US-System implementiert). Allerdings bestehen zurzeit nur Roaming-Abkommen deutschsprachiger Provider mit Fidschi und Franz. Polynesien. Aktuelle Informationen zu allen Ländern unter www.gsmworld.com.

Calling Card: In der Regel ist es preisgünstiger, vor Ort eine Phonecard oder Calling Card zu kaufen und sich dann über die erhaltene Nummer anrufen zu lassen. Diese Karten bekommt man bei Postämtern oder den Anbietern selbst. Ansonsten gilt: Machen Sie Urlaub und lassen Sie Ihr Handy zuhause.

Internetcafés

Außerhalb der Hauptstädte gibt es oft nur wenige Internetcafés. Jedoch bieten viele Hotels und Resorts ihren Gästen diesen Service an, so dass es kein Problem sein sollte, seine Mails abzurufen. Einige Internetcafés haben mittlerweile auch PCs, an denen Sie Ihre Fotos von der Digitalkamera herunterladen und auf CD brennen können.

Gut zu wissen

Dörfer

Ohne Einladung oder Absprache hat man kein Recht, sich in einem Dorf aufzuhalten. Dies gilt ebenso auch für Gärten und Plantagen. Bei Wanderungen durch besiedeltes Gebiet ist daran zu denken, dass auch das Land zwischen den Dörfern nicht dem Staat, sondern Familien bzw. Dorfgemeinschaften gehört.

Wer unterwegs übernachten möchte, sollte bei Ankunft im Ort mit einer zuständigen Person (in der Regel ist das das Dorfoberhaupt) über die Möglichkeit eines Aufenthaltes sprechen. Männer mit nacktem Oberkörper und Frauen in Shorts erregen in einem Dorf Anstoß (s. auch »Kleidung«).

Eintrittsgebühr

Auf Samoa ist es üblich, für die Nutzung oder auch den Besuch bestimmter Orte wie beispielsweise Strände, Höhlen, Wasserfälle, Straßenabschnitte, Sehenswürdigkeiten etc. eine Gebühr zu zahlen. Jegliche Diskussionen über diese Ihnen möglicherweise befremdlich erscheinenden Geldforderungen sind zwecklos!

Elektrizität

Auf den Cook-Inseln, in Fidschi, Samoa und Tonga beträgt die Netzfrequenz 50 Hz, die Spannung 220–240 V. Für die Anschlüsse braucht man dreipolige Flachstecker. Ausnahmen gelten in Amerikanisch-Samoa (110 V, 60 Hz, US-amerikanischer Zweipol-Stecker) sowie in Französisch-Polynesien (110 V, 50 Hz in einigen älteren Hotels und 220 V, 60 Hz in den neueren Hotels, zweipoliger Eurostecker). Nehmen Sie daher unbedingt einen Mehrfachadapter (Weltreisestecker) mit auf die Südseereise.

FKK

Auf allen hier genannten Inselstaaten ist die Freikörperkultur verpönt. ›Oben ohne‹ baden ist nur in Französisch-Polynesien erlaubt und hier auch nur auf den von Touristen häufig besuchten Inseln.

Fotografieren

Ungeachtet der Tatsache, dass sich die Menschen und vor allem Kinder meist gern fotografieren lassen, sollte man sich stets vergewissern, ob die betreffende Person einverstanden ist. Das gleiche gilt für den Fall, dass man Gebäude wie etwa ein Versammlungshaus oder Objekte aufnehmen möchte, die eventuell *tapu* (heilig) sind (s. S. 38).

Ersatzbatterien für die Kamera sowie für das Blitzgerät sollte man ausreichend mitbringen. Das Angebot ist relativ begrenzt und meist teurer als daheim. **Digitalbilder** können in den meisten Internetcafés der größeren Städte auf CD gebrannt werden. Wer noch Film fotografiert, sollte ausreichend Material mitnehmen.

Fragen

Oft werden Fragen aus reiner Höflichkeit zustimmend beantwortet. So werden Sie beispielsweise auf ein »Kommt der Bus bald?« selbstverständlich ein »Ja« hören. Ärgern Sie sich anschließend nicht, wenn Sie noch Stunden warten müssen. Ihr Gegenüber nahm (vermutlich zu Recht), an, dass Sie ein »Ja« hören wollten, denn wer wartet schon gern, wenn es heiß ist und/oder es stark regnet und außerdem weiß der/die Einheimische, dass Europäer es auch im Urlaub eilig haben. Zudem geht Ihr einheimischer Gesprächspartner grundsätzlich davon aus, dass Sie eine ranghohe Person sind, der man nichts ablehnen kann und auch nicht widerspricht. Und nicht zuletzt, was bedeutet »bald«?

Hätten Sie »Wann kommt der Bus?« gefragt, wäre die Beantwortung für Ihr Gegenüber allerdings auch nicht einfacher gewesen, weil es auf den meisten Inseln keine Fahrpläne, sondern nur Erfahrungswerte gibt. (s. auch »Zeit«, S. 76).

Gastfreundschaft

Damals wie heute rühmen Südseereisende die Gastfreundschaft der Inselbewohner. Häufig wird in diesem Zusammenhang aber vergessen, dass dieser Brauch festen Regeln unterworfen ist. Eine entscheidende Rolle spielt dabei das Prinzip der Gegenseitigkeit. Das bedeutet, dass eine Einladung, Bewirtung oder jede andere Form der Zuwendung mit einer entsprechenden Gegenleistung honoriert und beglichen wird. Reisende können sich beispielsweise mit Lebensmitteln, Kava-Wurzeln, Bekleidung, Stoffen, unter Umständen auch mit Geld (etwa das Schulgeld für ein Kind der gastgebenden Familie oder eine Kirchenspende) revanchieren.

Gefährliche Meeresbewohner

Bei Berührung können verschiedene Arten von Nesseltieren wie Korallen, Seeanemonen und Quallen Hautreizungen und schmerzhaftes Brennen verursachen. Einen guten Schutz bieten Bade- oder Turnschuhe.

Einige **Kegelschneckenarten,** die Sie an ihrem auffälligen, netzartig gemusterten Gehäuse erkennen können, verfügen über ein äußerst wirksames Gift. Sie ›schießen‹ winzige Giftpfeile ab, die in die Haut eindringen und einen starken Schmerz hervorrufen, gefolgt von Magenbeschwerden, Erbrechen, Lähmungserscheinungen und Herzversagen.

Die beiden auffällig schwarz-weiß gestreiften **Seeschlangenarten,** die sich zuweilen auch an Land aufhalten, wehren sich unter Umständen mit einem Biss, wenn sie sich bedroht fühlen. Ihr Nervengift soll erheblich stärker sein als das einer Kobra. Es führt in kurzer Zeit zum Tod!

Feuer-, Stein-, Teufels- und Skorpionfische gehören zu den giftigsten Fischarten und verursachen extrem schmerzhafte, gelegentlich zum Tode führende Verletzungen. Die Steinfische (Synanceia verrucosa) halten sich meist bewegungslos unter einer dünnen Sandschicht oder zwischen flachem Riffgestein auf und sind folglich kaum zu erkennen. Die Giftdrüsen dieser bizarr geformten Fische befinden sich im oberen Teil ihrer Rückenflossen. Das Tragen von festen Badeschuhen ist auch hier der beste Schutz vor einem unachtsamen Tritt auf diesen Meeresbewohner, deren Gift äußerst schmerzhaft ist und in den meisten Fällen zum Herzstillstand führt.

Höflichkeit und Respekt

Untereinander, aber auch gegenüber Gästen verhalten sich die Inselbewohner sehr respektvoll und höflich. Hierzu gehört u. a., dass man leise spricht, nie den Kopf einer anderen Person berührt und nicht im Stehen oder Gehen isst. Darüber hinaus vermeiden die Inselbewohner es, sich im Stehen längere Zeit zu unterhalten.

Äußerst unhöflich ist es, jemanden auf »europäische« Art heranzuwinken, d.h. mit dem Zeigefinger, wobei die Handfläche nach oben zeigt. Auch wenn in den städtischen Regionen heutzutage viele der traditionellen Regeln nicht mehr so streng gehandhabt werden, ja, auf den ersten Blick sogar außer Kraft gesetzt zu sein scheinen, ist es in vielen Situationen häufig angebracht, sich auch nach unseren westlichen Vorstellungen eher ›altmodisch‹ zu verhalten.

Hunde

Wer nicht eine der äußerst seltenen Giftschlangen (die Bolo Loa kommt nur auf Fidschi vor) aufschreckt, wird auf den Inseln kaum einer gefährlichen Kreatur begegnen – es sein denn, man ›kommt auf den Hund‹. Rudel freilaufender Hunde sind besonders unangenehme Wegelagerer und belästigen Passanten mit Gebell und unverkennbaren Drohgebärden.

Die sicherste Methode, sie sich vom Leibe zu halten oder sie zu verjagen, besteht darin, sich nach einem Stein oder Ähnlichem zu bücken. Allein diese Geste veranlasst die Hunde meist zur Umkehr, so dass sich ein gezielter Wurf erübrigt – der aber angebracht ist, wenn die Drohung nicht fruchtet.

Auf keinen Fall sollte man mit Hunden (oder auch Katzen) spielen oder sie gar streicheln – die Gefahr einer meist tödlich verlaufenden Tollwut-Infektion ist immer gegeben. Ebenso sollte man Strände, an denen verwilderte Hunde leben, meiden, um einer Infektion mit dem Hundebandwurm vorzubeugen.

Kleidung

Generell legen die Südseebewohner großen Wert auf Etikette, auch im Hinblick auf die Kleidung. Für besondere Anlässe sollte man

Wunderschön, aber sehr giftig: ein Feuerfisch

sich fein kleiden können, um die Gastgeber oder Begleitpersonen nicht in Verlegenheit zu bringen. In traditionsbewussten Regionen sollten Frauen in der Öffentlichkeit stets Kleidung tragen, die Schultern und Oberarme bedecken; das Tragen von Hosen in der Kirche gilt als anstößig. Ein Pareo *(lavalava, sulu)* um die Hüfte gewickelt, gilt überall als korrektes Kleidungsstück, auch bei Männern. Für den Besuch einer Messe sollten Herren ein weißes Hemd und eine Krawatte mitnehmen.

Sa – die Gebetszeit

Beachten Sie sowohl in Samoa als auch in Amerikanisch-Samoa unbedingt die Zeit der allabendlichen, etwa 15-minütigen Familienandacht zwischen 18 und 19 Uhr. Diese Zeit wird *sa* genannt. Sie sollten es vermeiden, während dieser Zeit durch Ortschaften zu wandern oder zu fahren. Beginn und Ende der Gebete werden mit Glockengeläut oder Blasen eines Muschelhorns angezeigt.

Sitzen

Wer ein Haus betritt, zieht die Schuhe aus und setzt sich im Schneidersitz auf die Bodenmatte, bevor man zu sprechen beginnt. Frauen winkeln die Beine seitlich nach rechts oder links ab und achten darauf, dass ihre Knie stets bedeckt sind. Für alle gilt: Die Beine nie nach vorn in die Runde strecken, das gilt als äußerst respektlos. In einem geschlossenen Raum (das gilt übrigens auch für Busse) dürfen Sie nie stehen, während alle anderen Personen sitzen.

Trinkgeld

Generell werden Trinkgelder in der Südsee nicht erwartet. Möchten Sie sich allerdings für einen guten Service beispielsweise in einem Hotel bedanken, fragen Sie an der Rezeption nach der Gemeinschaftskasse. Hier werden alle Geldbeträge gesammelt und vor Weihnachten allen Angestellten ausgezahlt.

Trinkwasserversorgung

Auf bergigen Inseln mit hohen Niederschlagsmengen ist in der Regel für gutes Trinkwasser gesorgt. In den Hauptstädten kann man auch das zumeist gechlorte Leitungswasser trinken, ansonsten empfiehlt sich das Abkochen.

Zeit

Die **Datumsgrenze** verläuft mitten durch den Südpazifik, demzufolge kann es bei Reisenden zu Verunsicherungen kommen. Wenn Sie beispielsweise von Westen nach Osten fliegen, erreichen Sie Ihr Ziel möglicherweise einen Tag eher, als Sie abgeflogen sind. Umgekehrt ›verlieren‹ Sie unter Umständen einen Tag, wenn Sie von Osten nach Westen fliegen. Über die jeweiligen Zeitunterschiede informieren Sie sich bitte in den einzelnen Länderkapiteln.

Den Begriff ›Zeit‹ verstehen die meisten Bewohner der pazifischen Inselstaaten übrigens großzügiger als ein Mitteleuropäer. Es gibt die Fiji Time (oder Tongan Time, Samoan Time etc.), die sich erheblich von der European Time unterscheiden kann. Gemeint ist damit, dass im pazifischen Raum die Uhren eben langsamer oder einfach ganz anders gehen. Für Busse existieren oftmals keine Fahrpläne, Fähren legen ab, wenn genügend Passagiere an Bord sind, Inlandsflüge verspäten sich. Deshalb mein gut gemeinter Rat: Schalten Sie ebenfalls einen Gang zurück und planen Sie genug Zeit für Ihren Aufenthalt ein!

Sprachführer

Neben den einheimischen Sprachen wird in allen hier vorgestellten Ländern Englisch gesprochen. Auch in Französisch-Polynesien kann man sich mitunter auf Englisch verständigen, in den ländlichen Regionen und auf kleinen Inseln sind französische Sprachkenntnisse jedoch unerlässlich.

Sicherlich ist es von großem Vorteil, wenn Sie zumindest einige Redewendungen und Grußformeln in der jeweiligen Lokalsprache kennen und anwenden können. Allerdings ist bei den unzähligen Dialekten und Lokalsprachen beispielsweise auf den Fidschi-Inseln zu beachten, dass ein Wort bereits wenige Kilometer weiter oder gar auf einer anderen Insel eine völlig andere Bedeutung haben kann. So heißt etwa *namu* in einem Dorf ›Mutter‹, wenige Ortschaften weiter ›Mücke‹ und auf einer anderen Insel bedeutet es ›Ohrenschmalz‹.

Fidschianisch (Bau-Sprache): Die Sprache der Bau-Konföderation des 19. Jh. gilt heute als »Hochfidschianisch«. Aussprache:
b: wie mb; bula = mbula
c: wie th im Englischen; moce = mothe
d: wie nd; Nadi = nandi
j: wie tsch; Jamani = tschamani
r: wird stark gerollt
v: wie w; vinaka = winaka
y: wie j; yadra = jandra
g: wie ng in Gong
q: wie ng in Mango, stärker nasaliert.

Tonganisch: Das Alphabet kennt nur 12 Konsonanten. Aussprache: g wie ng in singen; k wie g; p wie b; t wie d

Samoanisch: Neben fünf Vokalen nur 13 Konsonanten. Aussprache: g wie ng in singen; b wie p

Cook Island Maori: Nur 13 Buchstaben, neben den fünf Vokalen die Konsonanten k, m, n, ng, p, r, t und das v. Die Aussprache ähnelt der deutschen.

Tahitianisch: Durch Missionierung über rund hundert Inseln in Französisch-Polynesien verbreitet, doch haben die Tuamotus, Marquesas, Gambier- und Austral-Inseln jeweils eigene Sprachen. Aussprache wie im Deutschen.

Kleine Auswahl der wichtigsten Wörter und Grußformeln

	Fidschianisch (Bau-Dialekt)	Samoanisch	Tonganisch	Cook Island Maori	Tahitianisch
Guten Tag	ni sa bula vinaka	talofa	malo e lelei	kia orana	ia orana, nana
Auf Wiedersehen	ni sa moce	tofa soifua	'alu a (sagt der, der geht); Antwort: nofo a	'e no'o ra (sagt der, der geht); Antwort: 'aere ra	parahi, nana; (sagt der, der geht); Antwort: haere
Ja	io	ioe	'io	ae	e (auch: 'oia)
Nein	sega	leai	'ikai	kare	aita
Vielen Dank	vinaka vaka levu	fa'afetai tele	malo 'aupito	meitakima'ata	mauruuru roa
Frau	marama	fafine	fine'eiki	va'ine	vahine
Mann	tagana	tamaloa	tangata'eiki	tane	tane
Europäer	palagi	papala(n)gi oder pala(n)gi	palangi	papa'a	popa'a
Festessen	magiti	fiafia	kai pola	umukai	tamaara'a
Kava	yaqona	kava	'ava	kava	kava
Wickelrock	sulu	lavalava	tupenu	pareu	pareu

Sprachführer Englisch

Allgemeines

guten Morgen	good morning
guten Tag	good afternoon
guten Abend	good evening
auf Wiedersehen	good bye
Entschuldigung	excuse me
hallo/grüß dich	hello
bitte	please
bitte sehr	you're welcome
danke	thank you
ja/nein	yes/no
wie bitte?	pardon?
wann?	when?
wie?	how?

Unterwegs

Haltestelle	stop
Bus	bus
Auto	car
Ausfahrt/-gang	exit
Tankstelle	petrol station
Benzin	petrol
rechts	right
links	left
geradeaus	straight ahead/straight on
Auskunft	information
Telefon	telephone
Postamt	post office
Bahnhof	railway station
Flughafen	airport
Stadtplan	city map
alle Richtungen	all directions
Einbahnstraße	one-way street
Eingang	entrance
geöffnet	open
geschlossen	closed
Kirche	church
Museum	museum
Strand	beach
Brücke	bridge
Platz	place/square
Schnellstraße	dual carriageway
Autobahn	motorway
einspurige Straße	single track road

Zeit

3 Uhr (morgens)	3 a.m.
15 Uhr (nachmittags)	3 p.m.
Stunde	hour
Tag/Woche	day/week
Monat	month
Jahr	year
heute	today
gestern	yesterday
morgen	tomorrow
morgens	in the morning
mittags	at noon time
abends	in the evening
früh	early
spät	late
Montag	monday
Dienstag	tuesday
Mittwoch	wednesday
Donnerstag	thursday
Freitag	friday
Samstag	saturday
Sonntag	sunday
Feiertag	public holiday
Winter	winter
Frühling	spring
Sommer	summer
Herbst	autumn

Notfall

Hilfe	help
Polizei	police
Arzt	doctor
Zahnarzt	dentist
Apotheke	pharmacy
Krankenhaus	hospital
Unfall	accident
Schmerzen	pain
Panne	breakdown
Rettungswagen	ambulance
Notfall	emergency

Übernachten

Hotel	hotel
Pension	guesthouse
Einzelzimmer	single room

Doppelzimmer	double room	billig	cheap
mit zwei Betten	with twin beds	Größe	size
mit/ohne Bad	with/without bathroom	bezahlen	to pay
mit WC	ensuite		
Toilette	toilet		
Dusche	shower		
mit Frühstück	with breakfast		
Halbpension	half board		
Gepäck	luggage		
Rechnung	bill		

Einkaufen

Geschäft	shop
Markt	market
Kreditkarte	credit card
Geld	money
Geldautomat	cash machine (ATM)
Bäckerei	bakery
Lebensmittel	foodstuffs
teuer	expensive

Zahlen

1	one	17	seventeen
2	two	18	eighteen
3	three	19	nineteen
4	four	20	twenty
5	five	21	twenty-one
6	six	30	thirty
7	seven	40	fourty
8	eight	50	fifty
9	nine	60	sixty
10	ten	70	seventy
11	eleven	80	eighty
12	twelve	90	ninety
13	thirteen	100	one hundred
14	fourteen	150	one hundred and fifty
15	fifteen		
16	sixteen	1000	a thousand

Die wichtigsten Sätze

Allgemeines

Sprechen Sie Deutsch?	Do you speak German?
Ich verstehe nicht.	I do not understand.
Ich spreche kein Englisch.	I do not speak English.
Ich heiße …	My name is …
Wie heißt Du/ heißen Sie?	What's your name?
Wie geht's?	How are you?
Danke, gut.	Thanks, fine.
Wie viel Uhr ist es?	What's the time?
Bis bald (später).	See you soon (later).

Unterwegs

Wie komme ich zu/nach …?	How do I get to …?
Wo ist bitte …	Sorry, where is …?
Könnten Sie mir bitte … zeigen?	Could you please show me …?

Notfall

Können Sie mir bitte helfen?	Could you please help me?
Ich brauche einen Arzt.	I need a doctor.
Hier tut es weh.	Here I feel pain.

Übernachten

Haben Sie ein freies Zimmer?	Do you have any vacancies?
Wie viel kostet das Zimmer pro Nacht?	How much is a room per night?
Ich habe ein Zimmer bestellt.	I have booked a room.

Einkaufen

Wie viel kostet …?	How much costs …?
Ich brauche …	I need …
Wann öffnet/ schließt …?	When opens/ closes …?

Sprachführer Französisch

Allgemeines
guten Morgen/Tag	bonjour
guten Abend	bonsoir
gute Nacht	bonne nuit
auf Wiedersehen	au revoir
Entschuldigung	pardon
hallo/grüß dich	salut
bitte	de rien/ s'il vous plaît
danke	merci
ja/nein	oui/non
einverstanden	d'accord
bis später	à plus
wie bitte?	pardon?
wann?	quand?

Unterwegs
Haltestelle	arrêt
Bus	bus/car
Auto	voiture
Ausfahrt/-gang	sortie
Tankstelle	station-service
Benzin	essence
rechts	à droite
links	à gauche
geradeaus	tout droit
Auskunft	information
Telefon	téléphone
Postamt	poste
Bahnhof	gare
Flughafen	aéroport
Stadtplan	plan de ville
alle Richtungen	toutes directions
Einbahnstraße	rue à sens unique
Eingang	entrée
geöffnet	ouvert/-e
geschlossen	fermé/-e
Kirche	église
Museum	musée
Strand	plage
Brücke	pont
Platz	place
Hafen	port
hier	ici
dort	là

Zeit
Minute	minute
Stunde	heure
Tag	jour
Woche	semaine
Monat	mois
Jahr	année
heute	aujourd'hui
gestern	hier
morgen	demain
morgens	le matin
mittags	le midi
nachmittags	l'après-midi
abends	le soir
früh	tôt
spät	tard
vor	avant
nach	après
Montag	lundi
Dienstag	mardi
Mittwoch	mercredi
Donnerstag	jeudi
Freitag	vendredi
Samstag	samedi
Sonntag	dimanche
Feiertag	jour de fête

Notfall
Hilfe!	Au secours!
Polizei	police
Arzt	médecin
Zahnarzt	dentiste
Apotheke	pharmacie
Krankenhaus	hôpital
Unfall	accident
Schmerzen	douleur
Zahnschmerzen	mal aux dents
Panne	panne

Übernachten
Hotel	hôtel
Pension	pension
Einzelzimmer	chambre individuelle
Doppelzimmer	chambre double
Doppelbett	grand lit

Einzelbetten	deux lits	billig	bon marché
mit/ohne Bad	avec/sans salle de bains	Größe	taille
		bezahlen	payer
Toilette	cabinet		
Dusche	douche	**Zahlen**	
Handtuch	serviette	1 un	17 dix-sept
mit Frühstück	avec petit-déjeuner	2 deux	18 dix-huit
Halbpension	demi-pension	3 trois	19 dix-neuf
Gepäck	bagages	4 quatre	20 vingt
Rechnung	note	5 cinq	21 vingt et un
prix	Preis	6 six	30 trente
		7 sept	40 quarante
Einkaufen		8 huit	50 cinquante
Geschäft	magasin	9 neuf	60 soixante
Markt	marché	10 dix	70 soixante-dix
Kreditkarte	carte de crédit	11 onze	80 quatre-vingt
Geld	argent	12 douze	90 quatre-vingt-dix
Geldautomat	guichet automatique	13 treize	
Bäckerei	boulangerie	14 quatorze	100 cent
Lebensmittel	aliments	15 quinze	200 deux cent(s)
teuer	cher/chère	16 seize	1000 mille

Die wichtigsten Sätze

Allgemeines
Sprechen Sie Deutsch/Englisch? — Parlez-vous allemand/anglais?
Ich verstehe nicht. — Je ne comprends pas.
Ich spreche kein Französisch. — Je ne parle pas français.
Ich heiße … — Je m'appelle …
Wie heißt Du/heißen Sie? — Comment t'appelles toi/vous appellez-vous?
Wie geht's? — Ça va?
Danke, gut. — Merci, bien.
Wie viel Uhr ist es? — Il est quelle heure?

Unterwegs
Wie komme ich zu/nach …? — Comment est-ce que j'arrive à …?
Wo ist bitte …? — Pardon, où est …?
Könnten Sie mir bitte … zeigen? — Pourriez-vous faire voir … à moi?

Notfall
Können Sie mir bitte helfen? — Pourriez-vous m'aider?
Ich brauche einen Arzt. — J'ai besoin d'un médecin.
Hier tut es weh. — Ça me fait mal ici.

Übernachten
Haben Sie ein freies Zimmer? — Avez-vous une chambre de libre?
Wie viel kostet das Zimmer pro Nacht? — Quel est le prix de la chambre par nuit?
Ich habe ein Zimmer bestellt. — J'ai réservé une chambre.

Einkaufen
Wie viel kostet das? — Ça coûte combien?
Ich brauche … — J'ai besoin de …
Wann öffnet/schließt …? — Quand ouvre/ferme …?

Fidschi

Informationsquellen

Fidschi im Internet
www.fiji.gov.fj: offizielle Webseite der Regierung Fidschis.
www.bulafiji.com: Webseite des Fremdenverkehrsbüros.
www.fijimuseum.org.fj: Webseite des Museums in Suva.

Touristeninformation
Fiji Visitors Bureau
– Suva, Thomson Street,
Tel. 330 24 33, Fax 330 09 70, 330 27 51,
infodesk@bulafiji.com
– Nadi, International Airport,
Nadi Airport Concourse Tel. 672 24 33,
Fax 672 01 41, fvbnadi@bulafiji.com

Fiji Visitors Bureau Europe
Karl-Marx-Allee 91 A, 10243 Berlin
Tel. 030-422 562 85, Fax 030-422 562 86,
www.bulafiji.de

Diplomatische Vertretungen
Fiji High Commission
34, Hyde Park Gate, GB-London SW7 5DN
Tel. 207-584 36 61, Fax 207-584 28 34
fhc@fijihighcommissionuk.org
Mo–Do 9–13 und 14–17, Fr 9–16.30 Uhr
Auch für Deutschland, Österreich
und Schweiz zuständig.
Honorarkonsulat der Bundesrepublik Deutschland
David Vaughan Aidney,
Williams & Gosling Ltd.
P. O. Box 79, 80–82 Harris Road, Suva
Tel. 331 26 33, Fax 330 03 67
davea@wgfiji.com.fj

Österreich und die **Schweiz** unterhalten keine diplomatischen Vertretungen auf Fidschi. Für die Schweiz ist die Botschaft in Wellington (Neuseeland), für Österreich die Botschaft in Canberra (Australien) zuständig (s. S. 65).

Anreise und Verkehr

Einreise- & Zollbestimmungen
Allgemeine Informationen s. auch S. 67.

Flugreisende aus Deutschland, Österreich und der Schweiz erhalten bei der Ankunft in der Regel eine Aufenthaltserlaubnis für vier Monate ausgestellt, die gegen eine Gebühr von 55 F$ um weitere acht Wochen verlängert werden kann. Zuständig sind das **Immigration Department** (www.immigration.gov.fj) in Suva (Tel. 331 26 22), Nadi (Tel. 672 22 63) und Lautoka (Tel. 666 17 06) sowie die Polizeistationen in Ba, Sigatoka, Tavua (Viti Levu), Levuka (Ovalau), Savusavu (Vanua Levu) und Waiyevo (Taveuni).

Pro Person dürfen **zollfrei** mitgeführt werden: 250 Zigaretten oder 250 g Tabak oder Zigarren sowie 2,25 l Spirituosen oder 4,5 l Wein oder Bier sowie Geschenke bis zu einem Wert von 400 F$. Die Ausfuhr von Walzähnen *(tabua)* ist strengstens untersagt.

Anreise nach Fidschi
Fidschi hat zwei internationale Flughäfen. Die meisten Fluggesellschaften landen auf dem Nadi Airport (NAN) an der Westküste der Hauptinsel Viti Levu, etwa 10 km von der Stadt Nadi entfernt.

Von Europa aus wird Fidschi von Air New Zealand (von Frankfurt via London und Los Angeles fünfmal wöchentlich, www.airnewzealand.de) und von Korean Air (von Frankfurt via Seoul dreimal wöchentlich, www.koreanair.com) angeflogen. Flughafengebühr bei Abflug: 20 F$ (ca. 9 €), Kinder unter zwölf Jahren sind hiervon ausgenommen.

Verkehrsmittel in Fidschi

Bus
Auf den beiden großen Inseln verkehren Busse regelmäßig zwischen den größeren Städten. Zwischen der Hauptstadt Suva und

Nadi bzw. Lautoka auf Viti Levu fahren die Busse entlang der südlichen Küstenstraße (Queens Rd.) z. T. stündlich, über die nördliche Kings Road mehrmals täglich. Die etwas teureren und komfortableren Express-Busse bewältigen die Strecke Suva – Flughafen Nadi via Coral Coast in knapp vier Stunden.

Die normalen Busse halten nicht nur in den Ortschaften und an den Hotels entlang der Strecken, sondern auf Handzeichen an jeder Stelle. Die Fahrpläne der Busunternehmen für die Fernstrecken sind beim Info-Büro erhältlich. Außer für die Express-Busse sind sie nur als Richtwerte anzusehen. In Suva und Nadi gibt es jeweils ein öffentliches Busnetz für das gesamte Stadtgebiet. Auf Vanua Levu gibt es mehrmals täglich Busverbindungen zwischen Savusavu und Labasa. Busse verkehren auch auf Ovalau und Taveuni.

Flugzeug

Mehrere lokale Fluggesellschaften verbinden **Viti Levu** mit den anderen Inseln Fidschis: Air Fiji fliegt mit ihren kleinen Propellermaschinen sowohl von Nausori im Osten der Hauptinsel nahe Suva als auch von Nadi aus mehrere Inseln an. Diese Fluggesellschaft bietet preisgünstige Stand-by-Tickets. Für Kleinkinder unter zwei Jahren müssen nur 10 %, für 2- bis 11-Jährige 50 % des regulären Preises gezahlt werden. Maximal dürfen 15 kg Gepäck pro Person mitgenommen werden. Ausnahmen, bei denen die Obergrenze bei 20 kg liegt, werden bei den Flugrouten Nadi – Suva – Labasa und für Taucher gemacht.

Unter Umständen preisgünstiger als mit Einzeltickets können mit dem **Air Pass** über einen Zeitraum von 30 Tagen zahlreiche Inseln angeflogen werden. Allerdings darf der Flugpass nur im Ausland erworben werden.

Air Fiji hat an allen Zielorten ihres umfangreichen Streckennetzes Büros. Das Hauptbüro befindet sich in Suva, MacArthur St./Victoria Parade, Tel. 331 36 66, 331 50 55, Fax 330 07 71, www.airfiji.com.fj.

In **Nausori** befindet sich der zweitgrößte Flughafen des Landes. Air Pacific (Nadi Airport, Tel. 672 08 88, Fax 672 43 05, www.airpacific.com) und Air Fiji bieten mehrmals täglich Flüge zwischen Nadi und Nausori. Der Flug über die Bergketten der Hauptinsel dauert etwa 30 Minuten, Vorausbuchungen sind meist erforderlich.

Pacific Sun (Nadi Airport, Tel. 672 35 55, Fax 672 00 85, www.pacificsun.com.fj; vormals Sun Air) betreibt mit ihren kleinen Propellermaschinen ein umfangreiches nationales Streckennetz und fliegt von Nadi bzw. Nausori aus mehrere Inseln des Landes regelmäßig an.

Island Hoppers Fiji (Nadi, Tel. 672 04 10, Fax 672 01 72, www.helicopters.com.fj) bietet ab Nadi Flüge mit einem Hubschrauber zu einigen Inseln der Mamanuca-Inselgruppe an.

Rundflüge oder **Transfers** zu den Außeninseln mit einem Wasserflugzeug können gechartert werden bei **Pacific Island Seaplanes,** Nadi, Tel. 672 56 44, Fax 672 56 41, www.fijiseaplanes.com.

Mietwagen

In Fidschi gilt Linksverkehr. Mietwagen sind bei den Verleihfirmen direkt, an den beiden internationalen Flughäfen und über größere Hotels erhältlich. Bei Fahrten auf den nicht asphaltierten Straßen im Landesinneren der großen Inseln sind besonders während der Regenzeit Autos mit Vierradantrieb empfehlenswert.

Voraussetzung: Internationaler Führerschein.
Geschwindigkeitsbegrenzungen: 50 km/h innerhalb und 80 km/h außerhalb geschlossener Ortschaften.

Schiffsverbindungen

Wer Zeit hat und einigermaßen seefest ist, sollte eine der vielen Schiffs- bzw. Fährverbindungen nutzen, um andere Inseln Fidschis kennenzulernen. Einige Schiffe bieten den

Fidschi

Luxus einer Kabinenklasse, auf anderen können Sie nur als Deckpassagier mitreisen. Erfragen Sie bei der Reederei, ob die Mahlzeiten im Preis enthalten sind. Reservierungen und aktuelle Informationen bezüglich der Routen und Fahrpläne erhalten Sie direkt bei den Büros der örtlichen Reedereien:

Beachcomber Roro Shipping Ltd., Tel. 330 78 89, 330 73 49, Fax 330 73 59 (nach Vanua Levu und Taveuni)
Cakauiinika Shipping, Tel. 331 29 62 (zur Lau-Gruppe)
Consort Shipping Line, Tel. 330 28 77, Fax 330 33 89 (nach Koro, Vanua Levu und Taveuni)
Emosi's Shipping, Tel. 331 33 66 (nach Ovalau)
Kadavu Shipping, Tel. 331 24 28 (nach Kadavu)
Kaunitoni Shipping; Tel. 331 11 09 (nach Rotuma)
Patterson Brothers Shipping Company Ltd., Tel. 331 56 44, Fax 330 16 52 (nach Vanua Levu, Taveuni und Ovalau)
Whippy's Boatyard Ltd., Tel. 331 15 07 (nach Kadavu)

Mehrmals täglich legen schnelle **Fährboote** vom Port Denarau nahe Nadi zu den Insel-Resorts der Mamanuca- und einigen Inseln der Yasawa-Gruppe ab. Ferner können mehrtägige Kreuzfahrten zu den vorgelagerten Inseln dieser Gruppen gebucht werden (Adressen siehe S. 141).

Taxi

Auf der Hauptinsel Viti Levu, und dort vor allem in Nadi und Suva, gibt es eine große Anzahl von überwiegend indischen Taxi-Unternehmen. Auf Vanua Levu, Taveuni oder Ovalau, wo gebietsweise nur selten oder gar keine Busse fahren, sind Taxis auch für längere Strecken ein erschwingliches Verkehrsmittel.

Die Preise sind staatlich festgelegt (aktuelle Preise erfährt man beim Fremdenverkehrsamt oder in den Hotels). Erkundigen Sie sich vor dem Einsteigen beim Fahrer nach dem Fahrpreis, und achten Sie in den Städten darauf, dass das Taxameter auch eingeschaltet ist, damit es nicht zu Schwierigkeiten kommt.

Einkaufen

Im staatlichen **Kunsthandwerkszentrum** sowie in den **Souvenirläden** von Suva und Nadi finden Sie die beste Auswahl an bedruckten Rindenbaststoffen *(tapa),* Kava-Holzschalen *(tanoa),* Holzschnitzereien, Matten und Korbwaren sowie Töpferwaren und Schmuck. Allerdings müssen Sie hier bei den zumeist indischen Verkäufern kräftig handeln. Liegt ein Kreuzfahrtschiff im Hafen, sind die geforderten Preise nochmals erheblich höher.

Zu warnen ist vor den **Straßenhändlern**, die vor allem in Suva und Nadi bei einer freundlichen Unterhaltung Ihren Namen herausfinden, diesen schnell z. B. in ein billiges Holzschwert eingravieren und Sie anschließend zwingen wollen, es für einen völlig überhöhten Preis zu kaufen.

Reisekasse

Währung

Die Währung Fidschis ist der Fidschi-Dollar (F$, FJD), unterteilt in 100 Cents. Banknoten sind im Wert von 2, 5, 10, 20 und 50 F$ im Umlauf, Münzen gibt es in den Werten von 1 F$ sowie 1, 2, 5, 10, 20 und 50 Cents.
Wechselkurs Ende 2008: 1 F$ = 0,42 €, 1 € = 2,38 F$.

Geldwechsel und Kreditkarten

Für die Ein- und Ausfuhr von Devisen bestehen keine Einschränkungen. **Geldwechsel** ist am internationalen Flughafen in Nadi, bei Banken und den meisten Hotels möglich.

Bankautomaten sind in allen größeren Städten vorhanden.

Tour- und Leihwagenunternehmen, Fluggesellschaften, die größeren Hotels, Restaurants und Geschäfte akzeptieren **Kreditkarten** von American Express, Diners Club, MasterCard und Visa. In den ländlichen Regionen ist man allerdings ausschließlich auf Bargeld angewiesen.

Gesundheit & Sicherheit

Allgemeine Informationen s. auch S. 70.

Bei der Einreise direkt aus Europa sind keine **Impfungen** vorgeschrieben, wer allerdings aus einem Gelbfiebergebiet einreist, muss einen Impfschutz nachweisen. Empfohlene Impfungen sind Hepatitis A und zusätzlich bei Individualreisenden ein Schutz gegen Typhus. Fidschi ist malariafrei.
Notruf
Polizei, Erste Hilfe, Feuerwehr: Tel. 911.
Reisewarnung: Das Auswärtige Amt warnt angesichts der innenpolitischen Situation weiterhin vor nicht notwendigen Reisen in die Hauptstadt Suva. Ferner wird geraten, Menschenansammlungen und Kundgebungen zu meiden.

Ich möchte allerdings betonen, dass sich diese Warnung auf dicht besiedelte Gebiete bezieht, außerhalb der Stadt oder auf kleineren Inseln ist es bislang noch zu keinen Unruhen gekommen. Erkundigen Sie sich bitte vor Ihrer Abreise nach Fidschi über die aktuelle Lage im Land.

Öffnungszeiten

Banken: Mo–Do 9.30–15, Fr 10–16 Uhr.
Behörden: Mo–Do 8–12 und 13–16.30, Fr 8–12 und 13–16 Uhr.
Geschäfte: Mo–Fr 8–17, Sa 8–13 Uhr.
Post: Mo–Fr 8–16.30 Uhr.

Kommunikation

Internet
Internetcafés gibt es in Suva und Nadi, in den kleineren Ortschaften entstehen sie gegenwärtig. Hotels und Resorts ab drei Sterne aufwärts bieten ihren Gästen zumeist kostenlos oder gegen eine geringe Gebühr Internetservice. Allerdings sollten Sie auf umfangreiche Anhänge verzichten.

Post
Im Zentrum Suvas befindet sich das Hauptpostamt **(General Post Office)**. Im hinteren Teil des Gebäudes in der Edward Street können Sie die schönen Briefmarken des Landes sowie des gesamten Südpazifiks erhalten.

Telefonieren
Ländervorwahl: 00 679
Internationale Ferngespräche können mit Telefonkarten (TeleCard, bei Postämtern erhältlich) von öffentlichen Telefonzellen geführt werden. In Fidschi gibt es keine Insel- bzw. Ortsvorwahlnummern, die ersten drei Ziffern der mittlerweile 7-stelligen Rufnummern geben die Region an.

Auf den größeren Inseln hat man guten Empfang mit dem mitgebrachten Handy. Zwischen dem nationalen Provider Vodafone Fiji Ltd. und verschiedenen europäischen Netzanbietern besteht ein Roaming-Abkommen.

Zeitungen
Drei englischsprachige Tageszeitungen erscheinen, die **Fiji Times** (www.fijitimes.com), die **Fiji Daily Post** (www.fijilive.com) und die **Fiji Sun** (www.sun.com.fj). Die Nai Lalakai in Fidschianisch (Bau-Sprache) und die Shanti Dut in Hindi erscheinen wöchentlich. Darüber hinaus gibt es in den Städten eine Reihe englischsprachiger Zeitungen und Zeitschriften aus Australien und Neuseeland sowie überregionale Publikationen wie Times und Newsweek.

Tonga

Informationsquellen

Tonga im Internet
www.pmo.gov.to: offizielle Webseite der Regierung des Königreichs von Tonga
www.palaceoffice.gov.to: Webseite des tonganischen Königshauses
www.tongaholiday.com: Webseite des Fremdenverkehrsbüros

Touristeninformation
Tonga Visitors Bureau
Vuna Road, Nuku'alofa
Tel. 00 676-253 34, Fax 00 676-235 07, info@tvb.gov.to, Mo–Fr 9–16.30, Sa 9–12.30 Uhr

Friends Tourist Centre
Taufa'ahau Road, Nuku'alofa
Tel. 00 676-263 23, friends@tonfon.to
Mo–Fr 8–22, Sa 8.30–19.30 Uhr

Diplomatische Vertretungen
High Commission of the Kingdom of Tonga
36, Molyneux Street, GB-London W1H 6AB
Tel. 207-724 58 28, Fax 207-723 90 74
vielak@btinternet.com
Auch für Deutschland, Österreich und die Schweiz zuständig.

Anfragen können Sie auch an die Honorarkonsuln richten:
Honorargeneralkonsulat des Königreichs Tonga
Erwin M. Ludewig
Habichtstr. 41, 22305 Hamburg
Tel. 040-61 13 53 75, Fax 040-61 13 53 76
tonga-cg.hamburg@t-online.de, Amtsbezirk Norden bis Niedersachsen/Thüringen
Honorargeneralkonsulat des Königreichs Tonga
Dr. h. c. Alexander Müller
Kalkumer Schlossallee 47, 40489 Düsseldorf
Tel. 0211-200 66 92, Fax 0211-200 66 93
Amtsbezirk Süden ab NRW/Brandenburg

Honorarkonsulat des Königreichs Tonga
Weinbergstr. 29, 8006 Zürich
Tel. 044 251 15 55, Fax 044 727 60 01

In Tonga selbst gibt es keine Botschaften deutschsprachiger Länder, zuständig sind die Botschaften in Australien bzw. Neuseeland (s. S. 65). In Notfällen kann man sich auch an den deutschen Honorarkonsul in Nuku' alofa wenden:
Deutsches Honorarkonsulat
Carl Sanft, Taufa'ahau Road, Nuku'alofa, Tonga, Tel. 234 77, Mob. 161 19, Fax 231 54, sanft@kalianet.to.

Anreise und Verkehr

Einreise- & Zollbestimmungen
Allgemeine Informationen s. auch S. 67.

Flugreisende aus Deutschland, Österreich und der Schweiz erhalten bei der Einreise in der Regel ein Touristenvisum für 30 Tage kostenfrei ausgestellt. Eine Verlängerung bis zu maximal fünf Monate muss bei der Einwanderungsabteilung (Immigration Department) gegen eine Gebühr von 51 TOP beantragt werden. Sie benötigen ein Passfoto sowie eine Kopie des Weiterflugtickets, auf Verlangen müssen Sie ferner ausreichende finanzielle Mittel nachweisen können.
Immigration Department: Salote Road, Nuku'alofa, Tel. 269 70, Fax 269 71, Mo–Fr 9–12.30 sowie außer Mi 13.30–15 Uhr.

Pro Person dürfen **zollfrei** mitgeführt werden: 200 Zigaretten oder 250 g Tabak oder Zigarren sowie 1 l Spirituosen oder Wein.

Anreise nach Tonga
Von Europa aus gibt es zurzeit keine Direktflüge nach Tonga. Sie können aber beispielsweise mit der Air New Zealand (ab London via Los Angeles und Auckland fünfmal bzw. via Apia einmal wöchentlich) Tonga anfliegen. Info: www. airnewzealand.de

Flughafengebühr bei Abflug: 25 TOP (ca. 8,70 €), Kinder bis einschließlich zwölf Jahren 15 TOP (ca. 5,20 €).

Es gibt zwei internationale Flughäfen in Tonga, jedoch wird zurzeit nur der **Fua'amotu International Airport** (TBU) für den internationalen Verkehr genutzt. Dieser liegt rund 20 km von der Hauptstadt Nuku'alofa entfernt im Südosten der Insel Tongatapu.

Verkehrsmittel in Tonga

Bus

Auf der Hauptinsel Tongatapu ist das Streckennetz gut ausgebaut, dagegen sind die Busverbindungen auf den äußeren Inselgruppen eher begrenzt. Da keine Fahrpläne existieren, erkundigt man sich am besten beim Busfahrer, wann der letzte Bus in die Stadt zurückfährt (meistens nachmittags zwischen 15.30 und 16 Uhr).

Nur in der Hauptstadt existieren eine zentraler **Busstation** und eine Haltestelle *(pasi)* in der Nähe des Marktes. Überall sonst gibt es in Tonga keine Haltestellen, der Fahrer stoppt den Bus auf Ihr Handzeichen hin auch auf freier Strecke. Bezahlt wird beim Aussteigen, möglichst mit passendem Kleingeld.

Flugzeug

Tongas nationale Fluggesellschaft, die **Airlines Tonga,** bietet regelmäßige Verbindungen zwischen den Inselgruppen an. Der Betrieb der Gesellschaft **Peau Vava'u** ist eingestellt, die Gründung einer weiteren nationalen Fluggesellschaft aber nach Auskunft des Ministry of Tourism in Planung. Auf allen Inlandsflügen dürfen maximal 20 kg Gepäck pro Person (gilt ausschließlich für internationale Passagiere) mitgenommen werden. Es ist ratsam, sich die Reservierung 24 Stunden vor dem geplanten Abflug bestätigen zu lassen. Sie sollten mindestens 45 Min. vor der angegebenen Flugzeit am Check-in-Schalter sein. Die Tarife für Kinder unter 2 Jahren betragen 10 % und zwischen 2 und 11 Jahren 50 % des regulären Preises. Für ältere Kinder muss der volle Ticketpreis gezahlt werden. Wichtig: Sonntags gibt es grundsätzlich keine Flugverbindungen.

Airlines Tonga: c/o Teta Tours, Railway/Wellington Road, Nuku'alofa, Tel. 236 90, Fax 232 38, www.airlinestonga.to

Leihwagen

In Tonga gilt Linksverkehr. Wer selbst Auto fahren möchte, benötigt eine lokale **Fahrerlaubnis** (Tonga Visitor's Licence). Diese wird für 10 TOP gegen Vorlage des Passes, des internationalen Führerscheins sowie gegen eine Gebühr von 17 TOP bei dem Police Traffic Department in Nuku'alofa (Salote/Railway Road) oder in Neiafu ausgestellt. Das Mindestalter für den tonganischen Führerschein beträgt 21 Jahre.

Geschwindigkeitsbegrenzungen: 40 km/h innerhalb und 65 km/h außerhalb geschlossener Ortschaften.

Schiff

Zwischen den Inselgruppen bestehen regelmäßige Fährverbindungen. Einmal täglich gibt es von Tongatapu aus eine Verbindung nach 'Eua, einmal wöchentlich zur Ha'apai- und weiter zur Vava'u-Inselgruppe sowie alle 6 Wochen zu den Niuas. Trotz vorhandener Fahrpläne empfiehlt es sich, bei den Reedereien Erkundigungen über genaue Abfahrtzeiten der Schiffe einzuholen. Nähere Informationen erhalten Sie bei:

Shipping Corporation of Polynesia
Nuku'alofa, Tel. 238 53, scp@tonfon.to; Vava'u, Tel. 701 28; Ha'apai, Tel. 606 99 (Ha'apai, Vava'u sowie Niuas);

Uata Shipping Line
Nuku'alofa, Tel. 238 55, uataline@kalianet.to (nach 'Eua und zur Vava'u-Inselgruppe);

Tofa Shipping
Nuku'alofa, Tel. 213 26 (nach 'Eua).

Tonga

Taxi

Taxis verkehren sowohl auf Tongatapu als auch auf den Hauptinseln der Ha'apai-Gruppe und der Vava'u-Gruppe sowie auf der Insel 'Eua. Die Fahrzeuge sind durch ein ›T‹ auf dem Nummernschild zu erkennen. Die Taxis besitzen keinen Taxameter, dafür sind die Fahrpreise staatlich festgelegt (aktuelle Informationen beim Tonga Visitors Bureau). Einige Firmen auf der Hauptinsel betreiben einen 24-Stunden-Service, mitunter auch sonntags.

Einkaufen

Die beste Adresse für kunsthandwerkliche Erzeugnisse ist in Nuku'alofas Taufa'ahau Road das **Langafonua'ae Fefine Handicrafts,** die bereits von der Königin Salote gegründete Frauenkooperative (Tel. 210 14). Eine gute Auswahl findet man ebenfalls im ersten Stock des **Talamahu Markts** in Nuku'alofa sowie in Neiafu, dem Hauptort der Vava'u-Inselgruppe.

Die Qualität der Rindenbaststoffe *(tapa)* ist hervorragend, und sie sind in Tonga preiswerter zu erstehen als in anderen Inselstaaten des Südpazifiks. Weitere kunsthandwerkliche Produkte sind geflochtene Matten sowie Holzschnitzereien. Die Flechtarbeiten von Ha'apai und Vava'u gelten als qualitativ besonders hochwertig.

Reisekasse

Währung

Die Landeswährung ist der Tongan Pa'anga (TOP), auch Tonganischer Dollar (T$) genannt. Es gibt Banknoten im Wert von 1, 2, 5, 10, 20 und 50 Pa'anga sowie Münzen zu 1, 5, 10, 20, 50 Seniti. 1 TOP entspricht 100 Seniti. Wechselkurs Ende 2008: 1 TOP = 0,37 €, 1 € = 2,74 TOP.

Geldwechsel und Kreditkarten

Die Einfuhr von Devisen ist unbeschränkt. **Geldwechsel** ist am Flughafen, bei Banken und in größeren Hotels möglich. In der Vergangenheit ist es beim Umtausch von Euro häufiger zu Schwierigkeiten gekommen, daher ist es ratsam, auch US-Dollar mitzunehmen. Gängige **Kreditkarten** wie Visa, Diners Club, MasterCard und American Express werden von größeren Hotels, Restaurants und Autoverleihfirmen akzeptiert.

Gesundheit & Sicherheit

Allgemeine Informationen s. auch S. 70.

Bei der Einreise direkt aus Europa sind keine **Impfungen** vorgeschrieben, wer allerdings aus einem Gelbfiebergebiet einreist, muss einen Impfschutz nachweisen. Empfohlene Impfungen für Individualreisende sind Hepatitis A und B sowie Tetanus, Diphtherie und Polio. Es besteht kein Malariarisiko.
Allgemeine Notrufnummer: 911
Feuerwehr: Tel. 999

Öffnungszeiten

Banken: Mo–Fr 9–15.30, Sa 8.30–11.30 Uhr.
Behörden: Mo–Fr 8.30–12.30 und 13.30–16.30 Uhr.
Geschäfte: in der Regel Mo–Fr 9–17 Uhr, die großen Supermärkte in der Hauptstadt Mo–Fr 8–19 bzw. 21, Sa 7.30–16 Uhr.
Post: Mo–Fr 8.30–16.30 Uhr.

Kommunikation

Internet

Internetcafés entstehen gegenwärtig in vielen Orten, in der Hauptstadt gibt es bereits zahlreiche Möglichkeiten, Mails einzusehen und zu versenden.

Die Baguettes hat wohl nicht der Briefträger gebracht

Post

Das **Hauptpostamt** (General Post Office, GPO) befindet sich in Nuku'alofa in der Taufa'ahau/SaloteRoad, **Zweigstellen** gib es auf der Ha'apai- und der Vava'u-Gruppe sowie auf den Niuas und auf der Insel 'Eua. Im Philatelistischen Büro (Philatelic Bureau im GPO) können Sammler die beliebten Briefmarken Tongas erhalten, die mit ihren Formen wohl einmalig auf der Welt sind.

Wer Pakete bzw. Päckchen abschicken möchte, wende sich in der Hauptstadt an: **DHL,** Wellington Road, Tel. 236 17 oder **FedEx:** Taufa'ahau Road, Fund Management Building, Tel. 286 28

Telefonieren

Landesvorwahl: 00 676, Insel- oder Regionalvorwahlnummern gibt es nicht.

Für Ferngespräche hat die **Tonga Communications Corporation (TCC)** in Nuku'alofa in der Salote Road (Tel. 267 00, www.tcc.to) rund um die Uhr geöffnet. Zweigstellen befinden sich in 'Ohonua ('Eua), Pangai (Ha'apai) und Neiafu (Vava'u), Hihifo (Niuatoputapu) sowie auf Niuafo'ou.

Telefonkarten für 5, 10, 20 und 50 TOP erhalten Sie bei TCC sowie u. a. im Friends Tourist Centre in der Taufa'ahau Road.

Handy: Zwischen Digicel (Tonga) Ltd. und Tonga Communications Corporation und deutschsprachigen Providern bestehen aktuell keine Roaming-Abkommen, wohl aber mit Vodafone Großbritannien. Die Standards GSM 900/1800 und G3 bieten auf der Hauptinsel guten Empfang.

Zeitungen

Der regierungsnahe, zweisprachige **Tongan Chronicle** erscheint wöchentlich. Ebenfalls als Wochenzeitung wird der englischsprachige **Tonga Star** herausgegeben. Das zweisprachige Nachrichtenmagazin **Matangi Tonga** (www.matangitonga.to) existiert nur in der Online-Ausgabe. Ferner erhalten Sie in der Hauptstadt den **New Zealander,** eine wöchentlich erscheinende internationale Zeitung, sowie die Zeitschrift **The Economist.**

Samoa

Informationsquellen

Samoa im Internet
www.parliament.gov.ws: offizielle Webseite des samoanischen Parlaments
www.samoa.travel: Webseite des Fremdenverkehrsbüros
www.samoa-info.de: fundierte Informationen in deutscher Sprache zu touristischen Themen, aber auch zu Alltagsfragen, Geschichte, Kultur und vieles mehr

Touristeninformationen
Samoa Tourism Authority: Apia, Beach Street, Tel. 00 685-635 00, Fax 00 685-208 86, info@visitsamoa.ws, Öffnungszeiten: Mo–Fr 8–16.30, Sa 8–12.30 Uhr
Samoa Hotels Association: Apia, Beach Street, Tel. 00 685-301 60, Öffnungszeiten: Mo–Fr 8–16.30 Uhr

Diplomatische Vertretungen
Samoa Embassy: Avenue de l'Oree 20, 1000 Brüssel, Belgien, Tel. 00 32-2-660 84 54, Fax 00 32-2-675 03 36, samoaembassy@skynet.be, Mo–Fr 9–16 Uhr
Auch für Deutschland, Österreich, Schweiz.

Honorarkonsulat von Samoa: Dr. jur. Ascan Silvester Pinckernelle, Oderfelder Str. 23, 20149 Hamburg, Tel. 040 47 40 75, Fax 040 48 06 24 22, konsulat@freenet.de; Di und Do 10–12 Uhr sowie nach Vereinbarung, Amtsbezirk: Norddeutschland

Botschaften in Samoa
In Samoa gibt es keine Botschaften deutschsprachiger Länder, zuständig sind deshalb die Botschaften in Australien bzw. Neuseeland (s. S. 65). In Notfällen kann jedoch das deutsche Honorarkonsulat in Samoa um Unterstützung gebeten werden:
Honorarkonsul von Deutschland: Arne Schreiber, Apia, Samoa, Tel. 25 607, Fax 25 608, germanconsul.samoa@gmail.com

Anreise und Verkehr

Einreise- & Zollbestimmungen
Allgemeine Informationen s. auch S. 67.
Der internationale **Flughafen Faleolo** (APW) liegt rund 35 km westlich der Hauptstadt Apia an der Nordküste der Insel 'Upolu. Bei einem Aufenthalt bis zu 60 Tagen ist für Deutsche, Österreicher und Schweizer **kein Visum** erforderlich. Es genügt die Vorlage eines noch mindestens sechs Monate gültigen Reisepasses und ein Weiter- bzw. Rückflugticket. Pro Person dürfen zollfrei mitgeführt werden: 200 Zigaretten oder 250 g Tabak oder 50 Zigarren sowie 1 l Spirituosen.

Eine Verlängerung der bei der Ankunft erteilten Aufenthaltserlaubnis muss bei der Einwanderungsbehörde beantragt werden. Hierfür benötigen Sie Ihren Pass, zwei Passfotos, gegebenenfalls müssen Sie ausreichende finanzielle Mittel vorweisen sowie die Buchungsbestätigung Ihrer Unterkunft.
Samoa Immigration Office: Convent Street, Apia, Tel. 202 91, Mo–Fr 8–15.30 Uhr

Anreise nach Samoa
Von Europa aus wird Samoa von Air New Zealand direkt angeflogen (von London via Los Angeles einmal wöchentlich), Info: www.airnewzealand.de. Flughafengebühr bei Abflug: 40 SAT (ca. 11 €) pro Person, Kinder unter 12 Jahre sind hiervon ausgenommen.

Verkehrsmittel in Samoa

Bus
Auf 'Upolu gibt es ein gut ausgebautes Busnetz, während der öffentliche Nahverkehr auf Savai'i nur mäßig entwickelt ist. Eine Fahrt mit den bunt bemalten, mit Holzbänken ausgestatteten Bussen ist ein besonderes Erlebnis, nicht nur wegen der Lautstärke der Radios.

Da keine Fahrpläne existieren, sind die Auskünfte beim Fahrer einzuholen. Haltestellen gibt es ebenfalls nicht. Der Bus hält auf freier Strecke auf Handzeichen bzw. immer dann, wenn Fahrgäste aussteigen möchten. Bezahlt wird beim Einsteigen, möglichst mit passendem Kleingeld. Wichtig: Sonntags fahren keine Busse außer zu den Fähranlegestellen (Mulifanua bzw. Salelologa Wharf).

Für weiter entfernte Ziele empfiehlt es sich, bereits gegen 7 Uhr morgens loszufahren und sich beim Fahrer über die letzte Rückfahrmöglichkeit zu erkundigen. Faustregel: Nach 17 Uhr verkehren die Überlandbusse kaum noch und sonntags so gut wie nie. Die zentralen **Busstationen** befinden sich am neuen Markt (Maketi Fou) in der Fugalei Street sowie in der Beach Road hinter dem alten Markt in Apia und in Salelologa auf Savai'i.

Flugzeug

Mit der **Polynesian Airlines** (www.polynesianairlines.com) können Sie mehrmals täglich zum Nachbarstaat Amerikanisch-Samoa fliegen, Inlandflüge gibt es in Samoa nicht.

Mietwagen

Auf den Straßen Samoas gilt noch Rechtsverkehr, geplant ist eine Umstellung auf Linksverkehr. Gegen Vorlage eines gültigen internationalen Führerscheins, zweier Passbilder und einer Gebühr von 12 SAT wird beim zuständigen Ministerium eine für zwei Monate befristete samoanische Lizenz ausgestellt. Einige Verleihfirmen bieten diesen Service ebenfalls.

Ministry of Works, Transport & Infrastructure, Beach Road, Apia, Tel. 216 11, Mo–Fr 8.30–16 Uhr

Das **Mindestalter** beträgt für diesen lokalen Führerschein 21 Jahre. Sowohl auf 'Upolu als auch auf Savai'i sind Mietwagen zu erhalten. In der Hauptstadt lohnt ein Preisvergleich zwischen den zahlreichen Verleihfirmen.

Wer mit dem Auto von einer Insel zur anderen übersetzen möchte, braucht eine Einverständniserklärung des Autoverleihers, damit der Versicherungsschutz auch auf der anderen Insel gilt. Bevor Sie auf die Fähre fahren, muss das Auto desinfiziert werden. Dies geschieht an der Mulifanua Wharf, der Service dauert in der Regel nur wenige Minuten und ist kostenfrei.

Besonders für ungeteerte Strecken ist es ratsam, einen Geländewagen zu mieten. Zu beachten ist ferner, dass einige Straßenabschnitte gebührenpflichtig sind, deshalb sollten Sie immer genügend Kleingeld auf solche Ausflüge mitnehmen. Vermeiden Sie, während der allabendlichen Gebete in der Zeit zwischen 18–19 Uhr, dem *sa*, durch die Dörfer zu fahren.

Geschwindigkeitsbegrenzungen: 40 km/h innerhalb und 55 km/h außerhalb geschlossener Ortschaften.

Schiffsverbindungen

Autofähren verkehren mehrmals täglich zwischen den beiden großen Inseln des Landes. Darüber hinaus gibt es nach Bedarf Verbindungen zur Insel Manono. Aktuelle Informationen und Buchungen über:

Samoa Shipping Corporation Ltd. (SSC), Beach Road, Apia, Tel. 209 35; Salelologa, Tel. 514 77, www.samoashipping.com.

Taxi

Die meisten Taxis sind weiß, haben ein TAXI-Schild auf dem Dach und ein ›T‹ auf dem Autokennzeichen. Die Fahrpreise sind staatlich festgesetzt und beim Fremdenverkehrsamt in der Beach Road oder in Ihrem Hotel erhältlich. Da die Taxis keinen Taxameter haben, empfiehlt es sich, vor Fahrantritt den Preis beim Fahrer zu erfragen.

Einkaufen

Die feinen, aus Blättern der Pandanuspalme geflochtenen Matten, Fächer, Tapa-Stoffe *(siapo)* und Kava-Schalen Samoas sind qua-

Samoa

litativ hochwertig. In der Hauptstadt bieten Läden entlang der **Beach Road** diese Produkte zusammen mit dem traditionellen Wickelrock *('ie lavalava)* relativ preisgünstig an.

Reisekasse

Währung

Die Währung Samoas ist der Samoanische Dollar oder Tala (Währungskürzel SAT, WST oder WS$), unterteilt in 100 Sene. Es gibt Banknoten im Wert von 2, 5, 10, 20, 50 und 100 SAT sowie Münzen zu 5, 10, 20, 50 Sene und eine 1 SAT-Münze.
Wechselkurs Ende 2008: 1 SAT = 0,26 €, 1 € = 3,79 SAT

Geldwechsel und Kreditkarten

Für die Ein- und Ausfuhr von Devisen bestehen keine Einschränkungen. Die Ausfuhr der Landeswährung ist verboten. Geldwechsel ist am internationalen Flughafen, bei Banken und in den meisten Hotels möglich. **Bankautomaten** sind in Apia ('Upolu) und Salelologa (Savai'i) sowie am internationalen Flughafen vorhanden.

Tour- und Leihwagenunternehmen, Fluggesellschaften, größere Hotels sowie Restaurants und Geschäfte in der Hauptstadt akzeptieren Kreditkarten. In den ländlichen Regionen ist man allerdings auf Bargeld und Reiseschecks in US$ angewiesen.

Gesundheit & Sicherheit

Allgemeine Informationen s. auch S. 70.

Bei der Einreise direkt aus Europa sind keine **Impfungen** vorgeschrieben, wer allerdings aus einem Gelbfiebergebiet einreist, muss einen Impfschutz nachweisen. Empfohlene Impfungen sind Hepatitis A und zusätzlich bei Individualreisenden ein Schutz gegen Typhus. Samoa ist malariafrei.

Notruf: Polizei Tel. 995, Feuerwehr Tel. 994, Erste Hilfe Tel. 996.

Öffnungszeiten

Banken: Mo–Fr 9–15 Uhr
Behörden: Mo–Fr 8–12 und 13–16.30 Uhr
Geschäfte: in der Regel Mo–Fr 8–12 und 13.30–16.30, Sa 8–12.30 Uhr
Post: Mo–Fr 8.30–16.30, Sa 8–12 Uhr

Kommunikation

Internet

Internetcafés gibt es in der Hauptstadt, einige Hotels bieten ihren Gästen zumeist kostenlosen Internetzugang.

Post

Das Hauptpostamt befindet sich in der Beach Road in Apia. Zweigstellen gibt es in allen größeren Ortschaften.

Telefonieren

Ländervorwahl: 00 685; Insel- bzw. regionale Vorwahlnummern gibt es nicht.

Internationale Ferngespräche können mit Prepaid-Telefonkarten von SamoaTel geführt werden, die für 5, 10, 20 und 50 SAT erhältlich sind (Beach Road, Apia, Mo–Fr 7.30–16 Uhr.). **Öffentliche Telefone** gibt es in allen Postämtern.
Handy: Zwischen den nationalen Netzanbietern Digicel (Samoa) Ltd. sowie SamoaTel Ltd. und europäischen Providern besteht zurzeit kein Roaming Abkommen.

Zeitungen

Die lokale Zeitung, der **Samoa Observer** (www.samoaobserver.ws), erscheint täglich außer Mo in zwei Sprachen (Samoanisch/Englisch), dreimal wöchentlich kommt in englischer Sprache noch die **Newsline** heraus.

Amerikanisch-Samoa

Informationsquellen

Amerikanisch-Samoa im Internet
www.americansamoa.gov: offizielle Webseite der Regierung.
www.amsamoa.net/tourism: Webseite des Fremdenverkehrsbüros.
www.ashpo.org: Webseite des American Samoa Historic Preservation Office, gute Informationen für alle, die an der Geschichte Amerikanisch-Samoas interessiert sind.
www.nps.gov/npsa: Webseite des National Park Visitors Information Center, Infos über die Natur und Kultur des Landes.

Touristeninformation
Office of Tourism: Tafuna, Tel. 699 94 11, Fax 699 94 14, amsamoa@amerikasamoa.info, Mo–Fr 7.30–16 Uhr

Diplomatische Vertretungen
Als Territorium der USA unterhält Amerikanisch-Samoa keine eigenen Auslandsvertretungen, die Interessen werden vielmehr von den Botschaften der Vereinigten Staaten von Amerika wahrgenommen.
Botschaft der USA in Deutschland: Pariser Platz 2, D-10117 Berlin, Tel. 030-830 50, Fax 030-238 62 90, www.usembassy.de, Mo–Fr 8.30–17.30 Uhr
… in Österreich: Boltzmanngasse 16, A-1090 Wien, Tel. 0043-1-313 39-0, Fax 0043-1-310 06 82, www.usembassy-vienna.at
… in der Schweiz: Jubilaeumstr. 95, CH-3005 Bern, 0041 31 357 70 11, Fax 0041 31 357 72 80, www.us-embassy.ch

Anreise und Verkehr

Einreise- & Zollbestimmungen
Allgemeine Informationen s. auch S. 67.
Der internationale **Flughafen** befindet sich nahe der Ortschaft Tafuna etwa 11 km von Pago Pago entfernt an der Südküste der Hauptinsel Tutuila. Bei einem Aufenthalt bis zu 30 Tagen ist für deutsche, österreichische und Schweizer Touristen kein Visum erforderlich. Es genügen ein gültiger Reisepass und ein Weiter- bzw. Rückflugticket. Ausreichende Geldmittel für den Aufenthalt im Land müssen nachgewiesen werden können. Eine Verlängerung der Aufenthaltserlaubnis für jeweils weitere 30 Tage kann nach Zahlung von US$ 50 bei der Einwanderungsbehörde beantragt werden. Sie benötigen dafür aber eine örtliche Kontaktperson und die bestätigte Hotelreservierung, gegebenenfalls müssen Sie zudem ausreichende Geldmittel vorweisen können.
Immigration Office, Utulei, Government of American Samoa, Department of Legal Affairs, Tel. 633-4203, Mo–Fr 8–14.30 Uhr.
Pro Person dürfen zollfrei mitgeführt werden: 200 Zigaretten oder 450 g Tabak oder 50 Zigarren sowie 1 l alkoholische Getränke.

Anreise
Von Europa aus gibt es zurzeit keine Direktflüge nach Amerikanisch-Samoa. Sie können aber beispielsweise via Los Angeles bzw. San Francisco oder Honululu mit der Hawaiian Airlines (www.hawaiianair.com) zweimal wöchentlich nach Pago Pago (PPG) fliegen. Eine weitere Möglichkeit bietet Air New Zealand (www.eu.airnewzealand.com) mit wöchentlichen Verbindungen von London nach Samoa (APW), weiter geht es mehrmals täglich mit der Polynesian Airlines (www.polynesianairlines.com) nach Amerikanisch-Samoa. Die Flughafengebühr in Höhe von US$ 3 ist gewöhnlich im Flugpreis enthalten.

Verkehrsmittel

Bus
Tutuilas Straßennetz ist vor allem im Süden gut ausgebaut. Da keine Fahrpläne existieren,

Amerikanisch-Samoa

sind die notwendigen Auskünfte beim Fahrer einzuholen. In der Regel verkehren sie werktags etwa bis 18, samstags bis 14 Uhr und sonntags nur zum Kirchgang. Haltestellen gibt es ebenfalls nicht. Der Bus hält auf freier Strecke auf Handzeichen bzw. immer dann, wenn Fahrgäste aussteigen möchten. Bezahlt wird beim Aussteigen, möglichst mit passendem Kleingeld.

Mietwagen

In Amerikanisch-Samoa gilt Rechtsverkehr. Die Verkehrsregeln entsprechen denen, die in den USA üblich sind. Auf der Hauptinsel Tutuila ist die Küstenstraße im Süden in gutem Zustand und geteert. Die Nordküste ist in großen Teilen unzugänglich. **Voraussetzung** zum Mieten eines Pkw sind ein internationaler Führerschein sowie ein Mindestalter von 25, bei einigen Firmen von 21 Jahren.

Schiffsverbindungen

Frachtschiffe, die auch Passagiere mitnehmen, verbinden einmal wöchentlich die Hauptinsel mit der Manu'a-Gruppe. Für eine Strecke müssen Sie rund acht Stunden veranschlagen. Das Schiff der Reederei **American Inter-Island Shipping Company** (Tel. 633 47 07) legt mittwochs ca. 22 Uhr im Hafen von Pago Pago ab.

Taxi

Die Fahrpreise sind staatlich festgesetzt, Informationen bezüglich der aktuellen Preise sind beim Office of Tourism und den Hotels erhältlich.

Einkaufen

Traditionelles Kunsthandwerk wie Tapa-Stoffe, geflochtene Matten, Holzschnitzereien und Schmuck gibt es in verschiedenen Geschäften der Hauptinsel Tutuila.

Reisekasse

Währung

Die Währung Amerikanisch-Samoas ist der US-Dollar.
Wechselkurs Ende 2008: 1 US$ = 0,75 €, 1 € = 1,34 US$.

Geldwechsel und Kreditkarten

Es gibt keine Beschränkungen bei der Ein- und Ausfuhr von Fremd- oder Landeswährung. Jedoch gilt eine Deklarationspflicht ab einer Summe im Gegenwert von 10 000 US$. Geldwechsel ist am internationalen Flughafen, bei Banken und den meisten Hotels möglich. **Geldautomaten** (ATM) befinden sich in den Zweigstellen der Bank of Hawaii und der Amerika Samoa Bank.

Kreditkarten von American Express werden nahezu überall, von MasterCard nur zum Teil akzeptiert. Empfehlenswert ist die Mitnahme von US-Dollar-Reiseschecks.

Gesundheit & Sicherheit

Allgemeine Informationen s. auch S. 70.

Bei der Einreise direkt aus Europa sind keine **Impfungen** vorgeschrieben, wer allerdings aus einem Gelbfiebergebiet einreist, muss einen Impfschutz nachweisen. Empfohlene Impfungen sind Hepatitis A und zusätzlich bei Individualreisenden ein Schutz gegen Typhus. Amerikanisch-Samoa ist malariafrei.
Notruf: allgemein Tel. 911.

Öffnungszeiten

Banken: Mo–Do 9–15, Fr 9–16.30 Uhr
Behörden: Mo–Fr 7.30–17 Uhr
Geschäfte: in der Regel Mo–Fr 8–17, Sa 8–13 Uhr
Post: Mo–Fr 8–16, Sa 8.30–12 Uhr

Kommunikation

Internet
In Pago Pago gibt es mehrere Internetcafés. Größere Hotels bieten ihren Gästen zumeist kostenlosen Internetservice.

Post
Das Hauptpostamt im Lumana'i Building in Fagatogo ist rund um die Uhr geöffnet. Darüber hinaus gibt es weitere Postämter in den einzelnen Ortschaften wie beispielsweise in Leone oder Faga'itua.

Telefonieren
Landesvorwahl: 00 684; Insel- bzw. regionale Vorwahlnummern gibt es nicht.

Nationale wie auch internationale Gespräche können Sie beim örtlichen Anbieter ASTCA, der American Samoa Telecommunications Authority (www.samoatelco.com), in Fagatogo sowie von den einzelnen Postämtern führen. In der Hauptstadt gib es darüber hinaus einige wenige öffentliche Telefone, für die Sie Telefonkarten benötigen.
Handy: Nur GSM 850/1900; mitgebrachte europäische Handys funktionieren nicht.

Zeitungen
In englischer Sprache erscheint die Tageszeitung **Samoa News** (www.samoanews.com) mit lokalen und den wichtigsten internationalen Nachrichten und viel touristische Werbung.

Bus auf der Insel Tutuila, Amerikanisch-Samoa

Cook-Inseln

Informationsquellen

Die Cook-Inseln im Internet
www.cook-islands.gov.ck: offizielle Webseite der Regierung.
www.cook-islands.com: Webseite des Fremdenverkehrsbüros.
www.ck: touristische Informationen.

Touristeninformation
Cook Islands Tourism Corporation
Avarua, Tel. 294 35
headoffice@cook-islands.com
Mo–Fr 8–16 Uhr

Diplomatische Vertretungen
Die Cook-Inseln unterhalten keine eigenen Auslandsvertretungen, ihre Interessen werden von Neuseeland wahrgenommen.

Botschaft von Neuseeland
... in Deutschland: Friedrichstr. 60, D-10117 Berlin, Tel. 030-20 62 10, Fax 030-20 62 11 14, www.nzembassy.com/germany
... in Österreich: Salesianergasse 15/3, A-1030 Wien, Tel. 0043-1-318 85 05, Fax 0043-2-232 77 940, p.sunley@aon.at
... in der Schweiz: Generalkonsulat, 2 Chemin des Fins, CH-1218 Grand Saconnex, Genf, Tel. 0041 22 929 03 50, Fax 0041 22 929 03 74, mission.nz@bluewin.ch

Auf den Cook-Inseln
Honorarkonsulat Deutschland
Tina Pupuke Browne
Parekura Place, Avarua
Tel. 00 682-245 67, law@bgh.co.ck

Deutschland, Österreich und die Schweiz haben keine Botschaften auf den Cook-In-

Unterwegs in Avarua, Rarotonga

seln. Die Aufgaben werden von Neuseeland und Australien aus wahrgenommen (s. S. 65).

Anreise und Verkehr

Einreise- & Zollbestimmungen
Allgemeine Informationen s. auch S. 67. Flugreisende aus Deutschland, Österreich und der Schweiz erhalten bei der Ankunft auf dem Flughafen auf Rarotonga (RAR) kostenlos ein Touristenvisum für 31 Tage; erforderlich ist ein noch mindestens 6 Monate gültiger Reisepass.

Für längeren Aufenthalt ist eine Genehmigung bei der Einwanderungsbehörde zu beantragen, eine Verlängerung bis zu drei Monaten kostet NZ$ 70 (ca. 37 €), bis zu sechs Monaten NZ$ 120 (ca. 63,50 €). **Principal Immigration Officer,** Ministry of Foreign Affairs and Immigration: Avarua, Rarotonga, Tel. 00 682-293 47, Fax 00 682-212 47, tutai@immigration.gov.ck

Pro Person dürfen **zollfrei** mitgeführt werden: 200 Zigaretten oder 1000 g Tabak oder 50 Zigarren sowie 2 l Spirituosen oder 2 l Wein oder 4,5 l Bier sowie Geschenke bis zu einem Wert von NZ$ 250.

Anreise zu den Cook-Inseln
Von Europa aus werden die Cook-Inseln beispielsweise von Air New Zealand (ab London via Los Angeles einmal wöchentlich, www.airnewzealand.de) angeflogen. Flughafengebühr bei Abflug: NZ$ 30 (ca. 16 €), Kinder bis einschließlich elf Jahre NZ$ 15 (ca. 8 €), Kinder bis zwei Jahren sind hiervon ausgenommen. Die nationale Fluggesellschaft Air Rarotonga bietet zusammen mit Air Tahiti seit einiger Zeit zweimal wöchentlich Flüge zwischen Rarotonga und Tahiti (Faa'a) an. Bei Auslandsflügen sollten Sie mindestens 2 Stunden vor der angegebenen Flugzeit am Check-in-Schalter sein, bei Inlandsflügen mindestens 30 Minuten.

Verkehrsmittel auf den Cook-Inseln

Bus
Öffentliche Verkehrsmittel existieren nur auf Rarotonga. Der zentrale Busbahnhof befindet sich in Avarua in der Tutakimoa Road nahe des Cooks Corner Shopping Centre. Von hier aus startet der Island Bus jeweils zur vollen Stunde im Uhrzeigersinn (Mo–Fr 7–16, Sa 8–12, So 14–16 Uhr) und etwa 25 Minuten nach der vollen Stunde entgegen dem Uhrzeigersinn (Mo–Fr 7.25–16.25 Uhr) rund um Rarotonga. Abends und nachts verkehrt er in größeren Abständen. Die Minibusse halten an allen Hotels und Gästehäusern, aber auch an jedem anderen gewünschten Punkt auf Handzeichen. Es gibt Tickets für eine einfache Fahrt, für eine Hin- und Rückfahrt, eine Tageskarte sowie für zehn Fahrten zu kaufen. **Cook's Passenger Transport:** Rarotonga, Tel./Fax 25512.

Flugzeug
Regelmäßiger Flugverkehr nach Aitutaki, Atiu, Mitiaro, Mauke und Mangaia (Südgruppe) sowie Manihiki, Penrhyn und Pukapuka (Nordgruppe). Mit der nationalen Fluggesellschaft sind auch Tagesausflüge nach Aitutaki möglich, die neben dem Flug auch den Transfer und eine Bootsfahrt in der Lagune einschließen. Ebenfalls im Angebot sind etwa 20 Minuten dauernde Rundflüge und spezielle Flugpässe, die mehrere Inseln kombinieren. Das Freigepäck bei Inlandsflügen ist auf 16 kg begrenzt. Sonntags gibt es keine Flugverbindungen.
Air Rarotonga Ltd.: Rarotonga International Airport, Tel. 22888, www.airraro.com.

Mietwagen
Auf den Cook-Inseln gilt Linksverkehr. Mietwagen sind bei den Verleihfirmen direkt, am internationalen Flughafen und über größere Hotels erhältlich. Eine asphaltierte Straße

Cook-Inseln

führt rund um die Hauptinsel herum. Die Gesamtlänge dieser Ara Tapu beträgt rund 32 km. Wenn Sie planen, das Landesinnere der Hauptinsel zu erkunden, sollten Sie einen Geländewagen mieten.

Voraussetzung: Auf den Polizeistationen in der Hauptstadt bzw. auf Aitutaki in Arutanga erhalten Sie gegen Vorlage des internationalen Führerscheins und gegen Zahlung einer Gebühr von 10 NZ$ einen nationalen Führerschein (Cook Islands Driver's Licence). Das Mindestalter beträgt 21 Jahre. In Avarua benötigen Sie zusätzlich ein Passbild, nicht hingegen in Arutanga. Öffnungszeiten der Polizeiwache in Avarua: Mo–Fr 8–15, Sa 8–12 Uhr, Tel. 224 99, Fax 214 99.

Geschwindigkeitsbegrenzungen: 40 km/h innerhalb und 60 außerhalb geschlossener Ortschaften.

Wer ein **Moped** oder ein **Motorrad** mieten möchte und keinen Motorradführerschein besitzt, wird zu einer kurzen Testfahrt gebeten (gemietetes Motorrad mitbringen!). Nach einer kurzen Fahrt um den Block erhalten Sie für NZ$ 5 einen Motorradführerschein der Cook-Inseln. Es besteht Helmpflicht.

Schiff

Zwischen den Inseln besteht regelmäßig Fracht- und Passagierverkehr. Etwa alle zwei Wochen gibt es eine Verbindung zwischen den südlichen und etwa alle vier Wochen von Rarotonga zu den nördlichen Inseln. Informationen hinsichtlich der genauen Abfahrtzeiten und Preise sind beim Fremdenverkehrsamt oder direkt in den Büros der Reedereien im Hafen zu erhalten.

Mataroa Shipping: Tel. 290 18, mataroa@oyster.net.ck; **Taio Shipping:** Tel. 249 05, 24912, taio@oyster.net.ck.

Taxi

Taxis gibt es nur auf Rarotonga. Da sie keine Taxameter haben, empfiehlt es sich, vor Fahrtbeginn den Preis zu vereinbaren.

Einkaufen

Auf Rarotonga bzw. in der Hauptstadt Avarua gibt es viele Souvenirläden; für den Last-Minute-Einkauf haben zwei Filialen auf dem Flughafen geöffnet. Kunsthandwerk wie geflochtene Matten, Fächer und Hüte, Schnitzereien, Schmuck, Pareus, aber auch Parfums und Seife aus Kokosnüssen und heimischen Blütendüften, Kaffee, Ananaslikör etc. sind im Angebot.

Einige Galerien verkaufen Werke einheimischer Künstler. Berühmt und teilweise erheblich preiswerter als in Französisch-Polynesien sind die schwarzen Perlen von Manihiki. Auch auf Penrhyn hat sich dieser Wirtschaftszweig vor einigen Jahren etabliert. Qualitativ besonders hochwertige Handwerksprodukte werden von den Frauen der Insel Atiu hergestellt.

Reisekasse

Währung

Die offizielle Landeswährung sind der neuseeländische Dollar (NS$ oder NZD) und der bei Numismatikern beliebte Cook-Island-Dollar, der außerhalb des Landes nicht konvertierbar ist. Auffällig ist die Zwei-Dollar-Münze der Cook-Inseln: Sie hat die Form eines Dreiecks. Es gibt Banknoten zu 5, 10, 20, 50 und 100 NZ$ sowie Münzen zu 5, 10, 20 und 50 Cent und 1 und 2 NZ$.

Wechselkurs Ende 2008: NZ$ 1 = 0,46 €, 1 € = NZ$ 2,19.

Geldwechsel und Kreditkarten

Für die Ein- und Ausfuhr von Devisen bestehen keine Einschränkungen. **Geldwechsel** ist am internationalen Flughafen, bei Banken, in mehreren großen Hotels und Geschäften möglich. **Geldautomaten** gibt es bei der ANZ und Westpac Bank sowohl auf Rarotonga als auch auf Aitutaki.

Tour- und Leihwagenunternehmen, Fluggesellschaften, die größeren Hotels, Restaurants und Geschäfte akzeptieren die gängigen **Kreditkarten** von American Express, Diners Club, MasterCard und Visa. Auf den Außeninseln ist man allerdings ausschließlich auf Bargeld angewiesen.

Gesundheit & Sicherheit

Allgemeine Informationen s. auch S. 70.

Bei der Einreise direkt aus Europa sind keine Impfungen vorgeschrieben, wer allerdings aus einem Gelbfiebergebiet einreist, muss einen Impfschutz nachweisen. Empfohlene Impfungen für Individualreisende sind Hepatitis A und B sowie Typhus. Es besteht kein Malariarisiko.

Notruf
Polizei: Tel. 999
Feuerwehr: Tel. 996
Ambulanz und Krankenhaus: Tel. 998

Öffnungszeiten

Banken: Mo–Fr 9–15, Sa 9–11 Uhr
Behörden: Mo–Fr 8–16, Sa 8–12 Uhr
Geschäfte: in der Regel Mo–Fr 8–16, Sa 8–12 Uhr geöffnet. Kleine Lebensmittelgeschäfte in den Dörfern haben längere Öffnungszeiten und sind stundenweise auch sonntags auf.
Post: Mo–Fr 8–16 Uhr

Kommunikation

Internet
Internetcafés gibt es auf Rarotonga und hier besonders in der Hauptstadt. Hotels und Resorts ab drei Sterne aufwärts bieten ihren Gästen zumeist kostenlosen Internetservice. Sie sollten jedoch auf zu umfangreiche Anhänge verzichten.

Post
Die **Hauptpost** befindet sich in der Hauptstadt hinter dem Kreisverkehr. Die **Telepost** finden Sie ebenfalls in der Hauptstadt in der Ara Maire Nui. Hier können Sie u. a. die schönen Briefmarken des Landes erwerben.

Telefonieren
Ländervorwahl: 00 682; Insel- bzw. regionale Vorwahlnummern gibt es nicht.

Für Ferngespräche, Faxe sowie Internetzugang hat die nationale Telefongesellschaft **Telecom Cook Islands** in Avarua (Tutakimoa Road, Tel. 296 80, Fax 261 74, www.telecom.co.ck) rund um die Uhr geöffnet.

Nationale und internationale **Ferngespräche** können von den öffentlichen Telefonzellen geführt werden. Die erforderlichen Telefonkarten (Kia Orana calling card) für NZ$ 5, 10, 20 und 50 erhalten Sie bei den Postämtern, der Telecom, Telepost sowie in vielen Hotels und Geschäften.

Handy: Da auch die Cook-Inseln über ein digitales GSM-Netz verfügen, können Sie Ihr mitgebrachtes Handy nutzen. Zurzeit bestehen zwischen dem lokalen Provider und den Anbietern in Deutschland, Österreich und der Schweiz keine Roaming-Abkommen. Allerdings roamt Vodafone Neuseeland (www.vodafone.co.nz) mit den Cooks und Europa.

Zeitungen
Täglich außer sonntags erscheint in englischer Sprache die **Cook Islands News** (www.cinews.co.ck). Einmal wöchentlich erscheint ebenfalls in englischer Sprache der **Cook Islands Herald** (www.ciherald.co.ck). Beide Zeitungen behandeln lokale und internationale Nachrichten. Im Bounty Bookshop in Avarua neben der Post am Kreisverkehr erhalten Sie darüber hinaus Zeitschriften und Zeitungen aus Neuseeland.

Französisch-Polynesien

Informationsquellen

Französisch-Polynesien im Internet
www.presidence.pf: Website der Regierung, u. a. mit Links zu Ministerien
www.tahiti-tourisme.pf: Webseite des Fremdenverkehrsamtes von Tahiti
www.haere-mai.pf: Verband der kleineren Hotels und Familienpensionen
www.tahitiguide.com: touristische Informationen in englischer und französischer Sprache, einige Seiten sind auch in deutscher Sprache
www.tahitipresse.pf: Website der lokalen Presseagentur mit aktuellen Nachrichten in französischer und englischer Sprache
www.marquesasinfo.de: Informative Seite speziell zum Marquesas-Archipel

Touristeninformation
Tahiti Manava Visitors' Bureau
Pape'ete, Fare Manihini, Boulevard Pomare, Tel. 50 57 10, Fax 45 16 78, infos@tahiti-manava.pf

Haere Mai
Pape'ete, Place Vaiete, Tel. 54 88 99, Fax 83 88 99, haere-mail@mail.pf

Vertretungen in Europa
... für Deutschland und Österreich
Tahiti Tourisme: c/o C&C Contact&Creation GmbH, Paul-Ehrlich-Str. 27, D-60596 Frankfurt, Tel. 069-96 36 68 42 und 069-96 36 68 10, Fax 069-96 36 68 23, info@tahiti-tourisme.de

... in Frankreich
Tahiti Tourisme Europe: 28 Boulevard Saint-Germain, F-75005 Paris, Tel. 0033-1 55 42 61 21 und 0033-1 55 42 64 34, Fax 0033-1 55 42 61 20, info@tahiti-tourisme.fr (u. a. auch für die Schweiz zuständig)

Diplomatische Vertretungen
Die Interessen Französisch-Polynesiens werden von den Auslandsvertretungen Frankreichs wahrgenommen.

Die Interessen Deutschlands, Österreichs und der Schweiz werden durch die jeweiligen Botschaften in Paris vertreten. In Notfällen können jedoch die jeweiligen Honorarkonsulate in Französisch-Polynesien um Unterstützung gebeten werden:

Honorarkonsulat von Deutschland: Rue Tihoni, Pirae, Pape'ete, Tel. 42 99 94 und 42.80 84, Fax 42 96 89

Honorarkonsulat von Österreich und der Schweiz: Rue Cannonière Zélée, Pape'ete, Tahiti, Tel. 43 91 14 und 43 21 22, Fax 43 91 14, paulmaetztahiti@mail.pf

Anreise und Verkehr

Einreise- & Zollbestimmungen
Allgemeine Informationen s. auch S. 67.

Französisch-Polynesiens internationaler **Flughafen** Faa'a (PPT) liegt etwa 6 km südwestlich der Hauptstadt Pape'ete auf der Insel Tahiti. Flugreisende aus Deutschland, Österreich und der Schweiz können bis zu drei Monate ohne Visum im Land bleiben. Bei der Einreise ist ein elektronisch lesbarer Pass erforderlich. Wer plant, länger als drei Monate zu bleiben, muss zuvor ein Visum bei den zuständigen französischen Vertretungen beantragen.

Pro Person dürfen **zollfrei** mitgeführt werden: 200 Zigaretten oder 100 Zigarillos oder 50 Zigarren oder 250 g Tabak sowie 1–2 l Spirituosen (je nach Alkoholgehalt) oder 2 l Wein oder Bier.

Anreise nach Französisch-Polynesien
Von Europa aus wird Französisch-Polynesien von diversen Fluglinien täglich angeflogen.

So fliegt beispielsweise Air New Zealand (www.airnewzealand.de) im Codeshare mit Lufthansa dreimal wöchentlich ab Frankfurt/Main via London und Los Angeles nach Pape'ete. Die zurzeit schnellste und günstigste Verbindung bietet Air Tahiti Nui (www.airtahitinui.pf) viermal wöchentlich ab Paris nach Pape'ete.

Ebenfalls mit Air Tahiti Nui in Kooperation mit Delta Air Lines geht es ab Frankfurt oder Berlin via New York dreimal pro Woche nach Pape'ete. Von Wien können Sie via Amsterdam und Los Angeles mit Ait Tahiti Nui in Kooperation mit KLM täglich nach Pape'ete fliegen

Es wird keine Flughafengebühr erhoben.

Verkehrsmittel in Französisch-Polynesien

Bus

Le Truck – so wird der seitlich nicht geschlossene Kleinbus mit Holzbänken auf Tahiti genannt. Sie verkehren zwischen Pape'ete und allen Außenbezirken. Als Zubringer zum internationalen Flughafen Faa'a eignet sich dieses Transportmittel nur, wenn man mit wenig Gepäck unterwegs ist. Die offiziellen Haltestellen sind blau markiert und durch ein weißes Buszeichen gekennzeichnet. Auf Mo'orea und Huahine sind die Hafenorte (Vaiare bzw. Fare) Ausgangs- und Zielpunkt für die Busse, die sich als Zubringer nach den Ankunft- und Abfahrtszeiten der Schiffe richten. Die Busse auf Raiatea verkehren weniger häufig. Auf Bora Bora pendeln Kleinbusse zwischen der Anlegestelle der Fähre bzw. dem Flughafen und den Hotels und Pensionen. Erkundigen Sie sich bei längeren Fahrten, wann der letzte Bus zurückfährt. Bezahlt wird beim Aussteigen.

Beachten Sie bitte, dass eine Fahrt nach Sonnenuntergang teurer ist als tagsüber! Sukzessiv sollen moderne Busse (›Busscar‹ genannt) in den nächsten Jahren die traditionellen farbenfrohen Trucks ersetzen.

Flugzeug

Die Flugrouten von **Air Tahiti** (Tel. 86 42 42, Fax 86 40 69, www.airtahiti.aero) erstrecken sich über alle Archipele Französisch-Polynesiens. Insgesamt sind es zurzeit 41 Inseln, die die Fluggesellschaft zum Teil mehrmals täglich anfliegt. Maximal dürfen 20 kg Gepäck pro Passagier mit einem internationalen Flugticket (plus 5 kg für Taucher) mitgenommen werden.

Zusammen mit Air Tahiti bietet **Air Moorea** (Tel. 86 41 41, Fax 86 42 69, www.airmoorea.com) täglich einen Pendelflugverkehr alle 30–60 Minuten zwischen Tahiti und der Nachbarinsel Mo'orea an.

Darüber hinaus bieten die Chartergesellschaften **Air Archipels** (Tel. 81 30 30 und 77 78 41, Fax 86 42 99, www.airarchipels.com) und **Wan Air** (Tel. 50 44 18 und 77 03 79, Fax 50 44 19, www.wanair.pf) von Tahiti aus Flüge zu fast allen Inselflughäfen des Landes an.

Charter- und Rundflüge mit einem Hubschrauber auf Tahiti, Mo'orea, Bora Bora und Nuku Hiva bietet
Polynesia Hélicoptères, Tel. 54 87 20, Fax 54 87 21 (Tahiti/Mo'orea), Tel. 67 62 59, Fax 67 54 54 (Bora Bora), Tel. 92 02 17, Fax 92 08 40 (Nuku Hiva), www.polynesia-helicopter.com.

Mietwagen

In Französisch-Polynesien gilt Rechtsverkehr. Wenn Sie eine der größeren Inseln Französisch-Polynesiens auf eigene Faust erkunden möchten, empfiehlt es sich, ein Auto oder einen Geländewagen für Fahrten auf den unbefestigten Straßen im Inselinneren zu mieten. Verleihfirmen gibt es nahezu auf allen hier beschriebenen Inseln. Vor allem auf Tahiti lohnen sich Preisvergleiche.

Voraussetzung: Ein gültiger internationaler Führerschein wird anerkannt. Für das Fahren

Französisch-Polynesien

der zweisitzigen sogenannten Fun Cars ist kein Führerschein erforderlich.
Geschwindigkeitsbegrenzungen: 50 km/h innerhalb, 60 km/h außerhalb geschlossener Ortschaften und 90 km/h auf den Schnellstraßen.

Schiffsverbindungen

Zwischen den Gesellschaftsinseln (Îles de la Société) bestehen gute, zum Teil mehrere Verbindungen täglich mit Schnell- und Expressbooten sowie Autofähren. Ein gutes Dutzend Fracht- und Passagierschiffe verkehrt regelmäßig auf unterschiedlichen Routen zwischen Tahiti, den Atollen des Tuamotu-Archipels, den Marquesas sowie den Gambier- und Austral-Inseln. Die meisten haben Kabinen- und Deckplätze sowie Restaurants oder Snack-Bars an Bord. Die Büros der verschiedenen Schiffseigner befinden sich überwiegend am Hafen (Motu Uta) in Pape'ete. Es empfiehlt sich, trotz vorhandener Fahrpläne Erkundigungen im Fremdenverkehrsamt oder am Kai über die genauen Abfahrt- und Ankunftszeiten der Schiffe und Fähren einzuholen. Folgend eine kleine Auswahl der Schiffsverbindungen:

Aranui 3: Tel. 42 36.21 und 42 62 40, Fax 43 48 89, aranui@mail.pf. Der Frachter, der auch Passagiere aufnimmt, verkehrt 16 Mal im Jahr zwischen Tahiti, dem Tuamotu-Archipel bis zu den Marquesas und zurück. Dauer der Reise 15–16 Tage.
Aremiti 5 und Aremiti Ferry: Tel. 50 57 57 (Pape'ete), Tel. 56 31 10 (Mo'orea), aremiti@mail.pf (Pendelverkehr zwischen den beiden Inseln Tahiti und Mo'orea).
Dory: Tel. 42 30 55. Verbindet einmal monatlich Tahiti mit den Inseln und Atollen des Tuamotu-Archipels.
Hawaiki Nui: Tel. 54 99 54 und 45 23 24, Fax 45 24 44, sarlstim@mail.pf. Verkehrt zweimal wöchentlich zwischen den Inseln Tahiti, Huahine, Raiatea, Bora Bora und Taha'a.
Mareva Nui: Tel. 42 25 53 und 77 13 36, Fax 42 25 57. Verkehrt zweimal monatlich zwischen Tahiti und den meisten Inseln und Atollen des Tuamotu-Archipels. Die gesamte Fahrt dauert ca. acht Tage.
Maupiti Express II: Tel. 67 66 69. Das Schnellboot verbindet dreimal wöchentlich Tahiti mit den Inseln Bora Bora, Taha'a, Raiatea und Maupiti.
Moorea Express: Tel. 82 47 47 (Pape'ete), Tel. 56 43 43 (Mo'orea). Pendelt mehrmals täglich zwischen den beiden Inseln Tahiti und Mo'orea.
Nuku Hau: Tel. 45 23 24. Das Schiff läuft alle drei Wochen die abgelegenen Inseln und Atolle des Gambier-Archipels an. Die Fahrt von Tahiti bis Mangareva dauert ca. 15 Tage.
Saint-Xavier-Maris-Stella III: Tel. 42 23 58 und 77 22 88, Fax 43 03 73, maris-stella@mail.pf. Verbindet zweimal monatlich Tahiti mit den abgelegenen Inseln und Atollen des Tuamotu-Archipels.
Taporo VI: Tel. 42 63 93, Fax 42 06 17. Verbindet zweimal monatlich Tahiti mit den Marquesas.
Taporo V: Tel. 42 63 93, Fax 42 06 17. Verkehrt ein- bis zweimal monatlich zwischen Tahiti und den Tuamotus bis zu den Gambier-Inseln.
Tuhaa Pae II: Tel. 50 96 09 und 50 96 06, Fax 42 06 09, snathp@mail.pf. Verbindet dreimal monatlich Tahiti mit den Austral-Inseln, d. h. das Schiff legt bei jeder Fahrt in den Häfen der Inseln Rurutu und Tubuai an, auf anderen Inseln wird dagegen seltener angelegt.

Taxi

Taxis fahren auf den meisten der hier beschriebenen Inseln. Sie sind jedoch teuer; Gepäckstücke werden extra berechnet. Nachts in der Zeit von 22 bis 6 Uhr wird auf den ohnehin teuren Fahrpreis noch ein Zuschlag von 50 % erhoben, sonn- und feiertags beträgt dieser 25 %. Zumindest auf Tahiti sind nahezu alle Fahrzeuge mit einem Taxameter ausgestattet, dennoch sollte der

Fahrpreis am besten vor dem Einsteigen erfragt werden.

Einkaufen

In den Souvenirläden können Sie die kunsthandwerklichen Erzeugnisse Französisch-Polynesiens wie beispielsweise Muschelketten, Holzschnitzereien von den Marquesas-Inseln erwerben, aber auch handbemalte Baumwolltücher mit bunten Motiven, Korbwaren und Hüte. Monoi wird das wohlriechende Kosmetikprodukt genannt, das aus Kokosöl und Blüten produziert wird. Beim Kauf von Schmuck aus schwarzer Perle sollten Sie auf einer Rechnung sowie einem Echtheitszertifikat bestehen.

Reisekasse

Währung

Die Landeswährung, der Zentrale Pazifische Franc, abgekürzt CFP (Cours de Franc Pacifique) oder XPF, steht in fester Parität zum Euro. Sie ist gestückelt in Banknoten zu 500, 1000, 5000 und 10000 CFP und Münzen zu 1, 2, 5, 10, 20, 50 und 100 CFP.
Wechselkurs Ende 2008: 1 CFP = 0,008 €, 1 € = 119,33 CFP.

Geldwechsel und Kreditkarten

Bargeld umtauschen bzw. Reiseschecks internationaler Währungen einlösen können Sie am internationalen Flughafen, in autorisierten Hotels sowie bei folgenden Banken, die mit einer Anzahl von Zweigstellen vertreten sind: Banque de Tahiti, Banque de Polynésie, Banque Socredo. Auf einigen Atollen und Inseln wie beispielsweise der Austral- bzw. der Gambier-Gruppe gibt es keine Wechselstuben.

Die **Geldautomaten,** die Sie auf den größeren Inseln finden, erkennen Visa, Master- und Eurocard an, jedoch nicht American Express oder Diners Club. Alle größeren Tourismusunternehmen akzeptieren die gängigen Kreditkarten als Zahlungsmittel. Einige kleinere Pensionen und Gästehäuser nehmen nur Schecks oder Bargeld.

Gesundheit & Sicherheit

Allgemeine Informationen s. auch S. 70.

Bei der Einreise direkt aus Europa sind keine **Impfungen** vorgeschrieben, wer allerdings aus einem Gelbfiebergebiet einreist, muss einen Impfschutz nachweisen. Eine Hepatitis A-Schutzimpfung wird generell empfohlen, ebenso wie zusätzlich Impfungen gegen Hepatitis B und gegen Typhus bei längerem Aufenthalt und bei Individualreisenden. Französisch-Polynesien ist malariafrei.
Notruf: Polizei Tel. 17, Feuerwehr Tel. 18, S.O.S. Medicins Tel. 42 34 56.

Öffnungszeiten

Banken: Mo–Fr 9–11.30 und 14–17, teilweise auch Sa 8–11.30 Uhr
Behörden: Mo–Fr 8–11.30 und 14–17 Uhr
Geschäfte: in der Regel Mo–Fr 7.30–17, Sa 7.30–11.30 Uhr. Kleine Läden haben in der Mittagspause zwischen 11.30–14 Uhr geschlossen, die großen Supermärkte sind auch am Wochenende länger geöffnet. Der Markt in Pape'ete beginnt bereits um 5 Uhr.
Post: Mo–Do 7–18, Fr 7–14, Sa 8–11 Uhr

Kommunikation

Internet

Internetcafés gibt es in der Hauptstadt, in den kleineren Ortschaften entstehen sie zurzeit. Die meisten Hotels und Resorts bieten ihren Gästen Internetzugang.

Französisch-Polynesien

Post

Im Zentrum Pape'etes, im Boulevard Pomaré, befindet sich das Hauptpostamt. Die Zweigstelle am Flughafen Faa'a ist Mo–Fr 5–9 und 18.30–22.30, Sa und So 5–12 und 18.30–22.30 Uhr geöffnet. Hier, aber auch in den vielen anderen Postämtern, können Sie die schönen Briefmarken des Landes erhalten.

Telefonieren

Ländervorwahl: 00 689; Insel- bzw. regionale Vorwahlnummern gibt es nicht.

Nationale und internationale Ferngespräche können auf nahezu allen Inseln von Postämtern und öffentlichen Telefonzellen geführt werden. Telefonkarten für 1000, 2000 und 5000 CFP sind bei den Postämtern, vielen Geschäften und Supermärkten sowie am internationalen Flughafen erhältlich.

Handy: Europäische Mobiltelefone funktionieren; Roaming-Abkommen bestehen mit E-Plus (Deutschland, GSM 1800/G3 2100) sowie mit Orange, Sunrise und Swisscom (Schweiz, alle Standards). Man kann auch vor Ort eine sogenannte Vini-Card von Tikiphone SA kaufen und sie im eigenen Handy nutzen.

Zeitungen

Es erscheinen zwei französischsprachige Tageszeitungen, **Les Nouvelles de Tahiti** und **La Dépêche de Tahiti** (www.la-depeche-de-tahiti.pf). Monatlich wird die **Tahiti Beach Press** (www.tahitibeachpress.com) in englischer Sprache mit touristischen Informationen und lokalen Nachrichten herausgegeben. Ebenfalls einmal monatlich erscheint die **Tahiti Pacifique** (www.tahiti-pacifique.com), eine Zeitschrift mit politischen und wirtschaftlichen Themen in Französisch.

In Pape'ete erhalten Sie im Maison de la Presse in der Hauptstraße (Boulevard Pomare) auch englischsprachige Zeitungen.

Ob Tuihani aus Faaripoo ein neues Haus findet in ›Les Nouvelles‹?

Wanderer auf dem Mt Aroai, Tahiti

Unterwegs in der Südsee

Fidschianischer Fackelträger im Sonaisali Island Resort nahe Nadi

Kapitel 1

Fidschi

332 Inseln mitten im Meer des Friedens?

Papst Johannes Paul II. bezeichnete das friedliche Zusammenleben der verschiedenen Völker und Religionen auf Fidschi einst als »Hoffnung für die Welt«. Doch seitdem hat sich die Welt auf diesen Inseln mitten im Pazifischen Ozean verändert.

Zugegeben, sehr oft geschieht es nicht, dass Fidschi hierzulande in der Presse erwähnt wird. Zum einen liest man hin und wieder im Sportteil von den Erfolgen eines Vijay Singh, einem der besten Profigolfer der Welt mit fidschianischem Pass und indischer Abstammung. Zum anderen wurde in den letzten beiden Jahrzehnten von Militärputschen berichtet. Als Hintergründe gaben die Beobachter ethnische Konflikte zwischen Fidschianern und Indern an. Und auch die Touristen, die sich vor ihrer Reise kaum mit der politischen Entwicklung des Pazifikstaates beschäftigt haben, fragen schon bald nach ihrer Ankunft verwundert: »Wie kommen eigentlich die Inder nach Fidschi?«

Rückblende

Unter britischer Kolonialherrschaft wurden zwischen 1879 und 1916 indische Arbeitskräfte für den Zuckerrohranbau auf Fidschi angeworben. Sir Arthur Gordon, britischer Gouverneur zu jener Zeit, wollte die von ihm geschätzten traditionellen Lebensformen der Fidschianer erhalten. Durch die von Europäern eingeschleppten Infektionskrankheiten bereits stark dezimiert, sollten ihnen nun die schlechten Arbeitsbedingungen auf den Plantagen erspart bleiben. Zudem waren die indischen ›Gastarbeiter‹ fern ihrer Heimat besser zu kontrollieren als die Einheimischen.

Am 14. Mai 1879 erreichte die »Leonidas« Levuka, die damalige Hauptstadt. An Bord die ersten 463 von über 60 000 indischen Kontraktarbeitern, die in den folgenden Jahren nach Fidschi kommen sollten. Angehörige der niederen Bauernkaste zumeist, aber auch verarmte Familien höherer Kasten. Die Inder verpflichteten sich für fünf Jahre. Nach Ablauf ihrer Zeitverträge stand es ihnen frei, in Fidschi zu bleiben. Bei einer Vertragsverlängerung um fünf weitere Jahre wurden die Kosten für die Rückreise nach Indien von der britischen Kolonialregierung übernommen. Doch zu Hause angekommen, wollten die Verwandten nichts mehr von ihnen wissen. Da ihre Reise nach Fidschi keine religiösen Gründe hatte, verloren die Hindus ihren Kastenstatus und Arbeit fanden sie auch nicht. Was blieb ihnen anderes übrig, als sich erneut für fünf Jahre Plantagenarbeit in Fidschi anheuern zu lassen? Die meisten blieben gleich, trotz mieser Bezahlung, schlechter Arbeitsbedingungen, notdürftiger Massenunterbringung in Baracken und hoher Sterberate. Nach Ablauf der Verträge arbeiteten einige von ihnen in den Zuckermühlen, andere pachteten Land und bauten eigene kleine Farmen auf. Ihre alten gesellschaftlichen Regeln und Standesunterschiede hatten sie in Indien gelassen; hier in Fidschi beschäftigten sie sich vorzugsweise damit, Familien zu gründen und Geld zu verdienen.

1920 machten die Inder 38 % der Gesamtbevölkerung Fidschis aus. Und es wurden immer mehr. Sie heirateten früher und bekamen mehr Kinder als die einheimische Bevölkerung. 1945 überwog der indische Bevölkerungsanteil zum ersten Mal. Neben ihrer zahlenmäßigen Überlegenheit dominieren Inder seit vielen Jahren den Einzelhandel, den Bau- und Transportsektor, lange Zeit stellten sie den größten Anteil im mittleren öffentlichen Dienst, viele nahmen ein Studium auf und sind Ärzte oder Rechtsanwälte geworden. Und nach wie vor ist der überwiegende Teil der Zuckerrohrbauern indischer Abstammung.

Aufbrechen des Nationalismus

Doch als die Inder ab 1987 zusätzlich auch wichtige politische Ämter übernahmen, reagierte der nationalistische Teil der fidschianischen Bevölkerung mithilfe des Militärs und setzte die legitime Regierung ab. Im Jahre 2000 wiederholte sich die Geschichte: Die demokratisch gewählte Regierung mit einem Inder als Premierminister wurde gewaltsam durch eine fidschianische Regierung ersetzt.

Seit dem ersten Militärputsch haben Inder, die es sich leisten konnten, zu Zehntausenden das Land verlassen, um in Australien oder Kanada ein neues Zuhause und eine sichere Zukunft für sich und ihre Kinder aufzubauen. Zurück blieben mehrheitlich die wirtschaftlich Schwächeren – Zuckerrohrbauern zumeist. Die einstigen Kontraktarbeiter, von der britischen Kolonialregierung als ungelöstes Erbe zurückgelassen, sind heute davon abhängig, ob ihnen die Fidschianer weiterhin Land zur Pacht überlassen oder nicht.

Wie der jüngste Putsch vom Dezember 2006 unter dem Armeechef Josaia Voreqe Bainimarama politisch zu bewerten ist, wird die Zukunft zeigen. Die Wirtschaft jedenfalls ist infolge dieser machtpolitischen Unruhen der letzten beiden Jahrzehnte stark eingebrochen. Insofern sind beide Bevölkerungsgruppen Fidschis eher Verlierer statt Hoffnungsträger für die Welt, wie es Papst Johannes Paul II. noch anlässlich seines Besuchs 1986 formuliert hatte.

Unterschiedliche Kulturen prägen Fidschis Gesellschaft

Steckbrief Fidschi

Daten und Fakten

Name: Matanitu Tu Vaka-i-koya ko Viti, Republic of Fiji Islands
Fläche: 18 333 km² Landfläche, 1 290 000 km² Seefläche
Hauptstadt: Suva
Amtssprache: Englisch
Einwohner: 835 230 (Zensus von 2007)
Bevölkerungswachstum: 1,4 % (2008, geschätzt)
Lebenserwartung: 67,9 Jahre für Männer, 73,1 Jahre für Frauen
Währung: Fiji-Dollar (F$ oder FJD). Für 1 € bekommt man 2,32 F$ (Ende 2008).
Zeitzone: MEZ plus 11 Std. außerhalb und plus 10 Std. während der Sommerzeit
Landesvorwahl: 00679
Internet-Kennung: .fj
Landesflagge: Die heutige Flagge Fidschis wurde offiziell zur Unabhängigkeit 1970 eingeführt. Im linken oberen Eck des hellblauen

Flaggentuchs befindet sich der Union Jack, der auf die historische Verbundenheit mit Großbritannien sowie auf die Mitgliedschaft im Commonwealth of Nations hinweisen soll. Das helle Blau steht für den Himmel und das Meer. Das Wappenschild auf der rechten Seite zeigt das rote Georgskreuz, eine weiße Taube sowie die wichtigsten Anbauprodukte des Landes (Kokospalme, Bananen und Zuckerrohr). Im oberen, roten Balken ist der britische Löwe abgebildet.

Geografie

Die 332 Inseln Fidschis (engl. Fiji) mit einer Gesamtlandfläche von 18 333 km² verteilen sich über eine Seefläche von 1 290 000 km². Die beiden großen Inseln, Viti Levu und Vanua Levu, machen zusammen etwa 87 % der Landesfläche aus, hinzukommen kleinere Inseln wie Taveuni und Kadavu sowie mehrere Inselgruppen, die überwiegend aus kleinen Atollen und Koralleninseln bestehen. Der überwiegende Teil der Inseln ist vulkanischen Ursprungs, charakteristisch für die größeren sind unter anderem die zerklüfteten Gebirgsketten im Inneren mit Höhen über 1000 m. Der höchste Berg Fidschis ist mit 1323 m der Tomanivi (Mount Victoria) auf der Hauptinsel Viti Levu. Die schmalen Küstenstreifen sind flach und im Gegensatz zum Hinterland dicht besiedelt.

Der 180. Längengrad durchläuft die zu Fidschi gehörende Insel Taveuni. Um aber innerhalb des Landes verschiedene Zeitzonen zu vermeiden, wurde die Datumsgrenze für dieses Gebiet nach Osten verschoben.

Geschichte

Neuesten Forschungsergebnissen nach zu urteilen wurde der Fidschi-Archipel im Verlauf mehrerer Migrationswellen besiedelt, von denen die erste vermutlich mit melaniden Einwanderern vor ungefähr 3500 Jahren von Südostasien aus die Inselgruppe erreichte.

Der erste Europäer, der im Februar 1643 einen Teil der Ostküste Vanua Levus sowie die Insel Cikobia sichtete, war der Holländer Abel Janszoon Tasman. 1774 ging James Cook auf Vatoa, der südlichsten Insel der Lau-Gruppe, an Land. 15 Jahre später manövrierte Kapitän William Bligh nach der berühmten Meuterei auf der »Bounty« mit dem Rest seiner Mannschaft durch den Archipel und kartografierte 39 Inseln. Mit dem Abholzen des Sandelholzbestandes 1804 gefolgt vom Handel mit Bêche-de-mer, einer Seegurkenart, begann ein intensiver Kontakt zwischen Europäern und Fidschianern. Die ersten europäischen Missionare, David Cargill und William Cross von der Wesleyan Missionary Society, nahmen 1835 ihre Tätigkeit auf. In der zweiten Hälfte des 19. Jh. folgten europäische Siedler, die zunächst Baumwolle, später Zuckerrohr anpflanzten. 1874 wurde Fidschi britische Kolonie, fünf Jahre später wurden die ersten Inder auf die Inseln geholt. 1945 stellten sie erstmals die größte Bevölkerungsgruppe. Am 10. Oktober 1970, nach fast 100-jähriger Kolonialzeit, wurde Fidschi politisch unabhängig.

Staat und Politik

Gemäß der Verfassung von 1997 besitzt die Republik Fidschi ein Zweikammerparlament, das aus dem Senat mit 32 ernannten Mitgliedern sowie aus dem Repräsentantenhaus mit 71 gewählten Mitgliedern besteht. Daneben gibt es den einflussreichen ›Großen Rat der traditionellen Oberhäupter (Bose Levu Vakaturaga), der das Staatsoberhaupt benennt.

Im Dezember 2006 erklärte das Militär unter Armeechef Josaia Voreqe Bainimarama die Monate zuvor demokratisch gewählte Regierung für abgesetzt. Bainimarama ist seitdem Premierminister; die von ihm zunächst in Aussicht gestellten Neuwahlen wurden auf unbestimmte Zeit verschoben. Präsident ist derzeit Ratu Josefa Iloilovatu Uluivuda.

Wirtschaft und Tourismus

Die Landwirtschaft Fidschis ist geprägt von der bereits während der britischen Kolonialzeit vorgenommenen Ausrichtung auf Exportprodukte wie Zuckerrohr und Kopra. Jedoch steckt die Zuckerindustrie infolge veralteter Technik und fallender Weltmarktpreise schon seit einiger Zeit in Schwierigkeiten. Andere bedeutende Anbauprodukte sind Ingwer, Reis, Kakao, Kaffee, Tabak. Überwiegend für den Eigenbedarf werden Knollengewächse wie Maniok (Kassava), Taro, Yams und Süßkartoffeln angepflanzt. Weitere wichtige Wirtschaftssektoren sind die Bekleidungsindustrie, die Fischerei und Holzwirtschaft. Ferner verfügt das Land u. a. über Gold- und Silbervorkommen.

Zu einem wahren Exportschlager ist ›Fiji Water‹ avanciert, ein hochwertiges Mineralwasser, das überwiegend in die USA, nach Australien und Neuseeland exportiert wird. Doch trotz aller Bemühungen ist die Handelsbilanz Fidschis chronisch negativ.

Eine bedeutende Rolle für die Ökonomie des Inselstaates spielt der Tourismus. Im Vergleich zu anderen südpazifischen Staaten hat Fidschi mit Abstand die meisten Besucherzahlen aufzuweisen.

Bevölkerung und Religion

Laut aktuellem Zensus lebten im Jahr 2007 insgesamt ca. 835 000 Menschen auf den Fidschi-Inseln. Davon waren etwa 57 % Fidschianer, 37,8 % Inder und der Rest anderer Herkunft.

Der fidschianische Teil der Bevölkerung bekennt sich zum christlichen Glauben (davon mehrheitlich Methodisten sowie weitere protestantische Kirchen und nur etwa 9 % Katholiken), der größte Teil der indischen Bevölkerung sind Hindus, gefolgt von Moslems und Sikhs.

Auf einen Blick: Fidschi

»Bula!«
Das ist vermutlich das erste Wort, das Sie hören werden, wenn Sie in Fidschi ankommen. Bula heißt wörtlich Gesundheit oder Leben und wird zumeist als Begrüßung unter Freunden angewendet. Also: »Herzlich Willkommen auf den Fidschi Inseln!«

Fidschi (engl. Fiji) liegt im Zentrum der südpazifischen Inselwelt und besteht aus mehr als 330 Eilanden, von denen über 100 permanent bewohnt sind. Im Vergleich zu anderen Pazifik-Staaten ist der Archipel riesig: Die Landfläche Fidschis ist mehr als doppelt so groß wie die aller Inseln Samoas, Französisch-Polynesiens, Tongas und der Cook-Inseln zusammen. Zum Archipel gehören die beiden großen Inseln **Viti Levu** mit der Hauptstadt Suva und den beiden internationalen Flughäfen sowie **Vanua Levu,** hinzu kommen kleinere wie **Taveuni** sowie Inselgruppen wie **Kadavu** im Süden, **Lomaiviti** im Zentrum, im Westen die **Mamanucas** und **Yasawas** und im äußersten Osten die **Lau-Inseln.** Zum Staatsgebiet wird seit 1881 auch die weit im Norden liegende Insel **Rotuma** gezählt.

Wundervolle Landschaften sowohl über als auch unter dem Meeresspiegel, die sehr gut ausgebaute touristische Infrastruktur zusammen mit der schon legendären Herzlichkeit und Gastfreundschaft der einheimischen Bevölkerung machen Fidschi zu einem idealen Reiseziel. So verwundert es nicht, dass dieser Inselstaat im Vergleich zu seinen Nachbarn die meisten Touristenankünfte zu verzeichnen hat, mit großem Abstand gefolgt von Französisch-Polynesien.

Fidschi, die ›Drehscheibe des Südpazifik‹, wie es auch genannt wird, befindet sich im Grenzbereich zwischen Polynesien und Melanesien. Darüber hinaus leben hier Vertreter europäischer, chinesischer und vor allem indischer Kulturen. Einst von den britischen Kolonialbeamten als billige Arbeitskräfte für die Zuckerrohrplantagen geholt, sind diese Inseln für die Hindus, Muslims und Sikhs inzwischen längst zur Heimat geworden. So präsentiert sich Fidschi seinen Besuchern heute als eine multikulturelle Gesellschaft, in der das Zusammenleben allerdings nicht immer konfliktfrei ist.

Highlights

1 **Taveuni:** Für viele Besucher die Schönste der Schönen. Ganz bestimmt werden auch Sie von der ›Garteninsel‹ Fidschis begeistert sein (s. S. 150).

2 **Levuka:** Eine Reise in die alte Hauptstadt Fidschis gleicht einer Zeitreise. Hier besitzt nahezu jedes Gebäude eins der beiden Attribute: das älteste, das erste ... (s. S. 154).

3 **Yasawa-Inseln:** Die Traumstrände der Yasawas, einem Archipel vor der Nordwestküste Viti Levus, lassen sich während einer luxuriösen Kreuzfahrt erkunden. Ein Südseetraum pur für Romantiker! (s. S. 168).

Empfehlenswerte Routen

Rundfahrt um Viti Levu: Bei einer Rundfahrt lernen Sie die kontrastreichen Landschaften der Hauptinsel Fidschis kennen (s. S. 129).

Im Bus über die Transinsular Road: Fahren Sie mit dem Bus von Labasa nach Savusavu und entdecken Sie das gebirgige Hinterland der wenig besiedelten Insel (s. S. 144).

Ein Segeltörn durch die Mamanucas: Nicht versäumen: ein Tagesausflug mit einem Segelboot durch die fantastische Welt dieser Bilderbuchinseln westlich von Viti Levu (s. S. 165).

Reise- und Zeitplanung

Wer nur wenige Tage auf den Inseln Fidschis Urlaub macht, sollte Viti Levu nur als Zwischenstopp nutzen und von hier aus eine mehrtägige Kreuzfahrt durch das Yasawa-Inselparadies unternehmen.

Haben Sie mindestens eine Woche Aufenthalt eingeplant und sind Sie mehr an Kultur und Geschichte als an einem Strandurlaub interessiert, bietet sich eine Rundreise mit einem Mietwagen auf Viti Levu an, während der Sie die unterschiedlichen Museen und Kulturzentren sowie Suva, die quirlige Metropole, kennenlernen können. Ein Ausflug nach Ovalau mit der alten Hauptstadt Levuka rundet diese Tour ab.

Richtig Reisen-Tipps

Firewalking: Schmerzfrei über glühende Steine oder Kohlen – erleben Sie uralte Rituale hautnah entweder in einem der Kulturzentren oder während religiöser Festlichkeiten (s. S. 127).

Yaqona, das Nationalgetränk: Ein Getränk aus der Wurzel des Pfefferstrauchs, ohne das in Fidschi nichts geht. Unbedingt probieren! (s. S. 131).

Koroyanitu National Heritage Park: Erkunden Sie das Inselinnere Viti Levus von seiner abenteuerlichen Seite (s. S. 133).

Wer sich für Fidschi als Urlaubsziel entschieden hat, kann ein ›Inselhüpfen‹ unternehmen. Taucher zieht es nach Kadavu im Süden, anschließend in den unbekannten Norden nach Vanua Levu und vor allem nach Taveuni, der drittgrößten Insel Fidschis, mit ihren wundervollen Tauchgründen. Eine ähnliche Inselkombination bietet sich auch für passionierte Trekker an, die allerdings einige Tage mehr auf Viti Levu einplanen sollten, damit sie die abenteuerlichen Wanderungen und Dorfaufenthalte im Koroyanitu National Heritage Park oder in den Nausori Highlands im Westen nicht versäumen. Leichter sind dagegen die Touren zu den Wasserfällen des Bouma National Heritage Park und entlang der Südostküste Taveunis. Freunde des Kajaksports bevorzugen dagegen die rund einwöchigen Touren durch die Inselwelt der Yasawas, die in Lautoka an der Westküste Viti Levus starten.

Wissenswertes für die Reise in Fidschi finden Sie auf S. 82.

Insel Viti Levu

Cityplan
S. 120

Einheimische nennen die Hauptinsel ihres Landes stolz auch ›Festland‹. Ausländische Besucher schätzen Viti Levu, zu Deutsch ›großes Fidschi‹, vor allem wegen seiner Vielfalt: Große Städte mit moderner Infrastruktur neben kleinen, traditionsgebundenen Dörfern, grandiose, kontrastreiche Landschaften und eine breite Angebotspalette für den aktiven und an Kultur interessierten Besucher.

Viti Levu ist die Hauptinsel des Archipels. In Ost-West-Richtung beträgt die größte Ausdehnung rund 145 km, in Nord-Süd-Richtung etwa 100 km; die Gesamtfläche misst 10 389 km^2, das entspricht mehr als der Hälfte des Landes. Charakteristisch sind die eindrucksvollen Gebirgslandschaften im wenig besiedelten Inselinneren mit 29 auf über 900 m ansteigenden Vulkanbergen, von denen der 1323 m hohe Tomanivi, auch Mt. Victoria genannt, die höchste Erhebung ist. Demgegenüber sind die teilweise schmalen Küstenstreifen dicht besiedelt. Die beiden größten Flüsse sind der Rewa und der Sigatoka. In den überaus fruchtbaren Flusstälern werden Obst- und Gemüse angebaut.

Der Südostpassat bestimmt das Klima. So regnet es auf den Luvseiten im Südosten Viti Levus mit durchschnittlich 5000–6000 mm Niederschlag pro Jahr wesentlich mehr als auf den Leeseiten im Nordwesten (2500 mm Niederschlag). In den regenreichen Gebieten dominiert dichter tropischer Regenwald mit Palmen, Farnen, Bambus und Orchideen. Die Leeseiten bedeckt Savanne mit Kasuarien- und Akazienbeständen. Angebaut wird in diesen regenarmen Regionen überwiegend Zuckerrohr. In den Küstengebieten und an den Flussmündungen bilden sich Mangrovensümpfe. Viti Levu vorgelagert sind zahlreiche Inseln und Inselgruppen, von denen sich viele mittlerweile zu Touristenhochburgen entwickelt haben.

Die Hauptstadt Suva

Cityplan: S. 120; **Reiseatlas:** S. 2, E 3

Suva, auf einer rund 3 km breiten und 5 km langen Halbinsel im Südosten Viti Levus gelegen, ist groß, gemessen an pazifischen Verhältnissen sogar sehr groß. Offiziellen Angaben vom September 2007 zufolge leben im innerstädtischen Bereich mehr als 75 000 Menschen, für den Großraum Suva existieren höchst unterschiedliche Zahlenangaben. Die einen geben die Einwohnerzahl mit rund 200 000 an, andere wiederum schätzen die Bevölkerung Suvas mit seinen Vororten auf über 350 000. Zum Vergleich: Die Gesamtbevölkerung der Inselstaaten Tonga, Samoa und der Cooks zusammen macht nur wenig mehr als 350 000 aus.

Noch Mitte des 19. Jh. war Levuka auf der Insel Ovalau die Hauptstadt Fidschis. Doch bald schon erkannten die europäischen Kolonialherren, dass sie nach einer Alternative suchen mussten: Der kleine Ort Levuka, auf einem schmalen Streifen Land zwischen Bergen und Meer gelegen, konnte sich nicht weiter ausdehnen, und der Hafen erwies sich ebenfalls als viel zu klein. Nadi im Westen Viti Levus, Galoa auf der Insel Kadavu und Savusavu auf Vanua Levu standen zur Wahl, doch die damals kleine, nur aus wenigen Hütten bestehende Ansiedlung Suva erhielt 1877 den Zuschlag. Gegen diesen Beschluss der Kolonialverwaltung wetterte die »Fiji Times«

Die Hauptstadt Suva

noch Jahre später. Wie hatte man einen übel riechenden Mangrovensumpf als Standort für die neue Hauptstadt wählen können? Die Einheimischen sagen, im Südosten Viti Levus, genau dort, wo Suva liegt, kenne man nur zwei Jahreszeiten: die feuchte und die nasse. Wie zutreffend diese Aussage ist, werden Sie bei Ihrem Stadtbummel vermutlich feststellen. Zum Glück sind die Regengüsse zwar sehr ergiebig, doch nur von kurzer Dauer. Zumindest aber bieten sie einen willkommenen Grund, eine kurze Rast in einem der vielen Cafés einzulegen.

Suva hat sich in den letzten Jahrzehnten zum größten urbanen Zentrum im gesamten Südpazifik entwickelt. Eine Metropole – laut und zuweilen hektisch – und vor allem mit kosmopolitischem Flair, wie Sie an einem Samstagvormittag auf dem farbenfrohen Markt sehen können, wenn Fidschianer aus den unterschiedlichsten Regionen des Landes, Inder, d. h. Hindus, Muslime und Sikhs, Chinesen, Europäer und Menschen aus anderen pazifischen Inselstaaten hier für das Wochenende einkaufen. Die Stadt ist Sitz der 1968 eröffneten Universität of the South Pacific (USP), die von zwölf Pazifikstaaten unterhalten wird, des Pacific Theological College, der Fiji School of Medicine und des Fiji Institute of Technology. Darüber hinaus verfügt Suva über einen wirtschaftlich bedeutenden Naturhafen und Nausori, Fidschis zweiter internationaler Flughafen und Knotenpunkt des nationalen Flugverkehrs, liegt nur wenige Kilometer nordöstlich. An die koloniale Vergangenheit erinnern heute nur noch die Straßennamen und einige Gebäude im Zentrum der Stadt.

Im Zentrum der Stadt

Ein guter Ausgangspunkt für einen Stadtbummel, für den Sie sich mindestens einen halben Tag Zeit nehmen sollten, ist das sogenannte Triangle. Hier kreuzen sich die Thomson, Scott und Edward Street, und hier befindet sich auch das **Fiji Visitors Bureau**, das in einem hübschen kleinen Kolonialgebäude aus dem Jahr 1912 untergebracht ist. Im zweistöckigen **Suva Municipal Market**

Mit der Autorin unterwegs

Fiji Museum
Nicht versäumen sollten Sie eine Besichtigung des Fiji Museum, das mit seiner außergewöhnlichen Sammlung einen bemerkenswerten Überblick über Fidschis Geschichte und Einblick in die Traditionen der einheimischen Bevölkerung gibt (s. S. 122).

Schlafen im Grünen
Die Raintree Lodge bietet Übernachtungsmöglichkeiten in der ›grünen Lunge‹ Suvas (s. S. 125).

Eine Fahrt mit dem Überlandbus
Nehmen Sie sich Zeit für eine Fahrt mit einem Überlandbus, dem *local bus,* ohne genauen Fahrplan und Klimaanlage. Ich kenne kaum eine bessere Möglichkeit, Fidschi und vor allem seine Menschen kennenzulernen. Aber bitte beachten: Auch wenn der Bus recht voll sein sollte, stehen Sie nicht im Gang. Dies gilt, wie in anderen Räumen, als unhöflich (s. S. 129).

Fidschi für Aktive
Erkunden Sie Viti Levus unbekannten Norden per Kajak – Warren Francis nimmt Sie mit auf eine erlebnisreiche, mehrtägige Kajaktour (s. S. 142).

1 in der Usher Street werden neben Unmengen an frischem Obst und Gemüse sowie Fisch auch eine große Vielfalt an exotischen Gewürzen, Tabak und vor allem Kava aus den unterschiedlichen Regionen Fidschis angeboten. Besonders quirlig und farbenfroh geht es hier samstagvormittags zu.

Ein Stück weiter auf der Rodwell Road gelangen Sie zur zentralen **Busstation** der Überland- und Stadtbusse, ein zu jeder Tageszeit geschäftiger Ort. Wenn Sie der Straße weiter über den Edinburgh Drive mit seinem Kreisverkehr hinaus stadtauswärts folgen, kommen Sie vorbei am **Royal Suva Yacht**

Der Royal Suva Yacht Club in Suva

Fidschi – Insel Viti Levu

Suva: Cityplan

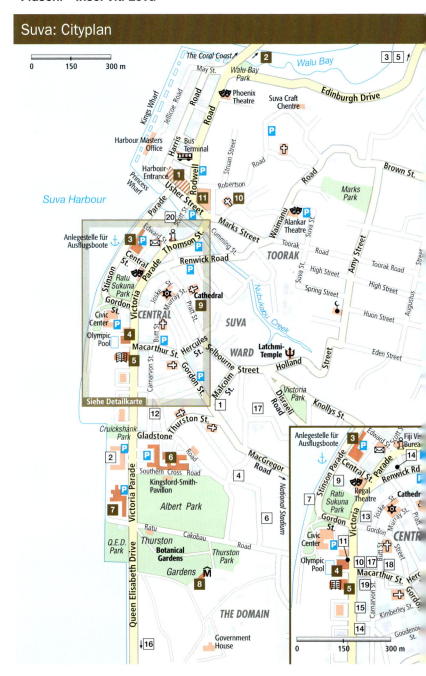

Die Hauptstadt Suva

Sehenswürdigkeiten
1. Suva Municipal Market
2. Royal Suva Yacht Club
3. Suva Curio & Handicraft Centre
4. Old Town Hall
5. Suva City Library
6. Government Buildings
7. Grand Pacific Hotel
8. Fiji Museum
9. Roman Catholic Cathedral
10. Centenary Methodist Church
11. Morris Hedstrom Supermarket

Übernachten
1. Tanoa Plaza Hotel
2. Holiday Inn
3. Homestay Suva
4. Suva Motor Inn
5. Raintree Lodge
6. South Seas Private Hotel

Essen und Trinken
7. Tiko's Floating Restaurant
8. L'Opera
9. JJ's on the Park
10. Bad Dog Café
11. Ashiyana
12. Old Mill Cottage
13. Focaccia Café
14. Republic of Cappuccino

Ausgehen
15. Traps Bar
16. Malt House Brewery
17. O'Reillys
18. Purple Haze Nightclub
19. Birdland
20. Village 6 Cinema Complex

Club 2 zur Verlängerung der Queens Road, der Landstraße nach Nadi, der von hier ca. 190 km entfernten Stadt im Westen Viti Levus.

Wenn Sie sich auf Ihrem Weg zurück stadteinwärts an der Usher Street rechts halten, gelangen Sie über den Nubukalou Creek hinweg zur Stinson Parade, eine schöne Uferpromenade, in der sich das **Suva Curio & Handicraft Centre** 3 mit seiner großen Auswahl unterschiedlichster kunsthandwerklicher Erzeugnisse aus dem südpazifischen Raum befindet. Das empfehlenswerte **Tiko's Floating Restaurant** 7 (s. S. 125) hat ein Stückchen weiter festgemacht. Die Central Street bringt Sie zur **Victoria Parade** mit ihren modernen Geschäften, Banken, Reisebüros, Kinos, Restaurants, Bars und Cafés. Sie passieren in südlicher Richtung zunächst den **Ratu Sukuna Park,** eine kleine Grünanlage mit schattenspendenden Bäumen und Sitzgelegenheiten. Wenige Schritte weiter gelangen Sie zur **Old Town Hall** 4, einem der wenigen in diesem Straßenabschnitt übrig gebliebenen Bauten im viktorianischen Stil. Wo sich früher die sogenannte ›feine weiße Gesellschaft‹ zu Tanzveranstaltungen, Konzerten und Theatervorführungen traf, sind heute mehrere Restaurants untergebracht. In Höhe der 1909 mit finanzieller Unterstützung des US-amerikanischen Industriellen Andrew Carnegie in Höhe von 1500 Pfund erbauten **Suva City Library** 5 beginnt der schönste und geschichtsträchtige Teil Suvas.

Weiter südlich folgen die 1937–1939 erbauten und 30 Jahre später erweiterten **Government Buildings** 6. Den Haupteingang dieses monumentalen, düsteren Regierungsgebäudes, das 1987 Schauplatz des ersten Militärputsches war und seitdem nicht mehr für Parlamentssitzungen genutzt wird, flankieren Statuen zweier historischer Persönlichkeiten Fidschis: Ratu Cakobau war selbsternannter König und Mitunterzeichner der Abtretungsurkunde, die das Land zur britischen Kolonie erklärte, Ratu Sir Lala Sukuna gründete den modernen Staat Fidschi.

Ein Stück weiter die Straße entlang befindet sich auf der rechten Straßenseite das legendäre **Grand Pacific Hotel** 7 aus dem Jahr 1914. Im GPH, wie es lange Zeit genannt

Fidschi – Insel Viti Levu

wurde, wurde die Szene des Films »Weißer Herrscher über Tonga« gedreht, in der der Held der Geschichte, gespielt vom jungen Burt Lancaster, mit seiner Braut eine Hotelhalle betritt. Seit einigen Jahren geschlossen, harrt das einstige Schmuckstück der Stadt seiner Restaurierung. Vom Hotelgarten bietet sich ein wundervoller Blick über den Hafen bis zum südöstlichen Küstenstreifen Viti Levus. Ebenfalls gut zu erkennen die nahe gelegene Bergkette mit dem **Joske's Thumb,** ihrer höchsten Erhebung, die einst von Sir Edmund Hillary erklommen wurde. Ältere Fidschianer wissen zu berichten, dass dieser Berg früher Rama Peak oder auch Devil's Thumb hieß und erst später nach Paul Joske umbenannt wurde, einem Deutschen, der in den 1870er-Jahren u. a. für die Polynesia Company tätig war.

Gleich hinter der nächsten Kreuzung befindet sich der kleine **Umaria Park,** der sich zum Verschnaufen und für ein Picknick eignet. Im **Albert Park**, einem Sportgelände, wird allabendlich Rugby, Fußball oder Kricket gespielt. Hier zelebrierte Papst Johannes Paul II. 1986 eine Messe, gestört von sintflutartigem Regen und der Turmuhr des Regierungsgebäudes, deren Big Ben-Glockenschlag alle 15 Minuten ertönte. Der Albert Park ist auch Hauptschauplatz des **Hibiskus-Festivals** (s. S. 127) im August. Die Zuschauerbühne wurde nach dem berühmten australischen Flugpionier Charles Kingsford Smith benannt, der hier im Jahre 1928 auf dem ersten Transpazifikflug zwischenlandete.

An den südlich anschließenden **Thurston Gardens,** benannt nach Gouverneur und Hobbygärtner Sir John Bates Thurston, der die Idee zur Schaffung dieses herrlich angelegten Botanischen Gartens hatte, befindet sich das 1955 eröffnete **Fiji Museum** 8 . Seine umfangreiche Sammlung bietet einen ausgezeichneten Überblick über die Geschichte und Traditionen des Landes. Zu sehen sind u. a. Musikinstrumente, Töpferarbeiten, Speere, Keulen und sogenannte Kannibalen-Gabeln. Besonders interessant sind die Auslegerboote, der Nachbau eines katamaranartigen Kanus *(arua)* und das Originalruder der legendären »HMS Bounty«. Die Tapa-Ausstellung (Rindenbaststoff, in Fidschi auch *masi* genannt) des Museums gehört zu den besten der Welt. Schauen Sie auch im kleinen Museumsshop vorbei, hier können Sie die vierteljährlich erscheinende »Domodomo«, eine sehr interessante Zeitschrift des Museums, diverse Publikationen über Fidschi und den gesamten südpazifischen Raum und Souvenirs erwerben (Ratu Cakobau Rd. in den Thurston Gardens, Mo–Sa 9.30–16 Uhr, Eintritt F$ 7, Kinder F$ 5).

In den Thurston Gardens mit ihrer vielfältigen Flora endet der kleine Spaziergang durch die Hauptstadt. Haben Sie mehr Zeit für Su-

Die Hauptstadt Suva

vas Innenstadt zur Verfügung, können Sie durch die vielen kleinen Nebenstraßen zurückschlendern und weitere interessante Gesichter der Stadt kennenlernen.

Über die Gordon Street gelangen Sie zur 1902 fertig gestellten **Roman Catholic Cathedral** 9 . Auch wenn Sie daheim nicht zu den eifrigsten Kirchgängern zählen, ist der Besuch eines Gottesdienstes in dieser Kathedrale ein ganz besonderes Erlebnis. Allein schon die von der Gemeinde mehrstimmig gesungenen Choräle sind ein Erlebnis – das man ähnlich auch in der **Centenary Methodist Church** 10 in der Stewart Street finden kann.

Malerisch, venezianisch anmutend ist der Blick von der Thomson Street, die über den Nubukalou Creek führt. An der rechten Uferseite erblickt man die Arkaden des größten Kaufhauses der Stadt, des **Morris Hedstrom Supermarket** 11, von Einheimischen auch kurz MH genannt. Am anderen Flussufer verkaufen Frauen Matten und preiswerte Souvenirs. Wenige Schritte weiter beginnt die geschäftige **Cumming Street** mit ihren Duty-free-Läden.

Außerhalb des Zentrums

Die Verlängerung der Victoria Parade, die in Höhe der Thurston Gardens Queen Elizabeth

Größtes urbanes Zentrum im Südpazifik: die Hauptstadt Suva

Fidschi – Insel Viti Levu

»Erbarmt euch der canibalischen Fidschi!« Thema

»Wir wollen Euch verschonen mit den Einzelheiten ihrer canibalischen Feste, wollen nichts sagen von vorhergehenden Mordscenen, von der Art, wie menschliche Wesen gekocht werden, welche Scharen sich versammeln, von allen Klassen und Altern, von beiderlei Geschlecht,

Häuptlinge und Volk, Männer, Weiber und Kinder, wie sie dem Feste mit schrecklichem Freudengeschrei zuvorkommen, – wie beim wirklichen Feste die Aufwärter gebratene Menschen auf den Platz bringen – nicht nur einen oder zwei oder zehn, sondern zwanzig, dreißig, vierzig und fünfzig auf ein Fest!«

Mit diesen Worten riefen 1836 die Missionare David Cargill und William Cross in England zu Spenden auf. Hohe Summen und die Entsendung weiterer Missionare wären dringend erforderlich, um die »canibalischen Fidschi … vor dem buchstäblichen einander Beißen und Auffressen« zu retten. Mit eigenen Augen hatten die beiden ein solches »Festmahl« freilich nie gesehen. Im Gefühl christlicher Überlegenheit gegenüber den »barbarischen Heiden« wurden Gräuelmärchen weitergegeben oder tatsächlich praktizierte kannibalische Kulthandlungen schamlos übertrieben. Allein Ra Udre-udre, ein Oberhaupt von Rakiraki auf Viti Levu, soll 872 Menschen verspeist haben, kolportierte ein englischer Geistlicher Mitte des 19. Jh. Zu jener Zeit nannte man Fidschi in Europa nur noch die »Kannibalen-Inseln«. »Glücklicher Weise«, beruhigten 1873 die Autoren eines Werkes über Ozeanien ihre Leserschaft, »will das Fleisch der Weißen diesen Unmenschen im Ganzen nicht munden, da es einen salzigen, unangenehmen Geschmack besitzen und nach Tabak riechen soll.«

Hintergründe und Bedeutung dieser auf alten Glaubensvorstellungen basierenden Kulthandlungen blieben den Berichterstattern des 19. und 20. Jh. zumeist verborgen. Dass es sich bei dem rituellen Kannibalismus um das symbolische Einverleiben der Lebenskraft eines Besiegten oder aber, wie in den meisten Fällen, um die bildhafte Wiederholung des Schöpfungsgeschehens handelte, interessierte weder Missionare, Kolonialbeamte noch Reiseschriftsteller.

Die rituelle Tötung eines Menschen in Erinnerung an den Tod eines Urzeitgottes und das anschließende feierliche Kultmahl, bei dem das Fleisch nicht mit den Fingern, sondern wie in Fidschi nur mit speziell hierfür angefertigten Holzgabeln berührt werden durfte, hätte schon früher Vergleiche zum christlichen Abendmahl aufkommen lassen können. Die sinnbildhafte Wandlung von Brot und Wein in Leib und Blut Christi, um sich die Gotteskraft einzuverleiben und an der Glaubensgemeinschaft teilzuhaben, ähnelt tendenziell den religiösen Vorstellungen der südpazifischen Völker, wonach durch das rituelle Mahl die Schöpfungskräfte erneuert und die Kultteilnehmer gestärkt werden sollten – vielleicht der Grund, warum das Christentum derart schnell übernommen wurde.

Bemerkenswerterweise war der Kannibalismus zum Zeitpunkt der europäischen Entdecker in weiten Teilen Ozeaniens nachweislich entweder aufgegeben oder aber häufig Menschen- durch Schweinefleisch ersetzt worden. Übrig geblieben waren oft nur noch Redensarten und Beleidigungen der jeweiligen Nachbarn, die man der »barbarischen Unmenschlichkeit« bezichtigen wollte.

Die Hauptstadt Suva

Drive genannt wird, bringt Sie zum Eingang des 1928 nach einem Brand wieder aufgebauten **Government House.** Vor dem Eingang der nicht öffentlichen Residenz des Staatsoberhauptes steht ein Wachsoldat, der mit einem weißen *sulu* (traditioneller Wickelrock) und roter Jacke bekleidet ist. Viel fotografiert auch die Wachablösung um die Mittagszeit – Buckingham Palace lässt grüßen.

Der Queen Elizabeth Drive führt weiter in Richtung Suva Point. Nach wenigen Kilometern im Stadtteil Veiuto steht das 1992 neu gebaute **Parlament of Fiji,** dessen Architektur traditionelle und moderne Elemente miteinander verbindet. Der gesamte Komplex ist öffentlich zugänglich (Eintritt frei, Anmeldung unter Tel. 330 5811 empfohlen).

Noch ein Stück weiter kommen Sie zur **University of the South Pacific** (USP). In dieser 1968 von insgesamt zwölf Pazifikstaaten gegründeten Hochschule sind 22 000 Studenten eingeschrieben, die entweder hier oder in einer der Außenstellen der verschiedenen Mitgliedstaaten studieren. Nahebei liegt auch das 2003 anlässlich der South Pacific Games eröffnete **National Aquatic Centre** (Mo–Sa 6–20 Uhr, Eintritt F$ 3). Wer in dem 50 x 25 m großen Pool schwimmen, sich den beneidenswert gelegenen Campus anschauen oder im Buchladen stöbern möchte, kann die guten städtischen Busverbindungen nutzen. Nehmen Sie entweder den Bus in Richtung Vatuwaqa oder den nach Raiwaqa. Der Haupteingang zur USP geht von der Laucala Bay Road ab.

Fiji Visitors Bureau (FVB): Thomson St., Tel. 330 2433, Fax 330 2751, info desk@bulafiji.com, Mo–Do 8–16.30, Fr 8–16, Sa 8–12 Uhr.

Tanoa Plaza Hotel 1 : Gordon/Malcolm Sts., Tel. 331 2300, Fax 331 1300, www.tanoahotels.com. Ruhiges und doch nur wenige Gehminuten vom Zentrum entferntes Stadthotel mit 60 Zimmern, einige davon Suiten mit traumhaftem Blick über die Stadt. F$ 210–235, Suite F$ 425.

Holiday Inn 2 : Victoria Pde., Tel. 330 1600, Fax 330 0251, 130 Zimmer, www.ichotels group.com. An der Küste gelegene Unterkunft mit insgesamt 130 geräumigen Zimmern, schöner Gartenanlage mit Pool und schönem Blick aufs Meer. F$ 230–380.

Homestay Suva 3 : Princes Rd., Tel. 337 0395, Fax 337 0947, homestaysuva@con nect.com.fj. Suvas zurzeit beste Unterkunft befindet sich in einem herrlichen, in den 1920er-Jahren gebauten Haus im schönen Stadtteil Tamavua. Insgesamt nur neun unterschiedliche Zimmer (einige mit einer Küche ausgestattet). F$ 185–225 inkl. einem tollen Frühstück. Unbedingt vorbuchen! Eine Taxifahrt in die Stadt kostet ca. F$ 3,50.

Suva Motor Inn 4 : Mitchell/Gorrie Sts., Tel. 313 3973, Fax 330 0381, www.hexagonfiji. com. Großzügige Studios und gut für Familien geeignete Apartments mit voll ausgestatteter Küche in der Nähe des Albert Parks. F$ 150 (Studio) und F$ 195 (Apartment).

Raintree Lodge 5 : Tel. 332 0562, Fax 332 0113, www.raintreelodge.com. Empfehlenswertes, herrlich am See gelegenes Öko-Resort etwa 10 km nördlich der Hauptstadt an der Princes Rd. am Rande des Colo-i-Suva Forest Parks. Rustikale Schlafsäle, Holzhäuser und Bungalows, gutes Restaurant und Bar, Buschwanderungen und organisierte Dorfbesuche werden angeboten, Fahrradverleih. F$ 12,50 pro Person im Zelt, F$ 24–25 pro Person im Mehrbettzimmer, das Doppelzimmer für F$ 65, Bungalow F$ 165 für 2 Personen.

South Seas Private Hotel 6 : Williamson Rd., Tel. 331 2296, Fax 330 8646, www.fiji4 less.com. Seit Jahren der Backpackertreffpunkt Suvas. F$ 19 pro Person im Mehrbettzimmer, F$ 46 pro Person im Doppelzimmer und F$ 58 im Doppelzimmer mit eigenem Bad. Preisnachlässe bei Aufenthalten ab 7 Nächten.

Die Hauptstadt bietet neben den vielen guten bis sehr guten Hotelrestaurants unzählige weitere Restaurants, Snackbars, Cafés und Kneipen.

Tiko's Floating Restaurant 7 : Am Kai an

Fidschi – Insel Viti Levu

der Stinson Pde., Tel. 331 3626, Mo–Fr 12–14, Mo–Sa 18–22 Uhr. In diesem ehemaligen Blue-Lagoon-Kreuzfahrtschiff bekommen Sie leckere einheimische und europäische Gerichte. Sehr zu empfehlen sind die Steaks und die exzellenten Fischgerichte. Hauptgerichte F$ 16–36. Sie sollten vorab einen Tisch reservieren.

L'Opera 8 : Gordon St., Tel. 331 8602, tgl. 11.30–14.30 und 18–22.30 Uhr. Der Italiener der Stadt. Gnocchi, Ravioli bis Hummer, alles schmeckt sehr lecker. Sonntags gibt es Brunch. Unbedingt vorab einen Tisch reservieren. Pasta F$ 19–25 und Hauptgerichte F$ 29–40.

JJ's on the Park 9 : Stinson Pde, Tel. 330 5005, Mo–Mi 7–22, Do–Sa 7–23 Uhr. Hier bekommen Sie ein Frühstück, Burger und Salate für den kleinen Hunger, aber auch Steaks und frischen Fisch sowie einen tollen Blick auf den Hafen. Wer abends hier speisen möchte, sollte unbedingt vorab einen Tisch reservieren. F$ 6,50–13 (Frühstück), F$ 12–21 (kleinere Gerichte) und für die Hauptgerichte müssen Sie F$ 23–33 veranschlagen.

Bad Dog Cafe 10 : Victoria Pde., Tel. 331 2884, Mo–Mi 11–23, Do–Sa 11–24, So 17–23 Uhr. Zurzeit angesagt bei den Einheimischen für einen After-Work-Drink, aber auch eine tolle Adresse für Salate, eine Pizza, ein Thai Curry, leckere Tintenfischringe oder … Lassen Sie sich überraschen! Hauptgerichte ab F$ 15.

Ashiyana 11 : Victoria Pde., Tel. 331 3000, Di–Sa mittags und abends, So nur abends geöffnet. Für viele der beste Inder der Stadt, befindet sich in der Old Town Hall. Mein Tipp: Sie sollten hier nur essen gehen, wenn Sie Ihre Curry-Gerichte wirklich scharf mögen. Ab F$ 10.

Old Mill Cottage 12 : Carnavon St., Tel. 331 2134, Mo–Fr 7–18, Sa 7–17 Uhr. Hier bekommen Sie fidschianische, indische und internationale Küche sowie eine Platte für Vegetarier in einem der wenigen übrig gebliebenen Holzhäuser aus dem späten 19. Jh. Frühstück F$ 3–8 und Hauptgerichte F$ 5–12.

Focaccia Café 13 : Victoria Pde., Tel. 330 9117, Mo–Sa bis mittags geöffnet. Eins der vielen Cafés in der Innenstadt, dieses befindet sich in der Vanua Arcade, in denen man leckere Kleinigkeiten bekommt. Ab F$ 5.

Republic of Cappuccino 14 : Victoria Pde., Tel. 330 0333 und Renwick Rd., Tel. 330 0828, Mo–Sa 10–19 Uhr. In diesen beiden Cafés, auch ROC genannt, bekommen Sie ein leckeres Frühstück, frische Säfte, Snacks, Kuchen und einen guten Kaffee serviert.

Während Ihres Stadtbummels kommen Sie an vielen Geschäften vorbei, die mit einer großen Auswahl an Souvenirs, Schmuck und Kleidung u.v.m. auf Kundschaft warten. Besonders in der Victoria Parade sowie in den kleinen Seitenstraßen bekommen Sie für jeden Geldbeutel etwas. Hier nur eine kleine Auswahl:

Government Handicraft Centre: Victoria Pde./McArthur St., Tel. 331 5869, Mo–Do 8–16.30, Fr 8–16, Sa 8–12.30 Uhr. Hier bekommen Sie eine qualitativ gute Auswahl an fidschianischem Kunsthandwerk von einheimischen Künstlern.

Suva Curio & Handicraft Centre: Stinson Pde., Tel. 331 3433, Mo–Do 8–16.30, Fr. 8–16, Sa 8–12 Uhr. Ebenfalls eine gute Adresse für alle, die noch auf der Suche nach Mitbringseln sind.

Jack's Handicrafts: Thomson St., Tel. 330

Tabua – eine ehrenvolle Gabe

Der an beiden Seiten durchbohrte und an einer gedrehten oder geflochtenen Schnur hängende Zahn eines Pottwals war im vorkolonialen, ist aber auch im modernen Fidschi ein zeremonielles Tauschgeschenk. Seine Überreichung gilt als Zeichen höchster Ehrerbietung, seine Annahme verpflichtet u. a. zu Hilfeleistungen und Gewährung der während der Zeremonie vorgebrachten Bitte oder Entschuldigung. Die Beilegung von Konflikten, Vertragsabschlüsse, Begrüßung hochrangiger Gäste, Geburten, Eheschließungen, Beerdigungen usw. sind Anlässe, bei denen *tabua* getauscht werden. Die Ausfuhr von Walzähnen ist streng verboten.

Die Hauptstadt Suva

Richtig Reisen-Tipp: Firewalking

Das ›Feuergehen‹ ist ein Ritual, das sowohl von Fidschianern als auch von Indern, wenn auch mit einigen Unterschieden, praktiziert wird. In der fidschianischen Sprache (Bau-Sprache) heißt es *vilavilairevo* (In-den-Ofen-springen). Ein *firewalker* besitzt die Kraft, über glühende Steine zu gehen – ohne Schmerzen und ohne sich die Fußsohlen zu verbrennen.

Der Legende nach erwarb der Krieger Tui na Iviqalita aus dem Sawau-Clan von der Insel Beqa als erster diese Fähigkeit. Beim Fischen begegnete dem Krieger das übernatürliche Wesen Tui Namoliwai in Gestalt eines Aales. Zum Dank dafür, dass er ihn am Leben ließ, übertrug Tui Namoliwai dem Krieger und all seinen damaligen wie zukünftigen männlichen Clanmitgliedern die Macht über das Feuer.

Während das Ritual ursprünglich nur bei besonderen Anlässen praktiziert wurde, ist seit Ende der 1950er-Jahre eine zunehmende Kommerzialisierung zu beobachten. Firewalking ist heute ein wichtiger Bestandteil von Hotelshows an der Südküste Viti Levus, und bis zu zweimal wöchentlich finden im Kulturzentrum von Pacific Harbour Vorführungen statt. Selbstverständlich können die *firewalkers* bei der Häufigkeit der Auftritte die traditionell strengen Tabuvorschriften nicht mehr befolgen – Fasten und sexuelle Enthaltsamkeit galten ursprünglich als notwendige Bedingungen für den Erfolg der Zeremonie.

Bei den Hindus ist der religiöse Charakter dieses Rituals noch erhalten. Erleben kann man die heilige Reinigungszeremonie alljährlich im Juli beim Bula-Festival in Nadi und beim Hibiscus-Festival in Suva im August.

8893. Wer in den anderen Läden noch nichts gefunden hat, kauft bei Jack's.
Procera Music Shop: Greig St., Tel. 331 4911. Fundgrube für alle Musikfans. Fidschianische Klänge, Hindi Pop und Musik aus dem gesamten südpazifischen Raum – Sie werden alles finden.
Suva Municipal Market: Rodwell Rd./Usher St. An den Ständen bekommen Sie frisches Obst und exotisches Gemüse, Fische und Meerestiere sowie Fleisch, im Obergeschoss gibt's Gewürze, Tabak und *kava*.

Abgesehen von den Hotelbars bietet Fidschis Hauptstadt eine große Dichte an Kneipen, Bars und Diskotheken. Die meisten Clubs und Diskos der Stadt sind tgl. abends ab ca. 20 Uhr geöffnet. In den Tageszeitungen finden Sie Angaben, wo und ab wann es Livemusik gibt. Die Einheimischen gehen abends gern zunächst ins Kino und erst später in die Bar und/oder zum Tanzen. Es ist ratsam, besonders freitag- und samstagnachts für den Weg zurück ins Hotel ein Taxi zu nehmen.

Traps Bar [15]: Victoria Pde., Tel. 331 2922. Seit Jahren beliebte Bar mit Tanzfläche.
Malt House Brewery & Restaurant [16]: Jerusalem Rd., Tel. 337 1515, tgl. mittags und abends geöffnet. Hier bekommen Sie das beste Bier der Stadt! Dafür und wegen der leckeren Mahlzeiten lohnt der etwas weitere Weg in den Stadtteil Vatuwaqa.
O'Reillys [17]: Macarthur St., Tel. 331 2968. Wer später am Abend noch tanzen möchte, geht hierher. Wer ein Guinness und Sportübertragungen im Fernsehen mag, ist hier ebenfalls richtig.
Purple Haze Nightclub [18]: Macarthur St., Tel. 330 3092. Ein etwas lauter Nachtclub.
Birdland [19]: Carnarvon St., Tel. 330 3833. Jazz und Blues Fans sind hier gut aufgehoben.
Village 6 Cinema Complex [20]: Scott St., Tel. 330 6006. Hollywood meets Bollywood! Eintritt F$ 6.

Das wichtigste Fest in der Hauptstadt ist das alljährlich im August stattfindende **Hibiscus-Festival.** Für eine Woche

Fidschi – Insel Viti Levu

Wildwasser-Rafting: Nervenkitzel inklusive

präsentiert sich Suva in einer Fülle farbenfroher Blüten. Von nah und fern reisen Besucher an und feiern ausgelassen mit Musik und Tanz. Besonders hoch her geht es im Albert Park zu, hier sind Karussells für die Kleinen und Dutzende von Buden aufgebaut, an denen man die einheimische Küche probieren kann. Das Highlight der Woche ist die Wahl zur »Miss Hibiscus«. Die Hindus begehen während dieser Zeit ein Reinigungsritual, bei dem einige barfuß über glühende Kohlen laufen.

Ausflüge/Inselrundfahrten

Besonders zu empfehlen sind die vielfältigen Touren des folgenden Veranstalters, der Sie auch von Ihrem Hotel in Suva abholt. Eine Stadtrundfahrt inkl. Museumsbesuch und Wanderung durch den Colo-i-Suva Park mit seinem herrlichen Baumbestand, Rafting- oder Kanutouren auf dem Navua Fluss, Fahrten ins Hinterland mit geführter Dorfbesichtigung u.v.m. stehen auf dem Programm.
Wilderness Ethnic Adventure Fiji: Suva, Tel. 359 3230, Tel./Fax 337 1840, wilderness@connect.com.fj

Sport

Golf: Im **Fiji Golf Club** (18-Loch, Par 72) in Vatuwaqa sind außer Di und Sa vormittags auch ausländische Besucher herzlich eingeladen zu spielen. Rifle Range Rd., Tel. 338 1184.
Schwimmen: Das anlässlich der South Pa-

cific Games 2003 gebaute **National Aquatic Centre** nahe der Universität ist Mo–Sa 6–20 Uhr geöffnet. Eintritt F$ 3. Laucala Bay Rd., Tel. 331 8185.

Eine weitere Möglichkeit, ins kühle Nass zu springen, bietet **Suva Olympic Swimming Pool,** Victoria Pde., Mo–Fr je nach Saison ab 7 oder 8 Uhr bis abends sowie Sa ab 7 oder 9 Uhr geöffnet. Eintritt: Erwachsene F$ 1,50, Kinder ab 13 Jahren F$ 0,80.

Wandern: Mehrere Wanderpfade mit einer Gesamtlänge von 6,6 km führen durch den tropischen **Colo-i-Suva-Forest Park,** der grünen Lunge Suvas. Sie erreichen diesen schönen, etwa 11 km nördlich der Hauptstadt gelegenen Naturpark beispielsweise mit einem in Richtung Sawani fahrenden Bus oder über die Princes Road, wenn Sie mit einem Mietwagen unterwegs sind. Im Informationszentrum gleich am Eingang des Parks erfahren Sie alles über Flora und Fauna des Schutzgebietes. Malerisch gelegene Wasserfälle, Picknick-Bereiche sowie mehrere Badestellen machen diesen Park zusätzlich attraktiv. Wenn Sie wandern möchten, sollten Sie wegen der häufig rutschigen Wege auf gutes Schuhwerk achten. Öffnungszeiten: tgl. 8–16 Uhr, Eintritt: Erwachsene F$ 5, Kinder F$ 1 (Tel. 332 0211).

Flüge: Der internationale Flughafen, **Nausori International Airport (SUV),** befindet sich etwa 23 km nordöstlich der Hauptstadt. Sie erreichen den Flughafen entweder mit dem Bus (Nausori Taxi & Bus Service, Tel. 331 2185), der vor dem Holiday Inn, Victoria Parade gegenüber dem früheren Regierungsgebäude, abfährt, oder Sie nehmen ein Taxi (einfache Fahrt ca. F$ 20). Von diesem Flughafen starten auch die kleineren Maschinen der nationalen Fluggesellschaften, die Viti Levu mit weiteren Inseln verbindet. Nähere Informationen über das ausgedehnte Streckennetz und Buchungen über:

Air Fiji: Victoria Pde., Tel. 331 3666, suva sales@airfiji.com.fj; **Air New Zealand:** Victoria Pde., Tel. 331 3100; **Air Pacific:** Victoria Pde., Colonial Bldg., Tel. 330 4388; **Qantas:** Victoria Pde., Colonial Bldg., Tel. 331 1833, Fax 330 4795; **Pacific Sun:** Victoria Pde., Tel. 330 8979.

Schiff/Fähre: Es existieren regelmäßige Verbindungen von Suva beispielsweise nach Vanua Levu, Taveuni sowie nach Ovalau und zu weiteren Inseln. Nähere Informationen und aktuelle Fahrpläne entnehmen Sie bitte den Tageszeitungen oder wenden sich an:

Consort Shipping: Thomson St., Dominion House Arcade, Tel. 330 2877, Fax 330 3389; **Patterson Brothers Shipping:** Nina St., Epworth Arcade, Tel. 331 5644, Fax 330 1652.

Mietwagen: Von den vielen Firmen in der Hauptstadt, die Autos verleihen, im Folgenden nur eine kleine Auswahl:

Avis Rent a Car, Tel. 331 3833; **Budget Rent-a-Car,** Tel. 331 5899; **Herz,** Tel. 338 0981; **Thrifty Car Rental,** Tel. 331 4436.

Busse: Den zentralen Busbahnhof finden Sie in der Rodwell Road. Von hier starten alle innerstädtischen und Überlandbusse, die von Suva bis nach Nadi im Westen Viti Levus bzw. nur Teilstrecken fahren. Sunbeam Transport und Pacific Transport sind die beiden großen Busgesellschaften, die im Touristenbüro erhältliche Fahrpläne herausgeben, deren Angaben jedoch erfahrungsgemäß nur als Richtwerte zu verstehen sind. Am besten fragen Sie den Busfahrer, wann der nächste Bus abfährt. Bitte beachten Sie, dass nachts und am Sonntag kaum Busse unterwegs sind.

Taxis: Wer später am Abend oder in der Nacht ein Taxi benötigt, ruft:

Jason's Taxis, Tel. 337 2220; **Piccadilly Taxis,** Tel. 330 4302.

Achten Sie darauf, dass der Fahrer den Taxameter eingeschaltet hat.

Entlang der Kings Road

Reiseatlas: S. 1/2

Eine fast 500 km lange, nahezu durchgehend asphaltierte Küstenstraße führt rund um Viti Levu. Der nördliche, 289 km lange Teilabschnitt von Suva nach Nadi heißt **Kings Road.** Dieses teilweise nicht asphaltierte Stück durchquert eine herrliche, abwechslungsreiche Landschaft. Das erste, zur Re-

Fidschi – Insel Viti Levu

genzeit schwer zu befahrende Teilstück führt von Suva in nördlicher Richtung nach Rakiraki. Nehmen Sie sich für die Strecke Suva–Nadi mindestens einen Tag Zeit. Während der Regenzeit ist es nicht ratsam, für diesen Teilabschnitt der Inselrundfahrt einen normalen Pkw anzumieten, besser ist, Sie nehmen gleich einen Geländewagen. Mit dem täglich fahrenden Expressbus können Sie ebenfalls die Strecke ab Suva nach Nadi via Kings Road zurücklegen.

Nausori

Reiseatlas: S. 2, E 3

Die rund 22 600 Einwohner zählende Kleinstadt **Nausori** am Fluss Rewa gehört noch zum erweiterten Einzugsgebiet Suvas. Besonders in den Morgen- und Abendstunden gerät man auf der 20 km langen Ausfallstraße, die nach Nausori führt, leicht in einen Verkehrsstau. Gegen Ende des 19. Jh. wurde in dieser Stadt die erste große Zuckermühle in Betrieb genommen. Den klimatischen Bedingungen besser angepasst, wird heute jedoch im Rewa-Tal Reis angebaut. Um auf der Kings Road zu bleiben, müssen Sie gleich nach Überqueren der Rewa-Brücke links abbiegen. Wenn Sie geradeaus fahren, gelangen Sie zum **Nausori International Airport,** dem zweiten internationalen Flughafen auf Viti Levu.

Korovou

Reiseatlas: S. 2, E 2

Die Fahrt zur Kleinstadt **Korovou** führt zunächst am behäbig dahinfließenden Fluss Rewa entlang, danach passieren Sie kleine Dörfer. Hinter Korovou, wo sich lediglich ein paar kleine Läden, die Post sowie eine Busstation befinden, teilt sich die Kings Road. Auf der nach rechts abbiegenden Straße gelangen Sie nach **Natovi.** Vom dortigen kleinen Hafen legen die Boote zu den Inseln Vanua Levu, Naigani und Ovalau ab. Es ist möglich, die Schotterstraße weiter der Küste entlang bis nach **Namarai** zu fahren. Von dort kommen Sie landeinwärts nach **Matawailevu,** wo Sie erneut auf die Kings Road stoßen. Während dieser Fahrt passieren Sie weitere abgelegene Ortschaften. Wenn Sie bei Korovou gleich die links abzweigende Kings Road nehmen, erreichen Sie nach wenigen Kilometern den malerisch gelegenen **Uru's Waterfall,** dessen Pool eine angenehme Abkühlung verspricht. Fragen Sie aber, bevor Sie hier baden, die Anwohner um Erlaubnis.

Knapp 10 km hinter dem Wasserfall befindet sich in Höhe des Dorfes Wailotua die **Wailotua Snake God Cave.** Mit ein wenig Fantasie erklärt sich der Name dieser labyrinthartigen Höhle, erinnern die sechs beeindruckenden Stalaktiten doch an Schlangenköpfe. Die riesige Kammer im hinteren Teil wird von Fledermäusen bewohnt. Um diese Höhle zu finden, ist es ratsam, im Dorf nach einem Begleiter zu fragen, für dessen Führung eine Geldspende erwartet wird.

Danach geht die Fahrt weiter durch fruchtbares, hügeliges Weideland bis nach Rakiraki an der Nordküste. Hierbei folgen Sie für viele Kilometer dem Fluss Wainibuka.

Naiserelagi

Reiseatlas: S. 2, D 1

Kurz nachdem die Kings Road wieder an der Küste entlangführt, zeigt ein Wegweiser zur 1917 eröffneten **Navunibitu Catholic Mission** und zur dazugehörenden Schule. Oben auf dem Hügel angelangt, haben Sie einen herrlichen Panoramablick auf die Viti Levu Bay und auf das Inselinnere. Lohnenswert ist eine Besichtigung der katholischen Kirche mit ihren interessanten Wandmalereien. Das von Jean Charlot 1962–1963 geschaffene Altarbild vereint fidschianische, indische und europäische Elemente. So besitzt beispielsweise Christus eine schwarze Hautfarbe und trägt ein Stück Rindenbaststoff *(masi)* um die Hüften. Einheimische Fidschianer opfern geflochtene Matten und Walzähne *(tabua,* s. S. 82, 126), während Gläubige indischer Abstammung Blumen und Ochsen darbieten.

Ellington Wharf

Reiseatlas: S. 2, D 1

Wenige Kilometer weiter entlang der Küste zweigt rechts eine ausgeschilderte, ungefähr 1,5 km lange gepflasterte Straße zur **Elling-**

Entlang der Kings Road

Richtig Reisen-Tipp: Yaqona, das Nationalgetränk

Yaqona ist das Nationalgetränk Fidschis. Es wird aus den getrockneten und anschließend zerkleinerten Wurzel- oder Stammstücken des Pfefferstrauchs (Piper methysticum) unter Wasseraufguss gewonnen. Im polynesischen Raum ist dieses Getränk unter der Bezeichnung *kava* oder *ava* bekannt, in Fidschi wird es zumeist *yaqona* genannt. Der ebenfalls gebräuchliche Begriff *grog* wurde im 19. Jh. von den Europäern eingeführt, man unterschied nun zwischen dem Fidschi-Grog und dem ›Grog des weißen Mannes‹.

In voreuropäischer Zeit durften nur Oberhäupter, deren offizielle Sprecher und die traditionellen Priester Yaqona trinken. Sie wurde ausschließlich während der Gebete beziehungsweise zu besonderen Anlässen konsumiert, bei denen die Götter um Rat und Hilfe ersucht wurden. Heute dagegen sind Familienfeste oder alltägliche Dorfabende ohne das gemeinsame Yaqona-Trinken aller Anwesenden – unabhängig vom jeweiligen Rang – schlicht undenkbar. Auch bei offiziellen Staatsbesuchen wird sie gereicht: Königin Elisabeth II., Prinz Charles, Papst Johannes Paul II. beispielsweise tranken ein Schälchen, und zwar – wie der lokalen Presse zu entnehmen war – ohne abzusetzen oder auch nur mit der Wimper zu zucken.

Bei großen Anlässen sind Zubereitung und Anbieten der Yaqona strengen protokollarischen Verhaltensregeln unterworfen. Meist aber wird sie in zwangloser Form getrunken. Auf Märkten sieht man häufig Männer (selten auch Frauen) um eine Schüssel sitzen, in Banken und Büros wird Yaqona als Erfrischungsgetränk gereicht. Wer bei Fidschianern eingeladen ist oder einen Dorfaufenthalt plant, bringt ein Bündel Yaqona-Wurzeln *(waka)* als Gastgeschenk *(sevusevu)* mit sowie einige Tüten bereits pulverisierte Yaqona, beides kann man auf einem Markt kaufen.

Während der eigentlichen Yaqona-Zeremonie sitzen die teilnehmenden Personen in einem Halbkreis, die Männer im Schneidersitz und die Frauen mit zur Seite angewinkelten Beinen auf dem mit Matten ausgelegten Fußboden. Einige Meter von dieser Gruppe entfernt befindet sich eine runde, große Holzschale *(tanoa),* in der das Getränk zubereitet wird. An ihr ist eine aus Kokosfasern geflochtene Kordel befestigt, an der sich große weiße Kaurimuscheln befinden. Diese Kordel wird so ausgerichtet, dass sie auf den ranghöchsten Teilnehmer der Yaqona-Runde zeigt.

Der hinter der Holzschale sitzende Mann bereitet die Yaqona zu, indem er die zu Pulver gestampften Wurzel- bzw. Stammstücke in ein Tuch gibt und dieses in der mit Wasser gefüllten Holzschale presst und wringt. Hat die Flüssigkeit die gewünschte Farbe erreicht, wird eine halbe, bearbeitete Kokosnussschale *(bilo)* gefüllt und dem ranghöchsten Teilnehmer der Runde überreicht. Sind Sie an der Reihe, klatschen Sie ein Mal mit hohler Hand und sagen Sie *bula,* bevor Sie das Schälchen mit beiden Händen in Empfang nehmen. Leeren Sie das Schälchen vollständig ohne abzusetzen, geben Sie es wieder zurück und klatschen Sie anschließend drei Mal.

Auch wenn Ihnen Ihre erste Yaqona nicht schmecken sollte, man gewöhnt sich an die ockerfarbene Flüssigkeit. Vielleicht werden Sie später zu einem wahren Fan, zu einem ›Yaqona-Killer‹, der die unterschiedlichen Qualitäten der verschiedenen Anbaugebiete mühelos erkennen kann. Seien Sie unbesorgt, der Genuss der alkoholfreien Yaqona hat keine negativen Begleiterscheinungen oder Nachwirkungen, im Gegenteil, er ist erfrischend, beruhigend und entspannend. Allenfalls haben Sie nach der ersten *bilo* einen etwas pelzigen Geschmack auf der Zunge, der jedoch rasch vergeht. Die Atmosphäre einer Yaqona-Runde während eines Dorfbesuches gehört sicherlich zu den eindrucksvollsten und schönsten Erlebnissen während Ihres Fidschi-Aufenthaltes.

Fidschi – Insel Viti Levu

ton Wharf ab. Ein Boot verbindet regelmäßig diese Anlegestelle mit der vorgelagerten Insel **Nananu-i-Ra,** auf der es mehrere schöne Unterkünfte gibt. Die Fähre, die zwischen Lautoka an der Westküste Viti Levus und Nabouwalu auf Vanua Levu, der zweitgrößten Insel Fidschis, verkehrt, legt hier ebenfalls einen Stopp ein.

Rakiraki
Reiseatlas: S. 2, D 1

Etwa auf halber Strecke zwischen Suva und Nadi liegt die Kleinstadt **Rakiraki.** Hier und in dem etwa 2 km landeinwärts gelegenen Ortskern **Vaileka** leben rund 3000 Menschen. Es gibt einige wenige Geschäfte, kleine Restaurants, ein Internetcafé, einen Markt, eine Zuckerfabrik, ein Kino und einen Grabstein mit der Aufschrift »Udre Udre«. Ra Udre-udre, der hier gegen Ende des 19. Jh. begraben wurde, soll, so die Berichte der ersten Missionare, ein herausragender Verfechter des Kannibalismus gewesen sein (s. S. 124).

Die Mythologie berichtet, dass von dem Hügel nahe des Dorfes Vitawa, den die Einheimischen **Navatu Rock** nennen, einst die Seelen der Verstorbenen in ihr Reich gelangten.

Eine schöne Wanderung auf den 866 m hohen **Mt. Uluda** beginnt in der Ortschaft Togowere wenige Kilometer westlich von Rakiraki. Da der Weg auf den Berg nicht ausgeschildert und zumeist von üppiger Vegetation überwuchert ist, empfiehlt es sich, im Ort nach einem Begleiter zu fragen. Ferner sollten Sie um Erlaubnis für diese Tour bitten, weil das Land, das Sie durchqueren, den Dorfbewohnern gehört und der Mt. Uluda in der Legende der Fidschianer eine bedeutende Rolle spielt.

Entlang der Tavua Bay
Reiseatlas: S. 1, C 1

Dieser Küstenabschnitt und im weiteren Verlauf bis nach Lautoka wird **Sunshine Coast** genannt. Ausgedehnte Weideflächen, die einst der größten Rinderfarm des Landes gehörten, begleiten nun die Fahrt. Überwiegend aus Holz gebaute Häuser und Geschäfte reihen sich entlang der einzigen Straße der am gleichnamigen Fluss gelegenen Kleinstadt **Tavua** mit ihren rund 2000 Einwohnern. Wichtig ist sie nur als Ausgangspunkt der Busse zur einst so ertragreichen Goldmine in **Vatukoula,** nach **Nadarivatu** und zum **Monasavu-Staudamm** im Inselinneren.

Der Staudamm liegt mitten im dichten Regenwald, dessen meterhohe Baumfarne zu den beeindruckendsten Vertretern der artenreichen Vegetation gehören. Das 1983 in Betrieb genommene, unterhalb des 17 km langen Stausees liegende Kraftwerk versorgt die Städte und bereits angeschlossene Ortschaften der Insel Viti Levu durch Überlandleitungen mit Strom. Unterwegs passiert man den etwa 900 m hoch gelegenen Ort **Nadarivatu,** dessen altes Forsthaus (Tel. 668 9001) eine einfache Unterkunft für Selbstversorger anbietet. Von hier aus können ambitionierte Wanderer ausgedehnte Touren beispielsweise auf den mit 1323 m höchsten Berg Fidschis, den **Mt. Tomanivi** (Mt. Victoria) mit seiner spektakulären Aussicht, oder auf den **Mt. Lomalagi** unternehmen. Der etwa dreitägige **Sigatoka River Treck** beginnt ebenfalls hier. Die Fahrt nach Nadarivatu und weiter in Richtung Suva verläuft durch Fichtenwälder, die einen fast vergessen lassen, dass man sich auf einer Insel mitten in der Südsee befindet. Sollten Sie diese Fahrt quer durch das landschaftlich sehr reizvolle Innere Viti Levus nicht mit einem Bus, sondern mit einem Mietwagen planen, bedenken Sie, dass nach starken Regenfällen für einige Streckenabschnitte ein Geländewagen erforderlich ist. Wollen Sie die gesamte 137 km lange, nur teilweise asphaltierte Strecke von Tavua nach Suva unternehmen, planen Sie außerdem genügend Zeit ein.

Ba
Reiseatlas: S. 1, B 1

Von dieser indisch geprägten Kleinstadt, deren ca. 15 500 Einwohner zumeist von den Erträgen der Zuckerrohrfarmen sowie der Rarawai-Zuckerfabrik leben, führt eine schmale Straße den Ba-Fluss entlang bis zum malerischen, häufig fotografierten Dorf **Navala,**

Entlang der Kings Road

dessen Häuser ausschließlich im traditionellen Stil gebaut sind. Wenn Sie sich diesen Ort anschauen möchten, müssen Sie zunächst das Dorfoberhaupt, den *turaga ni koro*, um Erlaubnis bitten. Vergessen Sie also Ihr *sevusevu*, die Kava-Wurzeln oder das Pulver, nicht.

Lautoka
Reiseatlas: S. 1, A 1

Diese Stadt ist mit ihren rund 45 300 Einwohnern die zweitgrößte Fidschis. »Welcome to Sugar City« – Zuckerrohr spielt in **Lautoka** und der ganzen Region seit Beginn des 20. Jh. die wirtschaftliche Hauptrolle. Im September findet in der von Königspalmen gesäumten Hauptgeschäftsstraße, der **Vitogo Parade,** das Sugar Festival mit Musik- und Tanzveranstaltungen statt. Der **Hafen** von Lautoka ist der größte Exporthafen Fidschis und Ausgangspunkt für die vielen Schiffe, die die Touristen zu den Hotelanlagen der Mamanuca- und Yasawa-Inselgruppen bringen. In der Stadt selbst sind vor allem verschiedene Moscheen und Sikh-Tempel sehenswert. Zwei dieser Gotteshäuser befinden sich an der Hauptstraße, den **Sri-Krishna-Kaliya-Tempel** in der Tavewa Avenue können Sie besichtigen (tgl. bis 20.30 Uhr). Beachten Sie bitte, dass Sie beim Betreten Ihren Kopf bedecken und Ihre Schuhe ausziehen müssen.

In den Monaten Mai bis Dezember verkehrt eine **Schmalspurbahn** mit frisch geerntetem Zuckerrohr zwischen Nadi und der Zuckerfabrik in Lautoka. Ein interessantes Motiv für Fotografen.

Der **Koroyanitu National Heritage Park** (s. u.) mit seinen vielfältigen Wandermöglichkeiten liegt etwa 12 km östlich von Lautoka.

Vuda Point
Reiseatlas: S. 1, A 2

An dieser Stelle, nahe der hübsch gelegenen Ortschaft **Viseisei** mit ihrer beeindruckenden

Richtig Reisen-Tipp: Koroyanitu National Heritage Park

Abenteuer pur versprechen die ausgedehnten, zum Teil mehrtägigen Trekkingtouren durch den Koroyanitu National Heritage Park. Dieser Nationalpark befindet sich rund 10 km im Hinterland Lautokas, Fidschis zweitgrößter Stadt im Westen Viti Levus. Auf unterschiedlichen Trails können Sie die üppige Flora und Fauna der Insel kennenlernen.

Ein markierter Weg führt auf den Gipfel des **Castle Rock.** Der fantastische Panoramablick bis zu den vorgelagerten Mamanucas und Yasawas entschädigt für die Anstrengungen des etwa vierstündigen Aufstiegs. Der drei Tage dauernde **Mt. Batilamu Trek** beginnt in der Ortschaft Navilawa, führt über den Mt. Batilamu, auch Mt. Evans genannt, bis zur Ortschaft Abaca. Übernachtet wird während dieser Zeit in Dörfern. Die Bewohner vermieten Schlafplätze in einer Hütte mit Kochgelegenheit und Gemeinschaftsbad. Sie können sich selbst verköstigen oder bekochen lassen. Nähere Infos unter Tel. 664 5747 und 927 3592, Fax 664 5547. Da es keine öffentlichen Busverbindungen in diesen Teil Viti Levus gibt, wenden Sie sich bitte an George Prasad, Tel. 664 5431, george_prasad@hotmail.com. Er holt Sie von Ihrem Hotel in Nadi oder Lautoka ab und bringt Sie in das Dorf.

Dem Dorf **Abaca** ist vor einigen Jahren der Preis »Tourismus und Umwelt« von der deutschen Reisebranche verliehen worden. Damit wurde ein für Fidschi bislang einmaliges Projekt ausgezeichnet, das durch nachhaltigen Tourismus die Natur schützt und gleichzeitig die wirtschaftliche Situation der Dorfbewohner zu bessern hilft.

Das sogenannte Home-stay Program ermöglicht den Besuchern, in einem Dorf bei einer einheimischen Familie zu wohnen und bei den täglichen Arbeiten wie pflanzen, ernten oder Feuerholz sammeln zu helfen. Nähere Informationen beim **Abaca Visitor Centre** (Tel. 666 6644, nach dem Piepton 1234 wählen, Eintritt F$ 5 pro Person).

Fidschi – Insel Viti Levu

Frauen auf dem Markt von Nadi

bure (traditionell gebautes Haus), sollen der Mythologie nach die ersten Fidschianer an Land gegangen sein.

Garden of the Sleeping Giant
Reiseatlas: S. 1, A 1
Kurz bevor Sie den internationalen Flughafen erreichen, zweigt linkerhand die Wailoko Road ab, die Sie entlang des Flusses Sabeto nach knapp 2 km zum **Garden of the Sleeping Giant** führt. Hier können Sie sich an der umfangreichen Orchideensammlung erfreuen, die 1977 von dem amerikanischen Schauspieler Raymond Burr (»Der Chef«) angelegt wurde und mittlerweile zum Nationalpark erklärt worden ist (tgl. 9–17 Uhr, Eintritt: Erwachsene F$ 12, Kinder F$ 6, Tel. 672 2701).

Nadi
Reiseatlas: S. 1, B 1
Auf dem großen internationalen Flughafen, **Nadi International Airport (NAN),** etwa 10 km von der gleichnamigen Stadt im regenarmen Westen der Insel entfernt, landet der überwiegende Teil der Touristen. Die zumeist nach vielen Flugstunden übermüdeten Neuankömmlinge nutzen Nadis Hotels nur als Zwischenstation vor ihrer Weiterreise (oft auf eine der vielen vorgelagerten Inseln) oder um in einem der zahlreichen Duty-free-Shops und Souvenirshops einzukaufen. Die Mehrzahl der rund 32 500 Einwohner im Einzugsgebiet Nadis sind Inder. Indisch ist das Angebot auf dem Markt, in den Restaurants und Snackbars oder im einzigen Kino, das ausschließlich indische Filme zeigt. Sehenswert

Entlang der Queens Road

Von Nadi aus gelangen Sie in nur etwa 30 Autominuten auf der Nadi Back Road in Richtung Bukuya zu den **Nausori Highlands.** Hier eröffnen sich herrliche Panoramablicke über die für diese Region so typischen Zuckerrohrfelder bis zu den Mamanuca-Inseln sowie ins gebirgige Hinterland Viti Levus.

Vom Boots- und Yachthafen **Port Denarau** bei Nadi legen die Ausflugsboote und Schiffe zu den vorgelagerten Inseln ab.

Entlang der Queens Road

Reiseatlas: S. 1 u. 2
Die 183 km lange Küstenstraße von Nadi bis Suva wird Queens Road genannt. Sie ist durchgehend asphaltiert und führt zunächst vorbei an einer hügeligen, relativ trockenen Landschaft, die intensiv für den Zuckerrohranbau genutzt wird.

Momi Guns
Reiseatlas: S. 1, A 2
Etwa 18 km hinter Nadi zweigt rechts eine kurvenreiche Schotterstraße ab zu dem während des Zweiten Weltkrieges von Neuseeländern errichteten Artilleriestützpunkt **Momi Guns.** Zwei Kanonen, die aus Furcht vor einer japanischen Invasion auf einer Anhöhe aufgestellt wurden, sind noch zu sehen (tgl. 9–17 Uhr, Eintritt F$ 3, Kinder F$ 1).

Natadola Beach
Reiseatlas: S. 1, A 3
Rund 35 km südlich von Nadi führt die kleine Maro Road zu einem der schönsten Sandstrände von Viti Levu. Dieser mittlerweile ausgeschilderte Spot ist in den letzten Jahren zu einem beliebten Treffpunkt für Surfer geworden. Wer hier baden möchte, sollte auf die teilweise gefährlichen Strömungen achten. Wenn Sie nicht mit dem Mietwagen, sondern mit dem Bus unterwegs sind, müssen Sie ab Queens Road einen etwa 40-minütigen Fußweg einplanen. Eine weitere Möglichkeit, zur Natadola Beach zu gelangen, ist eine Fahrt mit der **Coral Coast Scenic Railway,** der einstigen Zuckerrohrbahn, die ab Cuvu ge-

ist der farbenprächtige, 1994 eröffnete hinduistische **Sri Siva Subramaniya Swami-Tempel** (tgl. 5–20 Uhr geöffnet, Eintritt F$ 3,50) an der Kreuzung Main Street/Madi Back Road am südwestlichen Ende der Stadt. Dies ist der größte hinduistische Tempel der südlichen Hemisphäre. Die Gläubigen erwarten von Besuchern, dass diese sich angemessen kleiden, zuvor keinen Alkohol getrunken haben und nicht fotografieren.

Besonders lebhaft ist die Stadt am Samstag, wenn der **Markt** mit seinem großen Angebot an frischem Obst und Gemüse stattfindet. Im Juli findet in der Stadt das **Bula-Festival** statt. In diesen Tagen ist sie mit Blumen geschmückt, es gibt eine Reihe von Musik- und Tanzveranstaltungen, und Miss Bula wird gekürt.

Fidschi – Insel Viti Levu

genüber der Zufahrt zum Shangri-La Fijian Resort startet.

Sehenswürdigkeiten rund um Sigatoka

Reiseatlas: S. 1, A/B 3

Zurück auf der Queens Road kommen Sie nach wenigen Kilometern zum **Kalevu Cultural Centre,** einem nachgebauten Fidschi-Dorf, in dem traditionelle Handwerkskünste, eine Kava-Zeremonie sowie Tänze vorgeführt werden (Tel. 652 0200, tgl. geöffnet, Eintritt F$ 129 geführte Tour inkl. Mittagessen und Transport von/zu Ihrem Hotel).

Etwa 10 km weiter liegt am gleichnamigen Fluss das ruhige Städtchen **Sigatoka.** Auf dem Markt können Sie frisches Obst und Gemüse kaufen, verschiedene Restaurants und eine Reihe von Läden bieten zollfreie Waren an. Die Kleinstadt ist auch idealer Ausgangspunkt für Fahrten ins Inselinnere.

Das fruchtbare Tal des 136 km langen Flusses Sigatoka, dem zweitlängsten des Landes, wird im ersten Abschnitt auch die ›Salatschüssel‹ Fidschis genannt. Darüber hinaus ist das Sigatoka-Tal für die hier hergestellten Töpferwaren bekannt. Mit dem Bus oder einem geländegängigen Wagen können Sie entlang der Sigatoka Valley Road über Bukuya und Navala bis nach Ba an der Nordküste fahren.

Beeindruckend ist eine Wanderung durch die nahegelegenen **Sigatoka Sand Dunes** mit bis zu 60 m hohen Wanderdünen (Informationszentrum tgl. 8–16 Uhr geöffnet, Eintritt F$ 8, Kinder F$3). Das auch archäologisch bedeutsame Gebiet erstreckt sich bis zur Küste und wurde 1989 zum ersten Nationalpark des Inselstaates erklärt. Ein Informationszentrum am Eingang an der Queens Road heißt die Besucher willkommen.

Der wenige Kilometer östlich von Sigatoka gelegene **Kula Eco Park,** in dem zahlreiche seltene Papageienarten, Honigfresser und viele andere Vogelarten sowie Leguane zu sehen sind, ist einzigartig in Fidschi (Tel. 650 0505, tgl. 10–16.30 Uhr geöffnet, Eintritt F$ 15, Kinder F$ 7,50).

Der Küstenabschnitt mit seinen Fischerdörfern, malerischen Buchten und Lagunen

Dance Theatre of Fiji in Pacific Harbour, Fidschi

Singen und Tanzen

Meke und Taralala – zwei Tänze in Fidschi

Thema

Wir wohnen bei einer fidschianischen Familie in einem Dorf auf Viti Levu. Abends kommen Gäste: Jugendliche und junge Erwachsene aus der Nachbarschaft. Die Jungs bringen Gitarren und eine Ukulele mit, und dann geht es los.

Sie singen populäre fidschianische Songs, die sich mit eingängigen Melodien und einfachem harmonischem Aufbau gut zum Mitsingen eignen. Wenn dann die Rhythmen etwas schneller werden und die Stimmung im Raum steigt, fordern die jungen Leute sich und auch die weißen Gäste zum *taralala* auf, einem Tanz, der wie die Variante eines englischen Country-Dance wirkt: Den Tanzpartner um die Taille fassend bewegt man sich Seite an Seite mit kleinen Schritten vorwärts, rückwärts oder drehend durch den Raum. Wichtig ist dabei die Bewegung der Hüften. Die Umsitzenden feuern die Tänzer mit breitem Lachen und blitzenden Augen zu Höchstleistungen im Hüftschwung an. Nach diesem Abend haben wir eine Ahnung von dem, was wichtig ist, wenn Fidschianer Musik machen: Singen, Tanzen und die Gemeinschaft.

Wir fragen nach alter, traditioneller Musik. Die Jungen reagieren kühl und verweisen auf die Alten. Ein paar Abende später sitzen wir mit mehreren alten Frauen zusammen, die uns einen *meke* zeigen. Zu einem mehrstimmig gesungenen Lied werden sitzend mit den Armen und dem Oberkörper Tanzbewegungen ausgeführt. Es geht um Liebe, das Meer und Abschied. Aber schon nach wenigen Strophen werden die Frauen unsicher, wie das Lied weitergeht. Schließlich bekommen wir eine Kurzfassung der eigentlich langwierigen Geschichte zu hören und zu sehen.

Die Tradition des Meke-Tanzes, die innerhalb einer Dorfgemeinschaft heute kaum noch Bedeutung hat, wird von semi-professionellen Tanzgruppen lebendig erhalten. Im Kulturzentrum in Pacific Harbour zum Beispiel führt man für Touristen die unterschiedlichen *meke* im Rahmen einer Show auf. Da gibt es u. a. den mit Keulen kraftvoll und kämpferisch getanzten *meke malugu* der Männer oder den grazilen, von Frauen getanzten *seasea*. Der *vakamalolo* wird von Frauen und Männern im Sitzen getanzt. Eindrucksvoll sind die Kostüme, die präzise, synchrone Bewegung und die rhythmische Begleitung. Mit Händeklatschen, *lali* (Holzschlitztrommel) und *derua* (Bambusstöcke) werden Metrum, Hauptakzente und Begleitrhythmus gespielt.

Der Gesang verläuft meistens dreistimmig, wobei eine Stimme die Strophe beginnt *(laga)*, eine zweite danach einsetzt *(tagi)* und erst später die Unterstimme dazukommt *(druku)*. Grundabstand zwischen den Stimmen ist die Terz, zuweilen verlaufen sie aber über längere Zeit im Anstand dissonanter Intervalle (Sekunden, Septimen). Um die Touristen bei solchen Shows nicht zu langweilen, sind die *meke* allerdings stark gekürzt, und die eher leise klingende Nasenflöte *(dulali)* wird gar nicht mehr gespielt.

Immer noch sind die Meke-Tänze nicht wegzudenkender Bestandteil großer Feste und offizieller Zeremonien. Die besten Gelegenheiten, authentische Meke zu erleben, sind u. a. das Bula-Festival im Juli und das Hibiscus-Festival im August, die in Nadi und Suva alljährlich stattfinden (s. S. 127f.).

von Agnes Linke-Georg

Fidschi – Insel Viti Levu

von Sigatoka bis etwa Navua wird die **Coral Coast** genannt.

Pacific Harbour
Reiseatlas: S. 2, D 4
Auch der Hotel- und Villenkomplex Pacific Harbour (Deuba), etwa 50 km vor den Toren Suvas gelegen, besitzt ein **Kulturzentrum.** Hier werden die Besucher in einem Boot von ›Kriegern‹ um das nachgebaute fidschianische Dorf auf einer kleinen Insel gestakt. Während der Rundfahrt wird traditionelles Handwerk vorgeführt. Restaurants, Souvenirgeschäfte und ein winziges historisches **Museum** gehören ebenfalls zur Anlage. Besonders die Vorführungen des Dance Theatre of Fiji und der berühmten *firewalkers* aus Beqa (s. S. 127) lohnen den Besuch (die Touren werden tgl. 9–16.30 Uhr außer So angeboten). Ein weiteres Highlight von Pacific Harbour ist der herrlich gelegene **Golfparcours.**

Navua
Reiseatlas: S. 2, D 3
Rund 3000 Einwohner leben in **Navua** an der Südküste Viti Levus. Früher wurde in der Umgebung dieser Kleinstadt Zuckerrohr angebaut und weiterverarbeitet, heute pflanzen die Farmer Reis. Beeindruckend sind die riesigen Banyan-Bäume (Ficus bengalensis), die Sie während der Fahrt zwischen Pacific Harbour und Navua auf der linken Seite sehen. Auf dem Navua River, der an seiner Mündung recht breit und träge ist, aber nach ein paar Kilometern flussaufwärts zwischen engen Schluchten etliche Stromschnellen aufweist, werden Raftingtouren angeboten.

Orchid Island Cultural Centre
Reiseatlas: S. 2, E 3
Auf Ihrer Weiterfahrt nach Suva lohnt ein Abstecher nach Veisari, wo sich das kleine Freilichtmuseum **Orchid Island Cultural Centre** befindet (Mo–Sa 8–16.30 Uhr, Eintritt F$ 9).

i **Fiji Visitors Bureau (FVB):** Suite 107, Colonial Plaza, Namaka (Nadi), Tel. 672 2433, Fax 672 0141, infodesk@bulafiji.com, Mo–Do 8–16.30, Fr 8–16 u. Sa 8–12 Uhr. Hier erhalten Sie die aktuellsten Informationen und Broschüren.
Eine Zweigstelle des Tourismusbüros befindet sich am internationalen Flughafen in Nadi und ist immer dann geöffnet, wenn internationale Maschinen landen.

Die Hauptinsel bietet eine breite Palette an Übernachtungsmöglichkeiten der unterschiedlichsten Kategorien. Besonders rund um Nadi im Westen und an der ›Korallenküste‹ genannten Südküste reiht sich teilweise Hotelanlage an Hotelanlage.

… bei Nadi
Sheraton Fiji Resort: Westl. von Nadi, Denarau Island, Tel. 675 0777, Fax 675 0818, www.sheraton.com. Luxuriöse, moderne Hotelanlage inmitten eines ca. 10 ha großen tropischen Gartens, die keine Wünsche offen lässt. Restaurants, Bars, Mandara Spa mit seinen Beauty- und Wellnessangeboten, Show- und Ausflugsprogramm, diversen Wassersportmöglichkeiten, Golfplatz und Tenniscourts. Zusammen mit dem nahe gelegenen **Sheraton Royal Denarau Resort** mit Südsee-Flair und den exklusiven **Sheraton Denarau Villas** etwas für den anspruchsvollen Gast. Ab F$ 540.

Sonaisali Island Resort Fiji: Südwestl. von Nadi, Tel. 670 6011, Fax 670 6092, www.sonaisali.com. Ein kürzlich erneut ausgezeichnetes Vier-Sterne-Hotel auf der kleinen Privatinsel Naisali, auf die Sie mit einem Motorboot gebracht werden. Insgesamt 110 geräumige und gut ausgestattete Gästezimmer und landestypische Bungalows *(bure),* Restaurants und Bars, eine herrliche Poollandschaft, Show- und Ausflugsprogramm, Tauchschule und diverse weitere Sportmöglichkeiten. Gästezimmer F$ 473, Bungalows F$ 557–782 inkl. Frühstücksbuffet.

Tanoa International Hotel: Votualevu Rd., nahe Nadi Flughafen und dennoch ruhig gelegen, Tel. 672 0277, Fax 672 0191, www.tanoahotels.com. Ideale Hotelanlage nach dem langen Flug. Insgesamt 148 unterschiedliche Zimmer und Suiten, alle sehr geräumig. Zur Anlage gehören u. a. zwei Restaurants, eine

Adressen

Bar, Pool, ein Fitnesscenter, Sauna und Spa. Kostenloser Flughafentransfer. Ab F$ 220 im Doppelzimmer, ab F$ 350 in der Suite.
Raffles Gateway Hotel: Nadi Airport, Tel. 672 4444, Fax 672 0163, www.rafflesgateway.com. Genau gegenüber dem Flughafen gelegenes Hotel mit insgesamt 93 Zimmern, Restaurant, Bar und Pool. F$ 70–130 das Doppelzimmer.
Nadi Bay Resort Hotel: Wailoaloa Rd., Nadi, Tel. 672 3599, Fax 672 0092, www.fijinadibayhotel.com. Kleines Hotel mit Mehrbett- und Doppelzimmer für Preisbewusste rund 2 km außerhalb der Stadt. F$ 60–100 das Doppelzimmer und ab N$ 21 pro Person im Mehrbettzimmer.

… in Pacific Harbour
Uprising Beach Resort: Tel. 345 2200, Fax 345 2059, www.uprisingbeachresort.com. Ein erst im Frühjahr 2007 eröffnetes kleines Resort direkt am Strand von Pacific Harbour (Südküste) mit schönem Blick auf die Inseln Beqa und Yanuca. Insgesamt nur zwölf landestypische Bungalows *(bure)* mit nicht einsehbarer Außendusche. Wegen der günstigen Lage eignet sich dieses Resort besonders für Taucher (ein erstklassiges Tauchgebiet liegt direkt vor der Haustür) sowie für Boots- und Floßfahrten auf dem nahe gelegenen Fluss Navua. Suva ist in nur 30 Minuten mit dem Auto zu erreichen. F$ 30 pro Person im Mehrbettbungalow inkl. Frühstück, F$ 135–155 der Bungalow bei Zweierbelegung und jeweils plus F$ 20 für eine weitere Person.

… bei Rakiraki
Tanoa Rakiraki: Kings Rd., 2 km von Rakiraki entfernt, Tel. 669 4101, Fax 669 4545, www.tanoahotels.com. Einfaches Hotel im Kolonialstil an der Nordküste. 46 Zimmer sowie ein Mehrbettbungalow *(bure)* und gutes Restaurant inmitten eines herrlichen Gartens. F$ 55–130 für das Doppelzimmer und F$ 28 pro Person im Mehrbettbungalow.
Safari Lodge: Rakiraki, Tel. 669 3333 u. 948 8888, Fax 669 3366, www.safarilodge.com.fj. Eine kleine Unterkunft besonders für Wassersportfans aller Art. Buchen Sie mit Verpflegung: die Speisen sind exzellent! F$ 25 pro Person im Mehrbettzimmer, F$ 80 im Doppelzimmer, Mahlzeiten F$ 45.

Die Speisekarten der Restaurants auf Viti Levu bieten ein breit gefächertes Angebot an einheimischen Spezialitäten sowie indische, asiatische und europäische Gerichte. Nicht entgehen lassen sollten Sie sich das *magiti*, ein fidschianisches Festmahl. Das sind im Erdofen zubereitete Meeresfrüchte, Fleisch, Gemüse, Taro, Süßkartoffeln usw. – sehr lecker! Diese kulinarischen Highlights finden häufig im Rahmen einer Show mit traditionellen Tänzen mindestens einmal pro Woche in den großen Hotels statt, an denen Sie auch teilnehmen können, wenn Sie nicht in dem Hotel wohnen.

… bei Nadi
Chefs, the Restaurant: Nadi, Sangavam Rd., Tel. 670 3131, Mo–Sa 18–22 Uhr. Elegantes Restaurant mit der zurzeit wohl besten internationalen Küche der Insel. Der Chef hat zuvor im Sheraton gekocht. Hauptgerichte F$ 24–38. Unbedingt einen Tisch reservieren!
Cardo's Steakhouse & Bar: Nadi, Port Denarau, Tel. 992 6460, tgl. 7–22.30 Uhr. In diesem Restaurant direkt am Yachthafen bekommen Sie ein leckeres Frühstück ab F$ 4,50, eine Pizza für F$ 11–25 und vor allem saftige Steaks serviert. Für ein romantisches Abendessen mit toller Aussicht sollten Sie einen Tisch reservieren lassen.

… an der Südküste bei Sigatoka
Vilisite's Seafood Restaurant: Korolevu, Tel. 653 0054, tgl. 8–22 Uhr. In ihrem direkt am Wasser gelegenen Restaurant serviert Vilisite Ihnen ein Frühstück, Mittag- oder Abendessen oder, falls Sie es eilig haben, auch alles zum Mitnehmen. Die Fisch- und Meeresfrüchtegerichte gibt es in verschiedenen Variationen mit Kokosnussmilch, als Curry oder wie beim Chinesen – doch alle großzügig bemessen und sehr schmackhaft, und der Postkarten-Blick von der Veranda ist ein weiteres Plus dieses Restaurants. Mittagessen F$ 4,50–19, Abendessen F$ 7–45.
Le Café: Sigatoka, tgl. morgens bis mittags geöffnet. Wenn Sie in Sigatoka sind, probie-

Fidschi – Insel Viti Levu

ren Sie doch einfach mal, was so ein Schweizer in Fidschi kocht. Nette Atmosphäre, tolle Omeletts, Pizzen, Snacks, Burger … alles ab F$ 10. Am Sunset Strip in Korotogo hat er noch ein kleines Restaurant eröffnet. Hier bekommen Sie 8–22 Uhr (die Bar hat noch länger geöffnet) internationale Küche serviert. Ebenfalls sehr zu empfehlen! Frühstück ab F$ 6,50, Pizza, Spaghetti oder einen Burger ab F$ 7 und Hauptgerichte wie etwa das Fischfilet, den Hummer bis F$ 20. Oder einfach mal auf einen Cocktail bei Sonnenuntergang vorbeischauen, Happy Hour tgl. 17–19 Uhr.

Vor allem Nadis Stadtbild wird dominiert von Souvenir- und Duty-free-Shops. Frisches Obst und Gemüse erhalten Sie auf allen Märkten der kleinen und größeren Städte Viti Levus. Qualitätvolle Mitbringsel gibt es bei:

Jack's Handicrafts: Nadi, Main St., Tel. 670 0744. Neben der großen Auswahl an Souvenirs, die hier angeboten werden, ist dieses Geschäft allein schon wegen seiner Schmuck- und Muschelabteilung empfehlenswert. Hier können Sie beispielsweise so seltene Stücke wie die Glory-of-the-Seas (Conus gloriamaris Chemnitz) bewundern.

Nad's Handicrafts: Nadi, Main St., Tel. 670 3588. Ähnliches Sortiment wie Jack's, jedoch finden Sie hier eine gute Auswahl an Töpferarbeiten.

Nahezu alle größeren Hotels bieten ihren Gästen ein **Showprogramm** mit traditionellem Festessen und Tänzen, das Sie sich nicht entgehen lassen sollten.

Neben den Hotelbars und Clubs in den verschiedenen Städten rund um die Insel gibt es in Nadi und Lautoka mehrere **Kinos,** die neben indischen Filmen auch englischsprachige Streifen zeigen.

Auf Kreuzfahrt mit Blue Lagoon Cruises

Adressen

 Ausflüge/Inselrundfahrt
Rosie Holidays: Nadi, Queens Rd., Tel. 672 2935 u. 672 2755, Fax 672 2607, res@rosie.com.fj. Dieses mehrfach ausgezeichnete Unternehmen bietet seit Jahren ein umfangreiches Programm mit informativen Inselrundfahrten und Stadtbesichtigungen, Fahrten mit dem Geländewagen durch das gebirgige Hinterland, aber auch eintägige Kreuzfahrten, begleitete Wanderungen mit Besuch eines Dorfes u. v. m. an. Rosie Holidays ist ebenfalls am Nadi Airport sowie in vielen größeren Hotels vertreten.
Coral Coast Scenic Railway: Südküste, Cuvu, Queens Rd., Tel. 652 8731, Abfahrt 10, Rückfahrt 16 Uhr. Nicht nur Kindern macht die 14 km lange Fahrt mit der **Zuckerrohrbahn** Spaß, die in Höhe des Shangri-La Fijian Resort in Cuvu startet und durch Plantagen und Dörfer bis zum Natadola Beach fährt, dem schönsten Sandstrand Viti Levus. Die eigentliche Fahrt mit der Schmalspurbahn dauert etwas mehr als eine Stunde und kostet inkl. Barbecue am Strand F$ 80.

Kreuzfahrten
Südsee-Traum pur! Ewiger Sonnenschein, türkisblaues Meer, malerische Buchten, unberührte Strände, Dorfbesuche mit traditionellen Begrüßungszeremonien und Tanzvorführungen sowie der Komfort eines Luxusschiffes oder nostalgischen Schoners, das alles und noch viel mehr bieten die Veranstalter. Berühmt sind die mehrtägigen Kreuzfahrten zu den Yasawa-Inseln im Nordwesten mit Blue Lagoon Cruises, die diesen Service seit den 1950er-Jahren anbieten. Sehr beliebt sind auch mehrtägige Segeltörns durch die Mamanuca-Gruppe westlich von Viti Levu. Blue Lagoon Cruises, Lautoka, Vitogo Pde., Tel. 666 1622, Fax 666 4098, reservations@blc.com.fj.
Beachcomber Island: Per Schiff ab 9 Uhr an der Denarau Marina zur vorgelagerten Partyinsel Fidschis. Zurück geht es um 17.30 Uhr, Ankunft ca. 18 Uhr. Mit **Beachcomber Cruises,** Nadi Airport Office, Tel. 672 3828, www.beachcomberfiji.com.fj. Tagesausflug inkl. Transfer, Mittagessen, Afternoon Tea F$ 99,

Die Yasawas mit dem Bula Pass
Ein empfehlenswertes Angebot ist der Bula Pass von Awesome Adventures, mit dem Sie 7, 14 oder 21 Tage lang unbegrenzt mit einem Schnellboot verschiedene Inseln der Yasawa-Gruppe ansteuern können. Wer auf das Organisieren verzichten möchte, bucht Pakkages inklusive Unterkunft auf einer der Mamanuca- oder Yasawa-Inseln und Verpflegung für mehrere Tage mit vorgegebener Route.
Awesome Adventures Fiji, Port Denarau, Tel. 675 0499, Fax 675 0501, info@awesomefiji.com.

Kinder zwischen 5 und 15 Jahre F$ 50; halbtägige Ausflüge gibt es auch.
Mit dem Segelschiff nach Tivua: Auf der »Ra Marama« schippert man zum Koralleneiland Tivua. Mit Captain Cook Cruises, Nadi, Narewa Rd., Tel. 670 1823, Fax 670 2045, captcookcrus@connect. com.fj, F$ 95 für Erwachsene und F$ 47,50 für Kinder.
Tagestour auf dem Segelschoner: Mit der »Seaspray« besucht man unbewohnte Inselchen, inkl. Mittagessen und Getränke, Dorfbesuch und Stopps zum Schnorcheln. Mit South Seas Cruises, Port Denarau, Tel. 675 0500, Fax 675 0501, info@ssc.com.fj, F$ 165 für Erwachsene und F$ 89 für Kinder.
Inselkreuzfahrt: Stilecht mit dem Segelschiff zu fünf vorgelagerten Inselchen inkl. drei Mahlzeiten und Champagner! Mit Oceanic Schooner Co., Port Denarau, Tel. 672 2455, funcruises@ connect.com.fj, F$ 165 pro Person.

Sport
Viti Levu für Aktive! Die Insel bietet Wassersportlern, aber auch Golfern, Wanderern und Bikern vielfältige Möglichkeiten, die Tage auf der Insel auf ihre Art zu genießen. Im Folgenden nur eine kleine Auswahl der verschiedenen Highlights:
Radfahren: Wer Viti Levu per Rad erkunden möchte (auf eigene Faust oder im Rahmen einer geführten mehrtägigen Tour durch das

Fidschi – Insel Viti Levu

Bligh Water

Die ersten Europäer, die die Inseln dieser Gruppe sahen, waren William Bligh und seine 18 Gefolgsleute. In den Wochen nach der legendären Meuterei auf der »Bounty« 1789 durchquerten sie in ihrem offenen Beiboot auch die Gewässer Fidschis. Einen Landgang wagte Bligh nicht, hatte er doch gehört, dass die Einheimischen dieser Inseln gefürchtete Kannibalen wären. Als sie entlang der Nordwestküste Viti Levus segelten, wurden die Seeleute tatsächlich von den schnellen Kriegskanus der Fidschianer verfolgt. So ist es umso erstaunlicher, dass es Bligh gelang, trotz Eile und mit den wenigen Hilfsmitteln, die ihm zur Verfügung standen, derart präzise Karten von insgesamt 39 Fidschi-Inseln anzufertigen.

Die Meerenge zwischen der Hauptinsel Viti Levu und den vorgelagerten Inseln im Nordwesten wird seitdem nach dem berühmten Kapitän genannt – Bligh Water.

Hinterland), wende sich bitte an: Wacking Stick Adventure Tours, Nadi, Tel. 672 4673, 995 3003.

Golf: Verschiedene Golfclubs laden zum Einlochen ein. **Greens South Pacific,** Pacific Harbour, Tel. 345 0022 ist mit 6316 m Länge die größte Anlage (18-Loch, Par 72), etwa 50 km von Suva entfernt. Sie wurde einst von Robert Trent Jones Jr. angelegt und genießt den Ruf, die schönste Golfanlage des gesamten pazifischen Raumes zu sein.

Hochseeangeln: Im August findet in Pacific Harbour alljährlich das Game Fishing Tournament statt. Gäste sind herzlich willkommen. Wer speziell ausgerüstete Boote chartern möchte, wende sich an: Xtesea Charters, Pacific Harbour, Tel. 345 0280.

Kajak: Ein ganz besonderes Erlebnis sind die ein- bis siebentägigen Safaris mit Übernachtungen in Dörfern, die von Rakiraki aus unternommen werden können. Da diese nur zu bestimmten Terminen stattfinden, ist es erforderlich, noch vor der Ankunft in Fidschi Kontakt mit Warren Francis oder seinen Mitarbeitern aufzunehmen und sich über die Daten und Konditionen zu informieren: Ellington Wharf Adventure Water Sports – Safari Lodge Fiji Ltd, Rakiraki, Tel. 669 3333, Fax 669 3366, info@safarilodge. com.fj. Sie können zudem Kajaks für Tagestouren und Surfbretter ausleihen, Schnorchelausflüge buchen und und und – Warren ist die richtige Adresse für Wassersport im Norden Viti Levus. Auch Unterkünfte werden angeboten.

Rafting: Immer beliebter werden die ein- bis mehrtägigen Touren mit Booten oder auch einem Bambusfloß auf den Flüssen der Insel. Informationen und Buchungen bei: Discover Fiji Tours, Navua, Tel. 345 0180; Rivers Fiji, Pacific Harbour, Tel. 345 0147; Fax 345 0148, info@riversfiji.com; Wilderness Ethnic Adventure Fiji, Suva, Tel. 359 3230, Fax 337 1840, wilderness@connect. com.fj.

Surfen: Ausgezeichnete Bedingungen herrschen bei Kulukulu wenige Kilometer südlich von Sigatoka. Ebenfalls sehr geschätzt werden bei Kennern der Natadola Beach etwa 35 km südlich von Nadi und vor allem die Frigate Passage, auch Kavu Kavu Reef genannt, südwestlich der Insel Yanuca, die der Südküste nahe Pacific Harbour vorgelagert ist.

Tauchen: Von Pacific Harbour aus werden Ausflüge zu den herrlichen Tauchrevieren der vorgelagerten Inseln Beqa und Yanuca mit prächtigen Korallenformationen angeboten. Hier, vor der Südküste Viti Levus, befindet sich auch das Shark Reef. Die Taucher von Beqa Adventure füttern bis zu dreimal wöchentlich auch die bis zu 4 m langen Bullen- und Tigerhaie. Dieses fragwürdige, nervenaufreibende Spektakel können Sie anschauen, geschützt nur von einer Korallenwand.

Aqua-Trek Beqa, Pacific Harbour, Tel./Fax 345 0324, beqa@aquatrek.com;

Beqa Adventure Divers, c/- Lagoon Resort, Pacific Harbour, Tel. 345 0911, Fax 345 0901, adventuredivers@connect.com.fj.

Weitere empfehlenswerte Tauchspots gibt es an der Südküste vor der Ortschaft Korolevu.

Mike's Divers, Korolevu, Tel. 653 0222. Diese Tauchschule (PADI) bietet kostenlosen Transfer, wenn Sie in einem Hotel an der Coral Coast nahe Korolevu untergebracht sind.

Adressen

... in Nadi:
Tauchen: Aqua Blue, Nadi, Wasawasa Rd., Tel./Fax 672 6111, info@aquabluefiji.com; **Dive Tropex,** c/- Sheraton Fiji Resort, Denarau Island, Tel. 675 0944, info@divetropex.com.
Wandern: Das Inselinnere Viti Levus ist ein Paradies für Wanderer. Wer sich für geführte Trekkingtouren in den Nausori Highlands inkl. Übernachtungen in Dörfern interessiert, sollte sich an folgende Anbieter wenden:
Mountain View Tours, Tel. 651 3620. Eine geführte Tagestour nach Navala und Bukuya inkl. Picknick und Kava-Zeremonie kostet F$ 130, eine dreitägige Wanderung inkl. aller Mahlzeiten und Transfers wird mit F$ 240 pro Person berechnet.
Rosie Holidays, Nadi Airport, Tel. 672 2755 und Nadi, Queens Rd., Tel. 672 2935, res@rosie.com.fj. Angeboten werden der geführte Nausori Highland Trek inkl. Transfer u. v. a. m. Besonders reizvoll ist die sechstägige Wanderung im Inselinneren, die zwischen Mai und Oktober stattfindet. Übernachtet wird in Dörfern (inkl. Transfer ab Nadi, Unterkunft und Mahlzeiten F$ 670).
Windsurfen: Surfbretter auch fürs Kitesurfen können Sie nahe Rakiraki an der Nordküste leihen bei: Ellington Wharf Adventure Water Sports – Safari Lodge Fiji Ltd (s. Kajak).

 Flüge: Die meisten Fluggesellschaften landen auf dem **Nadi International Airport** an der Westküste, etwa 10 km von Nadi entfernt. Transfer mit einem der zahlreichen Taxis, die vor dem Gebäude warten, oder mit öffentlichen Bussen nach Nadi oder in Richtung Lautoka. Bus-Stop gegenüber der Flughafeneinfahrt vor dem Raffles Gateway Hotel.
Internationale Fluggesellschaften: Air Nauru, Tel. 672 2795; Air New Zealand, Tel. 331 3100; Air Pacific, Tel. 672 0888; Air Vanuatu, Tel. 672 2521; Aircalin, Tel. 672 2145; Korean Air, Tel. 672 1043; Polynesian Airlines, Tel. 672 3822; Qantas Airways, Tel. 672 2880; Royal Tongan Airlines, Tel. 672 4355; Solomon Airlines, Tel. 672 2831.
Nationale Fluggesellschaften: Air Fiji, Tel. 331 3666; Pacific Sun, Tel. 672 3555 und 672 0888.
Chartergesellschaften: Island Hoppers, Tel. 672 0410 (zu den Inselresorts der Mamanucas sowie Sightseeing-Flüge mit dem Hubschrauber); Turtle Airways, Tel. 672 1888 (Verbindungen zwischen Nadi und einigen exklusiven Resorts mit dem Wasserflugzeug); Pacific Island Seaplanes, Tel. 672 5644 (Transfers zu den Inseln der Mamanucas, Yasawas sowie bis zur Lau-Gruppe).
Schiff/Fähre: Es gibt regelmäßige Verbindungen mit schnellen Katamaranen zwischen Nadi bzw. Lautoka und den vorgelagerten Inselgruppen sowie zu nahezu allen Inseln des Landes. So fährt Awesome Adventures zu den Yasawas, South Sea Cruises zu den Mamanucas. Weitere Info in Tageszeitungen oder bei Patterson Brothers Shipping, Lautoka, Tukani St., Tel. 666 1173.
Mietwagen: Von den vielen Verleihfirmen am Nadi-Airport alle zur Auswahl: Avis, Tel. 672 2233; Budget, Tel. 672 2636; Herz, Tel. 672 3466; Thrifty Car Rental, Tel. 672 2935.
Busse: Sunbeam Transport und Pacific Transport sind die beiden großen Busgesellschaften, darüber hinaus gibt es weitere kleinere Firmen, die die einzelnen Orte miteinander verbinden. Klimatisierte Expressbusse verkehren etwa zwischen Nadi und Suva. Hierfür gibt es relativ verlässliche Fahrpläne. Ferner fahren sogenannte *local buses* auch auf den großen Überlandstrecken, vor allem jedoch übernehmen sie die kürzeren regionalen Verbindungen. Für diese Busse gibt es nur Richtwerte hinsichtlich der Abfahrtzeiten. Ihre Ausstattung ist weniger komfortabel, die Fahrpreise sind niedriger, aber wenn Sie etwas Zeit haben, nehmen Sie diese Busse. Vergnügliche Stunden, bei denen Sie Land und vor allem Leute kennenlernen, sind im Fahrpreis inbegriffen.
Taxis: Gibt es in großer Zahl auf der Insel. Häufig warten die Fahrer in der Nähe der Busstationen auf Gäste. Um spätere Diskussionen zu vermeiden, erkundigen Sie sich gerade bei längeren Fahrten zuvor nach dem Fahrpreis und achten Sie darauf, dass das Taxameter eingeschaltet wird.

Insel Vanua Levu

Reiseatlas S. 3/4

Für viele befindet sich die eigentliche Schönheit Vanua Levus unter Null. Die spektakulären Unterwasserwelten rund um die Insel, wie etwa das berühmte Rainbow Reef oder die Savusavu Bay, locken Taucher aus aller Welt hierher. Doch in letzter Zeit entdecken auch immer mehr Trekker und Mountainbiker diesen ruhigen Teil Fidschis.

Vanua Levu, das ›große Land‹, ist mit knapp 5600 km^2 nur halb so groß wie Viti Levu, im Gegensatz zur Hauptinsel wesentlich dünner besiedelt und touristisch bislang kaum erschlossen. Ausgedehnte Zuckerrohrfelder bedecken den relativ trockenen Nordwesten, Kokosplantagen und dichte tropische Vegetation prägen den regenreichen Südosten, das Inselinnere durchzieht eine Bergkette mit über 1000 m hohen Gipfeln. Der Nordküste vorgelagert ist ein langes Barriere-Riff, das Great Sea Reef, eins der längsten im ganzen pazifischen Raum, während sich das weltberühmte Rainbow Reef im Südosten befindet.

Labasa

Reiseatlas: S. 4, D 1

Der überwiegende Teil der rund 24 000 Einwohner von **Labasa,** dem Hauptort Vanua Levus am Mündungsdelta des gleichnamigen Flusses, ist indischer Abstammung. Viele von ihnen arbeiten in der Labasa Sugar Mill, die bereits 1894 das in der Umgebung angebaute Zuckerrohr weiterverarbeitet.

An touristischen Sehenswürdigkeiten hat die Stadt an der Nordküste nur wenig zu bieten: einen Markt, zwei Hindu-Tempel und eine Moschee. Banken, die Post, die meisten Geschäfte und ein Internetcafé reihen sich entlang der Hauptstraße, der Nasekula Road. Etwas außerhalb der Stadt an der Vunimoli Road können sich archäologisch Interessierte die bislang noch wenig erforschte **Wasavula Ceremonial Site** mit zwei parallelen Zeremonialplattformen anschauen, auf denen große Monolithe stehen.

Sehr lohnend ist die etwa 75 km lange kurvenreiche Fahrt von Labasa nach Savusavu durch das schöne, gebirgige Inselinnere mit seinen abwechslungsreichen Landschaften. Die Straße ist durchgehend gepflastert und somit auch gut mit einem normalen Mietwagen zu befahren.

Savusavu

Reiseatlas: S. 4, D 2

Dies ist zweifellos einer der schönsten Orte Fidschis. Die kleine Stadt, die lange ›Hidden Paradise‹ genannt wurde, liegt an der malerischen Savusavu Bay. Hier ankern Yachten aus der ganzen Welt. Am Hafen befindet sich das Copra Shed Marina, ein ehemaliges Lagerhaus, in dem heute nicht nur der Yacht Club, sondern auch Cafés und kleine Restaurants, verschiedene Geschäfte sowie ein Waschsalon untergebracht sind. In der Nähe des Hot Springs Hotel sprudelt eine heiße Quelle, die von Fidschianerinnen gern zum Kochen genutzt wird.

Eine der wenigen Sehenswürdigkeiten Savusavus ist die Kopramühle ca. 5 km außerhalb der Stadt. Wenige Kilometer in südwestlicher Richtung von Savusavu entfernt befindet sich **Lesiaceva Point** mit einem

Vanua Levu

herrlichen Strand. Das vorgelagerte Eiland **Naviavia** kann man bei Ebbe von hier aus zu Fuß erreichen, ebenso wie von Savusavu aus die kleine Insel **Nawi**. Die wunderschöne Savusavu Bay ist seit Jahren ein international renommierter Treffpunkt der Taucher. Kein Wunder, auch Jean-Michel Cousteau, Sohn des berühmten Meeresforschers, betreibt hier sein Resort.

Wanderer zieht es von Savusavu aus zum 20 km entfernten **Waisali Rainforest Reserve,** einem über 100 ha großen Reservat, das zur Erhaltung und Bewahrung der heimischen Flora und Fauna gegründet wurde. Neu angelegte Pfade führen an Wasserfällen vorbei durch dichtes tropisches Grün.

> ## Mit der Autorin unterwegs
>
> ### Waisali Rainforest Reserve
> Wandern Sie durch den tropischen Regenwald des Naturschutzgebietes nahe der Stadt Savusavu (s. links).
>
> ### Der unberührte Nordosten
> Mieten Sie einen geländegängigen Wagen und fahren Sie von Savusavu die Küstenstraße an der Natewa Bay, einer der längsten Buchten im südpazifischen Raum, entlang in den dünn besiedelten, kaum besuchten nordöstlichen Teil Vanua Levus (s. unten).
>
> ### Koro Sun Resort & Rainforest Spa
> Lassen Sie sich in einem der schönsten Resorts des Landes verwöhnen (s. unten).

Hibiscus Highway

Reiseatlas: S. 4, D–F 2

Von Savusavu führt der herrliche **Hibiscus Highway** entlang der Küste durch Kokosplantagen bis zur alten Missionsstation **Napuka** an der Ostspitze der Halbinsel Tunuloa, auch Natewa genannt. Zuvor passieren Sie den kleinen an der Buca Bay gelegenen Ort **Natuvu,** von dem die Fährschiffe nach Taveuni ablegen. Da nur die ersten Kilometer des Hibiscus Highway gepflastert sind, empfiehlt es sich, einen geländegängigen Wagen zu mieten, wenn Sie diese Region Vanua Levus auf eigene Faust erkunden möchten.

Wenn Sie von dem Hibiscus Highway in Höhe der Ortschaft Nacavanadi Richtung Norden fahren, gelangen Sie zum sehr abgelegenen und selten von Touristen besuchten Teil der Insel. Die nur am Anfang asphaltierte Küstenstraße, **Natewa Bay West Road,** führt Sie an der malerischen gleichnamigen Bucht vorbei in den Nordosten.

Bei Wainigadru biegt die Schotterstraße, die nun **Nubu Vitina Road** genannt wird, nach Westen ab und führt über Lagalaga bis nach Labasa. Diese Strecke ist eine schöne Alternative zur wesentlich kürzeren und häufiger gefahrenen Transinsular Road. Allerdings sollten Sie zu Beginn Ihrer Fahrt den gemieteten Geländewagen ausreichend betanken, denn auf der Strecke gibt es keine Tankstellen.

... in Labasa
Grand Eastern Hotel: Labasa, Rosawa St., Tel. 881 1022, grest@connect.com.fj. Das beste Hotel an der Nordküste Vanua Levus mit Pool und einem guten Restaurant. F$ 77–128.

... in Savusavu
Jean-Michel Cousteau Fiji Islands Resort: Lesiaceva Point, Tel. 885 0403, www.fijiresort.com. Mehrfach ausgezeichnetes, exklusives Tauchresort mit 25 sehr geschmackvoll eingerichteten Bungalows in traditionellem Baustil und mit exzellentem Restaurant. Wegen der speziellen Angebote für Kinder sehr gut für Familien geeignet. F$ 950–1650 pro Bungalow für je zwei Erwachsene und zwei bis drei Kinder inkl. aller Mahlzeiten und alkoholfreien Getränke sowie Nutzung aller Sportgeräte – nur die Tauchgänge müssen extra bezahlt werden – und Flughafentransfer.

Koro Sun Resort & Rainforest Spa: Hibiscus Hwy., Tel. 885 0262, Fax 885 0352, www.korosunresort.com.fj. Etwa 15 km von Savusavu entfernt bietet dieses ebenfalls preisge-

Fidschi – Insel Vanua Levu

krönte Resort mit 17 im traditionellen Baustil errichteten Luxus-Bungalows alles, was Sie für einen unbeschwerten Urlaub benötigen. Bekannt ist dieses Resort, das auf einer ehemaligen Kokosplantage erbaut wurde, für Massagen im Rainforest Spa mit seiner einmaligen Lage, für seine speziellen Angebote für Trauungen und für sein Tauchzentrum (Unterwassertrauungen möglich). Ein 9-Loch-Golfplatz gehört ebenfalls zum Resort. F$ 545–1150 pro Bungalow bei einer Zweierbelegung inkl. aller Mahlzeiten und Aktivitäten.
Savusavu Hot Springs Hotel: Nakama Rd., Tel. 885 0195, Fax 885 0430, hotsprings hotel@connect.com.fj. Direkt in Savusavu gelegenes Hotel mit 48 Zimmern und herrlichem Blick auf die Bucht. F$ 95–155 im Doppelzimmer, F$ 25 pro Person im Mehrbettzimmer jeweils inkl. Frühstück.

... in Labasa
Gopal's: Nasekula Rd., tgl. geöffnet. Beste indische Küche im Norden der Insel. Ab F$ 9.
Oriental Bar & Restaurant: Jaduram St., Tel. 881 7321, Mo–Sa mittags und abends, So nur mittags geöffnet. Preiswerte chinesische und fidschianische Gerichte ab F$ 7.

... in Savusavu
Neben den guten bis exzellenten Hotelrestaurants sind empfehlenswert:
Captain's Café: Copra Shed Marina, Tel. 885 0511, Mo–Sa 8–20.30, So 11–21 Uhr. Auch bei Einheimischen sehr beliebtes Restaurant mit herrlichem Blick über die Bucht. Spezialitäten des Hauses sind Steaks und frischer Fisch in Zitronenbutter, aber Sie bekommen auch Kleinigkeiten, Pasta und Pizzen serviert. Hauptgerichte ab F$ 10.
Bula-Re Café: Hauptstraße am östlichen Stadtrand, Tel. 885 0307, Mo–Sa 9–21, So 17–22 Uhr. Das beste Restaurant der Stadt wird von einem Deutschen geführt. Internationale Küche, z. B. fidschianische Spezialitäten neben indischen Curries, aber auch Hähnchenschnitzel, Pasta und Crêpes, leckere Salate und andere vegetarische Gerichte. Mittwochabends wird ein Festessen im Erdofen zubereitet – alles empfehlenswert –, und ein leckeres Frühstück bekommen Sie hier auch. F$ 5–7 (Frühstück) und Hauptgerichte F$ 6,50–15.

Auf dem **Markt** in Savusavu bekommen Sie Fisch, Obst und Gemüse sowie traditionelle Handwerkserzeugnisse.

Adressen

Art Gallery: Savusavu, Copra Shed Marina, Tel. 885 3054. Hier werden Souvenirs, Postkarten, Perlenschmuck und andere Arbeiten lokaler Künstler angeboten.

Tako Handicraft: Savusavu, Copra Shed Marina, Tel. 885 3956. Bietet ebenfalls handwerkliche Erzeugnisse und Mitbringsel an.

... in Savusavu

Planters' Club: Nakama Rd., Tel. 885 0233, Mo–Do bis 22, Fr u. Sa bis 23, So 11–20 Uhr geöffnet. Seit Jahren eine gute Adresse, um mit Einheimischen ein kühles Bier in geschichtsträchtiger Atmosphäre zu trinken. Happy Hour ab 17.30 Uhr.

Strand von Vanua Levu bei Vollmond

Fidschi – Insel Vanua Levu

Savusavu Yacht Club: Copra Shed Marina, Tel. 885 0685, Fr u. Sa 10 bis Mitternacht, an den anderen Tagen bis 22 Uhr geöffnet. Hier bekommen Sie auch ein gut gekühltes Bier.
Waitui Marina's Bar: Nakama Rd., Tel. 885 0536, Mo, Mi, Fr u. So 11.30–22 Uhr, an den restlichen Tagen bis Mitternacht geöffnet.

Ausflüge: Organisation von Kajaktrips, z. T. mehrtägige geführte Wandertouren, Verleih von Katamaranen, Mountainbikes, Dorfbesuche mit Kava-Zeremonie, all das bietet Eco Divers Tours, Savusavu, Nakama Rd. gegenüber der Waitui Marina, Tel. 885 0122, Fax 885 0344. Für aktive Urlauber sind die beiden Neuseeländer Curly und Liz Carswell, die seit vielen Jahren auf Vanua Levu wohnen, die richtige Adresse. Auch **Trip'n Tour,** Savusavu, Copra Shed Marina, Tel. 885 3154, tripntour@connect.com.fj, bietet interessante Touren an.
Radfahren: Mountainbiker schätzen vor allem den Hibiscus Highway sowie die Natewa Bay West Road.
Schwimmen: Abgesehen von den vorgelagerten Eilanden mit ihren weißsandigen Traumstränden finden Sie auch auf Vanua Levu selbst einen herrlichen Sandstrand bei Lesiaceva Point südwestlich von Savusavu.
Segeln: Um die Gewässer Vanua Levus und die vorgelagerten Inselchen besser kennenzulernen, können Sie in Savusavu für ein oder mehrere Tage Boote mit und ohne Crew chartern. Informationen und Buchungen über: Seahawk Yacht Charters, Ltd., Savusavu, Copra Shed Marina, Tel./Fax 885 0787, seahawk@connect.com.fj oder Tui Tai Adventure Cruises, Savusavu, Nakama Rd., Tel. 885 3032.
Tauchen: Seit langem bekannt ist Vanua Levu bei Tauch-Enthusiasten. Besonders lohnend sind die Spots in der Savusavu Bay und vor der Südküste in Richtung Taveuni.
Wandern: Im Naturschutzgebiet Waisali Rainforest Reserve rund 20 km nordwestlich von Savusavu können Sie bei einer Wanderung die große Artenvielfalt der auf dieser Insel lebenden Vögel erleben (Mo–Sa 8–17 Uhr, Tel. 851 0939, Eintritt F$ 5, Kinder 0,50).

Flüge: Mehrmals täglich verbinden Air Fiji sowie Pacific Sun die Hauptinsel mit Labasa (LBS) und Savusavu (SVU). Die reine Flugzeit beträgt von Nadi aus 50 Min. und von Nausori aus 40 Min. Außerdem wird von Savusavu aus die Nachbarinsel Taveuni angeflogen. Der Flughafen im Norden befindet sich rund 11 km südwestlich der Stadt Labasa, der zweite Flughafen liegt 3 km südlich von Savusavu. Lokale Busse verkehren häufig zwischen den Flugplätzen und den jeweiligen Städten. Air Fiji: Labasa, Tel. 881 1188; Savusavu, Tel. 885 0173; Pacific Sun: Labasa, Tel. 881 1454; Savusavu, Tel. 885 0141.
Schiff/Fähre: Mehrmals in der Woche gibt es Fährverbindungen zwischen Vanua Levu und Viti Levu sowie nach Taveuni. Die Fähre von der Hauptstadt Suva benötigt etwa 12 Std. nach Vanua Levu. Aktuelle Fahrpläne werden in den Tageszeitungen abgedruckt oder sind erhältlich bei: Beachcomber Cruises, Labasa, Tel. 881 7788; Savusavu, Tel. 885 0266; Consort Shipping: Labasa, Tel. 881 1454; Savusavu, Tel. 885 0443; Patterson Brothers Shipping: Labasa, Tel. 881 2444.
Mietwagen: Budget Rent-a-Car, Labasa, Tel. 881 1999; Savusavu, Tel. 885 0377.
Busse: Der Busbahnhof von Savusavu befindet sich an der Hauptstraße nahe dem Markt. Bis zu 5 x tgl. verkehren Überlandbusse quer über die Insel zwischen den beiden Städten Labasa im Norden und Savusavu im Süden, einfache Fahrt etwa 3 Std., F$ 6. Weitere Verbindungen existieren zwischen Savusavu und Napuka auf der Halbinsel Tunuloa sowie entlang der Natewa Bay in nördlicher Richtung. Die kleine, verschlafene Ortschaft Nabouwalu an der Südwestspitze der Insel, an der die Fähren von Viti Levu anlegen, erreichen Sie nur von Labasa aus. Diese Strecke, eine überwiegend holprige Schotterstraße, wird Mo–Sa 3 x tgl. befahren, einfache Fahrt ca. 6 Std., F$ 8.
Taxis: Gibt es in ausreichender Anzahl auf Vanua Levu. In Savusavu befindet sich ein Taxistand gleich neben dem Busbahnhof in der Nakama Rd., in Labasa warten die Taxis ebenfalls am Busbahnhof in der Nasekula Rd.

Hilfsbereitschaft

Kerekere – das soziale Netz der Fidschianer

Thema

Innerhalb der traditionellen, bis heute geltenden Wertvorstellungen der Fidschianer nimmt das Kerekere-Prinzip eine zentrale Rolle ein. Kerekere bedeutet ›um etwas bitten‹ und kann sich auf Gegenstände, aber auch auf Hilfeleistungen jeglicher Art beziehen.

Wenn es die Situation und der Status der angesprochenen Person erfordern sollten, kann *kerekere* auch mit der Überreichung von Yaqona-Wurzeln (s. S. 131), in besonderen Fällen eines oder mehrerer *tabua,* das ist der Zahn eines Pottwals (s. S. 126), einhergehen. So wird die Dringlichkeit der vorgebrachten Bitte unterstrichen. Im Alltag jedoch genügt es, *kerekere* zu sagen, wenn man von einem Verwandten beispielsweise etwas Zucker, Tee oder Geld haben, oder besser: borgen möchte. Jedoch wissen beide um die nur vage Verpflichtung, den geborgten Gegenstand auch wieder zurückzubringen. Der Angesprochene hat die Pflicht, das Verlangte zu geben und erwirbt auf diese Weise Prestige. Jemand, der selten von seinem Recht auf *kerekere* Gebrauch macht, andererseits jedoch in nahezu allen Fällen gibt bzw. hilft, ist innerhalb der Gemeinschaft hoch angesehen.

»In der westlichen Gesellschaft basiert Reichtum auf der Anhäufung von Gütern, während in den Gesellschaftsformen im Pazifik sich Reichtum nach dem bestimmt, wie viel man fortgeben kann«, so der Reiseschriftsteller David Stanley. Der Vorteil dieses für westliche Augen eher ungewöhnlichen Prinzips: In einer Gesellschaft, die traditionell auf dem Prinzip ›Eigentum ist Kollektiveigentum‹ basiert, wird der Einzelne durch das ständige Teilen und Umverteilen von Gütern sowie gegenseitiger Hilfestellung innerhalb der Verwandtschaft bzw. der Dorfgemeinschaft vor Armut bewahrt.

In diesem Zusammenhang ist eine weitere Lebenseinstellung der Fidschianer, das *loloma,* zu sehen. Loloma bedeutet ›sich kümmern, sich verantwortlich fühlen für den anderen‹ und wird auf jeden Gast angewendet. Wer bei einem Dorfaufenthalt die Fidschianer näher kennenlernt, wird *loloma* in Form einer umfassenden Gastfreundlichkeit erleben, die für die Fidschianer an den Rand eigener Existenzgefährdung gehen kann.

Mit unseren Maßstäben gemessen ist die einheimische Bevölkerung arm. Ihr Aufenthalt bei einer fidschianischen Dorffamilie bedeutet unter Umständen für Ihren Gastgeber, dass er häufiger als sonst üblich den Kerekere-Brauch anwenden muss, um Sie bewirten zu können. Es gibt Familien, die, nachdem ihre ›teuren‹ Gäste abgereist waren, das Schulgeld für ihre Kinder nicht mehr bezahlen konnten. Sie hatten nicht nur all die ihnen zur Verfügung stehenden finanziellen Mittel für die Besucher ausgegeben, sondern waren auch bei ihren Verwandten unten durch, weil sie ständig etwas verlangt hatten, ohne selbst geben zu können.

Ein Bündel Yaqona-Wurzeln als Zeichen Ihres Respekts für fidschianische Traditionen, angemessenes, rücksichtsvolles Verhalten während Ihres Dorfaufenthaltes, aber auch finanzielle Unterstützung Ihrer Gastfamilie als Dank für das *loloma,* das Ihnen vorgelebt wird, sind eine Form von *kerekere* und Ausdruck von Höflichkeit im fidschianischen Sinne.

1 Insel Taveuni

Reiseatlas S. 4

Vielleicht ist es die besondere Lage Taveunis auf dem 180°-Meridian – irgendwo zwischen gestern und heute also –, die Schriftsteller dazu inspiriert, ihre Romane auf dieser Insel spielen zu lassen. Bestimmt aber sind es die vielen landschaftlichen Highlights über wie unter dem Meeresspiegel, mit denen diese Insel ihre Besucher verzaubert.

Mit ihren 470 km² ist Taveuni, auch ›Gartenᴉnsel‹ genannt, die drittgrößte Insel des Archipels. Der überaus fruchtbare Vulkanboden zusammen mit den ungeheuren Regenmengen, mit 10 000 mm pro Jahr mit die höchsten der Erde, lassen hier eine faszinierende Pflanzenwelt überaus prächtig gedeihen. Rund 60 % der 42 km langen und 11 km breiten Insel sind mit tropischem Regenwald bedeckt, der Rest wird intensiv für Landwirtschaft und Viehzucht genutzt. Die 12 000 Köpfe zählende, überwiegend fidschianische Bevölkerung lebt in kleinen Ortschaften an der Westküste, während die Ostseite nur wenig, das Inselinnere mit seinem über 1000 m hohen Bergrücken gar nicht besiedelt ist. Das administrative Zentrum der Insel ist **Waiyevo.** Gleich in der Nähe sind auch die Hafenanlagen für die Fähren und Boote, die zwischen der Insel und Vanua Levu bzw. Viti Levu verkehren. Der **Flugplatz Matei** liegt an der Nordspitze Taveunis, etwa 20 km von **Somosomo,** dem größten Ort der Insel, entfernt.

Taveuni liegt genau auf dem 180. Längengrad. Eine bemalte, in der Mitte geteilte Tafel mit dem Hinweis »Today West – Yesterday East« weist auf diese Besonderheit hin. Die Datumsgrenze ist aber im Jahre 1879 für dieses Gebiet etwas nach Osten verschoben worden, so dass auf allen Inseln Fidschis die gleiche Zeit, sprich: das gleiche Datum gilt. Fernsehreporter haben von dieser Stelle aus am Silvestertag 1999 das neue Millennium begrüßt – live, allerdings mit Tonstörungen.

Bereits fünf Jahre zuvor ließ Umberto Eco seinen dritten Roman »Die Insel des vorigen Tages« auf Taveuni spielen. Auch Jostein Gaarder wählte reale Personen und Orte dieser Insel als Schauplatz für seine Geschichte »Maya oder das Wunder des Lebens«.

Tavoro Falls und Coastal Walk

Reiseatlas: S. 4, F 4, E 4

Auf Touren unterschiedlicher Schwierigkeitsgrade können Wanderer die Naturschönheiten Taveunis erleben. Keine halbe Stunde von Waiyevo entfernt ergießt sich ein Bach in Kaskaden ins Tal. Die ausgewaschenen Felsen der nicht ungefährlichen **Waitavala Water Slide** bilden natürliche Wasserrutschen und Bassins. Ein beliebter Bade- und Picknickplatz sind die **Tavoro Falls** an der Ostküste bei Bouma, wo der unterste Wasserfall 15 m tief in einen kleinen Teich stürzt. Weiter südlich führt von Lavena der gleichnamige, etwa 5 km lange **Coastal Walk** durch ein Naturschutzgebiet mit Pandanuswald die Küste entlang: eine der schönsten Wanderungen, die Sie auf den Fidschi-Inseln unternehmen können. An diesem Küstenabschnitt und bei den landschaftlich so reizvollen Wasserfällen Tavoro Falls sind 1991 Szenen für den Hollywood-Streifen »Rückkehr zur blauen Lagune« gedreht worden. Wer es sich zutraut, folgt schließlich auf einem schmalen Urwaldpfad dem **Wainibau River** landeinwärts und kommt nach mehrmaligem Durchqueren des Flusses zu einem weiteren tosenden Wasserfall. Für diesen Teil der Strecke sollten Sie unbedingt Badeanzug bzw. -hose mitnehmen, denn kurz vor Ende der Tour geht es nur noch schwimmend weiter.

Des Voeux Peak und Lake Tagimaucia

Reiseatlas: S. 4, E 3/4

Nur für Ambitionierte geeignet ist die teilweise beschwerliche Tagestour von Somosomo aus auf den mit 1195 m zweithöchsten Berg Taveunis, den **Des Voeux Peak** mit seinem grandiosen Panoramablick, der sich von hier oben bietet, oder zum 823 m hoch gelegenen Kratersee **Lake Tagimaucia.** Hier wächst die Nationalblume Fidschis, die *tagimaucia* (Medinilla waterhousi), eine endemische Kletterpflanze mit roten, innen weißen Blüten, die Mitte Dezember erscheinen. Der Legende nach verkörpern sie die Tränen einer jungen, unglücklich verliebten Prinzessin. Für Liebhaber seltener Vogelarten bietet gerade dieser Teil des zumeist unwegsamen Inselinneren weitere Schätze: Da nie Mungos eingeführt wurden, gibt es hier eine besonders vielfältige Vogelwelt zu entdecken.

Für weniger ambitionierte Wanderer: Einige Resorts auf Taveuni bieten Touren zu den meisten Ausflugszielen an, bei denen Sie mit einem Jeep hinaufgefahren werden.

The Great White Wall

Reiseatlas: S. 4, E 3

Ganz hoch im Kurs steht Taveuni bei Tauchern. Nicht ohne Grund schwärmen sie von der schillernden Farbenpracht dieser faszinierenden Unterwasserwelt, denn die Gewässer um Taveuni gehören zu den besten Tauchrevieren der Welt. Das besondere Highlight ist ein rund 30 km langes Riff zwischen Taveuni und Vanua Levu. Hier können Sie in eine Höhle eintauchen, deren Riffwände weiß

Mit der Autorin unterwegs

Wo sich heute und morgen begegnen
Durch die Insel Taveuni läuft der 180. Längengrad (s. S. 150).

Lavena Coastal Walk
Dieser landschaftlich überaus reizvolle Wanderweg schlängelt sich entlang der südöstlichen Küstenlinie (s. S. 150).

»The Great White Wall«
Taucher aus aller Welt schwärmen von diesem spektakulären Drop-off (s. S. 151).

schimmern. Die hier wachsenden Weichkorallen sind eigentlich lavendel- bis tief violett gefärbt, doch die Wand ist derart geneigt, dass kein direktes Sonnenlicht auf den Bewuchs fallen kann. So entsteht der Eindruck, man befände sich inmitten des tiefblauen Meeres vor einer verschneiten Riffwand – **The Great White Wall** wird dieser spektakuläre Drop-off zutreffend genannt.

Maravu Plantation & Beach Resort: Matei, Tel. 888 0555, Fax 888 0600, www.maravu.net. Maravu gilt zu Recht als Refugium für Individualisten, die den Rest der Welt für eine Weile vergessen möchten. Auf dem 36 ha großen Grundstück einer ehemaligen Kokosplantage mit eigenem Strand verstecken sich 20 gut ausgestattete Bungalows in traditionellem Stil für maximal 40 Gäste. Restaurant mit exzellenter Küche und bemerkenswertem Weinkeller. Die Besonderheit dieses erstklassigen Resorts unter deutscher Leitung: die Gäste werden in fidschianische Kultur und traditionelle Heilkunst eingeführt. F$ 240–600 pro Person im Bungalow bei Zweierbelegung inkl. Frühstück und freier Benutzung der meisten Sportgeräte.

Vatuwiri Farm Resort: Vuna Point, Tel. 888 0316, vatuwiriresort@connect.com.fj. Seit fünf Generationen bewirtschaftet die Familie Tartes im Süden Taveunis ihre Rinderfarm

Fidschi – Insel Taveuni

und Kokosplantage. Seit einiger Zeit vermietet sie auf ihrem Gelände zwei kleine Häuser und bietet verschiedene Aktivitäten wie Ausritte in die nahe Umgebung an. F$ 340 pro Haus inkl. Vollverpflegung. Von Mitte Oktober bis Anfang Januar geschlossen.

Garden Island Resort: Waiyevo, Tel. 888 0286, Fax 888 0288, www.aquatrek.com. Tauchresort (mit der mehrfach ausgezeichnete Tauchbasis Aqua-Trek) mit 28 Doppel- und zwei Mehrbettzimmern 3 km südlich von Somosomo an der Westküste mit Blick auf die Somosomo Strait bis nach Vanua Levu. Neben dem guten Angebot für Wassersportler werden auch geführte Wanderungen und Inselausflüge angeboten. F$ 40 pro Person im Mehrbettzimmer, F$ 240 für das Doppelzimmer inkl. Frühstück, Vollpension kostet F$ 55 extra. Kinder unter 16 Jahren wohnen kostenfrei. Fragen Sie nach speziellen Tarifen für Unterkunft, Verpflegung und Tauchgänge.

Tovu Tovu Resort: Matei, Tel. 888 0560, Fax 888 0722, tovutovu@connect.com.fj. Auf einer nahe dem Flughafen gelegenen ehemaligen Kokosplantage werden fünf einfache Bungalows (drei davon mit Küche) und eine Mehrbettunterkunft vermietet. Ein gutes Restaurant und eine Tauchbasis gehören ebenfalls zum Anwesen. Freitagabends wird ein Inselfest mit Buffet und Musik geboten. F$ 20 pro Person im großen Mehrbettbungalow, F$ 85–95 pro Bungalow ohne bzw. mit Küche. Vollpension kostet F$ 45 pro Person extra.

Lavena Lodge: Lavena, Tel. 888 0116. Einfache, saubere Unterkunft für maximal acht Personen an der Ostküste Taveunis mit Gemeinschaftsküche und -bad. F$ 15 pro Person, F$ 7 Frühstück und jeweils F$ 10 für ein Mittag- bzw. Abendessen. Wer selber kochen möchte, sollte die Zutaten mitbringen, das Angebot des Dorfladens ist sehr begrenzt.

Neben den guten bis exzellenten Hotelrestaurants gibt es auf der Insel eine Reihe von kleinen Restaurants, die gute Curries und chinesische Gerichte bieten.

Tramontu Bar & Grill: Matei, Tel. 888 2224, Mo–Do 11–14 und 18–21.30, Fr–So 10–22 Uhr, die Bar hat tgl. 11–22 Uhr geöffnet. Die Spezialität des Hauses sind Pizzen. Aber die eigentliche Attraktion ist der fantastische Blick über die Somosomo Strait, den Sie hier bei einem leckeren Essen oder einem Glas Wein genießen können. Für das Buffet am Sonntagabend und für das Barbecue am Mittwochabend muss reserviert werden.

Coconut Grove Restaurant: Matei, Tel. 888 0328, tgl. 8–17 und 18–21 Uhr geöffnet. Auch wenn Sie sonst in Ihrem Hotel kulinarisch verwöhnt werden, sollten Sie zumindest einmal in Ronna Goldsteins kleinem Restaurant gegenüber dem Flughafen einen frischen Obstsaft probieren oder am Wochenende zur Inselnacht mit Buffet und Musik vorbeischauen. Auch das Frühstück ist sehr lecker, und die Kleinigkeiten zur Mittagszeit wie Salate, Suppen und die Fischgerichte … Der Weg lohnt sich! Hauptgerichte ab F$ 15, ein dreigängiges Menü am Abend F$ 40 (Reservierung erforderlich).

Taveuni Estates Clubhouse Restaurant: An der Westküste etwa auf halber Strecke zwischen Somosomo und Vuna Point, Tel. 888 0441, tgl. morgens und mittags, am Wochenende auch abends geöffnet. Hier bekommen Sie gute europäische Küche inkl. Pizzen, leckeren Cappuccino und ein schmackhaftes Frühstück serviert. In der Bar gibt es ein kühles Bier und abends eine *kava*.

Audrey's Island Coffee and Pastries: Matei, Tel. 888 0039, tgl. 10–18 Uhr. Die Amerikanerin Audrey hat den besten Kuchen.

Sowohl in Somosomo als auch in Matei gibt es Supermärkte. Das Angebot der kleinen Lebensmittelgeschäfte in den Dörfern rund um die Insel beschränkt sich auf das Notwendigste für den täglichen Bedarf.

Angeln: Speziell für das Hochseeangeln ausgerüstete Boote können Sie chartern bei Raikivi Game Fishing, Matei, Tel. 888 0371; Tango Fishing Adventure, Tel. 888 0680, makaira@connect.com.fj.

Golf: Taveuni Estates, Tel. 888 0441. Herrlich gelegener 9-Loch-Platz an der Westküste: Greenfee inkl. Mittagessen F$ 50. Gäste sind willkommen.

Adressen

Im Bouma National Park auf Taveuni

Schnorcheln: Rund um die kleine, felsige Insel Korolevu vor der Westküste. Aqua-Trek Taveuni, c/o Garden Island Resort, Waiyevo, Tel. 888 0286, fährt Interessierte mit dem Boot zu den besten Stellen (tgl. 10 und 14 Uhr, F$ 10).

Schwimmen: Die schönsten Badestrände sind Prince Charles Beach zwischen Weilagi und Matei im Nordwesten, Lavena Beach im Osten und Dolphin Bay, eine kleine Bucht im Süden der Insel. Ein besonderes Erlebnis ist sicherlich ein erfrischendes Bad im Becken des Bouma-Wasserfalls.

Tauchen: Den meisten Hotels auf Taveuni sind gut ausgestattete Tauchbasen angeschlossen, bei denen Sie neben Tauchgängen auch Kurse (PADI) buchen können. Ebenfalls sehr empfehlenswert ist Swiss Fiji Divers, Matei, Tel. 888 0586, Fax 888 2587, sfd @connect.com.fj.

Flüge: Der Flughafen Matei (TVU) an der Nordspitze Taveunis wird von beiden nationalen Gesellschaften mehrmals tgl. angeflogen. Die reine Flugzeit von Nadi auf Viti Levu beträgt 90 Min. Air Fiji fliegt von Nausori via Savusavu (Vanua Levu) nach Taveuni. Größere Hotels holen Ihre Gäste vom Flughafen ab. In die größeren Ortschaften gibt es Busverbindungen, eine Taxifahrt bis nach Vuna kostet ca. F$ 50. Die Flüge von und nach Taveuni rechtzeitig buchen! Air Fiji, Tel. 888 0062; Pacific Sun, Tel. 888 0461.

Schiff/Fähre: Die Hafenanlagen befinden sich zwischen Waiyevo und Somosomo an der Westküste der Insel. Tgl. außer So pendeln Fähren zwischen Taveuni und Natuvu auf Vanua Levu, dazu tgl. Verbindung mit Savusavu bzw. Labasa. Ab Suva können Sie Taveuni einmal wöchentlich über die Inseln Koro und Vanua Levu erreichen (Dauer: ca. 12 Std.). Fahrpläne sowie Buchungen an den Häfen bzw. über: Beachcomber Cruises, Tel. 888 0036; Consort Shipping, Tel. 888 0339; Grace Ferry, Tel. 888 0329; Suilven Shipping, Tel. 888 0261.

Mietwagen: Budget, Naqara, Tel. 888 0291.

Busse: Mehrmals täglich Kleinbusse der Pacific Transport Company zwischen Navakawau im Süden entlang der West- und Nordküste bis nach Bouma im Osten.

Taxi: Nand Lal, Tel. 888 0705.

Insel Ovalau

Reiseatlas S. 2

Diese ruhige, scheinbar über alte Zeiten sinnierende Insel, in dem Gestern und Heute zeitlos verschmelzen, ist etwas für Träumer mit Sinn für Geschichte und Geschichten. Wer eine Zeitreise in das Fidschi der ersten Händler und Siedler unternehmen möchte, ist hier genau richtig.

Ovalau gehört zur Lomaiviti-Gruppe im Zentrum des Archipels, die aus insgesamt sieben Hauptinseln, wie beispielsweise Gau und Koro, sowie aus zahlreichen Koralleneilanden, wie Yanuca Lailai, Leleuvia und Caqelai, besteht. Die eiförmige, etwa 100 km^2 große Insel ist vulkanischen Ursprungs und umgeben von einem herrlichen Korallenriff, das besonders Taucher anlockt. Charakteristisch für das Inselinnere ist seine zerklüftete Landschaft mit den bis über 600 m ansteigenden, längst erloschenen Vulkankratern, ein Paradies für Wanderer.

2 Levuka

Reiseatlas: S. 4, F 2

Der an der schmalen Ostküste gelegene Hauptort Ovalaus mit seinen rund 3000 Bewohnern war einst Fidschis Hauptstadt, bis diese 1883 nach Viti Levu verlegt wurde. Heutzutage ist es kaum noch vorstellbar, dass dieses verschlafene ›Nest‹ Schauplatz des Booms war, den Fidschi Mitte des 19. Jh. erlebte. Mehr als 50 Hotels und Kneipen reihten sich damals entlang der heute so geruhsamen Beach Street. In jenen Tagen, so heißt es, brauchten die Kapitäne keinen Lotsen, um Levukas Hafen zu finden, sie folgten einfach den im Wasser treibenden Schnapsflaschen, schon hatten sie den richtigen Kurs.

Vor Kurzem hat die Kleinstadt wegen der historischen Rolle, die sie bei der Gründung des modernen Inselstaates Fidschi gespielt hat, die Anerkennung als UNESCO-Welterbe beantragt. Die Entscheidung steht noch aus.

Ein Spaziergang entlang der **Uferpromenade** führt an den mehr als 100 Jahre alten, zum Teil liebevoll renovierten Lagerhäusern vorbei. Bei einem Brand Anfang Februar 2008 sind leider einige dieser historischen Holzgebäude beschädigt bzw. zerstört worden, sie sollen aber demnächst wieder restauriert und aufgebaut werden.

Im Norden Levukas entdeckt man an der Küstenstraße eine im Jahre 1866 erbaute Kirche, die **Methodist Church.** Auf dem angrenzenden Friedhof befinden sich die Gräber der ersten weißen Siedler des 19. Jh., darunter auch einige deutsche Familien, sowie die Grabstätte des ersten amerikanischen Konsuls in Fidschi, John Brown Williams. Die Straße führt in Richtung Ortsausgang über den Levuka Creek weiter zu einem Felsen, wegen der Kanoneneinschläge aus den Jahren 1849 und 1874 auch Gun Rock genannt. Erstere wurden von einem amerikanischen, Letztere von einem britischen Schiff abgefeuert.

Wieder zurück entlang der Beach Street kommt man an einem Kriegerdenkmal, dem **Niukaube Hill War Memorial,** vorbei, das an die fidschianischen Soldaten erinnert, die während des Ersten und Zweiten Weltkriegs gefallen sind. In dieser Bucht ankerte im Mai 1879 die »Leonidas« mit den ersten indischen Kontraktarbeitern.

Wenn Sie rechts in die Hill Road einbiegen, gelangen Sie zu der 1862 gebauten **Navoka**

Levuka

Methodist Church, einem der ältesten Gotteshäuser Fidschis. Folgen Sie der kurzen Chapel Street, kommen Sie zum **Royal Hotel**, dem einzigen Überbleibsel der vielen Etablissements des 19. Jh. (s. Unterkunft).

Ein schmaler Weg entlang des Totoga Creek führt durch die kleine Grünanlage Nasau Park, in der die Ruine des 1875 gebauten und während der politischen Unruhen 2000 von einigen Fanatikern niedergebrannten **Freimaurertempels** (Masonic Lodge) steht. Gleich nebenan sehen Sie das ehemalige, 1898 im typisch britischen Kolonialstil gebaute **Rathaus**.

Das nächste Gebäude ist der 1904 eröffnete **Ovalau Club,** über dessen Bar ein gerahmtes Dankschreiben von Felix Graf von Luckner hängt. Sein berühmt-berüchtigtes Kaperschiff »Seeadler« war im Juli 1917 vor Maupihaa, einer kleinen Insel westlich von Tahiti, von einer Flutwelle erfasst und auf das Riff geschmettert worden. Der ›Seeteufel‹, wie der kaiserliche Marineoffizier des Ersten Weltkriegs auch genannt wurde, segelte danach mit fünf seiner Leute in einem kleinen offenen Rettungsboot viele Seemeilen durch den Südpazifik. Schließlich erreichten sie Katafaga, eine kleine Insel der nördlichen Lau-Gruppe. Auf einer Plantage, die dem deutschen Siedler Gus Hennings gehörte, versorgten sie sich mit Proviant. In einem Brief bedankte sich der Graf für die entwendeten Lebensmittel und hinterlegte, ganz Gentleman, hierfür den entsprechenden Geldbetrag. Die Ironie des Schicksals will es, dass er mit dieser Geste zu seiner späteren Verhaftung durch den damaligen Kriegsgegner England beitragen sollte. Zwar unterzeichnete Graf von Luckner mit »Max Pemberton«, doch verriet er seine Herkunft in diesem Schreiben durch die Verwendung des altdeutschen S.

Vom Ovalau Club erreicht man nach wenigen Schritten die älteste, im Jahre 1879 gegründete Schule des Landes die **Levuka Public School.** Auf der nach dem Deutschen Hennings benannten engen Straße gelangt man wieder zur Uferpromenade zurück. Die **Sacred Heart Church** mit ihrem eigentümlichen Glockenschlag wurde 1858 erbaut und ist damit die älteste katholische Kirche Fidschis.

Schräg gegenüber der Vulcan Lane steht die erste Filiale der von Percy Morris und Maynard Hedstrom 1868 gegründeten Handelsgesellschaft **Morris Hedstrom,** überall nur kurz MH genannt, die von hier aus in den gesamten pazifischen Raum expandierte. Heute sind in diesem Gebäude das **Informationszentrum,** ein kleines, interessantes Museum u. a. mit einer beachtlichen Muschelsammlung sowie eine Bibliothek untergebracht (Mo–Fr 8–13, 14–16.30 Uhr, Sa 9–13 Uhr, Eintritt: F$ 2).

Wenige Schritte hinter dem Informationszentrum führt eine kleine Stichstraße zum **Postamt.** Der Brunnen, der hier steht, soll an den früher üblichen Postweg per Brieftauben erinnern. Diese sollen damals den Informationsaustausch zwischen Levuka und Suva, der alten und der neuen Hauptstadt, in sagenhaften 30 Minuten bewerkstelligt haben. Ein Tempo, das von der modernen Post Fidschis heute schwerlich unterboten werden kann.

Vorbei an der **Tunfischfabrik (Pafco Cannery),** dem größten Arbeitgeber der Stadt, erreicht man nach etwa einem Kilometer Nasova. Hier markiert ein Denkmal die Stelle, an der 1874 u. a. Cakobau die Urkunde unterzeichnete, die Fidschi zur britischen Kolonie erklärte, und an der Sir Hercules Robinson im Auftrage Ihrer Majestät Queen Victoria die englische Flagge hisste. Gegenüber befindet

---

Mit der Autorin unterwegs

Royal Hotel
In Fidschis ältestem Hotel scheint die Zeit stehen geblieben zu sein, selbst der Billardtisch ist über 100 Jahre alt (s. S. 157).

Ovalau Club
Trinken Sie ein Fiji Bitter und lassen Sie sich das Dankschreiben von Max Pemberton alias Felix Graf von Luckner zeigen (s. S. 158).

Fidschi – Insel Ovalau

In der Beach Street in Levuka gibt es Restaurants und Geschäfte

sich das **Nasova House,** in dem auch heute noch Versammlungen der traditionellen Oberhäupter stattfinden.

Auf dem **Friedhof in Draiba,** etwa 2 km südlich der Stadt, liegen Seefahrer, Abenteurer und Siedler des 19. Jh. begraben, unter ihnen auch einige Deutsche.

Ovalaus bergiges Inselinnere mit seinen zahlreichen Wasserfällen und dichtem Regenwald ist ideal für **Trekkingtouren.** So führen kleinere Wanderungen von verschiedenen Ortschaften aus in das Lovoni-Tal mit dem großen Vulkankrater. Sie können beispielsweise dem Weg von Naivitaitai nahe dem Flughafen entlang dem Fluss Bureta folgen oder an einer geführten Wanderung teilnehmen, die im Dorf Draiba beginnt und etwa vier Stunden dauert.

Ovalau Tourist Information Centre: Beach St., Tel. 330 0356, Mo–Fr 8–13, 14–16.30, Sa 8–13 Uhr. Das Informationszentrum Ovalaus im ehemaligen Morris Hedstrom Bldg. an der Uferpromenade in der

Levuka

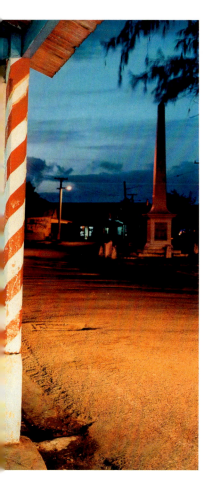

Nähe der Queens Wharf hält für Sie alle nützlichen und aktuellen Auskünfte und Broschüren bereit.

Levuka Homestay: Church St., Tel. 344 0777, www.levukahomestay.com. Vier großzügige Gästezimmer mit grandiosem Ausblick werden in diesem privaten Haus im Kolonialstil vermietet. F$ 144 im Doppelzimmer inkl. tollem Frühstück.

Royal Hotel: Langham St., Tel. 344 0024, Fax 344 0174, www.royallevuka.com. Dieses Hotel ist seit 1852 in Betrieb und somit das älteste Hotel Fidschis. Über all die Jahre hat es noch etwas vom Zauber der viktorianischen Zeit bewahrt und allein schon wegen der besonderen Atmosphäre im Haupthaus lohnt der Aufenthalt. Die 14 Zimmer sind zweckmäßig eingerichtet, ferner gibt es neuere Gartenbungalows und Mehrbettzimmer. F$ 10 im Mehrbettzimmer, ab F$ 36 im Doppelzimmer und F$ 82,50–92,50 im Bungalow.

Ovalau Holiday Resort: Tel. 344 0166, info@owlfiji.com. Ruhige Unterkunft für Familien im Nordosten der Insel. Die Bungalows bieten je zwei Schlafzimmer, ein Wohnzimmer, Küche und Bad sowie eine Veranda. Hinzu kommen ein kleiner Pool und ein gutes Restaurant. Tauchkurse, Kajaks und eine Reihe interessanter Ausflüge werden angeboten. Zeltplatz F$ 10 pro Person, Bungalow für 2 Personen F$ 77.

Whale's Tale Restaurant: Beach St., Tel. 344 0235, Mo–Sa 11–15, 17–20 Uhr. Bei Julia und ihrer Tochter Liza treffen sich abends alle, die gut essen wollen. Die wechselnden Fischgerichte sind besonders zu empfehlen, aber es gibt auch vegetarische Speisen, ein spätes Frühstück und mittags Omelettes, Quiches, Burger und andere Kleinigkeiten. Hauptgerichte ab F$ 7.

Kim's Paak Kum Loong: Beach St., Tel. 344 0059, Mo–Sa mittags und abends geöffnet, So 12–14 Uhr. Wer nach einer kulinarischen Abwechslung sucht oder sonntags auf der Suche nach einem Restaurant ist, geht zu Kim's. Chinesische und thailändische Küche, dazu Fisch wie bei einem Fidschianer, sonntags gibt es ein üppiges Buffet für F$ 13,50 und alles mit Blick vom Balkon auf die Uferstraße.

Emily's Café: Beach St., Tel. 344 0382, Mo–Sa mittags und abends, So nur abends geöffnet. Kleines Café, in dem es mittags einfache Gerichte (um F$ 4) gibt und abends knusprige Pizzen (F$ 7).

Entlang der Beach Street bieten kleine Geschäfte und ein kleiner Supermarkt alles für den täglichen Bedarf an.

Fidschi – Insel Ovalau

Ovalau Club: Im kleinen Nasau Park gegenüber Garner Jones Rd./Totoga Lane, Mo–Do 16–21.30, Fr 14 Uhr–Mitternacht, Sa 10–Mitternacht, So 10–21.30 Uhr geöffnet. Lassen Sie sich nicht durch das Schild »Members only« am Eingang täuschen, auch Nicht-Mitgliedern wird ein kühles Bier serviert. Die größte Attraktion ist der gerahmte Brief Graf von Luckners über der Bar.

Interessante Stadtführungen bietet das **Ovalau Tourist Information Centre** (s. S. 156) werktäglich für F$ 8 pro Person an. Empfehlenswert sind ferner die Touren und Inselausflüge von Ovalau Watersports, s. unten.

Radfahren: Wer per Mountainbike die Insel Ovalau kennenlernen möchte, wende sich an: Ovalau Watersports, Beach St., Tel. 344 0166, dive@owlfiji.com.

Schwimmen: Abgesehen von dem schwarzen Sandstrand bei Rukuruku im Nordwesten gibt es auf Ovalau keine schönen Badestrände, dafür aber auf den vorgelagerten Eilanden im Süden.

Tauchen: Die Gewässer rund um Ovalau bieten Tauchern spektakuläre Höhlen und Wände sowie farbenprächtige Weich- und Hartkorallengärten. Nicht selten können Sie im nährstoffreichen Wasser neben der bunten Vielfalt tropischer Rifffische auch Riesenbarsche, Barrakudas, verschiedene Haiarten, Mantas, Delphine und Schildkröten beobachten. Für Tauchgänge und PADI-Tauchkurse wenden Sie sich an die deutsche Basis in Levuka: Ovalau Watersports, Beach St., Tel. 344 0166, dive@owlfiji.com.

Whale Watching: In den Monaten Mai bis September können Sie mit etwas Glück von Levuka aus vorbeiziehende Buckelwale beobachten.

Wandern: Geführte Touren ins Inselinnere wie beispielsweise in das Dorf Lovoni können gebucht werden bei: Epi, Tel. 602 1103, 923 6011, epitours@hotmail.com. Dieser begnadete Geschichtenerzähler kennt sich bestens aus in der Historie seiner Insel, den Legenden sowie der Flora und Fauna.

Flüge: 2 x Mo–Sa und 1 x So verbindet Air Fiji die Insel Ovalau mit Nausori auf der Hauptinsel Viti Levu, Flugzeit nur 12 Min. Der lokale Flugplatz, **Bureta Airstrip (LEV)**, befindet sich an der Westküste von Ovalau. Ein Minibus von/zum Flughafen benötigt für die Strecke nach Levuka (Beach St., Air Fiji-Büro) rund 40 Min., Fahrpreis F$ 5 pro Person. Air Fiji: Levuka, Beach St., Tel. 344 0139, Fax 344 0252, Mo–Fr 8–16 Uhr.

Schiff/Fähre: Tgl. außer So legt eine Fähre von Ovalau in Richtung Natovi Landing auf Viti Levu ab (Fahrzeit ca. 4 Std., einfache Fahrt F$ 24). Die Abfahrtszeiten ändern sich jedoch häufig, aktuelle Termine sollten Sie in den Ticket-Büros erfragen. Dort erfahren Sie auch, wann der kleine Zubringerbus der Reederei in Levuka abfährt, der Sie zur Anlegestelle Buresala Landing an der Westküste von Ovalau bringt. Patterson Brothers Shipping: Levuka, Beach St., Tel. 344 0125, Mo–Fr 8.30–16.30, Sa 8.30 Uhr bis mittags. Büro in Suva: s. S. 129.

Busse: Auf der Insel verkehren Mo–Sa tagsüber bis zu 4 x Minibusse. In Richtung Lovoni, einem Dorf im Inselinneren, hält der Bus in der Beach Street gegenüber dem Air Fiji-Büro. Wer nach Rukuruku in den Nordwesten der Insel möchte, steigt in den Minibus ein, der ebenfalls in der Beach Street gegenüber Emily's Café hält. Ansonsten können Sie die Fahrzeuge auch auf freier Strecke anhalten. Im Ovalau Tourist Information Centre erhalten Sie Angaben zu den jeweiligen Abfahrts- und Ankunftszeiten. Falls genügend Platz ist, können Sie auch den kleinen Zubringerbus zum Flughafen nutzen, der ab Levuka an der Südküste entlang fährt.

Taxis: Es gibt zwei Taxistände an der Ufrststraße von Levuka. Der eine befindet sich schräg gegenüber der Sacred Heart Church, der andere wenige Schritte entfernt gegenüber dem Büro von Air Fiji. Falls dort kein Taxi warten sollte, versuchen Sie es telefonisch über: Levuka Taxi, Tel. 344 0147; Vuniba Taxi, 344 0322.

Prachtvolles Korallenriff

Insel Kadavu

Reiseatlas S. 2

Einst diente diese Insel Dampfschiffen als Anlegestelle und kam sogar als Hauptstadt in Betracht. Heute wird die vorherrschende Ruhe nur kurzfristig gestört durch neu ankommende Touristen, bevor diese abtauchen in eins der größten und schönsten Riffsysteme der Welt.

Die nach ihrer Hauptinsel benannte Inselgruppe befindet sich knapp 100 km südlich Viti Levus. Kadavu ist mit einer Landfläche von 411 km^2 die viertgrößte Insel des Fidschi Archipels, ferner gehören noch Ono im Nordosten, das vorgelagerte Inselchen Galoa sowie mehrere kleinste Eilande zur Gruppe. Insgesamt leben auf den Inseln dieser Gruppe rund 12 000 Bewohner zumeist fidschianischer Herkunft in insgesamt mehr als 70 verstreuten Siedlungen.

Vunisea

Reiseatlas: S 2, E 4

Das administrative Zentrum ist die Ortschaft Vunisea am Isthmus zwischen Namalata Bay und North Bay gelegen. Eine Post und eine Bank, eine Polizeistation, ein kleines Krankenhaus und ein paar Geschäfte, deren Auslagen die Dinge des täglichen Bedarfs bereithalten, mehr hat der Hauptort nicht zu bieten. Aber zum Shoppen kommen die wenigen Touristen auch nicht hierher, sondern vielmehr wegen der landschaftlichen Highlights landen Sie auf dem kleinen Inselflughafen gleich neben Vunisea.

Riffe

Die Gewässer rund um die Kadavu-Gruppe sind ein Paradies für Taucher. Das über 120 km lange und an der Außenseite bis zu 1800 m abfallende **Great Astrolabe Reef** ist das viertgrößte Barriere-Riff der Welt und zählt zu den schönsten Tauchrevieren. Es ist nach einem Schiff Dumont d'Urvilles benannt, mit dem dieser im 19. Jh. Expeditionen in die Südsee unternahm.

Weniger bekannt, aber nicht minder empfehlenswert sind das **Namalata-Riff** vor der Westküste sowie die **Soso-** und die **Naiqoro-Passage** vor der Ostküste. Eindrucksvolle Unterwasserhöhlen und herrliche Korallengärten, Fächer-, Weich- und Hartkorallen sind bei den Tauchgängen genauso zu bestaunen wie kleine und größere Fische sowie Seeschlangen, Schildkröten, Haie und sogar Manta-Rochen.

Wanderung auf den Nabukelevu

Aber auch über Wasser wartet die lang gestreckte, an zwei Stellen durch Landengen tief eingeschnürte Insel mit einem einmaligen Ökosystem auf. Das gebirgige Hinterland mit seinem tropischen Regenwald und seinen zahllosen Wasserfällen reizt Trekking-Freunde zu teilweise mehrtägigen Touren.

Eine schöne Wanderung beginnt in der Ortschaft Lomati im Südwesten der Insel und führt auf den 822 m hohen **Nabukelevu** hinauf, auch Mt. Washington genannt. Hierbei gibt es reichlich Gelegenheiten, Vögel wie etwa den bunten Kadavu Parrot, eine geschützte Vogelart, zu entdecken. Der Küs-

Wanderung auf den Nabukelevu

tenstreifen weist zahlreiche Buchten mit von Kokospalmen gesäumten Bilderbuchstränden auf.

Dive Kadavu Resort: Tel. 333 7780, Fax 333 7680, www.divekadavu.com. Sehr ansprechendes, nicht nur für Taucher geeignetes Resort an der Westküste mit zehn gut ausgestatteten Bungalows für maximal 24 Gäste. Sehr gutes Restaurant, eine Strandbar, eine umfangreiche Bibliothek und ein exzellentes Equipment für Taucher sowie PADI-Tauchkurse zeichnen diese Unterkunft aus. Sie werden vom Flughafen abgeholt. F$ 560 pro Bungalow bei Zweierbelegung inkl. Mahlzeiten und Flughafentransfer.

Matava Resort: Tel. 333 6222, www.matava.com. Ein Resort für maximal 22 Personen, die in unterschiedlich ausgestatteten, im traditionellen Baustil errichteten Häusern (mit und ohne eigenem Bad sowie eine *bure* als Mehrbettunterkunft für bis zu fünf Personen) übernachten. Diese nur per Boot zu erreichende Unterkunft hat sich dem Öko-Tourismus gewidmet, so wird beispielsweise der Strom durch Solarenergie gewonnen, und Wasser gibt es aus Quellen. Die Mahlzeiten schmecken ausgezeichnet (das Gemüse stammt aus eigenem biologischem Anbau). Neben Angeboten für Taucher und diversen weiteren Wassersportmöglichkeiten stehen geführte Wanderungen und Dorfbesuche auf dem Programm. F$ 20 pro Person in der Mehrbettbure, F$ 60 pro Bure ohne, F$ 110–170 pro Bure mit Bad jeweils bei Zweierbelegung. Mahlzeiten F$ 55, Flughafentransfer F$ 40 pro Person.

Am Flughafen gibt es einen Kiosk und im Hauptort Vunisea finden Sie einige wenige Geschäfte. Da Bankgeschäfte im Hauptort nur sehr bedingt möglich sind, sollten Sie bereits vor der Anreise genügend Geld wechseln.

Schwimmen: Herrlich weiße Badestrände finden Sie nahe der Ortschaft Drue an der Westküste sowie bei Muani im Süden. Erfrischend ist ebenfalls ein Bad im

Mit der Autorin unterwegs

Die meisten tauchen ab, steigen Sie doch auf!
Die Gewässer rund um Kadavu sind ein Eldorado für Taucher und Schnorchler, doch auch über dem Meeresspiegel hat die Insel ein einmaliges Ökosystem zu bieten. Trekker sind begeistert von der Tour auf den Nabukelevu an der Südspitze (s. S. 160).

Teich der Waikana-Wasserfälle rund 2 km südlich des Flughafens.

Surfen: In den Wintermonaten können Sie bei ausgezeichneten Bedingungen vor Cape Washington an der Südwestspitze surfen. Dieser Spot wird bezeichnenderweise King Kong genannt. Eine weitere exzellente Möglichkeit für diesen Wassersport bietet die Vesi Passage im äußersten Nordosten.

Flüge: Die beiden nationalen Gesellschaften, Air Fiji und Pacific Sun, fliegen von Nausori bzw. von Nadi aus täglich Kadavu **(Matana Airport, KDV)** an. Die reine Flugzeit beträgt 30 bzw. 45 Minuten, die Tickets kosten F$ 260 bzw. F$ 330. Es ist ratsam, die Unterkunft vorab zu buchen, dann werden Sie vom Flughafen abgeholt.

Schiff/Fähre: Der Fährverkehr, den Kadavu Shipping mit der »MV Bulou-ni-Ceva« zwischen Suva und Kadavu unterhält, ist überwiegend für Fracht vorgesehen, es werden aber auch Passagiere mitgenommen (F$ 45 einfache Strecke). Allerdings ändern sich die Abfahrtszeiten ständig, so dass es bei geringem Zeitbudget ratsamer ist zu fliegen. Auch ist die zumeist raue Überfahrt nicht für jene geeignet, die einen empfindlichen Magen haben. Kadavu Shipping, Suva, Tel. 331 1766, 339 5000.

Boote: Da nur ein Teil der Insel durch Straßen erschlossen ist, sind Boote die wichtigsten Verkehrsmittel auf Kadavu. Die beiden genannten Unterkünfte holen ihre Gäste vom Flughafen ab und sorgen auch während Ihres Aufenthaltes für den gewünschten Transport.

Surfen kann man am besten vor Cape Washington auf Kadavu

Mamanuca-Gruppe

Diese Trauminseln im Westen gelten als Paradies für Wassersportler, sie sind berühmt für ihre Strandpartys, eignen sich aber auch zum puren Nichtstun auf hohem Niveau. »The truly relaxing tropical getaway«, einer der Werbeslogans Fidschis, hier wird er wahr.

»Cast Away«, bei uns besser bekannt unter dem Titel »Verschollen«, ist ein US-amerikanischer Spielfilm, in dem Chuck Noland, hervorragend gespielt von Tom Hanks, als einziger einen Flugzeugabsturz überlebt und auf einer einsamen Insel vier lange Jahre auf Rettung hofft. Sein Gegenüber ist Wilson, ein Volleyball … Dieser Film wurde zwar nicht auf Castaway Island gedreht, sondern auf dem unbewohnten, unter Naturschutz stehenden Eiland Monuriki, aber beide zählen zu den Mamanucas, jener Inselgruppe, die der Westküste Viti Levus vorgelagert ist.

Einige der zu dieser Gruppe gehörenden rund 20 Inseln erheben sich bis zu 750 m über den Meeresspiegel, andere sind dagegen flache Koralleneilande, die man in wenigen Minuten zu Fuß umrundet hat. Sie besitzen weiße, feinsandige Bilderbuchstrände, türkis und pastellgrün leuchtende Lagunen, herrliche Tauchgebiete und sind gesegnet mit einem Mix aus regenarmem Klima, vielen Sonnenstunden und einer nahezu gleich bleibenden Temperatur von 25 °C. Auf nahezu allen Inseln befinden sich Ferienanlagen, die um die Gunst ihrer Gäste mit einer breiten Palette von Wassersportarten wetteifern. Baden, Segeln, Windsurfen, Tauchen, Schnorcheln, See-Kajaktouren, Hochseeangeln, Parasailing, Jet-Skiing … ideale Bedingungen gibt es hierfür auf allen Urlaubsinseln. Luxuriöse Inselresorts wechseln sich ab mit Anlagen, die sich eher an eine jüngere, preisbewusste Zielgruppe richten und für ihre ausgelassenen Strandpartys bekannt sind. Bequem von Nadi oder Denarau bzw. Lautoka an der Westküste Viti Levus aus zu erreichen sind sie alle, ob per Schiff, hoteleigenen Motobooten, kleinen Propellermaschinen, per Wasserflugzeug oder Hubschrauber. Im Folgenden nur eine kleine Auswahl, der beliebten Ferienanlagen im touristischen Herzen Fidschis:

Palmenstrand auf Kadavu

Mit der Autorin unterwegs

Gotham City, The Circus und Supermarket

So heißen drei der unzähligen Tauchspots der Mamanucas. Die beeindruckende Vielfalt der Meeresfauna, verschiedene Wracks sowie Sichtweiten zwischen 30 und 40 m begeistern Anfänger und erfahrene Taucher gleichermaßen. Vor der kleinen Insel Tokoriki im äußersten Norden der Mamanuca-Gruppe können Sie die seltenen blauen Korallen der Fidschi-Inseln bestaunen.

Cloudbreak und Wilkes Passage

Surfer schwärmen von diesen Spots zwischen dem Navala Reef und dem Malolo Barrier Reef im Süden der Inselgruppe. Besonders mächtige Wellen branden vor allem in den Monaten Mai bis Oktober auf (s. S. 160).

Fidschi – Mamanuca-Gruppe

 Tokoriki Island Resort: Tel. 666 1999 und 672 5926, Fax 666 5295 und 672 5928, www.tokoriki.com. Resort auf einer winzigen Insel im äußersten Norden der Mamanucas, das sich besonders an Paare richtet, die in einzeln stehenden Bungalows Ruhe und private Atmosphäre schätzen. Alle geräumigen und geschmackvoll eingerichteten Bungalows haben direkten Zugang zum traumhaften Sandstrand. Tolles Restaurant. F$ 734 pro Bungalow bei Zweierbelegung, F$ 978 pro Villa bei Zweierbelegung. Die ausgezeichnete **Tauchbasis Dive Tropex Tokoriki** bietet u. a. nächtliche Tauchgänge und verschiedene Kurse (PADI-Abschlusszertifikate) an. Die meisten Gäste reisen mit dem Schnellboot von South Sea Cruises an, das Viti Levu (Denarau Marina) täglich mit der Insel verbindet. Teurer sind die Transfers mit dem Hubschrauber ab Nadi mit Island Hoppers und mit den Wasserflugzeugen von Turtle Airways oder Pacific Island Seaplanes.

Castaway Island: Tel. 666 1233, Fax 666 5753, www.castawayfiji.com. Sehr ansprechendes Resort auf der Privatinsel Qalito rund 27 km von Viti Levus Westküste entfernt. Diese Anlage mit ihren 66 geräumigen Bungalows für maximal vier Personen hat ein ausgezeichnetes Restaurant. Dem Resort ist eine **Tauchschule** (PADI-Abschlusszertifikate) angeschlossen. Bungalow ab F$ 680. Transfer mit South Sea Cruises bzw. Pacific Island Seaplanes oder Island Hoppers.

Bounty Island Resort: Tel. 666 6999 und 999 9382, Fax 666 6955, www.fiji-bounty.com. Auf der kleinen Insel Kadavu werden unterschiedliche Unterkunftsmöglichkeiten angeboten: Ältere und neu gebaute Bungalows, Gästezimmer und Mehrbettzimmer. Ab F$ 40 pro Person im Mehrbettzimmer, F$ 270 pro Bungalow. Vollpension wird mit F$ 35 berechnet. Die **Tauchbasis Subsurface**, die hier vertreten ist, bietet neben den üblichen Kursen auch spezielle Tauchklassen für Kinder ab acht Jahre an. Transfer mit South Sea Cruises oder Awesome Adventures Fiji.

Beachcomber Island Resort: Tel. 666 1500, Fax 666 4496, www.beachcomberfiji.com. Diese Ferienanlage für junge und jung gebliebene Urlauber ist auch für seine häufigen Strandpartys bekannt. Sie befindet sich auf der Insel Tai und ist mit dem resorteigenen Katamaran von Denarau aus schnell zu erreichen. F$ 83 pro Person im Schlafsaal, F$ 300–436 pro Bungalow bei Zweierbelegung jeweils inkl. Vollpension. Diverse Wassersportmöglichkeiten, zum Teil im Preis inbegriffen, werden den Gästen angeboten. Einführungskurse im Segeln und Windsurfen sind ebenfalls unentgeltlich. Transfer ab Port Denarau bzw. Lautoka zur Insel mit Beachcomber Cruises.

 Wassersport: Die Inselresorts der Mamanuca-Gruppe bieten alles, was das Herz eines passionierten Wassersportlers höher schlagen lässt. Ihr Aufenthalt dürfte viel zu kurz sein, um alles auszuprobieren.

Flüge: Einen spektakulären Transfer mit dem Hubschrauber zu den Inselresorts oder Rundflüge über die Mamanucas können Sie chartern bei: Island Hoppers, Viti Levu, Nadi Airport, Tel. 672 0410, Fax 672 0172, info@helicopters.com.fj.
Transfer mit dem **Wasserflugzeug** ab New Town Beach oder Denarau (in bzw. nahe Nadi) zu Ihrer Unterkunft bieten: Turtle Airways, Viti Levu, Nadi, Tel. 672 1888, reservations@turtleairways.com; Pacific Island Seaplanes, Viti Levu, Nadi Airport, Tel. 672 5644, Fax 672 5641, reservations@pacisair.com.fj. Bei Pacific Island Seaplanes können Sie auch fantastische Rundflüge buchen.

Schiff/Fähre: Katamarane, Schnellboote und Schoner verkehren z. T. mehrmals täglich zwischen den Inseln und Nadi bzw. Lautoka.
Awesome Adventures Fiji: Viti Levu, Port Denarau, Tel. 675 0499 und 670 5006, Fax 675 0501, info@awesomefiji.com.
Beachcomber Cruises: Viti Levu, Nadi, Tel. 672 3828 und Lautoka, Tel. 666 1500, info @beachcomberfiji.com.fj.
South Seas Cruises: Viti Levu, Port Denarau, Tel. 675 0500, Fax 675 0501, info@ssc.com.fj.

Session unter Palmen

3 Yasawa-Gruppe

Der Hollywood-Klassiker »Die Blaue Lagune« wurde zweimal verfilmt. Zuerst 1949 mit Jean Simmons und Donald Houston in den Hauptrollen und dann noch einmal 30 Jahre später mit Brooke Shields und Christopher Atkins unter dem gleichen Titel. Der Drehort aber war jedes Mal derselbe: Nanuya Levu, ein Inselparadies im Zentrum der Yasawa-Gruppe.

Nordwestlich der Hauptinsel Viti Levus liegen die Yasawas, eine rund 90 km lange Inselkette, deren südlichster Teil nur etwa 40 km von Viti Levu entfernt ist. Die Gruppe besteht aus sieben größeren, zumeist hügeligen, und einer Vielzahl kleinster Eilande. Offiziellen Angaben zufolge leben auf allen Inseln zusammen rund 5000 zumeist einheimische Fidschianer.

Lange Jahre galten die Inseln als ein Urlaubsziel für Besserverdienende, die entweder in einem der exklusiven Resorts Urlaub machten oder während einer mehrtägigen exklusiven Kreuzfahrt von Lautoka aus die paradiesisch schöne Inselwelt erkundeten. Doch seit sich die Bewohner einiger Inseln zusammengeschlossen und die NTTA (Nacula Tikina Tourist Association) gegründet haben, gibt es auch sehr empfehlenswerte Unterkünfte für Preisbewusste. Die Angebote ähneln sich auf allen Inseln, Wassersportarten wie Tauchen, Schnorcheln, Windsurfen und Segeln stehen naturgemäß ganz oben auf der Liste, auf einigen der bis zu knapp 600 m über den Wasserspiegel aufragenden Inseln können darüber hinaus reizvolle Trekkingtouren unternommen werden.

Und noch einmal Hollywood: Die scheinbar überirdisch schöne Lagune mitsamt dem Puderzuckersandstrand des Planeten Wega aus dem mehrfach ausgezeichneten Science-Fiction-Film »Contact« mit Jodie Foster als Dr. Eleanor ›Ellie‹ Arroway in der Hauptrolle gibt es wirklich. Gäste der kleinen Resortanlage Oarsman's Bay Lodge auf der Insel Nacula können dies bestätigen.

 Großes Angebot, hier nur eine kleine Auswahl an Inselresorts.

Turtle Island Resort: Tel. 672 2921, Fax 672 0007, www.turtlefiji.com. Eins der besten und teuersten Resorts der Welt, Gewinner zahlreicher internationaler Preise. »… as close to heaven on earth as you're likely to get.« Andrew Harper's »Island Resort of the Year«! Auf dieser nur 2 km^2 großen Privatinsel hat der Amerikaner Richard Evanson sich selbst und seinen maximal 28 Gästen einen Traum erfüllt. Turtle Island heißt bei den Einheimischen Nanuya Levu und war zweimal Schauplatz für »Die Blaue Lagune«. F$ 3400–4100 pro Nacht in einem dem traditionellen Baustil nachempfundenen Bungalow inkl. aller Mahlzeiten, Getränke und der meisten Freizeitaktivitäten. Minimum 6 Nächte. 30-minütiger Transfer mit dem Wasserflugzeug von Turtle Airways F$ 700 pro Person.

Nanuya Island Resort: Tel. 666 7633, www.nanuyafiji.com. Schickes Resort auf der Trauminsel Nanuya Lailai. F$ 210–350 für den dem traditionellen Baustil nachempfundenen Bungalow inkl. Frühstück und Mittagessen, Abendessen F$ 12–25 extra. Transfer mit Yasawa Flyer.

Octopus Resort: Tel. 666 6337 und 666 64 42, Fax 666 6210, www.octopusresort.com.

Yasawa-Gruppe

Schöne Unterkunft mit gutem Service für Preisbewusste auf der herrlichen, nur 22 km² großen Insel Waya, auf der Sie nicht nur Wassersport betreiben, sondern auch reizvolle Wanderungen unternehmen können. Die dicht bewaldete Insel ist erstaunlich hügelig, die höchste Erhebung ist der Yalobi mit 567 m. Das Resort liegt an der Likuliku Bay im Nordwesten, die zu den zehn schönsten Buchten der Welt gezählt wird. Dem Resort ist eine professionelle Tauchschule angeschlossen (PADI). F$ 29 pro Person in der Mehrbettunterkunft und F$ 109–259 je nach Ausstattung und Lage des Bungalows; Vollpension $ 36. Preisnachlass bei mindestens 5-tägigem Aufenthalt. Transfer ab Nadi oder Lautoka mit resorteigenen Booten für F$ 65 pro Person.

Oarsman's Bay Lodge: Tel. 672 2921, www.fijibudget.com. Eine Unterkunft mit unterschiedlich großen Bungalows, einem Schlafsaal, Zeltplätzen und Gemeinschaftseinrichtungen, gutem Restaurant und Bar auf der hügeligen Vulkaninsel Nacula, auf der es mehrere Siedlungen gibt. Neben den exzellenten Schnorchel-Bedingungen sowie zweimal wöchentlich stattfindenden Festessen sind die organisierten Ausflüge in benachbarte Dörfer hervorzuheben. F$ 27 pro Zeltplatz, F$ 25 in der Mehrbettunterkunft, F$ 138–175 im Bungalow bei Zweierbelegung. F$ 63 pro Person extra bei Vollpension. Transfer mit Yasawa Flyer.

 Wassersport: Besonders zu erwähnen sind die Schnorchelmöglichkeiten vor der Nordwest- und Südküste Wayas sowie vor Nacula und Nanuya Lailai. Die schönsten Tauchgründe finden Sie vor der Westküste der Insel Yasawa und rund um Sawa-i-Lau.

Kajak: Eine außergewöhnliche und sehr empfehlenswerte Variante, seinen Urlaub in diesem Teil Fidschis zu verbringen, sind mehrtägige Kajaktouren, die zwischen Mai und Oktober angeboten werden. Sie beginnen und enden in Lautoka auf Viti Levu und führen Sie zu mehreren Eilanden der nördlichen Yasawa-Gruppe. Gepaddelt wird durchschnittlich vier Stunden täglich, übernachtet wird in Zelten auf unbewohnten Inseln oder als Gast in einem Dorf. Info: Ecomarine Ocean Kayak Centre, Tel. (001) 888 425 2925 (in Kanada), www.ecomarine.com; Southern Sea Ventures, Tel. (0061) 8901 3287 (in Australien), www.southernseaventures.com.

Flüge: Die 35-minütigen Flüge mit dem Wasserflugzeug starten von der Turtle Airways Base in New Town (etwas westlich von Nadi Airport); die einfache Strecke nach Tavewa Island kostet F$ 300. Turtle Airways, Nadi, Tel. 672 1888, www.turtleairways.com.

Schiff/Fähre: Der »Yasawa Flyer«, auch »Yellow Boat« genannt, ist ein schneller Katamaran, der tgl. um 9.15 vom Denarau-Hafen bei Nadi ablegt und u. a. die Inseln Kuata, Waya, Naviti, Tavewa anläuft. Fahrpreis für eine Fahrstrecke zur Insel Nanuya Lailai F$ 95, zu den Inseln Waya bzw. Nacula F$ 75 bzw. F$ 95. Awesome Adventures Fiji, Tel. 675 0499 und 670 5006, www.awesomefiji.com.

Mit der Autorin unterwegs

Gute Aussichten für Wanderer

Einige der Inseln dieser Gruppe eignen sich sehr gut zum Wandern. So können Sie beispielsweise das bis zu 567 m hohe Inselinnere von Waya, die sogenannten Yalobi Hills, erkunden. Dabei werden Sie mit fantastischen Blicken über dieses Bilderbuch-Eiland mit weißen Traumstränden und einsamen Buchten belohnt. Die kleinen Nachbarinseln wie Wayasewa und Kuata im Süden sowie Narara im Nordosten sind ebenfalls gut zu sehen.

Mit dem Kajak durch das Inselparadies

Obwohl der Schwierigkeitsgrad der mehrtägigen Touren mit einfach bis mittel eingestuft wird, sollten Sie körperlich fit und gut trainiert sein und bereits Erfahrungen mit dem Kajak mitbringen (s. S. 169).

Fischfang mit Kokosblättern auf den Yasawa-Inseln

Die Inselgruppe Vava'u aus der Luft

Kapitel 2

Tonga

Der lange Abschied von der Macht

Eines Tages erhielt der Halbgott Maui von einem alten Mann namens Tonga einen Angelhaken geschenkt. Als Maui damit angeln ging, hingen statt Fische kleine Inseln am Haken. Er zog erst 'Ata, dann Tongatapu, die Ha'apai- und zuletzt die Vava'u-Inseln vom Meeresboden an die Oberfläche. Zu Ehren des alten Mannes nannte er sie Tonga.

Anschließend trat Maui auf ein paar dieser Inseln und flachte sie auf diese Weise ab, während andere unberührt und gebirgig blieben. Nachdem die Inselgruppen entstanden waren, stieg der Gott Tangaloa 'Eitumatupu'a vom Himmel herab auf die Erde und traf 'Ilaheva, eine junge Frau, die auf einer kleinen Insel in der Lagune vor Tongatapu Muscheln sammelte. Sie war so schön, dass er sich auf den ersten Blick in sie verliebte. Wieder im Himmel, fühlte er sich einsam und sehnte sich nach 'Ilaheva zurück. So kam er noch öfter in die Arme seiner irdischen Geliebten. Sie gebar einen Sohn und gab ihm den Namen 'Aho'eitu. Tangaloa 'Eitumatupu'a aber war inzwischen zu seiner Familie im Himmel, seiner Frau und seinen fünf Söhnen, zurückgekehrt. Viele Jahre, noch mehr Intrigen und Eifersüchteleien später ernannte Gott Tangaloa 'Eitumatupu'a seinen Sohn 'Aho'eitu zum ersten Tu'i Tonga und somit zum Urahnen aller Monarchen Tongas.

Die Tupou-Dynastie

Laut Schöpfungsmythos kann der heutige Tu'i Tonga, Siaosi Tupou V., somit auf eine beeindruckende Abstammungslinie zurückblicken. Nicht nur das Inselreich selbst, sondern auch seine Monarchen sind demnach göttlichen Ursprungs. Zumindest einige Entscheidungen der königlichen Familie scheinen in der Tat nicht ganz von dieser Welt.

Doch der Reihe nach: Die in Tonga noch immer zutiefst verehrte und beliebte Königin Salote Tupou III., Großmutter des heutigen Monarchen, ließ das Schul- und Gesundheitswesen ausbauen und gründete u. a. die Frauenkooperative *langa fonua*. Das Ausland nahm erstmals im Jahre 1953 Notiz von ihr, als sie ungeachtet des wolkenbruchartigen Regens, der während der Krönungsfeierlichkeiten der britischen Königin Elisabeth II. herniederging, auf einen Regenschirm verzichtend in einer offenen Kutsche durch London fuhr. Ihre Majestät: 2 m groß und recht korpulent, patschnass, aber fröhlich nach rechts und links winkend, lachte sich in die Herzen der Engländer.

Nach ihrem Tod im Jahre 1965 wurde ihr ältester Sohn Taufa'ahau Tupou IV. König. Der erklärte Verehrer des deutschen Reichskanzlers Fürst Otto von Bismarck und viele Jahre als schwerster Monarch der Welt im Guiness-Buch der Rekorde geführt, beschrieb seinen Führungsstil selbst als gütig und autoritär. Forderungen nach mehr Demokratie lehnte seine Majestät kategorisch ab, seine Widersacher nannte er Kommunisten, die sein Königreich destabilisieren wollten.

Ein entscheidender Meilenstein in der Demokratisierungsbewegung Tongas war das Jahr 1986, als die erste unabhängige Zeitung gedruckt wurde. Ihr Herausgeber war 'Akilisa Pohiva, ein Volksschullehrer und des Königs schärfster Kritiker. Im Jahre 1994 wurde die erste Partei, die People's Party, gegründet, ihr folgte wenig später das Human Rights and Democracy Movement.

In jenen Jahren wurde immer deutlicher, wie erstarrt und reformbedürftig das politische System Tongas war, in welchem Ausmaß Korruption und Vetternwirtschaft das Land bestimmten und wie sehr sich die Führungselite von den Bedürfnissen der Bevölkerung entfernt hatte.

Angesichts der chronisch defizitären Handelsbilanzen hielt die königliche Familie unablässig Ausschau nach neuen Einnahmequellen. Eins ihrer vielen dubiosen Projekte war der Import von 20 Mio. ausrangierter amerikanischer Autoreifen, um mit der Verbrennung Strom zu erzeugen. Nun wurden die Proteste der Bevölkerung lauter, denn auch Tonganern ist bekannt, dass beim Verbrennen der Reifen Dioxine, PCBs und andere giftige Stoffe freigesetzt werden. Als dieser Plan scheiterte, inszenierte der geschäftstüchtige Taufa'ahau Tupou IV. einen schwungvollen Handel mit Pässen. Vornehmlich Chinesen aus Hongkong erkauften sich kurz vor Rückgabe der Kronkolonie an China im Sommer 1997 für viele Tausende US$ die tonganische Staatsbürgerschaft. Die Popularität der Royals schwand mehr und mehr, als Akilisi Pohiva öffentlich nach dem Verbleib des Verkaufserlöses der Pässe in zweistelliger Millionenhöhe fragte und zudem bekannt wurde, dass sich Prinzessin Salote Pilolevu Tuita persönlich von der amerikanischen Firma für die Entsorgung der Autoreifen entlohnen lassen wollte. Ohne vorherige Parlamentsdebatte wurde Anfang 2002 das staatliche Elektrizitätsnetz privatisiert, und Kronprinz Tupuoto'a sowie weitere Familienangehörige wurden zu Vorstandsmitgliedern. Um deren außerordentlich hohe Gehälter finanzieren zu können, wurden die Strompreise angehoben. Zwei Jahre später

Tongas 2006 verstorbener König Taufa'ahau Tupou IV.

ging die staatliche Fluglinie Royal Tongan Airlines bankrott, weil Seine Majestät eine total überdimensionierte und somit auf den kleinen Inseln Tongas völlig unbrauchbare Boing 757 langfristig gechartert hatte. Die Liste der ökonomischen Fehlentscheidungen wurde immer länger, während das Volk immer mehr verarmte. Gleichzeitig versuchte die Regierung u. a. durch Verfassungsergänzungen die Machtbefugnis des Obersten Gerichtshofes zu beschneiden, das Recht auf freie Meinungsäußerung abzuschwächen sowie die Presse zu kontrollieren bzw. regierungskritische Medien, etwa die Zeitung Taimi 'o Tonga, ganz zu verbieten. Journalisten wurden verhaftet, nachdem sie einen Artikel über die im Ausland gebunkerten Vermögenswerte des Königs veröffentlicht hatten. Den Meldungen zufolge soll es sich um ein Privatvermögen von rund 350 Millionen US-$ handeln, eine Summe die nie dementiert wurde.

Des Königs Untertanen begehren auf

Die Zeiten des geruhsamen Tonga schienen endgültig vorbei, als die Bevölkerung in einem bislang noch nie dagewesenen Maße begann, die politische Führung infrage zu stellen, demokratische Wahlen, die Rücktritte des auf Lebenszeit ernannten Premierministers Prinz 'Ulukalala Lavaka Ata sowie des gesamten Kabinetts einzufordern. Im Sommer 2005 streikten wochenlang rund 1000 Angestellte des öffentlichen Dienstes für höhere Löhne. Diese Demonstration weitete sich zu einem Massenprotest aus, an dem mehr als 10 000 Menschen teilnahmen, d. h. jeder zehnte Tonganer. Die Lage spitzte sich zu, als eine Gruppe zumeist junger Demonstranten immer gewaltbereiter wurde und Spruchbänder zu sehen waren mit der Aufschrift: »Haut ab oder wir werfen Euch raus.« Da endlich lenkte das Königshaus ein und bewilligte Gehaltserhöhungen für die Angestellten von sagenhaften 60–80%. Demokratische Reformen wurden zudem in absehbarer Zeit in Aussicht gestellt. Im Februar 2006 erklärte der jüngste Sohn von Taufa'ahau Tupou IV., Prinz 'Ulukalala Lavaka Ata, seinen Rücktritt. Der von ihm bestimmte Nachfolger, Dr. Feleti Sevele, ist der erste bürgerliche Regierungschef in der Geschichte Tongas.

Große Hoffnungen auf weitere Reformen setzte die Bevölkerung auf Prinz Tu'ipele-

Tor des Königspalastes in Nuku'alofa

hake, einen Neffen Taufa'ahaus Tupou IV. Doch diese wurden jäh zerstört, als im Juli 2006 die Nachricht von seinem tödlichen Autounfall die Runde machte. Während seines Aufenthaltes in Kalifornien, bei dem er nach eigenen Aussagen Anregungen in Sachen Demokratie sammeln wollte, um anschließend den Ausschuss für politische Verbesserungen in Tonga zu leiten, kam es zu der Tragödie, bei der er zusammen mit seiner Gattin ums Leben kam.

Die Sonne ist untergegangen im Königreich Tonga

Mit diesen Worten teilte im September 2006 der Palast den Tod König Taufa'ahau Tupou IV. mit. Zu seinem Nachfolger wurde umgehend sein ältester Sohn, Kronprinz Tupouto'a, ernannt. Siaosi Taufa'ahau Manumataongo Tuku'aho Tupou V., wie er mit vollem Namen nun heißt, ist beim Volk höchst unpopulär. Gründe hierfür sind seine Machtfülle, seine fragwürdigen Geschäfte, u. a. wollte er vor Jahren das gesamte Erbmaterial der Bevölkerung Tongas an eine australische Biotechnologiefirma verkaufen, sowie sein Schweigen zu Reformfragen.

Wenige Wochen später bereits machte das kleine Königreich mitten im Südpazifik erneut Schlagzeilen. Schwere Ausschreitungen erschütterten Mitte November 2006 die Hauptstadt Nuku'alofa: Hunderte gewaltsame Demonstranten zerstörten rund 80 % der Häuser, plünderten und zündeten Geschäfte an, Autos wurden in Brand gesteckt. Später wurden acht Tote gemeldet. Australien und Neuseeland entsandten Soldaten, nachdem die tonganischen Behörden sie um Hilfe bei der zivilen Verteidigung gebeten hatten. Ausgelöst wurden diese schwersten Unruhen in der Geschichte des Landes durch die Befürchtung, die parlamentarische Sitzungsperiode könne beendet werden, ohne wesentliche Reformen zu beschließen. Hierbei hatten die Tonganer besonders auf die Änderung des Wahlsystems gehofft, die es zukünftig ermöglichen würde, die Zusammensetzung des Parlaments durch demokratische Wahlen statt wie bislang üblich durch Ernennung zu bestimmen. Von zumeist Jugendlichen ausgeübte Gewalt in diesem Ausmaß als Antwort auf das geringe Reformtempo der Regierung? Warum richtete sich diese Wut nicht nur gegen jene Firmen, an denen Mitglieder der Königsfamilie beteiligt sind, sondern ebenfalls gegen jene, die den in Tonga lebenden Chinesen gehören? Wie lange noch ignoriert der König die immer radikaler vorgebrachten Forderungen nach Demokratie? Die Unruhen der jüngsten Zeit haben viele Fragen offen gelassen.

Seine Majestät Taufa'ahau Tupou IV. hat das Land mehr als vier Jahrzehnte weitestgehend absolutistisch regiert und trotz zunehmender Probleme liebten und respektierten die Tonganer ihn. Er war ihr König. Von Siaosi Tupou V. erwarten sie hingegen die rasche Umsetzung demokratischer Reformen, ansonsten, so scheint es, ist seine Amtszeit nur von kurzer Dauer. Finanzielle Sorgen allerdings dürfte der exzentrische, Pickelhaube und Monokel tragende Noch-Monarch, der sich so gerne in einem schwarzen Londoner Taxi über die Inseln chauffieren lässt und bevorzugt kleine Spielzeugsoldaten sammelt, wohl nicht haben.

Steckbrief Tonga

Daten und Fakten

Name: Pule'anga Fakatu'i 'o Tonga
Fläche: 747 km² Landfläche, 700 000 km² Seefläche
Hauptstadt: Nuku'alofa
Amtssprachen: Tonganisch, Englisch
Einwohner: 119 000 (2008, geschätzt)
Bevölkerungswachstum: 1,85 % (2007, geschätzt)
Lebenserwartung: 68 Jahre für Männer, 73 Jahre für Frauen
Währung: Tongan Pa'anga (TOP), auch Tonganischer Dollar (T$) genannt. Für 1 € bekommt man 2,70 TOP (Stand: Ende 2008)
Zeitzone: MEZ plus 12 Std. außerhalb und plus 11 Std. während der mitteleuropäischen Sommerzeit
Landesvorwahl: 00676
Internet-Kennung: .to
Landesflagge: Die ursprüngliche Flagge war nahezu identisch mit der des Internationalen

Roten Kreuzes. Seit dem Jahr 1866 befindet sich im linken Obereck des roten Flaggentuches ein weißes Feld mit einem roten Kreuz. Gemäß König Siaosi Taufa'ahau Tupou I. erinnert die rote Farbe des Tuches an das Blut Jesus, das Kreuz entstammt ebenfalls der christlichen Symbolik. Die weitgehend noch heute gültige Verfassung von 1875, an deren Inhalt maßgeblich der Missionar Shirley Baker beteiligt war, bestimmt, dass die Flagge Tongas niemals geändert werden darf.

Geografie

Der Tonga-Archipel besteht aus insgesamt 170 Inseln, von denen jedoch nur 36 ständig bewohnt sind, verteilt auf einer Seefläche von 700 000 km². Diese Inseln gliedern sich in vier Gruppen: Im Süden Tongatapu mit der 257 km² großen gleichnamigen Hauptinsel mit der Hauptstadt Nuku'alofa, in der Mitte liegen die Inseln der Ha'apai-Gruppe, im Norden befinden sich die Inseln der Vava'u-Gruppe sowie die abgelegenen drei Inseln der Niuas im äußersten Norden. Umstritten ist, ob die beiden Minerva-Riffe im äußersten Südwesten ebenfalls zum Hoheitsgebiet Tongas gerechnet werden müssen.

Tonga besteht aus flachen Korallenatollen und -inselchen, demgegenüber sind vor allem die größeren Inseln vulkanischen Ursprungs. Die höchste Erhebung ist der 1033 m hohe Vulkan Kao auf einer zur Ha'apai-Gruppe gehörenden gleichnamigen Insel. Östlich des Inselreiches befindet sich der bis zu 10 882 m tiefe Tongagraben.

Geschichte

Vermutlich erfolgte die erste Besiedlung Tongas ca. 4000 v. Chr., Fundstücke der sogenannten Lapita-Kultur konnten auf ca. 900 v. Chr. datiert werden. Um etwa 950 n. Chr. entstand auf den Inseln das erste Königreich, dessen Herrschaftsbereich sich rund 300 Jahre später bis nach Fidschi, Samoa und den Tokelau-Inseln ausdehnte. Die ersten Europäer, die 1616 einige der nördlichen Inseln Tongas sichteten, waren die Niederländer Willem Schouten und Jakob Le Maire, im Jahre 1643 erforschte Abel Tasman Teile des Archipels. James Cook besuchte die Inseln zwischen 1773 und 1777 mehrfach. Ab Ende des 18. Jh. ließen sich erste Europäer nieder.

In Freundschaftsverträgen erkannten nacheinander Frankreich, Deutschland, Großbritannien und die USA ab Mitte des 19. Jh. die Unabhängigkeit des Inselreiches an. Seit 1875 ist Tonga eine konstitutionelle Erbmonarchie mit einer Verfassung, die dem König bislang weitreichende Befugnisse einräumt.

Staat und Politik

Staatsoberhaupt ist König Siaosi Tupou V. Regierungschef ist nach dem Rücktritt von Prinz 'Ulukalala Lavaka Ata seit dem 31. März 2006 Dr. Feleti Sevele. Die gesetzgebende Versammlung, die Fale Alea, setzt sich aus dem König, einem von ihm eingesetzten Kronrat sowie 11 von den Adelsfamilien ernannten und 11 vom Volk gewählten Abgeordneten zusammen. Politische Parteien sind nicht zugelassen. Das Land ist ein eigenständiges Mitglied im Commonwealth und seit 1999 Mitglied der Vereinten Nationen.

Mitte der 1980er-Jahre formierte sich eine Demokratiebewegung, die u. a. eine grundsätzliche Reform des politischen Systems und Beschränkungen der Machtbefugnisse der königlichen Familie und des Adels einfordert. Nach den Unruhen von 2005 und schweren Ausschreitungen im November 2006 untersucht eine Kommission zurzeit Vorschläge für eine Verfassungsreform.

Wirtschaft und Tourismus

Tongas Wirtschaft steckt seit Jahren in der Krise. Die Ausgaben für Importe übersteigen die Exporteinnahmen um ein Vielfaches.

Die Ökonomie des Landes ist nach wie vor stark von der Landwirtschaft geprägt. Anbauprodukte sind neben Kokosnüssen, Hackwurzeln wie beispielsweise Taro und Yams, Kürbisse, Bananen sowie vorwiegend für den Export Vanille und Aloe. Hauptabnehmerländer sind Japan, die USA und Neuseeland. Darüber hinaus sind für den Binnenmarkt die Schweine- und Rinderhaltung von Bedeutung. Der Industriesektor ist nur schwach ausgebildet, in kleineren und mittleren Betrieben werden Kleidung, Möbel und Kunsthandwerk hergestellt.

Ein bedeutender Faktor für die Wirtschaft Tongas stellen Zahlungen aus der Entwicklungshilfe sowie Überweisungen der im Ausland lebenden Tonganer dar. In geringem Umfang wird der Staatshaushalt auch durch den Verkauf von .to-Domainnamen (come.to oder jump.to) aufgebessert. Der Tourismus spielt als Einnahmequelle eher eine untergeordnete Rolle.

Bevölkerung und Religion

Neuesten Schätzungen zufolge leben auf den Inseln Tongas 119 000 Menschen, rund 98 % davon sind polynesischer Abstammung, der Rest Europäer, Chinesen und Inder. Das Durchschnittsalter beträgt etwa 22 Jahre. Die Einwohnerzahl der Hauptstadt mit ihrem erweiterten Siedlungsgebiet wird mit rund 34 000 angegeben. Mehr als zwei Drittel der Bevölkerung wohnen auf der Hauptinsel Tongatapu. Ein großer Teil der Tonganer lebt ständig im Ausland, vor allem in Australien, Neuseeland und den USA.

Mehr als 90 % der Bevölkerung bekennen sich zum Christentum, die meisten von ihnen sind Angehörige der Free Wesleyan Church, der Römisch-Katholischen Kirche, der Free Church of Tonga, der Church of Tonga und der Kirche Jesu Christi der Heiligen der Letzten Tage.

Auf einen Blick: Tonga

Die freundlichen Inseln

Angetan vom herzlichen Empfang und von der Höflichkeit seiner Bevölkerung nannte James Cook schon vor über 200 Jahren diese Inseln »The Friendly Islands«. Und das stimmt noch immer, versichern die Tonganer heute stolz und verschweigen dabei freilich, dass ihre Vorfahren die Ermordung des legendären Kapitäns und seiner Mannschaft planten.

Tonga besteht aus 170 Inseln – von denen jedoch nur 36 ständig bewohnt sind – mit einer Gesamtlandfläche von 747 km², die sich auf einer Meeresfläche von 700 000 km² verteilen. Man unterscheidet vier Inselgruppen: Die **Tongatapu-Gruppe** mit der gleichnamigen, flachen Hauptinsel und der darauf befindlichen Hauptstadt Nuku'alofa, den vorgelagerten Eilanden sowie der hügeligen Nachbarinsel 'Eua, ein bislang nahezu unbekanntes Trekking-Revier für Naturliebhaber.

Weiter nördlich schließen sich die Koralleninseln der **Ha'apai-Gruppe** sowie der **Vava'u-Gruppe** an. Ferner umfasst das Hoheitsgebiet die im äußersten Norden gelegenen drei Inseln der abgelegenen **Niua-Gruppe**. Umstritten dagegen ist, ob die beiden unbewohnten Minerva-Riffe rund 500 km südwestlich von Tongatapu ebenfalls dazugehören, auf die auch der Nachbarstaat Fidschi Anspruch erhebt.

Tonga liegt östlich des 180. Längengrads, der zugleich die internationale Datumsgrenze bildet, doch wurde die Datumslinie an eben jener Stelle nach Osten verschoben. Somit befindet sich Tonga unmittelbar westlich dieser gedachten Linie und begrüßt als erster Staat der Welt jeden neuen Tag. Die Tonganer verweisen gerne darauf, dass ihr Land genau da liegt, ›wo die Zeit beginnt‹. Doch die scheint hier auf den Inseln noch gemächlicher dahinzuschleichen als sonstwo im weiten Südpazifik. Dieser häufig ansteckende ›Entschleunigungsprozess‹ ist für viele Besucher neben der landschaftlichen Schönheit ein weiterer Grund, auf den Inseln Tongas,

dem einzigen noch existierenden Königreich Polynesiens, ihren Urlaub zu verbringen.

Highlights

[4] **Ha'amonga Maui Trilithon:** Ein 800 Jahre altes, aus drei je etwa 40 t schweren Korallenblöcken bestehendes Steintor gibt bis heute Rätsel auf (s. S. 191).

[5] **Die Vava'u-Gruppe:** Eine atemberaubend schöne Fjordlandschaft unter tropischer Sonne (s. S. 204).

Empfehlenswerte Route

Inselrundfahrt: Die beschriebene Rundfahrt um Tongatapu führt an allen kulturhistorischen Sehenswürdigkeiten und Naturphänomenen der Hauptinsel vorbei. Sie kann organisiert, aber auch problemlos selbstständig mit dem Mietwagen unternommen werden. Landschaftlich eindrucksvoll ist der südwestliche Küstenabschnitt unweit der Ortschaft Houma, demgegenüber befinden sich die wichtigsten archäologischen Stätten östlich der Hauptstadt (s. S. 190).

Reise- und Zeitplanung

Hat man nur wenig Zeit, so reichen zwei bis drei Tage, um sich einen Überblick über die wichtigsten Sehenswürdigkeiten der Hauptinsel Tongatapu zu verschaffen. Am Wochenende auch bei Einheimischen beliebte Ausflugsziele sind die der Nordküste vorgelagerten Eilande wie beispielsweise 'Atata, Fafa oder das nur etwa 15 Bootsminuten entfernte Pangaimotu. Ausländische Gäste buchen zumeist einen Tagestrip inklusive Lunch ab Faua Jetty, der kleinen Hafenanlage von Nuku'alofa.

Mindestens eine Woche sollte man entweder für 'Eua oder für die abgelegenen Inseln der Ha'apai-Gruppe einplanen. Will man zudem die landschaftlich überaus reizvolle Inselgruppe der Vava'us kennenlernen, benötigt man noch mindestens eine ganze weitere Woche.

Richtig Reisen-Tipps

Das Heilala-Festival: Wer im August auf der Hauptinsel des kleinen Königreiches ist, sollte sich auf keinen Fall dieses einwöchige, farbenfrohe Fest mit Tanz-, Gesangs- und Schönheitswettbewerben entgehen lassen (s. S. 186).

Ha'apai für Abenteurer: Zwölf Tage und etwas Kondition benötigen Sie schon, um die Inselwelt der Ha'apia-Gruppe mit dem Kajak zu erkunden. Der verdiente Lohn: Ein ganz besonderes Erlebnis! Nicht umsonst wurde diese Tour vom National Geographic Adventure Magazine zu einem der 25 größten Abenteuer der Welt gekürt (s. S. 202).

Outdoor-Aktivitäten

Die Inselgruppen Tongas sind ein Eldorado für Naturliebhaber und sportlich aktive Urlauber. Die Nordwestspitze der Insel Tongatapu wird vor allem von Schnorchlern und Surfern frequentiert. Die hügelige Insel 'Eua ist ein Wanderparadies (s. S. 195), hat aber auch als Tauchrevier viel zu bieten. Paddler und Segler wiederum werden von den Ha'apai-Inseln oder dem buchtenreichen Vava'u-Archipel angezogen.

Seit einigen Jahren reisen zunehmend mehr Besucher zum **Whale Watching** nach Tonga. Von Juli bis November kommen riesige, bis 15 m lange und etwa 40 t schwere Buckelwale aus der Antarktis in die seichten, tropisch-warmen Gewässer des Inselreiches, um hier ihre Jungen zu gebären. Mit ihnen zu schwimmen ist sicherlich eine unvergessliche Erfahrung.

Wissenswertes für die Reise in Tonga finden Sie auf S. 86.

Die Tongatapu-Gruppe

Cityplan S. 185

Tongatapu, die Hauptinsel des kleinen Königreichs, bietet weder spektakuläre Landschaften noch Bilderbuchstrände. Die finden Sie vielmehr vor den Toren der Hauptstadt Nuku'alofas nur wenige Bootsminuten auf den vorgelagerten Eilanden. Naturliebhaber begeistern sich zunehmend für die hügelige, dicht bewaldete Insel 'Eua im Südosten.

Nur rund 260 km² groß und flach wie ein Spiegelei, das in der Unendlichkeit des türkisblauen Meeres schwimmt, präsentiert sich Tongatapu seinen Besuchern. Radsportfans werden zu Inselumrundungen animiert und archäologisch Interessierte wollen das Ha'amonga Maui Trilithon, die tonganische Antwort auf Englands Stonehenge, enträtseln. Ausgedehnte Kokosplantagen, Taro-, Yams-, Süßkartoffel-, Bananen-, Melonen- und Ananaspflanzungen bedecken die Hauptinsel. Als erster südpazifischer Staat hat Tonga bereits 1977 begonnen, einige Strände und Riffformationen zu Naturschutzgebieten zu erklären, in denen es unter Geldstrafe u. a. verboten ist, Fische zu fangen, lebende Muscheln zu sammeln oder Korallen abzubrechen. Gegenwärtig gibt es sieben Meeresreservate und drei Nationalparks im gesamten Staatsgebiet.

Die Hauptstadt Nuku'alofa

Cityplan: S. 184; **Reiseatlas:** S. 5, C 2
Koloniale Holzhäuser neben Betonbauten, monumentale Kirchengebäude, die Königsgräber und den königlichen Palast – viel mehr hat der ›Ort der Liebe‹, wie Nuku'alofa ins Deutsche übersetzt heißt, nicht zu bieten. Auch ohne Stadtplan kann man sich hier kaum verlaufen. Planen Sie für einen gemütlichen Rundgang etwa einen halben Tag ein.

Beginnen Sie Ihre Stadterkundung beim **Tonga Visitors Bureau** in der Vuna Road unweit der Fatafehi Road. Das kleine, im traditionellen tonganischen Baustil mit einem Dach aus Palmstämmen und ›Wänden‹ aus Rindenbast-Matten errichtete Gebäude stammt aus dem Jahr 1983. Gegenüber befindet sich der Bahnhof für die städtischen Busse, der **Eastern Bus Terminal.**

In südöstlicher Richtung gelangen Sie vorbei am International Dateline Hotel zum **Faua Jetty 1**, dem kleinen Yacht- und Fischereihafen, von dem die Boote zu den vorgelagerten Inselresorts und nach 'Eua ablegen. Die 1965 mit bundesdeutscher Unterstützung errichtete **Queen Salote Wharf 2** ist Anlegestelle für größere Frachtschiffe und Fähren, die die Inselgruppen Tongas miteinander verbinden.

Wer vom Tonga Visitors Bureau der Uferstraße in westlicher Richtung folgt, erreicht bald die Railway Road, die einzige Einbahnstraße des Landes, in der sich einen Block weiter das 1894 fertiggestellte, hölzerne **Parliament House 3** befindet. Biegen Sie rechts in die Salote Road, kommen Sie weiter zum **Talamahu Market 4** mit seinem großen Angebot an frischem Obst und Gemüse, aber auch an kunsthandwerklichen Produkten wie *tapa*, Körbe und Matten. Zurück zur Vuna Road gelangen Sie zum 1928 erbauten **Treasury Building 5**, heute Schatzamt, früher auch Hauptpostamt. Das 1928 fertiggestellte Gebäude ist eins der we-

Die Hauptstadt Nuku'alofa

nigen verbliebenen Zeugnisse südpazifischer Kolonialarchitektur. Die philatelistische Abteilung, die bis vor wenigen Jahren hier untergebracht war, ist mittlerweile umgezogen. Die farbenfrohen, zum Teil außergewöhnlich geformten Briefmarken können Sammler nun im ersten Stockwerk des Postamts in der Taufa'ahau/Salote Road kaufen. An den Marktständen der **Vuna Wharf** 6 am Ende der Taufa'ahau Road erhalten Sie fangfrischen Fisch.

Der von hohen Norfolk-Kiefern umgebene weiße **Royal Palace** 7, den Sie an der nächsten Kreuzung sehen, ist ein wenig in die Jahre gekommen. Im viktorianischen Stil wurde dieses ›Wahrzeichen‹ Nuku'alofas 1867 aus bereits in Neuseeland vorgefertigten Holzteilen errichtet. Das von einem Zaun umgebene königliche Anwesen ist für die Öffentlichkeit nicht zugänglich. Auf dem öffentlichen Versammlungsplatz *(mala'e pangai)* nahe dem Palast finden Paraden und Zeremonien statt, außerdem dient er als Spielfeld für Fußball, Rugby und Cricket.

Wenn Sie vom Palast stadteinwärts der Tu'i bis zur Wellington Road folgen, sehen Sie rechter Hand an der nächsten Kreuzung die beeindruckende **Centenary Church** 8, die mehr als 2000 Gläubigen Platz bietet. Wenn die königliche Familie in Tonga ist, nimmt sie hier sonntags um 10 Uhr am Gottesdienst teil. (Möchten Sie diese oder eine andere Kirche in Tonga besuchen, achten Sie bitte auf angemessene Kleidung.) Einen Block weiter erreichen Sie gegenüber der sehenswerten, 1888 erbauten **Centennial Church of the Free Church of Tonga** 9 das Areal *(mala'ekula)* der für die Öffentlichkeit nicht zugänglichen **Royal Tombs** 10. Seit 1893 werden hier Mitglieder der königlichen Familie, wie etwa König George I. und Königin Salote, bestattet. Schräg gegenüber, an der Ecke Taufa'ahau/Laifone Road, steht die 1980 geweihte katholische **Basilica of Saint Anthony of Padua** 11. Dieser pagodenförmige Bau beherbergt auch eine öffentliche Bibliothek und ein Restaurant (s. S. 187).

Folgen Sie der Taufa'ahau Road in Richtung Uferstraße bis zur Salote Road, kommen Sie zu einem im Kolonialstil erbauten Holzhaus, dem **Langafonou Building** 12, in dem handwerkliche Erzeugnisse der von Königin Salote bereits 1953 gegründeten Frauenkooperative preisgünstig verkauft werden. Zum Fremdenverkehrsbüro, Ihrem Ausgangspunkt dieses Stadtrundgangs, gelangen Sie, wenn Sie die Straße weiter bis zur Vuna Road gehen und dann nach rechts abbiegen.

Ein absolutes Muss ist der Besuch des 1988 eröffneten **Tongan National Cultural Centre** 13 an der Taufa'ahau Road etwas außerhalb der Stadt. Die Dauerausstellung, die anschaulich über die Geschichte und das traditionelle Handwerk Tongas informiert, wird durch Musik- und Tanzdarbietungen sowie Vorführungen traditionellen Handwerks, tonganischer Kochkünste und einer Kava-Zeremonie ergänzt (Mo–Fr 9–16 Uhr, Eintritt 3 TOP, erm. 1 TOP).

Mit der Autorin unterwegs

Sehenswert
Tongan National Cultural Centre: Das etwas außerhalb der Hauptstadt befindliche Museum gibt einen sehr informativen Überblick über die Kultur und die Geschichte des Landes (s. unten).

Inseltreffpunkt
Restaurant, Internetcafé und aktuelle Informationen – all das und noch viel mehr bietet das **Friends Tourist Centre** in der Taufa'ahau/Salote Road (s. S. 185).

Schlemmen vom Feinsten
Das **Seaview Restaurant** (s. S. 186) an der Uferpromenade in Tongas Hauptstadt ist seit Jahren die beste Adresse für alle, die Meeresfrüchte und Hummer schätzen.

'Eua
Diese nur wenige Flugminuten von Tongatapu entfernte Nachbarinsel ist ein Paradies für Wanderer und Naturfreunde (s. S. 195).

Tonga – die Tongatapu-Gruppe

Nuku'alofa: Cityplan

Sehenswürdigkeiten
1. Faua Jetty
2. Queen Salote Wharf
3. Parliament House
4. Talamahu Market
5. Treasury Building
6. Vuna Wharf
7. Royal Palace
8. Centenary Church
9. Centennial Church of the Free Church of Tonga
10. Royal Tombs
11. Basilica of Saint Anthony of Padua
12. Langafonou Building
13. Tongan National Cultural Centre

Übernachten
1. Lagoon Lodge
2. The Villa Guest Lodge
3. Heilala Holiday Lodge
4. Harbour View Motel
5. Winnie's Guest House
6. Sela's Guest House

Übernachten und Essen
7. The Black Pearl Suites & Pearl Inn
8. Seaview Lodge & Restaurant
9. Waterfront Lodge & Café

Essen und Trinken
10. Little Italy Pizzeria
11. Friends Café
12. Akiko's Restaurant (Loki Kai)
13. Chateau Ice Cream

Ausgehen
14. Billfish Bar and Restaurant
15. Blue Pacific Nightclub

Tonga Visitors Bureau: Vuna Road, Tel. 00 676-253 34, Fax 00 676-235 07, info@tvb.gov.to, Mo–Fr 8.30–16.30 Uhr, Sa 9–12.30 Uhr. Hier erhalten Sie u. a. die Broschüre »Walking Tour of Central Nuku'alofa« und weitere Faltblätter über die Kultur und Sprache des Landes. Gern buchen die Mitarbeiter des TVBs auch Ihre Unterkunft.

Friends Tourist Centre: Taufa'ahau/Salote Road, Tel. 00 676-263 23, friends@tonfon.to, Mo–Fr 8–22 Uhr, Sa 8.30–19.30 Uhr. Auch hier erhalten Sie alle aktuellen Infos. Ferner können Sie E-Mails einsehen und versenden sowie eine leckere Kleinigkeit essen. Das Centre schräg gegenüber dem Postamt ist die Adresse für alle, die Infos und Tipps benötigen oder andere treffen wollen.

Lagoon Lodge [1]: Bypass Road, Tel. 265 15, Fax 265 20, www.lagoonlodgetonga.to. Haus mit 15 geräumigen und komfortabel eingerichteten Apartments für Selbstversorger nahe der Fangakakau-Lagune. 165–375 TOP pro Nacht für 2 Personen (reduzierte Tarife für längere Aufenthalte).

The Villa Guest Lodge [2]: Vuna/Tungi Road, Tel./Fax 24 998, www.tongavilla.com. Schön renovierte Villa im Kolonialstil (zuvor als Villa McKenzie bekannt) mit fünf Zimmern, herrlich altmodischem Speiseraum, riesiger Küche, in der es rund um die Uhr Kaffee, Tee und kalte Getränke gibt, sowie kleinem Garten im Hinterhof. Nicht zuletzt wegen seines ausgezeichneten Services beliebt. 174 TOP inkl. Frühstück.

Heilala Holiday Lodge [3]: Tel. 299 10, Fax 294 10, www.heilala-holiday-lodge.com. Im Vorort Tofoa etwa 3 km südlich des Stadtkerns inmitten eines tropischen Gartens gelegene Unterkunft unter deutsch/tonganischem Management mit traditionell gebauten Bungalows und Gästezimmern, Restaurant und Bar, Pool. Umfangreiches Ausflugsprogramm, diverse Wassersportmöglichkeiten, Fahrräder können gemietet werden, kostenloser Flughafentransfer sowie Internetzu-

Die Hauptstadt Nuku'alofa

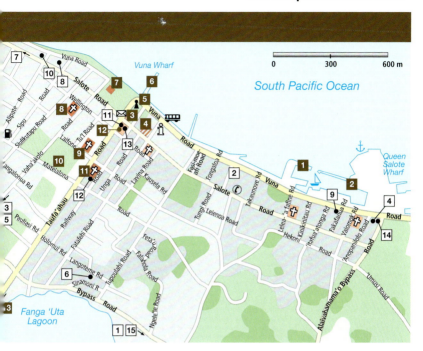

gang. 68 TOP (DZ), 95–145 TOP pro Bungalow und 1330–3990 TOP pro Woche im Apartment (bis zu 4 Pers.) inkl. Frühstück.

Harbour View Motel 4: Vuna Road, Tel. 254 88, Fax 254 90, harbvmtl@kalianet.to. Unterkunft mit 13 Zimmern unterschiedlichster Ausstattung von einfach bis zur Penthouse Suite gegenüber Queen Salote Wharf. 70–180 TOP inkl. Frühstück.

Winnie's Guest House 5: Vaha'akolo Road, Tel./Fax 252 15, winnies@kalianet.to. Einfache Unterkunft etwas außerhalb des Stadtzentrums mit fünf Doppelzimmern, Gemeinschaftsduschen und -küche, Wohnzimmer mit TV, Internetzugang, ein Spieleraum mit Billard und Dart. 40 TOP pro Person inkl. Frühstück, 30 TOP Studententarif; Mittagessen für 15 TOP und Abendessen für 20 TOP. Kreditkarten werden nicht akzeptiert.

Sela's Guest House 6: Longoteme Road, Tel. 250 40, Fax 267 91, mettonga@kalianet.to. Seit Jahren bekannte Unterkunft für preisbewusste Reisende am Stadtrand. 18 Zimmer z. T. mit Dusche. 15 TOP im Schlafsaal, 60 TOP im Doppelzimmer mit Bad. Kreditkarten werden nicht akzeptiert.

The Black Pearl Suites 7: Vuna Road, Tel. 283 93, Fax 284 32, www.blackpearlsuites.to. Neue Unterkunft der gehobenen Klasse mit für die Südsee ungewöhnlichem Interieur. Zehn unterschiedliche Suiten, jede mit Balkon. Sehr guter Service. 160–300 TOP. Im Restaurant **Pearl Inn** (Mo–So 18–22 Uhr) gibt es erst-

Sonntagsruhe

Nuku'alofas Angebot an guten Restaurants mit nationaler und internationaler Küche ist überraschend groß. Beachten Sie jedoch, dass Tonga laut Verfassung sonntags ›geschlossen‹ ist. Abgesehen von Hotelrestaurants und -bars müssen sich alle anderen Betriebe an dieses Gesetz halten.

Tonga – die Tongatapu-Gruppe

Richtig Reisen-Tipp: Das Heilala-Festival

Das Heilala-Festival ist eine Veranstaltung, bei der sich die ansonsten eher geruhsame Gangart der einheimischen Bevölkerung in ausgelassene Partystimmung wandelt. Es gibt alljährlich eine ganze Reihe von Feierlichkeiten auf den verschiedenen Inseln des Königreiches, doch dieses ist *das* Fest Tongas und nahezu jeder scheint in diesen Tagen in der Hauptstadt zu sein.

Auch viele, die im Ausland leben, reisen extra für dieses Festival an. In den Straßen Nuku'alofas finden Tanz- und Schönheitswettbewerbe statt, es gibt Paraden mit festlich geschmückten Wagen, Konzerte, diverse Sportwettkämpfe, Regatten – und abends natürlich Partys.

In früheren Jahren wurde das Heilala-Festival rund um des Königs Geburtstag am 4. Juli gefeiert, doch nach dem Tod Taufa'ahau Tupou IV. sind die Daten des Heilala-Festivals Änderungen unterworfen. Für 2009 jedenfalls ist der Monat August anvisiert. Näheres erfahren Sie beim Fremdenverkehrsamt oder auf www.tongaholiday.com.

Beim Heilala-Festival

klassige Fisch- oder Fleischgerichte, aber man sollte noch ein wenig Platz für eine der superben Nachspeisen lassen! Hauptgerichte 25–40 TOP.

Seaview Lodge & Restaurant [8]: Vuna Road, Tel. 237 09, Fax 269 06, seaview@kalianet.to. Drei Blöcke westlich vom Königspalast gelegenes Hotel mit zwölf komfortabel ausgestatteten Zimmern. DZ 195–270 TOP, 310 TOP für den Bungalow. Das **Seaview Restaurant** (Mo–Fr 18–22 Uhr) ist seit Jahren bei einheimischen und ausländischen Gästen wegen seiner guten Gerichte und gemütlichen Atmosphäre beliebt. Reservieren Sie einen Tisch und probieren Sie unbedingt den Hummer. Hauptgerichte 30–40 TOP.

Waterfront Lodge [9]: Vuna/Fakafanua Road, Tel. 252 92, Fax 252 60, www.waterfront-lodge.com. 2003 im kolonialen Stil fertiggestellt. Acht Zimmer mit Eichenparkett, Möbeln aus Teakholz und jeweils einem breiten Balkon. Schöner Blick über den Hafen. DZ 150–160 TOP. Im **Waterfront Café** (Tel. 210 04, Mo–Sa 10.30–22.30 Uhr) im Erdgeschoss serviert man ein leckeres Frühstück, Snacks sowie fangfrischen Fisch oder saftige Steaks. Für tonganische Verhältnisse kann sich auch die Weinkarte sehen lassen. Abends gibt's leckere Cocktails. Frühstück ab 11 TOP, Hauptgerichte 20–40 TOP.

Little Italy Pizzeria [10]: Vuna Road, einige Blöcke westl. des Königspalastes, Tel. 250 53, Mo–Fr 12–14 und 18.30–22.30, Sa 18.30–22.30 Uhr. Schmackhafte Pizza- und Pastagerichte serviert Angelo aus

Die Hauptstadt Nuku'alofa

Milano. Pasta ab 13 TOP, Pizzen 12–18 TOP, weitere Hauptgerichte 20–30 TOP. Auch takeaway.

Friends Café 11: Taufa'ahau/Salote Road im Friends Tourist Centre, Tel. 223 90, Mo–Fr 8–22 Uhr, Sa 8.30–14 Uhr. Ein Muss, wenn man in der Stadt ist (isst). Hier bekommt man nicht nur den besten Kaffee, Cappuccino, Espresso und Kuchen oder ein leckeres Frühstück, auch die Quiche sowie die Salate und Obstplatte sind empfehlenswert. Lassen Sie sich vom Tagesangebot überraschen. Dazu gibt es klassische Musik oder Jazz. Frühstück 4,50–14,50 TOP, Sandwich 4–8 TOP, Hauptgerichte 9,50–20 TOP.

Akiko's Restaurant (Loki Kai) 12: In der Basilica of St. Anthony of Padua (s. S. 183), Taufa'ahau/Laifone Road, Tel. 253 39, Mo–Fr 11–15 Uhr. Einfache tonganische und chinesische Gerichte zu günstigen Preisen. Kein Alkoholausschank. Ein Sandwich kostet 2 TOP, Hauptspeisen bis 6,50 TOP.

Chateau Ice Cream 13: Salote/Railway Road, Mo–Sa 9–23 Uhr. Einfach nur lecker!

Langafonua'ae Fefine Handicrafts: Taufa'ahau/Salote Road, Tel. 210 14, Mo–Fr 8.30–16.30, Sa 8.30–12.00 Uhr. Die beste Adresse für den Kauf exzellenter handwerklicher Erzeugnisse wie beispielsweise *tapa,* geflochtene Matten, Körbe und Taschen. Kreditkarten werden nicht akzeptiert.

The Art of Tonga: Taufa'ahau Road zwischen Wellington und Laifone Road im Fund Management Building, Tel. 276 67, Mo–Fr 9–17 Uhr, Sa 9–14 Uhr. In diesem Geschäft sowie in den Zweigstellen im International Dateline Hotel und auf dem Talamahu Markt verkauft Sitiveni Fehoko seine ausgezeichneten Schnitzarbeiten. Der kleine Laden in der Vuna Road (Fehoko Art Creation) gehört ihm ebenfalls. Sehr schön sind auch die Körbe und *tapa* (s. S. 50), die Sie hier kaufen können.

Blue Banana Studios: Taufa'ahau Road, zwischen Wellington und Laifone Road im Fund Management Building, Tel. 276 62, Mo–Fr 9–17 und Sa 9–12 Uhr. Wer Souvenirs wie etwa handbemalte Wickelröcke, T-Shirts und *tapa* sucht, sollte hier hereinschauen.

Friendly Islands Bookshop: Taufa'ahau Road zwischen Wellington und Laifone Road in der Tungi Arcade, Tel. 237 87, Mo–Mi, Fr 8.30–17, Sa 8.30–12.30 Uhr. Neben Büchern über Geschichte und Kultur des Landes auch Tageszeitungen und Postkarten.

Philatelic Bureau: Taufa'ahau/Salote Road, Tel. 217 00, Mo–Fr 8.30–12.30 und 13.30–16 Uhr. Die Briefmarkenabteilung ist in der ersten Etage des Post Office untergebracht.

Talamahu-Markt: Salote Road, Mo–Sa früh morgens bis 16.30 Uhr. Ein Muss für jeden Tonga-Besucher ist der größte Markt Tongas mit seinem Angebot an frischem Obst und Gemüse sowie kunsthandwerklichen Erzeugnissen. Am besten am Samstagmorgen.

Wer hier wildes Nightlife mit den angesagtesten Clubs und Bars in der Südsee sucht, wird enttäuscht sein. Beachten Sie auch, dass alle Lokale samstags pünktlich um Mitternacht schließen müssen.

Billfish Bar and Restaurant 14: Vuna Road, gegenüber Queen Salote Wharf, Tel. 240 84, Mo–Do 21–2, Fr bis 4 Uhr morgens und Sa bis Mitternacht geöffnet. Seit Jahren bekannte Adresse für alle, die ein kühles Bier und leckere kleine Mahlzeiten in tropischem Ambiente schätzen. Mi und Fr gibt's Livemusik und manchmal auch Karaoke.

Blue Pacific Nightclub 15: Bypass Road etwas außerhalb der Stadt an der Fanga'uta Lagune, Tel. 259 94, Di–Fr 22–4 Uhr. Wer tanzen möchte, sollte sich mit einem Taxi in Tongas einzigen Nachtclub fahren lassen. Auch sehr beliebt bei Einheimischen. Fr u. Sa Eintritt 3 bzw. 6 TOP.

Tanzshows mit Kava-Zeremonie
Unbedingt anschauen sollten Sie sich eine tonganische Tanzshow z. T. mit Buffet und Kava-Zeremonie. Dass Einheimische den Tänzern und Tänzerinnen Geldscheine an den eingeölten Körper kleben, mag zunächst etwas befremden, ist aber üblich und wird auch von Ihnen erwartet. Also: Genügend 1-TOP-Scheine oder größere einstecken!

Tonga – die Tongatapu-Gruppe

 Tongan National Cultural Centre: Taufa'ahau Road außerhalb der Stadt an der Fanga'uta Lagune, Tel. 230 22, Di u. Do 19.30 Uhr. Die beste Adresse für eine sogenannte Island Night. Besonders hilfreich sind die Erklärungen, die den Besuchern die verschiedenen traditionellen Tänze näher bringen. Rechnen Sie pro Person mit 24 TOP inkl. Transport.
International Dateline Hotel: Vuna Road, Tel. 234 11. Gute Tanzvorführungen und ein leckeres Buffet bietet auch das größte Hotel der Stadt. Jeden Mittwoch- und Freitagabend für 25 TOP pro Person; auch für Nicht-Hotelgäste.

Feste/Veranstaltungen
Sportsday: Lebensfreude pur können Sie im April bei der tonganischen Antwort auf die deutschen Bundesjugendspiele im Nationalstadion erleben.
Heilala-Festival: s. S. 186
Miss Galaxy Beauty: Mitte Juli wird die schönste *fakaleiti,* wie die Transvestiten in Tonga genannt werden, gekürt.

 Stadtrundfahrten: Friends Tourist Centre, Taufa'ahau/Salote Road, Tel. 263 23, bietet für 12 TOP pro Person eine etwa 45-minütige Stadtrundfahrt mit hohem Spaßfaktor; dabei sitzt man in einem *tuk-tuk*, einem Fahrradtaxi.
Inselrundfahrten: Eine Reihe von Veranstaltern offerieren halb- oder ganztägige Inselrundfahrten zu den Sehenswürdigkeiten Tongatapus. Mit viel Erfahrung, fundiertem Wissen und in deutscher Sprache bieten folgende Unternehmen ihre Touren an:
Friendly Island Experience: Tel. 299 10, info@tongaexperience.com. 6- bis 7-stündige Touren für 45 TOP pro Person.
Toni's Tours: Tel. 210 49, tonigh@kalianet.to. 30 TOP pro Person, auch am So.
Bootstouren: Charterboote für Ausflüge zu Inseln Ihrer Wahl, zum Hochseeangeln und Wale beobachten über Sea-Taxi, Tel. 227 95, Fax 246 78, www.kalianet.to/seataxi.
Inselfähren: Vom Hafen in Nuku'alofa (Faua Jetty) legen Boote zu den vorgelagerten Inseln ab. Diese Touren werden häufig inkl. Mittagessen/Picknick angeboten.
Fafa Island Resort, Tel. 228 00, Fax 23 59, fafa@kalianet.to. 30 Minuten dauernde Überfahrt tgl. ab 11 Uhr, Rückfahrt um 16.30 Uhr, 57 TOP.
Royal Sunset Resort, Tel./Fax 212 54, royalsunset@royalsunset.to. Eine Strecke mit dem Boot zur Insel Atata dauert etwa 45 Minuten. Nur sontags ab 10 Uhr, 57 TOP.
Pangaimotu Island Resort, Tel. 157 62, Fax 23 759, pangaimotu@kalianet.to. Die Boote für die nur 10-minütige Überfahrt legen Mo–Sa um 10 und 11 Uhr ab, Rückfahrt ab 16 und 17 Uhr, So stdl. von 10 bis 13 Uhr, Rückfahrt stdl. von 15 bis 18 Uhr, 15 TOP.
Golf: Nicht am Sonntag, dafür aber an allen anderen Tagen können Sie auf dem zwischen Nuku'alofa und dem Flughafen gelegenen 9-

Die Hauptstadt Nuku'alofa

Eine Fischerin überprüft ihr Netz

Loch-Golfplatz **Manamo'iu Golf Course** einlochen. Die Greenfees betragen 8 TOP. Interessierte wenden sich an die Rezeption des International Dateline Hotel, Tel. 214 11.

Tauchen: Besonders lohnend ist das **Hakaumama'o Reef** ca. 14 km nördlich der Hauptstadt sowie die vor **Malinoa Island** gelegene Riffformation. Beide Riffe zählen zu den Naturschutzgebieten Tongas. Farbenfrohe Korallenriffe mit bis zu 130 m langen und 50 m breiten Höhlen und Steilwänden, die teilweise erst vor wenigen Jahren entdeckt worden sind.

Schiff/Fähre: Einmal wöchentlich legen Fähren von der Queen Salote Wharf zur Ha'apai- und weiter zur Vava'u-Gruppe ab, zu den Niua Islands geht es dagegen nur einmal alle ein bis zwei Monate. Die Überfahrt von Tongatapu zur Ha'apai-Gruppe kostet etwa 45 TOP, zur Vava'u-Gruppe 60 TOP und zu den Niuas müssen Sie mit rund 100 TOP rechnen (jeweils einfache Strecke).

MV Olovaha, Shipping Corporation of Polynesia, Tel. 238 53, info@scptonga.com;

MV Pulupaki, Uata Shipping Line, Tel. 238 55, uataline@kalianet.to.

'Eua-Fähre: Für die je nach Wetterlage 1,5- bis 3-stündige, nicht selten etwas raue Überfahrt nach 'Eua legen kleinere Fähren täglich ab. Die einfache Strecke kostet 20 TOP.

MV 'Alaimoana sowie **MV 'Otu Tonga,** Tofa Shipping, Tel. 213 26;

MV 'Ikale, Uata Shipping Line, Tel. 238 55, uataline@kalianet.to.

Mietfahrzeuge: Folgende Autovermieter sind mit Büros in der Stadt vertreten:

Tonga – die Tongatapu-Gruppe

> **Wenn es Sonntag wird in Tonga …**
> Wenn Sie morgens in Ihrem Hotel in Nuku'alofa aufwachen und die Hauptstadt noch ein wenig verschlafener und stiller wirken sollte als sonst, keine Motorengeräusche der klapprigen Busse oder Taxis an Ihre Ohren dringen, wenn selbst die vielen streunenden Hunde leiser zu bellen scheinen, ja, dann ist Sonntag in Tonga.
> »Der Sabbat ist für immer heilig«, so steht es in der Verfassung. Es ist untersagt, an diesem Tag zu arbeiten, Handel zu treiben, Verträge zu unterzeichnen oder sich sportlich zu betätigen. Kein Flugzeug landet, kein Schiff legt an, die Kinos und die meisten Restaurants sind geschlossen. Kein Wunder, denn an dieser Verfassung hat ein methodistischer Missionar mitgeschrieben.
> Weithin hörbar sind am Sonntag nur die Kirchenglocken, die die Gläubigen zum Gottesdienst mahnen, und die mit schönen Stimmen und voller Hingabe gesungenen Choräle. Für kurze Zeit beleben sich die Straßen, wenn die festlich in alte Ta'ovala-Matten gekleideten Tonganer gemächlich nach Hause gehen. Das Mittagessen wird an diesem Tag im Erdofen *(umu)* zubereitet.

Avis, Fund Management Building, Taufa'ahau Road, Tel. 211 79, avis@tonfon.to;
EM Jones Rental, Taufa'ahau Road, Tel. 234 23 und 29 858, jonestrvl@kalianet.to;
Marketonga Rental Cars, Taufa'ahau Road, Tel. 756 23 und 24 640, rental@marketonga.to.

Stadtverkehr
Busse: Die beiden zentralen Stationen sind in der Vuna Road gegenüber vom Tourismusbüro für die Stadtlinien **(Eastern Bus Terminal)** sowie nahe der Vuna Wharf für Überlandbusse **(Western Bus Terminal).** Die Fahrpreise sind für kürzere Strecken 50 Seniti und für die weiteren Fahrten 1,50 TOP.
Taxis sind zahlreich, eine Strecke innerhalb der Stadt kostet minimal 3 TOP, zu den Außenbezirken und zum Flughafen 25 TOP. Fragen Sie beim Tourismusbüro nach den aktuellen Fahrpreisen und vergessen Sie nicht, dass am Sonntag (fast) alles still steht – eben auch Taxis. In der Salote Road gegenüber der ANZ Bank befindet sich der zentrale Taxistand.
Fahrräder mietet man bei Niko's Bike Rental, Vuna Road nahe International Dateline Hotel, für ca. 8 TOP pro Tag.

Insel Tongatapu

Mehrere Veranstalter bieten Fahrten entweder als Halbtagesausflüge für den Ost- bzw. Westteil Tongatapus oder aber als ganztägige Touren, die die gesamte Insel einschließen. Die hier beschriebene Tour führt von Nuku'alofa im Uhrzeigersinn nach Osten, dann entlang der Südküste in den westlichen Teil Tongatapus.

Die in unmittelbarer Nähe der Hauptstadt liegende **Fanga 'Uta Lagoon** ist aufgrund der eingeleiteten Abwässer mittlerweile ein totes Gewässer. Zwischen den Ortschaften Tofoa und Pe'a am Südwestrand der Lagune sieht man die **Tufumahina Royal Residence,** das Anwesen der Prinzessin Pilolevu, das für die Öffentlichkeit nicht zugänglich ist. Die Kanonen am Eingang zeigen zum schräg gegenüber befindlichen Palast des Königs Siaosi Tupou V., in den Karten zumeist noch als **Crown Prince's Palace** verzeichnet.

Holonga und Mu'a
Reiseatlas: S. 6, E 3
Nahe der Ortschaft Holonga zwischen Malapo und Mu'a markiert eine kleine Gedenktafel **Captain Cook's Landing Site.** Den Quellen zufolge schlug er im April 1777 unter einem großen Bayanbaum sein Lager auf. An der Stelle dieses legendären Ficus ist zwar längst ein anderer gepflanzt worden, doch auf den Karten findet sich weiterhin der Hinweis auf »Capt. Cook's Tree«.

In der Gegend um **Mu'a** befinden sich insgesamt 28 zum Teil rechteckige, aus Korallengestein terrassenförmig angelegte Gräber *(langi)* verstorbener Könige, die nicht erforscht werden dürfen. Sie sind die Überres-

Insel Tongatapu

te der etwa im 12. Jh. hierher verlegten Herrscherresidenz. In den folgenden rund 600 Jahren entwickelte sich Mu'a, einst Lapaha genannt, und wurde zum bedeutendsten Regierungs- und Kulturzentrum Tongas, bis vor über einem Jahrhundert der Regierungssitz nach Nuku'alofa verlegt wurde.

4 Ha'amonga Maui Trilithon
Reiseatlas: S. 6, F 2

Etwa 32 km von der Hauptstadt entfernt, in unmittelbarer Nähe der Ortschaft Niutoua, ragt an der nordöstlichsten Spitze Tongatapus das berühmte **Ha'amonga Maui Trilithon** auf. Der Legende nach soll der polynesische Halbgott Maui dieses Steinmonument auf seinen Schultern von der Insel Wallis nach Tonga getragen haben. So erklärt sich auch der Name des Tores aus drei massiven, zusammen etwa 120 t schweren, quaderförmigen Korallenblöcken: Ha'amonga Maui, zu Deutsch ›Die Last des Maui‹. Eine andere Überlieferung besagt, dass Tu'itatui, der um 1200 regierende elfte Tu'i Tonga, das Monument als Mahnung für seine Söhne erbauen ließ. Andere Quellen lassen im Trilithon den Eingang eines Königssitzes vermuten, von dessen Anlage selbst jedoch nichts erhalten geblieben ist. Nach der Theorie des mittlerweile verstorbenen Königs Taufa'ahau IV. diente das Monument astronomischen Berechnungen. Er fand eine Einkerbung im Gestein, die am 21. Juni, dem kürzesten Tag des Jahres auf der südlichen Halbkugel, genau in die Richtung der aufgehenden Sonne weist. Bemerkenswert sind in diesem Zusammenhang auch die drei vom Trilithon zur Küste führenden Pfade: Über dem einen Pfad geht die Sonne zur Zeit der Tagundnachtgleiche auf, über den anderen beiden am kürzesten bzw. längsten Tag des Jahres. In unmittelbarer Nähe des Trilithons können Sie noch einige *langi* entdecken, die bei den Einheimischen als Langi Heketa bekannt sind.

Um die heimische Flora zu bewahren, ist das Gebiet im Nordosten Tongatapus vor

Steintor Ha'amonga Maui auf Tongatapu

Tonga – die Tongatapu-Gruppe

Die Republik Minerva — Thema

Kennen Sie die Republik Minerva? Nein? Gibt es sie überhaupt? Auf jeden Fall ranken sich um diese (nicht existierende) Republik jene skurrilen Geschichten, von denen man annimmt, ihnen muss Hochprozentiges vorausgegangen sein.

Aber der Reihe nach: Weit im Südwesten von Tongatapu, der Hauptinsel des Königreichs Tonga, liegen die beiden unbewohnten Minerva-Riffe. Von Tonga (Insel Tongatapu) liegen sie rund 500 km, von Fidschi (Insel Ono-i-Lau) etwa 300 km entfernt. Namensgeber war der Walfänger Minerva, der 1829 am südlichen Riff strandete.

Auf einem dieser beiden, einst vollständig unterhalb der Wasseroberfläche liegenden Korallenblöcke ließ eines Tages Michael J. Oliver, ein amerikanischer Immobilienunternehmer und Millionär, Sand aus dem fernen Australien abladen. Anschließend wurde die Unabhängigkeit der künstlichen Insel, eben jener Republik Minerva, ausgerufen, eine Flagge gehisst und eine eigene Währung, der Minerva-Dollar, ausgegeben. Ach ja, die Anrainerstaaten setzte man auch noch von der Existenz der Mikro-Nation in Kenntnis.

Dies alles geschah im Januar 1972. Im folgenden Monat erfuhr die Weltöffentlichkeit, dass ein gewisser Morris C. Davis als Staatsoberhaupt und Regierungschef Minervas fungiere. Die aktuelle Staatsfläche der aufgeschütteten Republik gab man mit 0,0082 km² an. In Planung war der Bau einer Stadt namens Sea City für rund 30 000 Einwohner.

Kurz darauf trafen sich Vertreter der Nachbarstaaten und konferierten über das ungewöhnlichen Ereignisse. Einzig Tonga erhob Anspruch auf die beiden Riffe. Seine Majestät, König Taufa 'ahau Tupou IV., erklärte im Amtsblatt sowohl das nördliche als auch das südliche Minerva-Riff, von ihm Teleki Tonga und Teleki Tokelau genannt, höchst offiziell zu seinem Reich gehörend. Danach entsandte er postwendend Soldaten, die alle weiteren Baumaßnahmen beendeten. Nach einigem Hin und Her erkannten die Mitglieder des Südpazifikforums schließlich die Ansprüche Tongas an. Mister Oliver entließ den Präsidenten ›seiner‹ Republik und es kehrte erst einmal Ruhe ein.

10 Jahre später annektierte eine Gruppe Amerikaner, unter ihnen der einst abgesetzte Staatschef Morris C. Davis, das aufgeschüttete Fleckchen Sand. Der König von Tonga schickte erneut seine Streitkräfte, die die Besetzer wiederum des Riffes verwiesen.

Doch nun erkannte auch der Nachbar Fidschi die Bedeutung dieser Riffe weit draußen im Meer. In jenen Tagen nämlich hatte man begonnen, die UN-Seerechtskonvention neu zu regeln. Inselstaaten mit einer nur minimalen Landfläche konnten nun riesige Seemeilen-Zonen, sprich: Wirtschaftszonen erhalten, weil deren Ausdehnung von den äußersten Inseln berechnet wurde. Bereits seit Generationen, so die Fidschianer, würden die Riffe von den Fischern der Lau-Inseln als Fangplatz genutzt.

Man darf gespannt sein auf die Fortsetzung der Geschichten rund um Minerva. Derzeit liegen den Vereinten Nationen Anträge von Tonga und Fidschi sowie mittlerweile auch von Neuseeland und der Gruppe ›Fürstentum Minerva‹ rund um einen gewissen Prinz Calvin mit der Bitte um Klärung der territorialen Ansprüche vor.

Insel Tongatapu

Jahren zu einem Schutzgebiet, dem **Muihopohoponga Reserve,** erklärt worden. Von der Ortschaft Niutoua führt ein Wanderweg in diese landschaftlich überaus reizvolle Region.

Haveluliku
Reiseatlas: S. 6, E 3/4
Weiter die Ostküste mit ihren weißen Sandstränden entlang, nahe dem Ort **Haveluliku,** öffnet sich ein verzweigtes Tropfsteinhöhlensystem, **'Anahulu Cave** genannt, dessen genaues Ausmaß unbekannt ist. Hier leben Hunderte kleiner Vögel und Fledermäuse. Die Führung durch einen Ortskundigen sowie die Mitnahme einer Taschenlampe und gutes Schuhwerk sind empfehlenswert. Gleich zu Beginn des Höhlensystems befindet sich ein kleiner, zum Schwimmen geeigneter Süßwasserpool.

Wenn Sie der Küste in südlicher Richtung folgen, kommen Sie an weiteren herrlichen, häufig menschenleeren Stränden wie etwa **'Anahulu Beach** und **Laulea Beach** vorbei. Kurz vor der Ortschaft Lavengatonga führt ein Weg zum **'Oholei Beach** und weiter zur **Hina Cave,** einer der vielen Höhlen, die Sie entlang dieses Küstenabschnittes entdecken können.

Hufangalupe
Reiseatlas: S. 5, C 4
Ins Deutsche übersetzt heißt **Hufangalupe,** die natürliche Brücke aus Korallengestein an der Südküste Tongatapus, ›Tor der Taube‹. Unterhalb der steilen Klippen öffnet sich eine Bucht mit herrlichem Sandstrand. Mit etwas Glück können Sie an diesem Küstenabschnitt in den Monaten zwischen Juli und Oktober Buckelwale vorbeiziehen sehen.

Houma
Reiseatlas: S. 5, A 3
An der in Terrassen abfallenden Felsküste bei **Houma,** etwa 15 km südwestlich der Hauptstadt, schießt die Gischt durch Hunderte von Gesteinsöffnungen bis zu 20 m fontänenartig in die Höhe. Besonders bei Flut wird deutlich, warum diese **Blowholes** in Tonga *Mapu'a a Vaca* (›Pfeife des Königs‹) genannt werden: Bei dem hohen Druck, mit dem das Wasser durch die ›Blaslöcher‹ gepresst wird, entsteht ein lauter Ton, der sich an stürmischen Tagen zu einem ohrenbetäubenden Lärm steigern kann.

Kolovai
Reiseatlas: S. 5, A 1
Berühmt ist die Fledermauskolonie in **Kolovai** im Westen Tongatapus. Hunderte von Flughunden, deren Spannweite bis 70 cm betragen kann, hängen tagsüber mit den Köpfen nach unten in den Kasuarinenbäumen entlang der Straße. Bis heute sind diese Tiere in Tonga heilig und dürfen nur von Mitgliedern der königlichen Familie gejagt werden. Der Legende nach stirbt eines ihrer Mitglieder, wenn ein Albino-Flughund geboren wird.

Ha'atafu
Reiseatlas: S. 5, A 1
Der Strandabschnitt nahe dem kleinen Dorf **Ha'atafu** am Nordwestzipfel der Insel ist zusammen mit dem vorgelagerten Riff als maritimes Naturschutzgebiet ausgewiesen. Für Schnorchler ist dieses **Ha'atafu Beach Reserve** mit seiner farbenprächtigen Unterwasserwelt ein Eldorado, und Surfer finden hier ganzjährig die besten Bedingungen für ihren Sport. In der Saison zwischen Juni und Oktober, manchmal auch bis in den November hinein, können Buckelwale von diesem Küstenabschnitt Tongatapus aus gut beobachtet werden.

An der äußersten Nordspitze erreicht man die **Abel Tasman Landing Site,** wo ein Denkmal an die Landung der ersten Missionare in Tonga an dieser Stelle im Jahre 1797 erinnert.

Blue Banana Beach House: Bei Kanokupolu, Tel. 415 75, www.bluebananastudios.com. Kleiner Strandbungalow für zwei Personen im äußersten Nordwesten von Tongatapu. Ausgezeichneter Platz zum Schwimmen oder Schnorcheln, Kajakfahren oder … Die Seele baumelt hier ganz von allein. Neu hinzu gebaut wurde ›Maui‹, ein grö-

Tonga – die Tongatapu-Gruppe

Bungalow (Fale) im Fafa Island Resort

ßerer Strandbungalow ebenfalls für Selbstversorger. Ab 188 TOP (mind. 3 Nächte), Preisnachlass bei Aufenthalten ab sieben Nächten. Flughafentransfer auf Anfrage.
Ha'atafu Beach Resort: Bei Ha'atafu, Tel. 410 88, Fax 239 15, www.surfingtonga.com. An der nordwestlichen Spitze der Insel gelegene Unterkunft für maximal 24 Gäste, die vor allem eins wollen: surfen. Der Australier Steve Burling, der das kleine Resort seit 28 Jahren zusammen mit seiner Frau führt, weiß alles über die speziellen Bedingungen im Meeresschutzgebiet. Das Resort ist Sitz der Surfvereinigung Tongas, somit haben die Gäste auch die Gelegenheit, lokale Surfgrößen zu treffen. Darüber hinaus werden diverse Sportarten zu Wasser und zu Lande angeboten, Inseltouren, kostenfreier Transfer in die Stadt sowie eine gute Küche. In der Gemeinschaftsunterkunft 80 TOP pro Person inkl. HP, Bungalow 94–109 TOP/Person inkl. HP, Flughafentransfer 72 TOP/Person.
Good Samaritan Inn: Bei Kolovai, Tel. 410 22, Fax 301 11, www.goodsamaritan.to. An der Westküste Tongatapus am Strand, 15 Bungalows mit Gemeinschaftseinrichtungen, gutes Restaurant, Bar. Jeden Freitagabend findet hier auch für Nichtgäste ein tonganisches Fest mit Musik und Tanz statt, sonntagabends gibt's ein Festessen. Verleih von Schnorchel- und Tauchausrüstung sowie Fahrrädern, Flughafentransfer. Ab 60 TOP, Camping 25 TOP.
Nawai Ali'i Beach Resort: Bei Kanokupolu, Tel. 415 88, Fax 253 40, nawaialiibeach@yahoo.com. Einfache Unterkunft am Strand, beliebt bei jüngeren Reisenden. Do, Fr u. Sa finden tonganische Feste und Shows statt. Ab 70 TOP, Camping 12 TOP.
… auf Fafa Island
Reiseatlas: S. 5, D 1
Fafa Island Resort: Tel. 228 00, Fax 235 92, www.fafa.to. Auf einer 7 ha großen Insel etwa 7 km nördlich von Nuku'alofa, kleines, sehr schönes, von Deutschen und Schweizern geleitetes Resort, in dem herrliches Nichtstun kultiviert wird. Im traditionellen Stil gebaute *fale* unterschiedlichen Standards, Restaurant mit ausgezeichneter Küche und Bar, diverse Wassersportmöglichkeiten stehen zur freien

Insel 'Eua

Verfügung, wöchentliches Showprogramm inkl. Festessen mit tonganischen und internationalen Spezialitäten, tgl. Bootstransfer zur Hauptinsel. 440–580 TOP pro Bungalow plus 122 TOP für HP bzw. 145 TOP für VP pro Person.

... auf 'Atata Island
Reiseatlas: S. 5, B 1
Royal Sunset Island Resort: Tel./Fax 212 54. 26 Strandbungalows für bis zu vier Personen, je zwei Räume und Kochgelegenheit, Restaurant, Bar, Pool, diverse Wassersportmöglichkeiten im Preis inbegriffen, jeden Samstag findet ein tonganisches Fest statt. Dem Resort angeschlossen ist ein Tauchunternehmen, das Interessierte zu den etwa 20 Tauchplätzen in der Umgebung der Insel bringt. 140–182 TOP pro Bungalow bei Zweierbelegung plus 70 TOP für HP und 80 TOP für VP jeweils pro Person.

... auf Pangaimotu Island
Reiseatlas: S. 5, D 2
Pangaimotu Island Resort: Tel. 157 62, Fax 237 59, www.pangaimotu.to. Wenige Bootsminuten nördlich von Tongatapu liegt diese einfache Unterkunft mit vier Strandbungalows und einem Gemeinschaftsraum für acht Personen, Restaurant und Bar. 90 TOP pro Bungalow bei Zweierbelegung, und 35 TOP pro Person im Schlafsaal, 10 TOP Camping. Preisnachlässe bei Aufenthalten ab zwei Nächten.

Wandern auf 'Eua
Zu den schönsten Wanderungen auf 'Eua gehören jene durch den Nationalpark sowie die zum Teil abenteuerliche, knapp sechs Stunden dauernde so genannte **Fangatave Caves and Beach Trekking Tour.**
Nur für ambitionierte Wanderer geeignet ist der **Lokupo Forest and Coastal Track,** der etwa 6–7 Stunden dauert und nur mit einem einheimischen Führer unternommen werden sollte. Ornithologen schwärmen hingegen von einer endemischen Papageienart und anderen seltenen Spezies, die sie beobachten konnten.

Flüge: Der Fua'amotu International Airport (TBU), von dem auch die Inlandsflüge starten, liegt rund 20 km südöstlich von der Hauptstadt entfernt. Die nationale Fluggesellschaft fliegt von Tongatapu alle Inselgruppen sowie die Insel 'Eua an: **Airlines Tonga:** c/o Teta Tours, Railway/Wellington Road, Nuku'alofa, Tel. 226 90, Fax 232 38, tetatour@kalianet.to.

Insel 'Eua

Reiseatlas: S. 7

»The Forgotten Island« – bereits der Beiname lässt all jene aufhorchen, die Ruhe und Abgeschiedenheit suchen. Die hügelige Insel mit ihrem dichten Regenwald, den atemberaubenden Klippen und Felsen ist ein Eldorado für Naturliebhaber und Wanderer. Kenner zählen das Tauchrevier vor 'Eua mit der erst vor wenigen Jahren entdeckten Unterwasserkathedrale und den fantastischen, unberührten Riffhängen zu den Top Ten der Welt. Die warmen Gewässer vor der Westküste der Insel sind in der Saison zwischen Juni/Juli und November ein Paradies für Buckelwale. Gründe genug, die nur acht Flugminuten von Tongatapu entfernte Insel im Südosten zu erkunden. Die ortsüblichen Verkehrsmittel sind Pferd oder Pony, ein Fahrrad, manchmal eine Mitfahrgelegenheit auf einem Pick-up, ansonsten heißt es zu Fuß gehen, denn öffentliche Busse gibt es auf 'Eua nicht.

'Ohonua
Reiseatlas: S. 7, B 2
Middelburgh, so nannte Abel Tasman die 87 km^2 große Insel, die er als erster Europäer im Jahre 1643 betrat. Heute leben hier rund 5000 Menschen, etwa jeder Vierte in 'Ohonua, der größten Ansiedlung im Westen, ausgestattet mit einer Post, einer Bank, einem Supermarkt sowie dem Hafen **Nafanua,** in dem die Fähre anlegt, die 'Eua mit der Hauptinsel verbindet. Der Strand in unmittelbarer Nähe ist ideal für Schwimmer und Schnorchler, während das Baden in der Bucht von **'Ufi-**

Tonga – die Tongatapu-Gruppe

lei Beach im Norden aufgrund der zumeist herrschenden Strömungsverhältnisse äußerst gefährlich ist. Herrliche Badestrände sind der **Tufuvai Beach** südlich der Schiffsanlegestelle sowie der **Ha'aluma Beach** an der Südwestküste.

Doch kommen die meisten Besucher nicht zum Schwimmen oder Sonnenbaden nach 'Eua, sondern zum Wandern. Es gibt einfache bis abenteuerliche, den ganzen Tag dauernde Trekkingtouren, und auf allen kann man die reizvolle Landschaft genießen und die vielfältige Vogelwelt 'Euas beobachten: Eisvögel, Honigfresser und mit etwas Glück den *koki,* eine große Papageienart, die nur hier vorkommt und mittels eines Artenschutzprogramms vor dem Aussterben bewahrt werden soll. Vor Kurzem erst entdeckt wurde ein Gecko, der ebenfalls nur auf 'Eua lebt.

Houma
Reiseatlas: S. 7, B 1
Eine Wanderung führt Sie von 'Ohonua zunächst nach **Houma** und weiter in nördlicher Richtung bis zu einer Abzweigung. Folgen Sie dem rechten Weg, so gelangen Sie bald zu einem grandiosen Aussichtspunkt. Der **'Anokula Palace,** den der frühere König Taufa'ahau Tupou IV. nahe der 120 m senkrecht ins Meer abfallenden Klippen vor über 20 Jahren bauen ließ, ist inzwischen verfallen. Nördlich führt ein Pfad zur **Kahana Spring,** die Houma mit dem besten Trinkwasser Tongas versorgt, und weiter zu insgesamt sieben Kalksteinhöhlen sowie zum **Fangatave Beach,** einem herrlichen, zumeist menschenleeren Sandstrand.

Rock Garden
Reiseatlas: S. 7, B 4
Ebenfalls lohnend ist die **Southern Legends Hike,** eine Tour entlang der Südküste mit ihren Blowholes, die jedoch nicht so spektakulär sind wie jene bei Houma auf Tongatapu, bis zum **Lakufa'anga Cliff,** eine wilde, meerumspülte Felsenlandschaft an der Südspitze von 'Eua. Nordöstlich der Klippen mit ihren unzähligen Nistplätzen der Seevögel öffnet sich eine große, natürliche Steinbrücke, die **Liangahu'o 'a Maui** genannt wird. Die Mythologie berichtet, dass der Halbgott Maui aus Wut über seine Mutter einen Stock in die Insel stieß, wodurch im Zentrum der Insel eine Vertiefung entstand. Anschließend zog Maui seinen Stock wieder aus der Erde heraus und schleuderte ihn quer über 'Eua. Maui muss sehr wütend gewesen sein, denn sein Wurf war so kraftvoll, dass der Stock die Klippen durchbohrte und dann ins Meer hinabfiel. So entstanden, der Legende nach, die Steinbrücke (das Loch in der Klippe) und der über 10 000 m tiefe Tonga-Graben. Gleich in der Nähe befinden sich bizarre Korallenformationen, **Rock Garden** genannt.

'Eua Nationalpark
Reiseatlas: S. 7, B 3
Ewas anstrengender und überwiegend nur mit einem Guide zu empfehlen sind Wanderungen durch 'Euas National Park und Plantation Forest mit den prächtigen Baumbeständen und Wasserfällen. Sehenswert sind die Kalksteinhöhlen, vor allem die kleine **'Ana Kuma** mit ihrer schönen Sicht auf den Küstenabschnitt sowie die **Makalea Cave** mit ihren Stalaktiten und dem beeindruckenden Echo. Kein Wunder, dass die Bevölkerung diesen Ort an der Vetekina Road *makalea* genannt hat, die ›Höhle der sprechenden Steine‹. Leicht zu bewältigen ist im Nationalpark die etwa drei Stunden dauernde Tour zu den Aussichtspunkten Lauua und Lokupo jeweils mit einem spektakulären Panorama entlang der Ostküste.

The Hideaway: 'Ohunua, Tufuvai, Tel. 502 55, Fax 501 28,www.kalianet.to/hideawayeua. Kleine Unterkunft an der Westküste nahe dem Hafen mit sechs Zimmern für jeweils max. vier Personen mit Bad. In der Saison von Juli bis November kann man hier fast vom Bett aus Wale und Delfine beobachten! Geführte Trekkingtouren und Ausflüge mit dem Jeep bzw. Boot sowie Mountainbikes und Ausritte werden angeboten. 50 TOP das Zimmer bei Zweierbelegung, 70 TOP für vier Personen inkl. Frühstück und Transport von/bis Hafen bzw. Airport. Cam-

Insel 'Eua

ping 12 TOP pro Nacht. Mahlzeiten 6–20 TOP, Kaffee und Tee gibt's gratis dazu.
Taina's Place: Telefoni Road, Tel. 501 86, Fax 501 28, togavist@kalianet.to. Unterkunft im Zentrum der Insel, ideal für Wanderer (Achtung: nur kaltes Wasser). Fünf kleine ohne und ein größerer Bungalow mit Küche für 30–40 TOP, Camping für 10 TOP. 6 TOP pro Frühstück und bis 20 TOP für ein Abendessen. Ausflugstouren mit dem Geländewagen, Ausritte und Fahrräder werden arrangiert. Kreditkarten werden nicht akzeptiert.

Es gibt auf der Insel **keine Restaurants;** Mahlzeiten werden nur in den Unterkünften angeboten.

Ta'anga Supermarket & Bakery: In 'Ohonua nahe Nafanua Wharf, Mo–Do 8–17, Fr 8–21, Sa 8–13 Uhr. Bietet das größte Angebot für Selbstversorger.
Friendly Islands Bookshop: in 'Ohonua gegenüber der Bank und der Post, Mo–Fr 8.30–17, Sa 8.30–13 Uhr. Begrenztes Angebot.

Ausflüge/Inselrundfahrten: Information bei den genannten Unterkünften.

Flüge: Der **Kaufana Airport (EUA)** liegt etwa in der Mitte der Insel. Zurzeit verbindet nur die nationale Fluggesellschaft Airlines Tonga Mo, Mi, Do, Fr u. Sa zweimal tgl. 'Eua mit der Hauptinsel Tongatapu. Veranschlagen Sie 40 TOP pro Strecke. Airlines Tonga, c/o Teta Tours, Railway/Wellington Road, Nuku'alofa, Tel. 22 690, Fax 23 238, tetatour@kalianet.to; Büro auf 'Eua Tel. 50 188.
Schiff/Fähre: Der Hafen 'Euas befindet sich in 'Ohonua an der Westküste. Für die je nach Wetterlage 1,5–3 Std. dauernde, nicht selten etwas raue Überfahrt von der Hauptinsel nach 'Eua legen die Fähren täglich ab. Die einfache Strecke kostet 20 TOP. MV 'Alaimoana und MV 'Otu Tonga, Tofa Shipping, Tel. 213 26; MV 'Ikale, Uata Shipping Line, Tel. 238 55, uataline@kalianet.to
Busse: Es gibt keine Busverbindungen auf der Insel. Transfers von und zum Flughafen bzw. zur Anlegestelle werden von den Unterkünften durchgeführt.
Taxi: Tel. 50 152.
Fahrräder: Bei den beiden oben genannten Unterkünften können Mountainbikes für etwa 15 TOP pro Tag gemietet werden.

Taschenkrebs am Strand

Die Ha'apai-Gruppe

Reiseatlas S. 8

Wer bereits auf Tongatapu den Eindruck hatte, dass die Zeit dort langsamer als anderswo in der Welt vergeht, wird auf den Inseln der Ha'apai-Gruppe den Verdacht hegen, dass die Uhren hier vollends zum Stillstand gekommen sind.

Die 36 Inseln, zahllosen Korallenriffe und Sandbänke dieser Inselgruppe liegen im Zentrum des Tonga-Archipels, etwa 150 km nördlich der Hauptstadt Nuku'alofa. Die Bevölkerungszahl aller Ha'apai-Inseln wird mit rund 8000 angegeben, davon leben etwa 3000 auf der **Hauptinsel Lifuka,** die mit der Ortschaft Pangai als einzige eine gewisse touristische Infrastruktur aufweist.

Trotz ihrer Abgeschiedenheit fanden die Ha'apai-Inseln auch in die europäischen Geschichtsbücher Eingang: Äußerst beeindruckt von der Gastfreundschaft der Tonganer nannte Kapitän James Cook 1777 die Inselgruppe »Freundliche Inseln«, ein Begriff, der noch heute für den gesamten Tonga-Archipel angewendet wird. Freilich erfuhr er nie, dass gerade die freundlichen Bewohner Lifukas geplant hatten, ihn zu töten. Er entkam seinem Schicksal nur deshalb, weil sie sich nicht einigen konnten, ob sie ihn am Tage oder während der Nacht umbringen sollten.

Am 28. April 1789 wurde Kapitän William Bligh mit 18 Mannschaftsmitgliedern von Fletcher Christian nach der Meuterei auf der »Bounty« vor der Insel **Tofua** am westlichen Rand der Ha'apai-Gruppe in einer Barkasse ausgesetzt. Auch er wurde angegriffen und musste fliehen; in dem Ruderboot mit 18 Mann schaffte er es, bis zum holländischen Stützpunkt auf der Insel Timor zu kommen.

Heute ist Tofua nahezu unbewohnt, aber noch landwirtschaftlich genutzt. Ihre etwa 4 km breite Caldera enthält in der Mitte einen 230 m tiefen, kristallklaren Kratersee, an dessen Nordufer z. T. noch aktive, rund 500 m hohe Vulkankegel entstanden sind. Die letzten größeren Ausbrüche fanden in den Jahren 1958–1960 statt. Nur für ambitionierte Wanderer geeignet sind die Touren, die auf den Lofia, den aktivsten Vulkankegel, hinaufführen (s. S. 200). Taucher schwärmen von den spektakulären Spots, die sie in den Gewässern rund um Tofua, aber auch rund um die 1046 m hohe Vulkaninsel Kao finden.

Ein erstaunliches Naturphänomen stellt die im äußersten Westen der Gruppe gelegene **Insel Fonuafo'ou** dar, die ihren Namen nicht zu unrecht erhalten hat: ›Neues Land‹. Infolge unterseeischer Eruptionen hebt sich diese Insel für wenige Jahre etwa 100 m hoch, um dann wieder unter der Wasseroberfläche zu verschwinden. Fünfmal, so wurde beobachtet, tauchte sie in den letzten 120 Jahren auf (vielleicht nur, um nachzuschauen, ob sich irgend etwas in der Region ereignet hat).

Insel Lifuka

Reiseatlas: S. 8, E 2

Die nur rund 11 km² große Hauptinsel der Ha'apai-Gruppe ist eine flache Koralleninsel mit Kokospalmen, üppigen Plantagen und einer strandgesäumten Westküste, die zum Schwimmen und Schnorcheln einlädt. Von hier aus können Sie am Horizont u. a. die Vulkaninseln Tofua und Kao sehen.

Pangai mit seinem Hafen, dem kleinen Museum, einem Markt und kleineren Ge-

Insel Lifuka

schäften, dem Tourismusbüro, der Post, der Bank sowie einigen Gästehäusern ist das Verwaltungszentrum der Inselgruppe. Wenn Sie der Palace Road vorbei an der Free Church of Tonga weiter in östlicher Richtung folgen, gelangen Sie in wenigen Gehminuten zu einem Bilderbuchstrand mit goldfarbenem Sand, der sich nach Norden weiter fortsetzt.

Südlich des Hafens liegt die Sommerresidenz des Königs, der **Ha'apai Royal Palace,** in der er oder ein anderes Mitglied der königlichen Familie wohnt, wenn Ende September die Landwirtschaftsausstellung auf Lifuka eröffnet wird.

Das **Afa Historical Museum** in der Holopeka Road schräg gegenüber dem Postamt zeigt eine interessante Sammlung archäologischer Fundstücke, handwerklicher Erzeugnisse und alter Fotografien. Aufgrund der geringen Nachfrage ist das kleine Museum nicht durchgehend geöffnet. Fragen Sie am besten im nahegelegenen Fremdenverkehrsamt nach, ob man Ihnen die Ausstellung zeigen kann.

Auf dem **Friedhof** im Norden Pangais liegt der 1903 verstorbene Reverend Shirley Baker begraben, Missionar und einflussreicher Berater des Königs George Tupou I. Dieser wurde 1797 in Hihifo, dem südlichsten Dorf der Insel, geboren.

Rund 5 km nördlich Pangais befindet sich nahe der Ortschaft **Koulo** der Salote Pilolevu Airport, der einzige Flughafen der Ha'apai-Gruppe. Im Jahre 1806 ankerte hier vor der Nordwestküste der britische Segler »Port-au-Prince«. William Charles Mariner, damals erst 15 Jahre alt, überlebte als einziger das Massaker, bei dem die Einheimischen die gesamte Mannschaft töteten. Erst vier Jahre später wurde er von einem vorbeifahrenden Schiff entdeckt und nach England zurückgebracht. Seine Beobachtungen veröffentlichte er unter dem Titel »An Account of the Nation of the Tongan Islands«, noch heute eine wahre Fundgrube über das Leben und die Kultur Tongas zu Beginn des 19. Jh.

i **Tonga Visitors Bureau:** Holopeka Road, Pangai, Tel./Fax 00 676-607 33,

Mit der Autorin unterwegs

Kunsthandwerk

Im gesamten polynesischen Raum sind die Tonganer bekannt für die exzellente Qualität ihres traditionellen Kunsthandwerks. Besonders hervorzuheben sind die bemalten oder bedruckten Tapa-Stoffe, die zu den schönsten der ganzen Region zählen, aber auch die Holzschnitzereien und Flechtwerke zeugen von höchster Kunstfertigkeit. Im **Women's Island Development Handicraft Shop** in Pangai lohnt es sich, nach landestypischen Souvenirs Ausschau zu halten (s. S. 200).

Traumhotel

Im Sandy Beach Resort auf der Insel Foa werden Träume gelebt. Jürgen und Boris Stavenow führen ihr Resort auf eine sehr persönliche und herzliche Weise und lassen den Aufenthalt zu einem ganz besonderen Erlebnis werden (s. S. 201).

Traumstrand

Einsame, weiße bis goldfarbene Sandstrände findet man auf allen Eilanden der Ha'apais. Vor einigen Jahren erhielt die Südküste der Insel Uoleva einen ganz besonderen ›Ritterschlag‹: Das renommierte Outside Magazine kürte diesen Strand zu einem der zehn besten der Welt (s. S. 203).

tvbhp@kalianet.to, Mo–Fr 8.30–12.30 und 13.30–16.30 Uhr. Hier erhalten Sie die Broschüre »Strolling Through Lifuka« sowie Kartenmaterial.

Resort at Billy's Place: Pangai, Tel. 603 36, Fax 602 00, billys@kalianet.to. Kleine Anlage etwa 2,5 km nordöstlich von Pangai; fünf einfache *fale* mit Gemeinschaftsbad inmitten einer ehemaligen Kokosplantage mit einem einsamen Strand, Restaurant und Bar, Flughafentransfer. 55–65 TOP inkl. Frühstück, Schnorchelausrüstung und Fahrradverleih. Kreditkarten werden nicht akzeptiert.

Tonga – die Ha'apai-Gruppe

Fifita's Guest House: Pangai, Fau Road, Tel. 602 13, Fax 603 74, fifitaguesthouse@yahoo.com. Neun einfache Zimmer mit Gemeinschaftsbad über dem Mariner's Bar & Café, Fahrräder werden für 8 TOP vermietet, Bootsausflüge können arrangiert werden. 35–40 TOP. Kreditkarten werden nicht akzeptiert.

Mariners Bar & Café: Pangai, Fau Road, Tel. 603 74, Mo–Sa 8–20 Uhr. Das einzige Restaurant und Internetcafé der Insel. Ein Mittagessen kostet max. 5 TOP, ein Abendessen 8–15 TOP.

Women's Island Development Handicraft Shop (WID): Pangai, Loto Kolo/Mateialona Road, Tel. 604 78. Hier werden handwerkliche Erzeugnisse wie *tapa,* geflochtene Matten, Körbe und Taschen von exzellenter Qualität angeboten.

Friendly Islands Bookshop: Holopeka/Velitoa Road, Tel. 601 98, Mo–Fr 8.30–17, Sa 8.30–12 Uhr. Kleine Auswahl an Büchern über Geschichte und Kultur des Landes sowie Zeitschriften und Filme für die Kamera.

Mariners Guided Camping Tours: Tel. 603 74, Fax 605 04, tongacamping@gmail.com. Dieses Unternehmen organisiert verschiedene, z. T. mehrtägige Touren zu unbewohnten Inseln der Ha'apai-Gruppe, Whale Watching und geführte Wanderungen auf der Vulkaninsel Tofua. Zelte und Angelzubehör werden gestellt. Empfehlenswert sind rechtzeitige Planung und Reservierung.
Jim: Tel. 606 12 und 602 92. Ausflüge per Boot.
Fahrräder können Sie z. B. bei den oben genannten Unterkünften mieten. Die flachen Inseln Lifuka und Foa sind ideal für Ausflüge mit dem Bike.

Flüge: Der **Salote Pilolevu Airport** (HPA) befindet sich rund 5 km nördlich von Pangai auf der Insel Lifuka. Eine Fahrt mit dem Taxi vom Flughafen bis nach Pangai kostet etwa 5 TOP. Gäste, die zuvor ihre Unterkunft gebucht haben, werden kostenfrei abgeholt und wieder zum Flughafen gebracht. Airlines Tonga, Tel. 236 90, Fax 232 38, fliegt tgl. außer So von Tongatapu zur Ha'apai-Gruppe; Flugdauer ca. 50 Min., einfache Strecke 82 TOP. Auf dem Rückflug von den Vava'u-Inseln zur Hauptinsel Tongatapu stoppt die Fluggesellschaft ebenfalls auf Lifuka, Flugdauer ca. 40 Min., einfache Strecke 77 TOP.

Schiff/Fähre: Jeweils zweimal wöchentlich legen die Fähren auf ihren Routen von der Hauptinsel Tongatapu zur Vava'u-Gruppe und zurück im Hafen von Pangai (Taufa'ahau Wharf) auf Lifuka an. Für die einfache Strecke müssen Sie mit etwa 45 TOP rechnen. Die MV Olovaha legt bei ihrer Überfahrt einen weiteren Stopp im Hafen der Insel Ha'afeva ein. MV Olovaha, Shipping Corporation of Polynesia, Tel. 238 53, scp@tonfon.to; MV Pulupaki, Uata Shipping Line, Tel. 238 55, uataline@kalianet.to.

Busse: Tagsüber verbindet sporadisch ein Bus Hihifo im Süden Lifukas mit Faleloa im Norden der Nachbarinsel Foa. Eine Haltstelle finden Sie in Pangai an der Ecke Holopeka/Fau Road.

Taxis: Taxiunternehmen erreichen Sie unter Tel. 601 24 und 605 09.

Insel Foa

Reiseatlas: S. 8, E/F 1

Ein Damm führt von der nördlichsten Spitze Lifukas zur rund 13 km^2 großen Nachbarinsel Foa mit ihren rund 1500 Einwohnern. Die Straße, auf der sporadisch der Bus zwischen Pangai und Faleloa, der nördlichsten Ortschaft Foas pendelt, endet am **Houmale'eia-Strand,** einem der schönsten Strände der gesamten Inselgruppe. Achten Sie beim Schwimmen und Schnorcheln auf die starke Strömung, die an manchen Tagen vorherrscht. Das nahegelegene, unbewohnte Bilderbucheiland **Nukunamo** befindet sich im Besitz der königlichen Familie.

Matafonua Lodge: Tel. 60 766, www.matafonua.com. 2006 eröffnete Unter-

Insel Foa

kunft mit zehn unterschiedlich großen, einfachen *fale* mit Gemeinschaftsbädern an der Nordspitze der Insel mit kleinem Restaurant und Bar. Fahrrad- und Kajakverleih gegen Aufpreis. 195 TOP pro *fale* inkl. Frühstück plus ca. 30 TOP pro Person für den Flughafentransfer. Fragen Sie nach speziellen Tarifen bei längeren Aufenthalten ab fünf Nächten.

Sandy Beach Resort: Tel./Fax 606 00, www.sandybeachresort.de. Sehr empfehlenswertes Resort unter deutschem Management an der Nordspitze Foas mit zwölf geschmackvoll eingerichteten Bungalows an einem weißen Traumstrand, ausgezeichnetem Restaurant (Spezialität des Hauses sind Fisch- und Hummergerichte, selbstverständlich fangfrisch) und einer Bar, die wunderbar geeignet ist, den Sonnenuntergang bei klassischer Musik zu genießen. Einmal pro Woche ein ›tonganischer‹ Abend mit Festessen, Kava-Zeremonie und Tanzvorführung. Das Hotel nimmt keine Kinder unter 16 Jahren auf, zwischen 1. Dez. und 31. Jan. ist geschlossen. 380 TOP pro Bungalow für zwei Personen, 120 TOP pro Person für Frühstück und ein dreigängiges Dinner, 55 TOP pro Person für den Flughafentransfer.

 Tauchen: Ocean Blue Adventures – Ha'apai Divers, Tel./Fax 606 39, www.tonga-dive.com. Die von Glenn und Tiana Edney geführte Tauchbasis ist dem Sandy Beach Resort (s. o.) angeschlossen. Die beiden nehmen Sie mit zu den fantastischen,

Ernte von Pandanus-Blättern

Tonga – die Ha'apai-Gruppe

Richtig Reisen-Tipp: Ha'apai für Abenteurer

Die wohl reizvollste Art, die faszinierende Inselwelt der Ha'apai-Gruppe zu erkunden, ist eine mehrtägige Tour mit einem seetüchtigen Doppelkajak. Laut National Geographic Adventure Magazine gehört die folgende Tour zu den 25 größten Abenteuern der Welt:

Ein Mitarbeiter der Friendly Islands Kayak Company holt Sie vom Salote Pilolevu Airport ab und bringt Sie zu Ihrer einfachen Unterkunft direkt am Strand. Der Rest des Tages sowie der nächste Tag dienen der Akklimatisierung und Orientierung. Am dritten Tag geht es von der Ortschaft Halopeka im Norden Lifukas aus gen Südwesten! Die erste Etappe dauert drei bis vier Stunden und endet an der Südspitze der Insel Uoleva an einem Traumstrand, der vor Jahren zu einem der Top Ten der Welt erkoren wurde. Höhepunkte dieser Bucht sind die herrlichen Weichkorallen, die sich sanft in der Strömung wiegen, und die farbenprächtigen Fische. Die kleine, unbewohnte Insel Luangahu ist das nächste Ziel. Zwei Tage und Nächte sind auf diesem abgelegenen Robinson-Eiland vorgesehen. Geschlafen wird, wie auf den anderen Inseln der Tour auch, in mitgebrachten Zelten. Verpflegung wird vom Anbieter gestellt, selbst gefangene Fische bereichern den Speiseplan.

Die folgenden Tage gehören sicher zu den beeindruckendsten Erlebnissen Ihrer Kajak-Tour durch die Ha'apai-Gruppe. Es geht nach Uiha sowie zum unbewohnten und nahezu unbekannten Eiland Uanukuhahaki, auf dem Sie zwei Tage verbringen. Mit etwas Glück können Sie vom Strand aus Delfine, Meeresschildkröten und in den Monaten Juni bis November Buckelwale beobachten.

Ab dem neunten Tag geht es wieder in nördlicher Richtung nach Uiha. Die Dorfbewohner von Felemea laden Sie abends zu einem traditionellen Festessen mit Musik und Tanz ein. Weitere Etappenziele auf der Tour zurück zum Ausgangspunkt sind Tatafa sowie erneut Uoleva, wo Sie Ihr Zelt auf dem Gelände des Taiana's Beach Resort aufschlagen. Die letzte Nacht verbringen Sie wieder in Ihrer Unterkunft, die Sie zu Beginn Ihres Kajak-Abenteuers kennengelernt haben. Wenn Sie keine Verlängerung Ihres Aufenthaltes auf dieser abgelegenen Inselgruppe Tongas gebucht haben, werden Sie am zwölften Tag zum Flughafen chauffiert.

Buchung über: **Friendly Islands Kayak Company,** Tel./Fax 70 173, tours@fikco.com. Zelte für die Übernachtungen werden gestellt, für Essen und Getränke während der gesamten Zeit ist ebenfalls gesorgt. Kajakerfahrungen sind nicht erforderlich, aber ein gewisses Maß an Fitness sollten Sie mitbringen. Buchen Sie rechtzeitig!

Über wie unter Wasser ist die Welt der Ha'apai-Gruppe faszinierend

bislang kaum erschlossenen Korallengärten, Steilwänden, Höhlen, Tunneln und dem einzigartigen Reichtum an maritimer Flora und Fauna, der die Gewässer der Ha'apai-Gruppe auszeichnet.

Insel 'Uiha

Reiseatlas: S. 8, D 4

Südlich von Lifuka befindet sich die kleine Insel 'Uiha mit ihren zwei Dörfern, 'Uiha und rund 1,5 km entfernt Felemea. Zwischen 'Uihas kleinem Hafen und Pangai auf der Hauptinsel Lifuka verkehren Boote. Informationen zu Abfahrtszeiten erfragen Sie am besten im Fremdenverkehrsamt in Pangai. Sehenswert auf 'Uiha sind einige Grabstätten von Vorfahren der königlichen Familie nahe dem Hauptort sowie ein altes Steinmonument, die **Makahokovalu Ruins,** an der Nordküste. Die Kirche der **Free Wesleyan Church in 'Uiha** wurde 1988 fertiggestellt. Die beiden Kanonen, die eine vor, die andere in diesem Gotteshaus als Taufstein genutzt, sind alte Beutestücke. Sie gehörten vermutlich einst zum Sklavenschiff »Margarita«, das Mitte des 19. Jh. von Tonganern zerstört wurde. Nach einer anderen Version stammt zumindest eine der beiden Kanonen vom britischen Segelschiff »Port-au-Prince«, das im Dezember 1806 vor der Nordwestküste Lifukas ankerte und dessen Mannschaft von mehreren Hundert Einheimischen angegriffen und getötet wurde.

'Esi 'O Ma'afu Homestay: Tel. 606 05 und 604 38. Drei einfache *fale* mit Gemeinschaftsbad. 25 TOP, Frühstück 6 TOP und Abendessen 12 TOP (für 15 TOP bekommt man einen Hummer – falls vorhanden!), Bootstransfer von Pangai 15 TOP.

Insel Uoleva

Reiseatlas: S. 8, D 3

Nur etwa 3,5 km^2 groß, unbewohnt und bei Ebbe von der Insel Lifuka aus zu Fuß erreichbar: das ist Uoleva. Vor einigen Jahren kürte das renommierte »Outside Magazine« den herrlich weißsandigen Strand an der Südspitze dieser Robinson-Insel zu einem der Top Ten der Welt. Ein weiteres Highlight rund um Uoleva sind die Weichkorallen, die sich sanft in der Strömung bewegen und die nicht minder farbenfrohen Fische. Schnorchler bevorzugen besonders die Westküste für ihren Wassersport.

Taiana's Beach Resort: Tel. 606 12, Fax 602 00. Sehr einfache Unterkunft mit zehn kleinen Hütten ohne Elektrizität und fließendes Wasser, dafür aber in Traumlage und mit viel Atmosphäre. 25 TOP. Frühstück und Abendessen kosten zusammen 17 TOP pro Person, sonntags wird ein im Erdofen zubereitetes Festessen für 12 TOP serviert. Gäste, die bereits im Voraus gebucht haben, werden von Pangai abgeholt (10 TOP kostet die einfache Strecke). Die Überfahrt mit dem Motorboot dauert bei ruhiger See eine Stunde.

Insel Telekivava'u

Diese unbewohnte, rund 17 ha große Insel liegt knapp 70 km südlich der Hauptinsel Lifuka entfernt und ist ein ausgezeichneter Ort, um in der Saison Buckelwale und die Meeresschildkröten zu beobachten, die zwischen den Monaten November und März zur Eiablage hierher kommen. Fragen Sie im Fremdenverkehrsamt in Pangai nach, ob Boote zwischen der Hauptinsel und diesem Traumeiland verkehren.

Villa Mamana: Tel. 00 872-761 61 60 28, Fax 00 872-761 61 06 29, www.villa mamana.com. Luxus pur an einem unerwarteten Ort. Die exklusiv ausgestattete Villa Mamana bietet Platz für maximal vier Personen. 2200 TOP kostet die Villa pro Nacht inkl. Transfer von/nach Tongatapu und weiterer Ausflüge, aller Mahlzeiten und Getränke. Die Gastgeber empfehlen einen Aufenthalt von mindestens fünf Nächten.

5 Die Vava'u-Gruppe

Reiseatlas S. 9/10

Hier, rund 275 km nördlich von Nuku'alofa, ist Tonga wohl am schönsten. Bereits der Anflug auf Vava'u, auf die ›Kronjuwelen Tongas‹, wie dieses Labyrinth aus über 50 dicht bewaldeten Inseln, winzigen Inselchen und Atollen mit ihren schneeweißen feinsandigen Stränden, romantischen Buchten und Lagunen auch genannt wird, ist ein unvergessliches Erlebnis.

Doch die eigentliche Schönheit dieser faszinierenden Inselwelt lernen Sie am besten während eines Bootsausflugs kennen. Rasch wird klar, warum gerade die Vava'u-Gruppe als Eldorado für Wassersportler gilt. Zum Schwimmen, Schnorcheln, Surfen, Segeln und vor allem für das Kajakfahren sind diese Inseln ideal. Taucher schwärmen von den farbenprächtigen Korallengärten, den vielfältigen Unterwasserlandschaften mit Höhlen, Kavernen und Steilhängen sowie von einem Tauchgang zum Wrack der »Clan MacWilliam«, jenem Kopradampfer, der seit 1927 auf dem Boden des Naturhafens Port of Refuge liegt. Auch wer schon immer davon geträumt hat, für Stunden oder gar Tage Robinson zu spielen, wird hier auf einem der unbewohnten Eilande fündig. Und längst kein Geheimtipp mehr ist, dass die Inseln Vava'us weltweit zu den Top-Adressen des Whale Watching gezählt werden.

Zu den reizvollsten Ausflugszielen gehören zweifellos das unbewohnte Eiland **Nuku** sowie die etwa 6 km² große Insel **Kapa,** auf der sich an der nordwestlichen Spitze die nur vom Wasser aus zugängliche, etwa 30 m hohe Swallow's Cave (Schwalbenhöhle) befindet. Der Zugang zur Mariner's Cave auf der knapp 3 km² großen Insel **Nuapapu** liegt bei Ebbe etwa 1 m unterhalb der Wasseroberfläche. Um in die 15 m hohe Höhle zu gelangen, muss man rund 4 m weit tauchen. Der Legende nach hielt hier ein junger Tonganer seine Braut vor dem König versteckt. Benannt wurde die Höhle nach dem Briten William Mariner, der als 15-Jähriger an Bord der »Port-au-Prince« nach Tonga kam. Vier Jahre dauerte sein Aufenthalt, zunächst als Gefangener, später als adoptierter Sohn des damaligen Häuptlings von Ha'apai, Finau 'Ulukalala II. Nach England zurückgekehrt, veröffentlichte er im Jahre 1816 einen Bericht über seine Erlebnisse.

Insel Vava'u

Reiseatlas: S. 10, C 2–F 2

Ausgedehnte Kokosnuss- und Vanilleplantagen bedecken die Hügel der fast 90 km² großen Hauptinsel Vava'u. Auffälligstes Merkmal der Insel ist der Ave Pulepulekai Channel, ein 11 km langer, fjordähnlicher Kanal, der in einen türkis schimmernden, zu den schönsten im Pazifik zählenden Naturhafen mündet. *Puerto del Refugio,* ›Hafen der Zuflucht‹, taufte ihn im Jahre 1781 der spanische Kapitän Francisco Antonio Mourelle, der zufällig die Vava'u-Inselgruppe sichtete. Heute ist dieser Hafen ein Mekka für Segler aus aller Welt.

Neiafu

Reiseatlas: S. 10, E 2

Der Hauptort **Neiafu** ist mit seinen etwa 5600 Einwohnern die zweitgrößte Ansiedlung Ton-

Insel Vava'u

gas. Im Zentrum des idyllisch gelegenen Hauptortes mit seinen kolonialen Holzbauten befinden sich die Provinzverwaltung, Geschäfte, Restaurants, ein Markt, die Post, verschiedene Banken sowie das Fremdenverkehrsamt. Eindrucksvoll ist die aus dem 19. Jh. stammende St. Joseph's Cathedral, die auf dem Palesi-Hügel an der Fatafehi/Tokongahahau Road erbaut wurde.

In unmittelbarer Nähe der Ortschaft **Toula,** etwa 2 km südlich Neiafus, lädt ein Süßwasserteich in einer großen Höhle zum Baden ein.

Mount Talau National Park
Reiseatlas: S. 10, E 2

Der schönste Blick auf Neiafu und die vorgelagerten Inseln bietet sich während einer Wanderung durch den Nationalpark auf den 131 m hohen **Mount Talau.** Von hier aus sieht man hinüber zur Ortschaft 'Utulei auf der Nachbarinsel Pangaimotu, in der die amerikanische Schriftstellerin Patricia Ledyard Matheson mehr als 50 Jahre lebte. Mit ihren Büchern »Friendly Isles: A Tale of Tonga«, »'Utulei: My Tongan Home« und »The Tongan Past« wurde sie auch außerhalb Tongas bekannt. Den **Mount Talau National Park** erreichen Sie von Neiafu aus kommend über die Tapueluelu Road, wie die Fatafehi Road in ihrer nordwestlichen Verlängerung ab dem Rugbyfeld genannt wird.

Likuone Bay
Reiseatlas: S. 10, E/F 1

Fantastisch ist der Ausblick auf die klippenreiche und stark zerklüftete Küstenlandschaft im Norden Vava'us vom ca. 100 m hohen **'Utula'aina Point,** der über die Straße in Richtung Holonga zu erreichen ist.

Rund um Lake 'Ano
Reiseatlas: S. 10, D 2

Von der Ortschaft **Longomapu** im westlichen Teil der Insel kann man auf den **Mount Mo'ungalafa,** den mit 186 m höchsten Berg der Inselgruppe, wandern. Nach starken Regenfällen ist jedoch Vorsicht geboten, denn dann kann dieser teilweise recht steile Weg

Mit der Autorin unterwegs

Kreuzen vor den ›Kronjuwelen‹
Ein mehrtägiger **Segeltörn** durch das faszinierende Labyrinth aus unzähligen hohen und flachen Inseln und Inselchen der Vava'u-Gruppe wird sicherlich zu den Highlights Ihrer Reise durch das Königreich Tonga gehören (s. S. 209).

Tonganische Feste
Genießen Sie einen Abend an einem herrlichen Strand auf einer kleinen Insel bei einem einheimischen Festessen, Musik und traditionellen Tänzen (s. S. 209).

Whale Watching
Zu den Top-Adressen zum Wale beobachten werden von Kennern immer wieder die Vava'u-Inseln genannt (s. S. 210).

---

sehr glitschig sein. Longomapu ist ebenfalls der Ausgangspunkt einer Wanderung zum Süßwassersee **Lake 'Ano,** auch Lake Tu'anuku genannt, sowie zum angrenzenden, dicht mit Schilf bewachsenen Sumpfgebiet. **Keitahi** und **Ene'io Beach** im äußersten Osten zählen zu den schönsten Stränden auf Vava'u.

Tonga Visitors Bureau: Neiafu, Fatafehi Road, Tel. 701 15, Fax 706 66, Mo-Fr 8.30–16.30 Uhr. Hier erhalten Sie alle Broschüren, Kartenmaterial und Hilfen bei Hotelbuchungen.

Hakula Lodge: Toula, Tel. 708 72, Fax 708 75, www.fishtonga.com. Zwei voll ausgestattete, geräumige Ferienwohnungen mit schönem Hafenblick ca. 2 km südlich von Neiafu, Ausflugsprogramm, Fahrräder werden kostenlos gestellt, Flughafentransfer. 410 TOP pro Apartment, nach Preisnachlass während der Nebensaison und kurzfristigen Angeboten fragen.

Paradise International Hotel: Neiafu, Fatafehi Road, Tel. 70 211, Fax 701 84, www.ton

Markt in Neiafu

Tonga – die Vava'u-Gruppe

gahost.com. Die meisten der 48 Zimmer dieses Hotels haben einen herrlichen Blick auf den Hafen. Restaurant und Bar, großer Pool, diverse Wassersportmöglichkeiten werden angeboten, Flughafentransfer. 145–240 TOP, Frühstück 7–13 TOP, Abendessen 30–45 TOP, Halbpension zusätzlich ca. 80 TOP; Vollpension ca. 100 TOP pro Person.

Vava'u Harbour View Resort: Toula, Tel. 706 87, Fax 708 46, www.harbourviewresort.com. Neun Bungalows mit überdachter Terrasse und wundervollem Blick auf den Hafen, etwa 2 km südlich von Neiafu gelegen, gutes Restaurant und Bar, Tennis sowie ein umfangreiches Ausflugsprogramm. 180 TOP inkl. Frühstück.

Hilltop Hotel: Neiafu, Holopeka Hill, Tel./Fax 702 09, www.hilltophotelvavau.com. Kleines Hotel mit acht Zimmern und italienischem Flair, die großartige Aussicht entschädigt für den kleinen Fußmarsch auf den Hügel, gutes Restaurant, Ausflugsprogramm, Flughafentransfer. 80–120 TOP.

Puataukanave International Hotel: Neiafu, Tel. 710 02, Fax 700 80, puashotel@kalinanetvav.to. Zentral gelegenes Hotel (von den Einheimischen kurz Pua's Hotel genannt) mit 36 unterschiedlich ausgestatteten Zimmern, Restaurant, Bar, Pool und Tennis Court, Fahrradverleih, diverse Ausflüge werden angeboten. 40 TOP (pro Person im Mehrbettzimmer), 70 TOP (einfaches Zimmer) und 120–170 TOP (Zimmer mit gehobener Ausstattung).

Adventure Backpackers: Neiafu, Fatafehi Road, Tel. 709 55, Fax 706 47, www.visitvavau.com/backpackers. Einfache, beliebte Unterkunft mit neun Zimmern (sechs ohne Bad), zentral in Neiafu gelegen, Mehrbettzimmer, Gemeinschaftsküche, 25 TOP (Schlafsaal), 50–85 TOP, Zimmer für vier Personen 145 TOP, rechtzeitig buchen.

Vava'u Guest House: Fatafehi Road südlich von Neiafu, Tel. 703 00, Fax 704 11, kiwifish@kalianetvav.to. Vier kleine, einfache Bungalows, Restaurant und Bar. 40 TOP, Kreditkarten werden nicht akzeptiert.

Hotelrestaurants wie beispielsweise das des Paradise International Hotel und des Toula Harbour View Resort servieren internationale Gerichte.

The Dancing Rooster: Fatafehi/Tokongahahau Road, Tel. 708 86, Mo–Sa 11–22 Uhr. Reservieren Sie einen Tisch und genießen Sie inmitten des tropischen Gartens den Hummer oder die Fischgerichte, die Ihnen der Schweizer Koch zubereitet. Hauptgerichte 25–45 TOP.

Ciao Italian Restaurant: Fatafehi Road, neben dem Tourismusbüro, Tel. 710 30, Mo–Sa mittags und abends geöffnet. Pasta oder Pizza, Tiramisu oder hausgemachtes Eis und danach einen Espresso – alles fast wie in Italien. 10–30 TOP.

Mermaid Bar & Grill: Tel. 707 30, Mo–Sa 8–21 Uhr, die Bar ist bis Mitternacht geöffnet. Beliebtes Restaurant am Hafen. Hier bekommen Sie ein Frühstück, ein Sandwich oder einen Burger, Salate, Pizzen, Steaks, Fisch oder einen Hummer, und alles ist lecker! Happy Hour tgl. 16–19 Uhr. Frühstück 4–15 TOP, Snacks 5–20 TOP, Hauptgerichte 20–50 TOP.

Café Tropicana: Fatafehi Road, Tel. 713 22, Mo–Sa 6.30–18 Uhr. Frühstück ab 5 TOP, Snacks und einige nationale Gerichte 5,50–13 TOP sowie Kuchen werden hier serviert, den schönen Hafenblick gibt es gratis, Nichtraucher-Café. Das Neueste aus dem Internet erfahren Sie hier ebenfalls.

Langafonua Handicrafts: Fatafehi Road, Tel. 703 56, Mo–Fr 8.30–16 Uhr, Sa 8.30–11.30 Uhr. Gleich neben dem Touristenbüro befindet sich diese Zweigstelle der Frauenkooperative mit einem guten Angebot an handwerklichen Erzeugnissen zu angemessenen Preisen.

Hibiscus Hut: Fatafehi Road, Tel. 703 81. Wer auf der Suche nach einem ›typischen‹ Mitbringsel wie beispielsweise Kokosnussöl, T-Shirts mit Südsee-Motiven, Wickelröcken etc. ist, der sollte einmal in diesem Laden stöbern.

'Utukalongalu Market: Nahe Halaevalu Wharf, Mo–Do 8.30–16.30 Uhr, Fr 8.30 bis Mitternacht, Sa 7 Uhr bis mittags. An den kleinen Ständen können Sie nicht nur frisches

Insel Vava'u

Obst und Gemüse kaufen, sondern auch handwerkliche Erzeugnisse.
Friendly Islands Bookshop: Fatafehi Road, Tel. 705 05. Kleine Auswahl an Büchern über Tonga sowie Zeitschriften und Filme für ihre Kamera.

Bounty Bar: Fatafehi Road, Tel. 705 76, Mo–Sa. Angesagte Kneipe mit Karaoke und Livemusik. Mittags kann man hier auch Snacks ab 6,50 TOP bekommen.
Tongan Bob's: Kovana Road, Mo–Fr mittags bis nachts geöffnet. Mexikanische Speisen, tonganische Livemusik mit Ukulele, Kava-Zeremonie (nicht nur für Männer) und Tanz.

Ausflüge: Tagestouren mit dem Boot zu den Höhlen **Swallow's Cave** (Atlas S. 10, D 3) auf Kapa und **Mariner's Cave** (Atlas S. 9, C 3) auf Nuapapu mit Picknick auf einer unbewohnten Insel bietet u. a. die Hakula Lodge (s. S. 205), tgl. außer So 10–16 Uhr, Preis inkl. Picknick 80 TOP. Dabei kann man auch schnorcheln und mit etwas Glück zwischen Juli und Nov. Wale beobachten.
Tongan Evenings: Abendliche Ausflüge inkl. Festessen, Tanzvorführungen sowie Demonstrationen traditioneller Handwerkskunst, z. B. zur Insel Pangaimotu (Atlas S. 10, E 3). Dieses knapp 9 km^2 große Eiland ist bequem von Vava'u über die Brücke zu erreichen. Am **'Ano Beach** an der Südküste Pangaimotus finden jeden Donnerstag ab 18 Uhr tonganische Abende statt. Buchungen über das Fremdenverkehrsamt in Neiafu oder über Ihre Unterkunft, inkl. Transfer 30 TOP.

Sport
Hochseeangeln: Dora Malia, Tel. 706 98, ikapuna@kalianet.to. Im dazugehörenden Laden in der Fatafehi Road gibt es alles, was das Angler-Herz begehrt.
Hakula Sport Fishing Charters, Tel. 708 72, Fax 708 75, fishtonga@kalianetvav.to bietet seinen Service nicht nur in den Gewässern der Vava'u-Gruppe an, sondern fährt bis zu den Inseln Ha'apais.
Kajak: Mehrtägige Touren mit Zeltübernachtungen auf verschiedenen abgelegenen Inseln der Vava'u-Gruppe über **Friendly Islands Kayak Company,** Fatefehi Road, Tel./Fax 701 73, tours@fikco.com. Kurzentschlossene können einen Tagestrip im Büro buchen, das sich ca. 2 km südlich von Neiafu gleich neben der Hakula Lodge befindet. Aufgrund der regen Nachfrage besonders bei mehrtägigen Ausflügen empfiehlt es sich, rechtzeitig, am besten bereits von zuhause aus, zu buchen.
Mountainbikes: Fahrräder können Sie bei einigen der oben genannten Unterkünfte mieten. Mountainbikes hat auch **Friendly Islands Kayak Company,** Fatefehi Road Tel./Fax 701 73, tours@fikco.com.
Surfen: Gut organisierte Tagestouren für etwa 100 TOP zu den besten Spots bietet **Vava'u Surf & Adventure Tours,** Fatafehi Road, Tel. 712 83, an. Weitere Auskünfte auch im Café Tropicana in der Fatafehi Road in Neiafu unweit der Tu'i Road.
Tauchen: Beluga Diving, Neiafu, an der Fangafoa Marina, Tel./Fax 703 27, beluga@kalianet.to und belugavavau@yahoo.com. Neben Tauchgängen und -kursen (PADI) auch Motorboote, Kajaks und Ausflüge zum Whale Watching.
Dive Vava'u, Tel. 704 92, Fax 705 57, info@divevavau.com;
Dolphin Pacific Diving, Tel./Fax 702 92, dive dpd@kalianetvav.to. Die Basis ist dem Puataukanave Hotel angegliedert.

Segeln
Das Segelwetter in diesem herrlichen Revier ist ganzjährig gut, wobei Sie in den Monaten Mai bis Oktober südliche Passatwinde mit bis zu 25 Knoten erwarten können. In den übrigen Monaten kommen die Winde häufig aus Richtung Süd-Ost und sind etwas schwächer. Da die Distanzen zwischen den einzelnen Inseln nur etwa zwei bis drei Stunden betragen, hat man vom Boot aus fortwährend Landsicht.

Wer bereits von zuhause eine Yacht chartern möchte, um das Labyrinth aus unzähligen, versteckten Badebuchten und feinsandigen Traumstränden dieser Insel-Gruppe kennenzulernen, wende sich an:

Tonga – die Vava'u-Gruppe

Master Yachting Deutschland, Ochsenfurter Str. 4, D-97246 Eibelstadt, kostenfreie Hotline 0800-466 278 38, www.master-yachting.de. Es stehen vier Segelboote sowie ein Katamaran zur Verfügung, die über Sunsail, den Veranstalter in Neiafu, ab 1680 € pro Woche gechartert werden können. Diese Yachten sind als Bareboat, mit Skipper oder ›crewed‹ buchbar.

Weitere Anbieter sind:

Melinda Sea Adventures, Fangafoa Marina, Fatafehi Road, Tel. 709 75, christy@sailtonga.com, Mo–Fr 8.30–16 Uhr;

Moorings, Fatafehi Road, Tel. 700 16, Fax 704 28;

Sailing Safaris, Fatafehi Road, Tel 706 50, sailingsafaris@kalianetvav.to.

Whale Watching

Riesige Buckelwale kommen zwischen Juli und November aus der kühlen Antarktis in die seichten, tropisch warmen Gewässer Tongas, um hier ihre Jungen zu gebären und aufzuziehen. Interessant zu wissen: In Tonga ist es gestattet, mit den Walen zu schwimmen und zu schnorcheln. Die Touren starten werktäglich um 10 Uhr am Port of Refuge in Neiafu, haben Sie vorab gebucht, werden Sie rechtzeitig von Ihrem Hotel abgeholt.

Whale Discoveries, Tel./Fax 701 73, info@whalediscoveries.com;

Whales in the Wild, Tel. 708 72, Fax 708 75, jeffery@kalianetvav.to.

Informationen über Buckelwale gibt es darüber hinaus im **IFAW Marine Awareness Centre** in der Fatafehi Road schräg gegenüber der St Joseph's Cathedral.

Flüge: Der Flughafen Lupepau'u (VAV) befindet sich im Norden der Insel Vava'u, etwa 15 Fahrminuten von Neiafu entfernt. Airlines Tonga (Tel. 236 90, Fax 232 38) fliegt tgl. außer So von Vava'u via Ha'apai zur Hauptinsel Tongatapu und zweimal wöchentlich zu den Niuas.

Schiff/Fähre: Jeweils zweimal wöchentlich verbinden die Fähren Vava'u mit der Hauptinsel Tongatapu (via Ha'apai), einfache Strecke ca. 60 TOP. Darüber hinaus fährt die »MV 'Olovaha« alle zwei Monate von Vava'u zu den Niuas, einfache Strecke 55 TOP. MV 'Olovaha, Shipping Corporation of Polynesia, Tel. 701 28, scp@tonfon.to; MV Pulupaki, 'Uata Shipping Line, Tel. 704 90, uataline @kalianet.to.

Inselausflüge: Boote zu den westlichen Inseln der Vava'u-Gruppe legen im Port of Refuge in Naiafu ab. Wenn Sie Ausflüge zu den östlichen Inseln planen, müssen Sie zur Anlegestelle im alten Hafen (Neiafu Tahi).

Busse: Haltestellen finden Sie in Neiafu jeweils vor dem 'Utakalongalu sowie vor dem Sailoame Markt (Tu'i Road). Nur morgens gibt es verlässliche Verbindungen in die Stadt hinein, ansonsten verkehren die Überlandbusse sehr unregelmäßig.

Taxis: Fahrten innerhalb Neiafus kosten ca. 3 TOP, eine Fahrt zum Flughafen etwa 12 TOP. Taxiunternehmen erreichen Sie unter Tel. 701 36 (JV Taxi), 702 40 (Liviela) und 701 53 (Lopaukamea Taxi).

Mietwagen: Die lokale Fahrerlaubnis erhalten Sie in der Polizeistation in der Tu'i Road Mo und Di 8.30–16.30 und Mi–Fr 8.30–12.30 Uhr. Jl Rental Car, Kavana Road, Tel. 711 28, Preise zwischen 55–65 TOP pro Tag.

Insel Foi'ata

Reiseatlas: S. 9, B 4

Dieses kleine, bis auf die Betreiber und Gäste des im Jahre 2000 eröffneten Resorts unbewohnte Eiland im Südwesten der Vava'u-Gruppe kommt der europäischen Vorstellung einer Robinson-Insel ganz nahe. Herrlich weiße Sandstrände, ideale Spots zum Schnorcheln und ganz viel Ruhe erwarten die wenigen Gäste, die sich hierher verirren. Bei Ebbe können Sie hinüber zur nächsten Insel, Foelifuka, laufen.

Blue Lagoon Resort: Tel. 713 00, Fax 703 27, www.foiata-island.com. Das Inselparadies bietet sechs geräumige, unterschiedlich gestaltete Bungalows, ein ausgezeichnetes Restaurant, eine gut sortierte Bar und einen Bilderbuchstrand, der keine Wünsche offen lässt. 270 TOP pro Bungalow und 86,25 TOP pro Person für HP bzw. 97,75 TOP für VP. Der Transfer zwischen Flughafen und der Unterkunft inkl. der 45-minütigen Bootsfahrt kostet 130 TOP pro Person.

Insel Utungake

Reiseatlas: S. 10, D 3

Diese schmale, weniger als 1 km² große Insel ist mit Pangaimotu durch einen Damm verbunden. **Hiku Tamole Beach,** ein herrlicher Sandstrand, der zum Schwimmen und Schnorcheln bestens geeignet ist, erstreckt sich an der Nordspitze dieses Eilandes. Darüber hinaus ist 'Utungake ein idealer Ausgangspunkt zum Angeln, Tauchen und Wale beobachten.

Tongan Beach Resort: Tel./Fax 703 80, www.thetongan.com. Kleine Anlage mit nur zwölf Wohneinheiten, ausgezeichneter Küche und umfangreichem Angebot für Wassersportler. Einmal wöchentlich findet ein traditioneller Abend mit Buffet und Tanzvorführungen statt. 290 TOP pro Bungalow für zwei Personen in der Nebensaison, ca. 400 TOP in der Hauptsaison, 88 bzw. 110 TOP pro Person für HP bzw. VP. Transferkosten 40 TOP pro Person.

Lucky's Beach Houses: Tel./Fax 710 75, Handy 874 20 72, www.talihaubeach.com. Ein deutsch-tonganisches Paar bietet vier kleine Strandbungalows (zwei in europäischem, zwei in traditionell tonganischem Baustil), eine Reihe von Wassersportaktivitäten und Ausflüge an. 50–60 TOP bzw. 120 TOP pro Bungalow inkl. Frühstück, 25 TOP für einen Zeltplatz. Abendessen für 25–30 TOP. Transport vom/zum Flughafen bzw. von/zur Fähre nach Absprache. Kreditkarten werden nicht akzeptiert.

Boot: Gegen Gebühr werden Transfermöglichkeiten von den beiden genannten Unterkünften nach vorheriger Absprache angeboten. Die Überfahrt dauert etwa 10 Minuten.

Busse: Bis zu 3 x tgl. verbindet der Überlandbus die Insel mit Neiafu, dem rund 9 km entfernten Hauptort der Vavau' Gruppe.

Bei Utungake kann man auch einem Buckelwal begegnen

Die Niua-Gruppe

Reiseatlas S. 9

Der Name dieser Inselgruppe leitet sich von Niu ab, einer Kokospalmenart, die ausschließlich hier vorkommen soll. Wer auf eine der drei äußerst abgelegenen Inseln der Niuas reist, der kann sich der nahezu ungeteilten Aufmerksamkeit der einheimischen Bevölkerung sicher sein und erlebt tonganische Kultur pur.

Das nur 18 km² große Niuatoputapu und das noch kleinere Nachbareiland Tafahi waren die ersten Inseln Tongas, die die niederländischen Seefahrer Willem Cornelisz Schouten und Jacob Le Maire im Jahr 1616 sichteten.

Insel Niuatoputapu

Reiseatlas: S. 9, A/B 2/3

Weit im Norden des Tonga-Archipels, über 500 km von Tongatapu entfernt, liegt Niuatoputapu, die Hauptinsel der Niuas, mit ihren rund 1200 Bewohnern. Sie ist, wie die beiden anderen Inseln dieser Gruppe auch, vulkanischen Ursprungs. Die drei Ortschaften befinden sich an der Nordwestküste, der übrige Teil der Insel ist unbewohnt. Eine unbefestigte Straße für die wenigen Fahrzeuge verbindet die Dörfer, einen Busverkehr gibt es nicht.

Die umfangreichen archäologischen Ausgrabungen, die Patrick Kirch in den 1970er-Jahren durchführte, belegen, dass die Insel einst wesentlich dichter bevölkert war als heute. Insgesamt fand er 92 Kultstätten und Spuren von bis zu 3000 Jahre alten Siedlungen. Mittlerweile sind sie wieder von dichtem tropischem Grün überwuchert und ohne Ortskundige kaum zu entdecken.

Hihifo

Reiseatlas: S. 9, A 3

In **Hihifo,** dem Verwaltungszentrum der Inselgruppe, befinden sich einige wenige Läden, eine Bank, das Postamt und eine Polizeistation sowie, wie könnte es anders sein in Tonga, mehrere Kirchen. Vom Strand öffnet sich ein schöner Blick hinüber auf das Inselchen Hunganga, zu dem man bei Ebbe hinüberwaten kann. Besonders reizvoll und erfrischend kann ein Bad im kristallklaren Süßwasser der **Niutoua-Quelle** südwestlich des Ortes sein.

Falehau, ein Dorf an der Nordküste, besitzt eine Mole, von der Boote zu den Nachbarinseln ablegen. Zahlreiche weiße Sandstrände umsäumen die gesamte Insel, die schönsten Buchten zum Schwimmen und Schnorcheln finden Sie an der Nordwestküste und im Südosten. Aber auch die Anlegestelle von Falehau ist zum Baden geeignet.

Wer von der Ortschaft **Vaipoa** aus auf den bis zu 150 m hohen Bergkamm im Inselinneren wandert, kann den Vulkankegel des etwa 9 km entfernten Eilandes Tafahi in der Ferne erkennen.

Palm Tree Island Resort: Hunganga, Tel. 850 90, Fax 851 23, palmtreeisland tonga@yahoo.it. Ruhe pur für maximal acht Personen auf dem Inselchen Hunganga westlich von Niuatoputapu, zu dem Sie entweder von Hihifo aus per Schlauchboot gebracht werden oder das Sie bei Ebbe auch zu Fuß erreichen können. 240 TOP für zwei Personen in einem *fale,* einem traditionellen tonganischen Haus, plus 40 bzw. 60 TOP pro Person für Halb- bzw. Vollpension.

🍴 Bringen Sie Lebensmittel mit, denn die Geschäfte haben nur ein sehr begrenztes Angebot. Brot können Sie nachmittags im Hauptort Hihifo kaufen.

🧢 **Tauchen:** Das Korallenriff, das Niuatoputapu im Norden und Nordwesten umgibt, besitzt einige schöne Spots. Die besten befinden sich westlich von Hunganga sowie nordöstlich von Vaipoa nahe dem Eiland Hakautu'ufu'u. Allerdings ist es auf den Niuas nicht möglich, eine Tauchausrüstung zu leihen.

↔ **Flüge:** Von Tongatapu aus können Sie via Vava'u nach Niuatoputapu fliegen. Der Flugplatz Mata'aho (NTT), eine unbefestigte Piste, auf der die kleinen Propellermaschinen landen können, befindet sich im Süden der Insel, etwa 3 km von Hihifo entfernt. Airlines Tonga, Tel. 236 90, Fax 232 38, fliegt zweimal wöchentlich. Die einfache Strecke kostet 389 TOP. Die reine Flugdauer beträgt rund 2,5 Std.

Schiff/Fähre: Ungefähr alle 6 Wochen legt die »MV 'Olovaha« von Tongatapu nach Niuatoputapu ab. Die einfache Strecke kostet 93 TOP. Rechnen Sie mit mind. 2 Tagen an Bord. MV 'Olovaha, Shipping Corporation of Polynesia, Tel. 238 53, scp@tonfon.to.

Insel Tafahi

Auf diesem sehr fruchtbaren, kegelförmigen, nur 3,4 km² großen Fleckchen Land leben weniger als 150 Menschen in einem einzigen Dorf. Tafahi ist bekannt für die besonders gute Qualität der hier angebauten Kava und Vanille. Bei guter Sicht lohnt die mehrstündige Wanderung auf den 656 m hohen Gipfel des erloschenen Vulkans, von dem man die über 200 km weit entfernte Insel Savai'i, die zum Nachbarstaat Samoa gehört, sehen kann.

↔ **Boote:** Von Falehau, im Norden von Niuatoputapu, legen Boote zur 9 km entfernten Insel Tafahi ab (Preis ca. 80 TOP).

> ### Mit der Autorin unterwegs
>
> #### Robinsonade auf der Palmeninsel
> Das **Palm Tree Island Resort** ist wahrscheinlich das entlegenste Hotel, in dem Sie jemals übernachten werden. Ringsum nur das Meer, sonst nichts. Doch bei Ebbe kann man auch zu Fuß zur Hauptinsel Niuatoputapu gehen (s. S. 212).
>
> #### Clevere Großfußhühner
> Kaum zu glauben: Mit etwas Glück kann man während einer Wanderung auf Niuafo'ou, der abgelegensten Insel des Königreichs, eins der vom Aussterben bedrohten Malau-Hühner entdecken, die ihre Eier eingraben, um sie geothermisch ausbrüten zu lassen (s. S. 214).

Für den Tagesausflug sollten Sie unbedingt genug Wasser und sonstige Verpflegung mitnehmen.

Insel Niuafo'ou

Reiseatlas: S. 9, A/B 1

Diese etwa 35 km² große Insel markiert den nördlichsten und zugleich abgelegensten Teil des Tonga-Archipels. Die Holländer Willem Cornelisz Schouten und Jacob Le Maire nannten 1616 die Insel Goede Hope (›Gute Hoffnung‹), später wurde sie Cocos Island genannt.

Wegen der bis zum Jahre 1931 üblichen Postzustellung hatte Niuafo'ou auch den Beinamen Tin Can Island (Blechkanisterinsel). Vorbeifahrende Frachter warfen Benzinfässer oder große Keksdosen über Bord, die von einheimischen Schwimmern in Empfang genommen wurden. Bei schlechtem Wetter wurden diese ›Wurfsendungen‹ mit einer Kanone über die gefährliche Brandung hinweggeschossen. Eine eigene, im Jahre 1987 herausgegebene, bei Sammlern weltweit sehr begehrte Briefmarke erinnert an diese ungewöhnliche Art der Postauslieferung.

Tonga – die Niua-Gruppe

Esia

Reiseatlas: S. 9, B 1

Diese kleine Ortschaft im Norden unweit des Flugplatzes hat sich in den letzten Jahren zum Zentrum der Insel entwickelt. Weitere Dörfer liegen entlang der Ringstraße überwiegend im nördlichen und östlichen Teil der Insel. An der Westküste gibt es eine Anlegestelle für kleine Boote (Taulanga Futu Landing).

Ehemalige Dörfer wie etwa 'Ahau im Süden, Sila im Norden mit dem einstigen Hafen sowie Futu im Westen wurden Mitte des 19. und Anfang des 20. Jh. durch heftige Vulkanausbrüche zerstört. Als 1946 auch der an der Nordküste gelegene Verwaltungssitz 'Angaha unter gewaltigen Lavamassen verschüttet wurde, beschloss Queen Salote, die gesamte Bevölkerung auf die Insel 'Eua zu evakuieren. Zwölf Jahre später kehrten die ersten 200 Menschen jedoch wieder auf ihre Heimatinsel zurück, weitere folgten in den nächsten Jahren. Heute wird die Bevölkerung wieder mit 735 angegeben. Ausgedehnte Lavafelder rund um die Insel zeugen noch immer von diesen verheerenden Eruptionen. Die letzte vulkanische Aktivität wurde 1985 gemeldet.

Vai Lahi

Reiseatlas: S. 9, A/B 1

Im Zentrum der Insel, die aus einem einzigen, etwa 285 m hohen Vulkankegel besteht, befindet sich der nahezu 5 km breite und 84 m tiefe Kratersee Vai Lahi (Großer See), in dessen schwefelhaltigem Wasser die Lapila-Fische schwimmen, die von der einheimischen Bevölkerung bevorzugt gegessen werden. Während der mehrstündigen Wanderung entlang des Kraterrandes können Sie weitere, wesentlich kleinere Gewässer entdecken, wie etwa den Vai Si'i im östlichen Teil. Zum Teil nur bei Niedrigwasser sind vier kleine Inseln zu sehen, die aus dem großen Kratersee herausragen.

Erkundigen Sie sich im **Tonga Visitors Bureau** in Tongas Hauptstadt Nuku'alofa (s. S. 184) nach privaten Unterkünften auf Niuafo'ou. Darüber hinaus existieren einige schöne Zeltplätze am Kraterrand auf dieser abgelegensten Insel Tongas. Fragen Sie auch hier nach der Erlaubnis zu campen. Zusätzlich ist die Genehmigung der Dorfbevölkerung einzuholen.

Lebensmittel: Da die wenigen Dorfläden nur ein sehr begrenztes Angebot an Lebensmitteln haben, sollten Sie unbedingt alles Notwendige mitbringen.

Wandern: Mit etwas Glück kann man während einer Wanderung auf Niuafo'ou eine weitere Besonderheit entdecken. Die endemischen Großfußhühner *(Megapodius pritchardis),* auch **Malau** genannt, gra-

Insel Niuafo'ou

ben ihre Eier bis zu 2 m tief in die warme Vulkanerde rund um den Kratersee ein, um sie auf diese Weise ausbrüten zu lassen. Die hierfür erforderliche Temperatur von etwa 35 °C prüft die Henne mit der Zungenspitze. Die Küken schlüpfen bereits im vollen Federkleid und wühlen sich mehrere Tage lang an die Erdoberfläche, wo sie ganz auf sich allein gestellt sind.

Vor Jahren hat der deutsche Biologe Dieter Rinke vom »Brehm Fund for International Bird Conservation« einige dieser vom Aussterben bedrohten Pritchardhühner erfolgreich auf die unbewohnte, rund 300 km weit entfernte Insel Fonualei umgesiedelt. Mittlerweile leben dort nach Angaben von Birdlife mehrere Hundert Malaus.

Flüge: Von Tongatapu aus können Sie via Vava'u nach Niuafo'ou fliegen. Der Flughafen namens Queen Lavinia Airport (NFO) befindet sich im Norden der Insel. Airlines Tonga, Tel. 236 90, Fax 232 38, fliegt zweimal wöchentlich. Die einfache Strecke kostet 429 TOP. Die reine Flugdauer beträgt rund 2 3/4 Std.

Schiff/Fähre: Ungefähr alle sechs Wochen legt die »MV 'Olovaha Tongatapu« via Niuatoputapu nach Niuafo'ou ab. Da die Insel keinen für größere Schiffe geeigneten Hafen besitzt, kann das Umsteigen in das Fischerboot, mit dem Sie zum Landungssteg übergesetzt werden, bei unruhiger See abenteuerlich sein. MV 'Olovaha, Shipping Corporation of Polynesia, Tel. 238 53, scp@tonfon.to.

Das Hauptprodukt der Niua-Gruppe: Kokosnüsse

Rundfahrt durch die Mangroven, 'Upolu

Kapitel 3

Samoa und Amerikanisch-Samoa

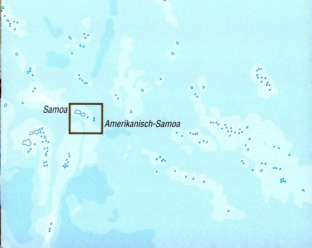

Die geteilten Inseln

Sie haben eine jahrtausendealte gemeinsame Geschichte und Kultur, sie sprechen eine Sprache, doch vor allem wollen sie eins, die Samoaner im Staat Samoa ebenso wie in Amerikanisch-Samoa: auch zukünftig lieber getrennte Wege gehen.

Bereits Mitte des 19. Jh., lange bevor Reichskanzler Otto von Bismarck mit kolonialistischen Projekten von innenpolitischen Schwierigkeiten abzulenken versuchte, kamen deutsche Kaufleute nach Samoa, erwarben Ländereien und legten Kokosplantagen an. Am tüchtigsten war das Hamburger Handelshaus Johann Cäsar Godeffroy & Sohn, das bereits 1855 in Apia seine erste Niederlassung eröffnete und von hier aus seinen Handel auf den gesamten südpazifischen Raum ausdehnte. Etwa zur gleichen Zeit sicherten sich kalifornische Investoren Landrechte im Hafengebiet von Pago Pago. Dieser geschützte Naturhafen schien sich ausgezeichnet zur Versorgung der Dampfschiffe zu eignen, die die transpazifische Route San Francisco–Sydney befahren sollten. Es wurde ein entsprechender Vertrag mit den örtlichen Oberhäuptern ausgehandelt, der den Amerikanern das exklusive Recht einräumte, ihren Stützpunkt auf Tutuila zu errichten. Aber auch Großbritannien erhob koloniale Ansprüche auf Samoa.

Die Lage im Land war zu jener Zeit aufs Äußerste gespannt. Seit Jahrzehnten trugen rivalisierende Oberhäupter blutige Kämpfe um die territoriale Vorherrschaft aus. Die Waffen für diesen Krieg erhielten sie von den ›weißen‹ Kaufleuten im Tausch gegen immer mehr Grundbesitz. Als sich die Europäer und Amerikaner zunehmend zwischen den Fronten verstrickten und die Konflikte durch Intrigen gar noch schürten, drohte die Situation zu eskalieren. Die rasch einberufene Samoa-Konferenz in Washington D. C. endete im Juli 1887 ergebnislos.

Zwei Jahre später, im März 1889, wäre es fast zu kriegerischen Auseinandersetzungen zwischen den drei Mächten gekommen: Deutschland, Amerika und Großbritannien demonstrierten ihre jeweiligen Besitzansprüche mittels vor Apia ankernder Kanonenboote. Trotz eines aufziehenden Wirbelsturmes war keine Seite bereit, dem Gegner kampflos den Hafen und somit die koloniale Vorherrschaft über Samoa zu überlassen. Die Folge: Fast 150 Seeleute starben, sechs der sieben Kriegsschiffe kollidierten oder zerschellten am Riff, allein das britische Schiff entkam im letzten Moment dem Hurrikan.

Samoa wird geteilt

Einige Monate später einigten sich die Kolonialmächte friedlich am ›grünen Tisch‹, freilich ohne die Samoaner in die Verhandlungen einzubeziehen. Die Kompromisslösung, als »Samoa-Akte« in die Geschichte eingegangen, besagte, dass Samoa von einem einheimischen Oberhaupt und Apia von allen drei Großmächten gemeinsam verwaltet werden sollte. Doch das Abkommen erwies sich als undurchführbar. Zehn Jahre später verzichtete Großbritannien bei der Konferenz von Berlin 1899 auf seinen Anspruch und erhielt als Entschädigung andere südpazifische Inseln. Samoa aber wurde geteilt: Die Amerikaner annektierten Ost-Samoa, das Deutsche Reich bekam West-Samoa als »Schutzgebiet«, wie es damals hieß, zugesprochen. »Hier wurde am 1. März 1900 die deutsche Flagge gehißt«, lautet noch heute die In-schrift des Denkmals auf der Halbinsel Mulinu'u bei Apia. Zu Beginn des Ersten Weltkrieges besetzten neuseeländische Marinetruppen diesen Teil Samoas und behielten die Inseln bis 1920 unter ihrer Militärverwaltung. Dem Versailler Vertrag gemäß wurde West-Samoa anschließend Mandatsgebiet Neuseelands und nach dem Zweiten Weltkrieg den Vereinten Nationen unterstellt, bis es nach einem Referendum am 1. Januar 1962 als erstes Land im Pazifik seine Unabhängigkeit erhielt.

Ganz anders die Entwicklung des kleineren Ost-Samoa: Hier wurde am 17. April 1900 die US-Flagge gehisst. Vier Jahre danach wurden die Inseln der Manu'a-Gruppe annektiert, 1921 nahmen die USA das unbewohnte Rose-Atoll in Besitz und Swains, ein Atoll, das eigentlich geografisch und kulturell zu Tokelau gehört, kam 1925 hinzu. Während des Zweiten Weltkriegs bauten die Amerikaner Pago Pago zu einer riesigen Militärbasis aus. Auch der überdimensioniert wirkende Flughafen stammt aus jenen Kriegstagen, in denen hier Tausende US-Soldaten stationiert waren und eine Entwicklung einsetzte, die aus den Inseln Ost-Samoas endgültig ein ›Amerikanisch-Samoa‹ werden ließ. Verstärkt wurde diese Amerikanisierung während der Amtsperiode John F. Kennedys als Präsident der Vereinigten Staaten. Mit den von ihm bereitgestellten Geldern wurde die Infrastruktur ausgebaut, wurden Wohnungen, Schulen und Fabriken finanziert, später das Fernsehen eingeführt. Kein Wunder, dass mehrere Abstimmungen über die Unabhängigkeit Amerikanisch-Samoas fehlschlugen. Wer auf Tutuila und den anderen Inseln im Osten wollte schon ernsthaft auf die kräftigen Finanzspritzen in Millionenhöhe aus Washington verzichten?

Und ewig lockt der Dollar

Heute ist Amerikanisch-Samoa offiziell ein nicht inkorporiertes Territorium der USA, das seit 1951 vom Innenministerium verwaltet wird. Die Einwohner Amerikanisch-Samoas werden als US-Nationals, nicht jedoch als Staatsbürger der Vereinigten Staaten angesehen. Aber sie besitzen einen US-amerikanischen Reisepass und dürfen in den Staaten arbeiten. Vor allem die jungen Amerikanisch-Samoaner nutzen diese Chance und verlassen ihre Heimatinseln, um sich auf Hawaii oder auf dem amerikanischen Festland eine neue Existenz aufzubauen. Mittlerweile wohnen einige sogar im kühlen Bundesstaat Alaska. Mangelnde berufliche Perspektiven und ein höheres Konsumbedürfnis werden am häufigsten als Grund angegeben.

Die gleichen Argumente nennen auch die jungen Samoaner aus dem Nachbarstaat, die ihrerseits ebenfalls gen Osten, zum kleinen, aber finanzstärkeren Amerikanisch-Samoa ziehen. Dort gibt es nicht nur all die zivilisatorischen Segnungen, die sie aus der Fernsehwerbung kennen, sondern vor allem Arbeitsplätze in den beiden großen Fischfabriken StarKist Samoa und Samoa Packing. 3,50 US$ Mindeststundenlohn erhalten sie – nicht viel, aber weit mehr, als sie in ihrer Heimat bekommen würden, wenn es dort überhaupt Arbeit gäbe.

Wer mehr verdient, als er unbedingt zum Leben in der Ferne benötigt, unterstützt die lieben Verwandten in den Heimatdörfern, ob auf den westlichen oder östlichen Inseln, so will es die *fa'a Samoa,* die traditionelle Lebensweise der Samoaner (s. S. 242). Diese im Ausland verdienten Dollar sind mittlerweile ein wesentlicher Haushaltsposten genauso wie die Hilfeleistungen aus Washington für Amerikanisch-Samoa und die aus Wellington für Samoa. Als letzte Kolonialmacht in Samoa übernimmt Neuseeland noch heute die Finanzierung eines größeren Postens im Haushalt des Landes. Ohne diese Schecks hätten die Regierungen in Apia bzw. in Pago Pago längst Konkurs anmelden müssen, denn von Kopra und Taro allein können auch Südseestaaten heute nicht mehr leben.

Und so sind sich die Samoaner hüben wie drüben auch in diesem Punkt einig: Eine Wiedervereinigung unter einer samoanischen Flagge kommt nicht in Frage – man könnte es sich nicht leisten.

Steckbrief Samoa

Daten und Fakten

Name: Malo Tuto'atasi o Samoa
Fläche: 2934 km² Landfläche, 120 000 km² Seefläche
Hauptstadt: Apia
Amtssprache: Samoanisch, Englisch
Einwohner: 217 083 (2008, geschätzt)
Bevölkerungswachstum: 1,3 % (2008, geschätzt)
Lebenserwartung: 69 Jahre für Männer, 74 Jahre für Frauen
Analphabetenrate: 0,3 % (Bevölkerung über 14 Jahre)
Religion: überwiegend Christen: 35 % Kongregationalisten, 20 % römisch-katholisch, 15 % Methodisten, 13 % Mormonen, 4 % Siebenten-Tags-Adventisten
Währung: Samoan Tala, SAT (im Bankverkehr Samoan Dollar S$, zum Teil auch WST genannt). Für 1 € bekommt man 3,83 SAT (Stand September 2008).

Zeitzone: MEZ −12 Std. außerhalb und −13 Std. während der MEZ-Sommerzeit
Landesvorwahl: 00685
Internet-Kennung: .ws
Landesflagge: Offiziell eingeführt 1949. Im oberen linken Viertel befindet sich ein blaugrundiges Feld mit einem weißen Sternbild, das an das Kreuz des Südens erinnern soll. Die Farben Blau und Weiß symbolisieren Freiheit bzw. Reinheit, das Rot steht für Mut.

Geografie

Die Inselgruppe besteht aus insgesamt neun Inseln vulkanischen Ursprungs, von denen fünf unbewohnt sind. Savai'i ist mit 1812 km² die größte Insel, 'Upolu mit der Hauptstadt Apia an der Nordküste ist 1036 km² groß. Die beiden anderen bewohnten Inseln, Manono und Apolima, befinden sich zwischen 'Upolu und Savai'i in der Straße von Apolima und sind mit 3 bzw. 1 km² erheblich kleiner. Die unbewohnten Inseln Nu'usafe'e sowie Fanuatapu, Namu'a Nu'etele und Nu'ulua sind 'Upolu im Süden bzw. im Südosten unmittelbar vorgelagert.

Die Vulkaninseln sind hügelig bis bergig, die höchsten Erhebungen sind der Mount Silisili mit 1858 m auf Sava'i sowie der 1097 m hohe Mount Fito auf 'Upolu.

Vor allem die schmalen Küstenstreifen der Inseln sind besiedelt, das jeweilige Inselinnere ist demgegenüber nahezu unbewohnt und wird soweit möglich als Plantagen- und Weideland genutzt. Riesige Lavafelder auf Savai'i zeugen von den Vulkanausbrüchen zu Beginn des 20. Jh.

Geschichte

Archäologischen Funden zufolge wurden die Inseln Samoas um 1000 v. Chr. besiedelt. Etwa zwischen 950 bis 1250 wurden die Samoaner von den benachbarten Tonganern beherrscht. Der erste Europäer, der 1722 den Archipel sichtete, war der Niederländer Jacob Roggeveen. Im Jahr 1830 landete John Williams von der London Missionary Society auf Savai'i und begann die einheimische Bevölkerung zu christianisieren. 15 Jahre später folgten die ersten katholischen Missionare. In diesen Jahren kamen ebenfalls die ersten europäischen Siedler, erwarben größere Landflächen und legten Plantagen an. Ab 1889 regelte der Vertrag von Berlin die gemeinsame Verwaltung Samoas durch Deutschland, England und die USA. 10 Jahre später wurde dieser Vertrag annulliert und Samoa aufgeteilt. Die USA erhielten Ost-Samoa, Deutschland die Inseln im Westen.

1914 gelangte West-Samoa unter neuseeländische Militärverwaltung, 1920 erhielt Neuseeland das Mandat des Völkerbundes, später der Vereinten Nationen über West-Samoa. Am 01.01.1962 erlangte das Land als erstes im pazifischen Raum seine Unabhängigkeit. 1997 erfolgte die Namensänderung in »Unabhängiger Staat von Samoa«.

Staat und Politik

Samoa ist gemäß der Verfassung von 1962 eine parlamentarische Demokratie mit traditioneller Häuptlingsaristokratie. Staatsoberhaupt ist seit dem 20. Juni 2007 Tupua Tamasese Tupuola Taisi Tufuga Efi. Die gewählte gesetzgebende Versammlung, *fono,* besteht aus 49 Mitgliedern, von denen 47 gemäß der Verfassung unter den traditionellen Oberhäuptern der Großfamilien *(matai)* gewählt werden. Die verbleibenden zwei Sitze werden nach individuellen Wahllisten von der nicht-samoanischen Minderheit gewählt.

Regierungschef und Außenminister ist seit 1998 Tuilaepa Lupesoliai Sailele Malielegaoi. Seit den letzten Wahlen im März 2006 und anschließenden Parteiwechseln hat seine gemäßigt konservative Human Rights Protection Party (HRPP) 32 Sitze, die Samoa Democratic United Party (SDUP) stellt sieben Sitze (ohne Fraktionsstatus), die verbleibenden zehn sind unabhängige Politiker.

Wirtschaft und Tourismus

Rund 70 % der Bevölkerung sind in der Landwirtschaft beschäftigt. Angebaut werden traditionell vor allem Taro, Yams, Bananen sowie Kaffee und Kakao. Die Kokospalmplantagen wurden durch verheerende Wirbelstürme in den Jahren 1990 und 1991 größtenteils vernichtet. Ein Virusbefall zwei Jahre später führte zu Ernteausfällen bei Taro. Der Industriesektor ist schwach ausgebildet. Eine japanische Firma lässt Autoteile produzieren, ebenfalls von Bedeutung sind die Zigarettenherstellung aus importiertem Tabak sowie die holzverarbeitende Industrie. Exportprodukte sind ferner Fisch, Bier und in letzter Zeit Arzneipflanzen wie Noni-Produkte (s. S. 25). Auch hat sich der Tourismus zu einer wichtigen Einnahmequelle entwickelt. Dennoch übersteigt das Import- das Exportvolumen um rund das Achtfache, das Land ist stark von den Überweisungen der im Ausland lebenden Samoaner abhängig.

Bevölkerung und Religion

Schätzungen zufolge leben auf den Inseln Samoas 217 000 Menschen (2008), in der Hauptstadt mit ihrem erweiterten Siedlungsgebiet ca. 60 000 Menschen. 92,6 % der Bevölkerung sind Samoaner, 7 % sind Nachkommen von Samoanern und Europäern, hinzu kommt eine chinesische Minderheit. Das Durchschnittsalter beträgt 20,6 Jahre.

Nach der letzten Erhebung aus dem Jahr 2001 bekennen sich 98,4 % der Bevölkerung zum christlichen Glauben. Davon gehören knapp 35 % der Congregational Church an, etwa 20 % sind Katholiken und 15 % Methodisten, 13 % sind Anhänger der Kirche Jesu Christi der Heiligen der Letzten Tage, der Rest verteilt sich auf Siebenten-Tags-Adventisten, Zeugen Jehovas sowie weitere Glaubensgemeinschaften.

Auf einen Blick: Samoa und Amerikanisch-Samoa

Inseln zwischen Tradition und Fortschritt

»Ich liebe das Land. Ich habe es erwählt als meine Heimat zu Lebzeiten und als Grabstätte nach meinem Tod.

Und ich liebe die Menschen. Ich habe sie erwählt als mein Volk, mit dem ich leben und sterben will.«

Was für eine Liebeserklärung! Sie stammt aus der Feder von Robert Louis Stevenson, dem Autor der berühmten »Schatzinsel«. So wie er waren auch andere europäische Dichter fasziniert von den Inseln Samoas, der Wiege Polynesiens, wie die Samoaner stolz behaupten.

Wer nach Samoa reisen möchte, muss sich zunächst für eines der beiden Länder entscheiden: **Samoa,** das ehemalige West-Samoa, umfasst die beiden großen Inseln 'Upolu und Savai'i, die kleinen Inseln Apolima und Manono sowie weitere fünf unbewohnte Eilande. Dass diese Inseln einst eine deutsche Kolonie waren, wird bereits beim Anflug auf Faleolo, den internationalen Flughafen, deutlich: Nirgendwo sonst an dem von uns aus gesehen anderen Ende der Welt stehen die Kokospalmen so akkurat in Reih und Glied wie hier. Bei uns ein fast vergessenes Kapitel deutscher Geschichte, für die Samoaner allgegenwärtig. Das wilhelminische Kaiserreich hinterließ während der 14 Jahre dauernden Kolonialzeit außer den wohlgeordneten Kokosplantagen und Denkmälern auch etliche Nachfahren, wie ein Blick ins Telefonbuch mit seinen vielen deutschstämmigen Namen enthüllt: Schmidt, Schuster, Vogt, Keil, Kruse ... Ein weiteres Relikt aus jener Zeit ist die noch heute gebräuchliche Bezeichnung für die Landeswährung: offiziell Samoan Dollar, meist sagt man aber Tala, was sich vom deutschen Taler ableitet. Ja, selbst das Vailima, das in Samoa produzierte Bier, wurde bis vor wenigen Jahren nach dem deutschen Reinheitsgebot gebraut.

Das andere Samoa, **Amerikanisch-Samoa,** liegt weiter im Osten und besteht aus fünf Inseln vulkanischen Ursprungs sowie zwei flachen Korallenatollen. Die Gesamtlandfläche Amerikanisch-Samoas beträgt nur 197 km² und ist somit um ein Vielfaches kleiner als die des Nachbarstaates Samoa. Der größte Flächenanteil entfällt mit 136 km² auf die stark zerklüftete Hauptinsel Tutuila. Die restliche Landfläche verteilt sich auf Aunu'u, das Tutuila im Osten vorgelagert ist, die rund 100 km weiter in östlicher Richtung liegenden kleinen Inseln der Manu'a-Gruppe, Ta'u, Ofu

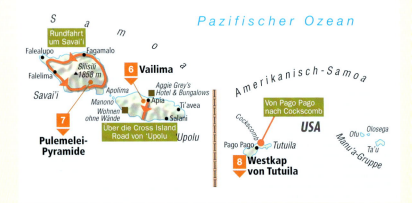

und Olosega, und das noch weiter abgelegene, unbewohnte, niedere Rose-Atoll. Hoch im Norden, rund 350 km von der Hauptinsel entfernt, liegt Swains, ein Atoll, das geografisch und kulturell zu Tokelau gehört, aber 1925 von den USA annektiert wurde.

Mehr als in allen anderen Inselstaaten des Pazifik stehen sich hier die traditionelle Lebensweise und der American Way of Life gegenüber. Vor allem in Pago Pago, dem einzigen urbanen Zentrum, scheint die *fa'a samoa* (s. S. 242) längst vergessen. Autoschlangen, Schnellimbissläden und Wohlstandsmüll am Straßenrand gehören zum Stadtbild. Doch wer sich ein wenig Zeit lässt, wird feststellen, dass die Gesellschaft Amerikanisch-Samoas jenseits seiner Hauptstadt noch weitgehend ursprünglich geblieben ist.

Highlights

6 Vailima: Das ehemaligen Anwesens des ›Tusitala‹ Robert Louis Stevenson und seine Grabstätte (s. S. 233).

7 Pulemelei-Pyramide: Die bislang unerforschte Steinpyramide auf der Insel Savai'i ist eins der größten prähistorischen Bauwerke Polynesiens (s. S. 247).

8 Westkap von Tutuila: Hier zeigt sich die Hauptinsel Amerikanisch-Samoas von ihrer schönsten Seite (s. S. 260).

Empfehlenswerte Routen

Über die Cross Island Road von 'Upolu: Ein absolutes ›Muss‹ für alle Samoa-Reisenden ist die knapp 20 km lange Fahrt von der Hauptstadt Apia bis zur Südküste (s. S. 233).
Rundfahrt um Savai'i: Die 250 km lange Küstenstraße berührt fast alle Sehenswürdigkeiten der größten Insel Samoas (s. S. 244).
Von Pago Pago nach Cockscomb: Auf Tutuila fährt man von Pago Pago mit einem Mietwagen nach Aua und nimmt dort die Passstraße in Richtung Nordküste. Ab der Vatia Bay wandert man entlang der schroffen Nordküste bis zum Cockscomb (s. S. 258).

Richtig Reisen-Tipps

Aggie Grey's Hotel & Bungalows: In der ›Legende des Südpazifiks‹ übernachten wie einst Gary Cooper, Marlon Brando und all die anderen Hollywood-Größen vergangener Tage (s. S. 229).

Wohnen ohne Wände: Mieten Sie für einige Tage eine kleine Hütte am Strand, eine sogenannte *beach fale* und erleben Sie Samoa hautnah (s. S. 246).

Reise- und Zeitplanung

Um die Inseln Samoas zu erleben, sollten Sie mindestens zwei Wochen einplanen. Verbringen Sie die ersten vier Tage in Apia, lernen Sie die Hauptstadt kennen und machen Sie von hier aus die beschriebenen Inselrundfahrten. Wer darüber hinaus noch einen Ausflug auf eine der vorgelagerten Inselchen ohne Strom, Straßen und Autos unternehmen möchte, sollte entsprechend mehr Zeit mitbringen.

Danach geht es mit der Fähre von Mulifanua in gut 1 Std. hinüber zur Schwesterinsel Savai'i. Schwarze Lavafelder sind stumme Zeugen der letzten Vulkanausbrüche, der Rest der Insel ist bedeckt mit dichtem tropischem Regenwald. Allein für eine Inselerkundung mit einem Geländewagen sollten Sie mindestens zwei Tage einplanen. Mit einer kleinen Maschine der nationalen Fluggesellschaft oder mit der Fähre erreichen Sie von 'Upolu aus Pago Pago, die Hauptstadt Amerikanisch-Samoas. Bei einem Tagesausflug schaffen Sie eine gemütliche Stadtbesichtigung und anschließend eine Fahrt nach Fagasa an der herrlichen gleichnamigen Bucht.

Wissenswertes für die Reise in Samoa und Amerikanisch-Samoa finden Sie auf S. 90.

Insel 'Upolu

Cityplan S. 226

Von Korallenriffen geschützte, türkisfarbene Lagunen, goldgelbe Strände, eine üppige, tropische Pflanzenwelt im fruchtbaren Landesinneren mit seinen zahllosen Wasserfällen und kleinen Kraterseen ... die landschaftliche Schönheit 'Upolus scheint die hierzulande geträumten Vorstellungen von ›Südsee‹ erfüllen zu wollen.

Malerische, überwiegend aus den althergebrachten, meist ovalen Häusern erbaute Dörfer mit sorgfältig gepflegten Vorgärten reihen sich am schmalen Küstenstreifen 'Upolus entlang aneinander. Mit ihren gewölbten, aus Kokoswedeln geflochtenen Dächern sind die *fale,* wie diese traditionellen, an den Seiten offenen Häuser genannt werden, ein Sinnbild dafür, dass Privatleben in diesem Land weitestgehend unbekannt ist. Auf der 1036 km^2 großen Hauptinsel leben über zwei Drittel der Gesamtbevölkerung Samoas. An der Nordküste befinden sich die Hauptstadt Apia sowie der internationale Airport Faleolo und der nationale Flughafen Fagali'i. Im Osten und an der Südküste liegen die schönsten Strände.

Das Landesinnere mit seiner faszinierenden Berglandschaft ist dagegen nahezu unbewohnt. Landwirtschaftlich nutzbar sind der unterschiedlich breite Küstensaum und die Regionen bis zu einer Höhe von etwa 300 m. Hauptanbauprodukte sind Kokosnuss, Yams und Taro, Brotfrucht, Bananen und Kakao sowie in kleineren Mengen Vanille und Noni.

Die Hauptstadt Apia

Cityplan: S. 226; **Reiseatlas:** S. 11, C 1
Das heutige Stadtbild Apias ist vielfältig: Traditionelle Rundbauten stehen neben ehemals prächtigen, nun jedoch teilweise verfallenden, hölzernen Gebäuden aus der Kolonialzeit. Wenige Schritte weiter ragen moderne, überdimensioniert wirkende gläserne Betonhochhäuser auf, in denen sich Ministerien, Banken und Versicherungen angesiedelt haben. Eine kleine Fußgängerzone, Internetcafés, Schnellimbisse, Geldautomaten und Handys gehören mittlerweile genauso zu Samoas Hauptstadt wie das lavalava-bekleidete Polizeicorps, das mit schmissiger Blasmusik zur morgendlichen Flaggenparade aufspielt. Fast jeder vierte Samoaner lebt in der aus vielen Dörfern zusammengewachsenen Hauptstadt. Die einzelnen Stadtteile Apias sind nach diesen ehemaligen Dörfern benannt, wie etwa Fugalei, Sogi oder Leone. Noch heute haben alle Stadtteile ihren eigenen *matai* (Oberhaupt) und *fono* (Dorfrat).

Ein guter Ausgangspunkt für eine Stadtbesichtigung, für die man einen halben Tag einplanen sollte, ist das Gebäude der **Samoa Tourism Authority** in der Beach Road. Von hier aus gelangt man in östlicher Richtung zunächst zum **John Williams Monument** [1], das die Stelle markiert, an der der erste Missionar 1830 an Land ging. Die Küstenstraße weiter geht es zum traditionsreichen **Aggie Grey's Hotel** [7], das direkt am Ufer des Vaisigano River gebaut wurde.

Vorbei am Hafen erreicht man den gut ausgeschilderten Eingang zum vorgelagerten **Palolo Deep Marine Reserve,** das bereits 1979 zum Meeresschutzgebiet erklärt wurde (Mo–Sa 8–18 Uhr, Erwachsene 2 SAT, Kinder 1 SAT). Das seichte Wasser bis zum Riff mit seinen Korallen und farbenfrohen Tropenfi-

Die Hauptstadt Apia

schen bietet Hauptstädtern und Touristen gleichermaßen ausgezeichnete Möglichkeiten zum Schwimmen und Schnorcheln. Am Strand selbst befinden sich Umkleidekabinen, Duschen und Toiletten, eine Schnorchelausrüstung kann gegen eine geringe Gebühr entliehen werden.

Der Weg zurück führt zum Gerichtsgebäude, das sich an der Ecke Beach Road/ Ifi'ifi Street befindet. Im Obergeschoss ist das kleine **Museum of Samoa** 2 untergebracht, das einen Besuch lohnt (Mo–Fr 12–15.30 Uhr, Eintritt frei). Als Robert Louis Stevenson in Samoa eintraf, wohnte er zunächst in diesem Gebäude. Hinter der Brücke sieht man die imposante Fassade der **Mulivai Cathedral** 3, mit deren Bau im Jahre 1885 begonnen wurde. Die weiße Kathedrale mit ihren beiden wuchtigen Türmen ist eines der Wahrzeichen Apias.

Das moderne Geschäftszentrum der Hauptstadt befindet sich rund um den **Clock Tower** 4 am kleinen Kreisverkehr (Beach Road/Vaea Street). Dieses Mahnmal wurde für die im Ersten Weltkrieg gefallenen Samoaner gebaut. Das Glockenspiel stiftete der Halbsamoaner Olaf Frederick Nelson, der wegen seiner führenden Rolle in der Widerstandsbewegung *(mau)* gegen die neuseeländische Administration von den Neuseeländern zweimal des Landes verwiesen wurde. Neben seiner Tätigkeit als Geschäftsmann der Firma A. Nelson and Company war er ab 1926 Herausgeber des »Samoa Guardian«, der ersten in samoanischer Sprache erschienenen Zeitung, die jedoch bereits ein Jahr später von der neuseeländischen Verwaltung verboten wurde.

Wer die Beach Road weiter in westlicher Richtung geht, kommt am **Fischmarkt** 5 (tgl. 7–14 Uhr geöffnet) und schräg gegenüber am alten Apia Markt, heute **Flea Market** 6, vorbei. Dort werden täglich handwerkliche Produkte wie beispielsweise Matten, Hüte und Handtaschen aus geflochtener Pandanus, Holzarbeiten und *tapa* angeboten. Den neuen **Apia Market** 7, auch **Maketi Fou** genannt, mit seinem besonders am Samstagmorgen überreichen Angebot an fri-

Mit der Autorin unterwegs

Zum Autor der »Schatzinsel«
Auf keinen Fall sollten Sie einen Besuch der **Villa Vailima** versäumen, die einst Robert Louis Stevenson bewohnte und in der heute das nach ihm benannte Museum untergebracht ist. Eine 45-minütige Wanderung führt hinauf zu seiner letzten Ruhestätte, daneben befindet sich das Grab seiner Ehefrau Fanny Osbourne (s. S. 233).

Wie viele Kirchen?
Zählen Sie auf der kurzen Fahrt vom internationalen Flughafen bis zur Hauptstadt die verschiedenen Gotteshäuser. James A. Michener kam auf 72 (s. S. 238)

Reif für die Insel?
Dann ist vielleicht ein Aufenthalt auf **Manono,** einem vorgelagerten Eiland ohne Strom, Straßen und Autos etwas für Sie (s. S. 238).

schem Obst und Gemüse findet man an der Fugalei Street.

Halbinsel Mulinu'u
Auf der rechten Straßenseite der schmalen **Halbinsel Mulinu'u** markiert das pyramidenförmige **German Flag Memorial** 8 die Stelle, an der am 1. März 1900 die deutsche Flagge gehisst und West-Samoa zur deutschen Kolonie erklärt wurde. Samoanische Unabhängigkeit demonstriert das runde, 1972 fertig gestellte **Fale Fono** 9, das Parlamentsgebäude, das traditionelle und moderne Stilelemente in sich vereint. Auf dem Gelände des Fono befindet sich das kuppelförmige **Mausoleum des Josefa Mata'afa** 10, der während der deutschen Kolonialzeit König von Samoa war. Mehrere weitere bedeutende Stammesführer sind auf Mulinu'u ehrenvoll bestattet; das **Independence Memorial** 11 erinnert an die Unabhängigkeit West-Samoas im Jahre 1962. Die Wetterstation **Apia Observatory** 12 an der Nordspitze der Halbinsel stammt noch aus der deut-

Samoa – Insel 'Upolu

Apia und die Halbinsel Mulinu'u: Cityplan

schen Kolonialzeit. Auf Ihrem Weg zurück ins Zentrum von Apia kommen Sie an zwei weiteren Denkmälern vorbei, die an die 146 Opfer der Schiffskatastrophe von 1889 erinnern. Während eines Hurrikans sanken drei deutsche und drei amerikanische Kriegsschiffe in der Bucht von Apia.

Beliebtes Ausflugsziel in der nahen Umgebung Apias sind die **Papase'ea Sliding Rocks** 13, moosbewachsene natürliche Wasserrutschbahnen mit anschließenden Pools. Da viele Hauptstädter diesen Treffpunkt am Wochenende auch gern als Grillplatz nutzen, kann es hier mitunter recht voll werden. Mit dem Taxi oder einem Bus mit der Aufschrift »Seesee« gelangt man zu der Stelle, an der

Die Hauptstadt Apia

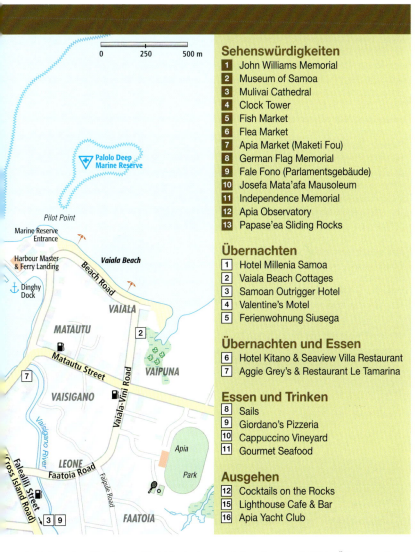

Sehenswürdigkeiten

1. John Williams Memorial
2. Museum of Samoa
3. Mulivai Cathedral
4. Clock Tower
5. Fish Market
6. Flea Market
7. Apia Market (Maketi Fou)
8. German Flag Memorial
9. Fale Fono (Parlamentsgebäude)
10. Josefa Mata'afa Mausoleum
11. Independence Memorial
12. Apia Observatory
13. Papase'ea Sliding Rocks

Übernachten

1. Hotel Millenia Samoa
2. Vaiala Beach Cottages
3. Samoan Outrigger Hotel
4. Valentine's Motel
5. Ferienwohnung Siusega

Übernachten und Essen

6. Hotel Kitano & Seaview Villa Restaurant
7. Aggie Grey's & Restaurant Le Tamarina

Essen und Trinken

8. Sails
9. Giordano's Pizzeria
10. Cappuccino Vineyard
11. Gourmet Seafood

Ausgehen

12. Cocktails on the Rocks
15. Lighthouse Cafe & Bar
16. Apia Yacht Club

ein kleiner, etwa 2 km langer Pfad hügelaufwärts beginnt, über den man diesen herrlichen Ort erreicht.

Samoa Tourism Authority: Tel. 00 685-63 500, Fax 00 685-20 886, info@visit-samoa.ws. Beim Fremdenverkehrsamt in der Beach Road sind informative Broschüren und gute Landkarten erhältlich. Öffnungszeiten: Mo–Fr 8–16.30 Uhr, Sa 8–12.30 Uhr.

Hotel Millenia Samoa [1]: Mulinu'u Rd., Tel. 28 284, Fax 28 285, www.hotelmilleniasamoa.com. Ansprechendes Hotel im Kolonialstil am Sogi Point, die Zimmer einfach, aber mit viel Flair; großartige Aussicht

Samoa – Insel 'Upolu

über die Buchten von Apia und Vaiusu. Ab 240 SAT inkl. Frühstück.

Vaiala Beach Cottages [2]: Vaiala-vini Rd., Tel. 22 202, Fax 22 008, www.vaialabeach.com/vaiala. Diese kleine Anlage mit ihren sechs gepflegten, komplett ausgestatteten Bungalows befindet sich im ruhigen Stadtteil Vaiala. Ideal für Selbstversorger und für Familien. 200 SAT pro Bungalow, Preisabschlag bei längerem Aufenthalt.

Samoan Outrigger Hotel [3]: Falelealili St., Tel. 20 042, www.samoanoutriggerhotel.com. Schön gelegene Backpacker-Unterkunft in einem renovierten Holzgebäude im Kolonialstil, etwas außerhalb des Stadtkerns gelegen. Die vier einfach eingerichteten Bungalows befinden sich in der Gartenanlage. Die Zimmer können mit eigenem oder mit einem Gemeinschaftsbad gebucht werden. 45 SAT pro Person im *fale,* im Gästezimmer ab 100 SAT pro Person.

Valentine's Motel [4]: Fugalei St., Tel. 22 158, valentine@samoa.ws. Einfache Unterkunft mit Gemeinschaftsküche und -bad für 40 SAT pro Person inkl. Frühstück, weitere Zimmer mit Bad gibt es für 100 SAT, ebenfalls mit Frühstück.

Ferienwohnung Siusega [5]: Tel. 24 164, wksiusega@hotmail.com. Die samoanisch-deutsche Familie Theresa, Werner und Tau-Jürgen Kappus, die seit einigen Jahren in Siusega, einem Vorort von Apia lebt, bietet ein einfaches, 22 m² großes Zimmer mit Miniküche und Bad für 155 SAT pro Übernachtung bei einer Belegung bis zwei Personen, bei längerem Aufenthalt werden reduzierte Preise angeboten.

Hotel Kitano Samoa [6]: Mulinu'u Rd., Tel. 21 122, Fax 23 652, www.kitano.ws. Das Tusitala, wie diese luxuriöse Unterkunft mit ihrem exzellenten Restaurant auch genannt wird, befindet sich in zentraler Lage. 94 unterschiedlich ausgestattete, jeweils großzügige Gästezimmer inmitten eines 6 ha großen Blumengartens mit

Blick auf Apia mit der imposanten Mulivai Cathedral

Die Hauptstadt Apia

Richtig Reisen-Tipp: Aggie Grey's Hotel & Bungalows

Das Aggie's (s. u.), wie dieses schneeweiße Hotel an der Beach Road auch kurz genannt wird, gehört zu jenen legendären Häusern, in denen man sich wünscht, wenigstens einmal im Leben Gast zu sein.

Die Frau, die hinter dem Hotelnamen steht, war schon zu Lebzeiten eine Legende. Sie ist auf Postkarten und Briefmarken abgebildet und unzählige Male beschrieben worden. Agnes Genevieve, von allen nur Aggie genannt, wurde 1897 auf Samoa geboren. Ihr Vater war Jahre zuvor aus Lincolnshire in England auf die Insel gekommen und hatte wenig später eine Samoanerin geheiratet. Trauzeuge war der berühmte Schriftsteller Robert Louis Stevenson. Früh verwitwet und mit sechs Kindern lieh sich Aggie in den 30er-Jahren des 20. Jh. ein paar Dollar, kaufte ein verwahrlostes Haus am Hafen und begann einen Hotelbetrieb.

Der wirtschaftliche Aufschwung begann während des Zweiten Weltkriegs, als rund 1500 GIs auf Samoa stationiert waren. Bei Aggie fanden die angesagten Partys statt, Bier und Hamburger gab es reichlich und Mädchen wohl auch. In jenen Tagen, aber auch noch viel später, als sie weit über 80 Jahre war, tanzte sie mit einer roten Hibiskusblüte im Haar den *siva,* jenen Liebestanz, den die europäischen Missionare im 19. Jh. verbieten wollten. Einer ihrer größten Fans war der Schauspieler Gary Cooper. 1952, während der Dreharbeiten zu »Return to Paradise«, bewohnte er einen Gartenbungalow, so wie Roberta Hayes, William Holden, Marlon Brando und all die anderen Hollywood-Größen jener Zeit.

Bis heute ist das Aggie's ein Familienunternehmen. Sohn Alan ist seit vielen Jahren Manager, und an der Rezeption steht die Enkelin Aggie Jnr. Sie ist es auch, die die Tradition fortführt, während der Fiafia-Abende den *siva* zu tanzen.

Wer statt Historie und Histörchen eine Luxusanlage mit allen modernen Annehmlichkeiten bevorzugt, ist im 2005 eröffneten Aggie Grey's Lagoon Beach Resort and Spa in der Nähe des Flughafens sicher besser aufgehoben. Auch hier gelingt es, den Gästen fernab von zuhause ein Heim zu bieten – kein Wunder, denn Frederick, der Manager, ist ebenfalls ein Enkel der berühmten Pionierin. Aber ein Nachmittagstee am Swimmingpool oder ein Fiafia-Abend im Innenhof des ›alten‹ Aggie's ist noch immer ein ganz besonderes Erlebnis.

kleinen Lagunen und Mangroven, 300–530 SAT. Das **Seaview Villa Restaurant** im Hotelkomplex bietet Mo–Sa abends japanische Küche. Ebenfalls sehr empfehlenswert sind die Meeresfrüchte sowie die internationalen Weine. Hauptgerichte ab 30 SAT.

Aggie Grey's Hotel & Bungalows 7 : Beach Rd., Tel. 228 80, Fax 236 26, www.aggiegreys.com, 156 Zimmer und 26 Bungalows, ab 290 SAT. Das legendäre Hotel (s. Richtig Reisen-Tipp) bietet inmitten eines tropischen Gartens 156 Zimmer und 26 Bungalows, die die Namen derjenigen Schauspieler tragen, die einst hier übernachtet haben. Das Restaurant **Le Tamarina** (Di–Sa mittags und abends, Mo nur abends) ist berühmt für seinen Afternoon Tea mit Gebäck am Nachmittag und seine guten Abendgerichte, ab 35 bzw. 50 SAT. Jeden Mittwoch findet ein Fiafia-Abend mit großem Buffet und samoanischen Tänzen statt, für den das Aggie's über die Landesgrenzen hinaus berühmt ist (inkl. Essen 55 SAT, nur Show 15 SAT). Man muss reservieren!

Sails 8 : Beach Rd., Tel. 20 628. Im ersten Stock dieses 140 Jahre alten Hauses, in dem Robert Louis Stevenson zunächst wohnte, ist dieses ausgezeichnete Restaurant untergebracht. Mo–Sa werden ein umfangreiches Frühstück bzw. ein Mittagessen für 15–25 SAT sowie ein Abendessen ab 30 SAT angeboten, So nur abends geöffnet.

Samoa – Insel 'Upolu

Tipp: Die Meeresfrüchteplatte für zwei Personen probieren und das Ambiente vom Balkon mit Blick über den Hafen genießen!
Giordano's Pizzeria 9 : Falealili St., Tel. 25 985. Die beste Pizzeria liegt etwas außerhalb des Stadtkerns. Pizzen in drei Größen ab 15 SAT, leckere Salate sowie Pasta ab 18 SAT werden Di–Sa mittags und abends, So nur abends angeboten.
Cappuccino Vineyard 10 : im ACB Bldg. in der Fußgängerzone zwischen Beach Rd. und Convent St. Das angesagte Café der Stadt, in dem man tgl. morgens bis abends eine Kleinigkeit ab 7 SAT essen kann. Der Kaffee schmeckt sehr gut, die Salate sind lecker, abends gibt es Wein und manchmal Livemusik; das Beste aber ist ›sehen und gesehen werden‹.
Gourmet Seafood 11 : Togafu'afu'a Rd., Tel. 24 625. Auch bei Einheimischen sehr beliebtes Restaurant mitten in der Stadt, in dem man Mo–Sa ein leckeres Frühstück, Mittag- und Abendessen ab 5 SAT bekommt.

Aggie Grey's Gift Shop: Beach Rd., Tel. 22 880, Mo–Sa 9–18 Uhr. Die beste Adresse für den Kauf von handwerklichen Erzeugnissen, Souvenirs und Büchern ist der Laden neben dem gleichnamigen Hotel.
Treasure Box: Convent St., Tel. 20 470. Dieser Juwelier hat sich auf den Verkauf von Schmuck aus importierten schwarzen Perlen spezialisiert.
Mr. Lavalava: Fungalei Rd., Tel. 25 080, Mo–Fr 8–16.30, Sa 8–12 Uhr. Hier kann man nicht nur Kunsthandwerk aus Samoa, sondern aus dem gesamten pazifischen Raum kaufen.
Flea Market: Beach Rd., Mo–Fr 8–16 Uhr, Sa bis mittags geöffnet. Die alte Markthalle; angeboten wird traditionelles Handwerk, z. T. Fertigung vor Ort.
New Market (Maketi Fou): Fugalei St., rund um die Uhr geöffnet. Frisches Obst und Gemüse erhält man am besten auf diesem Markt nahe dem zentralen Busbahnhof. Im Angebot auch eine Vielzahl an Schnitzarbeiten, T-Shirts, Wickelröcke u.v.m. Tagsüber gibt es auch Essensstände mit warmen Gerichten, Kuchen und Säften.

Auch außerhalb der Hotels sorgen zahlreiche Kneipen und Bars mit Live-Musik für Abendunterhaltung. Wer allerdings quirliges Nightlife sucht, wird enttäuscht sein. Die meisten Lokale schließen um Mitternacht, einzige Ausnahme ist die Nacht von Freitag auf Samstag. Sonntags sind die meisten Lokale ebenfalls geschlossen.
Cocktails on the Rocks 12 : Beach Rd., 20 736. Dieses Nichtraucherlokal bietet diverse Cocktails ab 8 SAT.
Lighthouse Cafe & Bar 13 : Beach Rd., Tel. 26 669, Mo–Sa bis Mitternacht geöffnet, an manchen Abenden wird 5 SAT Eintritt erhoben. Auch bei Einheimischen beliebtes Lokal, das ein gut gekühltes Vailima ausschenkt und manchmal auch Live-Musik bietet.
Apia Yacht Club 14 : Mulinu'u Rd., Tel. 21 313, Di–So bis Mitternacht geöffnet. Einer der wenigen Orte, an denen man auch am Sonntagabend alkoholische Getränke erhält.

Fiafia-Abende mit großem Buffet und samoanischen Tänzen, die von verschiedenen Hotels in Apia veranstaltet werden, sind ein absolutes ›Muss‹. Sie werden an unterschiedlichen Abenden auch für Nichthotelgäste angeboten. Um rechtzeitige Reservierung wird gebeten. An den restlichen Abenden gibt es in den Hotelbars (Live-)Musik, teilweise mit modernen oder traditionellen polynesischen Klängen und Rhythmen. Eine sehr berühmte Show findet Mi im Aggie Grey's Hotel (s. S. 229) statt, wer nur die Show sehen möchte, zahlt 15 SAT, inkl. Buffet kostet es 55 SAT. Freitagabends ist im Hotel Kitano Samoa (s. S. 228) eine Fiafia-Show, 15 SAT bzw. 50 SAT pro Person.
Teuila Festival (Anfang September): Neben der Unabhängigkeitsfeier im Juni ist dies das wichtigste Fest in Apia, das alljährlich mit zahlreichen kulturellen Veranstaltungen wie dem Singwettbewerb der Kirchenchöre, einem Fautasi-Rennen und traditionellen Tanzwettbewerben begangen wird. Am Ende der Woche wird in einem Schönheitswettbewerb die Miss Samoa gewählt. Allein schon wegen der polynesischen Designer-Mode, die hier zur Schau getragen wird, ist das ein

Handelshaus Johann Cesar Godeffroy & Sohn

Die Firma

Thema

Mitte der 1850er, rund 10 Jahre nach Eröffnung der ersten Niederlassung auf Hawai'i, gründete das Hamburger Handelshaus Johann Cesar Godeffroy & Sohn seine erste Filiale in Apia. Theodor Weber, jahrelang Manager des Unternehmens vor Ort und deutscher Konsul in Samoa, verknüpfte meisterhaft Politik und Wirtschaft.

Unter Webers Führung entwickelte sich das Handelshaus zum größten seiner Zeit im Pazifik. 20 Jahre nach Beginn des Engagements in Samoa besaß die Firma Godeffroy & Sohn auf Hunderten von Inseln im pazifischen Raum Handelskontore, Werften, Magazine, Wohnhäuser und Plantagen. Darüber hinaus transportierten über 100 Schiffe Fracht innerhalb des Pazifiks und von hier aus nach Hamburg. In der Hansestadt wurde Godeffroy schlicht ›der Südseekönig‹ genannt. Mit über 30 000 ha fruchtbarem Land auf der Insel 'Upolu war das Hamburger Handelshaus auch der größte Grundbesitzer in Samoa. Gekauft hatte Theodor Weber im Auftrag Godeffroys das Land von den *matais,* den samoanischen Oberhäuptern, die so u. a. den dringend benötigten Nachschub an Gewehren für die kriegerischen Auseinandersetzungen um Macht und Titel finanzierten.

Die für die Plantagenarbeit benötigten Arbeitskräfte ließen die Hamburger aus Melanesien und Mikronesien heranschaffen, in der Anfangszeit mit Waffengewalt, dann mit Arbeitsverträgen, deren Inhalt diese Menschen jedoch aufgrund fehlender Übersetzungen nicht verstanden haben dürften. Nach 1900 wurden ›Gastarbeiter‹ zu Tausenden aus China rekrutiert. Ende der 1870er jedoch musste das Unternehmen Konkurs anmelden. Geplatzt waren die Aktienspekulationen, mit denen Godeffroy versucht hatte, die Wirtschaftskrise nach dem deutsch-französischen Krieg zu überstehen. Seine Geschäfte übernahm im Jahre 1879 die neugegründete Deutsche Handels- und Plantagengesellschaft der Südsee-Inseln zu Hamburg, die DH & PG, auch kurz ›die Firma‹ genannt.

Eifrigster ›Mitarbeiter‹ der DH & PG war der ehemalige Präsident der deutschen kolonialen Stadtverwaltung und spätere Gouverneur Dr. Wilhelm Solf. Unter seiner Amtszeit wurde die Monopolstellung der Firma weiter ausgebaut. Mit der Unterzeichnung der Gesetze zur Unveräußerlichkeit samoanischen Grund und Bodens verhinderte er die Gründung konkurrierender deutscher Plantagen. In diesem Zusammenhang sind auch seine Pflanzanweisungen (jeder Samoaner hatte von nun an pro Jahr 50 Kokospalmen zu pflanzen) und die von ihm veranlasste Verbesserung der Infrastruktur durch Straßen und Wegebau besser zu verstehen, die der DH & PG zugute kamen, bei den Samoanern aber ausgesprochen unbeliebt waren.

Als Neuseeland nach Ausbruch des Ersten Weltkriegs West-Samoa besetzte, war es nicht nur mit der deutschen Kolonialherrschaft, sondern auch mit ›der Firma‹ vorbei. Der Besitz der DH & PG in Samoa wurde von den Neuseeländern beschlagnahmt. Mit Ausnahme derjenigen, die mittlerweile in samoanische Familien eingeheiratet hatten, mussten alle Deutschen das Land verlassen. Heute gehören die ehemaligen DH & PG-Kokosplantagen dem samoanischen Staat.

Samoa – Insel 'Upolu

Linksruck

Ein plötzlicher Linksruck in dem ansonsten eher konservativen Samoa? Nein, diese Meldung bezieht sich nicht auf die innenpolitischen Verhältnisse, sondern auf die Straßenverkehrsordnung.

Vom 1. Juli 2009 an dürfen laut Regierungsbeschluss die Autos nicht mehr rechts fahren, sondern müssen auf die linke Straßenseite wechseln. Was das bedeutet, lässt sich nur erahnen: Neue Verkehrsschilder und neue Ampeln, neue Kreuzungen und neue Fahrzeuge müssen her, bei denen man mit der linken Hand schaltet. Rasches Umdenken ist gefragt, sonst verwechseln Autofahrer den Scheibenwischer mit dem Blinker, Fußgänger schauen beim Überqueren einer Straße in die verkehrte Richtung …

Ein Großteil der Bevölkerung Samoas protestiert gegen diese Entscheidung und verweist auf das hohe Unfallrisiko, das mit dem Wechsel einhergehen wird. Ganz zu schweigen von den Kosten.

Doch gerade der finanzielle Aspekt war ausschlaggebend für die Entscheidung. In den vergangenen Jahren sind die Autos überwiegend aus den USA importiert worden, heute sind die wirtschaftlichen Bindungen zu Australien und Neuseeland enger. Und aus diesen traditionell linksfahrenden Ländern werden zukünftig auch die Fahrzeuge stammen, die die Bürger Samoas kaufen.

Die Bürger Amerikanisch-Samoas können über die neue Verkehrsordnung ihrer Nachbarn nur den Kopf schütteln, bei ihnen bleibt alles beim Alten.

---

spannendes Ereignis. Bei der Hotelbuchung diesen Zeitraum beachten, Unterkünfte sind rasch ausgebucht.

'Upolu Palolo Rise (November): In diesem Monat werden auf der Insel die *palolo* gefischt, die bis zu 20 cm langen Korallenriffwürmer, die in vielen Teilen der Südsee als Delikatesse gelten. Am leichtesten ist dieses Schauspiel im Palolo Deep Marine Reserve an der Stadtgrenze zu beobachten.

Ausflüge/Inselrundfahrten

Mehrere Veranstalter bieten einen mehrstündigen Stadtrundgang sowie halb- oder ganztägige Inselrundfahrten an. Bitte beachten, dass sonntags für gewöhnlich keine Ausflüge durchgeführt werden.

Werner Kappus: Tel. 24 164, wksiusega@hotmail.com. Die deutschsprachige drei- bis vierstündige Stadtführung inkl. Villa Vailima sowie einigen Aussichtspunkten oberhalb Apias kostet 80 SAT, eine ganztägige Inseltour kostet ab 250 SAT jeweils pro Person.

Samoa Scenic Tours: Tel. 26 981 und 22 880 (Aggie Grey's Hotel, s. S. 229), samoascenictours@samoa.ws. Verschiedene Angebote ab 60 SAT pro Person, auch Fahrten zur Insel Savai'i und individuelle Touren.

Oceania Travel & Tours: Tel. 24 443, oceaniatravel@lesamoa.net. Nähere Informationen über die Angebote auch nach Amerikanisch-Samoa erhält man am Schalter im Hotel Kitano Samoa (s. S. 228).

Ecotour Samoa: Tel./Fax 22 144, tours@Ecotour.Samoa.com. Sehr interessant sind die zum Teil mehrtägigen Touren im Safari-Bus oder mit dem Kajak für ökologisch Interessierte. Diese begleiteten Ausflüge versprechen eine hervorragende Mischung aus Abenteuer pur und Einblicke in die *fa'a Samoa,* in die Lebensweise der samoanischen Bevölkerung. Der 3- bis sogar 30-tägige »Samoa Survival«-Ausflug ist ein besonderes Angebot, das sich an alle Robinsone richtet: Überleben auf einer unbewohnten Insel!

Sport

Golf: Faleata Golf Course, Tel. 23 964. Für rund 20 SAT kannn man diesen 18-Loch-Golfplatz südwestlich von Apia spielen.

Kajak: Island Explorer, Apia, Tel. 77 71 814, kayak@islandexplorer.ws. Boote und geführte, auch mehrtägige Touren entlang der Küste bietet der Schwede Mats Arvidsson an, der auch Deutsch spricht.

Schwimmen: Das Korallenriff Palolo Deep in

Die Cross Island Road

Hafennähe, bereits 1979 zum Schutzgebiet erklärt, bietet zwischen 8 und 18 Uhr eine gute Möglichkeit zum Schwimmen und Schnorcheln. Man erreicht diesen Strand, an dem man auch herrlich picknicken kann, über die Vaiala Beach Rd. Die Gebühr beträgt 2 SAT bzw. 1 SAT pro Kind.

Flüge: Der nationale Flughafen in Fagali'i liegt rund 5 km östlich der Hauptstadt. Von hier aus mehrmals täglich Flüge zum Ma'ota Airport auf **Savai'i**. Die Flugdauer beträgt ca. 20 Min., das Ticket kostet hin und zurück 95 SAT. Darüber hinaus existiert eine Flugverbindung vom internationalen Flughafen Faleolo nach Savai'i. Der Flughafen nahe der Ortschaft Asau im Nordwesten Savai'is wird zurzeit nicht angeflogen. Nähere Informationen und Buchungen über: Polynesian Airlines, Apia, NPF Bldg., Beach Rd., Tel. 21 261, Fax 20 023, enquiries@polynesianairlines.com, Mo–Fr 8–16.45 Uhr, Sa 8 Uhr bis Mittag.

Schiff/Fähre: In der Regel legen die Fähren zwischen 6 und 16 Uhr mehrmals täglich von der Mulifanua Wharf auf 'Upolu nach Salelologa auf der rund 20 km entfernten Nachbarinsel Savai'i ab. Man erreicht den Hafen von Apia aus mit einem öffentlichen Bus (Aufschrift »Pasi O Le Vaa«, 4 SAT pro Ticket) oder per Taxi (rund 45 SAT). Die Überfahrt dauert je nach Seegang etwa 1–1,5 Std. und kostet 9 SAT die einfache Strecke. Die Fähre »Lady Naomi« von Apia nach Tutuila (Amerikan. Samoa) legt mittwochs etwa um Mitternacht ab und erreicht Pago Pago am nächsten Morgen. Hin und zurück kostet das Ticket ab 100 SAT. Nähere Informationen bei: **Samoan Shipping Corporation:** Beach Rd., Apia, Tel. 20 935/6, reservations@samoashipping.com.

Mietwagen: Aus der langen Liste von Verleihfirmen in der Hauptstadt können folgende Unternehmen empfohlen werden: Avis, Tel. 20 486; Budget Rent-A-Car, Tel. 20 562; Funway Rentals, Tel. 22 045.

Busse: Der zentrale Busbahnhof befindet sich am neuen Markt (Maketi Fou) in der Fugalei St., eine weitere Haltestelle ist in der Beach Rd. hinter dem alten Markt (Flea Market). Sa nachmittags und So verkehren keine Busse. Beim Fremdenverkehrsamt nach Fahrplänen und Preisen fragen. In der Regel kostet eine Strecke innerhalb Apias bzw. in die nähere Umgebung 50 Sene.

Taxis sind zahlreich, eine Fahrt innerhalb der Stadt kostet minimal 2 SAT. Zentrale Taxistände befinden sich in der Beach Rd. nahe der Town Clock sowie in der Vaea St. Darüber hinaus erreicht man die Unternehmen über: City Central Taxi, Tel. 23 600; Radio Taxi, Tel. 24 432 sowie Town Taxis, Tel. 21 600.

Die Cross Island Road

Die kürzeste Verbindung zwischen der Hauptstadt und der Südküste ist die gut ausgebaute, knapp 20 km lange Bergstraße, die Cross Island Road, mit ihren interessanten Abstechern zu einigen Sehenswürdigkeiten und landschaftlichen Highlights 'Upolus. Die Verlängerung der Falealili Street führt von Apia zunächst durch die besseren Wohnviertel der Stadt und anschließend steil hinauf in die Berge.

6 Vailima

Reiseatlas: S. 11, C 1

Nach etwa 4 km zweigt rechts eine lange Allee zur **Villa Vailima**, dem ehemaligen Anwesen von Robert Louis Stevenson, ab. Hier verbrachte der schottische Schriftsteller, aus dessen Feder Werke wie »Die Schatzinsel« stammen, seine letzten Lebensjahre. Die Samoaner nannten ihn *tusitala*, den ›Geschichtenerzähler‹. Nach dem Tod Stevensons im Dezember 1894 erwarb zunächst der deutsche Geschäftsmann Gustav Kunst das im westlichen Stil erbaute Herrenhaus. Später war es Sitz der deutschen, danach der neuseeländischen Kolonialverwaltung. Seit 1962 ist es die Residenz des samoanischen Staatsoberhaupts. Anlässlich des 100. Todestages von Robert Louis Stevenson wurde in dem restaurierten weißen Holzgebäude 1994 das **Robert Louis Stevenson Museum** eröffnet (Mo–Fr 9–15.30, Sa 8–12.30 Uhr, Ein-

Samoa – Insel 'Upolu

> **Nutzungsgebühr: diskutieren zwecklos**
> Bitte beachten Sie, dass der größte Teil des Landes nicht dem Staat, sondern den in den autonomen Dörfern lebenden Familien gehört. Diese verlangen für die Nutzung ihres Straßenabschnitts, ihres Strandes oder ihres Wasserfalls von ausländischen Besuchern oft eine geringe Gebühr. Durch diese Zahlungen profitieren die samoanischen Familien direkt vom Fremdenverkehr. Diskussionen mit den Einheimischen über diese Zahlungen, die vielen Touristen befremdlich erscheinen, sind zwecklos. Zumeist sind es nur 2–5 SAT pro Person. Kleiner Hinweis: Da die Bevölkerung selten genug Geld zum Wechseln hat, sollte man ausreichend Kleingeld mitnehmen.

tritt 15 SAT). Zu sehen sind u. a. die Bibliothek, die beiden Schlafzimmer des Paares sowie ein Zimmer mit Kamin – Letzteres wohl eher eine Reminiszenz an seine Heimat als eine Notwendigkeit in diesen Breitengraden. Die Wände dieses Raums sind mit ausgezeichneten Kopien der ursprünglichen Siapo-Tapete versehen, einer Verkleidung aus Rindenbaststoff.

Von hier aus wandert man in etwa 45 Min. zu den schlichten Grabstätten des Schriftstellers und seiner Ehefrau Fanny Osbourne, die 1914 in Kalifornien starb und hier beigesetzt wurde. Der markierte, schmale, zum Teil recht steile **Track of Loving Hearts** windet sich durch üppige tropische Vegetation und an einem kleinen Wasserfall vorbei auf den 475 m hohen Mt. Vaea zum Grab auf einer Lichtung unterhalb des Gipfels. Die Grabinschrift wurde von Robert Louis Stevenson selbst verfasst. Hier bietet sich ein grandioser Ausblick auf die Nordküste der Insel und das Meer mit dem vorgelagerten Riff.

Rund um den mit Wald bedeckten Mt. Vaea liegen drei Naturschutzgebiete, in denen riesige Banyan-Bäume, Epiphyten, Farne, Flechten und zahlreiche weitere Arten gedeihen. Der **Botanische Garten** mit Bademöglichkeit und einem Wasserfall erstreckt sich am Fuße des Berges nahe Vailima, das

Mt. Vaea Reserve am Osthang des Berges und das **Stevenson Memorial Reserve** in der nahen Umgebung der Grabstätte.

Baha'i House of Worship
Reiseatlas: S. 11, C 2

Einige Kilometer weiter südlich steht an der Cross Island Road das **Baha'i House of Worship**. Die neun Seiten des im Jahre 1984 fertiggestellten Tempels der Baha'i-Glaubensgemeinschaft mit seiner 20 m hohen Kuppel symbolisieren die Weltreligionen. Der Tempel lädt alle Besucher zum Gebet und zur Meditation ein, das angrenzende Informationszentrum ist tgl. 6–18 Uhr geöffnet.

Tiapapata Art Centre
Reiseatlas: S. 11, C 2

Nur wenig weiter südlich bietet dieses **Kunstzentrum** Workshops für Erwachsene und Kinder an, die sich für Töpferei interessieren oder dafür, wie man die handgedruckten Gewänder im landestypischen Stil herstellt. Um vorherige Anmeldung für die rund zweistündige Unterweisung wird gebeten (Tel. 23 524 oder 29 272). Der Preis für Unterricht und Material beträgt etwa 20 SAT. Die interessanten Ausstellungsstücke der hier lebenden Künstler können auch erworben werden (geöffnet Mo–Fr 9–16 Uhr).

Lake Lanoto'o
Reiseatlas: S. 11, C 2

Hinter dem Ort Afiamalu, etwa auf der Hälfte der Strecke zur Südküste, zweigt rechts ein Weg zum **Lake Lanoto'o** ab, einem während der Kolonialzeit beliebten Ausflugsziel deutscher Siedler. Es ist ratsam, sich von einem Ortskundigen auf der gut 1,5-stündigen Wanderung begleiten zu lassen, denn der von hohem Gras überwucherte Pfad mit seinen häufigen Abzweigungen ist schwer zu finden. Nach der etwas abenteuerlichen und mitunter anstrengenden Wegstrecke ist das erfrischende Bad in dem beinahe kreisrunden, etwa 600 m hoch gelegenen Kratersee, in dem die Nachfahren der Anfang des 20. Jh. hier ausgesetzten Goldfische schwimmen, ein unvergessliches Erlebnis. Lange Hosen

Rund um 'Upolu

und festes Schuhwerk sind unbedingt anzuraten, denn besonders nach ergiebigem Regen ist der Pfad sehr rutschig.

Tiavi Fall
Reiseatlas: S. 11, C 2

In herrlicher Tropenlandschaft, wenig südlich der Abzweigung zum Kratersee, stürzen die Wassermassen der **Tiavi-Fälle,** auch Papapapai-tai genannt, über eine fast 100 m hohe Klippe in die Tiefe. Gegen eine geringe Gebühr darf man dieses Naturschauspiel von einer Aussichtsplattform Di–Sa 9.30–16 Uhr erleben.

O Le Pupu-Pu'e National Park
Reiseatlas: S. 11, C 2

Von den Felshängen des Mt. Le Pu'e und Mt. Fito bis hinunter zur Südküste erstreckt sich dieser herrliche Nationalpark. Die rund 2850 ha große Fläche ist bereits im Jahre 1978 zu einem Schutzgebiet der heimischen Flora und Fauna erklärt worden.

Bei der Ortschaft **Si'umu** stößt die Cross Island Road auf die südliche Küstenstraße.

Bus/Taxis: Wer diesen Ausflug nicht im Rahmen einer organisierten Tour, sondern auf eigene Faust unternehmen möchte, nimmt den öffentlichen Bus mit der Aufschrift Si'umu. Als Richtwerte für eine Taxifahrt sollen folgende Angaben dienen: Die einfache Strecke Apia – Vailima kostet rund 6 SAT und die gesamte Strecke von Apia bis zur Südküste etwa 35 SAT.

Rund um 'Upolu

Eine Reihe von Tourveranstaltern bietet halb- und ganztägige Ausflüge zu den vielen Sehenswürdigkeiten und verschiedenen Stränden 'Upolus an. Wer eine Rundfahrt mit dem Mietwagen unternehmen möchte, sollte sich zuvor nach dem Zustand der zum Teil nicht asphaltierten Straßen erkundigen. Einige

Tapa – Stoff aus Baumrinde – wird mit der Hand verziert

Samoa – Insel 'Upolu

Wäschewaschen im Faleva River

Strecken sind nur mit einem Geländewagen befahrbar. Am besten nimmt man sich für eine Umrundung mindestens zwei Tage Zeit, um in Ruhe die besonders schönen Plätze dieser Insel genießen zu können. Die hier beschriebene Inselrundfahrt beginnt in der Hauptstadt Apia und führt im Uhrzeigersinn rund um 'Upolu.

Upolus Osten
Auf der Mata'utu Street, die hinter Aggie Grey's Hotel nach rechts abbiegt und wenig später Matafagatele Street heißt, fährt man am nationalen Flughafen Fagali'i Airport vorbei zum Nordabschnitt der Küste mit zahlreichen malerischen Buchten.

Dieser Teil der nördlichen Küstenstraße wird nun Main East Coast Road genannt. An den schwarzen Sandstränden zwischen den Dörfern **Lauli'i** und **Solosolo** herrschen ideale Bedingungen für Surfer.

Piula Cave Pool
Reiseatlas: S. 12, E 1

Erquickend an heißen Tagen ist ein Bad im kristallklaren Wasser des **Piula Cave Pool**, auch Fatumea Pool genannt. Das ovale Naturbecken unterhalb der methodistischen Kirche und des Piula-Colleges am Meer wird von einer Quelle gespeist, die in einer Höhle nahe der Kirche entspringt. Durch eine Öffnung im hinteren Teil kann man in eine zweite

Rund um 'Upolu

Höhle eintauchen. Picknicken ist hier erlaubt (Mo–Sa 8–16 Uhr, Gebühr 2 SAT).

Le Mafa Pass Road
Reiseatlas: S. 12, E 2/3
Bei der kleinen Ortschaft **Falefa** und ihren eindrucksvollen Wasserfällen führt die Straße ins Landesinnere zum 276 m hohen **Le Mafa Pass.** Die Verwüstungen, die man im einst dichten Regenwald von der Straße aus beobachtet, stammen noch von den verheerenden Wirbelstürmen zu Beginn der 1990er-Jahre. Kurz vor der Passhöhe zweigt links eine Straße zur malerischen **Fagaloa Bay** ab. Sehr empfehlenswert ist die etwa 15 km lange Wanderung rund um diese Bucht, die man entweder allein oder geführt unternehmen kann.

Etwas weiter in südöstlicher Richtung liegt die Ortschaft **Uafato,** die für ihre Kunsthandwerker bekannt ist. Das gleichnamige Naturschutzgebiet (Uafato Conservation Area) mit seinem Bestand an seltenen Bäumen gehört zu den am wenigsten besuchten Regionen 'Upolus. Eine landschaftlich sehr reizvolle Wanderung führt von Uafato über Cape Tulaele entlang der Steilküste nach **Ti'avea:** Dies war der Heimatort des Südseehäuptlings Tuiavii in Erich Scheuermanns Buch »Der Papalagi« (s. S. 51). Heute ist die Bucht von Ti'avea bei Surfern für ausgezeichneten Bedingungen bekannt.

Wer diese Straße nicht genommen hat, sondern auf der **Le Mafa Pass Road** weiter in südlicher Richtung gefahren ist, kommt kurz nach der Passhöhe zu einer weiteren Abzweigung. Wir biegen nun links in die gut ausgebaute Richardson Road ein, die uns zum etwas abgelegenen Distrikt **Aleipata,** dem Ostkap 'Upolus mit herrlich weißen Sandstränden, türkisfarbenen Lagunen und verträumten Dörfern führt.

Entlang des Küstenabschnitts rund um die malerisch gelegene Ortschaft **Lalomanu** an der südöstlichen Spitze 'Upolus vermieten Familien kleine Häuser, *beach fale* genannt, für Picknick und Übernachtung. Die vorgelagerten Inseln sind unbewohnt und bieten Seevögeln ideale Nistplätze.

Lotofaga
Reiseatlas: S. 12, E 3
Die Küstenstraße führt nun an weiteren herrlichen Sandstränden vorbei bis nach **Lotofaga.** Von hier aus kann man die Le Mafa Pass Road vorbei an den landschaftlich reizvoll gelegenen, über 50 m hohen Wasserfällen **Sapo'aga** und **Fuipisia** wieder zurück in Richtung Nordküste nehmen, oder man fährt an der Gabelung links nach **Salani.** Erfahrene Surfer finden in dieser Bucht ganzjährig sehr gute Bedingungen für ihren Sport.

Togitogiga Recreation Reserve
Reiseatlas: S. 9/10, C/D 2/3
Die Main South Coast Road führt weiter an pittoresken Dörfern und schönen, palmengesäumten Stränden vorbei zum **Togitogiga-Erholungspark.** Inmitten der tropischen Natur bildet ein von Wasserfällen gespeistes Becken einen herrlichen Badeplatz. Vom Informationszentrum kann man in etwa einer Stunde zur **Pe'ape'a Höhle** wandern. Eine anspruchsvolle Bergtour führt auf den 1028 m hohen **Mt. Fito,** auch Mount Vaaifetu genannt, den höchsten Berg 'Upolus. Der westliche Teil dieses Naturschutzgebietes grenzt an den 2850 ha großen **O Le Pupu-Pu'e National Park.** Ein Spaziergang auf dem O Le Pupu-Pu'e Trail macht in Form eines Lehrpfades mit den einheimischen, häufig moosbewachsenen Hartholzbäumen, riesigen Baumfarnen und Epiphyten bekannt. Mit etwas Glück kann man auch die vom Aussterben bedrohten sogenannten Tonganischen Flughunde (Pteropus tonganus) beobachten. Bei der Ortschaft **Si'umu** stößt man auf die Cross Island Road, die zurück nach Apia führt. Zuvor sollte man jedoch einen Stopp am palmengesäumten Sandstrand einlegen.

'Upolus Westen
Wer die südliche Küstenstraße weiter durch die **Sataoa & Sa'anapu Conservation Area** fährt, erreicht bald über eine Stichstraße **Salamumu,** eines der schönsten Dörfer 'Upolus, das überdies einen von Lavafelsen umgebenen schneeweißen Sandstrand mit glasklarem Wasser besitzt.

Samoa – Insel 'Upolu

Return to Paradise Beach
Reiseatlas: S. 11, B 2
Der nur wenige Kilometer weiter nahe der Ortschaft Lefaga gelegene **Return to Paradise Beach** war Schauplatz des gleichnamigen Films nach dem Roman von James Michener mit Roberta Hayes, Gary Cooper und Jonny Hudson in den Hauptrollen. Die Nebenrollen spielten Samoaner der umliegenden Dörfer. Schwimmen ist an dieser Stelle wegen der starken Wellen nicht zu empfehlen.

Cape Fatuosofia und Insel Manono
Reiseatlas: S. 7, B 4
Für de Rückfahrt nach Apia können Sie zwischen zwei Straßen wählen: Die längere Strecke führt weiter an der Küste entlang. Bei **Cape Fatuosofia** an der Westküste kann man sich nach Manono Island mit weißen Traumstränden und kristallklaren Lagunen übersetzen lassen. Dieses nur etwa 3 km^2 große Eiland soll James A. Michener zu seinem Buch »Bali Hai« inspiriert haben. Wer nicht in der einfachen Unterkunft dieser Insel ohne Elektrizität, Straßen und Autoverkehr übernachten möchte, kann dieses Kleinod zumindest im Rahmen eines organisierten Tagesausflugs kennenlernen (aktuelle Angebote im Tourismusbüro). Nur einen Katzensprung entfernt befindet sich Apolima-uta. Von hier aus verkehren die Boote zur Insel **Apolima,** einem Paradies für ornithologisch Interessierte.

Mulifanua Wharf
Reiseatlas: S. 11, A 1
Wenige Kilometer weiter erreichen Sie **Mulifanua Wharf,** wo die Fähre nach Savai'i ablegt, und schon bald den Flughafen **Faleolo Airport.**

Im weiteren Verlauf der Main West Coast Road passieren Sie auf Ihrem Weg nach Apia malerische Dörfer mit buntbemalten, traditionellen *fale,* auffallend vielen Kirchen und blühenden Sträuchern. Der US-amerikanische Schriftsteller James A. Michener nannte die Strecke zwischen dem Flughafen bis zur Hauptstadt Apia einmal die schönste im Südpazifik überhaupt.

Alafa'alava Road
Reiseatlas: S. 11, B/C 1
Eine alternative Route in die Hauptstadt folgt der **Alafa'alava Road,** die auf halber Strecke zur Nordküste von der westlichen Cross Island Road abzweigt. Auf der Fahrt durch Farm- und Plantagenland gehören mächtige Banyan-Bäume ebenso zum Landschaftsbild wie der Blick von der Höhe hinunter zum Meer. In der 1978 von einer Hamburger Getränkefirma gemeinsam mit der samoanischen Regierung gegründeten **Brauerei Vailima** wurde viele Jahre unter Anleitung eines Braumeisters aus Weihenstephan ein hervorragendes Bier gebraut. Das Unternehmen ist heute mehrheitlich in australischem Besitz.

Coconuts Beach Club & Resort: Maninoa, Südküste, Tel. 24 849, Fax 20 071, www.coconutsbeachclubsamoa.com. Das schönste Resort an der Südküste mit dem besten Restaurant Samoas. Es wurde von ortsansässigen Handwerkern in traditioneller Bauweise erreichtet und bietet großzügige, jeweils sehr gut ausgestattete Gästezimmer, einige der Bungalows sind über dem Wasser gebaut. Umfangreiches Ausflugsangebot, diverse Sportmöglichkeiten, neu eröffneter Wellness-Bereich und Yoga sowie beeindruckende Fiafia-Abende am Samstag. Ab 581 SAT im Gästezimmer und ab 760 SAT pro *fale.*

Aggie Grey's Lagoon Beach Resort & Spa: zwischen Mulifanua Wharf und dem internationalen Flughafen gelegen, Tel. 45 611, Fax 45 626, www.aggiegreys.com. Neuer Ableger des Aggie Grey's an einem künstlich angelegten Strand mit 140 luxuriös ausgestatteten Zimmern, wunderschönem Restaurant-Fale, umfangreichem Ausflugsprogramm, einem 18-Loch-Golfplatz, Tennisplätzen sowie einer Wellness-Abteilung und angeschlossener Tauchbasis. Wohl einmalig ist die mehr als 100 Jahre alte Kirche, die während der Bauarbeiten entdeckt wurde. Mittlerweile vollständig rekonstruiert, bietet sie nun den

Rund um 'Upolu

festlichen Rahmen für romantische Hochzeiten. Ab 560 SAT.

Salani Surf Resort: Salani, an der Südküste, Tel. 41 069, www.surfsamoa.com. Schönes Resort für Surfer (ein umfangreiches Angebot wie Tagesausflüge, Bootstouren, Sportangeln, Mountainbikes, Kajaks etc. richtet sich auch an Nicht-Surfer) mit acht komfortablen Bungalows inmitten einer herrlichen Gartenanlage am malerischen Fluss Mulivai Fagatoloa. Ab 150 SAT inkl. Frühstück.

Litia Sini's Beach Resort: Lalomanu an der südöstlichen Spitze, Tel. 41 050 und 41 388, www.litiasinibeach.ws. Ein Resort mit 18 *fale* (ein Teil davon sind geschlossene Bungalows) und kleinem Restaurant am herrlichen Lalomanu-Strand. Idealer Standort für Wassersportler. 75–100 SAT pro Person je nach Bungalowtyp inkl. Halbpension.

Albatross Hideout: In der Ortschaft Saoluafata an der Nordküste, Tel. 40 375. Diese herrlich gelegene Unterkunft besteht aus fünf *fale* am Strand, einem Haupthaus mit Gästezimmern sowie einem Restaurant, in dem le-

Erlebnis Bus

Nicht verpassen sollte man eine Fahrt in einem der für dieses Land so typischen Überlandbusse. Zwar eignen sie sich aufgrund fehlender Fahrpläne nicht für Inselumrundungen, aber für kürzere Strecken sind sie unbedingt zu empfehlen. Ein samoanischer Bus besteht aus einem Lastwagenchassis mit buntem, hölzernem Aufbau als Fahrgastraum, ist mit einer zumeist diskoreifen Musikanlage ausgestattet, häufig überfüllt und fährt nach Bedarf. Am besten machen Sie es wie die Einheimischen und suchen sich Ihren Bus nach der Musikrichtung aus! Ein preiswertes Vergnügen!

ckere Thai-Gerichte serviert werden. 30 SAT pro Person, Frühstück 10 SAT, Mittag- bzw. Abendessen ab 18 SAT.

Boomerang Creek Resort: Saleapaga an der Südküste, Tel. 40 358, www.boomerangcreek.ws. Einfache Unterkunft mit *fale*. Das

Typischer Überlandbus in Samoa

Samoa – Insel 'Upolu

Traumhaft schön: Strand auf 'Upolu

Besondere hier sind die verschiedenen Aktivitäten wie Boots- und Angeltouren sowie die sehenswerten Fiafia-Abende am Samstag. Ebenfalls verlockend: eine samoanische Massage! 25–50 SAT pro Person je nach Lage der *fale* inkl. Frühstück.

Taufua Beach Fales: Lalomanu im äußersten Südosten, Tel. 41 051. Einfache Unterkunft mit geschlossenen und offenen *fale* am Traumstrand. 55–60 SAT pro Person inkl. Halbpension.

... auf Manono Island
Vaotu'ua Beach Resort: Faleu, Tel. 46 077. Spartanisch ausgestattete Unterkunft mit viel Südsee-Flair an der Ostküste der kleinen Insel Manono, auf der es weder Strom noch Autos gibt. 90 SAT pro Person in einer *fale* inkl. Vollpension und etwa 20-minütigem Transfer. Abends werden frischer Fisch und manchmal Hummer serviert. Sehr lecker!

... auf Namu'a Island
Namu'a Island Beach Fales: Namu'a, vor der Südostspitze 'Upolus gelegen, Tel. 20 566, namuaisland@ipasifika.net. Eine kleine, einfache Unterkunft mit sieben offenen *fale*. Sehr ruhig, wunderschön gelegen, aber bitte vergessen Sie nicht, ausreichend Mückenschutz mitzunehmen. Diese kleine Insel, die ebenfalls zur Aleipata Islands Conservation Area gehört, bietet ausgezeichnete Bedingungen für Taucher und Schnorchler. Kajaktouren und kleine Wanderungen über die unbewohnte Insel stehen ebenfalls auf dem Programm. Nach vorheriger Anmeldung bringt Sie ein Boot von der Anlagestelle bei Mutiatele auf die Insel. 70 SAT pro Person inkl. Vollpension.

 Mika's Restaurant: Tel. 24 849. Das beste Restaurant Samoas befindet

Adressen

sich an der Südküste 'Upolus nahe der Ortschaft Maninoa und gehört zum Coconuts Beach Club & Resort (s. S. 238). Umfangreiche Speisekarte mit verlockenden Gerichten und gute Weinkarte mit angemessenen Preisen. Frühstück ab 16 SAT, Salate ab 22 SAT, samoanische und internationale Gerichte ca. 40 SAT, auch die Dessertkarte verspricht exzellente Gaumenfreuden.

Kangarama Restaurant: Saleapaga, Südküste, Tel. 40 358. Dieses Restaurant ist dem Boomerang Creek Resort (s. S. 239) angeschlossen und bietet neben diversen Fleischgerichten auch leckeren Fisch und Hummer für 10–40 SAT. So, Mo geschlossen.

Golf: Le Penina Golf Course, 77 Faleolo Strip, Mulifanua, Tel. 42 353, Fax 42 363, golfpenina@samoa.ws. Der 18-Loch-Golfplatz des **Royal Samoan Golf Club** (Tel. 20 120) befindet sich am Faleolo International Airport.

Schnorcheln: Ausgezeichnete Bedingungen und ein gut erhaltenes Riff finden Schnorchler vor Lalomanu sowie rund um die kleinen vorgelagerten Inseln Nu'utele und Nu'ulua, die zur Aleipata Islands Conservation Area gehören. Ferner ist der Matareva Beach an der Südküste für Schnorchler empfehlenswert.

Schwimmen: Die schönsten Strände mit weißem Sand und türkisfarbenem klarem Wasser findet man im Distrikt Aleipata entlang der Küstenstraße im äußersten Südosten 'Upolus rund um die Ortschaft Lalomanu bis nach Saleapaga an der Südküste. Neben diesen Traumstränden laden darüber hinaus auch z. B. von Wasserfällen geformte und gespeiste Naturbecken, etwa die **Togitogiga Falls** oder der **Piula Cave Pool** nahe Falefa etwa 20 km von Apia entfernt an der Nordostküste zum Baden ein. Ebenfalls lohnend ist ein Badeausflug zu den Papaseea Sliding Rocks (s. S. 226), der natürlichen Wasserrutschbahn am Fluss Papase'ea.

Beachten Sie bitte, dass für die Nutzung der Badestrände bzw. Pools eine geringe Gebühr erwartet wird (Return to Paradise Beach etwa 2 SAT pro Person, Salamumu Beach 3 SAT). Werktäglich ist die Nutzung zumeist bis zum Nachmittag gestattet, sonntags dagegen nicht erlaubt.

Surfen: Ganzjährig exzellente Wellen finden Sie an der Nordküste bei Ti'avea sowie zwischen den Ortschaften Lauli'i und Solosolo. An der Südküste herrschen beste Bedingungen rund um die Bucht von Salani. Empfehlenswert sind ebenfalls Vaiula Beach und Cape Niuato'i (Boulders) an der Südküste.

Tauchen: AquaSamoa, Tel. 45 662, ist dem Aggie Grey's Lagoon Beach Resort & Spa (s. S. 238) angeschlossen und bietet als einziges Unternehmen auf 'Upolu Ausflüge zu verschiedenen Spots an. Bemerkenswert sind vor allem Apolima Gardens und das Revier vor der Südostküste.

Whale Watching: In der Zeit zwischen Mai und Juli ziehen vor der südöstlichen Spitze 'Upolus Wale vorbei.

Fa'a Samoa – die samoanische Lebensweise

Die Wiege Polynesiens, so nennen die Samoaner stolz ihr Land, in dem Traditionen tief verwurzelt und dörfliches Leben erhalten geblieben sind. In Gesprächen mit den Einheimischen sowie in der zeitgenössischen Literatur geht es immer wieder um ein Thema: die fa'a Samoa. Am treffendsten wohl übersetzt als ›traditionelle Lebensweise‹, beinhaltet dieser Begriff die Auffassung, dass alles schon immer so gewesen sei und sein wird, gestern wie heute und heute wie morgen.

Das Zentrum des samoanischen Lebens ist das Dorf, *nu'u* genannt; in diesen traditionellen Zusammenhängen tritt die samoanische Lebensphilosophie am deutlichsten hervor. Jede Dorfgemeinschaft besteht aus einer Anzahl von Großfamilien, den *'aiga*, wobei nach dem samoanischen Verständnis nicht zwischen Abstammung, Adoption und Heirat unterschieden wird. Die *'aiga* ist Dreh- und Angelpunkt im Leben der Samoaner. Als Glied in einer Kette von Vorfahren und Nachkommen spielt jeder Einzelne nur eine untergeordnete Rolle; weit wichtiger ist die Gemeinschaft in der, mit der und für die er lebt.

Die Interessen der *'aiga* werden durch ein Oberhaupt, den *matai*, vertreten, der im umfassenden Sinne für das Wohlergehen seiner Familie verantwortlich ist. So verwaltet beispielsweise ein *matai* den Grundbesitz seiner Verwandtschaftsgruppe, entscheidet und organisiert die anstehenden Arbeiten, schlichtet Streitigkeiten zwischen den Angehörigen und verhängt Strafen an diejenigen, die sich nicht an Regeln halten.

Matai wird man nicht automatisch durch Geburt, sondern man wird von der Familie gewählt und kann gegebenenfalls auch wieder abgewählt werden. Obwohl die samoanische Tradition männliche und weibliche Oberhäupter vorsieht, waren und sind es in der Realität mehrheitlich Männer, die dieses Amt bekleiden. Auswahlkriterien sind u. a. fundierte Kenntnisse in der Genealogie der Familie, sicheres Auftreten, rhetorische Fähigkeiten, politisches Geschick und für die Gemeinschaft erbrachte Leistungen. Heutzutage werden auch im Ausland lebende Samoaner zu *matai* gewählt, um sie zu möglichst hohen Geldüberweisungen für die ›Lieben daheim‹ zu veranlassen. In früheren Zeiten wohnte ein *matai* selbstverständlich im selben Dorf. Wie anders hätte er sich sonst um seine *'aiga* kümmern können?

Ein *matai* repräsentiert die Familie im Dorfrat, dem *fono*, in dem alle Dorfangelegenheiten geregelt werden. Dorfvorstand ist eine Person, die als ranghöherer *matai* gilt und das Dorf im Bezirksrat vertritt. Dessen Oberhaupt wird wiederum in die Distriktebene deligiert. Jeweils ranghöhere Titelträger sind die gewählten Repräsentanten ihrer Gruppe auf der nächsthöheren Ebene. Somit entspricht es durchaus dem traditionellen Verständnis der Samoaner, dass ausschließlich Oberhäupter ins Parlament gewählt werden können. Ebenso wird gemäß der Verfassung das Staatsoberhaupt aus den Rängen der höchstrangigen *matai* gewählt. Eine Neuerung allerdings wurde in den Jahren seit der Unabhängigkeit Samoas beschlossen: die Einführung des allgemeinen Wahlrechts. Seit 1991 dürfen alle Samoaner, Männer und Frauen über 21

Traditionelle Lebensweise

Thema

Jahre, zur Wahlurne. Vorher war es nur den *matai* gestattet, das aktive Wahlrecht auszuüben. Bis heute geblieben ist dagegen die Auffassung, dass nur jemand *matai* werden kann, der auch tatauiert ist – von der Taille bis zu den Oberschenkeln, so wie seit altersher.

Jedoch scheinen immer mehr junge Samoaner nicht mehr bereit zu sein, sich in diese sehr starren, hierarchischen Dorfstrukturen einzufügen. Eine Abwanderung in die wenigen Städte sowie eine hohe Auswanderungsrate ist seit Jahren auch in anderen pazifischen Staaten zu beobachten. Bessere Ausbildungschancen sowie wirtschaftliche Gründe werden angeführt, um dieses Phänomen zu erklären. In Samoa scheint dieser Schritt darüber hinaus auch ein Ventil für den massiven sozialen Druck zu sein, der nirgendwo sonst in Polynesien so rigoros ausgeübt wird wie hier. Schätzungsweise noch einmal so viele Menschen, wie auf den Inseln Samoas selbst leben, sind zum reicheren Nachbarn Amerikanisch-Samoa, vor allem aber nach Neuseeland, Australien und in die USA migriert.

Ihre regelmäßigen Geldüberweisungen ›nach Hause‹ stellen einerseits einen mittlerweile unverzichtbaren Faktor für den Staatshaushalt dar. Andererseits erfüllen diese Schecks familiäre soziale Verpflichtungen und ermöglichen bei Bedarf die Rückkehr in das dörfliche Leben. Und so leisten auch die im Ausland wohnenden Samoaner ihren Beitrag zum Gemeinwohl und zur Aufrechterhaltung der samoanischen Lebensweise, gestern wie heute und heute wie morgen, eben *fa'a Samoa*.

Im Zentrum der samoanischen Lebensweise – die Familie

243

Insel Savai'i

Reiseatlas S. 13/14

Für die Samoaner ist diese Vulkaninsel das legendäre Hawai'iki, die Urheimat aller Polynesier. Die Bewohner leben noch heute traditionsbewusst in ihren beschaulichen Küstendörfern, und mancherorts scheint sich nicht viel geändert zu haben seit den 1920ern, als Robert Joseph Flaherty hier »Moana of the South Seas« abdrehte.

Nur etwa 16 km nordöstlich von 'Upolu liegt die Vulkaninsel Savai'i. Mit ihren etwas mehr als 1800 km² Landfläche ist sie wesentlich größer als die Hauptinsel, jedoch vergleichsweise dünn besiedelt. Die nur rund 45 000 Bewohner leben größtenteils als Selbstversorger in kleinen, geruhsamen, weitgehend traditionellen Dörfern an der Küste, Städte gibt es nicht. Charakteristisch für diese Insel sind die schroffen Küstenabschnitte im Süden, die ausgedehnten Lavafelder im Norden, die zum Teil erst Anfang des 20. Jh. entstanden sind, und die vielen Flüsse. Im Zentrum ragt der häufig in Wolken gehüllte Mt. Silisili empor; mit seinen 1858 m der höchste Berg Samoas.

Touristische Highlights dieser wenig besuchten Insel sind die kilometerlangen, überwiegend weißen Sandstrände und die glasklaren Lagunen, spektakulären Wasserfälle und die sogenannten *blowholes.* Aber auch rätselhafte prähistorische Fundstätten und Orte, um die sich Geschichte und Geschichten ranken, warten darauf entdeckt zu werden.

Inselrundfahrt

Rund um die Insel führt eine asphaltierte, knapp 250 km lange Küstenstraße; die kleinen Stichstraßen, die ins Landesinnere abzweigen, sind zumeist Sackgassen. Die hier vorgeschlagene Route beginnt an der Fähranlegestelle Salelologa Wharf im Südosten der Insel und führt entgegen dem Uhrzeigersinn rund um Savai'i. Nehmen Sie sich für die Rundreise mindestens zwei Tage Zeit.

Salelologa Wharf
Reiseatlas: S. 14, F 3
Am Hafen warten Busse und Taxis, die Sie in den etwa 1,5 km entfernten Hauptort **Salelologa** bringen. Die Infrastruktur ist bescheiden: Es gibt einen Markt, auf dem Sie frisches Gemüse und Obst, aber auch handwerkliche Erzeugnisse kaufen können, mehrere Kirchen, Banken, eine Post, Internetzugang sowie einige Unterkünfte.

Entlang der Südostküste erstrecken sich kilometerlange Traumstrände vor türkisfarbenen Lagunen. Die Dörfer sind malerisch. Kein Wunder, dass es hier die größte Dichte an Unterkünften gibt. Darüber hinaus ist dieser Abschnitt berühmt für seine ausgezeichneten Surf- und Schnorchelreviere.

Sapapali'i
Reiseatlas: S. 14, F 3
Das Denkmal an der Congregational Christian Church in **Sapapali'i** erinnert an den ersten europäischen Missionar John Williams, der 1830 im Auftrag der London Missionary Society nach Savai'i kam. Hier gabelt sich die Straße, fahren Sie weiter entlang der Küste. Die fast parallel verlaufende, weniger gut ausgebaute Vai'a'ata Road stößt bei Samalae'ulu wieder auf die Küstenstraße.

Insel Savai'i – Inselrundfahrt

Tuasivi
Reiseatlas: S. 14, F 3

In der Ortschaft **Tuasivi** gibt es mehrere Geschäfte, ein kleines Postamt sowie ein Krankenhaus. Lohnend ist ein Stopp am nahegelegenen Strand (Si'ufaga Beach).

Samalae'ulu
Reiseatlas: S. 14, E 2

Unweit des Dorfes **Samalae'ulu** beginnt ein ausgedehntes, bis an die Küste reichendes Lavafeld, das durch mehrere verheerende Vulkanausbrüche des 402 m hohen Mt. Matavanu zwischen 1905 und 1911 entstanden ist. Der Berg wird auch Mata ole afi, ›Auge des Feuers‹, genannt. Der glühende Lavastrom teilte sich genau an der Stelle, an der unweit der Ortschaft **Sale'aula** eine samoanische Novizin begraben liegt, und floss hinter der Grabstätte wieder zusammen. Das Virgin's Grave ist heute auf dem Grund einer rechteckigen Vertiefung sichtbar. Um dieses wundersame Grab ranken sich zahlreiche Geschichten und Legenden, die von den Einheimischen gern erzählt werden.

Das Dorf selbst wurde von den schnell fließenden Lavamassen eines Vulkanausbruchs 1912 teilweise begraben. Nur die Außenwände und der Giebel der großen Kirche blieben verschont, der Rest ist unter einer etwa zwei Meter dicken Lavaschicht versunken. Die Bevölkerung siedelte daraufhin auf die Nachbarinsel 'Upolu über und gründete an der Südküste das Dorf Salamumu, auf Deutsch ›brennende Strafe‹. Einige Jahre später kehrten einige von ihnen jedoch wieder in ihren Heimatort zurück.

Der Norden zwischen Fagamalo und Safune
Reiseatlas: S. 14, D und E 1

Wenig weiter beginnt bei **Fagamalo** die Nordküste mit einem beliebten Surf- und Tauchrevier. Die Ortschaft **Manase** besitzt den wohl schönsten Strand dieses Bezirks. Das Schmuckstück von **Safotu** ist die katholische Kirche mit ihren bunten Glasfenstern. Ein mehrstündiger Wanderweg führt über Paia auf den 402 m hohen Mt. Matavanu.

Mit der Autorin unterwegs

Mondlandschaft und Vulkankegel
Tägliche, kleinere Erdstöße sowie die ausgedehnten, bizarren Lavafelder, die das gebirgige, größtenteils unzugängliche Inselinnere wie eine Mondlandschaft aussehen lassen, zeugen von der enormen Kraft der teilweise noch aktiven Vulkane auf Savai'i (s. links).

Die Geysire Samoas
Bestaunen Sie die gewaltigen Wasserfontänen der **Alofaaga Blowholes** nahe der Ortschaft Taga an der Südküste (s. S. 247).

Blick gen Morgen
Wer vom Cape Mulinu'u, dem westlichsten Zipfel Savai'is, gen Westen schaut, sieht am Horizont den ›morgigen Tag‹ (s. S. 247).

Outdoor-Aktivitäten
Savai'i ist ein Trekking-Paradies. Zu den schönsten Touren gehören Wanderungen durch die verschiedenen Schutzgebiete sowie auf den Mt. Matavanu und die Besteigung des Mt. Silisili, Samoas höchsten Berg (s. S. 249).

Safune heißt die nächste Ortschaft auf dieser Rundfahrt. Hier lebte der Dokumentarfilmer und Ethnograph Robert Joseph Flaherty zwei Jahre und beobachtete den Alltag der Dorfbevölkerung. Sein während dieser Zeit entstandener Film »Moana of the South Seas« wurde 1926 in New York und ein Jahr später in Berlin uraufgeführt. Doch das idealisierte Bild der Samoaner, die im Einklang mit der Natur leben, konnte an den Kinokassen nicht überzeugen.

Asau
Reiseatlas: S. 13, B 2

Westlich von **Sasina** beginnt ein ausgedehntes Lavafeld, das sich fast bis zum derzeit stillgelegten Flugplatz bei **Asau** erstreckt. Die Straße führt landeinwärts durch dieses karge,

Samoa – Insel Savai'i

Richtig Reisen-Tipp: Wohnen ohne Wände

Sicher nicht für jeden geeignet, aber ein Erlebnis ganz besonderer Art und dazu sehr preiswert sind Übernachtungen (inkl. Vollverpflegung) in sogenannten *fale.* Diese sind den für Samoa so typischen traditionellen, rundherum offenen, meist ovalen Häusern nachempfunden. Sie werden von Einheimischen sowohl auf der Hauptinsel als auch hier auf Savai'i an besonders schönen Stränden vermietet.

Für einige unter Ihnen zur Beruhigung: Diese auf mehreren Pfosten stehenden Häuser haben zwar keine Wände, aber bei Bedarf (nachts, bei starkem Regen oder Wind) können geflochtene Matten wie Jalousien heruntergelassen werden. Erwarten Sie dennoch nicht allzu viel Komfort in diesen Strandhütten, zumeist werden nur ein Bett mit Tüchern und Moskitonetz, ein Toilettenhäuschen sowie eine Kaltwasserdusche gestellt. Der Steinboden der *fale* selbst ist häufig dick mit mehreren Lagen der traditionellen, geflochtenen Matten ausgelegt. Lassen Sie Ihr großes Gepäck in der Stadt, bringen Sie nur das Notwendigste mit sowie Handtücher und eine Taschenlampe und erleben Sie Samoa pur und hautnah!

Offene Strand-Fale können Sie z. B. an der herrlichen Südküste 'Upolus mieten. Eine gute Adresse auf Savai'i ist die Ortschaft Manase an der Nordostküste. Hier gibt es gleich zwei empfehlenswerte Unterkünfte (s. S. 248).

Luftige Unterkunft: *fale* direkt am Strand

unwirtliche Gebiet aus schwarzen Gesteinsmassen. In Asau, das schön in einer Bucht liegt, gibt es eine Reihe von Geschäften, eine Bank, Touristenunterkünfte und einen Hafen, der mittlerweile gern von Yachten angelaufen wird. Am Ortsausgang können Sie Ihren Mietwagen auftanken.

Halbinsel Falealupo

Reiseatlas: S. 13, A 1/2

Von der Main North Coast Road zweigen mehrere Seitenstraßen zur abgelegenen, aber touristisch sehr interessanten Halbinsel **Falealupo** ab, die Sie sich auf Ihrer Inselumrundung nicht entgehen lassen sollten. Die erste Abzweigung führt zum idyllisch gelegenen Dorf **Papa**, auf der nächsten gelangt man zum 1989 gegründeten **Falealupo Rainforest Preserve** mit unzähligen weißen Sandstränden und Lagunen mit glasklarem Wasser. Wer einigermaßen schwindelfrei ist, kann hier über schwankende, bis zu 40 m hohe Hängebrücken auf einen mächtigen, über 200 Jahre alten Banyan-Baum emporsteigen, einem *Ficus bengalensis*. Fragen Sie im Kiosk an der Straße nach dem **Canopy Walkway**. Die Falealupo Road führt Sie weiter zur Fagalele Bay, die wohl schönste Bucht im Inselnorden.

Die beiden Felsöffnungen am **Cape Mulinu'u**, der nordwestlichen Spitze Savai'is, bilden der Überlieferung nach das Tor zum Totenreich (Le Fafa o Sauali'i), in das die Seelen der Verstorbenen gelangen. Die archäologischen Stätten dieser Halbinsel lassen sich am besten mit einem einheimischen Guide entdecken. Und während eines Sonnenuntergangs am Cape Mulinu'u kann man herrlich über gestern, heute und morgen philosophieren, denn: Hier endet der Tag. Am nächsten bewohnten Ort in westlicher Richtung ist schon morgen.

Die teilweise felsige Westküste gilt vielen als schönster Teil Savai'is. Tatsächlich scheinen hier einige Dörfer mit traditionellen *fale* und gepflegten Rasenplätzen wie aus dem Bilderbuch.

Taga

Reiseatlas: S. 13, C 4

An diesem Küstenabschnitt im Süden der Insel wird Meerwasser durch Wellenkraft durch enge Öffnungen im Korallenfels gepresst. Diese **Alofaaga Blowholes** bilden bis zu 80 m hohe Wasserfontänen. Die Samoaner nennen diese gewaltigen ›Blaslöcher‹ pupu. Besonders spektakulär ist das Naturschauspiel bei Flut und starker Brandung. Einheimische Jungs zeigen Besuchern gern das Kunststück, wie ihre zuvor hineingeworfenen Kokosnüsse mit Wucht gen Himmel geschleudert werden. Surfer schätzen diesen Küstenstreifen vor allem von Mai bis Oktober.

Mu Pagoa Fall

Reiseatlas: S. 13, D 4

Zwischen den Ortschaften **Gataivai** und **Puleia** an der teilweise felsigen Südküste besteht der Strand aus schwarzem Vulkansand. Hier befindet sich auch der **Mu Pagoa Fall**, einer der höchsten Wasserfälle des Samoa-Archipels.

Pulemelei-Pyramide

Reiseatlas: S. 14, E 3

Eins der größten prähistorischen Monumente Polynesiens befindet sich mitten im Regenwald in der Nähe von **Vailoa**. Auf dem Land der ehemaligen Letolo-Kokosplantage erhebt sich die vermutlich mehr als 1000 Jahre alte **Pulemelei-Pyramide,** auch Tia Seu Ancient Mound genannt (an der Basis 61 m lang, 50 m breit und 12 m hoch). Sie wurde wahrscheinlich für religiöse Zeremonien genutzt, doch wie andere vorgeschichtliche Stätten des Landes ist sie bislang nicht erforscht. Kleinere Plattformen und Gräber befinden sich im dichten Busch der näheren Umgebung.

Bitte beachten Sie, dass der ca. 3 km lange Weg zu dieser archäologischen Stätte nur mit einem Geländewagen befahren werden sollte. Unweit dieser rätselhaften Steinpyramide ergießt sich ein kleiner Wasserfall, der **Afu Aau Waterfall,** in ein idyllisch gele-

Samoa – Insel Savai'i

genes Naturbecken, in dessen glasklarem Wasser Sie baden können.

Halbinsel Tafua
Reiseatlas: S. 14, E/F 4

Wieder zurück auf der Küstenstraße, führt der Weg weiter zum **Ma'ota Airport.** Gegenüber vom Flughafen zweigt ein Fahrweg nach rechts zum **Tafua Peninsula Rainforest Preserve** ab. Mit etwas Glück können Sie in diesem Schutzgebiet, das von schwedischen Umweltschützern gegründet wurde, Flying Foxes, eine Fruchtfledermausart, sehen. Die teilweise mit tropischem Regenwald bedeckte Halbinsel besitzt an ihrer Westseite einen herrlichen Strand, **Aganoa Beach.** Die Strömungen an dieser Stelle können für Schwimmer jedoch sehr gefährlich werden.

Wenige Kilometer die Main South Coast Road weiter gelangen Sie wieder nach Salelologa zurück.

Si'ufaga Beach Resort: Tuasivi, Tel. 53 518, Fax 53 535, www.siufaga.com. Schönes Resort an einem herrlichen Sandstrand an der Ostküste mit geräumigen und gut ausgestatteten Bungalows inmitten einer sehr gepflegten Gartenanlage. Sehr gutes Restaurant mit Hummer, Pizza und Pasta (der Besitzer ist ein Italiener, der mit einer Samoanerin verheiratet ist), umfangreiches Wassersportangebot. 260–380 SAT inkl. Frühstück.

Savai'i Lagoon Beach Resort: Fagamalo, Tel./Fax 54 168, www.savaiilagoon.co.nz. Freundliche Unterkunft mit sechs komplett eingerichteten Strandbungalows inkl. kleiner Küche an der Nordostküste. Div. Sportangebote, Tauchschule in der Nähe. 260 SAT inkl. Frühstück.

Aganoa Beach Retreat: Fa'a'ala, Tel./Fax 50 180, savaiisurfaris@samoa.ws. Bei Surfern sehr beliebte Unterkunft an der Westseite der Halbinsel Tafua mit Strandbungalows für zwei bis vier Personen. Dazu gibt es Restaurant, Bar, Internetzugang, Auto- und Fahrradverleih, Ausflugsprogramm, Massagen und diverse Sportangebote. Ab 200 SAT für Nichtsurfer und ab 250 SAT für Surfer (inkl. Halbpension und Inselausflüge, Surferpreis inkl. Surftransport).

Safua Hotel: Lalomalava, Tel. 51 271, Fax 51 272, safuahotel@yahoo.com. Allein schon wegen der Besitzerin Moelagi Jackson, einem der wenigen weiblichen Oberhäupter des Landes, und ihrem überaus reichen Wissen über Samoa ist dieses nette Hotel an der Südostküste, ca. 5 km vom Hauptort Salelologa entfernt, empfehlenswert. Am Wochenende werden Fiafia-Abende veranstaltet, die Ausflüge werden von Warren Jopling (Safua Tours) angeboten. Unterkunft in geschlossenen Bungalows 80 SAT pro Person inkl. Frühstück.

Jane's Beach Fales: Manase, Tel./Fax 54 066, info@janesbeach.ws. Beliebte Unterkunft an der Nordküste mit verschiedenen *fale* am schönen Strand nahe Manase. 50 SAT pro Person inkl. Halbpension und Nutzung verschiedener Wassersportgeräte.

Regina's Beach Fales: Manase, Tel. 54 026. Einfache, aber saubere offene *fale* am Strand, dazu samoanische Gastfreundlichkeit pur und leckere landestypische Gerichte, es gibt viele Gründe, warum dieses von einer samoanischen Familie geführte Unternehmen so beliebt ist. 55 SAT inkl. Vollpension.

Banyan Tree: Falealupo Road an der Nordwestspitze der Insel. Wer seit langem davon träumt, in einem Baumhaus zu übernachten, ist hier richtig. Für 50 SAT inkl. Frühstück und Abendessen können Sie sich diesen Traum erfüllen. Der Baum ist über 200 Jahre alt, auf der Plattform können bis zu sechs Personen schlafen. Einzigartiges Erlebnis für Schwindelfreie! Fragen Sie am Kiosk an der Falealupo Road, an dem Sie auch die Nutzungsgebühr für den Canopy Walkway entrichten, ob ein Schlafplatz frei ist. Einen Telefonanschluss gibt es leider nicht.

Parenzo's Bar & Restaurant: Tuasivi, Tel. 53 318. Mo–Sa mittags und abends, So nur abends geöffnet. Das beste Restaurant Savai'is und wohl auch der beste Italiener der Südsee gehört zum Si'ufaga Beach Resort (s. o.). Sehr zu empfehlen sind natürlich die Pizzen und Pasta-Gerichte, aber

Adressen

auch Fisch und Hummer sind sehr lecker. Hauptgerichte ab 25 SAT.

 Palolo Day (Ende Oktober/Anfang November): In dieser Zeit werden beispielsweise nahe der Ortschaft Papa an der Nordküste die *palolo* gefischt, die bis zu 20 cm langen Korallenriffwürmer, die, wie in anderen Teilen der Südsee auch, in Samoa als Delikatesse gelten.

 Ausflüge/Touren
Da die bunten öffentlichen Überland-Busse auf Savai'i nur unregelmäßig verkehren, ist es ratsam, an einer organisierten Tour teilzunehmen, wie sie beispielsweise von Hotels angeboten wird. Besonders zu empfehlen sind die halb- oder ganztägigen Ausflüge zu den Sehenswürdigkeiten, die der australische Geologe Warren Jopling anbietet.
Safua Tours: Tel. 51 271, über das Safua Hotel (s. S. 248) zu erreichen.
Eine weitere Möglichkeit ist, die hier beschriebene Route mit einem Mietwagen zu unternehmen.

Sport
Radfahren: Raci's Beach Club, Manase, Tel. 54 003. Hier können Sie Räder für 30 SAT pro Tag ausleihen.
Schwimmen: Traumhafte abgeschiedene weiße Badestrände finden Sie beispielsweise an der nordwestlichen Spitze Savai'is. Die schönsten Strände der Ostküste liegen nahe den Ortschaften Lano und Si'ufaga. Herrlich ist ein Bad im Becken des idyllisch gelegenen Wasserfalls Afu Aau in der Nähe der prähistorischen Steinpyramide auf dem Privatgelände der inzwischen nicht mehr bewirtschafteten Letolo-Kokosplantage im Süden. Eine besondere Attraktion bietet das Dorf Satoalepai an der Nordostspitze der Insel. Hier können Sie gegen eine Gebühr von 19 SAT mit Meeresschildkröten schwimmen.
Surfen: Gute Bedingungen finden Sie in den Monaten Mai bis Oktober am Küstenabschnitt zwischen der Ortschaft Satuiatua im Südwesten und Taga im Süden, an der Westseite der Halbinsel Tafua; zwischen Dezember und April nahe Lano im Osten und bei Fagarnalo an der Nordostspitze.
Tauchen: Dive Savai'i, Fagamalo, Tel. 59 622. Dieses Unternehmen im Nordosten bietet Tauchkurse (PADI) und -gänge an.
Wandern: Eine mehrstündige, teilweise recht anstrengende Wanderung führt von Safotu an der Nordküste landeinwärts vorbei am Dorf Paia auf den 433 m hohen **Mt. Matavanu**. Vom Kraterrand haben Sie einen schönen Blick über Savai'i. Wer sich die Höhle **Dwarf's Cave** anschauen möchte, sollte eine Taschenlampe mitbringen (geführte Touren Mo–Sa 9–17 Uhr, Gruppe 20 SAT).

Wenn Sie den mit 1866 m höchsten Berg Samoas, den **Mt. Silisili**, besteigen möchten, beginnen Sie Ihre Tour (2–3 Tage) in dem kleinen Ort A'opo am Südrand des ausgedehnten Lavafeldes im Norden der Insel; warme Kleidung mitnehmen, denn die Nächte am Kraterrand sind kühl! Sicherlich ein besonderes Erlebnis ist eine Wanderung durch den tropischen Regenwald auf der **Halbinsel Tafua** (Eintritt für Schutzgebiet Tafua Peninsula Rainforest 2 SAT). An der südöstlichen Spitze führt eine interessante Tour (2–3 Std. hin und zurück) von den Alofaaga Blowholes nahe Taga an der Küste entlang bis nach Fagaloa, einer mittlerweile verlassenen Ortschaft. Die Nutzung dieses Weges ist kostenfrei.

 Flüge: Polynesian Airlines hat derzeit den Linienverkehr zwischen den beiden großen Inseln Samoas eingestellt. Der **Ma'ota Flugplatz** auf Savai'i befindet sich im Südosten rund 5 km westlich vom Hauptort Salelologa entfernt.
Schiff/Fähre: Mehrmals täglich pendelt die Fähre zwischen Salelologa im Südosten Savai'is und Mulifanua Wharf auf 'Upolu.
Samoa Shipping Corporation, Tel. 51 477.
Taxis: Sind auf Savai'i teuer und nur für kurze Strecken empfehlenswert.
Busse: Die bunten Überlandbusse verkehren nur sehr unregelmäßig und sind deshalb für größere Ausflüge nicht zu empfehlen.
Mietwagen: Savai'i Car Rentals, Lalomalava, Tel. 51 392, Fax 51 291, cars@lesamoa.net; Sina World Travel, Salelologa, Tel. 51 499.

Schulkinder in Safua

Steckbrief Amerikanisch-Samoa

Daten und Fakten

Fläche: 197 km² Landfläche, 390 000 km² Seefläche
Hauptstadt: Pago Pago
Amtssprachen: Samoanisch, Englisch
Einwohner: 57 500 (2008, geschätzt)
Religionen: Rund 50 % der Bevölkerung gehören der Christian Congregational Church an, etwa 20 % sind Katholiken, der Rest sind Protestanten und andere.
Bevölkerungswachstum: –0,3 % (2008, geschätzt)
Lebenserwartung: 73 Jahre für Männer, 80 Jahre für Frauen
Währung: US-Dollar; 1 € = 1,45 US$ (Stand September 2008)
Zeitzone: MEZ –12 Std. außerhalb und –13 Std. während der MEZ-Sommerzeit.

Landesvorwahl: 00684
Internet-Kennung: .as
Landesflagge: Die Farben Blau, Weiß und Rot sowie der Weißkopfseeadler im weißen Dreieck symbolisieren die Verbundenheit des Landes zu den USA. In seinen Fängen hält der Adler einen Stab und eine Kriegskeule, traditionelle Symbole der samoanischen Oberhäupter.

Geografie

Amerikanisch-Samoa (American Samoa) besteht aus insgesamt fünf Inseln, die vulkanischen Ursprungs und sehr gebirgig sind, sowie zwei flachen Korallenatollen. Tutuila ist mit 136 km² die flächen- und bevölkerungsmäßig größte Insel des Archipels. Hier befindet sich auch die Hauptstadt Pago Pago mit rund 4000 Einwohnern. Dieser stark zerklüfteten Insel vorgelagert ist im Nordosten das Eiland Aunu'u. Ta'u, Olosega und Ofu bilden zusammen die Manu'a-Gruppe, die rund 100 km östlich der Hauptinsel liegt. Die beiden Korallenatolle Rose und das unbewohnte Swains befinden sich abgelegen im Osten bzw. im Norden.

Die höchste Erhebung Amerikanisch-Samoas ist der Mount Lata auf der Insel Ta'u mit 964 m. Die höchsten Berge auf Tutuila sind der Mount Matafao mit 653 m und der Mount Pioa mit 523 m, der auch The Rainmaker genannt wird.

Geschichte

Archäologische Funde lassen auf eine Besiedlung um 1000 v. Chr. schließen. Zwischen dem 10. und 13. Jh. geriet die Bevölkerung Tutuilas unter tonganische Herrschaft. Der Niederländer Jacob Roggeveen sichtete 1722 als erster Europäer die Manu'a-Inselgruppe. Der erste Europäer, der auf Tutuila an Land ging, war der Franzose La Pérouse im Jahr 1787. Am 18. Oktober 1832 landete der Missionar John Williams von der London Missionary Society auf Tutuila und bekehrte zusammen mit seinen Nachfolgern in nur wenigen Jahrzehnten die Samoaner zum christlichen Glauben.

Im Zentrum US-amerikanischer Interessen lag der geschützte Tiefseehafen bei Pago

Pago. Als auch noch neben den Deutschen die Briten Ansprüche auf die koloniale Vorherrschaft in Samoa erhoben, wurde der Jahrzehnte andauernde Konflikt um die Inselgruppe schließlich 1899 durch einen völkerrechtlichen Vertrag (den sog. Berliner Samoa-Vertrag) beigelegt. Samoa wurde geteilt: Der weitaus größere Teil fiel dem Deutschen Reich zu, die östlichen Inseln wurden von den USA annektiert. Am 17. April 1900 wurde erstmals die US-amerikanische Flagge auf der Hauptinsel Tutuila gehisst und das Territorium der US-Marine unterstellt. Den offiziellen Namen American Samoa erhielten die Inseln erst 1911. Seit 1951 wird das Gebiet vom US-amerikanischen Innenministerium verwaltet.

Besondere Rekorde verzeichnet die Fußballmannschaft des Landes: Sie erlitt die höchste Niederlage (0:31 gegen Australien) und steht auf dem letzten Platz der Fifa-Weltrangliste.

Staat und Politik

Amerikanisch-Samoa ist offiziell ein Außengebiet unter der Hoheitsgewalt der USA mit deren Präsidenten als Staatsoberhaupt. Das Parlament, *fono* genannt, besteht aus zwei Kammern: Zum einen aus dem Repräsentantenhaus mit insgesamt 21 Abgeordneten, von denen 20 alle zwei Jahre direkt gewählt werden, ein weiterer Sitz ist einem Delegierten von den Swains Islands vorbehalten. Zum anderen gibt es den Senat mit 18 Mitgliedern, die alle vier Jahre durch lokale Oberhäupter, die *matai*, gewählt werden.

Regierungschef ist seit 2004 Togiola Talalelei A. Tulafono mit seiner Demokratischen Partei. Bereits ein Jahr zuvor war er zum Gouverneur des Landes ernannt worden, nachdem sein Vorgänger überraschend verstorben war.

Wirtschaft und Tourismus

Die Inseln sind äußerst ressourcenarm. Die landwirtschaftliche Produktion dient überwiegend der Deckung des heimischen Bedarfs. Nur in geringem Umfang werden Obst und Gemüse exportiert. Etwa ein Drittel der Erwerbstätigen sind in den beiden großen Fischfabriken (StarKist Samoa und Samoa Packing) beschäftigt, ein weiteres Drittel arbeitet im öffentlichen Dienst. Hauptexportpartner sind neben den USA der Nachbarstaat Samoa, Australien, Japan und Neuseeland.

Nach neueren Zahlen ist das Verhältnis zwischen Import und Export nahezu ausgeglichen. Doch trotz dieser wirtschaftlichen Erfolge ist die Bevölkerung auf die Transferzahlungen von den zumeist auf dem amerikanischen Festland lebenden Verwandten und auf die Subventionen aus Washington angewiesen.

In geringem Maße hat in den letzten Jahren der Fremdenverkehr an Bedeutung zugenommen. Zum Schutz seltener Pflanzen- und Tierarten sowie zur Förderung des so genannten sanften Tourismus sind von der Regierung weite Teile der Haupt- und der Nebeninseln zu Nationalparks erklärt worden.

Bevölkerung

Für 2008 wird die Bevölkerung Amerikanisch-Samoas auf 57 500 geschätzt. Laut Volkszählung aus dem Jahr 2000 waren davon 91,6 % Samoaner, 2,8 % asiatischer Herkunft, 4,2 % sind Nachkommen von Samoanern und Europäern, 1,1 % sind europäischer Herkunft. Es ist eine sehr junge Bevölkerung mit einem Durchschnittsalter von 24 Jahren. Nicht unbeträchtlich ist die Zahl der hier legal und illegal lebenden Pazikinsulaner aus dem westlichen Nachbarstaat Samoa oder auch aus Tonga.

Insel Tutuila (Amerikanisch Samoa)

Cityplan S. 256

Zugegeben, die rekordverdächtigen Regenmassen sowie die größte Konzentration an Fast Food-Läden im Südpazifik verhelfen Pago Pago, einer ohnehin nicht besonders attraktiven Stadt, auch nicht zu einem besseren Image. Aber die Insel Tutuila selbst gehört zum landschaftlich eindrucksvollsten Teil, den Polynesien zu bieten hat.

Steile Berge, tief eingeschnittene Täler, eine üppige Vegetation, schöne Buchten und ein imposanter Naturhafen – dies sind einige der landschaftlichen Highlights Amerikanisch-Samoas. Auf der Hauptinsel Tuitila, die mit ihren 136 km^2 rund drei Viertel der Landfläche ausmacht, lebt der überwiegende Teil der Landesbevölkerung. Die höchste Erhebung der in der Mitte nur etwa 3 km breiten und rund 30 km langen Insel ist der 653 m hohe Mt. Matafao.

Bekannter jedoch ist der Mt. Pioa mit seinen 523 m, der auch The Rainmaker genannt wird. Die hier herrschenden Windverhältnisse führen an der Bucht von Pago Pago zu den selbst für den südpazifischen Raum ungewöhnlich hohen Niederschlagsmengen von bis zu 7000 mm pro Jahr. Vor allem zwischen Dezember und März stürzen Wolkenbrüche nieder und sorgen für das feuchtheiße Treibhausklima in der Hauptstadt, das William Somerset Maugham in seiner Erzählung »Rain« beschreibt. Die überwiegende Zahl der Dörfer reiht sich entlang der Südküste, der schroffe Küstensaum im Norden ist nur äußerst dünn besiedelt.

Pago Pago

Cityplan: S. 256; **Reiseatlas:** S. 11, B 4
Die Hauptstadt Amerikanisch-Samoas liegt an dem bis zu 77 m tiefen fjordähnlichen Naturhafen, der die Insel Tutuila nahezu halbiert. Eindrucksvoll säumen schroffe Berge die Seiten dieser grandiosen Bucht.

Ähnlich wie Apia, die Hauptstadt des westlichen Samoa, besteht auch Pago Pago (ausgesprochen Pango Pango) aus einer Ansammlung mehrerer, mittlerweile zusammengewachsener Ortschaften. Der frühere Hauptort, Fagatogo, ist heute Geschäftszentrum und Regierungssitz, doch das kleine Dorf Pago Pago, am westlichen Ende des Hafens, gab sowohl der Bucht als auch der Hauptstadt ihren Namen. Beginnen Sie hier Ihren Bummel durch die Stadt, für den Sie weniger als einen halben Tag benötigen.

Im **National Park Visitor Information Center** [1] in der Pago Plaza erhalten Sie alle Broschüren und Karten, die Sie für eine Wanderung im 1993 eingerichteten Nationalpark benötigen. Im **Pago Pago Park** [2] dahinter können die Sportanlagen genutzt werden. In der Tautua Hall spielen die Einheimischen abends Bingo (außer natürlich am ›heiligen‹ Sonntag). Weiter entlang der nördlichen Hafenstraße befinden sich bei Anua und Atu'u eine Werft sowie die für die Wirtschaft Amerikanisch-Samoas bedeutsamen **Thunfischkonservenfabriken.** Mit ihren in die Bucht eingeleiteten Abfällen zählen sie seit Jahren zu den größten Umweltsündern des Landes. Hier arbeiten überwiegend Tonganer und Samoaner aus dem Nachbarstaat.

Von der südlichen Hafenstraße zweigt links der Weg in Richtung Happy Valley ab, der zu **Bunkern aus dem Zweiten Weltkrieg** führt.

Pago Pago

Auf der Hauptstraße gelangt man vorbei am kleinen Yachthafen nach **Fagatogo**, dem Regierungssitz des Landes. Am Ortseingang steht das **Sadie Thompson Inn** [3], jenes Gasthaus, in dem William Somerset Maugham seine Erzählung von der flotten, aus Honolulu stammenden Sadie Thompson spielen ließ.

Schräg gegenüber sehen Sie den **Fagatogo Market** [3], auf dem man täglich frisches Obst und Gemüse sowie fangfrischen Fisch kaufen kann. Schauen Sie doch mal am Wochenende vorbei, dann geht es an den Ständen besonders lebhaft zu. Der zentrale Busbahnhof ist hier ebenfalls untergebracht.

Rund um den zentralen Platz **Malae o Le Talu** ein kleines Stück die Straße weiter befinden sich verschiedene Geschäfte, die Post und Banken. Noch aus der Kolonialzeit stammen die Polizeiwache, das Gerichtsgebäude und das ehemalige Verwaltungsgebäude der Marine, in dem nun das **Jean P. Haydon Museum** [4] untergebracht ist (auch Museum of American Samoa genannt, Mo–Sa 10–15 Uhr, Eintritt frei). Die hier gezeigten Exponate bieten interessante Einblicke in die traditionelle Handwerkskunst, Medizin und Tatauierungen sowie in die Geschichte des Landes. Das 1973 eröffnete **Maoto Fono Building** [5], das Parlamentsgebäude, verbindet traditionelle mit modernen Stilmitteln. Vom **Hafen** legen die Boote zu den Manu'a Inseln ab.

Auf der Hauptstraße weiter gelangen Sie weiter nach Utulei mit dem prächtigen, aus dem Jahr 1903 stammenden **Governer's House** [6]. Wenn Sie der Straße folgen, gelangen Sie zunächst zum **Pago Pago Yacht Club** [9] und in einer kleinen Seitenstraße zur **Feleli Barstow Public Library** [7], in der Sie nach Büchern über den gesamten Pazifik stöbern können (Mo–Sa 9–16 Uhr). Oder man lässt die Stadterkundung im **Utulei Beach Park** ausklingen.

> **National Park Visitor Information Center:** Pago Plaza, Tel. 633 70 82, Fax 633 70 85, Mo–Fr 7.30–16.30 Uhr geöffnet. Hier gibt es alle wichtigen Informationen und Broschüren über die Nationalparks sowie Wanderwege auf Tutuila und der Manu'a Inselgruppe. Wer sich über das Homestay Programm informieren möchte, ist hier ebenfalls richtig.

American Samoa Historic Preservation Office (Ashpo): Tel. 633 23 84. Etwas außerhalb an der Küstenstraße zwischen Utulei und Faga'alu, vermittelt historische Stadtführungen.

Fagatele Bay National Marine Sanctuary Office: Utulei, nahe Hotel Sadie's by the Sea, Tel. 633 73 54, william.kiene@noaa.gov, Mo–Fr 7.30–16.30 Uhr, Informationen über das Meeresschutzgebiet an der Südküste.

> **Sadie's by the Sea** [1]: Utulei, Tel. 633 59 81, Fax 633 59 82, www.sadieshotels.com. Diese Ende 2006 eröffnete Unter-

---

Mit der Autorin unterwegs

Jean P. Haydon Museum
In diesem sehenswerten Museum kann man sich über handwerkliche Traditionen und über die Geschichte des Landes informieren (s. links).

Abseits der Burger-Route
Wer in Pago Pago ist und trotzdem gut essen möchte, geht ins **Sadie's**. Ganz besonders zu empfehlen ist der Brunch am Sonntag (s. unten)!

Übernachtung mit Aussicht
Für alle, die auf Komfort verzichten können: Die beiden Strandhäuser von **Tisa's Barefoot Bar** verwöhnen ihre Gäste nicht mit dem ausgesuchten Komfort eines 5-Sterne-Hotels, dafür ist aber die Aussicht vom Bett auf die herrliche Alega Bay zum Bleiben schön (s. S. 260).

Surfen
Längst kein Geheimtipp mehr sind die erstklassigen Surfspots nahe den Ortschaften Faganeanea und Nu'uuli südlich der Hauptstadt sowie Poloa und Amanave am Westkap (s. S. 263).

Amerikanisch-Samoa – Insel Tutuila

Pago Pago: Cityplan

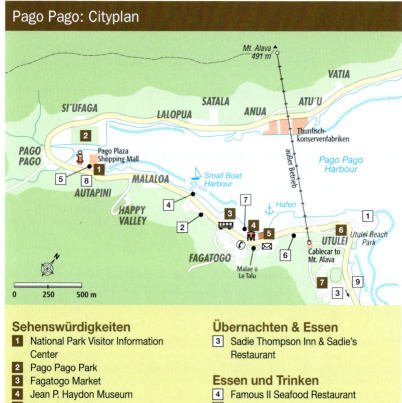

Sehenswürdigkeiten
1. National Park Visitor Information Center
2. Pago Pago Park
3. Fagatogo Market
4. Jean P. Haydon Museum
5. Maoto Fono Building
6. Gouverner's House
7. Feleli Barstow Public Library

Übernachten
1. Sadie's by the Sea
2. Le Falepule

Übernachten & Essen
3. Sadie Thompson Inn & Sadie's Restaurant

Essen und Trinken
4. Famous II Seafood Restaurant
5. DDW (Don't Drink Water)
6. Mom's Place
7. Waterfront Restaurant

Ausgehen
8. Evie's Polynesian Hut
9. Pago Pago Yacht Club

kunft besteht aus 46 komplett renovierten Zimmern, die früher zu einem Flügel des berühmten Rainmaker Hotels gehörten. Alle Zimmer (Nichtraucher) haben einen schönen Meerblick, es gibt ein Restaurant, eine Bar und einen Pool. DZ ÜF ab 135 $.

Le Falepule 2: Faga'alu, Tel. 633 52 64, le falepule@samoatelco.com. Etwas außerhalb des Stadtkerns südlich von Utulei auf einem kleinen Hügel mit Blick auf die Faga'alu Bucht gelegene kleine Unterkunft mit nur fünf Zimmern. Ab 125 $ inkl. Frühstück.

Homestay: Über das **NPS** (National Park Service, Tel. 633 70 82, www.nps.gov/npsa/home.htm) erhalten Sie Informationen über das in Amerikanisch-Samoa praktizierte Homestay-Programm. Besucher können hierüber preiswert bei samoanischen Familien übernachten und Land und Leute besser kennenlernen.

Pago Pago

Sadie Thompson Inn [3]: Fagatogo, Tel. 633 59 81, Fax 633 59 82, www.sadieshotels.com. In diesem geschichtsträchtigen Gasthaus werden insgesamt 14 unterschiedlich ausgestattete Zimmer vermietet. DZ ÜF ab 135 $. Das **Sadie's Restaurant** ist das berühmteste in der Stadt. Es ist schon allein des Interieurs wegen einen Besuch wert, bietet aber auch exzellente Küche, insbesondere Fisch und Meeresfrüchte sind zu empfehlen. Ein Frühstück bekommen Sie für 6,50–14 $, die leckeren Mittags- und Abendgerichte für 22–37 $.

Famous II Seafood Restaurant [4]: Fagatogo, Tel. 633 11 59, Mo–Sa mittags und abends geöffnet. Am Yachthafen des Ortes gibt es überwiegend chinesische Suppen und Meeresfrüchte sowie vegetarische Gerichte für 8–25 $.

DDW (Don't Drink Water) [5]: Pago Pago, Tel. 633 52 97, Mo–Fr 7–14.30, Sa bis 12.30 Uhr geöffnet, 2,50–12 $. Ein gutes Frühstück, mittags nur ein Sandwich, oder ein Omelett, ein Steak oder eine Lasagne und anschließend einen sehr leckeren Pfannkuchen – wer das mag, ist bei DDW im Pago Plaza bestens aufgehoben. Man kann hier auch E-Mails an Daheimgebliebene abschicken. Das **Internetcafé** ist Mo–Fr bis 16 Uhr geöffnet. (Wenn der Name bekannt vorkommt: Ja, der Besitzer ist von Apia nach Pago Pago umgezogen und hat auch hier ein Café aufgemacht.)

Mom's Place [6]: Fagatogo, Tel. 633 14 14, Mo–Sa bis mittags geöffnet, alle Gerichte 4–7 $. Hier bekommen Sie einen samoanischen Pfannkuchen am Morgen und die besten Burger der Stadt.

Waterfront Restaurant [7]: Fagatogo, Tel. 633 11 99, Mo–Fr 6–17 Uhr, Sa bis 15 Uhr, alle Gerichte 3–7 $. Pizzen, Sandwiches, Hamburger, Hotdogs und Fisch werden hier serviert. Toller Blick über den Hafen gratis.

Mr Lavalava: Fagatogo, Tel. 633 70 61. Die beste Adresse für Souvenirs aller Art wie beispielsweise handwerkliche Erzeugnisse und CDs mit samoanischer Musik.

Einkaufszentrum in Pago Pago

Amerikanisch-Samoa – Insel Tutuila

Jean P. Haydon Museum: Hier wird eine kleine, aber interessante Kollektion an Kunsthandwerk zum Verkauf angeboten.

Evie's Polynesian Hut 8 : Autapini, Tel. 633 47 76, tgl. ab 18 Uhr. In dieser Bar bekommen Sie gute Cocktails für 4 $.
Pago Pago Yacht Club 9 : Utulei, Tel. 633 24 65. Von 11 Uhr vormittags bis der letzte Gast geht werden kühle Biere serviert.

Fiafia-Abende mit Buffet und samoanischen Tänzen sind ein absolutes ›Muss‹ für jeden Besucher. Eine gute Show bietet der **Sadie Thompson Inn** 2 , S. 257.
American Samoa's Flag Day (17. April): Mit Umzügen, traditionellen Tänzen und Gesängen, aber auch mit Sportveranstaltungen wie dem Langbootrennen *(fautasi)* wird alljährlich des Hissens der amerikanischen Flagge auf Samoa im Jahre 1900 gedacht.

Ausflüge: Halb- und ganztägige Touren rund um die Insel bietet Oceania Travel & Tours, Fagatogo, in der ersten Etage des Postgebäudes, Tel. 633 11 72, oceania@blueskynet.as.

Sport
Hochseeangeln: Pago Pago Yacht Club, Utulei, Tel. 633 24 65.
Tennis: Öffentliche Plätze befinden sich im Pago Pago Park.
Wandern: Gutes Kartenmaterial für interessante Touren durch den Nationalpark liegen im National Park Visitors Information Center im Pago Plaza aus.

Flüge: Der Flughafen befindet sich an der Ostküste Tutuilas, ca. 11 km von Pago Pago entfernt. Die Fahrt mit dem Taxi vom Flughafen in die Stadt kostet 10 $, mit dem Bus 50 Cent. Polynesian Airlines fliegt mehrmals täglich nach Apia auf Samoa. Reservierungen unter Tel. 699 91 26, Fax 699 21 09.
Schiff/Fähre: Es existiert eine regelmäßige Überfahrt mit der Autofähre »Lady Naomi« zwischen dem Hafen in Fagatogo und Apia (Samoa). Abfahrt Do gegen 15.30 Uhr, eine Strecke ungefähr 7 Std.; Ticket hin und zurück ab 75 $. Nähere Informationen bei Polynesia Shipping Services, Tel. 633 12 11.
Kleinere Boote verkehren zwischen Pago Pago und anderen Teilen des Landes wie beispielsweise zu den Manu'a-Inseln. Fragen Sie am Hafen bei: American Samoa Inter-Island Shipping Company, Tel. 633 47 07 oder MV Sili, Tel. 633 55 32.
Busse: Es existiert ein relativ gut entwickelter öffentlicher Busverkehr. Die zentrale Busstation finden Sie am Markt in Fagatogo. Wie in Samoa verkehren auch hier die bunten, manchmal recht lauten Busse.
Taxis auf Tutuila sind teuer, haben keinen Taxameter und sind nur für kürzere Strecken empfehlenswert. Der Taxistand befindet sich am Fagatogo Square gegenüber dem Markt. Island Taxi: Tel. 633 56 45 und Samoa Cab Service: Tel. 633 58 70.
Mietwagen: Avis Car Rental, Tafuna International Airport, Tel. 699 27 46, res@avissamoa.com; Kokonut Car Rentals, Pago Pago, Tel. 633 78 55, kokonutrentals@yahoo.com; Sadies's Car Rentals, Pago Pago, Tel. 633 59 81, sadies@samoatelco.com.

Inseltouren

Im Rahmen organisierter Touren oder aber auf eigene Faust mit dem Leihwagen lässt sich die Hauptinsel Amerikanisch-Samoas

---

Pago Pago von oben
Die fast 2 km lange Drahtseilbahn, die von Utulei über die Bucht auf den 491 m hohen Mt. Alava führt, ist seit Jahren außer Betrieb. Doch können Sie vom kleinen Parkplatz am Fagasa Pass auf einem ausgeschilderten Weg in 2 bis 3 Std. auf den Gipfel des Berges hinaufwandern. Oben angelangt, haben Sie einen spektakulären Panoramablick über den Hafen und die gesamte Insel. An manchen Tagen können Sie sogar die Insel 'Upolu sehen.

Inseltouren

Männer werfen im flachen Wasser der Lagune Fischernetze aus

gemütlich in zwei Tagesausflügen erkunden. Es führt keine Straße rund um Tutuila. Mit Ausnahme weniger Stichstraßen ins gebirgige Inselinnere und zu einigen Dörfern an der Nordküste existiert nur die gut ausgebaute, in manchen Streckenabschnitten recht kurvenreiche Küstenstraße an der Südküste.

Zum Ostkap von Tutuila
Reiseatlas: S. 11, B 4–C 3

Wir beginnen unsere Erkundungstour in Pago Pago und fahren in Richtung Ostkap. Die nördliche Hafenstraße führt zunächst zur Ortschaft **Aua**. Von hier aus gelangt man über eine steile Passstraße am 523 m hohen Mt. Pioa, auch **The Rainmaker** genannt, vorbei zur Nordküste mit ihren fjordähnlichen Buchten und den beiden malerisch gelegenen Dörfern Afono und Vatia. Diese Region ist zum **National Park of American Samoa** erklärt worden und ein Eldorado für Wanderer.

Nördlich der kleinen Ortschaft **Vatia** ragt eine bizarre Bergkette ins Meer hinein, der Cockscomb Point (Hahnenkamm). Ihm vorgelagert ist die kleine Insel Pola mit über 100 m hohen senkrechten Klippen.

In südlicher Richtung gelangt man von Aua zum Aussichtspunkt **Breaker's Point,** einer Geschützstellung aus dem Zweiten Weltkrieg. Zu den schönsten Stränden an der Küstenstraße bis zum Ostkap zählen **Alega** und der **2-Dollar-Beach** östlich von Avaio.

Kurz hinter der Ortschaft Faga'itua an der gleichnamigen Bucht zweigt an der schmalsten Stelle der Insel nach Norden eine weitere Passstraße ab, die sich später gabelt. Die rechte Abzweigung führt zu den Dörfern **Masa'usi** und **Sa'ilele** mit ihren herrlichen Sandstränden, die linke bringt Sie nach **Masefau** an der gleichnamigen Bucht.

Von **Au'asi** an der Küstenstraße legen Boote zur nur etwa 2 km² großen bewohnten, autofreien Insel Aunu'u ab. Einsame weiße oder goldfarbene Sandstrände begleiten die Küstenstraße zwischen den Dörfern **Tula** und **Onenoa,** wo sie endet.

Amerikanisch-Samoa – Insel Tutuila

 Tisa's Barefoot Bar: Alega Beach, Tel. 622 74 47, www.tisasbarefootbar.com. Die beiden Strandhäuser sind rustikal ausgestattet, aber der Blick auf die Bucht ist kaum zu überbieten. Die angebotenen Speisen sind ebenfalls sehr lecker. 50 $ inkl. Halbpension für zwei Personen.

 Schwimmen: Der **Alega Beach** an der Ostküste ist einer der schönsten Badestrände Amerikanisch-Samoas, hier kann man auch gut Schnorcheln. Der ebenfalls empfehlenswerte **2-Dollar-Beach** gleich nebenan wird auch von Einheimischen oft frequentiert. Aufgrund der mitunter gefährlichen Strömungen sollten Sie sich allerdings bei Ortskundigen nach den Bedingungen erkundigen. Herrliche, zum Teil einsame Sandstrände wie nahe der Ortschaft Sa'ilele finden Sie an der landschaftlich reizvollen Nordostküste.
Surfen: Ausgezeichnete Bedingungen finden Surfer in der Faga'itua Bucht nahe Alofau an der Südküste sowie bei Also und Tula am Ostkap.

 Busse: Von Pago Pago nach Tula, einfache Fahrt 1,25 $.

8 Westkap von Tutuila
 Reiseatlas: S. 11, B 4 – A 4

Auf dem Weg von Pago Pago zum Westkap der Insel erreicht man zunächst die Bucht bei **Faga'alu,** die sich ausgezeichnet zum Schnorcheln eignet. Hinter dem Lyndon B. Johnson Tropical Medical Center führt ein ausgeschilderter Weg zu den **Virgin Falls** mit einem kleinen Naturbecken, in dem man nach der Wanderung herrlich baden kann.

Unweit der katholischen Kirche in **Tafuna** befindet sich einer der zahlreichen Star Mounds, einer der in diesem Fall gut erhaltenen Erd- oder Steinhügel in Samoa, die in prähistorischer Zeit von religiöser Bedeutung waren. In der Ortschaft selbst befindet sich das Tourismusbüro.

Folgt man der Straße zum Flughafen **Tafuna International Airport**, führt nach dem Golfplatz bei **'Ili'ili** eine Stichstraße nach **Vaitogi,** das an einer zerklüfteten schwarzen Lavaküste liegt. Hier spielt eine berühmte Legende um einen Hai und eine Schildkröte, die von Einheimischen in vielerlei Versionen erzählt wird. Wenn Touristen im Rahmen einer Inseltour diesen malerisch gelegenen Ort besichtigen, rufen Kinder am Meer nach Hai und Schildkröte. 1925 verbrachte Margaret Mead hier ein paar Wochen, bevor sie ihre Studie über Adoleszenz junger Frauen auf der Manu'a-Gruppe begann (s. S. 261).

Wieder zurück auf der Hauptstraße, kommen Sie nach wenigen Kilometern zum ehemaligen Hauptort **Leone** mit seinen zwei imposanten Kirchen. Ein Denkmal vor der Congregational Church erinnert an Reverend John Williams, den ersten Missionar – er ging hier am 18. Oktober 1832 an Land. Von der katholischen Kirche der zweitgrößten Ortschaft auf Tutuila führt ein Weg zu den rund 2 km entfernten Wasserfällen **Leone Falls,** deren Pool zu einem erfrischenden Bad einlädt. Die Umgebung ist von besonderer archäologischer Bedeutung. Artefakte, die hier aus dem Basaltgestein gefertigt wurden, fand man u. a. auf den Salomonen, was vermuten lässt, dass Tutuila einst ein wichtiges Handelszentrum dieser Region war.

Der **Sliding Rock** bei Vailoa südlich von Leone sowie das **Fagatele Bay National Marine Sanctuary** sind ebenfalls lohnende Ziele für einen Abstecher. Das seit 1986 unter Naturschutz stehende Meeresschutzgebiet ist nur per Boot entweder von Pago Pago oder von der Leone Bay zu erreichen (nähere Infos beim Fagatele Bay Office in Pago Pago) oder aber mit dem Mietwagen bis zum Sliding Rock und dann zu Fuß den Weg weiter die Küste entlang.

Cape Taputapu ist der westlichste Punkt von Tutuila. Die zerklüftete Küste ist landschaftlich außergewöhnlich schön. Ab **Amanave** windet sich die Straße an verschiedenen Ortschaften vorbei hoch bis nach **Fagamalo.** Dieser Streckenabschnitt ist nur mit einem Geländewagen zu bewältigen. Von Fagamalo haben Sie einen herrlichen Blick über die wilde, überwiegend unzugängliche Nordküste Tutuilas.

Lust oder Frust? »Kindheit und Jugend in Samoa« — Thema

Ende der 1920er-Jahre veröffentlichte eine junge Amerikanerin die Ergebnisse ihrer ersten ethnologischen Feldforschung auf der Manu'a-Inselgruppe in Amerikanisch-Samoa. Bereits kurz darauf avancierte das Buch zu einem Bestseller. Margaret Meads »Coming of Age in Samoa« wurde in 16 Sprachen übersetzt und erschien in Deutschland unter dem Titel »Kindheit und Jugend in Samoa«.

Die Autorin stellte mit ihrem Forschungsbericht über Samoa die westliche Sexualmoral ebenso in Frage wie die Vorstellung, die Rollen von Mann und Frau seien von Geburt an festgelegt. In den folgenden Jahrzehnten kamen immer wieder Zweifel an Meads Forschungsergebnissen auf, die schärfste Kritik veröffentlichte knapp 60 Jahre später, fünf Jahre nach Meads Tod, der Neuseeländer Derek Freeman. Er befand nach jahrzehntelanger Forschung deren Bericht als wissenschaftlich unhaltbar.

Margaret Mead gehörte zur Gruppe der Sozialanthropologen, die postulierte, dass Geschlechterrollen kulturell bedingt seien und nicht genetisch vorgegeben. Im Vergleich mit den Problemen der Adoleszenz amerikanischer Jugendlicher verliefe diese Periode in Samoa angenehm und harmonisch, die Jugendlichen würden repressionsfrei aufwachsen und Eifersucht, Konkurrenz und Schuldkomplexe wären ihnen fremd. Kurz: Mead zeigte der ›verklemmten‹ amerikanischen Gesellschaft eine Gegenkultur auf.

Freeman schrieb Meads Theorie ihrer Wunschvorstellung zu. Statt freier, unverkrampfter Sexualität wollte er puritanische Sittenstrenge beobachtet haben, fand den Jungfräulichkeitskult in Samoa extremer, Strafen seien drakonischer, der Konkurrenzkampf härter und die rangbewusste Gesellschaft autoritärer ausgeprägt als in anderen Kulturen. Als höchst ungenügend kritisierte er zudem Meads Forschungsmethoden: ihr knapp neun Monate dauernder Aufenthalt sei viel zu kurz gewesen, die Landessprache hätte sie kaum beherrscht. Und außerdem, so wies Freeman detailliert nach, lieferte sie genau jene Antworten, die ihr Doktorvater Franz Boas von ihr hatte hören wollen.

Heute, wiederum 30 Jahre später, werden die gegensätzlichen Forschungsergebnisse der beiden Ethnologen zum Teil auf die Rolle des Forschers selbst zurückgeführt. Motto: Wer fragt wie? – Ein Mann wird bei solchen Themen immer andere Antworten bekommen als eine Frau. Auch waren gerade die sogenannten ›primitiven Kulturen‹ der Welt in den letzten 100 Jahren einem sehr großen Veränderungsdruck unterworfen: zunehmende Übernahme europäischer Gesetzesnormen und christliche Moralvorstellungen.

Auf jeden Fall ist Margaret Meads Buch höchst lesenswert; seine Wirkung in den USA und Europa war groß, denn es zeigte Alternativen zu autoritären Erziehungsmustern auf. Mit diesem wie auch mit weiteren Werken beeinflusste Mead die Entwicklung der westlichen Gesellschaften im 20. Jh. – von der antiautoritären Erziehung über die Hippie-Bewegung bis zur Pornokultur seit den 1990er-Jahren. Und lange vor Beauvoir und anderen postulierte sie, dass »Frauen die Opfer von Herrschaftsverhältnissen sind«.

Amerikanisch-Samoa – Insel Tutuila

Malerisch: der 2-Dollar-Beach auf Tutuila

Massacre Bay

Reiseatlas: S. 11, A 4

Auf dem Rückweg nach Pago Pago können Sie kurz vor 'Ili'ili links abzweigen. Bei Pava'ia'i führt eine kleine Straße vorbei am **Olova'a-Krater** ins Inselinnere und endet in A'oloaufou. Von dort erreicht man nach einer rund zweistündigen, etwas beschwerlichen, aber lohnenden Wanderung das Dorf **A'sau** an der **Massacre Bay.** Der Name dieser Bucht und ein Denkmal im Ort erinnern an die zwölf französischen Besatzungsmitglieder zweier Expeditionsschiffe unter der Leitung von La Pérouse, die bei einem Landgang im Dezember 1787 von Einheimischen getötet wurden. Dass die Europäer bei dem Kampf ihrerseits 39 Samoaner töteten, erwähnt die Inschrift des Gedenksteins nicht.

American Samoa Historic Preservation Office (Ashpo): Matafao, Tel. 633 23 84. Infos zu den archäologischen Fundstätten auf Tutuila. Gern organisiert man auch eine Tour zum sogenannten Tia Seu Lupe Historical Park nahe der Ortschaft Tafuna.

Tessaria's: Vaitogi, Tel. 699 77 93, Fax 699 77 90, tessa@yahoo.com. Nahe der Ortschaft Vaitogi im Süden gelegene Unterkunft mit insgesamt zehn Gästezimmern, von denen einige eine Kochzeile haben. Auf Anfrage Flughafentransfer. 95 $ pro Person.

Inseltouren

unweit vom Flughafen bietet 104 sehr geräumige Zimmer und jeden Komfort, den Sie bei Häusern dieser Kategorie erwarten können. Einziges Manko: Es liegt nicht direkt am Strand. DZ ab 135 $, Suite ab 165 $ pro Person. Das angeschlossene **Equator Restaurant** (Tel. 699 10 08, tgl. von morgens bis abends) serviert schmackhafte Fisch- und Meeresfrüchtegerichte, auch Vegetarier können unter verschiedenen Angeboten wählen. Mittag- und Abendessen bis 22 $.

Reef Bar & Grill: Tafuna, Tel. 699 77 17, tgl. geöffnet. Internationale und einige samoanische Gerichte ab 7 $. Die Steaks sind besonders zu empfehlen.
Hong Kong House: Nu'uuli, Tel. 699 89 83, Mo–Sa mittags und abends, So nur mittags geöffnet. Hier bekommen Sie ausgezeichnete chinesische Speisen bis 15 $.

Turtle & Shark Lodge: Vaitogi, Tel. 699 73 12, www.turtleandshark.com. Sehr ruhig gelegene kleine Unterkunft außerhalb von Vaitogi am Strand mit Tennisplatz und Küchenbenutzung. 90 $ pro Person inkl. Müsli zum Frühstück.
Ta'alolo Lodge & Golf Resort: 'Ili'ili, Tel. 699 72 01, Fax 699 72 30, taalolo@samoatelco.com. Nicht nur für Golfer, aber für die, die diesen Sport mögen, die ideale Unterkunft. Fünf Gästezimmer nahe dem 'Ili'ili Golfplatz. 80–135 $ pro Person inkl. Halbpension.

Clarion Tradewinds Hotel: Tafuna, Tel. 699 10 00, Fax 699 10 10, www.tradewinds.as. Das 5-Sterne-Hotel

Golf: Ein sehr schön gelegener 18-Loch-Platz befindet sich nahe bei 'Ili'ili ('Ili'ili Golf Course). Werktäglich können Sie für 4, am Wochenende für 9 $ spielen.
Schnorcheln: Die beste Adresse ist das Meeresschutzgebiet an der Südküste (Fagatele Bay National Marine Sanctuary). Die Ausrüstung sollten Sie mitbringen.
Surfen: Die besten Wellen bieten die Küstenabschnitte Faganeanea und Nu'uuli südlich der Hauptstadt, bei Vailoa im Südwesten und Amanave am Westkap sowie Poloa im Nordwesten. Sie müssen allerdings das Brett mitbringen.
Whale Watching: Von August bis November können Sie verschiedene Walarten im Meeresschutzgebiet der Fagatele Bucht an der Südküste beobachten.

Busse: Die Busse verkehren regelmäßig zwischen Pago Pago und Leone (einfache Strecke 1 $). Hier müssen Sie umsteigen, wenn Sie nach Amanave oder bis nach Fagamalo im Nordwesten möchten. Für 0,75 $ kommen Sie von der Hauptstadt nach Fagasa an der Nordküste. Eine andere Buslinie bringt Sie von Pago Pago über den Rainmaker Pass zum malerisch gelegenen Vatia.

Junge Mädchen auf Aitutaki

Kapitel 4

Cook-Inseln

15 Inseln – traumhaft schön und bald menschenleer?

Kia orana! – mit diesen Worten werden die ausländischen Besucher auf den uns so paradiesisch anmutenden Cook-Inseln begrüßt. Doch immer häufiger hört man E no'o ra: ›Auf Wiedersehen‹ sagen die Bewohner dieses Zwergstaates und wandern ab. Ihr Paradies heißt Aotearoa, das ›Land der langen weißen Wolke‹, hierzulande besser bekannt als Neuseeland.

Der britische Kapitän und Entdecker James Cook, nach dem der Archipel später benannt wurde, kartografierte einige der südlichen Inseln, als er während seiner zweiten und dritten Südseereise in diesen Gewässern segelte. »Diese kleinen Teile gehören nicht zur Erde, sie sind davon losgelöst«, soll er beim Anblick dieser Inseln gesagt haben.

Wie viele Menschen damals auf diesen Eilanden lebten, weiß keiner so genau. Schätzungen gehen von einer Anzahl von rund 20 000 aus. Nur waren die Cook-Inseln zum damaligen Zeitpunkt weder in geografischer noch in kultureller oder administrativer Hinsicht eine Einheit. Erst die britische Kolonialmacht fügte die 15 weit verstreut liegenden Landfleckchen nach und nach zu einer Verwaltungseinheit zusammen und gliederte sie im Jahre 1901 Neuseeland an.

Offiziellen Angaben zufolge wurden zu Beginn des 20. Jh. kaum mehr als 8000 Bewohner gezählt. Auf den Inseln Manuae, Nassau und Suwarrow lebte niemand mehr. Gründe für den drastischen Bevölkerungsrückgang waren die zuvor von Europäern eingeschleppten Krankheiten wie beispielsweise Grippe, Masern, Ruhr und Typhus, gegen die die einheimische Bevölkerung keine Abwehrkräfte besaß. Ferner hatten sogenannte Blackbirders, Sklavenhändler also, Mitte des 19. Jh. viele Insulaner als Arbeitskräfte in die Sulfatminen Perus verschleppt und somit eine weitere Dezimierung der Cook Islanders verursacht. Eine relativ hohe Geburtenrate sowie eine steigende Lebenserwartung aufgrund verbesserter medizinischer Versorgung ließen die Bevölkerungszahlen bis Mitte des 20. Jh. wieder deutlich ansteigen.

Im Jahre 1965 wurden die Cook-Inseln politisch weitgehend autonom. Die Regierung Neuseelands hatte den ›Cookies‹, wie sie auch genannt werden, zuvor vier Optionen für eine zukünftige Unabhängigkeit angeboten. Das Inselparlament wählte den Status der freien Assoziierung, d. h.: innere Autonomie und Recht auf eine einseitige Unabhängigkeitserklärung für die Inselbewohner, während Neuseeland weiterhin die Verteidigungs- und außenpolitischen Interessen der Cook-Inseln wahrnimmt und sich zur finanziellen Unterstützung verpflichtet. Dieser Kooperationsvertrag beinhaltet auch, dass die Cook Islanders die neuseeländische Staatsangehörigkeit besitzen. Kein Wunder, dass sich die Inselbewohner für diese Variante der Dekolonialisierung entschieden, berechtigt sie doch der neuseeländische Pass zum uneingeschränkten Aufenthalt, zur Arbeitsaufnahme und gegebenenfalls zum Bezug von Sozialleistungen in Neuseeland.

Bedingt durch ökonomische Schwierigkeiten und mangelnde Perspektiven im Heimatland verlassen viele Cookies ihre Inseln. Seit Jahren stellt die Emigration nach Neuseeland nahezu die einzige Möglichkeit für junge Cook Islanders dar, sich eine Existenz aufzubauen. Über 52 000 von ihnen leben mittlerweile dauerhaft im Land der ›Kiwis‹, fast dreimal so viele wie auf den heimatlichen Inseln selbst. Und die Tendenz ist steigend!

Zwar konnten den jüngsten Zahlen zufolge Rarotonga und Aitutaki stolz einen minimalen Anstieg der Bevölkerungszahlen vermelden, demgegenüber wanderten verstärkt junge Menschen von den äußeren, weniger entwickelten Inseln ab. Hatte beispielsweise Manihiki im Jahre 1961 noch 1006 Bewohner, wurden im Dezember 2006 nur noch 351 gezählt. Allein in den letzten fünf Jahren verringerte sich die Bevölkerung auf dieser zur nördlichen Gruppe gehörenden Insel um rund 32 %. Das ebenfalls hoch im Norden liegende Eiland Penrhyn, auch unter seinem Maori-Namen Tongareva bekannt, verzeichnete im gleichen Zeitraum einen ähnlich dramatischen Rückgang. Es gibt Berechnungen, die eine zukünftige Bevölkerungszahl von nur wenigen Tausend vorhersagen, die auf den Cook-Inseln leben werden. Dies dürfte die Regierung des Inselstaates mit seiner ohnehin eingeschränkten wirtschaftlichen Entwicklung vor ein kaum zu lösendes Problem stellen.

Mitte des 14. Jh. lief die legendäre Maori-Flotte von Rarotonga nach Neuseeland aus. Sieben Doppelrumpfkanus schafften die rund 3000 km lange Überfahrt und die Besatzung besiedelte das Land. Über den Anlass dieser Reise sagt die Überlieferung nichts. Möglicherweise aber war die heimatliche Insel übervölkert und konnte die Menschen nicht mehr ernähren. Wie sagte schon James Cook im Jahre 1773, der übrigens die von ihm gesichtete Inselgruppe Hervey-Inseln nannte? »Diese kleinen Teile gehören nicht zur Erde …« Vielleicht sind »diese kleinen Teile« ja tatsächlich zu klein, um von Menschen dauerhaft bewohnt zu werden.

Blick vom Muri Beach

Steckbrief Cook-Inseln

Daten und Fakten

Name: Kūki 'Āirani
Fläche: 237 km² Landfläche, 1 830 000 km² Seefläche
Hauptstadt: Avarua

Amtssprachen: Cook Island Maori, Englisch
Einwohner: 19 569 (Zensus 2006)
Bevölkerungswachstum: −0,5 % (2004)
Lebenserwartung: k. A.
Währung: Neuseeland-Dollar (NZ$), Cook Islands-Dollar. Für 1 € bekommt man 1,85 NZ$ (Stand Mai 2007).
Zeitzone: MEZ −11 Std.; −12 Std. während der mitteleuropäischen Sommerzeit
Landesvorwahl: 00682, keine Ortsvorwahl
Internet-Kennung: .ck
Landesflagge: Die Flagge der Cook-Inseln

wurde offiziell 1979 eingeführt. Im oberen linken Viertel des blauen Flaggentuchs befindet sich der Union Jack, der auf die historische Verbundenheit mit Großbritannien und die Mitgliedschaft im Commonwealth of Nations hinweisen soll. Die 15 weißen Sterne auf der rechten Seite repräsentieren die 15 Inseln des Landes, das Blau stellt den Pazifischen Ozean dar.

Geografie

Die Cook-Inseln werden offiziell definiert als »alle Inseln zwischen dem 8. und 23. südlichen Breitengrad und dem 156. und 167. westlichen Längengrad«: 15 Inseln mit einer Gesamtfläche von nur 237 km² verteilt über eine Seefläche von 1 830 000 km² – also rund ein Viertel der Fläche von Berlin, weit verstreut auf einem Gebiet, das mehr als fünfmal so groß ist wie Deutschland.

Die Inselgruppe wird geografisch in die Northern Islands und die Southern Islands gegliedert. Zu den südlichen Inseln gehören die Hauptinsel Rarotonga mit der Hauptstadt Avarua sowie Aitutaki, beide vulkanischen Ursprungs, dazu in alphabetischer Reihenfolge Atiu, Mangaia, Manuae, Ma'uke, Mitiaro und Takutea. Mit Ausnahme von Nassau sind alle weiteren Inseln der nördlichen Gruppe – Manihiki, Palmerston, Pukapuka, Tongareva (Penrhyn), Rakahanga und Suwarrow – niedrige Korallenatolle mit Lagunen. Die Gesamtfläche aller 6 Inseln der nördlichen Gruppe beträgt nur 29 km².

Die Vulkaninseln sind hügelig, die höchsten Erhebungen sind der Te Manga mit 653 m sowie der Te Atakura mit 638 m, beide auf Rarotonga.

Geschichte

Archäologischen Spuren zufolge wurde die Insel Mangaia als Erste ca. 500 v. Chr. besiedelt, Rarotonga erst 800 n. Chr. Der erste Europäer, der 1595 die Insel Pukapuka lokalisierte, war der Spanier Alvaro de Mendaña de Neyra, die Entdeckungen weiterer Inseln durch Europäer erfolgten schrittweise bis zum Jahr 1823, als der Missionar John Williams auf Mitiaro und Ma'uke landete. James Cook, zu dessen Ehren die gesamte Gruppe später von Mikhail Lazarev benannt wurde, sichtete zwischen 1773 und 1779 mehrere Inseln der südlichen Gruppe, segelte jedoch an der größten unter ihnen, Rarotonga, vorbei.

Zu Beginn des 19. Jh. kamen die ersten europäischen Händler auf die Cook-Inseln, ab 1821 begann die christliche Missionierung durch die London Missionary Society. Aus Furcht, die Franzosen könnten die Inseln annektieren, hisste 1888 Edward Bourke auf Rarotonga die britische Fahne und erklärte die Inseln mit Einverständnis der lokalen Oberhäupter zum britischen Protektorat. 1901 wurden die Cook-Inseln neuseeländischer Verwaltung unterstellt.

Staat und Politik

Seit August 1965 sind die Cook-Inseln ein selbstverwaltetes Territorium in freier Assoziierung mit Neuseeland. Das Assoziierungsverhältnis kann von den Cook-Inseln jederzeit einseitig aufgekündigt werden – so lange es aber besteht, haben die Cook-Islanders keine eigene Staatsangehörigkeit. Die Einwohner des Landes besitzen einen neuseeländischen Pass, der ihnen die uneingeschränkte Einreise nach Neuseeland garantiert. 2001 hat Deutschland die Cook-Inseln als selbstständigen Staat anerkannt; der deutsche Botschafter in Neuseeland ist auch für die Cook-Inseln akkreditiert.

Das Parlament der Cook-Inseln besteht aus 24 Abgeordneten, die für eine Amtsperiode von fünf Jahren gewählt werden. Ferner existiert das House of Ariki, eine Versammlung aus 15 traditionellen Oberhäuptern mit beratender Funktion.

Staatsoberhaupt ist Königin Elizabeth II., vertreten durch Frederick Goodwin, Regierungschef ist seit 14. Dezember 2004 Jim Marurai. Bei den letzten Wahlen im September 2006 konnte er mit seiner Demo Tumu Party 51,9 % bzw. 15 Sitze gewinnen, acht Sitze gingen an die Cook Islands Party (CIP), der verbleibende Sitz ging an einen unabhängigen Kandidaten.

Wirtschaft und Tourismus

Die kleinen Inseln sind äußerst ressourcenarm. Angebaut werden neben Kokospalmen vorwiegend Zitrusfrüchte, Bananen, Ananas und Kaffee. In jüngerer Zeit haben sich die Verarbeitung von Obst zu Säften sowie der Export von Noni *(Morinda citirifolia)* positiv entwickelt. Zu wichtigen Einnahmequellen sind die Vergabe von Fischereilizenzen an Drittstaaten wie Taiwan, die Republik Korea und Norwegen sowie der Tourismus mit einer erheblichen Steigerungsrate von mehr als 10 % geworden. Demgegenüber hat die Bedeutung der Perlenzucht in den letzten Jahren kontinuierlich abgenommen. Trotz aller Bemühungen übersteigt das Import- das Exportvolumen seit vielen Jahren um mehr als das Zehnfache. Ohne die kräftigen Finanzspritzen aus Neuseeland wäre der kleine Staat nicht lebensfähig.

Bevölkerung und Religion

Den jüngsten Angaben zufolge lebten im Dezember 2006 auf den Cook-Inseln 19 569 Menschen (Quelle: Cook Islands Statistics Office). Nahezu drei Viertel der Gesamtbevölkerung siedeln auf der Hauptinsel Rarotonga, rund 11 % leben auf der Insel Aitutaki. 81,3 % der Bewohner sind Cook Islands Maori, 2,4 % sind Europäer.

Offiziellen Angaben zufolge bekennen sich 97 % der Cook Islanders zum christlichen Glauben. Davon gehören knapp 60 % der Cook Islands Christian Church an, etwa 17 % sind Katholiken, 8 % Adventisten, 4 % sind Anhänger der Kirche Jesu Christi der Heiligen der Letzten Tage.

Auf einen Blick: Cook-Inseln

»Visit heaven while you're still on earth!«

Den Himmel auf Erden versprach das lokale Fremdenverkehrsamt vor Jahren schon, ohne dabei viel zu übertreiben. Andere vergleichen die makellose Schönheit dieser Inseln mit der Französisch-Polynesiens, nur dass auf den kleinen Cook-Inseln, im ›Polynesien en miniature‹, das Preisniveau erfreulicherweise deutlich niedriger ist als bei den Nachbarn.

Die Cook-Inseln – 15 Eilande mit einer Landfläche von weniger als 240 km², die sich in einer Wasserwüste von der Größe Westeuropas verlieren. Sie werden unterteilt in eine nördliche und eine südliche Gruppe mit ganz viel Meer dazwischen. Die sechs **Northern Islands** sind flache Korallenatolle, deren höchste Erhebungen die 5-Meter-Marke nicht überschreiten. Die einzige wirklich hohe Vulkaninsel ist **Rarotonga** im Süden, deren höchster Krater 653 m misst. Doch wie groß oder besser: wie klein selbst die Hauptinsel der Cook-Inseln ist, stellt man am besten mit dem Fahrrad fest. Innerhalb von vier bis fünf Stunden hat man die Insel bequem umrundet. Auch eine Inseldurchquerung auf der Trekkingroute Cross-Island Walk ist in dieser Zeit zu schaffen.

Die Hauptinsel Rarotonga mit ihrem fruchtbaren Boden und den hohen Niederschlägen quillt förmlich über von Blumen und Blüten, so verwundert es nicht, dass sie auch ›die Blumeninsel‹ genannt wird. Die Bewohner selbst lieben ebenfalls Blumen über alles und ehren sie mit einem einwöchigen Fest. Für die Tiare Festival Week im November stehen Blumenparaden und Wettbewerbe um die schönsten Gestecke und Kränze auf dem

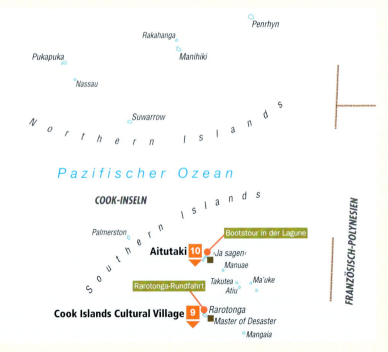

Programm. Demgegenüber lockt Aitutaki mit seiner türkisfarbenen, kristallklaren Lagune und mit kleinsten unbewohnten Eilanden, *motu* genannt, auf denen es sich so herrlich Robinson spielen lässt, zumindest einen unvergleichlichen Tag lang.

Zu den **Southern Islands** zählen noch weitere sieben Inseln, von denen drei in diesem Band vorgestellt werden – **Atiu, Ma'uke** und ganz im Süden **Mangaia**. Diese geologisch äußerst interessanten emporgehobenen Atolle werden nur selten von Touristen besucht. Hier können Sie u. a. die Ruhe und Abgeschiedenheit einer Außeninsel genießen.

Von Korallenriffen umgebene Inseln, teilweise mit hoch aufragenden Bergen, flache Eilande und (fast) nicht vergessene Atolle, eine üppige Tropenvegetation, von Palmen umsäumte, weiße oder goldgelbe Bilderbuchstrände ... *Kia Orana* – Willkommen im Paradies auf Erden.

Highlights

[9] **Cook Islands Cultural Village:** Die 3,5-stündige Tour im ›Kulturmuseum‹ bei 'Aorangi ist ein absolutes Muss, wenn man sich auf der Hauptinsel aufhält (s. S. 282).

[10] **Aitutaki:** Die atemberaubend schöne Lagune von Aitutaki ist die touristische Attraktion des Landes (s. S. 288).

Empfehlenswerte Routen

Rarotonga-Rundfahrt: Um die Hauptinsel kennenzulernen, bietet sich eine Rundfahrt an, die Sie an die historischen Orte und heiligen Stätten der Maori bringt (s. S. 282).

Bootstour in der Lagune: Ein Must ist die Bootsfahrt in der Lagune von Aitutaki inkl. Picknick auf Tapuaetai mit einem der herrlichsten Strände des Südpazifik (s. S. 292).

Reise- und Zeitplanung

Wer eine Woche auf den Cook-Inseln Ferien macht, sollte mindestens drei Tage für eine Orientierung auf der Hauptinsel reservieren und kann dann den Rest der Zeit für einen erholsamen Badeurlaub, zum Beispiel auf der Insel Aitutaki, nutzen.

Individualisten bevorzugen einen Aufenthalt auf den entlegenen Südinseln wie Atiu, Mangaia oder Ma'uke. Die nationale Fluggesellschaft Air Rarotonga bietet interessante Kombinationen an, die die Hauptinsel mit verschiedenen äußeren Inseln verbinden. So gibt es Flugpässe, die Rarotonga, Aitutaki und Atiu oder Rarotonga und verschiedene Inseln der nördlichen Gruppe einschließen. Allein für diese Routen sollten Sie sich mindestens eine Woche Zeit nehmen.

Nur drei der nördlichen Atolle, Penrhyn, Manihiki und Pukapuka, werden regelmäßig angeflogen. Wer die Inseln per Schiff anlaufen möchte, sollte bedenken, dass es nur ein begrenztes Angebot für Passagiere auf den Frachtern gibt. Auch benötigt ein Schiff für die Verbindung von Rarotonga zur nördlichen Gruppe ca. 3 1/2 Tage, eine Rückreise ist teilweise erst einen Monat später möglich. Zusätzlich zur sorgfältigen Zeitplanung sollten Sie beachten, dass es auf diesen Außeninseln nur ein sehr beschränktes Angebot an Unterkünften und Einkaufsmöglichkeiten gibt.

Richtig Reisen-Tipps

Master of Disaster: Den großen Auftritt von Piri Purutu III sollten Sie sich nicht entgehen lassen (s. S. 285).

›Ja sagen‹ auf den Inseln: Die paradiesischen Cook-Inseln sind ein beliebter Ort für Hochzeiten (s. S. 293).

Wissenswertes für die Reise auf den Cook-Inseln finden Sie auf S. 96.

Insel Rarotonga

Cityplan S. 15

Die Hauptinsel der Cook-Inseln, von den Einheimischen meist kurz Raro genannt, ist nur ungefähr 10 km lang und 6,5 km breit. Dennoch bietet sie ihren Besuchern alles, was sich wohl die meisten Europäer von einem Südseeparadies erhoffen – dazu aber auch noch Spuren der alten polynesischen Kultur.

Rarotonga ist die größte der Cook-Inseln und dennoch so klein, dass sie mit ihren etwa 65 km^2 rund achtmal im Bodensee Platz hätte. Zu Recht wird sie auch die ›Blumeninsel‹ genannt. Der überaus fruchtbare flache Küstenstreifen gleicht mit seiner Vielfalt tropischer Nutzpflanzen einem großen Garten, und die Vulkankrater im Inselinneren sind ebenso üppig bewachsen. Doch auch die Bewohner selbst schmücken sich gern mit Blumen, häufig tragen die Frauen eine duftende Frangipaniblüte im Haar.

Rarotonga wird von zwei Straßen umrundet. Neben der etwa 32 km langen asphaltierten Küstenstraße, Ara Tapu genannt, existiert mit wenigen Unterbrechungen noch die alte, ursprünglich aus Korallengestein gebaute Ara Metua, die weiter im Inselinneren verläuft. Entlang dieser vor rund 1000 Jahren angelegten Straße befinden sich Überreste von *marae*, heiligen Stätten, die im Zuge der Missionierung zerstört worden sind.

Das Korallenriff rund um die Insel ist nahezu geschlossen, nur wenige schmale Passagen ermöglichen Schiffen die Durchfahrt.

Avarua

Cityplan: S. 274; **Reiseatlas:** S. 15, B 3
Avarua mit seinen etwa 4500 Einwohnern ist eine lang gestreckte Siedlung an der Nordküste Rarotongas. Das Gesicht der Hauptstadt hat sich in den letzten Jahren geändert: Die parallel zur Küste verlaufende Straße ist in diesem Abschnitt zu einer mehrspurigen Prachtstraße, der Ara Maire Nui, ausgebaut worden. Viele ältere Kolonialbauten mussten bereits modernen Zweckgebäuden weichen. Nun reihen sich Banken, Büros, die wichtigsten Geschäfte sowie Restaurants und Cafés aneinander. Doch wenn um 17 Uhr die Büros und Läden schließen, verwandelt Avarua sich wieder in eine beschauliche Kleinstadt.

Im Zentrum

Beginnen Sie Ihren Bummel durch Avarua, für den Sie weniger als einen halben Tag benötigen, im **Tourismusbüro.** In östlicher Richtung sehen Sie den Kreisverkehr, das eigentliche Herzstück der Stadt. Gleich neben dem Post Office ist das **Philatelic Bureau** untergebracht, das außergewöhnliche Briefmarken sowie interessante Münzen anbietet.

Die Takuva'ine Road führt Sie zum **Papeiha Stone** [1], der an die erste christliche Predigt erinnert, die der tahitianische Missionar Papeiha im Jahre 1823 an dieser Stelle gehalten haben soll. Alljährlich am 26. Juli wird dieses historische Ereignis gefeiert (Gospel Day Celebrations). Gläubige gehen dann vom Avatiu Harbour bis zum Papeiha Stone, wo ein Gottesdienst stattfindet.

Auf der ungeteerten alten Landstraße Ara Metua gelangen Sie stadtauswärts zur Makea Tinirau Road. Lohnend ist ein Besuch des kleinen Museums der **Cook Islands Library & Museum** [2] mit seiner Sammlung

Avarua

traditioneller Handwerkskunst (Mo u. Mi–Sa 9–13 sowie Di 16–20 Uhr). Zu den Exponaten gehören auch ein nach alten Plänen gearbeitetes Auslegerkanu von der Insel Pukapuka, eine umfangreiche Sammlung historischer Dokumente und Fotografien sowie eine originale Druckerpresse der Missionare aus dem 19. Jh. Gegenüber sehen Sie eine Zweigstelle der **University of the South Pacific** (USP). In dem angeschlossenen Buchladen gibt es ein gutes Angebot an Literatur über die Geschichte und Kultur der Cook-Inseln.

Nebenan steht die große weiße, im Jahre 1853 aus Korallenblöcken erbaute Kirche der **Cook Islands Christian Church** 3, das Wahrzeichen der Hauptstadt. Wenn Sie an einem Sonntag in Rarotonga sind, sollten Sie nicht versäumen, den Gottesdienst ab 10 Uhr zu besuchen. Allein schon der mehrstimmige Wechselgesang der Gläubigen ist ein Erlebnis. Die Bank links neben dem Altar ist für die *ariki* reserviert, die traditionellen Oberhäupter Rarotongas, auf der Bank gegenüber nimmt der Premierminister Platz.

Auf dem angrenzenden **Friedhof** wurde Albert Royle Henry (1907–1981) begraben. Die Büste des ersten Premierministers der Cook-Inseln wird von treuen Anhängern noch immer mit frischen Blumenkränzen, Muschelketten und einer Lesebrille geschmückt.

Die Grabstelle des amerikanischen Schriftstellers Robert Dean Frisbie entdecken Sie im hinteren Teil des Friedhofs. Während der 24 Jahre, die er in der Südsee verlebte, hatte er sich auch einige Zeit auf Suwarrow aufgehalten, einem Atoll der nördlichen Inselgruppe. Über diese Zeit und vor allem von einem verheerenden Hurrikan berichtete er in seinem Roman »The Island of Desire«. Ein Monument erinnert an den überaus erfolgreichen tahitianischen Missionar Papeiha, der den englischen Missionar John Williams von der London Missionary Society auf die Cook-Inseln begleitete und hier vier Jahre arbeitete.

Gegenüber erblickt man den **Para O Tane Palace** 4, die einstige Residenz der *ariki* Makea Takau, dem ersten weiblichen Oberhaupt der Cook-Inseln. Als »Königin von Rarotonga«, wie sie von den Europäern jener

Mit der Autorin unterwegs

Schlemmen vom Feinsten
Die Chefköchin ist eine renommierte Kochbuchautorin, die Speisekarte verspricht exzellente Gaumenfreuden und dazu noch das tolle Ambiente, die wunderbare Aussicht ... gönnen Sie sich einen besonderen Abend im Tamarind House (s. S. 276).

Raro zu Fuß
Die Hauptinsel der Cook-Inseln bietet vielfältige Wandertouren von ziemlich leicht bis ganz schön anstrengend (s. S. 280).

Zeitreise
Ein Besuch im Cook Islands Cultural Village ist ein absolutes ›Muss‹, wenn man auf der Hauptinsel ist (s. S. 282).

Gut gebettet
Empfehlenswert nicht nur für Preisbewusste ist Rarotonga Backpackers, eine prima Unterkunft an der Westküste (s. S. 284).

Zeit betitelt wurde, unterschrieb sie 1888 den Vertrag, der die sechs größten Cook-Inseln offiziell zum britischen Protektorat erklärte. Da das gesamte Areal inmitten des herrlichen tropischen Gartens *tapu* (heilig) ist, sollten Sie es nicht betreten.

Die kleine Seitenstraße, die an der Universität abzweigt, führt zur Victoria Road. 1992 wurde hier das **Sir Geoffrey Henry National Culture Centre** 5 (auch Te Puna Korero genannt) eröffnet. Diese großzügige Anlage mit seinem rund 2000 Menschen fassenden Auditorium für kulturelle Veranstaltungen beherbergt u. a. die Nationalbibliothek sowie das Nationalmuseum mit Exponaten der Cook-Inseln. Im Eingangsbereich steht eine große hölzerne Kriegerstatue.

An der Küstenstraße
Der Stadtbummel führt wieder zurück zur Küstenstraße Ara Tapu. Stadteinwärts gelangen Sie bald zur **Beachcomber Gallery** 6,

Cook-Inseln – Insel Rarotonga

Avarua: Cityplan

Sehenswürdigkeiten
1. Papeiha Stone
2. Cook Islands Library & Museum
3. Cook Island Christian Church (CICC)
4. Para O Tane Palace
5. Sir G. Henry National Culture Centre
6. Beachcomber Gallery
7. Cook's Corner Arcade
8. St Joseph's Cathedral
9. Punanga Nui Market
10. Whale Education Centre

Übernachten
1. Paradise Inn
2. Atupa Orchid Units

Essen und Trinken
3. Trader Jack's
4. Portofino
5. Paulina's Polynesian Restaurant
6. Café Salsa
7. Blue Note Café
8. The Café
9. Tamarind House

Ausgehen
10. Banana Court Bar
11. Staircase Bar
12. TJ's Nightclub
13. Whatever Bar

einer guten Adresse, wenn Sie sich für zeitgenössische Kunst, traditionelles Kunsthandwerk sowie für Perlenschmuck interessieren. Das Gebäude stammt aus der Mitte des 19. Jh. und diente der London Missionary Society lange Zeit als Schule.

Vorbei an Geschäften und Restaurants erreichen Sie erneut den Kreisverkehr. Hier befindet sich auch **Avarua Harbour,** eine der beiden Hafenanlagen der Hauptstadt, die nur für kleinere Fischerboote geeignet ist. Weiter draußen an der Riffpassage können Sie die rostigen Reste der »SS Maitai« entdecken, die hier 1916 auf Grund ging.

Wer der Ara Maire Nui folgt, kommt vorbei am CITC Shopping Center zur Tutakimoa Road. In dieser Seitenstraße befindet sich **Cook's Corner Arcade** 7 mit der Haltestelle der öffentlichen Busse. Wieder zurück auf der Ara Maire Nui passieren Sie zunächst die **Polizeistation,** in der die lokalen Führerscheine (Cook Islands Driving Licence) ausgestellt werden, die Touristen benötigen, wenn sie einen Mietwagen fahren wollen.

An der nächsten Seitenstraße können Sie die **St Joseph's Kathedrale** 8 besichtigen, und noch ein Stück weiter gelangen Sie zum **Punanga Nui Market** 9 (s. S. 277). Hier gibt es Stände, an denen man lokale Spezialitäten kosten kann, andere bieten Souvenirs wie die farbenfrohen Wickeltücher (pareos) oder geflochtene Hüte, Muschelketten, Fächer und Holzstatuen. Schauen Sie nach dem Stand von Mike Tavioni, er fertigt die besten Holzschnitzarbeiten nach alten Motiven an.

Avarua

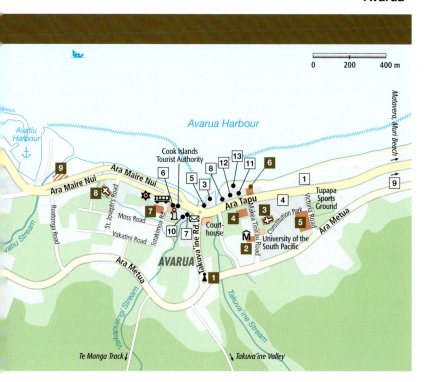

Die Küstenstraße führt nun zum **Avatiu Harbour,** das ist der Hafen für Fracht- und Passagierschiffe, die die Cook-Inseln miteinander verbinden, und dann weiter zum **Flughafen,** der von hier nur rund 1 km entfernt ist.

Etwas außerhalb des Stadtkerns befindet sich in Atupa das **Cook Islands Whale Education Centre** 10 (Tel. 216 66). Hier erfahren Sie alles, was Sie schon immer über Wale wissen wollten. Nehmen Sie am westlichen Stadtrand die Avatiu Road landeinwärts und biegen dann rechts in die Ara Metua ein.

Cook Islands Tourist Authority: Avarua, Tel. 294 35, Fax 214 35, headoffice@cook-islands.com, Mo–Fr 8–16, Sa 9–12 Uhr.

Paradise Inn 1: Tel. 205 44, www.paradiseinnrarotonga.com. Nur wenige Gehminuten vom Stadtzentrum entfernte Unterkunft am Strand für Selbstversorger. Kinder unter 12 Jahren auf Anfrage. Ab NZ$ 66 pro Person, das Doppelzimmer kostet NZ$ 111.

Atupa Orchid Units 2: Ara Metua, Tel. 285 43, Fax 28546, www.atupaorchids.co.ck. Ruhig gelegene Unterkunft inmitten eines wunderschönen tropischen Gartens mit herrlichen Orchideen etwas außerhalb des Stadtkerns. Die Bungalows sind voll ausgestattet inkl. Waschmaschine. Bei einer Übernachtung im Haupthaus stehen Ihnen die Gemeinschaftsküche und -bad, Ess- und Wohnecke und die Veranda zur Verfügung. Ingrid kommt ursprünglich aus Deutschland und bietet neben der Unterkunft auch verschiedene mehrstündige Touren rund um die Insel an. Zimmer ab NZ$ 25 pro Person, kl. Studio ab NZ$ 60 für zwei Personen, Bungalow ab NZ$ 85 für zwei Personen jeweils inkl. Flughafentransfer, Telefon- und Internetnutzung.

Cook-Inseln – Insel Rarotonga

Bei längeren Aufenthalten auf Rarotonga bieten sich die voll ausgestatteten **Ferienhäuser** mit zumeist sehr gutem Preis-Leistungsverhältnis an. So kostet ein kleines Haus pro Woche ab NZ$ 250, für ein größeres Haus direkt am Strand müssen Sie ab NZ$ 400 veranschlagen.
Agenturen mit Büros in der Hauptstadt:
Jetsave Travel, Ara Maire Nui, Tel. 277 07, jetsave@cooks.co.ck;
Rarotonga Realty, Ara Tapu, Tel./Fax 266 64, john@taakokavillas.co.ck;
Shekinah Homes, Ara Tapu, Tel./Fax 260 04, helenura@shekinah.co.ck.

Trader Jack's [3]: Avarua Harbour, Tel. 264 64 und 256 46, Fax 274 64, Mo–Sa mittags bis 22 Uhr, So nur abends, Bar Mo–Do, Sa 11 Uhr bis Mitternacht, Fr 11 Uhr bis nach Mitternacht. Seit vielen Jahren die beste Adresse für Fisch und Meeresfrüchte inkl. toller Aussicht auf den Hafen, das Riff und den Sonnenuntergang (Reservieren ist empfehlenswert). Legendär ist auch die Stimmung in der angeschlossenen Bar (Happy Hour ab 16 Uhr). Hauptgerichte NZ$ 19–25.
Portofino [4]: Ara Tapu, Tel. 264 80, So geschlossen. Der beste Italiener der Stadt. Pasta ab NZ$ 18 und Pizzen ab NZ$ 16.
Paulina's Polynesian Restaurant [5]: Am Kreisverkehr, Tel. 288 89, Mo–Sa mittags bis abends geöffnet. Hier bekommen Sie preiswert lokale Speisen mit viel Kokosnuss serviert. Sehr lecker! Hauptgerichte NZ$ 7–15.
Café Salsa [6]: Im CITC Shopping Center, Tel. 222 15, Mo–Fr 8–21.30, Sa 8 Uhr bis nach Mitternacht. Dieses Café ist für seine exotischen Frühstückskreationen bekannt, es gibt aber auch mittags Salate, Pizzen und samstags sogar Livemusik. Abends werden exzellente Fischgerichte und Meeresfrüchte sowie Pasta serviert. Hauptgerichte NZ$ 8–25.
Blue Note Café [7]: Am Kreisverkehr, Tel. 232 36, Mo, Di und Sa 8–18, Mi–Fr 8–21, So 8–16 Uhr. Wer ein nettes Café in der Stadt für ein gutes Frühstück, ein Eis oder einen Milkshake für Zwischendurch, einen Salat oder Burger für den kleinen und leckere Currygerichte für den größeren Hunger sucht, ist hier genau richtig. Achten Sie auf die preiswerten Tagesangebote. Frühstück ab NZ$ 8,50, kleine Gerichte ab NZ$ 10 und Hauptspeisen ab NZ$ 14.
The Café [8]: Ara Tapu, Tel. 212 83, Mo–Fr 8.30–16, Sa 8.30–12.30 Uhr. Hier bekommen Sie den besten Kaffee der Stadt. Auch der Latte *(flat white* genannt) und die selbst gemachten Kuchen sind sehr lecker. Unbedingt probieren: Muffin mit Papaya! Frühstück ab NZ$ 4,50.
Tamarind House [9]: Tupapa, an der Ara Tapu rund 1,5 km vom Kreisverkehr in östlicher Richtung gelegen, Tel. 264 87. Di–Sa 10.30–21, So 9–15 und 18–20 Uhr. Das beste Restaurant der Insel mit tollem Ambiente in einem alten, sehr schön restaurierten Kolonialhaus aus den 1920er-Jahren, einer wunderbaren Aussicht und vor allem sehr romantisch. Sue Carruthers, die Besitzerin, ist eine renommierte Kochbuchautorin – wenn das keine Empfehlung ist! Man sollte reservieren. Vorspeisen NZ$ 12–25, Hauptgerichte NZ$ 20–34, ein leckeres Frühstück bekommen Sie für NZ$ 4,50–18.

Beachcomber Gallery: Ara Tapu, Tel. 219 39, Mo–Fr 9.30–16, Sa 9.30 Uhr bis mittags. Die beste Adresse für traditionelle Handwerkskunst aller Art sowie eine exzellente Auswahl an schwarzen Perlen mit und ohne Fassung. Im Obergeschoss werden Bilder einheimischer Künstler ausgestellt.
Bergman & Sons Pearl Store: In Cook's Corner Arcade in der Tutakimoa Road, Tel. 219 02, Mo–Fr 10–16, Sa 9.30 Uhr bis mittags. Hochwertiges Angebot an Perlenschmuck mit Echtheitszertifikat.
Island Craft: Ara Maire Nui, Tel. 220 09, Mo–Fr 8–17, Sa 8.30–13 Uhr. Seit Jahrzehnten die größte Auswahl an Souvenirs: Hüte, Taschen, Holzschnitzereien, Perlmuttschmuck.
Perfumes of Rarotonga: In Cook's Corner Arcade in der Tutakimoa Road, Tel. 252 38, Mo–Fr 9–17, Sa 9–13 Uhr. Hier werden exotische Parfums, Seifen, Lotionen, Shampoo, aber auch ein tropischer Likör aus Mangos,

Avarua

Bananen und Kaffee verkauft. An der Ara Metua befindet sich die Fabrik (Perfume Fabric, Tel. 226 90), die Sie besichtigen können.
Punanga Nui Market: Ara Maire Nui, Mo–Fr 8–17, Sa 7–12 Uhr. Die Stände bieten täglich eine große Auswahl an Obst, Gemüse und Fisch, aber auch preiswerte Souvenirs.
Raro Records: Ara Tapu, Tel. 259 27. Eine wahre Fundgrube für Musikliebhaber.

Abgesehen von den Hotelbars gibt es eine Reihe Kneipen, Bars und Diskotheken, die sich vor allem freitagabends füllen und häufig auch unter der Woche Livemusik spielen. Werktäglich haben die meisten Lokale bis nachts 2 Uhr geöffnet, samstagnachts schließen sie jedoch Punkt Mitternacht. Für all jene, die das Nachtleben in der Stadt erleben möchten, werden sogenannte **Friday Nightlife Bus Touren** (Tel. 258 00 oder 254 35) angeboten. Sie werden vom Hotel abgeholt und auch sicher wieder zurückgebracht. Der Transport kostet 25 NZ$.
Banana Court Bar 10: Am Courthouse-Kreisverkehr, Tel. 233 97. Eine der seit vielen Jahren bekanntesten Kneipen auf Rarotonga. Vor 22 Uhr ist es noch leer, aber dann …
Staircase Restaurant & Bar 11: Ara Tapu, Tel. 222 54. Ein beliebter Treffpunkt für den späteren Abend, häufig mit Livemusik.
TJ's Nightclub 12: Ara Tapu, Tel. 247 22. Dieser Club richtet sich vorwiegend an jüngeres, tanzfreudiges Publikum.
Whatever Bar 13: Ara Tapu, Tel. 222 99. Hier bekommen Sie zu Ihrem kühlen Cooks Lager auch ein saftiges Steak.

Gottesdienst in Avarua

Die Kunst des Tanzens

Zu den wohl nachhaltigsten Eindrücken eines Aufenthaltes auf den Cook-Inseln gehören vor allem die Tanzdarbietungen. Zu Recht gelten die Bewohner dieser Inselgruppe als die besten Tänzer des gesamten südpazifischen Raumes.

Sicher, der *hula* von den Hawaii-Inseln ist bekannt, der *tamuré* aus Tahiti, der Hauptinsel Französisch-Polynesiens, ist ebenfalls ein Begriff, aber den *hura* kennen hierzulande wohl nur die Wenigsten. Doch seit sie bei internationalen Wettbewerben einen Titel nach dem anderen gewinnen, sind die Tanzgruppen der kleinen Cook-Inseln die Größten. Auch landesweit ist die Konkurrenz mächtig, denn die Bewohner der 15 Inseln haben ihre jeweils spezifischen traditionellen Tänze, die sie an die nächste Generation weitergeben und nahezu jede Ortschaft wiederum hat ihre eigene Tanzgruppe. Die Unterschiede der verschiedenen Inseltänze sind freilich nur für ›Cookies‹ selbst und vielleicht noch für die Bewohner anderer südpazifischer Inseln erkennbar, das ungeübte europäische Auge vermag sie wohl nicht auszumachen.

Charakteristisch sind die je nach Art des Tanzes schnellen oder anmutig-graziösen Hüftbewegungen der Frauen und das rasche Öffnen und Schließen der Beine mit leicht eingeknickten Knien der Männer. Die Arm- und Handbewegungen, Mimik und Körperhaltung illustrieren dabei die gesungenen Liedtexte, bei denen es sich zumeist um die immer gleichen Themen wie Seereisen, Fischfang, Wind und Wellen – und natürlich um Liebe und Sehnsucht dreht. Das mitreißende Tempo dieser Tänze wird von der hohen Schlagfrequenz der Trommeln vorgegeben.

Bei bedeutenden Musik- und Tanzwettbewerben sieht man häufig neben der großen Trommel mit zwei Resonanzkörpern noch weitere fellbespannte Einzeltrommeln sowie mehrere hölzerne Schlitztrommeln, *patés* genannt, die von den Künstlern in exakt abgestimmten Rhythmen gespielt werden. Sie alle werden noch von Gitarren und Ukulenen unterstützt. Von Chor- und Wechselgesang begleitete Tänze sind zumeist langsamer.

Deutlich steht bei dem von einem Paar vorgetragenen *hura* der erotische Charakter im Vordergrund. Hierbei umkreisen die Tänzer mit schnellen Beinbewegungen auffordernd ihre jeweiligen Partnerinnen, die mit schwingenden und kreisenden Hüften antworten. Die unverhüllte Erotik der Tänze schockierte die ersten europäischen Missionare aus dem kühlen England. Bereits in der ersten Hälfte des 19. Jh. gelang es John Williams von der London Missionary Society per Gesetz, die traditionellen Tänze zu verbieten. Erfreulicherweise haben diese in den letzten Jahrzehnten eine Renaissance erlebt und sind wieder zu einem festen Bestandteil der lebensfrohen Kultur der ›Cookies‹ geworden. Schon bei den Kleinen steht Tanzen neben Mathematik und Englisch auf dem Unterrichtsplan. Denen, die ihre Hüften am wildesten bzw. schnellsten kreisen lassen können, winkt eine Reise in die Hauptstadt oder gar ins Ausland. Wen wundert es da, dass die Schulkinder auch während der Pausen auf dem Schulhof trainieren.

Die Feiern anlässlich des Unabhängigkeitstages im August, vor allem aber das »Is-

Tanzen

Thema

land Dance Festival« ab Mitte April, bei dem alljährlich die besten Tänzer und Tanzgruppen des Landes ermittelt werden, sind ideale Gelegenheiten, um Musik und Tanz auf den Inseln zu erleben. Doch auch die abendlichen Floorshows der größeren Hotels vermitteln zumindest einen Eindruck von der Kunst des Tanzens auf den Cook-Inseln.

Vorführung eines traditionellen Tanzes: auf jeder Insel ein bisschen anders

Cook-Inseln – Insel Rarotonga

 Fast jeden Monat findet irgendwo auf den Cook-Inseln ein Fest statt. Besonders farbenfroh ist auf Rarotonga das **Island Dance Festival** Mitte April, bei dem die und der Dancer of the year ermittelt werden.

Ein Genuss im November ist das Blumen-Festival der **Tiare Festival Week.**

 Ausflüge/Inselrundfahrten
Ingrid Caffery: Tel. 285 43, Fax 285 46, ingrid@atupaorchids.co.ck. Rundfahrten zu allen Sehenswürdigkeiten auch in deutscher Sprache. 3-stündige Inseltour für NZ$ 50, 4-stündige für NZ$ 55.

Raro Mountain Safari Tours: Ara Maire Nui, gegenüber dem Markt, Tel. 236 29, Fax 236 29, sambo@rarosafaritours.co.ck. Inselrundfahrt in einem offenen Jeep, 3 Std., NZ$ 60 pro Person.

Raro Eco Tours: Ara Tapu nahe Victoria Road, Tel. 262 70, raroeco-tours@oyster.net.ck. Minibus-Touren zu den historischen Sehenswürdigkeiten der Insel, aber auch eine Fahrrad- und Kajak-Tour. Die erste Tour kostet NZ$ 50, die zweite NZ$ 35, jeweils inkl. Mittagsimbiss.

Air Rarotonga: Flughafenbüro Tel. 228 88, www.airraro.com. Die nationale Fluggesellschaft bietet Tagesausflüge nach Aitutaki an, die neben dem Flug auch den Hoteltransfer zum/vom Flughafen, eine Bootsfahrt in der spektakulären Lagune von Aitutaki sowie das Mittagessen einschließen. Mo–Sa Abflug um 8, Rückflug um 17.30 Uhr, NZ$ 399 pro Person. Darüber hinaus offeriert Air Rarotonga einen 20-minütigen Inselrundflug mit einer kleinen Cessna für max. drei Personen, NZ$ 65 pro Person.

Takitumu Conservation Area: Avarua, Tel./Fax 299 06, kakerori@tca.co.ck. Nicht nur Ornithologen sind begeistert von einer geführten Tour durch das Naturschutzgebiet im Süden. Vorrangiges Anliegen der Naturschutzdirektion ist es, den Rarotonga-Fliegenschnäpper *(Pomarea dimidiata),* einen der seltensten Vögel der Welt, vor dem Aussterben zu schützen. Um rechtzeitige Buchung wird gebeten (ca. 4 Std., NZ$ 50 pro Pers.).

Reef Sub: Tel. 258 37, reefsub@oyster.net.ck.

> **Floor-Shows**
> Was wäre ein Aufenthalt auf den Cook-Inseln ohne eine Floor-Show? Bei den akrobatischen Bewegungen der Männer oder dem erotischen Hüftkreisen der Frauen vergisst man schnell, dass die Vorführungen in dieser Form ›for tourists only‹ stattfinden und nur noch ein müder Abklatsch jener traditionellen *hure* sind. Alle großen Hotels auf Rarotonga veranstalten jeweils an verschiedenen Abenden derartige Shows inkl. reichhaltiger Buffets.

Ein kleines U-Boot, ein sogenanntes *semi-submersible,* eröffnet auch jenen die faszinierende Unterwasserwelt der Cook-Inseln, die nicht tauchen. Die 90-minütige Fahrt ab Avatiu Harbour kostet NZ$ 65 pro Person und wird zweimal werktäglich um 10 und um 14 Uhr durchgeführt.

Radfahren: Die flache, 33 km lange Küstenstraße eignet sich hervorragend dazu, Rarotonga per Rad zu erkunden. Fahrräder und Mountainbikes vermieten die meisten Unterkünfte sowie die größeren Autoverleihfirmen. Pro Tag ca. NZ$ 5–10, günstiger wird es ab einer Woche.

Hochseeangeln / Whale Watching: Speziell ausgerüstete Boote fürs Hochseeangeln sind im Hafen von Avatiu zu chartern. Die meisten Touren dauern fünf Stunden und kosten ab NZ$ 80.

Während der Saison von Juli bis Oktober bieten die folgenden Anbieter auch Bootstouren zum Wale beobachten an:
Pacific Marine Charters: Tel. 212 37, Fax 25237, pacmarine@cookislands.co.ck;
Seafari Fishing Charters: Tel. 203 28, Handy 55096, greg@seafari.co.ck;
Cook Islands Game Fishing Club: ca. 2 km östlich des Stadtkerns, Tel. 214 19.

Wandern: Landschaftlich sehr reizvolle Wanderungen führen ins Inselinnere und auf die verschiedenen Vulkanberge, stets begleitet

Avarua

von üppiger tropischer Vegetation. In dem vom Cook Islands Natural Heritage Project herausgegebenen Wanderführer »Rarotonga's Mountain Tracks and Plants« (NZ$ 25) werden die Touren nach acht Schwierigkeitsgraden geordnet beschrieben. Der Führer »Rarotonga's Cross-Island Walk« beschreibt ausschließlich die Inseldurchquerung. **Achten Sie bei allen Touren auf einen guten Mückenschutz und festes Schuhwerk!**

Von Avarua aus gibt es mehrere lohnende Wanderungen: Die Tour auf den 340 m hohen **Maungatea Bluff** mit seinem großartigen Blick auf die Hauptstadt und die gesamte Nordküste dauert hin und zurück rund vier Stunden. Weniger anstrengend sind die Touren, die Sie ins **Takuva'ine Valley** sowie von Avatiu aus ins **Avatiu Valley** führen.

Wer von Avarua aus auf den 588 m hohen **Te Ko'u** wandern möchte, einen Vulkankrater im Inselinneren, nimmt zunächst den ca. einstündigen Weg durch das Takuva'ine Tal und steigt dann noch etwa 90 Minuten den Berg hinauf. Der grandiose Blick entschädigt für die zuweilen anstrengende Tour (Gesamtzeit ca. 5 Std.).

Die bekannteste Trekkingroute ist der rund 7 km lange, zum Teil sehr steigungsreiche **Cross-Island Walk,** den Sie allein oder geführt unternehmen können. Die Wanderung führt u. a. durch dichten Regenwald am Wahrzeichen Rarotongas, der markanten, 413 m hohen Felsspitze Te Rua Manga (The Needle) vorbei. Wer diesen Gipfel erklommen hat, wird mit einem fantastischen Inselblick bis zum Meer belohnt. Die beste Adresse für eine begleitete Wanderung ist seit Jahren Pa, ein Maori mit blonden Rastazöpfen (Tel./Fax 210 79, jilian@pasbungalows.co.ck). Er ist ein profunder Kenner der Kultur und Geschichte seines Landes und weiß alles über einheimische Heilpflanzen. Mo, Mi und Fr bietet er gewöhnlich den Cross-Island Walk an, während Di und Do weniger anstrengende Touren stattfinden.

Flüge: Der **Rarotonga International Airport** (RAR) befindet sich etwa 2,5 km westlich der Hauptstadt. Von hier starten auch die kleineren Maschinen der nationalen Fluggesellschaft Air Rarotonga, die u. a. neben den regulären Tickets auch verschiedene Flugpässe anbietet. Besonders interessant ist die Route Rarotonga – Pukapuka – Manihiki – Penrhyn – Rarotonga (Northern Atolls Adventure) sowie die Strecke Rarotonga – Aitutaki – Atiu – Rarotonga (Aitutaki – Atiu Combo). Beachten Sie bitte bei Ihren Planungen, dass es sonntags keine Flugverbindungen gibt. Nähere Informationen und Buchungen über: Air Rarotonga, Flughafenbüro Tel. 228 88, www.airraro.com.

Schiff/Fähre: Es existieren regelmäßige Verbindungen von Rarotonga aus zu allen bewohnten Inseln. Beide Reedereien der Cook-Inseln sind mit ihren Büros im Gebäude der Hafenbehörde in Avatiu vertreten. Taio Shipping, Tel. 249 05 und 249 12, taio@oyster.net.ck, unterhält zahlreiche Verbindungen mit regelmäßigen Fahrplänen.

Mietwagen: Wer selbst Auto fahren möchte, benötigt eine lokale Fahrerlaubnis, die Cook Islands Driver's Licence, die gegen Vorlage des internationalen Führerscheins und nach Zahlung einer Gebühr von NZ$ 10 und Abgabe eines Passbildes auf der Polizeistation (Mo–Fr 8–15, Sa 8–12 Uhr, Tel. 224 99) in Avarua ausgestellt wird (Mindestalter 21 Jahre).

Wer ein **Moped** oder ein **Motorrad** mieten will und keinen Motorradführerschein vorlegen kann, wird zu einer Testfahrt gebeten (gemietetes Motorrad mitbringen!). Nach einer Runde um den Block erhält man für NZ$ 5 einen Motorradführerschein der Cook-Inseln. Avis Rental Cars: Ara Maire Nui/Tutakimoa Road, Tel. 228 33, Fax 217 02, rentacar@avis.co.ck; Budget Rent-a-Car, St Joseph's Road, Tel. 208 95 und Ara Maire Nui (neben der Polizeistation), Tel. 268 95, rentals@budget.co.ck (vermietet ebenfalls Fahrräder); Island Car & Bike Hire, Ara Maire Nui, gegenüber vom Market, Tel./Fax 246 32, vinsen@oyster.net.ck.

Busse: Der zentrale Busbahnhof ist in der Tutakimoa Road an Cooks Corner. Von hier aus startet der Island Bus jeweils zur vollen Stunde im Uhrzeigersinn (Mo–Sa 7–16, So 8–12 und 14–16 Uhr) und etwa 25 Min. nach der

Cook-Inseln – Insel Rarotonga

vollen Stunde entgegen dem Uhrzeigersinn (Mo–Fr 8.25–16.25 Uhr) rund um Rarotonga. Abends und nachts verkehrt er ausschließlich im Uhrzeigersinn, Mo–Do und Sa 18–23, Fr 18–22 Uhr und zusätzlich um Mitternacht, um 1 und um 2 Uhr. Die gesamte Fahrt dauert etwa 50 Min. Die Busse halten an allen Hotels und Gästehäusern, aber auch an jeder anderen gewünschten Stelle auf Handzeichen. Es gibt Tickets für eine einfache Fahrt (NZ$ 3), für eine Hin- und Rückfahrt (NZ$ 5), eine Tageskarte (NZ$ 10) sowie für 10 Fahrten (NZ$ 20). Cook's Passenger Transport, Tel. 255 12, Fax 25513, kcook@oyster.net.ck.
Taxis: Die Fahrpreise sind staatlich festgelegt und betragen zurzeit NZ$ 2,50 pro Kilometer. Kia Orana Taxis, Tel. 202 03 und 507 21 (rund um die Uhr erreichbar)

Auf der Küstenstraße um Raratonga

Im Rahmen organisierter Touren oder aber auf eigene Faust lässt sich die Hauptinsel der Cook-Inseln während eines halbtägigen Ausflugs erkunden. Eine ständig wechselnde Szenerie mit dem türkis schimmernden Wasser der Lagunen, das hinter dem Korallenriff in das Tiefblau des Meeres übergeht, kleinen Ortschaften mit gepflegten Vorgärten und wild zerklüfteten Bergen im Hinterland verlockt allerdings zum häufigen Anhalten, sodass Sie mehr Zeit veranschlagen sollten.

Um die Insel führt die etwa 33 km lange asphaltierte Küstenstraße (Ara Tapu). Parallel zu dieser führt landeinwärts die einst aus Korallengestein erbaute Ara Metua. Sie ist bis heute weitgehend erhalten geblieben und verläuft durch die intensiv landwirtschaftlich genutzten Gebiete der Insel.

Parliament House und Black Rock

Reiseatlas: S. 15, A 3
Von der Hauptstadt Avarua aus kommen Sie in westlicher Richtung am Flughafen vorbei zum **Parliament House.** Als der Flughafen errichtet wurde, diente das Gebäude den neuseeländischen Arbeitern als Herberge, seit 1974 tagt dort das Inselparlament. Die Sitzungen des Parlaments sind öffentlich. Interessierte können unter Tel. 265 00 die nächsten Termine erfragen und an einer Sitzug teilnehmen.

An der alten Straße, der Ara Metua, befindet sich in Höhe des Flughafens das **National Stadium,** das anlässlich der South Pacific Mini Games 1985 erbaut wurde und heute für Rugby-Spiele genutzt wird. Die Saison beginnt im Juni und endet bereits im August, gespielt wird samstagnachmittags.

Der nächste Stopp ist beim großen, schwarzen Lavafelsen, dem **Black Rock,** auch *tu oro ki aitu* genannt. Geologen datieren ihn auf ein Alter von 2,5 Mio. Jahren. Nach der Mythologie der Cook Islanders ist dies der Ort, von dem die Seelen der Verstorbenen ihre Reise nach *avaiiki,* der Urheimat der Polynesier, antreten.

9 Cook Islands Cultural Village bei 'Aorangi

Reiseatlas: S. 15, A 3
Im **Cook Islands Cultural Village** bei 'Arorangi erfährt der Besucher sehr viel Wissenswertes über die Geschichte des Landes, über traditionelles Kunsthandwerk, Maori-Medizin, Kochkunst und das Tanzen. Darüber hinaus gibt es ein landestypisches Mittagessen aus dem Erdofen, *umukai* genannt, und eine faszinierende Show mit Musik und traditionellen Tänzen (s. S. 286).

Auf dem Friedhof von **'Arorangi** ist Papeiha begraben, einer der beiden tahitianischen Missionare, die mit John Williams im Jahre 1821 auf die Cook-Inseln kamen. Die Kirche der Cook Island Christian Church (CICC) wurde 1849 gebaut.

Die Akaoa Road, eine kleine Nebenstraße, die ca. 200 m hinter der Kirche abzweigt und über die Ara Metua hinwegführt, bringt Sie zum Ausgangspunkt einer Wanderung auf den 365 m hohen **Mount Raemaru,** dessen Spitze so eigentümlich flach ist. Wegen des losen Gesteins und des besonders nach heftigen Regenfällen rutschigen Weges kann der Aufstieg gefährlich sein.

Auf der Küstenstraße um Raratonga

Prachtstück traditioneller Handwerkskunst: eine Pandanusmatte

Etwas weiter südlich auf der Ara Tapu führt ein Abzweig nach links zum **Highland Paradise,** einer kleinen religiösen Kultstätte, die besichtigt werden kann.

Aro'a Beach
Reiseatlas: S. 15, B 4
Wieder zurück auf der Küstenstraße, kommen Sie bald zum herrlichen **Aro'a Beach.** Das Meer eignet sich hier ausgezeichnet zum Schwimmen und Schnorcheln. Kurz hinter der Ortschaft **Vaima'anga** geht es auf der ins Inselinnere führenden Stichstraße zum herrlich gelegenen **Wigmore's Waterfall,** dessen Becken ein kühles Bad garantiert. Wer die gesamte Cross-Island Tour gewandert ist, erreicht an dieser Stelle die Südküste. Die Wegstrecke von hier bis zum Wasserfall ist ein gemütlicher Spaziergang von einer knappen halben Stunde.

Titikaveka
Reiseatlas: S. 15, C 4
In der Lagune bei **Titikaveka** kann man hervorragend schnorcheln. Das malerisch gelegene Dorf hat eine schöne Kirche, die 1841 aus Korallenblöcken gebaut wurde, die mit der Hand aus dem Riff geschnitten worden waren. Da es in Titikaveka eine große Adventistengemeinde gibt, die ihren Sabbat am Freitag feiert, bekommt man hier auch sonntags frische Baguette.

Muri Beach
Reiseatlas: S. 15, C 4
Muri Beach ist der schönste Strand der Insel mit herrlichem Ausblick auf die smaragdgrüne Lagune und ihre vier *motu,* die Sie schwimmend oder mit einem Kajak leicht erreichen können. Bei Ebbe können Sie sogar zu den mit Kokospalmen bewachsenen In-

Cook-Inseln – Insel Rarotonga

selchen hinüberwaten. Dieser Küstenabschnitt ist das Mekka für alle Wasersportler, so verwundert es nicht, dass sich der Muri-Strand zum wichtigsten Touristenort auf Rarotonga entwickelt hat. Sie finden hier neben Hotelanlagen und Restaurants Supermärkte, Autovermietungen und Internet-Cafés.

Kurz vor der Ortschaft Ngatangiia führt ein Wanderweg entlang des **Avana Stream** ins Inselinnere. Das Denkmal aus sieben kreisförmig aufgestellten Steinen am Hafen von **Ngatangiia** (auch Avana Harbour genannt) erinnert an die sieben Kanus, die der Legende nach von hier aus im 14. Jh. eine 3000 km weite Reise nach Neuseeland unternahmen und das Land besiedelten.

Marae Arai te-Tonga

Reiseatlas: S. 15, C 3

Nordwestlich von Matavera liegt an der Ara Metua der **Marae Arai-te-Tonga,** der heiligste Kultplatz der Insel mit Resten von rund 800 Jahre alten polynesischen Steinbauten. Hier werden bis heute die *ariki,* die höchsten Oberhäupter, feierlich inthronisiert. Da ein *marae,* eine traditionell heilige Stätte, auch heute noch für die Bevölkerung *tapu* ist, sollten Touristen sie nicht betreten.

Eine sehr schöne Wanderung bringt Sie vom Zeremonialplatz, zunächst entlang dem Tupapa Stream, auf den 485 m hohen **Mount 'Ikurangi,** von dessen Spitze Sie einen spektakulären Blick über die Nordküste haben. Von diesem Weg zweigt eine weitere, wesentlich anstrengendere Wandertour ab, die Sie auf den **Te Manga** führt, den mit 653 m höchsten Berg der Insel. Beide Pfade sind häufig so überwuchert, dass Sie ohne ortskundige Hilfe kaum erkennbar sind. Für die Wanderung auf den Mount 'Ikurangi sollten Sie hin und zurück 4 Stunden veranschlagen, für die auf den Te Manga rund 6 Stunden.

Die Hauptinsel bietet eine breite Palette an Unterkünften der unterschiedlichsten Kategorien und für jeden Geldbeutel.
Sea Change Rarotonga: Südküste, Turoa Beach, Tel. 225 32, Fax 227 30, www.sea-change-rarotonga.com. Luxuriöse Villen, deren Ausstattung keine Wünsche offen lassen, mit Terrasse, privatem Pool; diverse Wassersportmöglichkeiten und ein interessantes Ausflugsprogramm runden das Angebot ab. Die Anlage ist für Kinder unter 13 Jahren nicht geeignet. Mindestaufenthalt 3 Nächte. NZ$ 495–1045 für zwei Personen inkl. Frühstück.
The Rarotongan Beach Resort & Spa: Südwestküste, Aro'a Beach, Tel. 258 00, Fax 257 99, www.therarotongan.com. Großes Resort mit 156 unterschiedlich, teilweise behindertengerecht eingerichteten Zimmern und Bungalows. Sie finden hier alle Annehmlichkeiten, die ein solcher Komplex bietet, inkl. gepflegter Gartenanlage, Restaurants und Bars, Wassersportmöglichkeiten, Tennisplätzen, Wellness-Abteilung, Kids Club und Showprogramm. NZ$ 250–650 (Nebensaison) bzw. NZ$ 265–720 (Hauptsaison) inkl. Frühstück und diversen Aktivitäten. Neu sind die großzügigen Villen ab NZ$ 1290 in der Nebensaison und bis zu NZ$ 2250 in der Hauptsaison.
Muri Beach Club Hotel: Südostküste, Muri, Tel. 230 00, Fax 230 01, www.muribeachclubhotel.com. Das neueste Resort Rarotongas, an der traumhaft schönen Muri-Lagune. Schicke Anlage mit nur 30 großzügigen und modern eingerichteten Zimmern. Ein tolles Restaurant, großer Pool und ein Beauty & Spa Centre verwöhnen die Gäste zusätzlich, spezielle Hochzeitsarrangements. NZ$ 375–600 für zwei Personen inkl. tropischem Frühstück. Mindestaufenthalt drei Nächte. Kinder sind nicht erwünscht.
Rarotonga Backpackers: Westküste, nahe 'Arorangi, Tel. 215 90, Mob. 554 83, www.rarotongabackpackers.com. Sehr ansprechende Unterkunft, nicht nur für Preisbewusste. Mehrbettzimmer, Doppelzimmer und Bungalows mit Küche an der Ara Metua sowie eine weitere Anlage unten am Strand mit einem Haupthaus und Strandbungalows. Motorroller, Fahrräder, Schnorchelausrüstungen und Surfbretter können geliehen werden. Bergseite: Mehrbettzimmer NZ$ 18 pro Person, DZ NZ$ 38–42, der gut ausgestattete Bungalow NZ$ 69; Strandseite: Mehrbettzimmer NZ$ 20 pro Person, DZ NZ$ 48, Strandhütte NZ$ 80 und Bungalow NZ$ 120

Auf der Küstenstraße um Raratonga

Richtig Reisen-Tipp: Der Master of Disaster

Sonntags auf Rarotonga. Es ist ruhig geworden auf der Insel. Fast alle Geschäfte und einige Restaurants haben geschlossen. Die Menschen gehen in eine der unzähligen Kirchen und nehmen an einem gut zweistündigen Gottesdienst teil – die Frauen ganz in Weiß gekleidet und stets mit kunstvoll geflochtenem Hut, die Männer ebenfalls im besten Zwirn. Anschließend ziehen sich die Familien in ihr Häuschen zurück. Selbst an den Stränden rings um die Insel scheint es an einem Sonntag ruhiger zu sein als an allen anderen Tagen in der Woche. Überall?

Nein. Vor seinem Wohnhaus in der Ortschaft Vaima'anga an der Südküste lädt der quirlige Piri Purutu III., der selbsternannte Master of disaster, zu seiner sehenswerten Show einschließlich Festessen aus dem Erdofen ein. Der König der Kokosnuss, so ein weiterer Spitzname des mittlerweile fast 70-jährigen Ex-Boxers, drahtig und durchtrainiert wie einst, klettert wieselflink in wenigen Sekunden eine mindestens 30 m hohe Kokosnusspalme empor und winkt seinem ungläubig staunenden Publikum zu. Wieder unten angekommen, zeigt er, immer begleitet vom eigenen Gesang, wie man Feuer nur durch Reibung macht, wie vielseitig verwendbar eine Kokosnuss ist und wie man aus Palmwedel geflochtene Teller herstellt. Mitmachen ist Pflicht! Ein weiterer Höhepunkt seiner Show ist das Öffnen des traditionellen Erdofens, *umukai* genannt. Wenn er die verschiedenen Lagen abgetragen hat – zuerst die zentimeterdicke Erdschicht, dann die Bananen- und Brotfruchtblätter – kommen mitsamt einem verführerischen Duft die verschiedenen Garpäckchen zum Vorschein: Fisch, Schweinefleisch, Hühnchen, verschiedene Sorten Gemüse, Taro, Süßkartoffeln – alles einzeln in Bananenblätter gehüllt und köstlich schmeckend. Piri zeigt seine Show täglich, aber sonntags ab 11 Uhr gibt es zusätzlich das Umukai-Festessen.
Piri Purutu III., Vaima'anga, Tel. 203 09. Eine einstündige Show kostet NZ$ 15 pro Person, die Show am Sonntag inkl. Umukai-Festessen NZ$ 49.

für 2 Pers., NZ$ 150 für 4 Pers. Preisnachlass für Gruppen und bei längerem Aufenthalt.

Moana Sands Hotel: Südküste, Titikaveka, Tel. 261 89, Fax 221 89, www.moanasands.co.ck. An einem weißsandigen Strand gelegene Unterkunft mit 12 gut ausgestatteten Studios und 5 Suiten mit fantastischem Blick auf die Lagune; diverse Wassersportgeräte werden kostenfrei gestellt. Ein umfangreiches Ausflugsprogramm, medizinische Massagen sowie Hochzeitsarrangements werden ebenfalls angeboten. Studios NZ$ 295, Suiten NZ$ 350 (jeweils bei Zweierbelegung) inkl. Frühstück. Das angeschlossene **Pawpaw Patch Restaurant & Bar** (Tel. 271 89, tgl. 8–10.30 und 18–21 Uhr) ist erstklassig, hier bekommt man ein leckeres Frühstück und abends eine breite Palette lokaler und internationaler Gerichte. Frühstück NZ$ 7,50–14, Hauptgerichte ab NZ$ 23, Barbecue am So NZ$ 30. Happy Hour So ab 18 Uhr.

Windjammer Restaurant: Westküste, nahe 'Arorangi, Tel. 239 50, tgl. außer Di 17.30–21 Uhr. Ein dem Crown Beach Resort angegliedertes Restaurant mit sehr guter internationaler Küche, das auch leckere vegetarische Gerichte und erlesene Weine anbietet. Hauptspeisen NZ$ 22–34 (Tischreservierung ist unbedingt zu empfehlen).
The Flame Tree: Südostküste, Muri Beach, Tel. 251 23, tgl. 18–21 Uhr (Bar bis 23 Uhr). Seit vielen Jahren bekanntes Restaurant, in dem man auch nach dem Besitzerwechsel noch ausgezeichnet speisen kann. Besonders Freunde der asiatischen Küche kommen auf ihre Kosten. Die Weinkarte ist beeindruckend. Hauptgerichte NZ$ 19–38.

Cook-Inseln – Insel Rarotonga

Sails Brasserie & Bar: Südostküste, Muri Beach, Tel. 273 49, Mo–Sa 11–21, So 10.30–21 Uhr. Im Restaurant des Segelclubs bekommt man nicht nur leckere internationale Gerichte, sondern auch ausgezeichnete Cocktails auf der Terrasse serviert, bei denen man die Abendstimmung noch ein wenig mehr genießen kann (für abends unbedingt reservieren). Salate ab NZ$ 7, Hauptgerichte ab NZ$ 28, die leckeren Desserts NZ$ 8.
Alberto's Steakhouse & Bar: Westküste, Tel. 235 97, Mo–Sa abends geöffnet. Saftige Steaks in allen Größen; Pasta oder Currygerichte bekommen Sie aber auch. Ab NZ$ 16.
Priscilla's Takeaways: Westküste, nahe 'Arorangi, Tel. 280 72. Lokale Küche zu kleinen Preisen. Snacks ab NZ$ 2.
Fruits of Rarotonga: Südküste, Tikioki Beach, Tel. 215 09, tgl. außer So geöffnet. Beliebter Treffpunkt zum Frühstück: selbst gemachte Marmelade und Chutneys, tolle Fruchtsäfte.

Art Studio: 'Arorangi, Tel. 225 10. Hier verkaufen einheimische Künstler u. a. qualitativ hochwertige Schnitzarbeiten.
Pacific Arts: 'Arorangi, Tel. 202 00. Die Künstlerin Andi Merkens stellt in einer kleinen Galerie ihre Gemälde aus.
Perfumes of Rarotonga: Ara Tapu, Nordostküste, kurz vor der Ortschaft Matavera, wenn Sie von Avarua kommen, Tel. 226 90. Hier erhalten Sie wohlriechende Souvenirs.
Shell & Craft: Muri, Tel. 222 75. Wer sich für Muscheln interessiert, sollte unbedingt einmal in diesen kleinen Laden schauen.

Ausflüge/Touren
Cook Islands Cultural Village: 'Arorangi, an der Ara Metua, Tel. 213 14, Fax 255 57, viltours@oyster.net.ck. Die **Village Tour** beginnt Mo, Mi, Fr um 10 Uhr und dauert ca. 3,5 Std. NZ$ 60 pro Person, NZ$ 64 pro Person inkl. Transfer von/zur Unterkunft. An denselben Tagen wird auch eine **Circle Island Tour** angeboten, die Sie zu den Sehenswürdigkeiten Rarotongas führt und bis ca. 16 Uhr dauert (NZ$ 60 pro Pers.). Wer beide Touren kombiniert, zahlt NZ$ 90.
Highland Paradise: Tel. 244 77. Im Rahmen einer 2-stündigen Tour werden Ihnen u. a. die interessante archäologische Stätte und ein kleiner botanischer Garten gezeigt. NZ$ 50 inkl. Mittagessen.
Eine Bootstour in der Lagune im Glasbodenboot ist sicherlich ein absolutes Highlight. Inkl. Picknick auf einem *motu* kostet die 4-stündige Lagunentour NZ$ 60. **Captain Tama's AquaSportz Centre,** Muri Beach, Tel. 273 50.

Sport
Badestrände: Bei Titikaveka und Tikioki im Süden sowie in der Muri-Lagune an der Südostküste kann man bei Flut im kristallklaren, blaugrün schimmernden Wasser herrlich baden. Tolle Badestrände finden Sie ebenfalls am Black Rock im Nordwesten sowie am Aro'a Beach im Südwesten.
Golf: Gäste sind im Rarotonga Golf Club an der Nordwestküste mit seinem flachen 9-Loch-Course Mo–Fr von 8–14 Uhr willkommen. Sa nur für Mitglieder. Die Greenfee beträgt NZ$ 15, Golfschläger und Trolleys können gemietet werden.

Adressen

Der Muri Beach auf Rarotonga mit vier *motu*

Kajak: Boote können Sie am Muri-Strand im Südosten entleihen bei: Captain Tama's AquaSportz Centre, Tel. 273 50, und beim Pacific Resort, Tel. 204 27.

Reiten: Etwa 2,5-stündige Ausritte werden werktags morgens und abends nahe Aro'a Beach angeboten. Erwachsene zahlen NZ$ 50, Kinder NZ$ 30. Aroa Pony Trek, Tel. 214 15, um Reservierung wird gebeten.

Segeln: Die Lagune bei Ngatangi'ia an der Ostküste Rarotongas sowie die Muri-Lagune eignen sich gut für diesen populären Sport auf Rarotonga. Segelboote und Katamarane können gechartert werden bei: Nautica Sail School, Tel. 273 49, Fax 271 06, dine@sails restaurant.co.ck; Paradise Sailing: Tel. 235 77, Mob. 552 25, info@paradise-sailing.co.ck, Pacific Expeditions: Tel. 235 13, Mob. 524 00, graham@pacific-expeditions.com.

Surfen: Kurse und Boards gibt es bei Captain Tama's AquaSportz Centre, Muri Beach, Tel. 273 50. Gute Bedingungen fürs Wellensurfen finden Fortgeschrittene in der Muri-Lagune sowie nahe Avatiu Harbour in Avarua und bei Matavera an der Nordostküste.

Schnorcheln: Einen der besten Plätze finden Sie am Black Rock. Weitere erstklassige Spots gibt es am Tikioki sowie Aro'a Beach. Neben den Tauchbasen, die auch Schnorchler mitnehmen, bringt Sie auch Reef to See, Tel. 222 12, reef2see@oyster.net.ck, mit einem Boot ans Riff.

Tauchen: Tauchspots mit Korallengärten, Höhlen, Schluchten, Steilwänden und Schiffswracks gibt es reichlich in den Gewässern rund um die Hauptinsel. Neben einer schier unglaublichen Fülle farbiger Tropenfische können Sie je nach Jahreszeit ebenfalls verschiedene Hai- und Schildkrötenarten beobachten. Die Sichtweite wird ganzjährig mit mindestens 30 m angegeben. International anerkannte Kurse mit NAUI- bzw. PADI-Zertifikat und Ausfahrten (mehrmals tgl. außer So) bieten an: Cook Island Divers, 'Arorangi, Tel. 224 83, Fax 224 84, www.ci-divers.co.ck; The Dive Centre, Aro'a Beach, Tel./Fax 202 38, Mob. 552 38, www.thedivecentre-rarotonga.com. Kurse auch in Deutsch. Pacific Divers, Muri Beach, Tel./Fax 224 50, www.pacificdivers.co.ck.

10 Insel Aitutaki

Reiseatlas S. 15

Die azurblau über türkis bis smaragdgrün leuchtende Lagune von Aitutaki steht im Ruf, die schönste der Welt zu sein – einzig die Bewohner Bora Boras sind anderer Ansicht. Bereits der Anflug auf diese Insel ist so atemberaubend schön, dass Sie den Verdacht, die Fotografen hätten bei ihren Postkartenmotiven kunstvoll manipuliert, aufgeben werden.

Diese zur Südgruppe zählende, nur 18 km² große Insel liegt 225 km nördlich der Hauptinsel Rarotonga. Geologisch weist Aitutaki eine Besonderheit auf: Sie ist eine Kombination aus einer bis zu 124 m hohen Vulkaninsel und einem flachen Korallenatoll mit mehr als einem Dutzend kleiner, unbewohnter *motu* im Osten und Süden, von denen zwei, nämlich Rapota und Moturakau, wiederum vulkanischen Ursprungs sind. Das sie umgebende Barriere-Riff besitzt keine für größere Schiffe geeignete Passage.

Die Hauptattraktion Aitutakis ist die wundervoll schimmernde Lagune, die sich rund 45 km lang um das Inselatoll erstreckt und deren tiefste Stelle 15 m misst. Der Flug mit einer Propellermaschine der Air Rarotonga lohnt sich auch für einen Tagesausflug.

Arutanga

Reiseatlas: S. 15, A 2

Die Bevölkerungszahl wird offiziell mit rund 2200 angegeben; die meisten Bewohner Aitutakis leben in **Arutanga,** dem Hauptort an der Westseite der Insel. Hier finden Sie das Touristenbüro, Banken, die Polizeistation, einen Supermarkt, das Orongo Centre mit kleineren Läden, Restaurants, Kneipen und ein Internetcafé. In der Post werden die nur auf dieser Insel erhältlichen Briefmarken verkauft.

Arutanga wirkt gemütlich verschlafen, doch an den Tagen, an denen der Frachter draußen am Riff anlegt, kommt Schwung in den Ort. Die Güter (und die wenigen Passagiere) müssen auf kleinere Schiffe umgeladen und vom Hafen weitertransportiert werden. Wenn diese Arbeit getan ist, kehrt rasch wieder Ruhe ein. Auch Sie sollten Ihre innere Uhr auf ›Inselzeit‹ umstellen.

Eng beieinander stehen die Kirchen der Cook Islands Christian Church, die katholische Kirche, die der Mormonen und weiterer Glaubensgemeinschaften. Ein besonderes Erlebnis ist der Besuch eines Gottesdienstes in der protestantischen **Cook Islands Christian Church (CICC)** im Zentrum, der ältesten Kirche der Cook-Inseln, die im Jahre 1828 erbaut wurde und über einen schönen Innenraum verfügt. Die Frauen tragen zu diesem Anlass kunstvoll geflochtene weiße Hüte, und die Hymnen werden von der Gemeinde mehrstimmig voller Inbrunst gesungen.

Vor der aus Kalkstein gebauten Kirche befindet sich das Denkmal, das an den Missionar John Williams sowie die tahitianischen Missionare Papeiha und Vahapata erinnert.

Inselerkundung

Ein Aufenthalt auf Aitutaki bedeutet Erholung pur: Bootsausflüge zu den *motu*, Riffwanderungen, Erkundungen der rund 7 km langen Insel mit dem Fahrrad, ein Spaziergang auf den 124 m hohen **Mt. Maungapu**. Vor allem

Insel Aitutaki

im Süden der Insel sind, zum Teil von hohem Gras stark überwachsen, noch die Reste alter Kultstätten, *marae*, zu entdecken.

New Jerusalem wurde 1990 an der Südküste Aitutakis von den Anhängern einer Glaubensgemeinschaft um Master Two errichtet. Das Dorf besteht ausschließlich aus strohgedeckten Häusern, die um eine Kirche herum angeordnet wurden. Nordöstlich dieser religiösen Ansiedlung liegt die Ortschaft Tautu, deren Anleger amerikanische Soldaten während des Zweiten Weltkrieges anlegten.

Auch die beiden Landebahnen des im Verhältnis zur Inselgröße geradezu riesigen **Flugplatzes** im Norden wurden von US-Soldaten im Zweiten Weltkrieg gebaut.

Ebenfalls an der Nordküste befindet sich das mit australischer Hilfe gebaute **Ministry of Marine Resources,** Tel. 31406. Bei einer Führung erfährt man viel über die Bemühungen, die Venusmuschel wieder anzusiedeln, und Interessantes über Meeresschildkröten, Seegurken und viele andere Meeresbewohner. Mo–Fr geöffnet, Eintritt NZ$ 2.

i Tourist Office: Arutanga, neben dem Orongo Centre in der Straße, die zum Hafen führt, Tel. 317 67, retire-tourism@aitutaki.net.ck, Mo–Fr 8–12 und 13–16 Uhr.

Etu Moana Beach Villas: Atupa, Nordwestküste, Tel. 314 58, Fax 314 59, www.etumoana.com. Eine ebenfalls mehrfach prämierte, großzügige Anlage mit acht schön gestalteten Bungalows für Selbstversorger. Jeder Bungalow verfügt über einen kleinen Garten undd eine blickgeschützte Außendusche. NZ$ 425–495 pro Bungalow inkl. Frühstück sowie div. Wassersportmöglichkeiten und Fahrräder.

Aretai Beach Villas: Amuri, Nordwestküste, Tel. 316 45, www.aretaibeachvillas.com. Schön eingerichtete und voll ausgestattete, geräumige Bungalows (zwei direkt am weißen, feinsandigen Strand, einer etwas weiter hinten). Sie verfügen jeweils über zwei Schlafzimmer, einen Aufenthaltsraum sowie über eine moderne Küche für Selbstversorger. NZ$ 300 pro Bungalow bei Zweierbelegung.

Mit der Autorin unterwegs

Sonntags in Arutanga

Auch wenn Sie ansonsten nicht zu den eifrigen Kirchgängern zählen, ist der Besuch eines Gottesdienstes auf den Cook-Inseln ein Erlebnis, das Sie sich nicht entgehen lassen sollten. Schon allein wegen der von der Gemeinde mehrstimmig gesungenen Kirchenlieder und ihrer hervorragenden Akustik lohnt es sich, in die älteste Kirche des Landes, die Cook Islands Christian Church in Arutanga, zu gehen. Bitte denken Sie bei Ihrem Besuch an eine angemessene Kleidung (s. S. 288).

Stempeln gehen auf One Foot Island

Vergessen Sie bloß nicht Ihren Reisepass, wenn Sie eine Lagunentour auf Aitutaki unternehmen. Ein extravagantes Mitbringsel von Ihrer Reise durch die Südsee ist sicherlich dieser Eintrag von Tapuaetai, auch One Foot Island genannt (s. S. 292).

Gina's Garden Lodges: Tautu, Tel./Fax 310 58, www.ginasaitutaki.com. Inmitten eines herrlichen Gartens mit Pool gelegene ruhige Unterkunft unweit der Ortschaft Tautu im Süden der Insel. Hier vermieten Des und Manarangi Tutai Ariki, eine der drei *ariki* Aitutakis, vier voll ausgestattete Häuser für Selbstversorger. Die Häuser sind geräumig, sodass jeweils vier Personen genug Platz finden. Auch ideal für Familien. NZ$ 120 für zwei Personen, Kinder bis 15 Jahre NZ$ 20 pro Nacht, Preisnachlass ab 7 Nächten.

... auf Akaiami Island

Gina's Akaiami Beach Lodge: Tel./Fax 31058, www.ginasaitutaki.com. Des und Tutai (oder Queenie, wie die *ariki* auch genannt wird) vermieten auf dem ansonsten unbewohnten Inselchen Akaiami einen Bungalow mit drei Wohneinheiten für Selbstversorger. Wenn Sie also schon immer davon geträumt haben, auf einem *motu* inmitten der berühmten Lagune von Aitutaki zu wohnen ... Für

Cook-Inseln – Insel Aitutaki

NZ$ 300 für zwei Personen können Sie sich Ihren Traum erfüllen.
Akaiami Lodge: Tel. 313 85, mamaruru@aitutaki.net.ck. Ebenfalls auf dem *motu* Akaiami, aber wesentlich komfortabler ist diese schöne Unterkunft, die viel Platz für max. vier Personen bietet. Hier wasserten in den 1950er-Jahren die Flugboote der Tasman Empire Airways Ltd. (TEAL, die heutige Air New Zealand) auf ihrer legendären Coral Route zwischen Neuseeland und Tahiti, um aufzutanken. Genau dort, wo heute die Lodge steht, befand sich einst der Terminal, in dem nicht nur John Wayne oder Cary Grant auf ihren Weiterflug warteten. NZ$ 600 für eine oder zwei Personen pro Nacht.

Pacific Resort Aitutaki: Amuri, Westküste, Tel. 317 20, Fax 317 19, www.pacificresort.co.ck. Luxus pur auf Aitutaki. Dieses Resort wird in der »Small Luxury Hotels of the World collection« geführt, hat bereits mehrere Auszeichnungen und ist erst kürzlich in der Kategorie »Australasia's Leading Resort« nominiert worden – alles Empfehlungen, die für sich sprechen. Das Resort liegt an der Westseite der Insel an einem 500 m langen Sandstrand. Sie haben die Wahl zwischen 28 geräumigen Bungalows, Suiten und Villen, die über eine Topausstattung verfügen. Erstklassiges Restaurant, Bar, Ausflugsprogramm und eine Vielzahl an Wassersportmöglichkeiten verstehen sich in dieser Preiskategorie von selbst. Im Tiare Spa können Sie darüber hinaus Entspannungs- und Schönheitsbehandlungen genießen. NZ$ 815 (pro Bungalow) bis 1470 (pro Villa) inkl. Frühstück. Das **Rapae Bay Restaurant** (Tel. 317 20, tgl. mittags und abends) bietet eingebettet in tropisches Ambiente und bei Kerzenschein Schlemmen vom Feinsten. Fisch- oder Fleischgerichte und die köstlichen Nachspeisen, sie alle sind unbedingt zu empfehlen. Mittagsgerichte um NZ$ 10, Hauptgerichte am Abend ab NZ$ 25.

Tauono's: Nordwestküste, zwischen Amuri und dem Flughafen, Tel. 315 62, Mo, Mi, Fr 15–17 Uhr zu Kaffee, Tee und Kuchen, abends nach Anmeldung, der Laden ist Mo–Fr 10–17 Uhr geöffnet. Was eine Österreicherin mit vielen frischen Zutaten aus dem eigenen Garten (biologischer Anbau) auf einer Südseeinsel zaubern kann, erfahren Sie hier: Gaumenfreude pur. Und erst der Ku-

Adressen

chen … Eben: Austria meets the Cook Islands. Hauptgerichte NZ$ 25–40, Kuchen ab NZ$ 3.
Café Tupuna: Tautu, Tel. 316 78. Dieses Restaurant unweit der Ortschaft Tautu im Süden der Insel ist die beste Adresse, wenn Sie die landestypische Küche mit viel frischem Fisch probieren möchten. Leider nur abends geöffnet. Hauptgerichte ab NZ$ 26.

 Frisches Obst und Gemüse kauft man preiswert auf dem **Markt** im Orongo

Die Lagune von Aitutaki

Cook-Inseln – Insel Aitutaki

Centre nahe des kleinen Hafens in Arutanga (werktags 8–15 Uhr). Hier kann man an einigen Ständen auch die meist knallbunten Pareos kaufen. Eine gute Adresse für Souvenirs ist **Moana Creations,** ebenfalls im Orongo Centre, Tel. 317 18, Mo–Sa 8.30–15 Uhr. Kunsthandwerk führt **Anitonia's Handicrafts** in Vaipae an der Ostküste, Tel. 312 07.

Wie auf Rarotonga werden auch auf Aitutaki an verschiedenen Abenden in den großen Hotels sogenannte **Island Nights** mit Musik, Tanz und zumeist einem Buffet mit lokalen Spezialitäten veranstaltet. Zu empfehlen sind diese Shows im **Pacific Resort Aitutaki** (Tel. 317 20, s. S. 290) und im **Aitutaki Logoon Resort** (Akitua, Tel. 312 01), jeweils mindestens NZ$ 30 pro Pers. inkl. Buffet. In beiden Resorts sollten Sie sich anmelden, Transport nach Vereinbarung.

Blue Nun Café: Arutanga, Orongo Centre, Tel. 316 04, tgl. außer Mo Abend geöffnet. Hier bekommen Sie ein Abendessen, können tanzen, sich ein tolles Showprogramm ansehen, freitags der Band zuhören oder einfach nur auf einen Drink vorbeischauen.

Coconut Crusher Bar: O'otu Beach, Tel. 312 83, tgl. außer So Abend geöffnet. Auch wenn Sie es auf den ersten Blick nicht vermuten, die Island Night ist hervorragend. Zusätzlich wird an manchen Abenden Livemusik angeboten.

Am 26. Oktober, dem **Gospel Day,** wird auf Aitutaki mit Kirchenkonzerten und religiösen Dramen an die Ankunft des Missionars John Williams 1821 erinnert.

Ausflüge:
Eine **Lagunentour** ist ein absolutes Muss während Ihres Aufenthaltes auf Aitutaki. Verschiedene Unternehmen bieten Mo–Sa Bootsfahrten mit Picknick zu den unbewohnten *motu* und ihren Bilderbuchstränden an, so etwa nach Akaimi, Maina, Mokurakau. Auf Tapuaetai, dem One Foot Island, bekommt man, sozusagen als Aufenthaltsbestätigung, einen Stempel in den Reisepass gedrückt. Mit Sicherheit ein extravagantes Mitbringsel von Ihrer Reise durch die Südsee. Nebenbei gibt es ausreichend Gelegenheit, im hellblau bis türkisfarbenen, kristallklaren Wasser zu baden und zu schnorcheln. Für eine derartige Tour müssen Sie je nach Dauer NZ$ 35–65 pro Person veranschlagen. Anbieter, die vom Anlegesteg am O'otu Beach im Nordosten aus operieren, sind:
Aitutaki Glass Bottom Boat, Tel. 317 90, story@aitutaki.net.ck;
Bishop's Lagoon Cruises, Tel. 310 09, bishopcruz@aitutaki.net.ck;
Kia-Orana Cruises, Tel. 314 42, kcruise@aitutaki.net.ck.
Inselrundfahrten: Geführte Rundfahrt im Minibus, die auch zu den Überresten der *marae* führen, bietet: Chloe & Nane's Tropicool Tour, Tel. 312 48. Die mehrstündigen Touren werden Mo–Sa durchgeführt und kosten pro Person NZ$ 30.

Sport
Radfahren: NZ$ 5 pro Tag für ein Mountainbike bei Rino's Beach Bungalows & Rentals, Arutanga, Tel. 311 97; Swiss Rentals, Amuri, Tel. 316 00.
Golf: Nahe dem Flughafen liegt der 9-Loch-Golfplatz. Mitte September findet hier ein Turnier statt, bei dem auch Gäste teilnehmen dürfen. Kontakt: Ned Neale, Tel. 311 88, und Putangi Mose, Tel. 315 08.
Hochseeangeln: Aitutaki ist ein ausgezeichneter Ort, um verschiedene Spezies von kleineren Riff- und Thunfischen, Barrakudas, Marlins, *mahimahis* usw. zu angeln. Ausgerüstete Boote zum Hochseeangeln sind zu chartern bei: Aitutaki Game Fishing Club, Arutanga, Tel. 313 79; Aitutaki Sea Charter, Tel. 312 81.
Kajak: Vermietung von Booten über: Samade on the Beach, O'otu Beach, Tel. 315 26; Ranginui's Retreat: O'otu Beach, Tel. 316 57.
Schwimmen: Rings um die Insel gibt es herrliche Badestrände und glasklares Wasser. Besonders zu empfehlen ist der Südostzipfel Aitutakis nahe der kleinen Brücke, über die man zum Eiland Akitua gelangt.

Makellos sind auch die Strände von Maina, einem *motu* ganz im Südwesten, so-

Adressen

Richtig Reisen-Tipp: ›Ja sagen‹ in der Südsee

Paradiesisch schöne Inseln mit einsamen Stränden wie aus dem Bilderbuch haben alle Inselstaaten in der Südsee zu bieten. Also suchten die ›Cookies‹ nach einer speziellen Zielgruppe, um ihre Inseln noch besser vermarkten zu können, und fanden sie: die Brautpaare.

Seitdem bieten nahezu alle größeren Hotels und Resorts auf Rarotonga und Aitutaki spezielle Hochzeitsarrangements an. Pfarrer, Gäste und – falls nicht mitgereist – Trauzeugen werden gestellt. Sie bevorzugen eine romantische Traumhochzeit in Weiß, oder möchten Sie im traditionellen Cook Islands-Stil heiraten? Kein Problem, professionelle Hochzeitskoordinatoren übernehmen die gesamte Planung. Zur ›Luxushochzeit‹ gibt es neben der Zeremonie bei Sonnenuntergang auf Wunsch ein Streichorchester obendrein.

Bei der Variante ›Flitterwochen-Abenteuer‹ wird das Brautpaar samt Picknickkorb für einen Tag auf eine unbewohnte Insel gebracht.

Was Sie sonst noch benötigen: Pässe und Geburtsurkunden sowie gegebenenfalls übersetzte Scheidungs- bzw. Todesurkunden von verstorbenen Ehepartnern. Ferner müssen Sie sich drei volle Tage vor der Trauung bereits auf den Cook-Inseln aufhalten. Maßgeschneiderte Hochzeiten für Sie und Ihren Geldbeutel haben mittlerweile viele Resorts der hier vorgestellten Inselstaaten im Programm. Zu empfehlen sind neben den Cook-Inseln besonders die Inseln Fidschis und Französisch-Polynesiens.

Ach übrigens: Michelle Pfeiffer, Bill Gates und Ringo Starr sollen ihren Partnern ebenfalls in der Südsee das Ja-Wort gegeben haben.

---

wie auf dem *motu* Tapuaetai (One Foot Island) im Südosten.

Schnorcheln & Tauchen: Schöne Korallen können Sie vor den Stränden der *motu* Ee, Papau und Muritapua sehen. Gute Tauchspots gibt es am Barriere-Riff nahe dem *motu* Tapuaetai sowie im Südwesten. Tauchschulen: Aitutaki Scuba, Tel. 311 08, Fax 313 10, scuba@aitutaki.net.ck; Bubbles Below, Tel. 315 37.

Wandern: Vom 124 m hohen Mount Maungapu, der ein wenig landeinwärts von der Hauptstraße im Nordwesten Aitutakis liegt, hat man einen wundervollen Blick über die Insel und das umgebende Riff. Bei Ebbe kann man auf Sandbänken zum Riff laufen (zum Schutz vor Verletzungen sollte man stets Schuhe tragen!). Thematisch unterschiedliche geführte Wanderungen, aber auch Jeep-Safaris bucht man bei Aitutaki Walkabout Tours, Tel. 31757.

Flüge: Die nationale Fluggesellschaft Air Rarotonga verbindet Mo–Sa mehrmals täglich die Hauptinsel Rarotonga mit Aitutaki. Die reine Flugzeit beträgt ca. 45 Minuten. Ein Tipp: Versuchen Sie beim Hinflug auf der linken Seite zu sitzen, Sie haben dann die beste Sicht auf die spektakuläre Lagune. Nähere Informationen und Buchungen über: Air Rarotonga, Flughafenbüro Tel. 313 47, in Arutanga Tel. 318 88, www.airraro.com. Für den Transport von/zum Flughafen sorgt Island Tours, Tel. 313 79.

Schiff/Fähre: In der Regel legt ein Schiff der Reederei Taio Shipping Ltd. (Tel. 249 05 und 249 12, taio@oyster.net.ck) einmal wöchentlich im kleinen Hafen der Insel an und nimmt auf seiner Fahrt zu weiteren Inseln der südlichen Gruppe manchmal auch Passagiere mit, Info im Hafen von Arutanga.

Mietwagen, -roller: Selbstfahrer benötigen den lokalen Führerschein, den man sich entweder auf der Hauptinsel Rarotonga oder auch auf Aitutaki in der Polizeiwache im Hauptort gegen eine geringe Gebühr ausstellen lassen kann. Rino's Beach Bungalows & Rentals, Arutanga, Tel. 311 97; Ranginu'i Retreat, O'otu Beach, Tel. 31197.

Busverkehr gibt es auf Aitutaki nicht.

Typisches Auslegerboot in der Arutanga-Bucht, Aitutaki

Weitere Inseln der Südgruppe

Reiseatlas
S. 15/16

Go East! Das ist die bevorzugte Himmelsrichtung für jene Individualisten, die die kleinen, nahezu unentdeckten Paradiese der Cook-Inseln besuchen wollen. Atiu, Mangaia und Ma'uke: alle drei bequem zu erreichen und doch unendlich weit entfernt von den üblichen Touristenpfaden.

Insel Atiu

Reiseatlas: S. 15, B 1–C 3
Dieses gehobene Koralleneiland liegt 187 km nordöstlich von Rarotonga und ist mit seinen rund 15 km² die drittgrößte der Cook-Inseln. Der zweite Name dieser Insel lautet Enuamanu (Insel der Vögel) und deutet damit auf eine der Hauptattraktionen Atius hin. So können ornithologisch Interessierte zahlreiche, zum Teil seltene und gefährdete exotische Vogelarten entdecken, wie etwa den Atiu-Salanganen, der zwischen den Stalaktiten und Stalagmiten tief im Inneren der stockfinsteren Kalksteinhöhlen nistet. Ähnlich wie Fledermäuse orientieren sich diese von den Einheimischen *kopeka* genannten Vögel mittels Echoortung. Hierzu geben sie seltsam knackende, schnalzende und schnatternde Laute von sich.

Die knapp 600 Bewohner Atius leben in fünf dicht beieinander liegenden Dörfern auf einem 70 m hohen Plateau im Zentrum, dessen vulkanischer Ursprung eine landwirtschaftliche Nutzung ermöglicht. An den Rändern dieser Hochebene befinden sich flache Sümpfe, die überwiegend für den Anbau von Taro genutzt werden. Der übrige Teil der Insel besteht aus Korallengestein, wobei die bis zu 20 m hohen Felsformationen *makatea* genannt werden. Zum Teil überwuchert von dichtem tropischem Regenwald, gibt es hier zahlreiche Kalksteinhöhlen, die erkundet werden können.

Im Zentrum der Insel

In dem Dorf **Te'enui** befinden sich das Verwaltungszentrum der Insel, das Krankenhaus, die alte Kirche der Cook Islands Christian Church (CICC) mit ihren weißen, massiven Mauern sowie einige kleine Geschäfte. Ein Denkmal in der Ortschaft **Tengatangi** erinnert an John Williams, den Missionar der London Missionary Society, der hier im Jahr 1823 gepredigt hat. Gleich nebenan sind noch die Reste einer alten Kultstätte, des **Marae Te Apiripiri**, zu erkennen. Wenn Sie den Weg in Richtung Ostküste nehmen, kommen Sie an dem **Marae Vairakaia** vorbei, das heute jedoch nur noch aus einer fast 40 m langen Mauer besteht.

An der Küste

Die Überbleibsel der einst bedeutendsten Kultanlage der Insel, dem **Marae Orongo,** befinden sich westlich des Dorfes Te'enui. Wenn Sie sich diese recht gut erhaltene archäologische Stätte anschauen möchten, sollten Sie dies nicht auf eigene Faust tun. Die Anlage selbst sowie das Land in dieser Gegend sind der Bevölkerung auch heute noch heilig und gelten als *tapu*. Fragen Sie einen Einheimischen, ob er Sie begleitet, oder buchen Sie eine Tour, so können Sie sicher sein, keine Regeln zu verletzen.

Am Strandabschnitt bei **Oravaru** im Westen Atius landete Kapitän James Cook am 3. April 1777 während seiner dritten Südseereise.

Atiu

Südlich der fünf Ortschaften liegt der kleine See **Te Roto,** in dem die Inselbewohner Aale fangen. Von hier verläuft ein schmaler Tunnel bis hinunter zum Strand. Die nahe gelegene **Rimarau Burial Cave** hat früher der Bevölkerung als Begräbnisstätte gedient. In einer weiteren Höhle im Norden, der **Te Ana O Rakanui Burial Cave,** können noch einige Skelette entdeckt werden.

Die im östlichen Teil der Insel gelegene **Anatakitaki Cave,** auch Cave of the Kopekas genannt, in der der seltene Atiu-Salangane nistet, darf nur unter ortskundiger Führung besichtigt werden. Tief im Inneren dieses aus mehreren Kammern und Tunneln bestehenden Höhlensystems können Sie bei Kerzenschein in einem kleinen Pool baden.

Bei allen Höhlenerkundungen sollten Sie unbedingt festes Schuhwerk tragen und eine Taschenlampe mitnehmen.

Atiu Villas: Tel. 337 77, www.atiuvillas.com. Die sechs geschmackvoll, vollständig aus lokalen Materialien gebauten und eingerichteten Bungalows befinden sich am Rand des Zentralplateaus im südlichen Teil Atius. Von der Veranda genießen Sie den Blick auf eine Ananasplantage, Obstbäume und den tropischen Regenwald. Zur kleinen, ruhigen Anlage, die seit vielen Jahren von Kura und Roger Malcolm geführt wird, gehören ferner ein Restaurant, eine Bar, ein kleiner Pool sowie ein Tennisplatz. Das Wasser wird mittels einer Solaranlage erwärmt. Mopeds können gemietet werden. Bungalow für zwei Personen NZ $ 130, eine Familienvilla NZ$ 150. Ein besonderer Service des Hauses ist die mit allen notwendigen Lebensmitteln ausgestattete Küche mit Speise- und Kühlschrank. Sie bezahlen die verbrauchten Waren bei der Abreise.

Are Manuiri Guesthouse: Areora, Tel. 330 31, Fax 330 32, www.adc.co.ck. Eine von dem deutschen Ehepaar Andrea und Jürgen Eimke geleitete Unterkunft für Selbstversorger in zentraler Lage mit drei Gästezimmern, Gemeinschaftsbad und einer gut ausgestatteten Küche. Ausflüge werden arrangiert und Mountainbikes verliehen. Kinder unter 10 Jahren werden leider nicht akzeptiert. Ab NZ$ 30 pro Person.

Kura's Kitchen: Tel. 337 77, Mo–Sa ab 19 Uhr. Das einzige Restaurant der Insel gehört zur Resortanlage Atiu Villas. Gäste, die hier nicht wohnen, sollten rechtzeitig einen Tisch reservieren. Probieren Sie die Thunfischsteaks, sie sind ausgezeichnet. Das 2-Gänge-Menü kostet NZ$ 25.

Terangi Nui Café: Areora, Tel. 331 01. In diesem kleinen Café bekommen Sie täglich ein leckeres Frühstück ab NZ$ 8 und mittags Kleinigkeiten ab NZ$ 12 serviert.

Atiu Fibre Arts Studio: Te'enui, Tel. 33031. Wer als Souvenir die farbenprächtigen Flickendecken *(tivaevae)* kaufen möchte, für die Atiu bekannt ist, wende sich an dieses von der Deutschen Andrea Eimke geführte Kunstgewerbestudio. Sie hat vor über 20 Jahren mit den Frauen der Insel das Unternehmen gegründet, in dem die traditionellen Handwerkstechniken weitergeführt und zeitgenössische Muster entwickelt werden. Für ein maschinengewebtes *tivaevae* müssen Sie mit rund NZ$ 600 bis 1100 rechnen, die Preise für ein per Hand gefertigtes Kunstwerk beginnen bei etwa NZ$ 1500.

Taurau Craft: Te'enui, Tel. 332 03. Liebhaber handgefertigter Ukulelen werden in diesem kleinen Laden fündig. Ab etwa NZ$ 200 kostet ein solches Instrument.

Terangi Nui Shop: Areora, Tel. 331 01. Hier erhalten Sie die üblichen Mitbringsel für die Daheimgebliebenen einschließlich lokaler Handwerkskunst und Bekleidung.

Atiu Coffee Factory: Mapumai, Tel. 330 31. Nach vorheriger Anmeldung können Sie sich in der Rösterei anschauen, wie der auf dieser Insel angebaute Kaffee verarbeitet wird. Kenner schätzen die erstklassige Qualität der Arabica Bohne und kaufen direkt in der Fabrik von Jürgen Eimke, die sich an der Ausfallstraße nördlich der Ortschaft in Richtung Flughafen befindet.

Atiu Island Coffee: Mapumai, Tel. 330 88. In diesem Unternehmen, das von einer Einheimischen geführt wird, werden die Bohnen per

Cook-Inseln – Weitere Inseln der Südgruppe

Hand gepflückt und in traditioneller Weise getrocknet und geröstet. Besichtigung der Plantage und Fabrik nach Anmeldung.

 Eine Besonderheit Atius sind die **Tumunu-Abende,** an denen auch Gäste teilnehmen können. Bei solchen Veranstaltungen wird das aus Bierhefe, Malz, Hopfen und Zucker hergestellte, recht starke so genannte Buschbier getrunken, Musik gemacht und getanzt. Traditionell sind nur Männer zugelassen, bei Touristinnen machen die Einheimischen jedoch eine Ausnahme. Auch wenn Sie eingeladen werden, sollten Sie sich aber an den Kosten beteiligen. NZ$ 5 pro Person ist ein angemessener Betrag für dieses Erlebnis.

 Ausflüge/Inselrundfahrten:
Atiu Tours, Tel./Fax 330 41, atiutours.ck@ihug.co.nz. Der seit Jahren auf Atiu lebende Engländer Marshall Humphreys bietet 3-stündige Rundfahrten zu allen Sehenswürdigkeiten der Insel, verschiedene Höhlenerkundungen und Tumunu-Abende an. Die Inseltour inkl. Besichtigung historischer Stätten und Picknick am Strand kostet NZ$ 40, die Höhlentouren ab NZ$ 15.
George's Nature Tours: Tel. 330 47, Fax 337 75, atiu@ihug.co.nz. George Mateariki ist ein Kenner der einheimischen Flora und Fauna. Für NZ$ 40 nimmt er Sie mit auf einen unterhaltsamen und interessanten Inselausflug, führt Sie in die Geheimnisse der traditionellen Medizin ein, erklärt Ihnen die verschiedenen Vogelarten und serviert Ihnen ein Mittagessen.

Sport
Radfahren: Die beiden genannten Unterkünfte verleihen Mountainbikes und Mopeds gegen eine geringe Gebühr. Allerdings sind nur die Verbindungen zwischen den Ortschaften befestigte Straßen, alle anderen sind Pisten und nach starkem Regen häufig schwer befahrbar.
Schwimmen: Den herrlichen, weißsandigen Badestrand Taungaroro finden Sie an der Westküste der Insel. Ebenfalls empfehlenswert sind die Strandabschnitte nahe Oravaru und Tumai im Westen sowie Te Tau ganz im Süden Atius. Gut schwimmen und schnorcheln kann man ferner im tiefen und klaren Wasser der kleinen Hafenanlage von Taunganui im Nordwesten.

 Flüge: Die lokale Fluggesellschaft verbindet die Hauptinsel Rarotonga mit Atiu (AIU) Mo–Sa 1 x tgl., Flugzeit 45 Min. Der Inselflughafen befindet sich an der Nordküste. Für ein Ticket müssen Sie NZ$ 270 veranschlagen, die einfache Strecke kostet NZ$ 140. Air Rarotonga, Flughafenbüro: Tel. 332 01, Büro in der Ortschaft Mapumai: Tel. 338 88, www.airraro.com.
Schiff/Fähre: Taio Shipping, Tel. 249 05 und 249 12 (auf Rarotonga), taio@oyster.net.ck., unterhält regelmäßige Verbindungen zwischen Rarotonga und Atiu. Die kleine Hafenanlage der Insel liegt im Nordwesten bei Taunganui. Kleinere Boote können hier ankern, größere Schiffe müssen auf Reede liegen. Das bedeutet, dass das Ausschiffen über ein Tenderboot erfolgt – eine zuweilen abenteuerliche Angelegenheit.
Busse: Es existieren keine Busverbindungen auf Atiu.

Insel Mangaia

Reiseatlas: 16, D 3–F 4

Mangaia ist die südlichste und mit ihren knapp 52 km^2 die zweitgrößte Insel des Archipels. Geologen datieren sie auf etwa 18 Mio. Jahre; damit gilt sie als die älteste der Cook-Inseln und als eine der ältesten im gesamten pazifischen Raum.

Die höchste Erhebung ist mit 169 m der Vulkankegel Rangimotia. Den äußeren Rand der Insel bildet ein 60–80 m hoher Wall aus Korallengestein, die *makatea,* mit steilen Klippen und zerklüfteten Felsen. Durch Erosion sind im Laufe der Jahrtausende verschiedene Höhlenlabyrinthe mit zahlreichen Kammern und geräumigen Hallen entstanden, von denen einige durch kilometerlange Tunnel miteinander verbunden sind.

Mangaia

Die rund 600 Inselbewohner leben in drei Küstenortschaften – Oneroa, Tamarua und Ivirua. Eine etwa 30 km lange Straße umrundet Mangaia, nur im Südosten führt sie nicht direkt an der Küste entlang. Weitere Pisten durchqueren das Inselinnere.

Oneroa

Der Hauptort der Insel, **Oneroa,** mit seinem Verwaltungszentrum, dem Krankenhaus, der Post und Polizeistation, einigen Geschäften sowie dem Markt liegt an der Westküste etwa 10 km vom Inselflughafen entfernt. Ein Denkmal vor der Kirche erinnert an Reverend William Wyatt Gill, einen Missionar und Ethnologen, der im Auftrag der London Missionary Society zwischen 1852 und 1872 auf dieser kleinen Insel arbeitete.

Von Oneroa in nordöstlicher Richtung erreichen Sie nach einer kurzen Wanderung den schmalen Eingang der größten und spektakulärsten Höhle der Insel, der **Te Rua Rere Cave,** die der Bevölkerung einst als Ort für Bestattungen diente und in der noch heute die Gebeine der Verstorbenen zu entdecken sind. Ebenfalls beeindruckend sind die Stalaktiten und Stalagmiten inmitten dieser riesigen Höhle. Um sie zu finden, sollten Sie allerdings an einer geführten Besichtigung teilnehmen, eine gute Taschenlampe sowie Mückenschutz mitbringen.

Vom Hauptort aus in südlicher Richtung befindet sich die **Tuatini Cave.** Das Wasser des nahe gelegenen Lake Tiriara speist zunächst eine weitere Höhlenkammer und fließt anschließend unter der *makatea* hindurch in den Ozean.

Einen herrlichen Blick über die Insel mit ihren mit Pinien bewachsenen Hügeln, den unzähligen Flüssen und Bächen, den üppig grünen, landwirtschaftlich intensiv genutzten Tälern genießen Sie, wenn Sie auf die höchste Erhebung Mangaias, den 169 m hohen **Rangimotia** im Zentrum der Insel wandern. Planen Sie für eine Tour ab Oneroa über den Rangimotia hinunter in Richtung Südküste zur Ortschaft Tamarua und zurück zum Ausgangspunkt einen ganzen Tag ein. Mit etwas Glück können Sie bei einem Ausflug in das Hinterland den *tanga'eo,* einen ausschließlich auf diesem Eiland lebenden Vogel, entdecken.

Ara Moana Bungalows: Ivirua, Tel. 342 78, Fax 342 79, www.aramoana.com. Ruhige Anlage mit acht kleinen, zweckmäßig eingerichteten Bungalows unterschiedlichen Typs inmitten eines tropischen Gartens an der Ostküste, wenige Gehminuten von der Ortschaft Ivirua entfernt. Jan Kristensson, der diese Unterkunft aufgebaut hat und leitet, ist Schwede und kann Deutsch. Er lebt seit Jahrzehnten auf der Insel und ist mit einer Einheimischen verheiratet. Zur Anlage gehören ein kleines Restaurant für Hotelgäste sowie eine Bar. Bungalow je nach Größe NZ$ 80–135 pro Person, HP NZ$ 35, VP NZ$ 45 pro Person. Jan bietet ebenfalls interessante Touren zu den Sehenswürdigkeiten der Insel, Höhlenexkursionen sowie Vogel- und Walbeobachtungen an und erzählt Ihnen die Geschichte und Geschichten des Eilands.

Babe's Place: Oneroa, Tel. 340 92. Die seit Jahren angesagte Kneipe der Insel liegt etwas außerhalb des Hauptortes an der Westküste. Fr und Sa abends treten häufig Bands auf. Babe's Place ist auch eine sehr einfache Unterkunft mit vier Wohneinheiten für Preisbewusste.

Craft Shop: Oneroa, c/o Tel. 343 89, zumeist Mo und Mi 8–13 Uhr geöffnet. Die Frauenkooperative Mangaias unterhält im Hauptort einen kleinen Laden, in dem u. a. handgefertigte Taschen aus Pandanus und Halsketten aus Schneckengehäuse, sogenannte *pupu 'ei,* angeboten werden.

Markt: Freitag ist Markttag in Oneroa. Ab 8 Uhr bekommen Sie an den Ständen neben dem Postamt frisches Obst und Gemüse sowie lokale Handwerkskunst zu günstigen Preisen.

Ausflüge:
Maui Peraua: Ivirua, Tel. 343 88. Er bietet verschiedene Höhlenerkundungen an, so zur **Toru a Puru Cave,** die seit Generatio-

Cook-Inseln – Weitere Inseln der Südgruppe

nen seiner Familie gehört, sowie Inselrundfahrten, bei denen Sie Interessantes über die Kultur und Legenden der Insel erfahren (NZ$ 35). Seine Frau Lyn zeigt Ihnen u. a. die Herstellung der berühmten Halsketten und die der Wickeltücher.
Tauaukume Cave Tour: Tel. 342 23. Tere bietet mehrstündige Höhlenexkursionen und Inselerkundungen für NZ$ 40 an. Seine persönlichen Sichtweisen der Inselgeschichte und Legenden gibt es gratis dazu.

Flüge: Die lokale Fluggesellschaft verbindet die Hauptinsel Rarotonga mit Mangaia 1 x tgl. außer So. Der Inselflughafen befindet sich an der Nordostküste. Der Preis für den etwa 40 Min. dauernden Flug beträgt NZ$ 270, einfache Strecke NZ$ 140. Air Rarotonga, Inselbüro: Tel. 348 88, www.airraro.com.
Schiff/Fähre: Taio Shipping, Tel. 249 05 und 249 12 (auf Rarotonga), taio@oyster.net.ck, regelmäßige Verbindungen zwischen Rarotonga und Mangaia.
Busse: Es gibt keine Busverbindungen auf Mangaia.
Fahr- und Motorräder: Moana Rentals, Oneroa, Tel./Fax 343 07, vaiimene@mangaia.net.ck.

Insel Ma'uke

Reiseatlas: S. 16, F 1/2

Die ›Garteninsel‹, wie diese ebenfalls zur südlichen Gruppe zählende Insel auch genannt wird, liegt rund 240 km nordöstlich der Hauptinsel Rarotonga. Ihr Name leitet sich vom legendären Ahnen 'Uke ab, der einen friedlichen Ort suchte und dieses etwa 18 km² große Eiland fand – ma 'Uke, Insel des Uke. Der erste Europäer, der im Juli 1823 die kleine Insel betrat, die eine Zeit lang auch Parry's Island genannt wurde, war der Missionar John Williams.

Wie ihre Nachbarinseln Atiu und Mangaia besteht auch Ma'uke aus einem vulkanischen Plateau im Zentrum, das von gehobenem Korallengestein, *makatea* genannt, ringförmig umgeben ist. Dazwischen liegen mehrere Sümpfe, in denen die Inselbevölkerung Taro und anderes Gemüse kultiviert.

Weniger als 400 Menschen leben heute in den drei Dörfern Areora, Ngatiarua im Zentrum und Kimiangatau im nördlichen Teil der äußerst flachen Insel. Von der ca. 18 km langen Ringstraße führen Stichstraßen ins Inselinnere, die jedoch alle nicht asphaltiert sind, sondern aus Korallensand bestehen. Die Landebahn des Flughafens befindet sich im Norden, der Hafen, Taunganui Landing, sowie ein kleiner Markt ist im Nordwesten Ma'ukes.

Im Zentrum der Insel

Hier liegen die beiden Ortschaften **Areora** und **Ngatiarua**, deren Einwohner in den 1880er-Jahren gemeinsam die Errichtung einer Kirche planten. Doch während der Bauphase kam es zu Streitigkeiten, so dass man zwei Eingänge und eine Trennwand errichtete und den jeweiligen Innenraum unterschiedlich ausstattete. Die Trennwand ist längst entfernt worden, doch die Gläubigen haben auch weiterhin ihre jeweils eigenen Sitzplätze – schön nach Dorfzugehörigkeit getrennt, wie seit altersher. Heute zählt ein Besuch dieser ungewöhnlichen Kirche, die als ›geteilte Kirche‹ bekannt wurde, zum absoluten Muss für die wenigen Touristen, die sich nach Ma'uke verirren. In unmittelbarer Nähe des Gotteshauses können Sie in einem kleinen Laden für den täglichen Bedarf einkaufen.

Etwa 1 km nördlich des Dorfes Ngatiarua liegt **Vai Tango,** eine leicht zu entdeckende Höhle mit einem klaren Süßwasserteich, in dem man herrlich baden kann. Taucher können die im hinteren Teil der Höhle befindlichen Kammern erkunden. Ein Stück weiter können Sie sich die Ende des letzten Jahrhunderts restaurierte Kultstätte **Marae Paepae'a** anschauen. Die Herkunft der vier großen Steine vulkanischen Ursprungs auf diesem Koralleneiland ist bislang noch nicht endgültig geklärt worden.

Wenn Sie der Piste weiter in nordöstlicher Richtung zur Küste folgen, gelangen Sie durch die *makatea* zu drei weiteren, nahe bei-

Ma'uke

einander liegenden Höhlen, die Sie ebenfalls erkunden können. Bei dieser kurzen Wanderung sollten Sie auf gutes Schuhwerk achten, denn das Kalkgestein ist sehr scharfkantig. Die erste Höhle, die **Vai Ou** genannt wird, hat einen Teich, in dem man baden kann.

An der Küste

In **Kimiangatau**, der dritten Ortschaft, lebte der Engländer Julian Dashwood, der in den 1930er-Jahren nach Ma'uke kam und eine Einheimische heiratete. Unter dem Pseudonym Julian Hillas schrieb er eine Reihe von Artikeln über die Cook-Inseln und war Minister in der ersten Regierung des Landes. Von seinem Amt trat er nach Korruptionsvorwürfen zurück und verstarb kurze Zeit darauf im Jahre 1970. Sein Grab befindet sich neben dem seiner Ehefrau Kopu im nun verwilderten Garten hinter der Ruine seines Hauses.

An der Westküste zwischen dem Hafen und dem Strandabschnitt bei Anaputa können Sie die leicht zugängliche, etwa 2 m tiefe **Kopupooki Cave** erkunden. Ohne einheimischen Führer schwerer zu finden sind hingegen die beiden Kalksteinhöhlen im südöstlichen Teil der Insel, die große **Vai Moti** sowie die berühmteste unter ihnen, die **Motuanga Cave,** deren Name übersetzt bezeichnenderweise Höhle der 100 Räume heißt. Letztere diente in früherer Zeit als Versteck vor den Übergriffen der Krieger von Atiu.

An der Ostküste nahe Arapaea soll der Legende nach 'Uke mit seinem großen Kanu und 2000 Gefolgsleuten an Land gegangen sein.

Tiare Holiday Cottages: Tel./Fax 352 70, www.mauke.com. Zwei unterschiedlich ausgestattete Häuser mit tollem Blick für Selbstversorger sowie zwei zweckmäßig eingerichtete Studios an der Westküste. Mahlzeiten, Inseltouren können gebucht und Motor- und Fahrräder gemietet werden. NZ$ 75, 85 und 135 jeweils für zwei Personen.

Ri's Retreat: Tel. 351 81, keta-tnn@oyster.net.ck. Die neu gebauten Bungalows in der Nähe des Flughafens im Norden der Insel sind mit modernen Kochgelegenheiten komplett für Selbstversorger ausgestattet. Weitere Bungalows befinden sich am abgelegenen Anaraura Beach und sind ebenfalls mit Kochmöglichkeiten eingerichtet. Motorroller können gemietet und Inseltouren gebucht werden. NZ$ 85–115 pro Bungalow.

Markt: Fr ab 8.30 Uhr können Sie auf dem Markt am kleinen Hafen an der Nordwestküste frisches Obst und Gemüse kaufen. In allen drei Ortschaften finden Sie kleine Läden, die allerdings nur ein sehr begrenztes Angebot haben.

Schwimmen: Der Strandabschnitt bei Anaraura an der Südostküste ist herrlich, doch wegen der scharfkantigen Korallen sollten Sie das Baden im türkisfarbenen Wasser der Lagune mit seiner Bilderbuchkulisse lieber unterlassen. Weitere einsame, weißsandige Strände befinden sich an der Südwestküste. Schwimmen und Schnorcheln können Sie hingegen an der Westküste bei Anaputa.

Whale Watching: In den Monaten August und September kommen häufig Buckelwale in die Gewässer um Ma'uke.

Flüge: Die lokale Fluggesellschaft fliegt Mo, Mi und Fr jeweils 1 x tgl. von Rarotonga nach Ma'uke (MUK) und zurück. Der Flug dauert etwa 50 Min. und kostet NZ$ 290, die einfache Strecke NZ$ 150. Air Rarotonga, Flughafenbüro: Tel. 351 20, Büro in Kimiangatau: Tel. 358 88, www.airraro.com.

Schiff/Fähre: Taio Shipping, Tel. 249 05 und 249 12 (auf Rarotonga), taio@oyster.net.ck. unterhält regelmäßige Verbindungen zwischen Rarotonga und Ma'uke. Der Hafen Taunganui Landing befindet sich im Nordwesten der Insel südlich der Ortschaft Kimiangatau.

Busse: Es gibt keine Busverbindungen auf Mangaia.

Fahr- und Motorräder: Beide Unterkünfte vermieten Motorräder bzw. -roller für NZ$ 25 pro Tag, bei Tiare Holiday Cottages bekommen Sie Fahrräder für NZ$ 10 pro Tag.

Überwasserbungalows auf Rangiroa

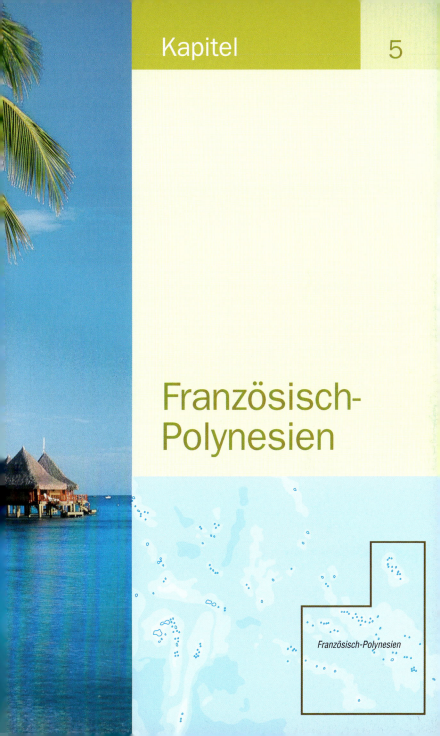

Kapitel 5

Französisch-Polynesien

Französisch-Polynesien

Am Anfang war Bougainville

Schon der Name verlockt zum Träumen – Tahiti. Wie selbstverständlich entstehen vor dem geistigen Auge romantische Bilder von sonnenüberfluteten Sandstränden, sich im Wind wiegenden Palmen, blauen Lagunen, freundlichen Menschen und vor allem schönen Frauen.

Von allen Inseln Polynesiens ist Tahiti wohl die bekannteste. Nur rund 1000 km² groß, übt Otaheite, wie sie früher genannt wurde, seit über zwei Jahrhunderten eine magische Anziehungskraft aus. Doch was genau macht diese Faszination aus? Das angenehme Klima teilt Tahiti mit ihren Nachbarinseln, eine traumhaft schöne Landschaft haben die anderen Eilande ebenso, das glasklare Wasser ihrer in allen Blautönen strahlenden Lagune verzaubert, ohne Zweifel, aber auch nicht anders als andere Lagunen, die Blütendüfte betören hier wie dort, die Liste ließe sich spielend fortsetzen. Warum also Tahiti?

Zum Bild vom legendären Tahiti, dem »wahren Paradies auf Erden« und der »Insel der Liebe«, haben viele beigetragen: Uns fallen Entdecker wie James Cook und Georg Forster mit ihren Aufzeichnungen ein. Wir denken an Romane von Herman Melville, William Somerset Maugham, Charles Nordhoff und James Norman Hall, an Bilder von Paul Gauguin. Bruchstückhaft erinnern wir vielleicht »Tabu«, jenen 1929–31 gedrehten Film von Friedrich Wilhelm Murnau (1888–1931) über die Gesellschaft und Kultur der Bewohner einer pazifischen Insel, bestimmt aber eine der Verfilmungen von der »Meuterei auf der Bounty«. Fotografien und Postkarten haben sich in unser Gedächtnis eingeprägt. Landschaftsaufnahmen, ja, aber noch häufiger ist es eine junge Frau mit Blüte im Haar, am Wasserfall sitzend oder lasziv an eine Palme gelehnt, die seit Jahrzehnten abgelichtet wird. Dieses Motiv wird auch in den Hochglanzbroschüren der Tourismusbranche gern verwendet.

Den Grundstein des Klischees legte der französische Graf Louis-Antoine de Bougainville (1729–1811), der 1766 den Auftrag erhielt, als erster Franzose die Welt zu umsegeln. Als er im April 1768 in Hitiaa an der Ostküste Tahitis mit seiner Mannschaft an Land ging, lag eine monatelange, entbehrungsreiche Seereise hinter ihnen. Die Tahitianer bereiteten den Europäern einen überwältigenden Empfang. Sie boten Lebensmittel an und, so jedenfalls hatten die Franzosen das verstanden, auch ihre äußerst spärlich bekleideten Mädchen. »Es war sehr schwierig, bei solch einem Anblick vierhundert französische Seeleute, die für sechs Monate keine Frau mehr gesehen hatten, bei der Arbeit zu halten«, notierte Bougainville später.

Man(n) kann sich die Situation vorstellen. Die Seeleute wähnten sich am Ziel ihrer Sehnsüchte. Den sagenhaften Südkontinent *Terra australis incognita,* den auch andere Seefahrer jener Zeit in den Weiten des Pazifiks suchten, hatten sie zwar nicht entdeckt, dafür aber das sinnliche Utopia.

Doch als die Einheimischen daran gingen, das Eigentum der Franzosen flexibel umzuverteilen, genauer: Schiffsnägel waren abhanden gekommen, eskalierte die Situation. Drei Einheimische wurden ermordet. Nach nur zehn Tagen mussten die Europäer die Insel wieder verlassen, doch mit jeder zurückgelegten Seemeile fiel Bougainvilles Bericht über den Aufenthalt positiver aus. Am Ende seiner Reise schwärmte er davon, die »unverdorbenen edlen Wilden« eines Jean-Jacques Rousseau gefunden zu haben; diese lebten überaus glücklich auf Tahiti, dem »jardin d'Eden«, befand er weiter. Die Insel selbst nannte er »La Nouvelle Cythère«, in Anlehnung an die Insel Kythera, den Geburtsort der griechischen Liebesgöttin. Der damals bereits angesehene James Cook adelte den 1771 erschienenen Reisebericht Bougainvilles mit den Worten: »Ich halte Bougainvilles Buch für die nützlichste und unterhaltsamste Beschreibung einer Reise durch dieses Meer, die bis jetzt erschienen ist.«

Tahiti, »Tahiti und ihre Inseln«, wie die Tourismusbranche Französisch-Polynesien zuweilen nennt, ein Paradies auf Erden? Viele wollen diese Frage eindeutig mit ja beantworten, obwohl auch sie wissen, dass die Alltagsrealität der Menschen, die dort leben, eher irdisch ist.

Ach ja, warum Tahiti? Wenn es schon nicht die Schönheit der Insel war, dann müssen es wohl die Inselschönheiten, die *vahine,* die Frauen gewesen sein, die den besonderen Zauber der Insel ausgemacht haben, damals wie heute – und vielleicht die Tatsache, dass Bougainville ein Franzose war.

Tahiti, ein Symbol für den Zauber schöner Frauen

Steckbrief Französisch-Polynesien

Daten und Fakten

Name: Te Ao Maohi, Porinetia Farani
Fläche: 3660 km² Landfläche verteilt auf ca. 4 500 000 km² Seefläche
Hauptstadt: Pape'ete
Amtssprachen: Tahitianisch, Französisch
Einwohner: 261 100 (2006, geschätzt)
Bevölkerungswachstum: 1,6 % (2006, geschätzt)
Lebenserwartung: 73,7 Jahre für Männer, 78,6 Jahre für Frauen
Währung: Cours de Franc Pacifique, CFP (ebenfalls gültige Bezeichnung: Comptoirs Français du Pacifique Franc, XPF). Für 1 € bekommt man 119,33 CFP (Stand 2008).
Zeitzone: MEZ –11 Std. (Gesellschaftsinseln), MEZ –10,5 Std. (Marquesas-Inseln), MEZ –10 Std. (Gambier-Inseln)
Landesvorwahl: 00689
Internet-Kennung: .pf

Landesflagge: Bei der Flagge Französisch-Polynesiens handelt es sich um eine rot-weiß-rote Bikolore. Im Zentrum des weißen, breiteren Mittelstreifens befindet sich ein kreisförmiges Wappen, das im oberen Teil Sonnenstrahlen und im unteren Meereswellen zeigt. Das Boot mit den fünf kleinen Figuren in der Mitte steht für Tradition und symbolisiert die Bedeutung des Meeres für die einheimische Bevölkerung.

Geografie

Die Inseln Französisch-Polynesiens werden in fünf Archipele aufgeteilt: die gebirgigen Gesellschaftsinseln, die abgeschieden im Norden liegenden Marquesas-Inseln sowie die Austral – und Gambier-Inseln, hinzu kommen noch die Atolle der zentral gelegenen Tuamotu-Gruppe. Diese 118 Inseln und Atolle mit einer Gesamtlandfläche von zusammen nur 3660 km² liegen verstreut auf einem riesigen Meeresgebiet, das mit seinen rund 4,5 Mio km² annähernd so groß ist wie Westeuropa. Die höchsten Berge sind der Mount Orohena mit 2241 m und der Mount Aorai mit 2068 m auf der Hauptinsel Tahiti. Demgegenüber ragen die ovalen bis kreisförmigen Korallenatolle der Tuamotus mit ihren unzähligen kleinen und kleinsten Eilanden nur wenige Meter über den Meeresspiegel hinaus. Tahiti, mit seinen 1042 km² die weitaus größte Insel Französisch-Polynesiens, ist wirtschaftliches und administratives Zentrum des Landes. Hier befindet sich auch die Hauptstadt Pape'ete.

Geschichte

Archäologischen Funden zufolge wurde Französisch-Polynesien in mehreren Wellen besiedelt, die früheste reicht nach dem aktuellen Kenntnisstand in das 3. Jh. v. Chr. zurück. Als erster Europäer sichtete 1595 Alvaro de Mendaña de Neira die Marquesas. Ab der zweiten Hälfte des 18. Jh. gingen nacheinander Samuel Wallis, Louis Antoine de Bougainville, James Cook und William Bligh mit ihren jeweiligen Mannschaften auf verschiedenen Archipelen des heutigen Französisch-Polynesien an Land. Ihnen folgten britische sowie französische Missionare und erste europäische Siedler.

Gegen den anfänglichen Widerstand der Königin Pomare IV. erklärte 1842 Admiral Dupetit-Thouars die Inseln Tahiti und Mo'orea zum französischen Protektorat. In den nächsten Jahrzehnten annektierte Frankreich kontinuierlich weitere Inseln und machte sie schließlich zu einer französischen Kolonie. 1945 erhielten die Maohi die französische Staatsbürgerschaft, 1957 wurde das Gebiet in Polynésie française umbenannt.

Staat und Politik

Seit 2004 ist Französisch-Polynesien ein französisches Überseeland (POM = *pays d'outre-mer*). Dieser neue Status stärkt die Position der lokalen Regierung gegenüber Paris. Frankreich ist nun nur noch für Außenpolitik, Verteidigung, innere Sicherheit, Justiz und Geldwesen zuständig. Die Inselbewohner Französisch-Polynesiens besitzen die französische Staatsbürgerschaft und sind somit als EU-Bürger beispielsweise bei den Wahlen zum Europäischen Parlament wahlberechtigt.

Die gesetzgebende Regionalversammlung (Assemblée territoriale) wird alle fünf Jahre gewählt. Zwei Vertreter werden in die Pariser Nationalversammlung, ein weiterer in den Senat entsandt. Staatsoberhaupt ist Nicolas Sarkozy. Nachdem im Frühjahr 2005 der lange Zeit regierende, Frankreich getreue Gaston Flosse abgewählt wurde, folgte ihm Oscar Temaru im Amt des Regierungspräsidenten. Seinen Ankündigungen zufolge, wollte er das Land schrittweise in die Souveränität führen. Doch nach nur anderthalb Jahren wurde er durch ein Misstrauensvotum seines Amtes enthoben. Seitdem ist die innenpolitische Situation geprägt von instabilen Koalitionen mit nur hauchdünnen Mehrheiten und raschen Kabinettsumbildungen, vorgezogenen Neuwahlen und innerparteilichen Flügelkämpfen. Zum Zeitpunkt der Drucklegung wird Französisch-Polynesien von der Koalition To Tatou Ai'a (›Unser Land‹) unter Gaston Tong Sang regiert.

Wirtschaft und Tourismus

Infolge der permanenten Finanzspritzen aus Paris gehört Französisch-Polynesien zu den reichsten Ländern des Südpazifik. Für den Eigenbedarf werden Knollengewächse wie Taro, Yams und Süßkartoffeln sowie Kokospalmen (Kopra, Kokosöl) und diverse Gemüse- und Obstsorten angepflanzt. Zu den wichtigsten landwirtschaftlichen Exportprodukten zählen Kaffee, Vanille und Noni-Früchte. Weitere Stützen der Wirtschaft sind die Perlenzucht, die Fischerei sowie der Tourismus, der sich mittlerweile zum bedeutendsten Wirtschaftssektor entwickelt hat. Doch trotz aller Erfolge übersteigt das Import- das Exportvolumen um mehr als das Fünffache. Haupthandelspartner sind Frankreich, Japan und die USA.

Bevölkerung und Religion

Aktuelle Schätzungen geben die Einwohnerzahl Französisch-Polynesiens mit 261 100 an, die Hälfte davon lebt auf der Insel Tahiti. Etwa 63 % der Bevölkerung sind Maohi (Polynesier), rund 15 % bezeichnen sich selbst als *demis* (Nachkommen von Maohi und Europäern), 12 % sind asiatischer Abstammung und 10 % sind Europäer.

Etwa die Hälfte aller Polynesier bekennen sich zum protestantischen Glauben, rund ein Drittel ist katholisch, darüber hinaus gibt es kleinere Gruppen von Mormonen, Siebenten-Tags-Adventisten und Zeugen Jehovas.

Auf einen Blick: Französisch-Polynesien

Endstation Sehnsucht?

Die meisten Besucher, die nach mehr als 20 Stunden Flug von Europa auf Tahiti landen, wollen so schnell wie möglich auf eine andere Insel. In der Praxis bedeutet dies entweder erneut fliegen oder eine noch längere Weiterreise mit dem Schiff, denn: Französisch-Polynesien ist riesig. 118 Inseln mit einer Gesamtfläche von weniger als 4000 km² verteilen sich weit verstreut über ein Meeresgebiet von rund 4 500 000 km², was der Fläche Westeuropas entspricht.

Französisch-Polynesien besteht aus fünf landschaftlich abwechslungsreichen Archipelen: Die **Gesellschaftsinseln** (Îles de la Société) unterteilt man in die sogenannten ›Inseln über dem Wind‹ (Îles du Vent) sowie die ›Inseln unter dem Wind‹ (Îles sous le Vent). Die wichtigste und zugleich größte und bevölkerungsreichste Insel des Landes ist **Tahiti** mit der Hauptstadt Pape'ete. Ferner gehören zu diesem Archipel bekannte Inseln wie **Bora Bora** und **Mo'orea**. Charakteristisch für die meisten Gesellschaftsinseln sind ihre üppige tropische Vegetation, das gebirgige Inselinnere sowie die seichte Lagune, die sie umgeben.

Die äußerst flachen Inseln und Atolle mit ihren unzähligen Einzelinselchen der **Tuamotu-Gruppe** erstrecken sich über eine Länge von 1700 km östlich der Gesellschaftsinseln. Insgesamt leben auf diesen, vielen Europäern so traumhaft erscheinenden Eilanden nur etwa 15 000 Menschen.

Weit im Nordosten, mehr als 1400 km von Tahiti entfernt, befinden sich die gebirgigen, stark zerklüfteten Inseln des **Marquesas-Archipels**. Hierzu gehören die Inseln **Nuku Hiva, Hiva Oa** sowie die weniger bekannten wie beispielsweise **Ua Pou** und **Ua Huka**. Im Gegensatz zu den anderen fehlt diesen Inseln das sie umgebende Korallenriff. Das Klima ist tropisch heiß mit zumeist ergiebigen Regenfällen und hoher Luftfeuchtigkeit.

Südöstlich an den Tuamotu-Archipel schließen sich die felsigen Vulkaninseln der

Gambier-Gruppe an. Sie verfügen über keinerlei Süßwasserquellen, so dass die Wasserversorgung der rund 1000 Menschen ausschließlich mit Regenwasser erfolgt, das in Zisternen gesammelt wird.

Die weit voneinander entfernt liegenden **Austral-Inseln** bilden den südlichsten Teil Französisch-Polynesiens. Touristisch sind diese Eilande kaum erschlossen. Wer hierher reist, liebt die Abgeschiedenheit.

Highlights

11 Pape'ete: Business trifft mediterranes Ambiente mitten in der Südsee (s. S. 311).

12 Bora Bora: Wie viele Farben hat die Lagune? (s. S. 344).

13 Taha'a: Auf dieser Insel fühlt man sich dem Himmel ganz nah! (s. S. 355).

14 Rangiroa: Die Tauchspots dieser Insel werden zu den schönsten der Welt gezählt (s. S. 360).

15 Nuku Hiva: Zeugnisse einer alten Kultur eingebettet in einer der faszinierendsten Landschaften Polynesiens (s. S. 372).

Empfehlenswerte Routen

Inselrundfahrt Tahiti: Bei einer Rundfahrt entlang der Küste von Tahiti Nui lernen Sie die Hauptinsel Französisch-Polynesiens kennen. Wer etwas mehr Zeit hat, sollte eine Jeep-Safari quer durch das gebirgige Inselinnere mit seinen grandiosen Wasserfällen und Panoramen einplanen (s. S. 320).

Picknick auf einem Motu: Ein Höhepunkt des Aufenthaltes auf einer der Tuamotu-Atolle ist ein Bootsausflug mit Picknick auf einem einsamen *motu*. Das Mittagessen müssen Sie sich selbst angeln (s. S. 361).

Reise- und Zeitplanung

Nach Ihrer Ankunft auf Tahiti sollten Sie sich mindestens zwei bis drei Tage Zeit nehmen, um die landschaftlich überaus reizvolle Hauptinsel Tahiti und das geschäftige Pape'ete kennenzulernen. Für eine klassische

---

Richtig Reisen-Tipps

Tagesausflug nach Tetiaroa: In dieses traumhaft idyllische Atoll hat sich nicht nur Marlon Brando verliebt (s. S. 318).

Per Schiff von Insel zu Insel: Entweder mit der Aranui III oder mit einem majestätischen Segelschiff durch die Archipele der Gesellschaftsinseln, der Tuamotus, bis zu den Marquesas kreuzen. (s. S. 320).

Überwasserbungalows: Unterkunft mit direktem Zugang ins Meer. Der Clou aber ist die Glasscheibe im Fußboden, die fantastische Einblicke in die maritime Welt darunter bietet (s. S. 342).

Inselkombination, die Tahiti mit der Schwesterinsel Mo'orea und der berühmten Insel Bora Bora verbindet, brauchen Sie mindestens 14 Tage. Häufig wird diese Route noch um die Inseln Huahine oder Raiatea erweitert. Reiseveranstalter bieten oft Tauch-Pakete an, die neben dem Hotelaufenthalt auf einem Tuamotu-Atoll ebenfalls Tauchgänge und Tauchkurse einschließen.

Wer die Gesellschaftsinseln im Rahmen einer Segel-Kreuzfahrt erleben möchte, sollte etwa sieben Tage veranschlagen. Kreuzfahrten zu den Marquesas ab/bis Pape'ete dauern in der Regel 16 Tage.

Reisen zu den Gambier- und Austral-Inseln werden nicht pauschal angeboten. Individualreisende sollten bei ihrer Planung bereits einen Weiterflug bei einer lokalen Fluggesellschaft sowie eine Unterkunft auf der gewünschten Insel buchen.

Wissenswertes für die Reise in Französisch-Polynesien finden Sie auf S. 100.

Die Gesellschaftsinseln

Cityplan S. 312

Tahiti, Bora Bora, Mo'orea, Raiatea, Taha'a … allein der Klang dieser Inselnamen ist Balsam für unsere Ohren und lässt Fernweh aufkommen. Iaorana e Maeva – Herzlich Willkommen im Garten Eden, und finden Sie selbst heraus, was es auf sich hat mit dem Mythos Südsee.

Gesellschaftsinseln, so heißt dieser Archipel, zu dem sie all diese Inseln gehören. Ihren Namen bekamen sie einst von Kapitän James Cook, der die Inselgruppe ›Society Islands‹ zu Ehren der Britischen Königlichen Gesellschaft der Wissenschaften taufte, die seine erste Südsee-Expedition finanziert hatte. Dabei ist es bis heute geblieben.

Vierzehn Inseln im Herzen Französisch-Polynesiens, die unterteilt werden in die östlichen, dem Passatwind zugewandten ›Inseln über dem Wind‹ und die westlichen, dem Passatwind abgewandten ›Inseln unter dem Wind‹. Zu ersteren gehören die Hauptinsel Tahiti und die Schwesterinsel Mo'orea, Tetiaroa, Maiao sowie das unbewohnte Eiland Mehetia. Zur zweiten Gruppe zählen Bora Bora, Huahine, Raiatea und Taha'a, Maupiti sowie einige Atolle wie Tupai, Maupihaa, Manuae und Motu One im äußersten Westen.

Korallenriffe umschließen die zumeist gebirgigen Inseln vulkanischen Ursprungs, deren Landschaftsbild geprägt ist von steilen, üppig mit tropischer Flora bewachsenen Bergflanken und zahlreichen imposanten Wasserfällen, die in tiefe Täler herabdonnern. Passagen ermöglichen den Schiffen die Durchfahrt zu den wenigen Häfen. In den glasklaren Gewässern der Lagunen, die in allen Farbnuancen zwischen Blau und Grün leuchten, schwimmen nur noch die kleinen, flachen Kalkinselchen, *motu* genannt, mit ihren weißen Bilderbuchstränden. So ist es kein Wunder, dass sich die Gesellschaftsinseln zu touristischen Hochburgen entwickelten.

Insel Tahiti

Reiseatlas: S. 17–20

Dieser Inselname wird häufig synonym für den gesamten Inselstaat verwendet. Dabei ist Tahiti zwar die Hauptinsel Französisch-Polynesiens, aber eben nur eine unter 118 Inseln.

Etwas mehr als 1000 km^2 groß, besteht Tahiti aus Tahiti Nui (zu deutsch Groß-Tahiti) mit der quirligen Hauptstadt Pape'ete und dem internationalen Flughafen Faa'a sowie aus dem wesentlich ursprünglicheren Tahiti Iti, dem sogenannten Klein-Tahiti. Die meisten Besucher nutzen die Insel lediglich als Sprungbrett für ihre Weiterreise zu anderen Eilanden des Landes. Schade, denn Tahiti, ›die Insel der Liebe‹, der Ursprung des Südsee-Mythos, hat viel zu bieten. Tiefe Täler, schroffe Berge mit zahlreichen, über 2000 m hohen Gipfeln, spektakuläre Wasserfälle inmitten satten Tropengrüns prägen das nahezu unbewohnte Inselinnere. Der schmale Küstenstreifen ist demgegenüber gesäumt von einer fast lückenlosen Häuserkette, mehr als die Hälfte der Gesamtbevölkerung des Landes lebt hier.

Neben den imposanten Naturschönheiten sind die archäologischen Kultstätten, geheimnisvolle Grotten und Felszeichnungen erwähnenswert, genauso wie die verschiedenen Museen, die zu den besten des südpazifischen Raumes gezählt werden. Sportlich interessierte Besucher sind begeistert von der breiten Palette an Möglichkeiten, die die Insel nicht nur Wassersportfans, sondern

Tahiti

auch ambitionierten Bergsteigern und Golfern bietet. Die Hauptstadt wiederum lockt tagsüber mit ihren gut sortierten Geschäften und Boutiquen, abends mit zahlreichen Kulturveranstaltungen und ausgezeichneten Restaurants sowie mit einem überaus lebendigen Nachtleben.

11 Pape'ete

Cityplan: S. 314; **Reiseatlas:** S. 17, B 1

In den letzen Jahren ist viel unternommen worden, um das Image zu revidieren, die Hauptstadt Französisch-Polynesiens sei ohne jeglichen Charme und Flair, dafür aber umso hektischer, ohrenbetäubend laut und drohe zudem, an den eigenen Abgasen noch zu ersticken. Sicher, mit dem Wohlstand kamen die knatternden Motorräder und großen Autos, 4-Wheeler zumeist, und mit ihnen das unvermeidliche Verkehrschaos in der viel zu schnell gewachsenen Stadt. Morgens und am späten Nachmittag sind kilometerlange Staus an der Tagesordnung, denn die meisten Leute, die hier arbeiten, wohnen außerhalb und pendeln über beträchtliche Entfernungen.

Hinzu kommt, dass die alten, einstöckigen Holzhäuser gesichtslosen, mehrstöckigen Gebäuden aus Beton und Glasfassaden weichen mussten. Aber man hat aus den Fehlern der jüngsten Vergangenheit gelernt, Parkanlagen mit viel tropischem Grün geschaffen und Orte entstehen lassen, die der Erholung dienen, aber auch für viele Musik- und Tanzveranstaltungen genutzt werden. Kleine Straßencafés, Bars, Restaurants und Fußgängerzonen beginnen mittlerweile, Pape'ete neben aller Geschäftigkeit ein mediterranes Ambiente zu verleihen.

Der touristisch interessante Kern Pape'etes, der Name bedeutet ›Wasser aus dem Korb‹, lässt sich leicht zu Fuß erkunden. Entlang der Uferpromenade, dem **Boulevard Pomare,** sowie ihren kleinen Seitenstraßen befinden sich die meisten Sehenswürdigkeiten der Hauptstadt. Als Ausgangspunkt bietet sich das im neopolynesischen Stil erbaute

Mit der Autorin unterwegs

Roulottes
Essen mit Aussicht und Atmosphäre. Unbedingt probieren, wenn Sie in Pape'ete sind (s. S. 317).

Perlenkauf
Die Geschäfte, Boutiquen und vor allem der mehrgeschossige Tahiti Pearl Market in der Hauptstadt können jeden zum Kauf einer schwarzen Perle verführen (s. S. 317).

Musée de Tahiti et des Îles
Dieses Museum gibt mit seiner erstklassigen Ausstellung einen guten Überblick über die Natur- und Kulturgeschichte Französisch-Polynesiens (s. S. 328).

Tiki Theatre Village, Mo'orea
»Polynesien an einem Tag« verspricht die Broschüre. Zwar steht hier eindeutig die Show im Vordergrund, aber die Tänze sind zweifellos sehr sehenswert (s. S. 335).

Bloody Mary im Bloody Mary's
Probieren Sie einen Cocktail in der berühmtesten Bar auf Bora Bora (s. S. 346).

Wo alles begann
Auf Raiatea, der ›Wiege Polynesiens‹, können Sie die wichtigste und größte Kultstätte des Landes besichtigen (s. S. 352).

Visitors' Bureau am Boulevard Pomare in Höhe der Rue Paul Gauguin an. Gleich nebenan befindet sich der vor wenigen Jahren neu gestaltete Platz **Tahua Vaiete** 1 . Bänke laden zum Verweilen ein, und abends können Sie hier jungen Musikern zuhören. Wenn Sie weiter in nördlicher Richtung am Kai entlangschlendern, passieren Sie die **Anlegestellen** der großen Kreuzfahrtschiffe und Inselfähren. Wer der Rue Paul Gauguin folgt, entdeckt nach zwei kleinen Querstraßen auf der linken Seite das 1990 von François Mitterrand eröffnete dreistöckige **Rathaus** 2 ,

Französisch-Polynesien – Gesellschaftsinseln

Pape'ete: Cityplan

Sehenswürdigkeiten
1. Vaiete-Platz
2. Rathaus (Mairie)
3. Markthalle (Marché de Pape'ete)
4. Cathédrale de Notre Dame
5. Vaima Centre
6. Parque Bougainville
7. Monument Pouvanaa a Oopa
8. To'ata-Platz

Übernachten
1. Intercontinental Resort
2. Sheraton Hotel
3. Le Mandarin Noa Noa
4. Ahitea Lodge
5. Chez Myrna
6. Teamo Pension

Essen und Trinken
7. Le Belvédère
8. L'O à la Bouche
9. Le Rubis
10. L'Api'zzeria
11. Patachoux
12. Le Festival des Glaces

Ausgehen
13. Piano Bar
14. Le Paradise Night Club
15. Morrison's Café
16. Le Mana Rock
17. Les 3 Brasseurs

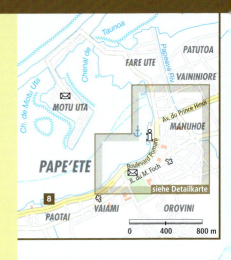

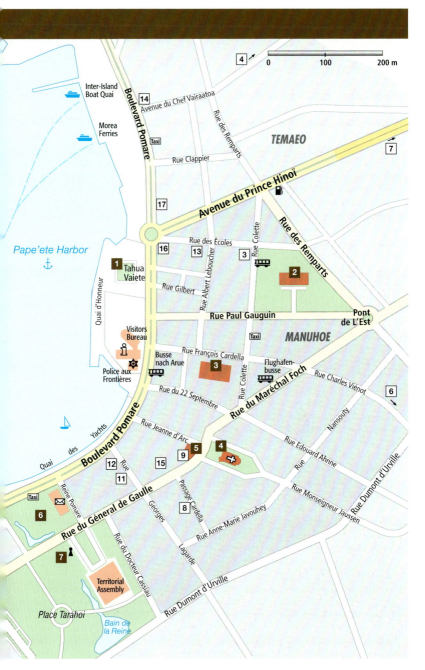

Französisch-Polynesien – Gesellschaftsinseln

das im Stil des Palastes von Königin Pomare IV. erbaut wurde.

Nur wenige Schritte zurück die Rue Colette entlang, gelangen Sie zur 1987 wieder aufgebauten **Markthalle** 3, mit einer Fläche von rund 7000 m^2 eine der größten des pazifischen Raums. Im Erdgeschoss können Sie u. a. frisches Obst und Gemüse, Fisch und Fleisch kaufen, während in der ersten Etage eine große Auswahl handwerklicher Produkte und Textilien angeboten werden. Ein Tipp: Kommen Sie an einem frühen Sonntagmorgen hierher, dann ist das Angebot überwältigend, nahezu alle Einwohner der Stadt scheinen vor dem Kirchgang hier noch rasch einzukaufen. Sollten Sie Gefallen an Tatauierungen gefunden haben und selbst ein Bild auf der Haut (Ihrer Haut!) wünschen (s. S. 52), fragen Sie nach Aroma Tattoo Art oder Manu Tattoo Art in der oberen Etage. Die beiden Brüder sind anerkannte Meister ihres Fachs.

Gehen Sie vom hinteren Ausgang der Markthalle wenige Schritte weiter, gelangen Sie zur kleinen **Cathédrale de Notre Dame** 4 (auch Cathédrale de l'Immaculée Conception genannt), die im Jahre 1875 geweiht und 1987 restauriert wurde. Die verbauten Steine wurden eigens aus Australien importiert. Beachten Sie bitte auch die alten und modernen Glasfenster sowie die Gemälde der Kreuzigung. Die dargestellten Personen haben polynesische Gesichtszüge und tragen zum Teil einen Mix aus tahitianischer und europäischer Kleidung.

Schräg gegenüber der Kirche befindet sich das **Vaima Centre** 5, das modernste Geschäfts- und Einkaufszentrum der Stadt. In diesem Gebäude ist ebenfalls das sehr informative **Musée de la Perle** von Robert Wan untergebracht, dem Pionier bei der Zucht der ›Juwelen des Ozeans‹, wie die schwarzen Perlen auch genannt werden (s. S. 321). Diese einzigartige Ausstellung informiert Sie u. a. über die verschiedenen Qualitätskriterien, Zucht und Geschichte. Darüber hinaus können Sie einige ausgewählte Exemplare der Wanschen Privatsammlung bestaunen (Eingang Rue Jeanne d'Arc, geöffnet Mo–Sa 9.30–12 Uhr und 13.30–17 Uhr. Eintritt 600 CFP). Sein angrenzendes Geschäft bietet kostbare Designerstücke zum Kauf an.

Folgen Sie der Rue du Général de Gaulle, gelangen Sie am Fare Tony vorbei zum **Postamt** mit seinen interessanten philatelistischen Angeboten. Hier befindet sich auch die grüne Oase Pape'etes, der 5600 m^2 große **Bougainville Park** 6 mit seinen schattenspendenden Banyanbäumen. Diese öffentliche Grünanlage wurde nach dem französischen Seefahrer und Entdecker Louis Antoine de Bougainville benannt, der mit seinen romantischen Aufzeichnungen über die Sitten und Gebräuche der tahitianischen Bevölkerung maßgeblich zum Insel-Mythos beigetragen hat (s. S. 304). Die beiden Geschütze, die neben seinem Gedenkstein im Park stehen, sind ebenfalls in die Geschichte eingegangen. Die eine Kanone gehörte zur Ausrüstung des französischen Patrouillenboots Zélée, das 1914 von Seiner Kaiserlichen Majestät Kreuzer Scharnhorst und Gneisenau versenkt wurde. Die andere trägt die Bezeichnung »Friedr. Krupp 1899« und stammt vom Hilfskreuzer Seeadler, der vom kaiserlichen Korvettenkapitän Felix Graf von Luckner kommandiert wurde.

Im Gebäude gegenüber hat die Territorialversammlung ihren Sitz. Vor dem Eingangstor steht das **Pouvanaa a Oopa-Denkmal** 7 zu Ehren dieses couragierten Freiheitskämpfers, Politikers und entschiedenen Atomtestgegners (1895–1977), der mehrfach von den Franzosen inhaftiert und verbannt wurde. Folgen Sie der Straße, nachdem Sie die Avenue Bruat überquert haben, weiter in westlicher Richtung, passieren Sie schon bald auf der rechten Seite den **Paofai Protestant Temple,** eine protestantische Kirche.

Schräg gegenüber befindet sich der etwa 2,5 ha große **Tahua To'ata** 8 (To'ata-Platz) In diesem im Jahre 2000 eröffneten Freizeit-Park können Sie bei einem kleinen Spaziergang die vielfältige Pflanzenwelt Polynesiens bewundern, in einem der kleinen Restaurants internationale Spezialitäten kosten, ein Eis schlecken und am späten Nachmittag den Kanuten beim Training zuschauen. Konzertveranstaltungen finden hier das ganze Jahr

Tahiti

über statt. Im Juli beispielsweise ist dieser Ort Schauplatz des **Heiva Nui,** des größten Festes des Jahres. Lokale Sänger und Tänzer treten dann allabendlich vor einem Publikum von mehreren Tausend Zuschauern auf und zeigen ihre Künste. Hier finden Sie ebenfalls das **Maison de la Culture,** Tahitis Kulturzentrum und Bibliothek, das **Schwimmbad** sowie wenige Schritte weiter das **Village des Artisans,** in dem Sie lokales Kunsthandwerk kennenlernen und kaufen können.

Wenn Sie von hier aus wieder auf der Uferpromenade Richtung Fremdenverkehrsamt zurückbummeln, passieren Sie linkerhand die Yachten aus aller Herren Länder. Besonders in den Monaten April bis September liegen sie hier dicht gedrängt.

Gie Tahiti Manava Visitors' Bureau: Vaiete-Platz, Tel. 50 57 10, Fax 45 16 78, infos@tahiti-manava.pf; Mo–Fr 7.30–17 Uhr, Sa 8–12 Uhr. Hier erhalten Sie kostenlos Broschüren, Karten etc. und können ebenfalls kostenfrei die Hotelreservierungen vornehmen.

Gie Haere Mai: Vaiete-Platz, Tel. 54 88 99, Fax 83 88 99, haere-mail@mail.pf. Informationen und Reservierungen für Familienpensionen.

Intercontinental Resort Tahiti [1]: Tel. 86 51 10, Fax 86 51 30, www.tahiti. interconti.com. Rund 7 km westlich der Stadt in der Nähe des Flughafens, dennoch ruhiges, sehr schönes Hotel mit 263 Zimmern, Suiten und Überwasserbungalows mit herrlichem Blick zur Nachbarinsel Mo'orea. Schöne, weitläufige Gartenanlage, sehr gutes Restaurant und tolles abendliches Showprogramm mit Les Grands Ballet de Tahiti, den besten Tänzern des Landes. 33 160–87 400 CFP (Juni–Oktober), 29 840–78 660 CFP (während der übrigen Monate).

Sheraton Hotel Tahiti [2]: Tel. 86 48 48, Fax 86 48 40, www. starwoodtahiti.com. Etwa 1,5 km westlich der Stadt gelegenes Hotel mit 179 eleganten, unterschiedlich großen Zimmern und zehn Suiten inmitten einer schön gepflegten Gartenanlage direkt an einer geschützten Lagune und mit einem Überwasserrestaurant. Sehr gute Tauchbasis. 33 000–88 000 CFP.

Le Mandarin Noa Noa [3]: 51 Rue Colette, Tel. 50 33 50, Fax 42 16 32, www.hotelmandarin.com. Einfaches, ruhiges Stadthotel mit 32 Standardzimmern und fünf Minisuiten unweit des Marktes. Es besteht die Möglichkeit, bis 18 Uhr ein Tageszimmer zu buchen. 15 000–17 000 CFP, Kinder bis 12 Jahre kostenfrei.

Ahitea Lodge [4]: Avenue du Chef Vairaatoa, Tel. 53 13 53, Fax 42 09 35, www.ahitealodge.com. Zweistöckiges, rund 1 km vom Hafen entfernt gelegenes Gästehaus mit insgesamt 13 Zimmern unterschiedlicher Ausstattung, teilweise mit Gemeinschaftsbad. Ein Zimmer ist behindertengerecht eingerichtet. 8500–13 500 CFP inkl. Frühstück.

Chez Myrna [5]: 106 Chemin Viscinal de Tipaerui, Tel./Fax 42 64 11, dammeyer.family @mail.pf. Einfache, sehr saubere Familienpension mit nur zwei Zimmern, unter deutscher Leitung und etwas außerhalb des Stadtkerns gelegen. 7000 CFP inkl. Frühstück.

Teamo Pension [6]: 8 Rue du Pont Neuf, Tel. 42 00 35, Fax 43 56 95. Einfache Unterkunft mit fünf Zimmern und drei Schlafräumen mit vier bis sechs Betten, Gemeinschaftsküche. 2500 CFP pro Bett im Schlafsaal und 5000 CFP im Doppelzimmer.

In Pape'ete haben Sie die Wahl zwischen Restaurants mit internationaler Küche aller Preisklassen. Wichtig aber zu

Insidertipps
Zwei Dinge sollte man in Pape'ete unbedingt vermeiden: Inmitten geschäftiger Betriebsamkeit den Zauber der Südsee finden zu wollen und mit einem kurz zuvor gemieteten Auto während der Rushhour einen Kreisverkehr zu befahren. Nicht etwa eine Verkehrsregel, sondern das Testosteron des Fahrers entscheidet über die Vorfahrt, so jedenfalls die Aussage einer Kennerin Tahitis.

Französisch-Polynesien – Gesellschaftsinseln

Roulottes-Garküche am Hafen von Pape'ete

wissen: Das Abendessen wird nur bis 22 Uhr serviert.

Le Belvédère [7]: Fare Rau Ape Valley, Pirae, Tel. 42 73 44, Fax 43 58 11, Mi–So mittags und abends geöffnet. Etwas außerhalb der Stadt und rund 600 m hoch gelegen, verwöhnt dieses Restaurant seine Gäste nicht nur mit guter französischer Küche. Von hier oben haben Sie besonders bei Sonnenuntergang einen überwältigenden Blick über die Hauptstadt bis hinüber auf die Nachbarinsel Mo'orea, manchmal sind sogar Tetiaroa und die Berge von Huahine zu sehen. Probieren Sie die Raclette- oder Fonduespezialitäten für ca. 4000 CFP. Transfer mit dem Taxi oder mit einem Shuttle von Ihrem Hotel. Das Touristenmenü für 5200 CFP schließt die Transportkosten mit ein.

L'O à la Bouche [8]: Passage Cardella, Tel. 45 29 76, Mo–Fr mittags und abends, Sa nur abends geöffnet. Ausgezeichnete französische Küche. Hauptgerichte: 2650–3400 CFP. Reservierung erforderlich.

Le Rubis [9]: 16 Rue Jeanne d'Arc, Vaima Centre, Tel. 43 25 55, Mo–Sa mittags und Di–So abends geöffnet. Besonders empfehlenswert sind die französische Zwiebelsuppe für 890 CFP und das Garnelencurry in Kokosnussmilch für 2995 CFP, Salate ab 1875, Poisson Cru 1795 CFP, Hauptgerichte: 1895–3500 CFP. Dazu gibt es eine gute Auswahl an Weinen. Tischreservierung empfohlen.

L'Api'zzeria [10]: Blvd Pomare, Tel. 42 98 30, Mo–Sa 11.30–22 Uhr. Der beste Italiener der Stadt mit nettem Garten. Pizza und Pasta 420–1750 CFP, weitere Hauptgerichte ab 1500 CFP.

Patachoux [11]: Rue G. Lagarde, Fare Tony Center, Tel. 83 72 82. Mo–Fr tagsüber geöffnet. Kleines Restaurant mit wenigen Tischen draußen in einer Fußgängerzone. Ob Snacks (300–1100 CFP), Salate (ab 980 CFP), Pois-

son Cru (1250 CFP), die Mittagsangebote für 1450 CFP oder die Kuchen – sie alle sind zu empfehlen.
Le Festival des Glaces 12: Boulevard Pomare/Rue G. Lagarde, tagsüber geöffnet. Hot dogs (250 CFP), Sandwiches (300–500 CFP) und Pizza, vor allem aber die 38 Sorten Eis sind verlockend.

Im Stadtzentrum, vor allem am Boulevard Pomare und im Vaima Centre gibt es zahlreiche Boutiquen, Parfümerien, Souvenirgeschäfte, Duty Free Shops und Galerien, die zeitgenössische Werke anbieten.
Robert Wan Tahiti: Boulevard Pomare, Vaima Centre, Tel. 46 15 02, Fax 46 15 27, info @robertwan.com. Die Adresse für schwarze Perlen. Besuchen Sie auch das angeschlossene Perlenmuseum (s. S. 314).
Tahiti Pearl Market: 25 Rue Colette, Tel. 54 30 60, Fax 54 30 62 Mo–Sa 9.30–17.30 Uhr, So 15–17 Uhr geöffnet. 150 000 Perlen mit oder ohne Fassung, in allen Größen, Formen und Farben, vor allem aber für jeden Geldbeutel. Falls Sie auf den verschiedenen Etagen nichts gefunden haben sollten, können Sie sich Ihre Perlen auch aussuchen und nach eigenen Vorstellungen fassen lassen.
Le Tiare de Tahiti: Boulevard Pomare, Vaima Centre. Hier bekommen Sie eine gute Auswahl an lokal gefertigten *pareos,* T-Shirts etc.
Marché de Pape'ete: Ein Muss ist ein Besuch der Markthalle zwischen der Rue du 22 Septembre und Rue Cardella, Öffnungszeiten: Mo–Sa 5–17 Uhr, So bis 8 Uhr. Hier können Sie u. a. frisches Obst und Gemüse, Fleisch und Fisch, Blumen, aus Pandanusblättern gefertigten Taschen und Hüte kaufen. Im Obergeschoss werden farbenprächtige Pareos, T-Shirts, Muschelschmuck, Schnitzereien aus Edelhölzern, Monoi-Öle mit unterschiedlichen Zusätzen, Vanille-Schoten. angeboten. Alle Waren haben übrigens feste Preise, zu handeln ist nicht üblich.

Entlang der Uferstraße, dem Boulevard Pomare, sowie in den kleineren Seitenstraßen finden Sie zahlreiche **Bars, Nachtclubs und Diskotheken.** Der Eintritt, den einige Clubs am Wochenende verlangen, beinhaltet zumeist das erste Getränk. Ein Bier kostet rund 500 CFP, Cocktails ab 1000 CFP. Die kleine Rue des Écoles ist seit Jahren bekannt als das Herz des Mahu-Viertels, hier trifft sich abends das ›dritte Geschlecht‹, die Transvestiten der Stadt.
Piano Bar 13: Rue des Écoles, Tel. 42 88 24, Eintritt Fr und Sa 2000 CFP. Die bekannteste Lokalität der Stadt. Fr und Sa Nacht gibt es noch Striptease der besonderen Art.
Le Paradise Night Club 14: Boulevard Pomare, Tel. 42 73 05, Di–So 22–3 Uhr, Männer Fr und Sa 2000 CFP Eintritt. Der zurzeit angesagteste Club der Stadt.
Morrison's Café 15: Vaima Centre, Tel. 42 78 61, tgl. bis 1 Uhr morgens. Mehrmals in der Woche gibt es hier Livemusik. Zum privaten Fahrstuhl gelangt man über die Rue General de Gaulle.
Le Mana Rock 16: Boulevard Pomare/Rue des Écoles, Tel. 50 02 40, tgl. 20–3 Uhr, Fr und Sa bis 4 Uhr morgens. Tagsüber kann man das Internetcafé des Mana Rock nutzen, aber auch einen leckeren Snack essen.
Les 3 Brasseurs 17: Boulevard Pomare (zwischen Rue Prince Hinoi und Rue Clappier), Tel. 50 60 25, tgl. 9–1 Uhr. Eine gute Adresse für ein gut gekühltes Bier. Wer dazu eine Kleinigkeit essen möchte, sollte das Croque Brasseurs (mit Gruyère überbackenes Schinken-Sandwich, Salat und 1 Glas Bier, alles zusammen für 900 CFP) probieren.
Vaiete Square (Tahua Vaiete): Wer es ruhiger mag, wird diesen Platz am Hafen bevor-

---

Roulottes
Auf keinen Fall versäumen sollten Sie die reichhaltigen Angebote der *roulottes,* das sind die fahrbaren Essensstände, die von Einbruch der Dämmerung bis nach Mitternacht auf dem Vaiete-Platz am Hafen aufgebaut werden. Die bis zu 30 mobilen Garküchen offerieren einfache, schnelle, aber schmackhafte Gerichte zu günstigen Preisen und mit viel Atmosphäre. Nur eins werden Sie hier nicht finden: Alkoholausschank.

Französisch-Polynesien – Gesellschaftsinseln

Richtig Reisen-Tipp: Tagesausflug nach Tetiaroa

Tetiaroa – ein Traum in Weiß und Türkis bis Saphirblau, nur 42 km nördlich von Tahiti entfernt. Das flache Atoll besteht aus einem Ring von 13 Inselchen und Sandbänken, die von einem geschlossenen Korallenriff umgeben sind und in ihrer Mitte eine kristallklare Lagune umschließen. Das unbewohnte **Tahuna Iti**, auch ›Vogelinsel‹ genannt, ist Heimat tausender Seevögel. Wenig bekannt ist, dass die geschützte Unterwasserwelt Tetiaroas mit ihren farbenprächtigen Korallen und bunten Fischen auch Tauchern ideale Bedingungen bietet.

Einst diente Tetiaroa der tahitianischen Königsfamilie Pomare als Zuflucht und Sommerresidenz, bis sie es Anfang des letzten Jahrhunderts Walter Williams, einem kanadischen Zahnarzt, überließ. Dessen Tochter wiederum verkaufte das Atoll im Jahre 1966 an den US-Schauspieler Marlon Brando. Dieser hatte sich während der Dreharbeiten zu »Die Meuterei auf der Bounty« nicht nur in Tarita Teriipaia, die weibliche Hauptdarstellerin, verliebt, sondern auch in das Atoll Tetiaroa. Nach dem Tod des Filmstars im Juli 2004 haben Planungen für die Bauarbeiten eines Luxushotels begonnen. »The Brando«, wie das aus 30 Bungalows bestehende Hotel auf dem Motu Onetahi heißen soll, wird voraussichtlich 2008 eröffnet. Um das Öko-System weitestgehend zu schützen, sollen Brandos Wunsch entsprechend die übrigen Inselchen sowie die Lagune selbst vollständig zu einem Naturreservat gemacht werden.

Wer dieses Eiland besuchen möchte, kann das zurzeit nur im Rahmen eines Tagesausflugs inkl. Mahlzeiten von Tahiti aus tun. So legt beispielsweise das 14 m lange Segelboot **l'Escapade** am Hafen von Pape'ete um 6 Uhr morgens ab und kehrt gegen 19.30 Uhr wieder zurück. In den Stunden dazwischen werden Südsee-Träume wahr! Info: l'Escapade, B.P. 41750, Fare Tony, 98713 Pape'ete, Tel. 72 85 31, escapade@mail.pf.

zugen. Hier kann man auf einer Bank sitzen, die Abendstimmung genießen und den jungen Musikern zuhören, die allabendlich ihre Kunst zum besten geben. Gleich nebenan bieten die *roulottes* ihre einfachen und preiswerten Gerichte an. Dieser Ort wird von Einheimischen wie von Touristen gleichermaßen gut angenommen. Er wird ständig beaufsichtigt und sauber gehalten. Die öffentlichen Toiletten in der Nähe sind rund um die Uhr geöffnet.

Im Großraum Pape'ete veranstalten eine Reihe von Hotels **polynesische Tanzshows** mit Buffet und/oder im Erdofen gegarten Spezialitäten.
Intercontinental Resort Tahiti: Tel. 86 51 10 und 86 51 78, Fax 86 51 28, reservationspf@interconti.com. Die Tänzer des Grands Ballet de Tahiti, die hier Fr und Sa abends auftreten, gelten als die besten und professionellsten des Landes. Vorher einen Tisch reservieren!

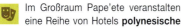
Ausflüge
Paradise Tours: Tel. 42 49 36 und 42 48 33, Fax 42 48 62, paradise@mail.pf. Fragen Sie nach Bernie. Er kommt ursprünglich aus Hawaii, lebt aber bereits seit vielen Jahren auf Tahiti und weiß bestens Bescheid über die Kultur, Sehenswürdigkeiten, Veranstaltungen und was bzw. wer sonst noch wichtig ist auf der Insel.
Patrick Adventure: Tel./Fax 83 29 29, patrick aventure@mail.pf. Hier können ganztägige Inseltouren und Safaris in das landschaftlich sehr reizvolle Inselinnere gebucht werden.
Tahiti Safari Expedition: Tel. 42 14 15, Fax 42 10 07, tahiti.safari@mail.pf. Informative, halb- und ganztägige Touren mit zweisprachigen Führern können bei Patrice Bordes, dem Pionier von Inselsafaris auf Tahiti, gebucht werden.
Te Reva Nei: Tel./Fax 56 20 01, palomat2002 @yahoo.fr. Sehr interessant sind bei diesem Anbieter u. a. die 5-stündigen Exkursionen

Tahiti

nach Tahiti Iti auf das Plateau de Taravao und anschließend entlang der Westküste bis nach Teahupoo.

Sport

Canyoning: Die Flüsse Tahitis sind ideal für diese Sportart, die von staatlich geprüften Bergführern begleitet werden. Bei Interesse wenden Sie sich bitte an: **Vai Aventure,** mobil 79 38 30, roscol-samuel@mail.pf.

Segeln: L'Escapade, Tel. 72 85 31, Satellitentelefon auf dem Segler: 00 87 27 62 52 43 82, escapade@mail.pf. Breite Palette an Angeboten wie mehrtägige Segeltörns zu den Nachbarinseln, Tagesausflüge bspw. nach Tetiaroa, Kreuzfahrten zu den Tuamotus u. v. a. m.

Sportfischen: Boote können gechartert werden bei: South Sea Tours, mobil 20 13 72, Fax 42 17 75. Spezialisiert auf Thunfisch- und Bonitofischen.

Surfen: Sowohl für Anfänger als auch für Fortgeschrittene geeignet ist die Tura'i Mata'are Surf School, Tel./Fax 41 91 37, surf school@mail.pf., Büro im Kelly Surf Shop, Fare Tony Commercial Center, Boulevard Pomare. Man kann hier auch Surfbretter ausleihen.

Tahitianische Tänzerinnen bei einer polynesischen Tanzshow

Französisch-Polynesien – Gesellschaftsinseln

Tauchen: Wer von Pape'ete aus die vielfältige Unterwasserwelt kennenlernen möchte, hat dazu Gelegenheit bei Scuba Tek Tahiti, Tel./Fax 42 23 55, scubatek@mail.pf. Das Tauchcenter befindet sich etwa 4 km außerhalb der Stadt im Yacht Club von Arue.
Wandern: Kürzere Wanderungen, aber auch mehrtägige Biwaks im Inselinneren sowie u. a. eine Besteigung des 2066 m hohen Mt. Aorai und des 1818 m hohen Fare Ata bietet Polynesian Adventure, Tel./Fax 43 25 95, polynesianadv@mail.pf

Bus: Die farbenfrohen Kleinbusse *(le truck)* verkehren tagsüber zwischen Pape'ete und allen Außenbezirken, abends nur noch zwischen der Stadt und dem Flughafen sowie zu den Hotels entlang der Westküste. Blaue Schilder markieren die offiziellen Bushaltestellen. Abfahrt ist je nach Zielort eine Haltestelle am Marchée Municipal oder am Boulevard Pomare. Die Fahrtkosten werden je nach Fahrtstrecke berechnet, mindestens aber 120 CFP tagsüber, nach Einbruch der Dunkelheit mindestens 200 CFP. Bezahlt wird beim Aussteigen. Da die Buslinien neu organisiert werden sollen, erkundigen Sie sich bitte beim Fremdenverkehrsbüro nach den aktuellsten Informationen.

Taxi: Taxistände gibt es am Markt sowie an der Uferpromenade. Obwohl die Fahrpreise durch Tarife geregelt sind, sollten Sie sich vor dem Einsteigen erkundigen. Derzeit beträgt der Preis zwischen Flughafen und Stadtmitte tagsüber rund 1500 CFP und nachts 2500 CFP. Gepäck wird mit 100 CFP das Stück extra berechnet. **Atae Tara:** Tel. 77 37 29.

Mietfahrzeug: Avis Pacificar: 56 Rue des Remparts, Tel. 54 10 10, Fax: 42 19 11, avis.tahiti@mail.pf, tgl. 24 Stunden; Europcar: 50 Avenue du Prince Hinoi, Tel. 45 24 24, Fax 41 93 41, tahiti@ europcar.pf; Hertz Rent-a-Car: Vicinal de Tipaerui (gegenüber dem Willy Bambridge Stadion), Tel. 42 04 71, Fax 42 49 03, hertz@mail.pf.

Schiff/Fähre: Express-Schiffe, Katamarane sowie Autofähren verbinden zum Teil mehrmals täglich Tahiti mit der Nachbarinsel Mo'orea. Die reine Fahrzeit beträgt rund 30 Minuten. Zu den anderen Gesellschaftsinseln verkehren die Schiffe bis zu dreimal in der Woche.

Richtung Tuamotu-Inseln legen die Fracht- und Passagierschiffe von Pape'ete aus bis zu fünfmal pro Monat ab, zu den bewohnten Inseln der Marquesas ein- bis zweimal pro Monat, einmal im Monat nach Mangareva (Gambier-Gruppe) und ein- bis dreimal monatlich geht es per Schiff zu den Austral-Inseln. Im Folgenden eine kleine Auswahl der Fähren, die in Pape'ete ablegen:

Aranui III: c/o Compagnie Polynésienne de Transport Maritime, 98715 Motu Uta, Tel. 42 36 21, Fax 43 48 89, aranui@mail.pf. Die Rundreise dauert ca. 16 Tage, beginnt in Pape'ete und führt über einige Inseln der Tuamotus und Marquesas wieder zum Heimathafen zurück.
Aremiti 5: Tel. 50 57 57, Fax 50 57 58, aremiticruise@mail.pf. Der Hochgeschwindigkeitskatamaran verbindet Mo–Fr 12 x tgl. die Hauptinsel mit Mo'orea, Sa gibt es 14 Fahrten und So 9. Die reine Fahrzeit beträgt rund 30 Minuten.
Hawaiki Nui: Tel. 54 99 54, Fax 45 24 44, sarlstim@mail.pf. Verkehrt zweimal wöchentlich zwischen den Gesellschaftsinseln.
Mareva Nui: Tel. 42 25 53, Fax 42 25 57. 2 x pro Monat werden von Tahiti aus mehrere der Tuamotu-Inseln angelaufen.
Nuku Hau: Tel. 54 99 54, Fax 45 24 44, sarlstim@mail.pf. Verbindung zwischen Tahiti und Mangareva (Gambier-Gruppe) sowie den östlichen Tuamotu-Inseln.
Tuhaa Pae II: Tel. 50 96 09, Fax 42 06 09, snath@mail.pf. Etwa alle 2 Monate eine Fahrt zur Insel Rapa, die anderen Austral-Inseln werden von Pape'ete aus 3 x pro Monat angelaufen.

Rundfahrt um Tahiti Nui

Eine knapp 120 km lange, gut ausgebaute Asphaltstraße führt rund um Tahiti Nui. Zur Orientierung dient ein für alle größeren Inseln Französisch-Polynesiens typisches System der Kilometerzählung. Sie beginnt in Pa-

Schwarze Perlen

Juwelen aus dem Meer — Thema

Sie sind rund, oval, tropfen- oder zapfenförmig, knopfartig oder ›barock‹, im Durchschnitt 8 bis 18 mm groß und schillern in Farbnuancen, die mit cherry, sky, ocean, water green, aubergine, gold oder champagner beschrieben werden. Ihre Oberflächenreflexion nennen Experten ›Lüster‹ und ihren aus der Tiefe dringenden Glanz ›Orient‹.

Die Rede ist von schwarzen Perlen, die in Wirklichkeit selten wirklich schwarz sind. Dass sie auch unter dem Begriff Tahiti-Perlen bekannt sind, dafür hat Robert Wan, der größte Perlenproduzent im südpazifischen Raum, gesorgt. Doch der Reihe nach:

Seit jeher werden Perlen von den Bewohnern Polynesiens als Geschenk der Götter an die Menschen verehrt. Einer Legende nach inspirierte ihr Glanz einst Tane, den Gott der Harmonie und der Schönheit, Sterne zu erschaffen. Weit weniger mythisch ging es wohl zu, als es vor rund 100 Jahren dem Japaner Kichimatsu Mikimoto gelang, die erste erfolgreiche Methode zur Perlenzucht zu entwickeln. Aus dem einst äußerst seltenen Naturprodukt wurde seitdem ein florierender und ertragreicher Produktionszweig.

Heutzutage wird die krustige Schale einer schwarzlippigen Perlauster *(Pinctada margaritifera)* mit einer Metallzange etwa einen Zentimeter weit geöffnet, danach wird mit einem Skalpell das Gewebe der Austernlippen aufgeschnitten und ein kleiner Fremdkörper, Nukleus genannt, in den ›Perlensack‹ implantiert. Hierfür werden Perlmuttkugeln von Süßwasser-Muscheln verwendet, weil dieses Material von den Austern gut vertragen wird. Sozusagen als Farbgeber setzt der Greffeur, der Veredler, zuletzt ein Stückchen Fleisch einer anderen Auster ein. Um den Fremdkörper unschädlich zu machen, ummantelt ihn die Auster in den nächsten Jahren mit einem Perlmuttsekret – eine Perle entsteht.

Etwa 30 % der so behandelten Austern liefern eine Perle, ca. 5 % davon sind von höchster Qualität. Auf natürlichem Weg entsteht nur bei jeder 15 000. Auster eine Perle. Grundlage für die Bildung eines solchen Juwels ist reinstes Meerwasser und reichlich Plankton. Und das finden die Austern mitten im Südpazifik, wobei wir wieder bei Robert Wan sind. Seine Lebensgeschichte klingt wie die polynesische Antwort auf all jene amerikanischen Tellerwäscher, die es zum Millionär geschafft haben.

Als siebentes von 13 Kindern einer armen chinesischen Einwandererfamilie beginnt er zunächst als Gelegenheitsarbeiter, verkauft später Autos, betreibt Nachtclubs. 1974 trifft er Mikimotos Enkel. Danach geht alles sehr schnell. Robert Wan steigt in das Perlengeschäft ein, investiert alles Geld, das er hat, und baut ein Imperium, die ›Tahiti Perles‹, auf. Heute ist er der ›Perlenkönig von Tahiti‹, besitzt mehrere Inseln, Hotels, lukrative Immobilien, Schmuckboutiquen, eine Fluggesellschaft, Weinberge in Übersee … Die Perlen haben ihm Glück gebracht, und er ist reich geworden, sehr reich.

Ach übrigens: Die größte schwarze Perle, die bislang gezüchtet wurde, hat einen Durchmesser von 22,92 Millimetern, ein Gewicht von 12,5 Gramm, ist makellos rund, besitzt einen brillanten Glanz und hat sogar einen Namen – Robert Wan. Sie liegt in einer Vitrine des Perlenmuseums in Tahiti und das gehört wiederum …

Französisch-Polynesien – Gesellschaftsinseln

Blütenbad im Radisson Plaza Resort

pe'ete und läuft im Uhrzeigersinn aufsteigend um die Nordhälfte der Insel bis Taravao und fallend wieder bis zur Hauptstadt. Der Kilometerstein *(points kilometre)* PK 60 bei Taravao verweist somit auf die Entfernung von 60 km zum Stadtzentrum von Pape'ete. An der Landenge führen Stichstraßen auf die Halbinsel Tahiti Iti nach Tautira und Teahupoo. Der östliche und südöstliche Küstenabschnitt von Tahiti Iti ist hingegen nur mit einem Geländewagen oder zu Fuß zu bewältigen.

Wer die im Folgenden beschriebene Tour mit einem Mietwagen unternehmen möchte, sollte von Pape'ete über die Avenue du Prince Hinoi stadtauswärts im Uhrzeigersinn beginnen. Planen Sie für eine gemütliche Inselrundfahrt mit kürzeren Stopps und Besichtigungen mindestens einen Tag ein. Eine Anzahl von Tourunternehmern bietet interessante Ausflüge an, die häufig unter einem Motto stehen, wie beispielsweise »Tahiti und seine Geschichte« oder »Tahiti und seine tropischen Schätze«. Letzteres ist eine Tour, die sich speziell an Flora- und Fauna-Liebhaber wendet. Sehr empfehlenswert sind auch die organisierten Fahrten ins Innere der Insel mit einem Geländewagen, während Sie Tahiti Iti problemlos auf eigene Faust erkunden können. Teilstrecken sind werktags auch mit den öffentlichen Bussen möglich, allerdings sollten Sie früh am Morgen mit ihrem Ausflug beginnen.

Arue
Reiseatlas: S. 17, B 1
Bei Arue führt eine Seitenstraße zum **Tombeau du Roi Pomare V**, PK 4,7, der turmartigen Grabstätte von Pomare V., dem letzten

Rundfahrt um Tahiti Nui

Baie de Matavai und Pointe Vénus

Reiseatlas: S. 17, C 1

Kurz vor der Abzweigung zur Pointe Vénus haben Sie von der Anhöhe bei **Tahara'a** (PK 8,1) einen herrlichen Blick auf die Bucht von Matavai und bis hinüber zur Nachbarinsel Mo'orea. Das Wahrzeichen von **Pointe Vénus** (PK 10) ist der 25 m hohe Leuchtturm aus dem Jahre 1868 – nicht 1867, wie die Inschrift besagt. Ein langer schwarzer Sandstrand säumt die **Baie de Matavai,** die als Ankerplatz wiederholt in die Geschichte eingegangen ist. Zuerst landete hier 1767 der Engländer Samuel Wallis mit seiner H.M.S. Dolphin, zwei Jahre später ließ James Cook die Anker seiner Endeavour werfen und gab der Landzunge ihren heutigen Namen. Mit an Bord eine Gruppe Wissenschaftler, mit denen er den Verlauf der Venus observieren sollte. Dreimal noch sollte der große Entdecker hierher zurückkehren. Nach ihm landete 1788 William Bligh mit seiner Bounty in dieser Bucht, wie auch wenige Jahre später die ersten protestantischen Missionare, die von hier aus ihre Arbeit begannen. 1935 war diese Bucht Drehort für »Mutiny on the Bounty« mit Clark Gable als Fletcher Christian und dem unvergesslichen Charles Laughton als William Bligh.

Der schöne Badestrand von Pointe Vénus ist von Pape'ete aus leicht zu erreichen. Vermeiden Sie daher einen Besuch am Wochenende, denn dann ist dieses bei den Hauptstädtern sehr beliebte Ausflugsziel überfüllt.

Papeno'o

Reiseatlas: S. 18, D 1

Nahe der Ortschaft **Papeno'o** (PK 17), an den Ufern des Papeno'o Rivère, des längsten und wasserreichsten Flusses der Insel, sind alte Tempelplätze und Hausfundamente zu besichtigen. Ambitionierte Wanderer starten von hier aus eine mehrtägige Trekkingtour, die quer über die Insel vorbei am Lac de Vaihiria bis zur Südküste führt. Ein weiterer, ebenfalls sehr interessanter Bergwanderweg führt zunächst das Tal hinauf und biegt dann

König Tahitis. Seine Ruhestätte wurde auf dem Areal der ehemaligen Tempelanlage Taputapuatea Marae erbaut, dem Ort der Krönungszeremonie von Pomare II. im Februar 1791. Das Gefäß auf dem Grabdenkmal stellt eine griechische Urne dar, die von einigen jedoch in Anspielung auf Pomares übermäßigen Alkoholkonsum zumeist als Schnapsflasche identifiziert wird.

Ebenfalls in **Arue** können Sie das herrliche Anwesen von James Norman Hall besichtigen. Hierzulande ist dieser amerikanische Abenteurer vor allem durch seinen Roman »Meuterei auf der Bounty« bekannt geworden, den er zusammen mit Charles Nordhoff verfasste (Di–Sa 9–16 Uhr, So und Mo nur auf Anfrage. Bei individueller Besichtigung, Anmeldung unter Tel. 50 01 61, Eintritt 600 CFP).

Französisch-Polynesien – Gesellschaftsinseln

ab zum Kraterrand des 2241 m hohen Mt. Orohena. Es ist ratsam, diese Routen nur mit einem professionellen Bergführer zu unternehmen. Wer dagegen die Meister des Surfsports von morgen beobachten möchte, hat vom Strand bei Papeno'o Gelegenheit.

Trou du Souffleur
Reiseatlas: S. 18, E 1
Die steile Klippe an der **Pointe d'Arahoho (Le Trou du Souffleur,** PK 22) bietet ein besonderes Naturschauspiel: Unaufhörlich gurgelt das Meer in den zahlreichen Öffnungen des dunklen Vulkangesteins. Bei starker Meeresbrandung schießen gleich neben der Straße meterhohe Wasserfontänen durch die sogenannten Blaslöcher spektakulär nach oben.

Folgen Sie am Ende der Bucht der Abzweigung in das malerisch gelegene Vaipuu-Tal zu den drei Wasserfällen der **Cascades de Tefa'arumai** (auch Fa'arumai, PK 22,1). Nach etwas mehr als 1 km beginnen am Parkplatz inmitten eines Bambushains die markierten Pfade, auf denen der **Vaimahuta-Fall** leicht nach wenigen hundert Metern zu erreichen ist. Nach einer rund 40-minütigen Wanderung gelangen Sie zu den beiden anderen imposanten Kaskaden, Haamaremare Iti und Haamaremare Rahi genannt. Wegen der zumeist rutschigen Wege ist geeignetes Schuhwerk zu empfehlen und wegen der vielen Mücken sollten Sie sich großzügig mit einem guten Schutzmittel einreiben.

Mahaena und Hitaa
Reiseatlas: S. 18, F 2
1844 kämpften an der Küste bei **Mahaena** (PK 32,5) Einheimische verzweifelt gegen französische Truppen. 102 Tahitianer wurden bei dieser Schlacht getötet. Wenige Kilometer weiter gelangen Sie bei **Hitiaa** (PK 37,6) zu einem weiteren geschichtsträchtigen Ort: dort ankerte im April 1768 der französische Seefahrer Louis-Antoine de Bougainville, der mit seinen Berichten über das paradiesische und freizügige Liebesleben der Inselbewohner entscheidend zur Entstehung des Mythos Tahiti beitrug.

Gleich hinter dem Fa'atautia Fluss (PK 43), beginnt ein steil in die Berge führender Wanderweg zu den **Lavaröhren von Hitiaa** (Les Lavatubes), ein reizvolles Ziel für Amateur-Höhlenforscher. Diese Tour, vor allem jedoch die Erkundung der verschiedenen Höhlen, sollten Sie nur in Begleitung eines geprüften Bergführers unternehmen.

Taravao
Reiseatlas: S. 18, F 4
Die Straße führt an gepflegten Vorgärten voller exotischer Blumenpracht und malerischen Buchten entlang bis nach **Taravao** (PK 60). Immer wieder bieten sich herrliche Blicke auf Tahiti Iti. Der Isthmus von Taravao spielte in der Vergangenheit eine strategisch wichtige Rolle. Hier, an der Landenge zwischen

Rundfahrt um Tahiti Nui

Papeno'o Beach, beliebt bei Surfern

›Groß‹- und ›Klein‹-Tahiti, bauten französische Militäreinheiten aus Furcht vor Angriffen der einheimischen Bevölkerung im Jahre 1844 ein Fort, das später, ein wenig umgebaut, während des Zweiten Weltkrieges als Internierungslager für vier Deutsche diente, die sich damals auf den Gesellschaftsinseln aufhielten. Seit 1963 bildet die Armee hier ihre Rekruten aus. Ab Taravao wird rückwärts bis zum Ausgangspunkt Pape'ete (PK 0) gezählt.

Botanischer Garten und Gauguin-Museum

Reiseatlas: S. 20, E 2

Blühende Gärten und die vielen Obst- und Gemüsestände entlang der Küstenstraße verleihen dem Bezirk Papeari an der Südküste Tahitis seinen besonderen Reiz. Nach mündlichen Überlieferungen sollen hier die ersten Polynesier von Raiatea kommend gelandet sein. Der 137 ha große **Botanische Garten** (Le Jardin Botanique, PK 51,2) mit seinen aus aller Welt importierten Pflanzenarten wurde 1919–1921 von Harrison W. Smith angelegt (tgl. 9–17 Uhr, Eintritt 500 CFP für Erwachsene, Kinder unter 12 Jahre die Hälfte).

Inmitten dieser grünen Oase liegt das 1965 eröffnete **Musée Paul Gauguin,** das zwar kein originales Gemälde, dafür jedoch Skulpturen und Radierungen des Künstlers zeigt. Zahlreiche Fotos und Schautafeln dokumentieren anschaulich das Leben und Schaffen Paul Gauguins. Folgen Sie dem Weg vom Museumsshop im Uhrzeigersinn durch das

Französisch-Polynesien – Gesellschaftsinseln

Museum (tgl. 9–17 Uhr, Eintritt 600 CFP für Erwachsene, 300 CFP für Kinder und Jugendliche).

Otiaroa
Reiseatlas: S. 20, E 2

Der öffentliche **Jardin Vaipahi** (PK 49) besitzt einen sehenswerten Wasserfall. Nur wenige hundert Meter weiter gelangt man zu tiefen, von einer Süßwasserquelle gespeisten Becken, in denen man herrlich baden kann. Diese Stelle eignet sich auch hervorragend für ein Picknick.

Bei PK 47,6, nach dem Ortsausgang von Otiaroa, zweigt ein nur anfangs gut befahrbarer Weg flussaufwärts zum rund 470 m hoch gelegenen **Lac de Vaihiria**. Die Weiterfahrt auf der nicht ausgeschilderten Schotterstraße, die Sie vorbeiführt an interessanten, zum Teil restaurierten archäologischen Stätten, ist nach wenigen Kilometern nur noch mit einem Geländewagen möglich. Für die Wanderung benötigen Sie wenigstens drei Stunden. Dieser See liegt malerisch inmitten einer üppigen Vegetation und wird eingerahmt von senkrechten Klippen. Hier leben Forellen, Garnelen und die fast 2 m langen Ohrenaale.

Mataiea und Atimaono
Reiseatlas: S. 20, D 2

In **Mataiea** (PK 46) verbrachte Paul Gauguin von Oktober 1891 bis Mai 1893 einen, wenn man den Überlieferungen Glauben schenken darf, seiner wenigen glücklichen Lebensabschnitte. Seine einheimische, kaum 13-jährige Geliebte Teha'amana, mit der der Maler hier wohnte, stand ihm oft Modell.

Bei **Atimaono** (PK 40), auf der ehemaligen Baumwollplantage und Rumbrennerei von William Stewart, befindet sich heute ein von Bob Baldock prächtig gestalteter 18-Loch-Golfplatz. Vom Anwesen Stewarts blieb nichts mehr übrig, doch sind viele der heute auf der Insel lebenden Chinesen Nachkommen der rund 1000 Vertragsarbeiter, die in der zweiten Hälfte des 19. Jh. ins Land geholt wurden, um auf dieser damals florierenden Plantage zu arbeiten.

Papara
Reiseatlas: S. 19, C 2

An der Küste vor der Ortschaft Papara stehen nur noch wenige, zum Teil überwucherte Steinhaufen der einst vermutlich größten und bedeutendsten Kultstätte Tahitis. Sie lassen die ursprünglichen Ausmaße des **Marae Mahaiatea** (PK 39,2) jedoch nicht mehr erkennen. Nach Beschreibungen u. a. von James Cook soll die elfstufige Pyramide eine beachtliche Höhe von 14 m erreicht haben, während ihr 88 m langer und 29 m breiter Sockel auf einem riesigen gepflasterten Areal (ca. 7200 m^2) ruhte.

Die **Popoti-Bucht** (PK 38,5) nahe der Ortschaft Papara stellt einen der besten Surfspots Tahitis dar. Vor allem die Wellen in den Monaten April bis Oktober lassen die Herzen der Surfer höher schlagen. Pflanzenliebhaber können sich dagegen im **Jardin de Mataoa** (PK 34,5) von der Blütenpracht verschiedener Orchideen verzaubern oder in die Geheimnisse der Vanillepflanzen einführen lassen und frische Ananas probieren (werktags 10–16 Uhr, Eintritt 720 CFP, Kinder bis 12 Jahre die Hälfte).

Grottes de Mara'a
Reiseatlas: S. 19, B 2

Nahe der Ortschaft Mara'a (PK 28,5) befinden sich mehrere Höhlen, von denen die leicht zugängliche **Tropfsteinhöhle Vaipoiri** mit ihrem eiskalten Süßwasser wohl nur wenige zu einem Bad einlädt.

Paea
Reiseatlas: S. 17, A 4; S. 19, A 1

An der Westküste befindet sich in einem kleinen, landschaftlich sehr reizvollen Tal bei Paea ein weiterer Tempelplatz, das **Marae Arahurahu** (›Tempel der Asche‹, PK 22,5). Die Abzweigung zu dieser Kultstätte ist ausgeschildert und führt nach ca. 500 m zu einem öffentlichen Parkplatz. Das Marae ist 1954 restauriert worden und bietet eine beeindruckende Kulisse für die traditionellen polynesischen Riten, die gelegentlich hier durchgeführt werden. Das nahe gelegene **Marae Taata** ist ebenfalls sehenswert.

Rundfahrt um Tahiti Nui

Eine mythologische Tiki-Figur im Gauguin-Museum

Von Paea aus können Sie Wanderungen in das schöne **Orofero-Tal** unternehmen. Bei PK 20 bietet das Centre Artisanal Irihonu qualitativ hochwertiges Kunsthandwerk. Ein ca. 1 ha großer öffentlicher Park lädt bei PK 18,5 zu einem erholsamen Stopp ein.

Musée de Tahiti et des Îles
Reiseatlas: S. 17, A 3

Wenn Sie in der Ortschaft **Puna'auia** der Querstraße folgen, die von der Hauptstraße aus Richtung Pointe des Pêcheurs führt, finden Sie das 1977 eröffnete **Musée de Tahiti et des Îles.** Es zeigt eine faszinierende Sammlung über die Natur, Kultur und Geschichte des Landes (PK 15; tgl. außer Mo 9.30–17.30 Uhr, Eintritt 600 CFP). Nahe der 1980 geweihten Kirche St. Étienne in Puna'auia wohnte Paul Gauguin während seines zweiten Aufenthaltes, bevor er zu den Marquesas aufbrach.

Lagoonarium
Reiseatlas: S. 17, A 2

Das **Lagoonarium** (PK 11) bietet allen, die nicht tauchen, eine gute Möglichkeit, eine Vielzahl von bunten Tropenfischen sowie Haie und Muränen in ihrer nahezu natürlichen Umgebung beobachten zu können. Interessant ist die Fütterung gegen 12 Uhr (Tel. 43 62 90, tgl. 9–17 Uhr, Eintritt 500 CFP, Kinder unter 12 Jahre die Hälfte).

Wenn Sie der Küstenstraße weiter folgen, gelangen Sie am internationalen Flughafen Faa'a (PK 5,5) vorbei wieder zu Ihrem Ausgangspunkt Pape'ete.

Französisch-Polynesien – Gesellschaftsinseln

Marie-Thérèse und Bengt Danielsson
Thema

Abenteurer, Wissenschaftler, Umweltaktivisten, Politiker und Träger des Alternativen Nobelpreises – das französisch-schwedische Ehepaar Danielsson engagierte sich jahrzehntelang in besonderer Weise für die Bevölkerung Französisch-Polynesiens.

Der 1921 in Schweden geborene Bengt Danielsson war einer der Teilnehmer der berühmten Kon-Tiki-Expedition. Damals, im April 1947, ließ er sich zusammen mit Thor Heyerdahl und vier weiteren Männern mit einem aus neun mächtigen Balsaholzstämmen gefertigten Floß von Peru aus fast 7000 km weit über den Pazifik bis zu den Tuamotu-Inseln treiben. Als Ethnologe war Danielsson an Heyerdahls Theorie interessiert, die Inseln Polynesiens wären von Südamerika aus besiedelt worden. Nach 101 Tagen endete ihre waghalsige Seereise am Außenriff des Atolls Raroia. Zwar hatte die Crew mit ihrer Fahrt keinen wissenschaftlichen Beweis für die Richtigkeit der Theorie erbracht, denn allein die gelungene Durchführung bedeutet ja nicht, dass dieses Ereignis auch tatsächlich stattgefunden hat, aber ein Erfolg war die Expedition allemal. Heyerdahls Bericht über die abenteuerliche Reise wurde in mehr als sechzig Sprachen übersetzt (deutsch: ›Kon-Tiki. Ein Floß treibt über den Pazifik‹) und für den Dokumentarfilm, der während der Fahrt gedreht wurde, gab es einen Oscar.

Bengt Danielsson kehrte 1949 mit der Französin Marie-Thérèse Sailley, die er kurz zuvor geheiratet hatte, nach Raroia zurück. Ein Jahr lang lebten beide auf der knapp 20 km^2 großen Insel und erforschten die Lebensweise der Bevölkerung. Später beschloss das Ehepaar, auf Tahiti zu bleiben. Sie veröffentlichten eine Reihe von Studien über die Geschichte und Kultur Polynesiens und schrieben u. a. eine viel beachtete Biografie über Paul Gauguins Leben auf Tahiti und Hiva Oa. Eine Zeit lang war Bengt Danielsson Direktor des hervorragenden Tahiti-Museums (Musée de Tahiti et des Îles) in Puna'auia, an dessen Konzeption er maßgeblich beteiligt war.

Neben ihrer wissenschaftlichen Arbeit setzten sich beide auch immer wieder entschieden für die Interessen der einheimischen Bevölkerung ein – sehr zum Missfallen aller französischen Regierungen. International bekannt wurden die Danielssons, als sie ab Mitte der 1960er-Jahre gegen die Atomtests Frankreichs auf den beiden Tuamotu-Atollen Moruroa und Fangataufa protestierten. 1974 erschien ihr berühmtes Buch ›Moruroa, mon amour‹, zwei Jahre nachdem ihre Tochter Maruia an den Folgen der radioaktiven Strahlung verstorben war. 1991 wurde das Ehepaar mit dem Right Livelihood Award, hierzulande besser bekannt als Alternativer Nobelpreis, für ihre Verdienste im Umweltschutz und der Bekämpfung von sozialer Ungleichheit im Pazifik, ausgezeichnet.

Neben ihrem Engagement für verschiedene Umwelt- und Frauenorganisationen war Marie-Thérèse Danielsson auch in der lokalen Politik tätig. Nach dem Tod ihres Mannes im Juli 1997 kandidierte sie bei den Wahlen zur Territorialen Versammlung für die Unabhängigkeitspartei Oscar Temarus und gründete die Atomtestopfer-Vereinigung Moruroa e tatou (›Moruroa sind wir‹), die Entschädigung für die erlittene Verstrahlung fordert. Im Februar 2003 ist sie gestorben.

Rundfahrt um Tahiti Nui

 Die Hauptinsel bietet eine breite Palette an Übernachtungsmöglichkeiten der unterschiedlichsten Kategorien.

… an der Westküste

Le Méridien Tahiti: nahe der Ortschaft Puna'auia bei PK 15, Reservierung Tel. 47 07 29, Fax 47 07 28, www.lemeridien.com. Luxuriöse Resortanlage mit insgesamt 150 sehr gut ausgestatteten Einheiten, davon sind zwölf Überwasserbungalows und acht Suiten mit Lagunenblick. Zwei Restaurants, drei Bars, abendliches Showprogramm, Boutique und Juwelier, große Poolanlage mit Sandboden, Massage, Sportangebote inkl. Tauchbasis, Ausflugsprogramme. 35 000 CFP (Zimmer mit Lagunensicht), 50 000 CFP (Überwasserbungalow) und 50 000–85 000 CFP in den verschiedenen Suiten. Halbpension 7791 CFP pro Person, Vollpension 11 655 CFP, Frühstücksbuffet 2925 CFP.

Le Relais Fenua: Westküste bei PK 18, Tel. 45 01 98, Fax 45 01 98, www.relais-fenua.pf. Eine Pension mit sechs Zimmern jeweils mit Bad, davon eins behindertengerecht ausgestattet. Kleiner Swimmingpool, Whirlpool und tropischer Garten, in den Gemeinschaftsräumen befinden sich u. a. TV, Telefon, Fax und Internetzugang. 7900 CFP bei Einzel- und 8500 CFP bei Doppelbelegung. Bei längeren Aufenthalten ab 14 Tagen Preisreduzierung. Frühstück 1000 CFP.

Taaroa Lodge: nahe Puna'auia bei PK 18,2, Tel./Fax 58 39 21, www.taaroalodge.com. Ralph Sanford, ein begeisterter Surfer, öffnete dieses Gästehaus für Gleichgesinnte an einem der schönsten Strände der Insel. Zwei Strandbungalows für je drei Personen mit Bad, Kühlschrank und Mikrowelle sowie eine Gemeinschaftsunterkunft mit einem Zimmer für zwei Personen und Bad im Erdgeschoss und in der 1. Etage ein großer Raum für max. acht Schlafplätze, Gemeinschaftsbad und -küche. 2300 CFP (Schlafplatz), 5000 CFP (Zimmer) und der Bungalow für ein bis drei Personen 10 000 CFP die Nacht. Morgens gibt es frisches Brot und Früchte, Restaurant und Snackbar sind in der Nähe.

… an der Nordküste

Radisson Plaza Resort Tahiti: bei Arue (PK 7), Tel. 48 88 00 (Reservierung), Fax 48 88 89, www.radisson.com/aruefrp. Luxusresort mit 165 unterschiedlich ausgestatteten Zimmern und Suiten mit Blick auf die Lagune am privaten Lafayette-Strand. Restaurant, Bar und Poolbar, Boutiquen, Whirl- und Swimmingpool, Sauna, Fitnesscenter, Spa-Bereich auch für Nicht-Hotelgäste, Showprogramm, div. Sportangebote inkl. Tauchbasis, Ausflugsprogramme. 32 000–45 000 CFP.

Motu Martin: Tel. 77 63 71, Fax 42 18 18, sachamartin@mail.pf. Einfaches Gästehaus mit zwei Strandbungalows für insgesamt max. 12 Personen auf einem Motu vor der Pointe Vénus gelegen. Mahlzeiten auf Anfrage. Div. Wassersportmöglichkeiten wie Schnorcheln, Surfen, auch Kitesurfen; Kajaks können entliehen werden. 5000 CFP (pro Person inkl. Transfer). Es besteht die Möglichkeit, einen Tagesausflug für 1800 CFP inkl. Transfer zum Motu zu buchen und dort die Gemeinschaftsküche zu nutzen. Kreditkarten werden nicht akzeptiert.

… an der Südküste

Hiti Moana Villa: unweit der Ortschaft Papara bei PK 32, Tel. 57 93 93, Fax 57 94 44, www.papeete.com/moanavilla. Kleines Gästehaus mit herrlichem Blick auf die Lagune inmitten eines schönen Gartens. Vier Studios mit Küche für je max. vier Personen und vier Bungalows ohne Küche für je zwei Personen, alle mit Bad, TV und Terrasse, Pool und Kajakverleih. 10 500 CFP pro Nacht für einen Bungalow und 13 000–14 500 CFP pro Nacht für ein Studio. Frühstück wird für 1000 CFP angeboten, den gleichen Preis zahlt man für die Nutzung der Waschmaschine.

Fare Ratere: nahe Atimaono bei PK 39,2, Tel. 57 48 19, Fax 57 48 00, yann.fareratere@mail.pf. Zwei einfache Bungalows für je max. sieben Personen mit Küche, Bad und Terrasse sowie drei Gartenstudios für max. vier Personen. Besonders für Surfer geeignet, da sie hier die besten Bedingungen für ihren Sport vor der Haustür vorfinden. Ab 9500 CFP pro Person bei mindestens zwei Nächten, Mietpreise für längeren Aufenthalt auf Anfrage.

… im Zentrum der Insel

Le Relais de la Maroto: im Zentrum der In-

Französisch-Polynesien – Gesellschaftsinseln

sel, Tel. 57 90 29, Fax 57 90 30, maroto@mail.pf. Nicht nur für Wanderer geeignete Unterkunft mit Zimmern und Bungalows. Gutes Restaurant. Lassen Sie sich unbedingt den Weinkeller zeigen! Sie werden staunen, welche Schätze hier lagern. Ab 7000 CFP.

... an der Westküste
Capitaine Bligh: bei PK 11, Tel. 43 62 90, Di–Sa mittags und abends, So nur mittags geöffnet. Großes Überwasserrestaurant nahe Puna'auia mit herrlichem Blick nach Mo'orea. Wer hier isst, erhält freien Eintritt im angeschlossenen Lagoonarium. Fr und Sa abends gibt es ein erstklassiges Fisch- und Meeresfrüchtebuffet für knapp 5000 CFP inkl. toller Tanzvorführung der Gruppe O Tahiti E. Sonntags werden leckere tahitianische Speisen für 3750 CFP serviert (inkl. Livemusik). Auf der Karte finden Sie u. a. Salate ab 600 CFP, Poisson cru für 1350 CFP, Filet mignon für 2500 CFP und Hummer für 3800 CFP.

Casablanca: bei PK 9, Tel. 43 91 35, tgl. mittags und abends geöffnet. Sehr gute französische Küche mit herrlichem Blick auf Mo'orea. Dreigängiges Menü für 4600 CFP, ein Menü für Kinder ist ebenfalls erhältlich. Weitere Fisch- und Fleischgerichte beginnen bei 2500 CFP.

Western Grill: nahe Puna'auia bei PK 12,6, Tel. 41 30 56, werktags 11.45–14.30 und 19–21.30, Sa 19–21.30 Uhr. Nicht nur für Cowboys! Lassen Sie sich verführen von der Grand Canyon-Platte, vom Dakota Steak, Nebraska Filet oder von den Cowboy Burgers – die Auswahl (auch an Desserts) ist immens. Das dreigängige Western Menu bekommen Sie für 1490 CFP, Kinder unter 10 Jahren können das Little Red Skin's Menu für 990 CFP bestellen. Do, Fr und Sa abends gibt es eine fabelhafte Show von Gérald Mingo, der offensichtlich nicht nur ein Fan des Wilden Westens ist, sondern auch Sänger, Tänzer, Choreograf, Comedian und Drag-Queen zugleich. Unbedingt einige Tage vorher reservieren.

... an der Nordküste
The Beach House Tahara'a: bei PK 7, Tel. 85 22 42, guillaumelouis@mail.pf, tgl. 10 Uhr bis nach Mitternacht geöffnet, So abends geschlossen. Französische und einheimische Spezialitäten. Hauptgerichte ab 2600 CFP, das Touristenmenü mit drei Gängen bekommen Sie für 3500 CFP.

... an der Südküste
Restaurant Nuutere: Bei PK 32, Tel. 57 41 15, tgl. außer Di geöffnet. Nahe beim Ort Papara gelegenes Restaurant, in dem zum Beispiel Ente mit Passionsfrucht für 1900 CFP, Kalbfleisch mit Mango für 2800 CFP, Känguru Filet für 3100 CFP oder neuseeländische Austern angeboten werden. Sie werden aber auch ein dreigängiges Touristenmenü für

Rundfahrt um Tahiti Nui

2800 CFP oder eine große Auswahl an Salaten auf der Speisekarte finden.

Chez Myriam: Im Südosten in Taravao bei PK 60, Tel. 57 71 01, Mo–Sa 7–23, So 9–15 Uhr geöffnet. Europäische und chinesische Gerichte zu moderaten Preisen. Typisch tahitianische Speisen jeden letzten Sa im Monat für 2500 CFP.

Chez Loula et Remy: Im Südosten in Taravao nahe der Post PK 60, Tel. 57 74 99, Fax 57 94 50, Di–Sa mittags und abends, So nur mittags geöffnet. Kleines, einfaches Restaurant mit großer Küche. Salate ab 900 CFP, Hauptgerichte ab 1950 CFP, Touristenmenü mit drei Gängen für 2950 CFP. Fisch und Meeresfrüchte in allen Variationen und alle empfehlenswert.

Sport

Golf: Internationaler Golfplatz Olivier Bréaud, Südküste nahe der Ortschaft Papara, Tel. 57 43 41 (Rezeption), Fax 57 20 72 (Büro), skiptahiti@yahoo.com. Neben dem Vereinshaus gibt es hier u. a. einen Shop, ein öffentliches Restaurant mit Bar sowie einen Pool. Der für Anfänger und Geübte gleichermaßen geeignete, leicht hügelige Platz empfängt im Juli oder August anlässlich des Internationalen Turniers jedes Jahr zahlreiche ausländische Teilnehmer. Das Club House ist

Über einen Steg gelangt man zu einer zauberhaften kleinen Palmeninsel

Französisch-Polynesien – Gesellschaftsinseln

Perlenfarm an der Küste von Tahiti

tgl. 8–18 Uhr geöffnet, Gebühr 5500 CFP. Bei Marama Tours (Tel. 83 96 50) kann man ein ganztägiges Angebot für Golfer inkl. Gebühr, Ausrüstung und Transport ab Hotel für 15 000 CFP buchen.

Segeln: Arua Sailing School, Nordküste in Arue bei PK 4, Tel. 42 23 54, Fax 43 13 00, evatahiti@mail.pf, Angeboten werden verschiedenen Kurse, etwa für Optimist und Hobie Cat.

Surfen: Ausgezeichnete Spots sind an der Westküste die Passage de Ta'apuna (PK 12); an der Südküste Papara (PK 39) mit den besten Bedingungen zwischen Mai und Oktober; an der Nordküste Lafayette Beach (PK 7), toll zwischen November und April; Bucht von Matavai sowie Pointe Venus (PK 10) und der Küstenabschnitt bei Papeno'o. Fortgeschrittene sollten zur Ostküste in der Nähe der Ortschaft Mahaena (PK 33) fahren. Wer Surfen lernen möchte, wende sich an Moanareva (Tel./Fax 42 45 28, moanareva@mail.pf; Bretter können ausgeliehen werden) oder Tura'I Mataare Surf School (Tel. 41 91 37, surfschool@mail.pf).

Tauchen: Ein empfehlenswerter Tauchspot an der Westküste ist der **Puna'auia drop-off** mit seiner vielseitigen Meeresfauna. Sehr gut beobachten lassen sich hier vor allem die Meeresschildkröten. Neben den Tauchbasen der großen Hotels können an der Westküste empfehlen werden: Eleuthera Plongee, PK 9, Marina Taina, Tel. 42 49 29, Fax 48 04 04, info@dive-tahiti.com; Tahara'a Diving Center, PK 7, gleich neben dem Beach House Tahara'a Restaurant, Tel. 85 22 42; Tahiti Plongee, PK 7,5, Tel. 41 00 62, Fax 42 26 06, plongee.tahiti@mail.pf.

Wandern: Das Inselinnere Tahitis ist ein Paradies für Wanderer. Rund 30 gut ausgebaute und gekennzeichnete Wege stehen zur Verfügung, zum Teil leichte, aber auch schwierigere Touren, bei denen eine gute körperliche Kondition vorausgesetzt wird und eine Begleitung eines professionellen Bergführers dringend empfohlen wird. Besonders erwähnenswert ist das hochgelegene **Papeno'o-Tal** mit seinen herrlichen Routen sowie die mehrtägige Wanderung auf den über 2000 m hohen **Mont Aorai,** die zweithöchste Erhebung Tahitis.

Eine besondere Herausforderung ist die **Nord-Süd-Durchquerung** von Tahiti Nui, die bei Papeno'o beginnt und Sie zunächst durch die wunderbare Landschaft des **Vallée de Papeno'o** mit senkrechten Klippen, spektakulären Wasserfällen und entlang archäologischen Fundstätten bis zum **Tunnel von Maroto** führt. Im weiteren Verlauf dieser Wanderung erreichen Sie den herrlich gelegenen **Lac de Vaihiria,** über die Mataiea-Ebene gelangen Sie zur Ortschaft **Otiaroa** an der Südküste. Interessante Touren mit Bergführer bieten Tiare Mato (Tel./Fax 43 92 76, tiaremat@mail. pf) und Vai Adventure (mobil 79 38 30, roscol-samuel@mail.pf).

Wasserski für Anfänger und Fortgeschrittene: Tahiti Water Skiing Club, Tel. 45 39 36.

Flüge: Der internationale Flughafen **Faa'a** (PPT) liegt etwa 6 km südwestlich der Hauptstadt Pape'ete. Im Flughafengebäude befinden sich ein Informationsschalter, eine rund um die Uhr geöffnete Snack Bar, mehrere Geschäfte, ein Postamt, mehrere Banken, ein Geldautomat, mehrere Autoverleihfirmen sowie eine Möglichkeit zur Gepäckaufbewahrung. Vor dem Flughafengebäude stehen Taxis in großer Zahl zur Verfügung. Mit dem öffentlichen Bus (Le Truk), einem umgebauten Lkw, kommen Sie wesentlich preiswerter in die Stadt. Haben Sie Ihr Zimmer bereits vor Ankunft in einem der größeren Hotels oder in einer Resortanlagen gebucht, werden Sie abgeholt.

Fluginformationen: Tel. 86 60 61 und 86 60 18, setil.aeroports@tahiti-aeroport.pf.

Internationale Fluggesellschaften: Aircalin, Tel. 85 09 04, acippt@mail.pf; Air France, Tel. 47 47 47, mail.tahiti@ airfrance.fr; Air New Zealand, Tel. 54 07 47, airnztahiti@airnz.co.nt; Air Tahiti Nui, Tel. 45 55 55 und 46 03 03, fly@aittahitinui.pf; Corsair, Tel. 42 28 28; Hawaiian Airlines, Tel. 42 15 00 und 45 17 40; Lan Airlines, Tel. 82 64 57; Qantas Airways, Tel. 42 06 65 und 50 70 64, qantas@southpacificrepresentation.pf.

Der **Terminal für nationale Flüge** liegt gleich nebenan, der der Fluggesellschaft Air Moorea befindet sich etwa 300 m weiter.

Nationale Fluggesellschaften: Air Moorea, Tel. 86 41 41 reservation@airmoorea.pf; Air Tahiti, Tel. 86 42 42, reservation@airtahiti.pf

Chartergesellschaften: Air Archipels, Tel. 86 42 61, reservation@airarchipels.pf; Polynesia Helicopteres, Tel. 54 87 20 und 54 87 22, helico-tahiti@mail.pf.

Busse: *Le Truk* – wie die seitlich offenen Kleinbusse mit ihren Holzbänken auf Tahiti genannt werden – verkehrt zwischen Pape'ete und allen Außenbezirken.

Taxis: Gibt es in großer Zahl auf der Insel. Nachts in der Zeit von 22 bis 6 Uhr wird auf den ohnehin hohen Fahrpreis noch ein Zuschlag von 50 % erhoben, sonn- und feiertags beträgt dieser 25 %. Nahezu alle Fahrzeuge sind mit einem Taxameter ausgestattet, dennoch sollte der Fahrpreis am besten vor dem Einsteigen erfragt werden.

Halbinsel Tahiti Iti

Reiseatlas: S. 21–22

Auf der kleineren, landschaftlich wilden Halbinsel gibt es im Gegensatz zu Tahiti Nui keine Küstenstraße, die die ganze Insel umrundet. Von der Landenge bei Taravao führt eine Stichstraße an der Nordküste entlang bis nach Tautira (PK 18). Hier ging Kapitän James Cook während seiner zweiten Südsee-Expedition an Land. Auch der Schriftsteller Robert Louis Stevenson ankerte 1888 eine Zeit lang in dieser malerischen Bucht. Auf einer anderen Küstenstraße gelangen Sie an der Westküste bis nach Teahupoo (PK 18).

Französisch-Polynesien – Gesellschaftsinseln

Marae Nu'utere
Reiseatlas: S. 21, A 3
Archäologisch Interessierte sollten einen Besuch des 1994 restaurierten **Marae Nu'utere** einplanen. Um zu dieser großen Steinplattform zu gelangen, müssen Sie bei Vairao (PK 9,5) in eine kleine Seitenstraße landeinwärts abbiegen.

Vaiafaufa
Reiseatlas: S. 21, B 2
Landschaftlich sehr reizvoll ist die Fahrt ab Taravao vorbei an der Ortschaft Afaahiti auf das 600 m hoch gelegene **Plateau de Taravao**. Die kleine, von Eukalyptusbäumen gesäumte Straße führt etwa 8 km durch Farm- und Buschland hoch zur Ebene. Vom Aussichtspunkt **Vaiafaufa** hat man einen atemberaubenden Panoramablick auf beide Teile Tahiti Itis und das sie umgebende Riff.

Te Pari-Klippen
Reiseatlas: S. 21/22, C/D 4
Ein weiteres landschaftliches Highlight sind die **Te Pari-Klippen** im Südosten. Während einer geführten, mehrtägigen Tour entlang dieses spektakulären Küstenabschnittes können ambitionierte Wanderer eine wilde, üppige Natur mit beeindruckenden Wasserfällen und dazwischen die Überreste uralter Marae, rätselhafte Felszeichnungen, heilige Felsen und Grotten entdecken.

Tauhanihani Village Lodge: PK 16, Tel./Fax 57 23 23, kotyvaguebleue@mail.pf. Kleine Unterkunft mit fünf Bungalows und Restaurant am Strand nahe Teahupoo an der Südküste. Jeder Bungalow besitzt ein Doppelbett, zwei Einzelbetten, Bad, TV und eine Terrasse. Kanus und Kajaks stehen den Gästen kostenfrei zur Verfügung, angeboten werden u. a. Ausflüge zu den Grotten und Felsklippen von Te Pari. Bungalow für zwei Erwachsene und zwei Kinder bis zwölf Jahre ab 12 000 CFP. Frühstück ab 1000 CFP, ein Mittag- oder Abendessen kostet 2500 CFP.
Pension Chayan: PK 14, Tel./Fax 57 46 00, www.pensionchayantahiti.pf. Kleine Pension mit vier Bungalows und einem Restaurant nahe Vairao an der Westküste inmitten einer 6000 m^2 großen Gartenanlage mit Fluss. Jeder Bungalow hat zwei Räume mit je einem Doppelbett, eigenem Bad und einer Terrasse. Es gibt eine Gemeinschaftsküche, Kajaks können gemietet werden. Ab 15 000 CFP für ein bis zwei Personen. Für ein Frühstück werden 500 CFP berechnet, ein Mittag- oder Abendessen kostet 2000 CFP. Transfer ab internationalem Flughafen kann bei rechtzeitiger Buchung organisiert werden.
Punatea Village: PK 4,7, Tel./Fax 57 71 00, www.punatea.com. Kleines, ruhiges Familienhotel mit vier Bungalows und fünf Zimmern direkt an einem Privatstrand mit Blick auf das Inselchen Nono bei Afaahiti an der Nordküste Tahiti Itis. Inmitten des schön angelegten, rund 8000 m^2 großen tropischen Gartens befinden sich neben den Unterkünften ein Swimmingpool, das Restaurant sowie eine Waschküche, darüber hinaus werden den Gästen Fahrräder und Kajaks gratis zur freien Verfügung gestellt. Entspannende Massagen, Sauna, aber auch verschiedene Ausflugsprogramme inkl. Ausritte werden angeboten. Doppelzimmer ab 5500 CFP, Bungalows ab 9000 CFP. Halbpension plus 3000 CFP, Frühstück für 500 CFP.
Au Bonjouir: Tel. 77 89 69, www.bonjouir.com. Eine Pension mit sechs Bungalows, einem Studio, sechs unterschiedlich ausgestatteten Zimmern mit oder ohne eigenes Bad, mit Schlafplätzen in einem Mehrbettzimmer und einem Zeltplatz an der Südspitze Tahiti Itis. Diese Unterkunft ist nur per Boot zu erreichen! Ein großes Frühstück am morgen, aber auch ein abendliches 6-Gänge-Menü werden im Restaurant serviert, darüber hinaus gibt es ein vielfältiges Sportangebot und diverse Ausflugsprogramme. Bungalows ab 5000, Doppelzimmer 7000, Schlafplatz 2500 CFP und der Zeltplatz 1200 CFP pro Person. Der Preis für die Halbpension beträgt 4000 CFP. Wer sich vom Flughafen abholen lassen möchte, zahlt 3000 CFP für eine einfache Fahrt bis Teahupoo, die Kosten für die Bootsfahrt bis zur Unterkunft betragen 1800 CFP. Kreditkarten werden nicht akzeptiert. Im Mai anlässlich der Billabong Pro Tahiti über-

nachten die Surfchampions hier, fragen Sie deshalb während dieser Zeit rechtzeitig nach, ob Zimmer frei sind.

Ausflüge

Um die mysteriöse **Grotte Vaipoiri** mit ihrem unterirdischen See an der Südostspitze Tahiti Itis zu besichtigen, ist ein professioneller Guide erforderlich.

Der schwarze Sandstrand bei **Tautira** an der Nordostküste gehört zu den schönsten und aufgrund der Lage einsamsten Stränden der Insel.

Sport
Surfen: Die Passe Hava'e vor Teahupoo an der Südküste gilt auch unter Profis als besondere Herausforderung. Alle anderen schwärmen von den Wellen an der Passe Tapuaeraha vor der Ortschaft Vairao. École de Surf Iti Nui, Tel. 73 14 21.
Tauchen: Außergewöhnlich schöne Tauchreviere finden Sie an der Westküste der Insel. Besonders erwähnenswert ist das auch für Anfänger gut geeignete Gebiet Trou de Lagon u. a. mit der Grotto Tetopa vor der Ortschaft Teohatu. Nur den Fortgeschrittenen vorbehaltenen ist dagegen der Tauchspot The Marado vor Vairao. Iti Diving International, PK 6,5, Marina Puunui, Vairao, Tel./Fax 57 77 93, itidiving@mail.pf.
Wandern: Die genannten Unterkünfte bieten mehrtägige Bergtouren aller Schwierigkeitsgrade an.

Insel Mo'orea

Reiseatlas: S. 22, C–F 1–3
Mo'orea, die Schwesterinsel Tahitis, wird auch das »Geschenk der Götter an die Polynesier« genannt. Es war ein ganz besonderes Geschenk, denn die herzförmige Insel zählt zu den schönsten im Südpazifik.

Nur 17 km von Tahiti entfernt ragt Mo'orea mit majestätischen Vulkangipfeln aus dem glasklaren Türkisgrün der Lagune empor. Die alten Polynesier nannten das Eiland *eimeo*, ›die gelbe Eidechse‹, oder *fe'e*, ›Krake‹, womit sie auf das zerklüftete Relief der Insel mit den tief eingeschnittenen, sternenförmig angeordneten Tälern anspielten.

Die etwa 12 000 Bewohner, die heute entlang des flachen Küstenstreifens der nur 132 km^2 großen Insel siedeln, haben sich auf den Anbau von Ananas spezialisiert. Eine bedeutende Einnahmequelle ist in den letzten Jahren der Tourismus geworden. Die prächtigen Landschaften, das große Angebot an sportlichen Aktivitäten, alte, zum Teil restaurierte Kultstätten, vor allem aber die Nähe zu Tahiti locken auch Kurzentschlossene zu einem Tagesausflug. Die meisten allerdings bleiben länger, schätzen die ausgezeichnete Infrastruktur mit ihren Unterkünften und Restaurants aller Preiskategorien, Ausflugsmöglichkeiten mit unterschiedlichen thematischen Schwerpunkten und Sehenswürdigkeiten wie beispielsweise das **Tiki Theatre Village,** ein nachgebautes Museumsdorf, das nach eigenen Aussagen Polynesien an einem einzigen Tag zeigt. Anzumerken ist, dass bei den zweifellos eindrucksvollen Tänzen und diversen Darbietungen eindeutig der Showcharakter im Vordergrund steht. Authentische Kultur und Geschichte werden jedoch kaum vermittelt.

Von Paopao zum Belvédère
Reiseatlas: S. 22, E 1/2
Am besten lernen Sie die Insel während eines organisierten Ausfluges entlang der 60 km langen asphaltierten Küstenstraße oder bei einer Wanderung oder Fahrt mit dem Mountainbike ins Inselinnere kennen. Beginnen Sie in der kleinen, aber lebhaften Ortschaft **Paopao** am Ende der Baie de Cook an der Nordküste, die zu den schönsten Buchten der Südsee gehört. Im Ort selbst ist die Wandmalerei der kleinen Kapelle sehenswert, die die Heilige Familie im tahitianischen Stil zeigt. Eine nicht asphaltierte Straße schlängelt sich landeinwärts durch üppige Vegetation zum mittlerweile weitgehend unbewohnten **Vallée d'Opunohu.** Dass dieses Tal in voreuropäischer Zeit stark besiedelt war, belegt die große Anzahl von Überresten alter Kultstätten. Mehrere Informationstafeln geben Aus-

Tiki Village auf Mo'orea

Französisch-Polynesien – Gesellschaftsinseln

kunft über die Bedeutung dieser Anlagen und Siedlungen aus dem 13. Jh.

Entlang von Obst- und Gemüseplantagen gelangt man in südöstlicher Richtung zum herrlich gelegenen Aussichtspunkt **Belvédère,** auch Roto Nui genannt, im Zentrum dieser landschaftlich so überaus reizvollen Insel. Von hier oben haben Sie einen fantastischen Blick auf die beiden malerischen Buchten, Baie de Cook und Baie d'Opunohu, und den 899 m hohen Mt. Rotui. Unterhalb des Aussichtspunktes können Sie weitere altpolynesische Tempelanlagen entdecken. Die größte und bedeutendste archäologische Fundstelle ist das 1969 unter der Leitung von Prof. Y. H. Sinoto restaurierte **Marae Titiroa.** In unmittelbarer Nähe befinden sich das **Marae Afareaito** sowie das vierstufige **Marae o Mahine.**

Zurück können Sie der Straße durch das Opunohu-Tal bis zur weit in die Insel eingeschnittenen **Baie d'Opunohu** folgen. Die Küstenstraße nach Paopao, dem Ausgangspunkt Ihrer Rundfahrt, bietet immer wieder spektakuläre Ausblicke auf die beiden Buchten, auf die sie umgebenden steil aufragenden Berge und auf die üppige Tropenvegetation.

Papetoai

Reiseatlas: S. 22, D 1

Die Sehenswürdigkeit der kleinen Ortschaft **Papetoai** am nordwestlichen Ausgang der Baie d'Opunohu ist die achteckige protestantische Kirche, die in den 20er-Jahren des 19. Jh. auf den Fundamenten eines Marae errichtet wurde. Dieses von Europäern gebaute und noch heute genutzte Gotteshaus gilt als das älteste im gesamten pazifischen Raum – obwohl es mehrfach wieder auf- und umgebaut wurde.

Vaianae

Reiseatlas: S. 22, E 2

Ein leichter Fußweg führt Sie von der kleinen Siedlung Vaianae an der Südwestküste landeinwärts zur Ferme Agricole du Mou'a Roa. Hier werden selbst gemachte Konfitüren, Honig und Trockenfrüchte angeboten.

Wanderung von Vaiare nach Paopao
Eine Wanderung, die Sie auch ohne ortskundiger Anleitung unternehmen können, ist die rund dreistündige Tour von Vaiare (Reiseatlas S. 22, F 1) im Osten landeinwärts bis nach Paopao am Ende der Baie de Cook. Sie kommen unter anderem an Ananasplantagen vorbei sowie an den Ausläufern des Mont Tearai und des 830 m hohen Mont Mouaputa. Im weiteren Verlauf führt der Weg durch einen Bambuswald und an einem Fluss entlang bis zu Ihrem Zielort Paopao.

Maatea und Afareaitu

Reiseatlas: S. 22, E 2 und F 2

Vorchristliche Tempelanlagen befinden sich auch unweit der Ortschaft **Maatea** an der Südküste sowie in der Umgebung von **Afareaitu** an der Ostküste. Das um 900 n. Chr. errichtete, nicht sehr gut erhaltene **Marae Umarea** gilt als das älteste Heiligtum der Insel. Von Afareaitu aus können Sie das gleichnamige Tal hinauf bis zu einem hohen Wasserfall wandern. Der Fußweg beginnt gegenüber der kleinen protestantischen Kirche aus dem Jahre 1912 und dauert ungefähr eine Stunde.

Zum Mont Rotui

Reiseatlas: S. 22, E 1

Der Weg zum Gipfel des zweithöchsten Berges Mo'oreas, des 899 m hohen Mont Rotui, beginnt in der Ortschaft **Pihaena** an der Nordküste. Sie können jedoch auch die Wanderung in Paopao beginnen und den ausgeschilderten Pfad nehmen.

Bureau du Tourisme: Im Einkaufszentrum Le Petit Village nahe Hauru Point an der Nordwestküste, Tel./Fax 56 29 09, ctm@mail.pf, Di–Do 8–16 Uhr, Fr 8–15 Uhr, Sa 8–12 Uhr geöffnet. Kleine Büros auch am Flughafen im Nordosten und am Hafen in Vaiare an der Ostküste.

Sheraton Moorea Lagoon Resort & Spa: Tel. 55 10 01, Fax 55 11 55, www.starwood.com/tahiti. An der Nordküste zwi-

Insel Mo'orea

schen der Baie de Cook und der Baie d'Opunohu gelegenes Luxusresort mit insgesamt 104 Garten-, Strand- und Überwasserbungalows. Restaurants mit französischer und internationaler Küche, Bars, Showprogramm, diversen Wassersportmöglichkeiten, Tauchkurse. 38 000–97 500 CFP.

Moorea Pearl Resort & Spa: Tel. 55 17 50, Fax 55 17 51, www.pearlresorts.com. An der Nordostküste direkt an einem herrlichen Sandstrand gelegene Topanlage mit Zimmern, Garten-, Strand- und Überwasserbungalows. Mehrere ausgezeichnete Restaurant und Bars, div. Sportangebote, Tauchkurse. Das Manea Spa ist bekannt für seine traditionellen polynesischen Massagen. 29 000–68 000 CFP (Juni–Nov.), 27 000–63 000 CFP (während der übrigen Monate).

S.P.I. Hotel Hibiscus: Tel. 56 12 20, Fax 56 20 69, www.hotel-hibiscus.pf. Ruhige, familiäre Unterkunft an einem herrlichen Sandstrand mit Blick auf die türkisblaue Lagune im Nordwesten. 29 Bungalows, acht Zimmer und drei Studios. Restaurant mit französischer, italienischer und einheimischer Küche, Bar, diverse Sportmöglichkeiten, Ausflugsprogramm. Ab 15 000 CFP.

Les Tipaniers: Tel. 56 12 67, Fax 56 29 25, www.lestipaniers.com. Im Nordwesten direkt an einem sehr schönen Sandstrand gelegene Unterkunft mit Atmosphäre. 27 geräumige Bungalows (teilweise mit Kitchenette) sowie vier Zimmer inmitten eines Palmenhains. Gute Restaurants, Bars, diverse Wassersportmöglichkeiten. Zimmer 6900–13 950 CFP, Bungalows 13 950–15 950 CFP.

Pension Fare Vaihere: Tel./Fax 56 19 19, www.farevaihere.com. Kleine Anlage mit nur vier Bungalows (jeweils bis zu drei Personen) an der Baie d'Opunohu im Norden der Insel. Sportmöglichkeiten, Ausflüge und kostenfreier Internetzugang. Bungalow 17 820 CFP (die dritte Person zahlt 1650 CFP) inkl. Frühstück, Fahrrad- und Kanuverleih sowie Schnorchelausrüstung, dreigängiges Menü am Abend 3000 CFP.

Marks Place Paradise: Tel./Fax 56 43 02, www.marksplacemoorea.com. An der Westküste bei Haapiti gelegene einfache Unterkunft mit Studios inkl. Küche, Bungalows mit und ohne Bad, Schlafsaal und Zeltplatz. Umfangreiches Sportangebot. Studios für zwei Personen 7000 CFP, für vier Personen 10 000 CFP, Bungalows für zwei Personen 6000–7500 CFP, Schlafsaal 1500 CFP, Zeltplatz 1050 CFP.

Auch außerhalb der Hotels mit ihren zum Teil erstklassigen kulinarischen Angeboten gibt es eine breite Palette von Restaurants mit guter Küche und dazu eine Vielzahl an Snackbars für den Hunger zwischendurch.

Le Pêcheur: an der Nordküste nahe Maharepa, Tel. 56 36 12, tgl. außer So geöffnet. Steaks, vor allem aber die Meeresfrüchte und Fischspezialitäten sind zu empfehlen. Hauptgerichte 2000–4000 CFP.

Alfredo's: An der Baie de Cook nahe Paopao, Tel. 56 17 71, tgl. 11–14.30 und 17.30–21.30 Uhr geöffnet. Italienische und französische Küche. Do und So abends ist hier Party angesagt, dann sollten Sie zuvor reserviert haben. Dies trifft vor allem dann zu, wenn Ron Falconer, ein Schotte, Musik macht. Pizzen für 1600 CFP, Meeresfrüchte ab 2100 CFP, das dreigängige Touristenmenü kostet 4900 CFP.

Le Cocotier: An der Nordküste bei Maharepa, Tel. 56 12 10, tgl. 11.30–14 und 18.30–21 Uhr geöffnet. Kleines Restaurant mit großer Küche. Französische und polynesische Gerichte vom Feinsten. Pascal Mathieu, der Chef, gibt einige seiner Rezepte in »La Cuisine Tahitienne« preis. Vorspeisen ab 750, Fischgerichte ab 2150, Desserts ab 850 CFP. Mittwochabends gibt es Livemusik und einmal monatlich einen Themenabend.

Chez Capo: An der Westküste in Haapiti, Tel. 56 54 89, So–Do mittags und abends, Fr–Sa nur abends geöffnet. Die beste Adresse für alle, die die einheimische Küche probieren möchten. Samstagabends gibt es ein polynesisches Buffet mit Livemusik. Hauptspeisen ab 1200 CFP, Buffet am Sa 3500 CFP.

Das größte Angebot an Läden und Boutiquen, Souvenirshops, eine Bank etc. finden Sie im Einkaufszentrum **Le Petit**

Französisch-Polynesien – Gesellschaftsinseln

Village an der Nordwestküste nahe Hauru Point. Ein weiteres Einkaufszentrum gibt es in der Ortschaft **Maharepa** an der Nordküste.
La Poterie de L'Aquarium – Teva Yrondi: Baie de Cook, Tel. 56 30 00, Mi–So 9.30 bis Mittag und 14.30–17.30 Uhr geöffnet. Gutes Angebot an Schmuck, insbesondere schwarze Perlen und Töpferwaren.
Boutique la Maison Blanche: Pareos, T-Shirts und viele andere Souvenirs bekommen sie in diesem gut erhaltenen Kolonialgebäude in Maharepa.
Markt in Paopao an der Nordküste: schöne handwerkliche Erzeugnisse wie geflochtene Hüte, Taschen und Körbe.

Tiki Theatre Village: Tel. 55 02 50, Fax 56 10 86, tikivillage@mail.pf. Nachgebautes Dorf an der Westküste südlich der Ortschaft Tiahura mit Kunsthandwerkern, Perlenfarm und einem eindrucksvollen Showprogramm mit traditionellem Essen und Tanzvorführungen jeweils dienstags, mittwochs, freitags und samstags am Abend.
Moorea Dolphin Center: Tel. 56 38 76, Fax 56 16 67. Dem Intercontinental Resort and Spa an der Nordküste angeschlossenes Delphin-Zentrum mit einem informativen Teil über die Meeressäugetiere, vor allem aber einem auf Familien ausgerichteten Programm, bei dem man mit den Tieren schwimmen kann. Tgl. geöffnet.
Lagoonarium de Moorea: Tel. 78 31 15. Auf dem Motu Ahi vor der Ostküste können Sie – ohne nass zu werden – die herrliche Unterwasserwelt kennenlernen. Erwachsene zahlen 2300, Kinder 1500 CFP.

Ausflüge/Inselrundfahrten
Geführte Inselrundfahrten, Jeep-Safaris in das gebirgige Inselinnere sowie mehrstündige Lagunenausflüge inkl. Picknick auf einem Motu können gebucht werden bei:
Albert Transport & Activities und **Albert Safari Tours:** Tel. 55 21 10, Fax 56 40 58, info@albert-transport.net;
Courset Loisirs Nautiques: Tel. 56 50 05, Fax 56 38 75, courset.loisirs@mail.pf;
Inner Island Safari Tours: Tel. 56 20 09, Fax 56 34 43, inner-saf@mail.pf;
Moorea Transport: Tel. 56 12 86, Fax 56 25 52, moorea.explorer@mail.pf.
Delfin- und Walbeobachtung
Dolphin & Whale Watching Expeditions: Tel./Fax 56 23 22, criobe@mail.pf. Die mehrstündigen, überaus interessanten Fahrten, die der Meeresbiologe Dr. Michael Poole unternimmt, finden mehrmals wöchentlich statt.
Manu Eco Tours Catamaran: Tel./Fax 56 28 04. Neben den Delphin- und Walbeobachtungen werden auch Rochen-Fütterungen angeboten.
Semi-Submersible
Lagoon Games Polynesia: Tel./Fax 56 55 92, lagoongamespolynesia@mail.pf. Spannende Ausflüge auch für jene, die nicht tauchen, bietet dieses Unternehmen mit dem Semi-Submersible, einem Halbunterseeboot. Darüber hinaus können Sie hier Tretboote, Kajaks, Wakeboards u. v. a. m. mieten sowie Wasserski fahren.

Sport
Baden: Bei Haapiti an der Westküste der Insel finden Sie einen herrlichen weißsandigen Strand. Wunderschön auch die Temae-Bucht im Nordosten sowie der Strand bei Teavaro an der Ostküste.
Fahrräder: Einige Unterkünfte verleihen zum Teil kostenfrei Fahrräder an ihre Gäste. Darüber hinaus können Sie bei Moorea Sun Bike, Tel. 56 12.33, welche mieten.
Hochseeangeln: Moorea Fishing Charters, Tel./Fax 43 77 44, halfon@mail.pf; Teanui Services, Tel./Fax 56 35 95, teanuiservices@mail.pf.
Parasailing: Mahana Parasail, Tel. 56 20 44, Fax 56 38 66, rutammt@mail.pf. Auch ohne Vorkenntnisse im Tandem oder für erfahrene Sportler. Jetskis können ebenfalls gemietet werden.
Reiten: Ranch Opunohu Valley, Tel./Fax 56 28 55. Mehrmals tgl. außer Mo werden zweistündige Ausritte im Inselinneren angeboten.

Feuertanz im Tiki Theatre Village

Französisch-Polynesien – Gesellschaftsinseln

Richtig Reisen-Tipp: Überwasserbungalows

Auf Pfählen in die Lagune gebaute Bungalows gehören mittlerweile zu fast allen Luxusunterkünften Französisch-Polynesiens. Diese Überwasserbungalows bieten den Gästen ganz besondere Ein- und Ausblicke: Durch eine Glasscheibe im Boden kann man gleich vom Bett aus blaue Seesterne, bunte Tropenfische, Schildkröten oder gar Riffhaie beobachten. Ganz bequem und ohne nass zu werden. Die Idee zu dieser Bauweise hatten drei smarte Jungs aus Kalifornien.

1966 kauften Hugh Kelly, Don McCallum, genannt Muk, und Jay Carlisle Bauland auf der Insel Raiatea. Zu diesem Zeitpunkt führten sie bereits auf Mo'orea sehr erfolgreich das Hotel Bali Hai, benannt nach jener geheimnisvollen Insel, von der James A. Michener in seinem Bestseller »Die Südsee« erzählt.

Nun also noch ein Hotel. Vielleicht, weil das Stück Bauland so winzig war, vielleicht gab es aber auch zu viele Cocktails in der Nacht zuvor, wer weiß später so etwas schon genau, jedenfalls zimmerten sie auf Raiatea den ersten ›Overwater Bungalow‹ zusammen.

Wieder einige Jahre später und eine Insel weiter machten die drei ›Bali Hai Boys‹ die nächste Erfindung: Sie sägten in die Fußböden ihrer Bungalows Öffnungen und legten Glasplatten ein. Et voilà – »Das beste an unseren Bungalows ist das Loch in ihrem Boden«, so lautete der Werbespruch der cleveren Sunnyboys für ihr Hotel auf Huahine.

40 Jahre ist das jetzt her. Heute besitzt jedes Hotel Französisch-Polynesiens, das etwas auf sich hält, Überwasserbungalows mit Glasböden. Nun allerdings stehen nicht nur einige wenige vereinzelt im seichten Wasser, sondern gleich Dutzende, die, zum Teil mit Holzstegen miteinander verbunden, weit in die Lagune hinaus gebaut wurden.

Wenn Sie Ihren Urlaub auf einer der Gesellschafts- oder Tuamotu-Inseln planen, buchen Sie einen solchen Bungalow mit ›Loch im Boden‹, wie es die Erfinder einst schlicht nannten. Es ist etwas sehr typisches für Französisch-Polynesien.

Aus dem Bett direkt in die Lagune: die Moana Water Bungalows

Insel Mo'orea

Surfen: Die besten Bedingungen finden Sie ganzjährig an der Küste vor Temae im Nordosten sowie von November bis April vor den beiden Buchten an der Nordküste. Ein erstklassiger Surfspot befindet sich auch an der Westküste bei Haapiti (Mai bis Oktober).

Tauchen: Interessante Tauchspots gibt es vor allem an der Nordküste der Insel. Zu den besten Plätzen gehören die Passe Taotai vor der Nordwestküste sowie The Canyon und Jardin de Roses beide vor der Baie d'Opunohu. Häufig zu sehen sind Grau-, Zitronen- und Schwarzflossenhaie, aber auch Schmetterlings- und Doktorfische sowie Muränen und die majestätischen Leopardenrochen. Ein besonderes, wenn auch zum Teil fragwürdiges Erlebnis sind sicherlich die von einigen Clubs organisierten Haifütterungen. Neben den Tauchbasen der großen Hotels sind empfehlenswert: Moorea Fun Dive, Tel./Fax 56 40 38, info@moorea-fundive.com; Top Dive Moorea, Tel. 56 17 38, Fax 56 15 83, topdivemoorea@mail.pf.

Wandern: Unterschiedlichste Touren vom Spaziergang bis zu Bergtouren, die nur für ambitionierte Sportler geeignet sind, sowie mehrtägige Biwaks im Inselinneren mit Informationen über Flora und Fauna Mo'oreas bietet die Maison de la nature du Mou'aroa, Tel. 56 58 62, Fax 56 40 47, maisondelanature@ifrance.com.

Verschiedene Ausflüge für alle Niveaus, auch sehr interessante themenbezogene Touren können gebucht werden bei Moorea Hiking, Tel. 56 16 48, hiking@magicmoorea.com.

Flüge: Der **Flugplatz Temae** (MOZ) befindet sich im Nordosten der Insel. Täglich Flüge von Tahiti, Raiatea, Huahine und Bora Bora. Die reine Flugzeit zwischen der Hauptinsel und Mo'orea beträgt weniger als 10 Min. Air Moorea unterhält von 6–23.30 Uhr je nach Ankunftszeit der internationalen Flüge einen Shuttle Service. Air Moorea, Tel. 56 10 34 (auf Mo'orea), direction.moz@airtahiti.pf.

Schiff/Fähre: Zum Teil mehrmals täglich verbinden Express-Schiffe, Katamarane und Autofähren den Hafen von Pape'ete (Tahiti) mit der Anlegestelle Vaiare an der Ostküste (s. S. 320). Die reine Fahrzeit beträgt 30–60 Min. Da Abfahrts- und Ankunftszeiten häufig geändert werden, sollte man aktuelle Informationen bei den Reedereien, am Hafen oder beim Tahiti Manava Visitors' Bureau (Tel. 50 57 12) erfragen. ›Aremiti 5‹: Tel. 56 31 10 (auf Mo'orea), aremiticruise@mail.pf; ›Moorea Express‹: Tel. 56 34 34, auf Tahiti 50 11 11, direction@mooreaferry.pf.

Busse: Der Fahrpreis für die öffentlichen Shuttle-Busse beträgt 300 CFP für Erwachsene und 150 CFP für Kinder. Diese erwarten die ankommenden Gäste am Flughafen bzw. am Hafen in Vaiare und leisten den Transfer zu den größeren Hotels an der Nordküste. Eine Alternative ist der Minibus von Air Moorea, der vom Flughafen für 500 CFP pro Person zu jedem Hotel der Insel fährt.

Taxi: Die als Taxis dienenden Kleinbusse sind an dem weißen T in einem roten Kreis erkennbar. Die Fahrpreise auf Mo'orea sind jedoch ausgesprochen hoch – selbst gemessen an dem ohnehin gehobenen Preisniveau Französisch-Polynesiens. Taxis stehen tagsüber am Flughafen oder sind unter Tel. 56 10 18 zu erreichen.

Mietfahrzeug: Albert Rent-A-Car: Tel. 55 21 10 und 56 30 58 (Maharepa), Tel. 56 19 28 (Paopao), Tel. 56 33 75 (Haapiti), auch Verleih von Mopeds und Fahrrädern; Avis Pacificar, Tel. 56 32 68 und 56 52 04 (Maharepa), Tel. 56 32 61 (Flughafen), Tel. 56 50 07 (Haapiti); Europcar, Tel. 56 34 00 (Papetoai), Tel. 56 41 08 (Flughafen), Tel. 56 28 64 (Vaiare) sowie in großen Hotels, Verleih auch von Fun Cars, Mopeds und Fahrrädern; Tehotu Locations, Tel. 56 52 96 und 56 30 58 (Maharepa), Tel. 56 19 28 (Paopao), 56 33 75 (Haapiti); Verleih von Mopeds und Fahrrädern.

Moorea Loca Boat: Tel. 78 13 39. Eine herrliche Alternative, die Lagune Mo'oreas sowie die vorgelagerten Eilande kennenzulernen, sind kleine Motorboote, die Sie hier mieten können. Kontakt über die Hotels Hibiscus und Les Tipaniers.

Französisch-Polynesien – Gesellschaftsinseln

Schnorcheln in der türkis leuchtenden Lagune von Bora Bora

12 Insel Bora Bora

Reiseatlas: S. 25, A–C 2–4

Diese Insel polarisiert. Einige bezeichnen sie wie einst James Michener als schönste Insel der Welt. Andere wiederum meiden sie, die ›Perle des Pazifik‹ sei viel zu überlaufen, viel zu touristisch und vor allem: viel zu teuer. Und in der Tat, Bora Bora ist eins der teuersten Reiseziele der Welt *und* eins der schönsten.

Bora Bora, auch wenn man nicht weiß, wo genau sie eigentlich liegt, diese Insel, ihren Namen, den kennt man. Genauso wie man auch meint, dieses berühmte Postkartenmotiv schon einmal irgendwo gesehen zu haben: Eine aquamarin, türkis bis smaragdgrün märchenhaft leuchtende Lagune, in der kleine Inseln zu schwimmen scheinen, und in der Mitte die markante, grüne Bergsilhouette eines halb versunkenen Vulkans. Wir erinnern Schlagertexte, die seit Jahrzehnten von Fernweh schmachten. War das nicht …? Ja, genau, Herbert Anton Hilger, besser bekannt als Tony Marshall, besang anno 1978 ›Bora Bora‹, und das machte ihn, wie seine Biogra-

> **Die Lagune von oben**
> Versuchen Sie, in Flugzeug einen Sitzplatz auf der linken Seite zu bekommen. Beim Anflug auf Bora Bora können Sie von hier aus am besten auf die berühmte Lagune mit ihrem märchenhaften Farbenspiel sehen.

Insel Bora Bora

dem Motu Mute im Norden der Lagune. Als sie 1946 abzogen, kamen die Touristen.

Entlang der Westküste
Reiseatlas: S. 25, B 3

Der Hauptort **Vaitape** mit seinem Hafen, den Banken, Büros, der Post, Geschäften und Cafés liegt an der Westküste der Insel. Entlang der 32 km langen Küstenstraße können Sie die Ruinen von mehr als 40 Marae entdecken. Nahe der Anlegestelle der Fähren und Schiffe an der Westküste bei Pointe Farepiti befindet sich das restaurierte **Marae Marotetini,** einst die bedeutendste Tempelanlage Bora Boras. Auf der gegenüberliegenden Seite der Baie Faanui liegt das **Marae Fare Opu,** ein weiterer stummer Zeuge, der altpolynesischen Kultur. Die rätselhaften Felsbilder, die hier zu sehen sind, zeigen u. a. Schildkröten.

Comité du Tourisme: Tel. 67 76 36, Fax 67 64 83, info-bora-bora@mail.pf, Mo–Fr 7 30–16 Uhr. Sie finden das Büro des Fremdenverkehrsamtes in Vaitape am Hafen.

Anders als auf anderen Inseln ist das Angebot an Unterkünften auf Bora Bora und den vorgelagerten Atollen gewaltig. **Bora Bora Nui Resort & Spa:** Tel. 60 33 00, Fax 60 33 01, www.boraboranui.com. Auf dem Motu Toopua vor der Westküste der Insel gelegenes exklusives Resort. Frei stehende, geschmackvoll eingerichtete Strand- und Überwasserbungalows sowie einige Suiten, zwei erstklassige Spezialitätenrestaurants, Bars, ein Fitness-Center und weitere Sportmöglichkeiten, ein umfangreiches Wellness-Angebot sowie eine Boutique gehören zu dieser bereits mehrfach ausgezeichneten Anlage. 61 000–290 000 CFP.
Hotel Bora Bora: Tel. 60 44 60, Fax 60 44 66, www.amanresorts.com. Mit viel Liebe zum Detail eingerichtetes Resort, das seit Jahren zu den beliebtesten des Südpazifiks gehört. Geräumige, im landestypischen Stil gebaute und geschmackvoll eingerichtete Strand- und Überwasserbungalows sowie großzügige Villen mit eigenem Pool, erstklassige

fie zu berichten weiß, zum Ehrenbürger der Insel.

Bora Bora, im Zentrum der Gesellschaftsinseln gelegen, ist nur 38 km² groß. Mehr als 7200 Menschen bewohnen diese Insel, deren alter Name Mai Te Pora übersetzt ›von den Göttern erschaffen‹ heißt. 1929/31 diente die Insel als Kulisse für ›Tabu: a story of the South Seas‹. Dieser melodramatische Stummfilm von Friedrich W. Murnau und Robert J. Flaherty wurde ausschließlich mit Laiendarstellern der Insel Bora Bora gedreht. Während des Zweiten Weltkrieges fungierte die Insel als Versorgungsstützpunkt der amerikanischen Marine und Luftwaffe. Bis zu 6000 GIs waren hier stationiert, sie bauten die überdimensioniert wirkende Landebahn auf

Französisch-Polynesien – Gesellschaftsinseln

Restaurants, Bars, Boutiquen und ein vielfältiges Sportangebot stehen den Gästen zur Verfügung. Das Hotel liegt direkt am Strand bei Pointe Raititi ca. 7 km südlich von Vaitape. Ab 75 000 CFP.

Topdive Bora Bora: Tel. 60 50 50, Fax 60 50 51, www.topdive.com. Kleine Anlage mit sechs Garten- und drei Überwasserbungalows an der Westküste etwa 1 km nördlich von Vaitape. Exzellentes Restaurant, eine Bar, Boutique sowie eine gute Tauchschule gehören ebenfalls dazu. Rechtzeitig buchen! 35 000–45 000 CFP pro Bungalow bei Zweierbelegung, plus 6800 CFP pro Person für Halb- bzw. 8600 CFP für Vollpension.

Village Temanuata: Tel. 67 75 61, Fax 67 62 48, www.temanuata.com. An der Südostspitze Bora Boras gelegene Unterkunft mit elf Bungalows teils mit kleiner Küche, Fahrradverleih; Ausflüge und Exkursionen können arrangiert werden. 14 840 CFP pro Gartenbungalow bei Zweierbelegung, 15 900 CFP pro Strandbungalow bei Zweierbelegung, größere Bungalows mit Küche 16 960 CFP für zwei Personen. Vor kurzem wurde nahebei das **Village Temanuata Iti** mit vier weiteren, größeren Bungalows jeweils mit Küche eröffnet, 20 670 CFP pro Bungalow für zwei Personen, Frühstück kann für 850 CFP pro Person hinzugebucht werden.

Chez Nono: Tel. 67 71 38, Fax 67 74 27, www.cheznonobora.com. Am weißen Sandstrand von Pointe Matira an der Südspitze Bora Boras gelegene Unterkunft für Preisbewusste mit sechs Zimmern mit Gemeinschaftsbädern und -küche sowie vier Bungalows. Umfangreiches Ausflugsprogramm zu Lande und zu Wasser. 5500 CFP pro Person und 8500–12 000 CFP pro Bungalow bei Zweierbelegung.

Neben den zum Teil exzellenten Hotelrestaurants sind empfehlenswert:

Bloody Mary's: Tel. 67 72 86, Mo–Sa 11–15 und 18–21 Uhr, Bar Mo–Sa 9.30–23 Uhr, Dez. geschl. Eine Institution auf der Insel, in der auch schon viele Promis verköstigt wurden. Sie finden das Restaurant im Südwesten an der Baie Pofai südlich von Vaitape. Besonders die Meeresfrüchte und die Steaks sind zu empfehlen. Vorspeisen ab 1250 CFP, Hauptgerichte ab 2650 CFP. Die Cocktailkarte ist verführerisch. Die berühmte Bloody Mary gibt es für 600 CFP. Beachtenswert ebenso die Weinkarte, dazu gibt es drei verschiedene Sorten kubanische Zigarren. Seit Jahren ein Muss, unbedingt reservieren!

La Bounty: Tel. 67 70 43, Di–So 11.30–14 und 18.30–21 Uhr, an der Südspitze (Baie Taahana-Seite). Hier bekommen Sie die beste Pizza der Insel ab 1150 CFP, tolle Pasta, aber auch interessante Fischkreationen ab 1550 CFP. Salate und zum Abschluss Crêpe ab 700 CFP, alles empfehlenswert.

L'Appetisserie: Tel. 67 78 88, Mo–Sa 6–18 Uhr, Vaitape, Centre Commercial Le Pahia. Bei diesem Bäcker bekommen Sie ein leckeres Frühstück mit sehr gutem Kaffee und Croissants ab 700 CFP, ein leichtes Mittagessen ca. 1500 CFP, Eis, Kuchen, Sorbets und um Ihre Mails können Sie auch kümmern.

Wandern auf Bora Bora

Es gibt eine Reihe von herrlichen Wandermöglichkeiten im Inselinneren von Bora Bora. Die bekannteste Tour ist die auf den 661 m hohen **Mont Pahia**. Die anspruchsvolle Wanderung beginnt im Hauptort Vaitape und führt durch Obstplantagen, Felder wilder Orchideen und baumhoher Farne über einen Kamm bis zum Gipfel des Pahia mit seinem spektakulären Panoramablick. Aufgrund fehlender Markierungen und zum Teil schwieriger Bedingungen im bröckligen Gestein sollten Sie diese rund 5-stündige Tour nur mit einem ortskundigen Führer unternehmen.

Der nahe gelegene **Mont Otemanu,** mit seinen 727 m der höchste Berg Bora Boras, kann von der Baie Vairau an der Ostküste aus in ca. 2 Std. bestiegen werden. In der Höhle unterhalb des Gipfels nistet eine Kolonie Fregattvögel. Leichter ist die Tour von der Nordspitze Pointe Taihi zum 249 m hohen **Mont Papoti**. Kontakt: Trek'in Bora Mountain Guide, Tel. 67 56 40, duwasteog@yahoo.fr.

Insel Bora Bora

Roulottes: In Vaitape werden abends mehrere *roulottes* (mobile Essensstände) aufgebaut. Hier bekommen Sie schmackhafte Gerichte zu kleinen Preisen. Bei **Roulotte Matira** sollten Sie das Tandoori-Hühnchen probieren! Hauptgerichte ab ca. 1000 CFP.

Frisches Gemüse kauft man am besten im **Tiare Market Matira** im Süden der Insel, tgl. 6.30–19 Uhr geöffnet. Geschäfte, Boutiquen und Souvenirshops, Banken sowie die Post finden Sie in Vaitape.
O.P.E.C.: Tel. 67 61 62, an der Baie Pofai. Hier bekommen Sie Perlen mit Echtheitszertifikat.
Matira Pearls: Tel. 67 79 14, Mo–Sa 9–17.30, So 10–17 Uhr, an der Südspitze der Insel. Schöner Perlenschmuck.
Boutique Gauguin: Tel. 67 76 67, tgl. 8–17.30 Uhr, an der Baie Pofai. Ausgefallene Wickelröcke *(pareu),* originelle T-Shirts, schwarze Perlen und andere Mitbringsel.

Abgesehen von den Hotelbars und der Bar Bloody Mary's findet auf der Insel ein Nachtleben nur statt in der:
Recife Discotheque: Tel 67 73 87, Fr–Sa 23 bis ca. 3 Uhr, etwa 1 km nördlich von Vaitape, Eintritt 1000 CFP. Hier tanzt Bora Boras Jugend.

Ausflüge/Inselrundfahrten:
Inselrundfahrten mit Patrick Tairua, dem Sohn des letzten traditionellen Oberhauptes der Insel. Er ist ein Kenner der Geschichte Bora Boras und zeigt Ihnen die alten Kultstätten und Felszeichnungen. Patrick's Activities, Tel. 67 69 94, patrick.bora. @mail.pf.
Jeep Safari: Mehrstündige Safaris ins gebirgige Inselinnere im Geländewagen über Bora Bora Safari Land, Tel./Fax 67 71 32; Tupuna Mountain Safari, Tel./Fax 67 75 06, tupuna.bora@mail.pf.
Lagunentouren, halb- oder ganztägig inkl. Picknick auf einem Motu, werden u. a. angeboten von: Moana Adventure Tours, Tel. 67 61 41, Fax 67 61 26, moanatours@mail.pf (mehrere Boote, darunter auch ein Glasbodenboot); Keishi Tours, Tel./Fax 67 67 31; Taravana, Tel. 67 77 79, Fax 60 59 31, taravana @mail.pf.
Unterwassertouren: Aquascope Bora Bora, Tel./Fax 67 61 92, aquascopebora@mail.pf (bis zu 3-stündige Ausflüge im Semi-Submersible); Spirit of Pacific/Bora Bora Submarine, Tel. 60 37 90 und 67 55 55, Fax 60 37 91, spiritofpacific@mail.pf (bis zu fünf Ausflüge tgl. mit einem echten U-Boot).
Unterwasserspaziergang: Aqua Safari, Tel./Fax 67 74 83, Tel. 67 71 84, aquasafari@ mail.pf (Ausflüge mit Taucherhelm, etwa 40-minütiger Spaziergang auf dem Meeresboden in 3–4 m Tiefe, füttern tropischer Fische. Ca. 6000 CFP.
Helikopterflug: Héli-Inter Polynésie, Tel. 67 62 59, helico-tahiti@mail.pf (15 Min. Flug mit dem Hubschrauber; ca. 15 000 CFP.

Sport
Baden: Die schönsten Sandstrände finden Sie an der Südspitze der Insel beim Pointe Matira und auf den kleinen vorgelagerten Riffinselchen.
Fahrräder: Mautara Location, Tel. 67 73 16, in Tiipoto an der Westküste. Auch die angegebenen Autoverleiher vermieten Fahrräder.
Hochseeangeln: Bora Bora Sport Fishing, Tel. 67 77 79, Fax 60 59 31, taravana@mail.pf.
Jetski: Miki Miki Jet Tours, Tel./Fax 67 76 44, mikimikijettours@mail.pf.
Parasailing: Bora Bora Parasailing, Tel. 67 70 34, parasail@mail.pf, ca. 10 000 CFP.
Reiten: Ranch Reva Reva, Tel. 67 63 63, ranchrevareva@hotmail.com. Bis zu vier Ausritte tgl.
Segeln: Blue Lagoon Charter, Tel./Fax 67 73 48, bluelagoonchart@mail.pf. Gechartert werden kann ein luxuriöser Segler mit Schlafgelegenheiten für bis zu acht Personen. Möglich sind Tagesfahrten und mehrtägige Törns in den Gewässern der Gesellschaftsinseln bis zu den Tuamotus.
Tauchen: Eine hervorragende Stelle zum Schnorcheln finden Sie an der Südspitze der Insel. Ideal für Anfänger ist die Lagune mit ihrer reichen Meeresfauna, Fortgeschrittene haben hinter dem Riff Gelegenheit, Schildkröten, Napoleonfische, Zackenbarsche zu

Französisch-Polynesien – Gesellschaftsinseln

beobachten. Eine besondere Attraktion ist die sogenannte Rochenstraße vor der Südspitze des Motu Toopua, in der verschiedene Rochenarten vorkommen. Weitere Spots: Tapu, Toopua und Toopua Iti und vor allem Tupitipiti im Südosten mit seinen Höhlen. Anbieter: Bora Bora Blue Nui, Tel. 67 79 07, www.bluenui.com; Diveasy, Tel. 67 69 36, diveasy@mail.pf; Top Dive Bora Bora, Tel. 60 50 50, www.topdive.com.

Flüge: Die lokale Fluggesellschaft verbindet Bora Bora (BOB) mehrmals tgl. mit Tahiti. Die reine Flugzeit beträgt 50 Min. Ferner existieren tgl. Verbindungen von Bora Bora nach Huahine, Mo'orea, Raiatea sowie nach Rangiroa, einer Insel der Tuamotu-Gruppe. Der **Flugplatz** liegt auf dem Motu Mute im Norden der Lagune. Die ca. 15-minütige Überfahrt per Boot nach Vaitape ist im Flugpreis inbegriffen. Wer zuvor eine Unterkunft gebucht hat, wird abgeholt.
Air Tahiti, Tel. 67 70 35 und 60 53 53, Mo–Fr 7.30–11.30, 13.30–16.30, Sa 8–11 Uhr.
Schiff/Fähre: Die Fähren und Boote legen am Hafen in Farepiti ca. 3 km nördlich von Vaitape an bzw. ab. Zwischen Tahiti und Bora Bora existieren mehrmals wöchentlich Verbindungen. Eine Fahrt dauert rund 10 Std.
Taxi: Isnard Taxi, Tel. 67 72 25, Fax 67 72 52; Taxi Temarii, Tel. 67 74 33.
Mietfahrzeuge: Europcar, Tel. 67 70 03 und 67 70 15, das Hauptbüro befindet sich in Vaitape am Hafen; Fredo & Fils Rent-A-Car, Tel. 67 70 31, Fax 67 62 07, boraboratours@mail.pf; Fare Piti Rent-A-Car, Tel. 67 65 28 (am Hafen in Farepiti), Tel. 67 77 17 (in Vaitape).

Insel Huahine

Reiseatlas: S. 26, D–F 1–4
Der Legende nach durchtrennte der Gott Hiro einst mit seinem Auslegerkanu diese Insel, die auch der ›Garten Eden‹ genannt wird. Seitdem existieren Huahine Nui, der größere, nördliche Teil, und Huahine Iti, der kleine Teil im Süden. Bezaubernd sind sie beide.

Huahine liegt rund 175 km nordwestlich von Tahiti entfernt und gehört zu den ›Inseln unter dem Wind‹. Beide Inselteile, die zusammen eine Landfläche von 74 km² haben, werden von einem schützenden Riffgürtel umschlossen. Mehrere Passagen ermöglichen Schiffen die Durchfahrt. Huahine Nui und Huahine Iti werden durch eine Steinbrücke miteinander verbunden. Auf der östlichen Seite wird der Isthmus Maroe-Bucht genannt, auf der westlichen Bourayne-Bucht. Hoch im Norden befindet sich der Lac Fauna Nui, der genau genommen kein See ist, sondern ein Teil der Lagune, die an dieser Stelle bis auf eine schmale Wasserstraße von Land umgeben ist. Malerische Buchten, kleine, weißsandige Riffeilande *(motu)* entlang der Ostküste sowie das türkis bis azurblaue Farbenspiel der Lagune kennzeichnen die landschaftliche Schönheit der Insel, die bislang nur von wenigen Touristen besucht wird.

Fare
Reiseatlas: S. 26, E 2
Die Gesamtbevölkerung wird mit rund 5760 angegeben, die in kleinen Dörfern entlang der Küste leben. Administratives Zentrum ist **Fare** auf Huahine Nui, das ebenfalls einen hübschen Hafen hat. Die Post, Banken, Pensionen, ein Markt sowie eine Reihe von Geschäften säumen die Hauptstraße. Nördlich dieses beschaulich wirkenden Hauptortes entdeckte man 1972 bei Bauarbeiten unter einer dicken Schlammschicht Überreste eines Dorfes, perfekt konservierte Gegenstände des alltäglichen Bedarfs sowie Teile eines Auslegerkanus. Diese Fundstücke belegen eine Besiedlung der Insel im ersten Jahrtausend n. Chr.

Maeva
Reiseatlas: S. 26, E 2
Der **Inselflughafen** befindet an der Nordküste, gleich neben dem Lac Fauna Nui. Auf dem gegenüberliegenden Küstenabschnitt befinden sich die archäologischen Fundstätten von **Maeva,** eine der Hauptsehenswürdigkeiten Huahines. Unter der Leitung von Prof. Yosihiko H. Sinoto wurden hier eine

Insel Huahine

Fischfang mit Reusen auf Huahine

große Anzahl von Versammlungshäusern, hohen Steinmauern, die zur Verteidigung dienten, stufenartigen Plattformen, Häusern und weitere kultische Anlagen mit Felszeichnungen freigelegt und zum Teil restauriert. Nach den Ausgrabungen zu schließen lebten die Oberhäupter der verschiedensten Bezirke hier zumindest zeitweilig und jeder hatte sein eigenes Marae. In zentraler Lage befindet sich auf einem Hügel das **Marae Mata'ire'a Rahi.** Dieser Platz war Tane, dem Gott des Lichts, geweiht und stellt eine der bedeutendsten Kultstätten Polynesiens dar. Ein Lehrpfad führt durch das gesamte Areal, das sich von der Küste landeinwärts bis zum 429 m hohen Mt. Tapu, dem heiligen Berg, sowie auf der gegenüberliegenden Land-

zunge erstreckt. Im westlichen Teil der riesigen Kultstätte befindet sich das *fare potee,* ein kleines Museum, das altpolynesische Ausstellungsstücke und Fotos zeigt. Ein angrenzender Shop bietet Kunsthandwerk und Souvenirs lokaler Künstler zum Kauf (Mo–Fr 9–16 Uhr, Eintritt 500 CFP).

In der Lagune sind jahrhundertealte Steinreusen zu entdecken, die – mittlerweile restauriert – auch weiterhin von der Bevölkerung zum Fischfang genutzt werden.

Faie

Reiseatlas: S. 26, E 2

Wenige Kilometer südlich von Maeva liegt eine Bucht mit der Ortschaft **Faie,** die bekannt ist für ihre Ohrenaale mit den blauen

Französisch-Polynesien – Gesellschaftsinseln

Augen,. Die Tiere gelten noch heute als heilig und von den Dorfbewohnern gefüttert. Bevor Sie in die Bucht einbiegen, sehen Sie in der Lagune die **Perlenfarm Huahine Nui Pearl,** zu der man sich tgl. zwischen 10 und 15 Uhr übersetzen lassen kann.

Wer die Straße weiterfährt, gelangt zum **Belvédère,** einem 120 m hohen Aussichtspunkt, von dem man einen herrlichen Blick auf die Maroe-Bucht und Huahine Iti hat. Anschließend passiert man üppig wachsende Gemüse-, Kaffee- und Vanilleplantagen.

Die Südwestküste
Reiseatlas: S. 26, E 3

An der Bourayne-Bucht südlich der etwas verschlafen wirkenden Ortschaft Fitii befindet sich der **Eden Parc,** ein ethno-botanischer Garten. Die interessante Sammlung verschiedenster tropischer Bäume sowie exotischer Nutz- und Zierpflanzen kann besichtigt werden. Ein Mittagessen sowie eine Verkostung der verschiedenen biologisch angebauten landwirtschaftlichen Produkte runden den Besuch ab (Tel. 68 86 58, www.edenparc.org, Mo–Sa 9–16 Uhr geöffnet, Eintritt 900 CFP).

Der Süden Huahine Itis
Reiseatlas: S. 26, E 3/4

Einen Ausflug wert ist das teilweise restaurierte **Marae Anini** etwa 1 km südlich der Ortschaft Parea an der Südspitze von Huahine Iti. Diese einst bedeutende Kultstätte, dem Gott Hiro geweiht, wurde im ausgehenden 18. Jh. errichtet. Interessant sind die Petroglyphen an dem zweistufigen Tempel.

Alles über einheimische Heilkräuter und ihre Anwendungen erfahren Sie in der Anlage **Ariiura Garden Paradise** an der Baie d'Avea, knapp 1 km westlich der Brücke, die Huahine Nui und Huahine Iti verbindet (Tel. 68 85 20, Mo–Fr 9–15 Uhr, Sa 9–12 Uhr, kein Eintritt, es wird jedoch eine Spende zur Erhaltung dieser Einrichtung erwartet).

Taucher schätzen die außergewöhnliche Unterwasserwelt in der Lagune sowie am vorgelagerten Riff rund um das Motu Araara. Hier finden Sie auch die schönsten weißen Sandstrände von Huahine.

Comité du Tourisme: Tel. 68 78 81, Mo–Sa 7.30–11.30 Uhr, an der Hauptstraße in Fare. Hier erhalten Sie die aktuellsten Informationen und Broschüren.

Te Tiare Beach Resort: Tel. 60 60 50, Fax 60 60 51, www.tetiarebeachresort.com. Im Westen der Insel Huahine Nui. Insgesamt 41 ansprechende und geräumige Bungalows, davon elf Überwasserbungalows, schönes Restaurant mit ausgewählten Speisen ebenfalls auf Stelzen über die azurblaue Lagune gebaut, Bar und Boutique. Umfangreiche Sportmöglichkeiten. Das Resort ist nur per Boot zu erreichen (ca. 20 Min. eine Strecke), Flughafentransfer 6000 CFP pro Person. 36 000-80 000 CFP pro Bungalow.

Pension Mauarii: Tel. 68 86 49, Fax 60 60 96, www.mauarii.com. Direkt an einem weißen Traumstrand im Süden der Insel Huahine Iti gelegene kleine Anlage mit Doppelzimmern und Bungalows, sehr gutes Restaurant, Bar. Diverse Sportmöglichkeiten inkl. Fahrradverleih. 7500–13 000 CFP, Halbpension 4000 CFP pro Person. Flughafentransfer 3000 CFP.

Chez Guynette: Tel./Fax 68 83 75, www.huahine.com/guynette, Fare. Direkt im Hauptort gelegene Unterkunft für Preisbewusste gleich neben dem Fremdenverkehrsamt. Sieben einfache Zimmer und ein Schlafraum für acht Personen, Gemeinschaftsküche und ein Restaurant. Rechtzeitig buchen! Ab 2000 CFP pro Person im Schlafsaal, bis 5500 CFP für zwei Personen im Doppelzimmer.

Ariiura Camping: Tel. /Fax 68 85 20. An der Südspitze von Huahine Iti. Idealer Ort für Surfer. Kleine Hütten ab 4500 CFP oder Zeltplatz für 1500 pro Person. Eine Gemeinschaftsküche, eine Snackbar, ein Traumstrand und Ausflugsangebote gehören ebenfalls dazu.

In den Restaurants der oben erwähnten Unterkünfte Te Tiare Beach Resort und Pension Mauarii bekommen Sie erstklassige Gerichte serviert.

Les Dauphins: Tel. 68 78 54, außer Mi tgl. mittags und abends geöffnet. Das Restaurant etwas außerhalb von Fare an der Straße zum Flughafen bietet lokale Spezialitäten an. Ab

Insel Huahine

1000 CFP, probieren Sie den Hummer für 3500 CFP. Sie bekommen aber auch ein saftiges Steak für 1300 CFP.
Eden Parc: Tel. 68 86 58, Mo–Sa 9–16 Uhr geöffnet. An der Bourayne-Bucht im Süden von Huahine Nui, schmackhafte Gerichte ab 1000 CFP und frisch gepresste Fruchtsäfte.

 Im Hauptort **Fare** befinden sich einige Geschäfte, Souvenirläden. Das **Plaisir d'Offrir** hat ein gutes Angebot an schwarzen Perlen und Parfum. In **Faie** an der Ostküste der Insel Huahine Nui können Sie in **Huahine Pearl and Pottery** ebenfalls interessante Mitbringsel erwerben.

 Ausflüge
Rundfahrten: Huahine Explorer, Tel. 68 87 33, Island Eco-Tours, Tel./Fax 68 79 67, islandecotours@mail.pf. Geführte Rundfahrten mit einem Jeep oder Minibus zu den Sehenswürdigkeiten Huahines. Beide Anbieter holen Sie von Ihrer Unterkunft ab.
Lagunenausflüge: Huahine Nautique, Tel. 68 83 15, Fax 68 82 15, reservation@huahine-nautique.com. Ausflüge in die Lagune mit Besichtigung der Perlenfarm und/oder Picknick sowie Touren mit einem Glasbodenboot, um die Korallengärten zu erkunden.

Sport
Baden: Herrlich weiße Badestrände befinden sich am Südkap Huahine Itis nahe der Ortschaft Parea und auf dem vorgelagerten Motu Araara.
Fahrräder: Bicycle Tours, Tel. 68 82 59, kake @mail.pf (geführte Touren mit einem Mountainbike).
Hochseeangeln: Huahine Sport Fishing, Tel. 68 84 02, Fax 68 80 30, huah.mar.trans@ mail.pf.
Kajak: Huahine Lagoon, Tel. 68 70 00, Fax 68 87 57, eychenne-ma@netcourrier.com.
Reiten: La Petite Ferme, Tel./Fax 68 82 98, tgl. 8–18 Uhr, mind. einen Tag vorausbuchen. Ausritte am Strand inkl. Picknick für 4500 CFP (3 Std.) bzw. 9800 CFP (Tagestour).
Segeln: Maraamu Sailing, Tel. 68 77 10, auf Huahine Iti.

Surfen: Ausgezeichnete Bedingungen gibt's ganzjährig an der Westküste von Huahine Nui nahe dem Hauptort Fare (Fare Reef Break), unweit der Ortschaft Fitii sowie vor der Südküste Huahine Itis am Parea Reef.
Tauchen: Interessante Tauchspots liegen am Außenriff und in der Avapeihi Passage vor der Westküste von Huahine Nui. Berühmt ist das riesige Feld der rosa Korallen *(les roses)*. Für Anfänger geeignet ist das Safari Aquarium vor der Südostküste Huahine Itis. Anbieter: Pacific Blue Adventure, Tel. 68 87 21, Fax 68 80 71, pba@divehuahine.com, in Fare am Hafen. Tauchgänge und -kurse mit PADI- und CMAS-Zertifikat.

Herrliche **Schnorchelgebiete** finden Sie an der Nordostküste (La Cité de Corail) sowie vor Motu Topati ebenfalls im Osten zwischen Huahine Nui und Huahine Iti.
Wandern: Eine schöne Tour beginnt in Fare und führt auf den 669 m hohen Turi, die höchste Erhebung Huahine Nuis.

 Flüge: Mehrmals täglich Flüge zwischen Tahiti und Huahine, reine Flugzeit 35 Min. Weitere Verbindungen gibt es nach Raiatea und Bora Bora. Der **Flughafen** von Huahine (HUH) befindet sich 3 km nördlich von Fare. Wenn Sie Ihre Unterkunft zuvor gebucht haben, werden Sie abgeholt. Ansonsten gibt es einen Taxistand und Schalter von Autoverleihfirmen. Air Tahiti, Tel. 68 77 02, Fax 68 77 00, Mo–Fr 7.30–11.45 und 13.30–16.30, Sa 7.30–11.30 Uhr (in Fare), Tel. 60 62 60, Fax 60 62 64 (am Flughafen).
Schiff/Fähre: Es gibt mehrmals wöchentlich Verbindungen zwischen Tahiti und Huahine. Die Fahrzeit beträgt knapp vier Stunden. ›Aremiti 3‹, Tel. 74 39 40 und 68 75 16, Büro in Fare Mo–Fr 9–12.30 und 13.30–15 Uhr.
Taxi: Enite Taxi, Tel. 68 82 37; Moe's Taxi, Tel. 72 80 60.
Mietfahrzeuge: Avis Huahine, Tel. 68 73 34, avis.tahiti@mail.pf, in Fare und am Flughafen; Europcar, Tel. 68 88 03 und 68 82 59, huahine @europcar.pf, in Fare und am Flughafen, verleiht auch Fahrräder; Hertz, Tel. 66 76 85, in Fare; Huahine Locations, Tel. 68 76 85, huahinelocation@mail.pf.

Französisch-Polynesien – Gesellschaftsinseln

Insel Raiatea

Reiseatlas: S. 24, D–F 1–4

In der polynesischen Mythologie auch Havai'i genannt, gilt diese Insel als die ›Wiege Polynesiens‹. Der Überlieferung nach legten hier die großen Auslegerkanus zu ihren Reisen nach Rarotonga, Hawai'i und Neuseeland ab.

Raiatea ist mit einer Fläche von 171 km^2 die zweitgrößte Insel des Landes. Vulkanberge, zahlreiche Wasserfälle und tief eingeschnittene Täler prägen das Inselinnere, die höchste Erhebung ist der stets in Wolken gehüllte Mt. Tefatua (auch Mt. Toomaru genannt) mit 1017 m. Zusammen mit der nur 3 km entfernten kleinen Nachbarinsel Tahaa wird Raiatea von einem Barriereriff mit zahlreichen Motu umschlossen. Nur auf diesen Eilanden finden Urlauber schöne Bademöglichkeiten, die Insel selbst besitzt keine nennenswerten Strände.

Der Hauptort **Uturoa,** ein kleines geruhsames Hafenstädtchen mit einer Reihe von Geschäften, einem Markt, Banken und einer Post, fungiert gleichzeitig auch als administratives Zentrum der ›Inseln unter dem Wind‹. Insgesamt leben 11 133 Menschen in den Dörfern entlang der Küstenebenen, das Inselinnere ist dagegen nicht besiedelt. Der Faaroa (auch Apoomau), der in die mehr als 30 m tief eingeschnittene gleichnamige Bucht mündet, ist der einzige Fluss Französisch-Polynesiens, der zumindest auf einem kurzen Teilstück mit kleinen Booten befahrbar ist.

Früher bekannt als Havai'i, die heilige Insel, war dies das religiöse, kulturelle und politische Zentrum der Altpolynesier. Die wichtigste und größte bekannte Kultstätte Französisch-Polynesiens war das **Marae Taputapuatea** bei Opoa im Südosten der Insel. Diese Anlage wurde im 17. Jh. errichtet und war der Gottheit Oro geweiht.

Ruinen des **Marae Tainuu,** einer weiteren Tempelanlage, können archäologisch Interessierte hinter der protestantischen Kirche in der Ortschaft Tevaitoa (auch Tainuu genannt) an der Westküste entdecken.

Die Rautoanui-Passage im Nordwesten der Insel vor der Ortschaft **Pufau** war wohl einer der bevorzugten Plätze von Kapitän James Cook. Auf seinen drei Südsee-Reisen ankerte er jedes Mal hier. Er selbst nannte diese Passage den Haamanino Harbour.

Raiatea Manava Visitors' Bureau: Tel. 60 07 77, Fax 60 07 76, raiateainfo@mail.pf, Mo–Fr 8–12.30 und 13–16 Uhr. Direkt am Quai des Pêcheurs in Uturoa.

Raiatea Hawaiki Nui Hotel: Tel. 60 05 00, Fax 66 20 20, h.raiateapearl@mail.pf. Im Norden der Insel in der Tepua-Bucht wenige Kilometer vom Flughafen entfernt gelegene, in jüngster Zeit komplett renovierte schöne Anlage mit insgesamt nur acht Zimmern und 20 komfortabel eingerichteten Bungalows, davon neun Überwasserbungalows mit direktem Zugang zum Meer und einem Glasbodenbereich im geräumigen Zim-

Insel Raiatea

mer zur Beobachtung der Unterwasserwelt. Ein Restaurant mit Bar, eine Boutique, Swimmingpool inmitten einer schönen Gartenanlage gehören ebenfalls zu diesem Hotel. Diverse Sportangebote und ein Ausflugsprogramm stehen den Gästen zur Verfügung. 26 000 (Zimmer) bis 46 000 CFP für einen Premium-Überwasserbungalow.

Hotel Atiapiti: Tel./Fax 66 16 65, atiapiti@mail.pf. Sieben geräumige Bungalows mit Küche an der Opoa-Bucht im Südosten der Insel. Ein Restaurant mit guter Küche, Bar und eine wunderschöne Gartenanlage sind weitere Merkmale dieses Hotels. Div. Sportmöglichkeiten inkl. Fahrradverleih sowie ein umfangreiches Ausflugsprogramm werden angeboten. Ab 10 600 CFP für zwei Personen in einem Strandbungalow, Halbpension 4400 CFP pro Person.

Pension Tepua: Tel. 66 33 00, Fax 66 32 00, pension-tepua@mail.pf. Schöne Unterkunft an der Nordostküste der Insel mit Bungalows, Zimmern und einem Gemeinschaftsschlafraum für zwölf Personen. Ein gutes Restaurant mit lokalen und französischen Gerichten, eine Bar, ein kleiner Poolbereich sowie Sport- und Ausflugsmöglichkeiten gehören ebenfalls zum Angebot. 2500 CFP (pro Person im Schlafsaal) bis 13 000 CFP für zwei Personen im Bungalow mit Meerblick.

Sunset Beach Motel: Tel. 66 33 47, Fax 66 33 08, sunsetbeach@mail.pf. Direkt an einem Strand inmitten einer Kokosplantage im Norden der Insel gelegene Unterkunft mit 20 großen Bungalows u. a. mit kompletter Küche, die sich sehr gut für Familien eignen. In der großen Gartenanlage können darüber hinaus bis zu 25 Zelte aufgestellt werden. Das Motel hat kein Restaurant, auf Anfrage kannn jedoch Frühstück serviert werden. Umfangrei-

Trocknende Pareos an der Leine auf Raiatea

Französisch-Polynesien – Gesellschaftsinseln

ches Sportangebot und Ausflugsmöglichkeiten. 1100 CFP pro Person auf dem Zeltplatz, 9000 CFP für zwei Personen im Bungalow, 11 000 für vier Personen. Bei längerem Aufenthalt gibt es Preisnachlässe.

Neben einigen guten Hotelrestaurants sind ebenfalls empfehlenswert:
Le Quai des Pêcheur: In Uturoa, Tel. 66 43 19, tgl. geöffnet. Kleinigkeiten, ein Eis oder eine Mousse, Salate, Poisson cru, aber auch sehr leckere Meeresfrüchte zu moderaten Preisen. Samstags gibt es ab 20.30 Uhr eine Tanzshow, dafür sollten Sie zuvor reservieren. Poisson cru für 950 CFP, Salate ab 1200 CFP, Fischplatten ab 1600 CFP.
Pizza Napoli: An der Straße zwischen Uturoa und dem Flughafen, Tel. 66 10 77, Di–Fr mittags und abends, Sa, So nur abends geöffnet. Pizzeria. Ab 1100 CFP.
Moemoe: An der Hauptstraße in Uturoa in Höhe des Hafens, Tel. 66 39 85, Mo–Sa 6–17 Uhr. Eine Snackbar mit Poisson cru-Varianten (ab 900 CFP) sowie eine Reihe leckerer chinesischer und europäischer Gerichte (ab 1000 CFP). Man bekommt ein tolles Frühstück, einen gegrillten Hummer für 2850 CFP, einen guten Kaffee und frischen Obstsaft und, und, und – dieses kleine Restaurant ist auch bei Einheimischen sehr beliebt.

Einen Supermarkt, Boutiquen, Souvenirläden, einen Markt (Mi und Fr), Banken (mit Geldautomat) und die Post finden Sie im Hauptort Uturoa. Mittagsruhe der Geschäfte zwischen 12 und 13 Uhr. Souvenirs vom T-Shirt bis zu schwarzen Perlen bekommen Sie bei **Coco-Vanille.**
   Tico Pearls am Hafen bietet neben Perlenschmuck auch Skulpturen von Mara, einem der besten Künstler des Landes. Nicht versäumen sollten Sie sich bei **Arts and Crafts Village,** auch Fare Mama genannt, vorbeizuschauen. Handbemalte Pareos, Hüte und Taschen, Holzschnitzereien sowie Muschelschmuck, alles von den ›Mamas‹ hergestellt.

Ausflüge und Rundfahrten
Rundfahrten: Almost Paradise Tours, Tel./Fax 66 23 64; mehrstündige, lehrreiche Rundfahrten mit Führungen und Erklärungen. Bill Kolans, ein Amerikaner, der diese Tour noch immer durchführt, lebt seit Jahrzehnten in Französisch-Polynesien und verfügt über ein umfangreiches Wissen.
Touren: Tahaa Tour Excursions, Tel. 65 62 18; das Unternehmen führt Sie zu den archäologischen Fundstätten, aber auch zu den besten Schnorchelplätzen. Picknick auf einem Motu steht ebenso auf dem Programm.
Glasbodenboot: Aquatic Explorer, Tel. 75 71 20, aquaexplopolynesie@yahoo.fr; Ausflüge mit einem Glasbodenboot, um die Unterwasserwelt rund um Raiatea zu erkunden.
Vanille-Farm: La Vanillere, Tel. 66 15 61, Fax 66 15 62, contacts@lavanillere.com. Hier erfahren Sie alles über Vanilleanbau und Vanilleverarbeitung. Diese erste Biofarm, die sich auf den Vanilleanbau spezialisiert hat, gewann 2005 einen Preis bei einer internationalen Landwirtschaftsmesse. Führungen finden tägl. außer So um 14 Uhr statt. In dem kleinen Shop können Sie Mitbringsel kaufen, wie beispielsweise getrocknete Vanille und Vanilleseife. Eintritt 800 CFP.
Perlenfarmen, die besichtigt werden können: Anapa Perles, in Tevaitoa an der Westküste, Tel./Fax 66 34 52, anapaperles@yahoo .com; Tahi Perles, bei PK 4, Tel./Fax 66 30 97, tahiperles@mail.com; Vairua Perles, bei PK 8,7 in Avera an der Ostküste, Tel./Fax 66 42 57, vairuaperles@mail.pf.

Sport
Baden: Herrliche Badestrände und Schnorchelplätze auf den vorgelagerten Motu.
Fahrräder: Odile Locations, Tel. 66 33 47, sunsetbeach@mail.pf; Vaea Rent A Bike, am Hafen in Uturoa, Tel. 79 16 61.
Hochseeangeln: Moanavaihi II Charter, Tel./Fax 66 30 97, jpconstant@mail.pf. Das Unternehmen verfügt über ein Boot für bis zu sechs Passagiere.
Reiten: Kaoha Nui Ranch, Tel./Fax 66 25 46, kaoha.nui@mail.pf. Das Unternehmen bietet herrliche Ausritte im Inselinneren an. Die Ranch befindet sich ca. 6 km südlich von Uturoa.

Insel Taha'a

Segeln: Raiatea ist ein Mekka für Segler. Boote mit und ohne Skipper können gemietet werden bei: Catamaran Tane Charter, Tel. 66 16 87, charter.tane@mail.pf, bietet bis zu 14-tägige Törns zwischen den Gesellschaftsinseln an. Moorings, Tel. 66 35 93, Fax 66 20 94, moorings@mail.pf. Das größte Angebot an unterschiedlichen Booten und Fahrten auch zu anderen Gesellschaftsinseln.

Surfen: Maohi Kiteboarding, Tel. 66 11 38, alexnath@mail.pf.

Tauchen: Die Korallengärten Raiateas zählen zu den schönsten des Landes. Ebenfalls erwähnenswert ist die 120 m lange, sogenannte Grotte der Kraken mit ihren zwei Sälen an der Nordspitze der Insel. Ein weiterer sehr interessanter Tauchspot ist das Wrack der »Nordby«, eines Dreimasters, der 1900 sank und in der Nähe des Raiatea Hawaiki Nui Hotels leicht zu erreichen ist. Anbieter: Hémisphère – Sub Plongée, Tel. 66 12 49, Fax 66 28 63, hemis-subdiving@mail.pf. Die Basis finden Sie an der Apooiti Marina und im Raiatea Hawaiki Nui Hotel. Das Unternehmen bietet Tauchkurse (CMAS- bzw. PADI-Zertifikat) und Tauchgänge in die Lagune Raiateas. Te Mara Nui Plongée, im Hafen von Uturoa, Tel./Fax 66 11 88, temaranui@mail.pf, tgl. geöffnet. Tauchkurse und nächtliche Tauchgänge.

Wandern: Sehr lohnend ist der Aufstieg auf den 294 m hohen Hausberg Uturoas, den Mt. Tapioi, mit herrlichem Panoramablick über Raiatea, die Schwesterinsel Tahaa und die Lagune. Bei einer Wanderung von der Ortschaft Pufau an der Nordwestküste auf den 792 m hohen Mt. Temehani können Sie die berühmte weiße Tiare Apetahi entdecken, die heilige, nur hier oberhalb von 400 m gedeihende Pflanze. Von der Kaoha Nui Ranch, südlich von Uturoa gelegen, erreichen Sie nach etwa 4 km drei Wasserfälle. Eine schöne, aber anspruchsvolle Tour (besonders bis zum dritten Wasserfall).

Flüge: Die lokale Fluggesellschaft fliegt mehrmals tgl. von Tahiti, aber auch von Mo'orea, Huahine und Bora Bora aus nach Raiatea. Der **Flugplatz** (RFP) befindet sich im Norden der Insel etwa 3 km vom Hauptort Uturoa entfernt. Die reine Flugzeit von Tahiti nach Raiatea beträgt 45 Min. Eine Taxifahrt zwischen Flughafen und Uturoa kostet 1000 CFP. Wenn Sie Ihre Unterkunft gebucht haben, werden Sie abgeholt. Air Tahiti, Tel. 60 04 44 (in Uturoa, Mo–Fr 7.30 bis mittags, 14–17, Sa 7.30–11 Uhr) und Tel. 60 04 40, Fax 60 04 49 (am Flughafen).

Schiff/Fähre: Verschiedene Reedereien bieten mehrmals wöchentlich Verbindungen zwischen Tahiti und Raiatea sowie zwischen Raiatea und Huahine, Bora Bora etc. Zwischen Raiatea und der Schwesterinsel Tahaa gibt es einen regelmäßigen Pendelverkehr mit einem Katamaran oder mit Speedbooten. Erkundigen Sie sich am Hafen nach den genauen Plänen.

Taxi-Boat Service: Tel. 65 65 29 und 65 66 44, taxi-boat@mail.pf (verbindet die beiden Inseln Raiatea und Tahaa tgl. zwischen 6 und 18 Uhr). Buchen Sie 24 Std. im Voraus!

Busverbindungen: Die Busse auf Raiatea fahren während der Geschäftszeiten am Markt in Uturoa ab, verkehren jedoch nicht sehr häufig.

Taxi: Taxistände sind am Markt und am Hafen in Uturoa, Tel. 66 20 60 und 66 36 74.

Mietfahrzeuge: Avis Pacificar, Tel. 66 20 00 (Schalter am Flughafen), Tel. 60 00 95 (Büro in Uturoa), avis.tahiti@mail.pf; Europcar, Tel. 66 34 06, Fax 66 16 06, raiatea@europcar.pf, mit Büros am Flughafen und in Uturoa am Hafen, verleiht auch Motorroller und Fahrräder; Hertz Rent-a-Car, Tel. 66 44 88, Fax 66 44 89, hertzqmail.pf, in Uturoa.

Motorboot: Europcar, Tel. 66 34 06, verleiht auch Motorboote unterschiedlicher Stärken, abhängig davon, ob Sie einen Führerschein besitzen oder nicht.

13 Insel Taha'a

Reiseatlas: S. 23, A–C 1–3

Der altpolynesische Name dieser landschaftlich überaus reizvollen, ruhigen, von Touristen kaum besuchten Insel lautet Uporu. Die Legende weiß zu berichten, dass diese Insel

Überwasserbungalows des Taha'a Pearl Beach Resort auf der Insel Taha'a

Französisch-Polynesien – Gesellschaftsinseln

einst von Zuwanderern aus dem Westen, vermutlich aus Samoa, besiedelt wurde. Deren Hauptinsel wiederum heißt 'Upolu.

Patio
Reiseatlas: S. 23, B 1

Taha'a ist etwa 88 km^2 groß und liegt nur 3 km nördlich der Insel Raiatea, mit der sie eine Lagune gemeinsam hat. **Patio** an der Nordküste ist der malerische Hauptort. Ihm vorgelagert scheinen Dutzende kleiner und kleinster Inseln aufgereiht wie an einer Perlenschnur in der smaragdgrünen Lagune zu schwimmen.

Tapuamu
Reiseatlas: S. 23, A 2

Der wichtigste Hafen von Taha'a befindet sich bei **Tapuamu** im Westen der Insel. Einige wenige Dörfer reihen sich zudem entlang der buchtenreichen Küste, das einsame, unbesiedelte Inselinnere wird geprägt durch eine üppige Vegetation und den 598 m hohen Mt. Ohiri, einen alten, an mehreren Stellen in sich zusammengefallenen Vulkan. Von seinem Gipfel bietet sich ein herrlicher Ausblick auf die Nachbarinseln.

Maison de la Vanille
Reiseatlas: S. 23, B 2

Haupterwerbszweige der rund 4800 Inselbewohner sind neben der Bewirtschaftung der Perlenfarmen vor allem der Vanilleanbau, schließlich wird etwa 80 % der Vanille aus Französisch-Polynesien auf dieser kleinen Insel produziert. Kein Wunder also, dass Taha'a auch die Vanilleinsel genannt wird.

Das starke, berauschende Aroma der duftenden Schoten einer Orchideenart, dem ›schwarzen Gold‹ Taha'as, ist allgegenwärtig. Im **Maison de la Vanille,** einem Landwirtschaftsbetrieb südlich der Ortschaft Haamene, werden rund 1000 Pflanzen für die Vanilleproduktion kultiviert. Beim Besuch erfahren Sie alles über die Befruchtung der Blüten, das Trocknen und Sortieren der Schoten (Tel. 65 67 27, Mo-Sa vormittags, Eintritt frei, ein kleiner Betrag für den Rundgang wird jedoch erwartet).

Le Taha'a Private Island & Spa: Tel. 60 84 00, Fax 60 84 01, www. letahaa.com. Dem Himmel ganz nah, so fühlt man sich in dieser außergewöhnlichen Anlage bereits beim Einchecken. Dieses Resort auf dem Motu Tautau ist das Nonplusultra der gesamten polynesischen Hotellerie und als einziges im pazifischen Inselraum in die Kette Relais & Chateaux aufgenommen worden. Von dem Architekten Pierre Jean Picart entworfen, 2002 fertiggestellt und seitdem mehrfach preisgekrönt, bietet es luxuriöse Strandvillen und Überwasserbungalows u. a. mit großer Terrasse und direktem Zugang zum Meer und Glasbodentisch zur Beobachtung der herrlichen Unterwasserwelt. Erstklassige Restaurants und Bars, Boutique, Juwelier, eine mehrfach ausgezeichnete Wellness-Abteilung, seit kurzem ein Fitness-Center sowie eine Tauchbasis, diverse Sportmöglichkeiten und eine kunstvoll gestaltete Lobby sind weitere Highlights dieser Anlage. Hier wurde der traditionelle polynesische Baustil mit einem hohen Maß an Luxus vereint. Und – sozusagen als Zugabe – strahlt das kristallklare Wasser der Lagune in einer Intensität, als wäre es nicht von dieser Welt. 92 000 (97 000 von Juni bis Mitte November) bis 230 000 CFP pro Nacht in einer der beiden neu gestalteten, jeweils 270 m^2 großen Royal Beach-Villen. Sie werden entweder am Flughafen in Raiatea mit einem Boot abgeholt und erreichen das Resort auf dem privaten Motu nach rund 45 Min., oder Sie schweben mit einem Hubschrauber von der Insel Bora Bora ein. Die erste Variante kostet 4000 CFP, die zweite 21 000 CFP pro Person.

Résidence d'Hôtel Le Passage: Tel./Fax 65 66 75, www.tahaa-le-passage.com. An der Ostküste bei Fa'aha gelegene kleine Unterkunft mit drei Bungalows mit Terrasse inmitten einer schönen Gartenanlage. Ein kleines Restaurant wartet mit guter lokaler Küche auf! Den Gästen stehen u. a. Kajaks und Mountainbikes zur Verfügung, Ausflüge zur Erkundung der Insel und Bootstouren werden ebenso angeboten. 18 000 CFP pro Person inkl. Halbpension. Bootstransfer von Raiatea (Flughafen) ca. 20 Min., 7000 CFP pro Fahrt

Insel Taha'a

(kostenlos, wenn Sie mindestens drei Nächte bleiben).
Au Phil du Temps: Tel./Fax 65 64 19, www.pension-au-phil-du-temps.com. Kleine, ruhige Familienpension an der Westküste nahe Tapuamu. Zwei direkt an der Lagune gelegene Bungalows für bis zu vier Personen, Restaurant. Ausflüge zu Lande und zu Wasser werden nicht berechnet, wenn Sie drei Nächte und länger inkl. Vollpension gebucht haben. Fahrräder und Kanus stehen zur freien Verfügung. Gute Küche. Übernachtung im Bungalow inkl. Frühstück 6000 CFP pro Person, 10 000 CFP pro Person inkl. Halbpension und 13 000 CFP inkl. Vollpension. Bootstransfer ab Flughafen in Raiatea ca. 40 Min., 3000 CFP einfache Fahrt pro Person.

Neben den erwähnten Hotelrestaurants ist ebenfalls empfehlenswert:
Restaurant Tahaa Maitai: in Haamene, Tel. 65 70 85, Mo–Fr 10–14 30 und 19–20 Uhr, Sa abends, So mittags geöffnet. Auf der Karte stehen leckere Fischgerichte, Salate, Cheeseburger, Nachspeisen, Eis u.v.m. Hauptgerichte ab 1300 CFP, Salate ab 600 CFP. Bemerkenswert ist die Cocktail-Karte.

Kleine Lebensmittelgeschäfte gibt es in Patio, Haamene, Tiva und Tapuamu. Lokales Kunsthandwerk und handbemalte Wickeltücher (Pareos) führt die **Sophie Boutique,** Tel. 65 62 56, an der Baie de Hurepiti an der Westküste. Eine gute Auswahl an schwarzen Perlen und Kunsthandwerk bietet **Motu Pearl Farm,** Tel. 65 66 67, in der Ortschaft Fa'aha.

In Haamene kann man sich in der groß angelegten Plantage **Maison de la Vanille,** Tel. 65 67 27, alles über den Vanilleanbau erklären lassen und getrocknete Vanille kaufen. Öffnungszeiten: Mo–Sa vormittags, Eintritt frei.

Ausflüge
Inseltouren, bei denen Sie u. a. erfahren wie Vanille, das ›schwarze Gold‹ Tahaas, angebaut wird, und Entdeckungsfahrten mit dem Jeep in das gebirgige Inselinnere über:
Tahaa Tours Excursions, Tel./Fax 65 62 18; Vanilla Tours, Tel. 65 62 46, Fax 65 68 97, vanilla.tours@mail.pf.
Lagunentripps mit Perlenfarm: Dave's Tours, Tel./Fax 65 62 42; Monique Cruise, Tel./Fax 65 62 48.
Meeresschildkrötenreservat: Hibiscus Fondation, in der Baie Haamene, Tel. 65 61 06, Fax 65 65 65. Fütterung jeden Morgen um 9 Uhr, Eintritt frei.

Sport
Baden: Weiße Traumstrände finden Sie auf den vorgelagerten Motu im Norden und Nordosten.
Tauchen: Die smaragdgrün schimmernde Lagune von Taha'a mit ihrem kristallklaren Wasser ist ein riesiges natürliches Aquarium mit zauberhaften Korallengärten und unzähligen Napoleonfischen, Zackenbarschen, Barrakudas und Muränen. Kenner schwärmen besonders vom »japanischen Garten«. An den beiden breiten Riffpassagen, der Passe Toahotu im Südosten und der Passe Paipai im Südwesten, können Delphine beobachtet werden. Tauchgänge und -kurse bucht man über Shark Dive Polynesia, Tel./Fax 65 65 60, shark@dive.pf, nahe Patio.
Wandern: Eine schöne Wanderung beginnt bei Haamene und führt durch das Vaiharuru-Tal bis nach Patio, der Ortschaft an der Nordküste. Eine weitere lohnende Tour führt von Vaitoare an der Südküste entlang. Sie passieren die kleinen Ortschaften Apu an der gleichnamigen Bucht, in der Kreuzfahrtschiffe vor Anker gehen, sowie Vaipiti und Poutoru. Vom Col Vaitoetoe haben Sie einen herrlichen Ausblick auf die beiden tief eingeschnittenen Buchten Hurepiti und Haamene.

Schiff/Fähre: Mehrmals wöchentlich bestehen Schiffsverbindungen zwischen Tahiti, Huahine, Raiatea, Bora Bora und Taha'a. Zwischen Taha'a und der Nachbarinsel Raiatea (Anlegestelle Uturoa) pendeln mehrmals täglich zwischen 6 und 18 Uhr Shuttle-Boote sowie ein Wassertaxi. Taxi-Boat Tahaa, Tel./Fax 65 66 44; Monique Location, Tel./Fax 65 62 48.

Die Tuamotu-Inseln

Reiseatlas S. 28

Es ist schon eine ganz eigentümliche Erfahrung, auf einer nur wenige Meter breiten ›Landmasse‹ zu stehen, auf der einen Seite der azurblaue Pazifik und auf der anderen die Lagune, darauf hoffend, dass auch die nächste Welle weiß, was sie tut.

77 flache, maximal 3 m über den Meeresspiegel hinausragende Atolle sowie eine gehobene Koralleninsel mit einer Gesamtlandfläche von ca. 850 km^2 verstreut auf einer Fläche von mehr als 20 000 km^2 – das sind die Tuamotus, der größte der fünf Archipele Französisch-Polynesiens. Sie werden wiederum in verschiedene Gruppen aufgeteilt: Rangiroa und Manihi zählen danach zur nordwestlichen Gruppe. Auf allen Atollen zusammen wohnen etwa 12 000 Menschen. Sie leben von der Perlenzucht und von den Touristen, Tauchtouristen zumeist, denn die Unterwasserwelt der Tuamotus gehört zu den schönsten der Welt.

In die Schlagzeilen der Weltöffentlichkeit gerieten zwei Atolle der südlichen Tuamotu-Gruppe: Zwischen 1966 und 1996 zündeten die Franzosen auf Moruroa und Fangataufa knapp 200 Atombomben, etwa ein Viertel davon überirdisch. Nun haben die Franzosen die beiden Atolle zu Sperrgebieten erklärt. Zurückgelassen haben sie große Mengen radioaktiven Mülls, der in den über 100 Bohrschächten lagert, zerstörte Inseln, vor allem aber Tausende krebskranke Menschen.

14 Insel Rangiroa

Reiseatlas: S. 28, D–F 1–2
Rairo'a oder Ra'iroa, ›der weite Himmel‹, so wird das größte Atoll des Südpazifik und das zweitgrößte der Welt auch genannt. Im Jargon sagt man heute oft auch nur kurz Rangi. Hunderte von Inselchen reihen sich rings um eine zentrale, in allen nur denkbaren Farbtönen von Aquamarin bis Türkisgrün schimmernde Lagune, die knapp 80 km lang und bis zu 32 km breit ist – so groß, dass man wegen der Erdkrümmung die gegenüberliegenden Inselchen nicht sehen kann. Im Nordwesten liegen die beiden bewohnten Motu Avatoru und Tiputa, dazwischen der kleine Flughafen. Insgesamt leben auf Rangiroa etwas mehr als 3000 Menschen, der überwiegende Teil auf **Tiputa,** dem Verwaltungssitz der Tuamotus. Eine rund 10 km lange Straße führt vom westlichen Ende des Motu Avatoru am Flugplatz vorbei zur Tiputa Passage. Von dort aus geht es nur mit dem Boot weiter zum zweiten Dorf.

Hotel Kia Ora: Tel. 93 11 17, Fax 96 02 20, www.hotelkiaora.com. Luxuriöse Anlage auf dem Motu Reporepo etwa 4 km vom Flughafen entfernt mit insgesamt 63 Überwasser-, Strand- und Gartenbungalows inmitten einer herrlichen Kokosplantage. Sehr gutes Restaurant, Bar, Sportmöglichkeiten, Tauchbasis und Ausflugsprogramm. 32 000-68 000 CFP. Auf dem 4 ha großen Motu Avea Rahi, ca. eine Stunde Bootsfahrt entfernt, bietet das Hotel noch eine ›Außenstelle‹, das **Kia Ora Sauvage,** mit nur fünf Strandbungalows für max. 10 ›Robinsone‹ an. Keine Klimaanlage, kein Telefon, keinen Strom, nur das Geräusch der Wellen, die sich beständig draußen am Riff brechen. 40 000 CFP pro Person inkl. Vollverpflegung.

Insel Rangiroa

Les Relais de Josephine: Tel./Fax 96 02 00, www.relaisjosephine.free.fr. Kleine Anlage mit nur sechs attraktiven Bungalows auf dem Motu Reporepo. Zu bestimmten Zeiten können Sie vom Strand aus Delphine beobachten. 19 000 CFP pro Bungalow für zwei Personen inkl. Halbpension.
Pension Teina & Marie: Tel. 96 03 94, pensionteinasimone@caramail.com. An der äußersten Südostspitze des Motu Reporepo mit einfachen Zimmern ab 6500 CFP inkl. Halbpension und Zeltplatz für 1000 CFP.

Das Angebot außerhalb der hoteleigenen Restaurants ist begrenzt. Es gibt einige kleine Snackbars auf dem Motu Avatoru wie beispielsweise:
Chez Auguste et Antoinette: Tel. 96 85 01, gegenüber der Post. Sandwiches ab 300 CFP, Hauptgerichte ab 900 CFP. Wie anders zu erwarten, ist der fangfrische Fisch hier exzellent.

Es gibt einige wenige Geschäfte in den beiden Ortschaften auf Avatoru und Tiputa.

Bootsausflüge inkl. Picknick auf einem Motu gehören wohl zu den eindrücklichsten Erlebnissen während eines Aufenthaltes auf Rangiroa. Besonders erwähnenswert ist die **Blaue Lagune** mit ihren unzähligen Fischen unweit des **Motu Taeo'o** im Westen Rangiroas. Auf den benachbarten Inselchen nisten seltene Vogelarten, darunter Blaukappenloris, die Sie beobachten können.

Weitere lohnende Ausflugsziele sind die **Île aux Recifs** (Riffinsel), etliche herausgehobene Korallenformationen im Süden sowie die **Sables Roses** am Motu Vahituri mit einer rosa- bis violettfarbenen Sandbank im äußersten Südosten etwa 2 Bootsstunden von Avatoru entfernt. Anbieter: Matahi Excursions, Tel. 96 84 48, Ausflüge mit einem Glasbodenboot, Pa'ati Excursions, Tel. 96 02 57, umfangreiches Angebot verschiedenster Ausflüge; Wassersportzentrum C.A.N.A.R. Rangiroa, Tel./Fax 96 04 96, rangicanar@hotmail.com. Neben Bootsausflügen werden

Mit der Autorin unterwegs

Besuch einer Perlenfarm
Nicht versäumen sollten Sie einen Besuch auf einer Perlenfarm (s. S. 361, 363).

Rangi unter Null
Lassen Sie sich verzaubern von der überwältigenden Schönheit der Unterwasserwelt Rangiroas! Kein Geringerer als Jacques Cousteau zählte diese Tauchspots zu den schönsten im gesamten Pazifik (s. S. 361).

Delphinbeobachtungen, Angelausflüge und Fahrräder angeboten.
Gauguin's Pearl: Sehr empfehlenswert ist eine Besichtigung dieser Perlenfarm auf dem Motu Vaimate. Angeschlossen ist ein Shop, in dem Sie lose und gefasste Perlen kaufen können. Führungen jeweils Mo–Fr 8.30, 10.30 und um 14 Uhr. Wenn Sie sich zuvor unter Tel. 93 11 30 anmelden, werden Sie kostenfrei von Ihrer Unterkunft abgeholt.

Sport
Tauchen: Die Lagune Rangiroas zählt zu den besten Unterwasserrevieren der pazifischen Region. Für Anfänger geeignet ist der Spot ›The Aquarium‹ in der Tiputa Passage vor dem Motu Nuhi Nuhi. Aber auch fortgeschrittene Taucher sind begeistert von den etwa zehn spektakulären Tauchplätzen der Passagen und Außenriffe mit ihren Höhlen und der überwältigenden Vielfalt der Unterwasserfauna. Besonders hervorzuheben sind Großfische wie Manta- und Leopardenrochen, Barrakudas und verschiedene Haiarten, aber auch die Napoleon- und Doktorfische, die zuweilen die Tauchgruppe begleiten. Bekannte Spots sind The Valley ebenfalls in der Tiputa Passage sowie Les Cavernes in der Avatoru Passage und das nahe gelegene Revier Mahuta. Weniger bekannt, aber unvergleichlich schön ist die Unterwasserwelt von Les Failles im Westen ca. 1 Bootsstunde von Avatoru entfernt. Kurse (PADI-Zertifikat) und geführte Tauchgänge über: Blue Dol-

Französisch-Polynesien – Tuamotu-Inseln

phins, Tel./Fax 96 03 01, bluedolphins@mail.pf, beim Hotel Kia Ora; Top Dive Rangiroa, Tel./Fax 96 05 60, rangiroa@topdive.com, Büro in Avatoru.

Flüge: Der **Flughafen** befindet sich auf dem Motu Tevaiohie. Air Tahiti verkehrt zwischen Tahiti und Rangiroa (RGI) mehrmals täglich, die reine Flugzeit beträgt eine Stunde. Einmal wöchentlich gibt es eine Flugverbindung zwischen Rangiroa und Nuku Hiva (Marquesas-Inseln), darüber hinaus werden von Rangiroa aus andere Tuamotu-Inseln angeflogen. Air Tahiti, Tel. 93 11 00, Mo–Sa 7.30–12.30 und 13.30–18.30 Uhr.

Schiff/Fähre: Mehrere Fracht- und Passagierschiffe legen – von Tahiti/Pape'ete aus kommend – an einigen der bewohnten Tuamotu-Inseln an. Erkundigen Sie sich an der Anlegestelle Motu Uta in Pape'ete nach Verbindungen.

Mietfahrzeuge: Leihen Sie sich ein sogenanntes *fun car,* das sind diese lustigen Fahrzeuge auf drei Rädern, in denen zwei Personen sitzen können, und fahren Sie nach links oder nach rechts die Straße runter. Eine Stunde reicht für die nur 10 km lange, asphaltierte Strecke. Europcar, Tel. 96 03 28 auf dem Motu Vaimate, auch Fahrräder.

Boote: Zwischen den beiden Ortschaften auf Avatoru und Tiputa gibt es Bootstransfers.

Insel Manihi

Reiseatlas: S. 28, F 1

Auf Manihi, dem »Atoll am Ende der Welt«, wurde 1968 die erste Perlenfarm des Tuamotu-Archipels gegründet. Einheimische nennen das Atoll zuweilen auch *po'e rava,* genauso wie die seltene, schwarze Perle selbst, der sie ihren bescheidenen Wohlstand verdanken.

Mehr als 100 Einzelinselchen mit einer Landfläche von zusammen nur rund 13 km^2 umrahmen die über 150 km^2 große ovale Lagune. Offiziellen Angaben zufolge leben hier 789 Menschen, die meisten von ihnen in der Ortschaft Paeua (auch Turipaoa genannt) im Südwesten, wo sich auch die Anlegestelle befindet. Reste uralter Marae können entlang des Korallenriffs entdeckt werden.

Manihi Pearl Beach Resort: Tel. 96 42 73, Fax 96 42 72, www.pearlresorts.com. Wundervolle Anlage mit 41 Strand- und Überwasserbungalows im Südwesten, nur etwa 1 km vom Flughafen entfernt. Sehr schönes Restaurant; Bar, Boutique, Perlengeschäft, Pool, ein ausgezeichnetes Tauchcenter, Minigolf etc. Bei den Überwasserbungalows sieht man durch eine im Boden eingelassene Glasplatte die bunten Tropenfische. Dieses und andere Details tragen dazu bei, dass der Aufenthalt in diesem Resort besonders angenehm ist. 31 000–63 000 CFP je nach Bungalow für zwei Personen zwischen

Insel Manihi

Ferienhaus auf Rangiroa

Juni und Mitte Nov., 28 000–60 000 CFP während der übrigen Monate.

Bootsausflüge inkl. Picknick mit selbst gefangenem Fisch werden für die Gäste des Manihi Pearl Beach Resort organisiert. Darüber hinaus können mehrmals wöchentlich **Perlenfarmen**, wie beispielsweise CJC Perles, besichtigt werden. Interessant sind auch die aus Korallenblöcken errichteten altpolynesischen Kultstätten auf den beiden im Norden gelegenen Motu Tokivera und Farekura sowie sowie das Marae Kamoka im Süden.

Tauchen: Riffpassagen, Steilwände, eine außergewöhnliche Vielfalt der Unterwasserfauna mit Napoleonfischen, marmorierten Zackenbarschen, Schwärmen von Barrakudas und prächtigen Mantas sowie Meeresschildkröten sind nur einige der Attribute, die das Tauchrevier von Manihi so faszinierend machen. Bekannte Spots sind u. a. The Drop Off und The Circus. Anbieter: Manihi Blue Nui, Tel./Fax 96 42 17, manihinluenui@mail.pf.

Flüge: Mindestens einmal täglich verbindet Air Tahiti Manihi (XMH) mit der Hauptinsel Tahiti. Die reine Flugzeit beträgt 75 Min. Darüber hinaus gibt es Flugverbindungen innerhalb der Tuamotus sowie zwischen Bora Bora bzw. Raiatea und Manihi. Air Tahiti, Tel. 96 43 34 und 96 42 71

Schiff/Fähre: Mehrere Fracht- und Passagierschiffe verbinden Tahiti mit Manihi. Die Anlegestelle befindet sich in Paeua an der Südspitze.

Bunte Rifffische in den Gewässern vor Rangiroa

Die Gambier-Inseln

Reiseatlas S. 28

Gambier? Die meisten Menschen hierzulande haben wohl noch nie etwas von diesem Archipel gehört. Nur ausgewiesenen Perlenkennern dürften diese Inseln ein Begriff sein, in deren Gewässer die wohl schönsten ›Schätze der Südsee‹ heranwachsen.

Die kleine Inselgruppe schließt in südöstlicher Richtung an die Tuamotus an. Die Hauptinsel, Mangareva, liegt rund 1700 km von Tahiti entfernt. Über die frühe Geschichte des Archipels ist wenig bekannt. Zahlreiche archäologische Fundstätten zeugen jedoch von einer dichten Besiedlung der Inseln. Der erste europäische Entdecker war James Wilson, von ihm erhielt die Inselgruppe 1797 auch ihren Namen: nach James Gambier, Admiral und Gouverneur von Neufundland zu jener Zeit und, ausschlaggebend für Wilson, Finanzier seiner Expedition.

Der Gambier-Archipel besteht aus zehn felsigen Inseln vulkanischen Ursprungs, deren höchste Erhebungen wenig mehr als 400 m über den Meeresspiegel hinausragen. Diese liegen eingebettet in einer traumhaften, fischreichen Lagune, an ihrem Rand befinden sich etwa 25 Kalkinselchen, Motu genannt. Die Gesamtlandfläche beträgt 27 km^2.

Eine Reise zu diesen Inseln war bis vor einigen Jahren nur mit einer Sondergenehmigung der französischen Militärbehörde gestattet. Grund hierfür waren die Kernwaffenversuche, die auf den nahen Atollen Moruroa und Fangataufa durchgeführt wurden.

Insel Mangareva

Reiseatlas: S. 28, E 3
Der Name Mangareva, ›Berg, auf dem *reva* wächst‹, bezieht sich auf *Cerbera manghas,* eine duftende Pflanze, die zur Familie der Hundsgiftgewächse gehört. Nach einer anderen Übersetzung bedeutet Mangareva ›schwimmender Berg‹. Die Insel ist die größte des Gambier-Archipels und nahezu die einzige, die ständig bewohnt ist. Ihre Lage am Rand der gemäßigten Klimazone führt dazu, dass es hier ganzjährig kühler ist als auf den meisten anderen Inseln Französisch-Polynesiens. Da es auf Mangareva keine natürlichen Süßwasserquellen gibt, dient einzig das in Zisternen gesammelte Regenwasser zur Wasserversorgung.

Haupteinnahmequelle der rund 1000 Menschen, die auf allen Inseln des Archipels leben, ist die Zucht schwarzer Perlen, deren Qualität aufgrund der hier herrschenden Bedingungen besonders hoch ist. Die Bewohner haben eine eigene Sprache, die Reo Mangareva genannt wird.

Das administrative Zentrum der Inselgruppe heißt **Rikitea.** Hier befindet sich neben einigen Geschäften und der Post auch die imposante Kathedrale Saint-Michel, die Mitte des 19. Jh. aus Korallengestein errichtet wurde. Dieser Kirchenbau, mit seinen beiden Türmen an Notre-Dame de Paris erinnernd, ist der größte Polynesiens. Im über 60 m langen und 21 m breiten Innenraum sollen rund 2000 Menschen Platz finden, doppelt so viel, wie der Archipel Einwohner hat. Ungewöhnlich ist auch der Altar mit seinen schwarzglänzenden Perlmuttschalen.

Der Bau dieser Kirche sowie eine Vielzahl anderer Einrichtungen, darunter neun weitere Kirchen und Kapellen, Klöster sowie zwei Ge-

Insel Mangareva

fängnisse, geht auf den französischen Priester Honoré Laval zurück, der sich 1834 auf der Insel niederließ und die Bevölkerung lange Jahre rücksichtslos beherrschte. 37 Jahre später wurde er in Tahiti des Mordes angeklagt und für psychisch krank erklärt. Der fanatische Laval hatte die Bewohner der Gambier-Inseln mit drastischen Maßnahmen gezwungen, seine absurden Bauwünsche umzusetzen. Während dieser Jahre starben Hunderte von Einheimischen.

Das **Comité du Tourisme** wird durch Bianca Urarii vertreten, Tel./Fax 97 83 76 und 88 08 81, biancabenoît@mail.pf.

Auf dieser Insel gibt es kleine familiäre Pensionen, die Inselerkundungen, Ausflüge zu den Nachbarinseln sowie zu Perlenfarmen anbieten.
Chez Bianca & Benoît: Tel./Fax 97 83 76, biancabenoit@mail.pf. Dieses Gästehaus liegt gleich oberhalb der größten Ortschaft der Insel, Rikitea, und bietet einen herrlichen Panoramablick über die Bucht bis hinüber zur Insel Aukena. Drei Zimmer im Obergeschoss mit Gemeinschaftsbad 9500 CFP pro Person inkl. Halbpension. Darüber hinaus vermietet das Ehepaar vier Bungalows auf der unbewohnten Insel Temoe, die sich etwa 60 km weiter im äußersten Südosten des Archipels befindet. Die Bungalows sind jeweils für max. drei Personen eingerichtet, besitzen ein Badezimmer und eine Terrasse. 15 000 pro Person bzw. 20 000 für zwei Personen jeweils inkl. Halbpension.

Die meisten Besucher unternehmen **Bootsausflüge** zu den Motu, kleine Wanderungen sowie Besichtigungen der Perlenfarmen, vorchristlichen Kultstätten und der Kathedrale.
Lohnend ist eine **Wanderung** auf den im Süden der Insel gelegenen 441 m hohen **Mont Duff**. Oben angelangt, können Sie das fantastische Panorama auf herrliche Buchten, weitere felsigen Inseln und flachen Motu genießen, die in der türkisfarbenen Lagune zu schwimmen scheinen. Andere Touren führen durch Obstgärten mit exotischen Früchten und über sanfte Hügel, die mit einer hohen Grasart, die die Einheimischen *aeho* nennen, und Farnen bewachsen sind. An machen Stellen sind noch Überreste der Bauprojekte des französischen Priesters Honoré Laval zu entdecken.

Flüge: Einmal wöchentlich verkehrt Air Tahiti zwischen Tahiti und Mangareva (GMR), die reine Flugzeit beträgt rund 3,5 Std. Während der Schulferien werden zusätzliche Flüge angeboten. Der Flughafen mit seiner nun völlig überdimensioniert wirkenden Landebahn befindet sich auf dem Motu Totegegie etwa 8 km nordöstlich von Rikitea. Er wurde Ende der 1960er-Jahre von der französischen Luftwaffe anlässlich der Kernwaffenversuche auf den nahe gelegenen Atollen Moruroa und Fangataufa gebaut. Die Bootsfahrt zum Hauptort dauert etwa 45 Min. und kostet 500 CFP pro Person.
Air Tahiti, Tel. 97 82 65, Mo und Fr 8–14, Mi 8–10 Uhr.
Wan Air, Tel. 50.44.17. Da Robert Wan (s. S. 321) eine Reihe von Perlfarmen in dieser Region besitzt, fliegt seine Chartermaschine die Strecke häufig.
Schiff/Fähre: Versorgungsschiffe, die auch Passagiere mitnehmen, etwa einmal monatlich von Tahiti zu einigen Gambier-Inseln.

Mit der Autorin unterwegs

Kathedrale Saint-Michel
Bei Ihrem Bummel durch Rikitea, den Hauptort des Archipels, sollten Sie sich unbedingt dieses architektonische Meisterwerk mit seiner tragischen Geschichte anschauen (s. S. 366).

Am Ende der Welt
Während einer Fahrt durch die herrliche Lagune zu nahezu unbewohnten Inseln wie Aukena oder zu den längst verlassenen Eilanden Akamaru und Agakaitai fühlt man sich wie am Ende der Welt.

Die Austral-Inseln

Reiseatlas S. 27

Kapitän James Cook, wer sonst, war der erste Europäer, später kamen Fletcher Christian und seine Mannen. Ihren Kapitän Bligh und die anderen hatten sie da bereits in ein offenes Boot … Sie erinnern sich. Aber heutzutage? Die wenigen Besucher, die hierher kommen, sind schnell gezählt. Dabei macht gerade diese Abgeschiedenheit den besonderen Reiz der Austral-Inseln aus.

Diese sieben, weit voneinander entfernt liegenden Inseln bilden die südlichste und zugleich kleinste Gruppe Französisch-Polynesiens. Ausgrabungen belegen, dass ein Teil dieses Archipels bereits um 900 besiedelt war. Archäologisch überaus interessant sind die große Anzahl der Kultstätten sowie die bis zu 3 m hohen *tiki,* die den Statuen der Marquesas und Rapa Nuis (Osterinsel) ähnlich sehen. Einzigartig für diese Region sind auch die 15 von den alten Polynesiern in Terrassen angelegten Festungen, deren Überreste noch auf der Insel Rapa zu entdecken sind. Der erste Europäer, der eine Austral-Insel sichtete, war 1769 Kapitän James Cook. Zwei Jahrzehnte später erreichten die Meuterer der H.M.S. Bounty die Insel Tubuai, um hier eine neue Existenz aufzubauen. Ständige Konflikte mit der lokalen Bevölkerung führten jedoch dazu, dass sie nach wenigen Wochen wieder abfuhren. Ein Schild an der Nordostseite der Insel markiert die Stelle, an der sie ihr Fort George errichteten.

Heute leben hier etwa 6500 Menschen abgeschieden von den übrigen Inseln Französisch-Polynesiens. Überwiegend in Subsistenzwirtschaft werden Knollenfrüchte wie Taro, Süßkartoffeln und Maniok kultiviert. Aufgrund des kühleren Klimas und des überaus fruchtbaren Bodens, der sich ausgezeichnet für den Obst- und Gemüseanbau eignet, werden diese Inseln auch die ›Speisekammer Polynesiens‹ genannt. Wirtschaftlich bedeutsam sind neben Ackerbau ferner Fischfang und Viehzucht. Besonders hervorzuheben ist die außergewöhnlich hohe Qualität der traditionellen Flecht- und Schnitzkunst, die von der Bevölkerung weiter gepflegt werden.

Insel Tubuai

Reiseatlas: S. 27, B–C 4

Die ca. 45 km^2 große Hauptinsel des Archipels liegt rund 650 km südlich von Tahiti entfernt. Eine bis zu 5 km breite, herrlich türkisfarbene Lagune umschließt die hügelige Insel, auf der rund 2000 Menschen leben. In **Mataura,** dem administrativen und wirtschaftlichen Zentrum der Inselgruppe, befinden sich u. a. das Rathaus, Kirchen, die Post, Banken, eine Krankenstation sowie ein Supermarkt und weitere kleine Läden. Eine quer über die Insel führende Straße verbindet Mataura mit **Mahu** an der Südküste.

Archäologisch interessant sind die über 200 Marae, die es allein auf dieser Insel zu entdecken gibt. Ebenfalls sehenswert ist das alle zwei Jahre stattfindende Historienspiel der Ankunft Fletcher Christians und seiner Meutererkollegen an der Nordostküste Tubuais.

> **i** Info-Büro der Association Harii Taata in Mataura, Mélinda Bodin, Tel. 93 22 40, Fax 93 22 42, bodin.m@mail.pf.

Insel Rurutu

 Auf Tubuai gibt es kleine familiäre Pensionen. Kreditkarten werden in keiner der genannten Unterkünfte akzeptiert.

Chez Yolande: Tel./Fax 95 05 52. Diese nette Unterkunft mit sechs Doppelzimmern befindet sich im Hauptort Mataura. 8000 CFP pro Person bzw. 12 000 CFP für zwei Personen jeweils mit Halbpension.

Pension Vaiteanui: Tel. 93 22 40, Fax 93 22 42, www.vaiteanui.com. Vom Hauptort landeinwärts, etwa 10 Min. Fußmarsch von der Inlandstraße entfernt gelegene Unterkunft mit fünf Zimmern. Inselrundfahrten, Wanderungen sowie Bootsausflüge zur Walbeobachtung werden angeboten. 3500 CFP pro Person bzw. 6000 CFP für zwei Personen im Doppelzimmer, Halbpension für 3500 bzw. Vollpension für 6000 CFP kann zugebucht werden.

 Snack Vahine Arii: Nahe dem Hafen an der Nordküste der Insel, tgl. 8–13 und 18–22 Uhr. Hier bekommen Sie frischen Fisch, Hühnchen und dicke Steaks. 1000 CFP.

 In Mataura bekommen Sie im Supermarkt alles für den täglichen Bedarf.

Ausflüge
W.I.P.A. – Wind's Islands Program Australes: Tel./Fax 95 07 12, maletdoom@mail.pf. Angeboten werden Bootsausflüge in die herrliche Lagune und Picknick auf einem Motu, informative Inselrundfahrten u. v. m.

Sport

Fahrräder: Die flache, 25 km lange Küstenstraße ist ideal für dieses Verkehrsmittel. Räder können bei den beiden genannten Unterkünften gemietet werden, für Gäste des Hauses sind sie kostenfrei.

Surfen: Der nahezu ganzjährige Passatwind eignet sich bestens zum Kite- und Windsurfen.

Tauchen: Nahezu unbekannt sind die verschiedenen Tauchspots Tubuais. Eine schier unglaubliche Meeresfauna, vor allem aber die hervorragende Qualität der Korallen lässt das Tauchen in diesen Gewässern zu einem unvergesslichen Erlebnis werden. Anbieter: La Bonne Bouteille, Tel./Fax 95 08 41, www.labonnebouteilleplongee.com. Tauchkurse und Ausflüge zur Walbeobachtung an.

Wandern: Es gibt eine Reihe von sehr interessanten Touren. Der schönste Weg führt durch eine üppige Vegetation auf den 422 m hohen Mt. Taitaa. Starten Sie bei der Pension Vaiteanui, die Strecke ist ausgeschildert. Strandgänger werden begeistert sein von den verschiedenen Sandfarben, die es entlang der Küstenabschnitte sowie am Außenriff zu entdecken gibt.

Flüge: Air Tahiti fliegt tgl. außer Do von Tahiti aus Tubuai (TUB) an, die reine Flugzeit beträgt 1 Std. 40 Min. Der Flughafen liegt an der Westküste der Insel, etwa 4 km von Mataura entfernt. Wenn Sie vorgebucht haben, werden Sie abgeholt, der Transfer zur Unterkunft ist dann kostenfrei. Air Tahiti, Tel. 95 04 76 (Flughafenbüro).

Schiff/Fähre: Der Hafen befindet sich an der Nordküste Tubuais. Versorgungsschiffe legen etwa zwei- bis dreimal pro Monat von Tahiti kommend hier an.

> ### Mit der Autorin unterwegs
> **Rurutu – Die Insel der Wale**
> Buckelwale kommen zwischen Juli und Oktober in die Gewässer Rurutus, um sich zu paaren und ihre Jungen aufzuziehen. Ein unvergessliches Erlebnis! (s. S. 371)

Insel Rurutu

Reiseatlas: S. 27, A 4

›Der hervorspringende Felsen‹, wie der Inselname übersetzt heißt, ist nur 34 km² groß, Rurutu – eine weitere Insel im Nirgendwo, möchte man meinen. Dabei präsentiert die nördlichste bewohnte Insel des Archipels landschaftlich und kulturell sehr vielfältig. Die höchsten Erhebungen sind der 389 m hohe

Französisch-Polynesien – Austral-Inseln

Mt. Taatioe und der 384 m hohe Mt. Manureva. Das gemäßigte Klima und der fruchtbare Boden bieten beste Bedingungen für üppig gedeihende Kaffee- und Obstplantagen. Andernorts wachsen die verschiedensten Gemüsearten. Schroffe Felsen im Südosten fallen 60 m spektakulär ins Meer hinab. Ein schmales Riff umschließt schützend die gesamte Insel, eine Lagune existiert jedoch nicht.

Insgesamt leben rund 2200 Menschen auf der Insel. Der Hauptort **Moerai** liegt an der Nordostküste, die beiden anderen Dörfer, **Avera** und **Hauti,** an der West- respektive an der Ostküste. Auf dem Friedhof südlich von Moerai können Sie das Grab von Éric de Bisschop entdecken, der in den 1930er-Jahren nach polynesischen Entwürfen den modernen Katamaran erfand und damit durch die Südsee kreuzte. 1956 versuchte er mit einer spektakulären Floßfahrt von Tahiti nach Chile Thor Heyerdahls These der Besiedlung des Pazifik von Südamerika her zu widerlegen. Während die Seefahrt der ›Kon-Tiki‹ dank des publizistischen Geschicks Heyerdahls als eines der größten Abenteuer des 20. Jh. gefeiert wurde, geriet de Bisschop mit seinen Leistungen nahezu in Vergessenheit. Auf der Rückfahrt, nach 13 Monaten auf See, kam er 1958 ums Leben.

Hauptattraktionen Rurutus sind die mit imposanten Stalaktiten und Stalagmiten aus-

Polynesisches Mädchen mit traditionellem Kopfschmuck

Insel Rurutu

gestatteten **Höhlen,** die, durch natürliche Stollen größtenteils miteinander verbunden, ein verzweigtes System bilden. Die größte und spektakulärste Höhle ist die **Ana Aeo Cave** an der Nordwestküste, von den Einheimischen auch Grotte Mitterrand genannt, seitdem der damalige französische Staatspräsident im Jahr 1990 die Insel besuchte.

Faszinierend sind auch die uralten polynesischen **Kultstätten,** die überwiegend im nördlichen Teil der Insel zu entdecken sind.

Eindrucksvolle und ergreifende Erlebnisse bieten ferner die **Buckelwale,** die in den Monaten Juli bis Oktober in die kühlen Gewässer der Insel kommen, um sich hier zu paaren und ihre Jungen aufzuziehen. ›Insel der Wale‹ wird Rurutu daher auch genannt.

Info-Büro Association Ano Mai: Tel. 93 02 25, Fax 93 02 26, rurututourisme @mail.pf.

Rurutu Lodge: Tel./Fax 94 02 15, www.rurutulodge.com. Größtes Hotel des Archipels mit neun renovierten Bungalows inmitten einer schönen Gartenanlage. Ein Restaurant, eine Bar, Boutique, Pool, Tennisplatz, Tauchbasis sowie ein Ausflugsprogramm bietet diese Unterkunft an der Nordwestküste ebenfalls. 14 000 CFP pro Bungalow für zwei Personen.

Pension Teautamatea: Tel. 93 02 93, Fax 93 02 92, www.teautamatea.com. Kleine Unterkunft inmitten einer Kokosnussplantage an der Westküste mit sechs Zimmern (davon vier mit eigenem Bad). Die Pension befindet sich direkt auf einem Marae. 12 000 CFP für zwei Personen inkl. Halbpension.

Snack Paulette: In Moerai, tgl. geöffnet. Bei Paulette können Sie morgens, mittags und abends etwas zu Essen bekommen, alles sehr frisch und lecker. Mindestens einmal in der Woche gibt es inseltypische Gerichte. Ab 900 CFP.

In Moerai gibt es mehrere kleine Läden, in denen Sie Ihren täglichen Bedarf decken können.

Ausflüge: Die beiden genannten Unterkünfte bieten geführte **Wanderungen** in das Inselinnere und zu den Tropfsteinhöhlen an. **Höhlenbesichtigungen** sollten nur mit einem Guide unternommen werden, da sonst die Gefahr besteht, sich in dem verzweigten Stollensystem zu verirren. **Bootsausflüge,** in den Monaten Juli bis Oktober zur **Walbeobachtung**, sowie Inselrundfahrten mit einem Geländewagen stehen ebenso auf dem Programm.

Sport
Fahrräder: Der nördliche Teil der Küstenstraße ist problemlos zu befahren, die anderen, zum Teil nicht asphaltierten Streckenabschnitte sind nur etwas für Ambitionierte. Die beiden genannten Unterkünfte verleihen Mountainbikes.
Reiten: Pension Teautamatea, Tel. 93 02 93, organisiert Reitausflüge nicht nur für ihre Gäste.
Walbeobachtung: Raie Manta Club, Tel. 96 84 80 und 96 85 60, raiemantaclub@mail.pf, ist ein seit vielen Jahren bewährtes Unternehmen, das auch Tauchgänge anbietet. Rurutu Baleines Excursions, Tel. 94 07 91, Fax 94 02 22 bietet neben Bootsausflügen auch Hochseeangeln an.
Wandern: Reti Mii, Tel. 94 05 38. Halbtägige und ganztägige Touren ins Inselinnere.

Flüge: Der Flugplatz Unaa (RUR) befindet sich an der nördlichen Spitze der Insel, rund 4 km von Moerai entfernt. Air Tahiti fliegt So–Do jeweils einmal, Fr zweimal von Tahiti aus nach Rurutu, die reine Flugzeit beträgt 90 Min. Wenn Sie Ihre Unterkunft vorgebucht haben, werden Sie abgeholt. Air Tahiti, Tel. 94 03 57. Das Flughafenbüro ist nur vor und kurz nach den Ankünften bzw. Abflügen besetzt.
Schiff/Fähre: Der Frachter ›Tuhaa Pae II‹, der Rurutu wie die meisten anderen Austral-Inseln in der Regel dreimal monatlich versorgt, nimmt auch Passagiere mit. Der Hafen befindet sich im Hauptort Moerai.
Mietwagen: Rauaru rent-a-car, Tel. 94 03 02, Fax 94 06 97 (in Moerai).

Die Marquesas-Inseln

Reiseatlas S. 27

»Man fühlt es fast wie einen Schmerz, so vollkommen ist die Schönheit.« Jack London über eine Bucht im Süden Nuku Hivas, der Hauptinsel der Marquesas. Wilde, raue Steilklippen umgeben von einer tintenblauen Unendlichkeit – diese Inseln sind anders als alle anderen, die zu Französisch-Polynesien gehören.

Hoch im Nordosten, mehr als 1500 km von Tahiti entfernt, liegt *te fenua enata,* das ›Land der Menschen‹, wie die Einheimischen ihren Archipel nennen. Der erste Europäer, der diese abgelegene Inselgruppe 1595 sichtete, war Alvaro de Mendaña de Neira. Er benannte sie nach seinem Gönner, dem damaligen spanischen Vizekönig von Peru, Marques de Mendoza, »Las Islas Marquesas«.

Zum Archipel werden zwölf Inseln und zahlreiche kleine Eilande gezählt, die wiederum in eine Nord- und eine Südgruppe unterteilt werden. Zur Ersteren gehören die Hauptinsel Nuku Hiva und die bewohnten Inseln Ua Huka und Ua Pou sowie die unbewohnten Inseln Motu One, Hatutu, Eiao und Hatu Iti. Die südliche Gruppe umfasst Hiva Oa, Tahuata und Fatu Hiva sowie die unbewohnten Eilande Fatu Huku und Motane. Zusammen haben sie 1274 km^2 Landfläche.

Die Inseln sind jeweils die Gipfel einer aus dem Meer steil aufragenden Gebirgskette vulkanischen Ursprungs, die höchste Erhebung ist mit 1224 m der Mt. Tekao auf der Insel Nuku Hiva. Charakteristisch für die wilden Landschaften der Marquesas sind die schroffen Felswände und die tief eingeschnittenen Täler, im Gegensatz zu den meisten anderen Inseln Französisch-Polynesiens haben sie hingegen kein schützendes Barriereriff.

Die einheimische Bevölkerung besitzt eine eigene Sprache und einige weitere kulturelle Besonderheiten wie beispielsweise die Haka-Gesänge und -Tänze sowie die Tatauierkunst, die hier ihre höchste Vollendung fand und in jüngster Zeit erneut findet (s. S. 52). Die Überreste riesiger Kultanlagen und imposanter Steinfiguren *(tiki)* sowie rätselhafte Petroglyphen sind stumme Zeugen einer untergegangenen Zivilisation. Die meisten Besucher kommen an Bord der ›Aranui 3‹, des komfortablen Versorgungsschiffs, das auf seiner 16-tägigen Fahrt zwischen Tahiti, den Tuamotus und den Marquesas auch Passagiere befördert.

15 Insel Nuku Hiva

Reiseatlas: S. 27, B–C 2

Nuku Hiva, die ›mystische Insel‹, ist mit ihren 330 km^2 die größte und bevölkerungsreichste des Marquesas-Archipels. Imposante Felsformationen und zahlreiche Wasserfälle, die senkrecht mehrere hundert Meter hinabstürzen, eine stark zerklüftete, schroffe Küste sowie Zeugnisse einer uralten Kultur – dem Zauber dieser Insel sind schon viele erlegen. Einer der ersten war der amerikanische Schriftsteller Herman Melville, ihm folgten Robert Louis Stevenson und Jack London.

Der Hauptort der Insel und gleichzeitig das administrative und kulturelle Zentrum der Marquesas und Bischofssitz ist Taiohae an der Südküste. Hier lebt der überwiegende Teil der mehr als 2600 Köpfe zählenden Bevölkerung. In der Mitte der Insel liegt das 800 m hohe, bewaldete To'ovi'i-Plateau, der Mt. Te-

Insel Nuku Hiva

kao ist mit 1224 m die höchste Erhebung. Auf kurvenreichen Bergstraßen erreichen Sie weitere Dörfer im Norden und Osten, der Westen der Insel ist dagegen unbewohnt. Ganz im Nordwesten, am Ende der Terre Déserte, liegt der **Flughafen Nuku Ataha**. Die Inselbevölkerung lebt überwiegend von der Rinderzucht, vom Fischfang, Vanilleanbau, von der Kopraherstellung und vom Tourismus.

Taioha'e
Reiseatlas: S. 27, C 3

Der Hauptort **Taioha'e** liegt an der gleichnamigen, geschützten Bucht, die von steilen Vulkanbergen überragt wird. Diese Baie de Taioha'e wurde zu Beginn des 19. Jh. vom amerikanischen Kapitän David Porter als eine der schönsten Buchten der Welt bezeichnet – dem stimmen viele Besucher auch heute noch zu. Im Ort befinden sich u. a. die Post und die Polizei, eine Bank, Schulen, ein Krankenhaus, einige Geschäfte sowie die 1974 fertig gestellte Kathedrale Notre-Dame des Marquises, Sitz eines Erzbischofs. Sie wurde aus verschiedenfarbigen Steinen aller sechs bewohnten Inseln des Archipels erbaut. Die massive Kanzel und die außergewöhnlichen Skulpturen im Inneren der modernen Kirche stammen von einheimischen Künstlern. Wenn Sie die Straße gleich neben der Kathedrale knapp 1 km landeinwärts das **Meau-Tal** entlangwandern, erreichen Sie die restaurierte archäologische Stätte **Mauia Pae Pae** mit einer großen Zeremonialplattform und mehreren Steinplatten.

Am westlichen Ende der Uferstraße gelangen Sie zu einem hölzernen Denkmal, das an Herman Melville erinnert. Der große Platz mitten in Taioha'e mit seinen modernen Skulpturen und *tiki*, den die Einheimischen **Piki Vehine Pae Pae** nennen, wurde anlässlich des Marquesas Festivals 1989 geschaffen.

Vallée de Haka'ui
Reiseatlas: S. 27, B 3

Einen landschaftlichen Höhepunkt bietet der 350 m hohe **Te Vaipo-Wasserfall** (auch Ahui'i-Wasserfall genannt), der dritthöchste der Erde. Eine mehrstündige, teilweise recht anstrengende Wanderung führt durch eine imposante Landschaft bis zu einem natürlichen Pool. Auf dieser Wegstrecke durch das Haka'ui-Tal kommen Sie an mehreren steinernen Plattformen vorbei, die darauf hinweisen, dass die Region einst besiedelt war. Weitere spektakuläre Wasserfälle befinden sich im Zentrum der Insel.

Vallée de Taipi
Reiseatlas: S. 27, C 2

Das **Taipi-Tal** ist das längste und fruchtbarste Tal der Insel. Es reicht von der Ortschaft Taipivai am Ende der Baie Comptroller, von deren vollkommener Schönheit bereits Jack London schwärmte. Das Tal verläuft in einem weiten Schwung über den 490 m hohen **Teavaitapuhiva Pass** bis hinunter zum verträumten Dorf **Hatiheu** an der Nordküste.

Beeindruckend sind die zum Teil restaurierten archäologischen Fundstätten, die es in diesem Teil Nuku Hivas zu entdecken gibt. Keramikscherben, die hier gefunden wurden, lassen den Schluss zu, dass dieses Tal bereits vor ca. 2000 Jahren besiedelt war. Stei-

---

Mit der Autorin unterwegs

Nuku Hiva zu Fuß
Anspruchsvoll, aber überaus lohnend ist eine Wanderung durch das faszinierende Haka'ui-Tal bis zum Te Vaipo-Wasserfall, dem dritthöchsten der Welt (s. S. 373, 378).

Mit Melville in Taipivai
Lesen Sie Herman Melvilles Erzählung Typee (dt. Taipi) am Originalschauplatz (s. S. 376).

Gauguin und Brel in Atuona
Die Dauerausstellung im Espace Culturel im Hauptort Atuona von Hiva Oa zeigt Reproduktionen der Werke Gauguins und den Nachbau seines Wohnhauses. Nur wenige Schritte weiter wird eines anderen europäischen Künstlers gedacht, der hier lebte. Begegnen Sie dem belgischen Chansonnier Jacques Brel und seiner Musik (s. S. 380).

Tiki der alten Kultstätte Temehea bei Taiohae auf Nuku Hiva

Französisch-Polynesien – Marquesas-Inseln

nerne, zum Teil terrassierte Plattformen, auf denen Häuser errichtet wurden, Versammlungs- und Festplätze, zahlreiche *tiki* sowie rund 7000 bislang dokumentierte Petroglyphen zeugen von der bemerkenswerten Kultur vergangener Zeiten.

Wenn Sie von **Taipivai** kommend zunächst die Straße in nordwestlicher Richtung fahren, gelangen Sie nach wenigen Kilometern auf der linken Seite den Hang hinauf zur **Me'ae Pa'eke,** einer der ältesten und berühmtesten Kultstätten des gesamten Archipels. Noch immer scheinen hier die elf steinernen *tiki* das gut erhaltene Heiligtum zu bewachen. Beachten Sie bitte, dass dieser Ort auch heute noch als *tapu* gilt.

Zurück auf der Straße erinnert etwa nach 2 km **Le Trou de Melville** an Herman Melville. Der Amerikaner hatte Anfang 1841 auf einem Walfänger angeheuert. Doch bereits nach kurzer Zeit fand er die Bedingungen an Bord des Schiffes derart unzumutbar, dass er zusammen mit einem weiteren Matrosen beim ersten Zwischenstopp desertierte. Auf seiner Flucht fand er mehrere Wochen Unterschlupf in diesem Tal. In seinem Roman Moby Dick sowie der Erzählung Typee (dt. Taipi) ließ er die Erlebnisse auf der Insel Nuku Hiva einfließen.

Wenn sie in nördlicher Richtung weiter nach **Hatiheu** fahren, können Sie linkerhand einige imposante Wasserfälle und auf der rechten Seite weitere, zum Teil sorgfältig restaurierte Kultstätten entdecken. Nicht zu übersehen ist ferner die Statue der Jungfrau Maria auf einem etwa 300 m hohen Felsen oberhalb der Baie de Hatiheu.

Baie de Anaho

Reiseatlas: S. 27, C 2

Die **Bucht von Anaho** mit der gleichnamigen Ansiedlung etwa 2 km östlich von Hatiheu gilt als eine der schönsten des Landes. Schon Robert Louis Stevenson, der 1888 auf seinem Weg nach Samoa auch auf Nuku Hiva Station machte, ließ sich von diesem langen, weißen Sandstrand mit seinen traumhaften Sonnenaufgängen verzaubern. Wer mag, kann hier problemlos baden und schnorcheln.

Comité du Tourisme: Tel./Fax 92 02 20, Fax 92 08 25, tourisme@marquises.pf, Mo–Fr vormittags geöffnet. Büro am Hafen in Taiohae.

Keikahanui Nuku Hiva Pearl Lodge: Tel. 92 07 10, Fax 92 07 11, www.pearlresorts.com. Eine insgesamt aus 20 geräumigen Bungalows bestehende Anlage an einem Hang inmitten eines sehr schönen Gartens und mit herrlichem Blick auf die Taioha'e Bucht. Das Hotel verfügt über ein sehr gutes Restaurant sowie über Bar, Pool und eine kleine Boutique und einen Museumsshop. Ausflugsprogramm. 20 000–35 000 CFP pro Bungalow für zwei Personen.

Hinako Nui: Tel 92 02 97, Fax 92 01 28, hinakonui@mail.pf. Fünf kleine, einfach ausgestattete Bungalows in der Ortschaft Hatiheu an der gleichnamigen Bucht im Inselnorden. Das Restaurant serviert ausgezeichnete Küche – wenn die Aranui im Hafen liegt, kommen die Passagiere hierher, um die Küche der Marquesas zu kosten. 12 000 CFP für zwei Personen inkl. Halbpension.

Pension Mave Mai: Tel./Fax 92 08 10, www.haere-mail.pf. Im Zentrum von Taiohae gelegene Unterkunft mit schönem Blick auf die Bucht. Zwei der fünf Zimmer im Erdgeschoss haben eine kleine Küche und eine Terrasse, die drei Zimmer im Obergeschoss besitzen einen Balkon. Ausflüge können arrangiert werden, Autoverleih. DZ 8000 CFP.

La Ferme de Toovii: Tel. 79 07 49, ferme-auberge@mail.pf. Im Zentrum der Insel auf ca. 800 m Höhe gelegene Unterkunft mit fünf einfach ausgestatteten Bungalows und einem Restaurant mit guter Küche. Ausritte in die nähere Umgebung und Fahrradverleih. Ausgezeichnete Wandermöglichkeiten. 6000 CFP pro Person inkl. Halbpension. Samstagabends wird ein Abendessen mit Musik und Tanz angeboten.

Le Kovivi: An der Hauptstraße in Taioha'e, Tel. 92 00 14, außer So tgl. morgens, mittags und abends geöffnet. Ausgezeichnete lokale und französische Gerichte. Ab 1500 CFP.

Insel Nuku Hiva

Hinako Nui: Hatiheu, Tel. 92 02 97, tgl. morgens, mittags und abends geöffnet. Der Name hat gewechselt (früher Chez Yvonne), doch die Qualität der Mahlzeiten ist erfreulicherweise geblieben. Bitte reservieren. Ab 2000 CFP.

In Taioha'e befinden sich mehrere Lebensmittelläden, die Post und die Bank. Die Boutique der **Keikahanui Pearl Lodge** verkauft ausgewählte Skulpturen, *tapa* und Schnitzereien zeitgenössischer Künstler. Hochwertige Arbeiten können Sie auch in der **Galerie d'Art des Marquises** im Hauptort erwerben. Fragen Sie im Fremdenverkehrsamt nach Adressen von Künstlern, die auf der Insel leben und arbeiten.

> **Achtung: Nonos**
> Man sieht sie nicht, man hört sie nicht, und sie stechen doch. Gemeint sind die kleinen Sandfliegen, *nono* genannt, die – anders als Mücken – tagsüber über all jene Hautpartien herfallen, die nicht mit Textilien bedeckt oder mit einer gehörigen Portion Insektenschutzmittel sorgfältig eingerieben wurden. Ein gut gemeinter Rat einer Geplagten: Großzügig Repellents ohne synthetische Duftstoffe als Prophylaxe auftragen (Monoi-Öl hilft notfalls auch), andernfalls wird der Aufenthalt auf den Marquesas-Inseln durch den heftigen Juckreiz stark beeinträchtigt, und man verbringt seine Tage ausschließlich im Pool.

Ausflüge: Fahrten zu den Sehenswürdigkeiten der Insel können über die erwähnten Unterkünfte und Taxiunternehmen gebucht werden sowie bei Jocelyne Henua Enana Tours in Taiohae, Tel./Fax 92 00 52, jocelyne@mail.pf.

Bootsausflüge: Marquises Plaisance, Tel. 92 08 75. Neben Angeltouren auch Bootsausflüge rund um die Insel.

Sport

Reiten: Le Ranch, Tel. 92 06 35, danigo@mail.pf sowie Sabine Teikiteetini, Taioha'e, Tel./Fax 92.01.56. Mehrstündige bis mehrtägige Ausritte mit Hüttenübernachtungen.

Tauchen: Es gibt mehrere schöne Tauchspots vor der felsigen Küste. Besonders hervorzuheben sind die zahlreichen Grotten, Höhlen und steilen Abhänge sowie die Tiefseefauna mit verschiedenen Haispezies, wie Hammer-, Weißflossen- und Schwarzhaie, sowie die vielen Rochenarten, wie etwa Leoparden-, Streifen-, Blaupunktrochen, und Mantas. In der Grotte von Ekamako, östlich des Hauptortes, können Sie während Ihres Tauchgangs riesige Langusten beobachten. Wichtig zu wissen: Die außergewöhnlichen Tauchreviere vor Nuku Hiva sind für Anfänger nicht geeignet. Tauchschule: Centre Plongée Marquises, am Kai von Taiohae, Tel./Fax 92 00 88, marquisesdives@mail.pf.

Wandern: Sie können mehrere interessante Touren auf Nuku Hiva unternehmen. Vom 864 m hohen **Muake,** dem Hausberg Taioha'es, hat man einen herrlichen Panoramablick über den Hauptort und zur Nachbarinsel Ua Pou (Dauer etwa ein halber Tag).

Eine sehr schöne, aber recht anspruchsvolle Tour durch das **Vallée de Haka'ui** beginnt ebenfalls im Hauptort. Mit dem Boot gelangt man nach ca. 15 km in südwestlicher Richtung in die malerische, weißsandige Hakatea-Bucht. Nun geht es die nächsten 4 km zu Fuß weiter. Während der etwa zweistündigen Wanderung durch das zauberhafte Haka'ui-Tal mit seinen zum Teil sehr versteckt liegenden Kultstätten müssen Sie mehrfach Flüsse durchqueren. Nach heftigen Regenfällen kann Ihnen in einigen Passagen das Wasser bis zu den Hüften reichen. Am Ende der Schlucht gelangen Sie schließlich zum spektakulären Te Vaipo-Wasserfall, der aus einer Höhe von mehr als 350 m in ein natürliches Becken hinabstürzt. Genießen Sie ein erfrischendes Bad nach einer anstrengenden Tour in unvergleichlicher Umgebung! Diese und weitere geführte mehrstündige und mehrtägige Inseltouren bietet Marquises Rando, Tel 92 07 13, frederic.benne@mail.pf.

 Flüge: Air Tahiti fliegt von Tahiti aus tgl. nach Nuku Hiva. In den Monaten Juli

Französisch-Polynesien – Marquesas-Inseln

und August wird zusätzlich mittwochs eine weitere Maschine eingesetzt. Die reine Flugzeit beträgt 3 Std. 30 Min. Samstags gibt es zudem eine Verbindung zwischen Rangiroa und Nuku Hiva. Der **Flugplatz Nuku Ataha** (NHV) befindet sich im Nordwesten der Insel etwa 48 km vom Hauptort entfernt. Die überwiegend nicht asphaltierte, kurvenreiche Straße führt über das To'ovi'i Hochplateau. Die Fahrt in einem Geländewagen dauert mindestens zwei Stunden. Einige Gäste bevorzugen deshalb den Hubschrauber-Shuttle zwischen Flughafen und dem Hauptort bzw. Hatiheu. Air Tahiti, Tel. 92 01 45 (Flughafenbüro), Tel. 92 03 41 (Büro in Taioha'e), Mo–Fr 8 bis mittags und 14–16 Uhr.

Héli-Inter Marquises (Marquises Helicopteres), Tel. 92 02 17, Fax 92 08 40, helico-nuku@mail.pf; Der Flug dauert nur wenige Minuten und kostet 7500 CFP pro Person. Reservierung unbedingt erforderlich. Charterflüge zu anderen Marquesas-Inseln werden ebenfalls angeboten.

Schiff/Fähre: Zwei- bis dreimal im Monat verbinden Versorgungs- und Passagierschiffe Tahiti mit Nuku Hiva. Der Haupthafen befindet sich in Taioha'e, die ›Aranui III‹ legt zusätzlich noch in Taipivai und Hatiheu an.

Taxi: Neben den Fahrten zwischen Flughafen und Ihrer Unterkunft bieten die folgenden Unternehmen auch Ausflüge zu den Sehenswürdigkeiten der Insel an. Heiatea Tours: Tel. 98 08 22; Nuku Hiva Tranports: Tel. 92 06 80, nukuhivavillage@mail.pf; Rose-Marie Transports: Tel./Fax 92 05 96.

Mietfahrzeug: Geländefahrzeuge, Motorräder sowie Fahrräder verleiht Nuku Rent a Car, Tel. 92 08 87.

Insel Hiva Oa

Reiseatlas: S. 27, A–C 1
Mit rund 320 km² ist diese Insel die größte der südlichen Marquesas-Gruppe. Üppige, grüne Täler, ein Hochplateau sowie eine schroffe Gebirgskette mit drei über 1100 m hohen Kämmen, die steil zur Küste abfallen, sind charakteristisch für diese Insel. Schauen Sie mal auf die Karte, sie ist wie ein liegendes Seepferdchen geformt.

Atuona

Reiseatlas: S. 27, A 1
Der überwiegende Teil der etwa 2000 Menschen, die hier leben, wohnt in **Atuona,** einem sehr schönen Ort mit einer geschützten Bucht an der Südküste. Zwei berühmte Europäer haben hier ihre letzten Lebensjahre verbracht: Der französische Maler Gauguin kam 1901 auf der Suche nach dem ursprünglichen Leben und den berühmten lockeren Sexualsitten nach Hiva Oa. Aber auch auf dieser Insel musste er feststellen, dass westliche Einflüsse und das Christentum bereits nahezu vollständig die Kultur und Traditionen der einheimischen Bevölkerung verdrängt hatten. Verarmt und desillusioniert starb er im Mai 1903 (s. S. 46).

Die Dauerausstellung im **Espace Culturel Paul Gauguin** zeigt heute verchiedene Reproduktionen seiner Werke (Mo–Fr 8–11 und 14–17 Uhr, Sa 8–11 Uhr geöffnet, 600 CFP Eintritt). Die dahinter stehende **Maison du Jouir**, das ›Haus des Genusses‹, ist ein Nachbau seines zweistöckigen Wohnhauses. Das Original wurde auf Betreiben der Kirche nach Gauguins Tod niedergebrannt. Gleich im Eingangsbereich sehen Sie die realistische Wachsstatue des Künstlers. Sein Grabstein befindet sich oberhalb von Atuona auf dem Calvaire-Friedhof.

Nur wenige Schritte entfernt liegt die letzte Ruhestätte des belgischen Chansonniers und Lyrikers Jacques Brel, der zusammen mit seiner Lebensgefährtin Madly Bamy ebenfalls hier lebte. Er verstarb 1978. Seine »Jojo«, eine kleine Beechcraft Bonanza, mit der er häufig nach Tahiti flog, um Filme für sein Freiluftkino zu holen, ist zusammen mit einer kleinen Ausstellung im Hangar auf dem Gelände des Espace Culturel zu sehen. Die Fotos sowie die Musik Jacques Brels, die im Hintergrund gespielt wird, machen den Besuch zu einem besonderen Erlebnis. Schräg gegenüber dem Espace Culturel befindet sich ein Versammlungsplatz, das **Tohua Pepeu,** das 1991 anlässlich des Marquesas Festivals res-

Insel Hiva Oa

Richtig Reisen-Tipp: Per Schiff von Insel zu Insel

Mit der lokalen Fluggesellschaft Air Tahiti können mittlerweile 30 Inseln Französisch-Polynesiens angeflogen werden. Schnell und bequem und für viele Urlauber, die so viele Inseln wie möglich sehen wollen, wohl auch die geeignete Reiseform. Für alle anderen hier zwei weitere Vorschläge, die Inselwelt Polynesiens näher kennenzulernen:

Seit Jahren beliebt sind die Kreuzfahrten mit dem Versorgungsfrachter Aranui von Tahiti aus zu den abgelegenen Tuamotus und den Marquesas-Inseln. Die **Aranui III,** die Anfang 2003 vom Stapel lief, bietet den Passagieren mehr Komfort als ihre Vorgängerin. Im hinteren Teil des Schiffs gibt es insgesamt 85 Kabinen unterschiedlicher Kategorien (Suiten, Deluxe und Standard) sowie Gemeinschaftskabinen. In den Stauräumen des Vorderdecks befinden sich alle notwendigen Güter für die Außenarchipele – Zement, Ziegelsteine, Fahrräder, gegebenenfalls Autos werden auf der Hinreise transportiert und zurück beispielsweise Kopra. Nicht zu Unrecht wird das Schiff auch die Lebensader Französisch-Polynesiens genannt. Während die Ladung in einem der Häfen gelöscht wird, gehen die Passagiere an Land, unternehmen Ausflüge zu den Sehenswürdigkeiten der Insel, gehen schwimmen oder wandern. Auf See lernen Sie von der Crew, Hüte zu flechten, wie man einen Pareo, den Wickelrock, trägt und den Tamure tanzt. Nach 16 Tagen legt die ›Aranui III‹ wieder in Pape'ete an. Informationen unter www.aranui.com.

Exklusiver kreuzt man seit Dezember 2007 an Bord des Großseglers **Star Flyer.** Dieses Schiff ist beeindruckende 110 m lang und mit vier Masten ausgestattet, die eine maximale Höhe von 63 m erreichen. Die achttägige Reise führt Sie vom Heimathafen Pape'ete durch die Inselwelt der legendären Gesellschaftsinseln, genauer zu den Inseln Huahine, Raiatea, Taha'a, Bora Bora, Mo'orea und wieder zurück. Die elf oder zwölf Tage dauernde Reise bringt Sie zu den abgelegenen Tuamotus und zu einigen Inseln der Marquesas beziehungsweise retour. Informationen unter www.star-clippers.de.

Mit dem Star Flyer durch den Pazifik

Französisch-Polynesien – Marquesas-Inseln

tauriert wurde und für kulturelle Veranstaltungen genutzt wird.

Archäologische Stätten

Reiseatlas: S. 27, A 1

Entlang der Küstenstraße erreicht man von Atuona aus in südwestlicher Richtung nach etwa 7 km die Ortschaft Ta'a'oa. Hier können Sie sich die größte zeremonielle Fundstätte der Marquesas mit Steinterrassen und aus Basalt gefertigten *tiki* anschauen. Wer von Atuona in nördlicher Richtung wandert, gelangt zu weiteren archäologischen Fundorten und den sogenannten Teheuto-Petroglyphen.

Puama'u

Reiseatlas: S. 27, C 1

Beim Dorf Puama'u im Nordosten der Insel, rund 30 km von Atuona entfernt, sind mitten im dichten, tropischen Regenwald mehrere bedeutende terrassierte Kultplätze wie der berühmte **Te I'i Pona** (auch Oipona genannt) zu besichtigen. Die Anlage ist von den französischen Archäologen Marie-Noëlle de Bergh-Ottino und Pierre Ottino zusammen mit Einheimischen restauriert worden. Ebenso beeindruckend sind die *tiki,* die hier gefunden wurden.

Mit 2,67 m Höhe ist die Steinfigur *taka'i'i tiki,* die größte, die bislang auf den Inseln Französisch-Polynesiens entdeckt wurde, sowie die liegende Skulptur *maki'i tau'a pepe,* die »Schmetterlings-Priesterin«, die eine Frau darstellt, die bei der Niederkunft verstarb. Der Bildhauer, der diese für den gesamten pazifischen Raum einzigartige Figur und andere Monumente schuf, war Manuiota'a, der Ehemann der Priesterin.

> **Comité du Tourisme:** Tel./Fax 92 78 93, comtourismehiva@mail.pf, Mo–Fr 7.30–11.30 Uhr. Das Fremdenverkehrsbüro liegt gleich neben dem Espace Culturel in Atuona.

Der Moari-Tempel, eine restaurierte Kultstätte auf Hiva Oa

Insel Hiva Oa

Ernest Teapuaoteani, Tel. 92 73 32, Führungen auch in englischer Sprache von einem Kenner der Kultur und Geschichte der Marquesas, Kontakt: im Rathaus fragen.

Hiva Oa Hanakee Pearl Lodge: Tel. 92 75 87, Fax 92 75 95, www.pearlresorts.com. Das Hotel befindet sich auf einer Anhöhe von Atuona, rund 7 km bzw. 20 Autominuten vom Flughafen entfernt. 14 gut ausgestattete, von einheimischen Künstlern liebevoll gestaltete Bungalows mit grandiosem Panoramablick entweder auf die Tahauku Bucht oder auf den Mt. Temetiu. Zum Hotel gehören ein sehr gutes Restaurant mit Bar, ein Pool sowie eine Boutique. Ausflugsprogramm sowie Autoverleih ist ebenfalls vorhanden. 20 000–35 000 CFP für zwei Personen in einem Bungalow.
Temetiu Village: Tel. 91 70 60, Fax 91 70 61, www.temetiuvillage.com. Sechs kleine Bungalows am Rand von Atuona mit tollem Blick auf die Tahauku-Bucht. Es gibt ein Restaurant und einen Pool, interessante Inseltouren und Autoverleih werden angeboten. 13 000 CFP für zwei Personen im Bungalow inkl. Halbpension.
Pension Gauguin: Direkt in Atuona, Tel./Fax 92 73 51, pens.gauguin@mail.pf. Beliebte Unterkunft mit sechs Zimmern, Gemeinschaftsbäder und einem guten Restaurant. Ausflugsprogramm. 7000 CFP pro Person inkl. Halbpension bzw. 13 000 CFP für zwei Personen.

Hoa Nui: Atuona, Tel. 92 73 63. Dieses Restaurant hat sich auf lokale Gerichte spezialisiert. Bitte unbedingt einen Tag im Voraus reservieren! Hierher kommen auch die Passagiere der Aranui, wenn sie im Hafen liegt. Dann kann es voll werden. Das Restaurant befindet sich in einer kleinen Straße landeinwärts, wenn Sie den Vaioa-Fluss passiert haben. Ab 2000 CFP.
Chez Marie-Antoinette: Puama'u, Tel. 92 72 27. Kleines Restaurant mit großer Küche (Spezialitäten der Marquesas). Menü 2500 CFP.
Snack Tahuaku: Etwa 2 km außerhalb Atuonas, Tel. 72 34 73, tgl. mittags und abends geöffnet. Schmackhafte Kleinigkeiten zu fairen Preisen. Ab 800 CFP.

Souvenirs: Im Hauptort Atuona haben Sie die Möglichkeit, in verschiedenen kleinen Läden handwerkliche Erzeugnisse, aber auch T-Shirts mit Inseldesign, Wickeltücher *(pareos)*, Monoi-Öl oder Honig zu kaufen. Ähnliche Geschäfte finden Sie auch in Puama'u und Ta'ao'a.

Ausflüge: Fahrten zu den Sehenswürdigkeiten der Insel können über die erwähnten Unterkünfte gebucht werden.

Sport
Reiten: Hamau Ranch, Tel. 92 70 57. Für einen rund zweistündigen Ausritt müssen Sie mit etwa 7000 CFP rechnen.
Tauchen: Bislang wenig bekannte Spots finden Sie vor dem Motu Anakee und vor der Südostspitze bei Teaehoa Point. Subatuona, Tel. 92 70 88, ist derzeit das einzige Tauchunternehmen der Insel.
Wandern: Hiva Oa Rando-Trek, Tel. 20 40 90 und 92 74 44. Geführte Wanderungen zu den interessanten Plätzen der Insel.

Flüge: Air Tahiti fliegt von Tahiti aus Mo, Fr, So direkt, Di und Do mit einem Zwischenstopp nach Hiva Oa (AUQ). In den Monaten Juli und August wird zusätzlich samstags eine Maschine eingesetzt. Die reine Flugzeit beträgt ca. 3 Std. 30 Min. Der **Flugplatz** befindet sich wenige Kilometer nordöstlich des Hauptortes. Air Tahiti, Tel. 92 72 31 (Flughafenbüro), Tel. 92 73 41 (Büro in Atuona), Mo–Fr 8.30–11.30 und 14–16 Uhr.
Schiff/Fähre: Versorgungsschiffe legen ein- bis zweimal pro Monat von Tahiti kommend am Pier von Taha'uku, dem Hafen Atuonas, an. Die ›Aranui 3‹ stoppt an den drei Häfen der Insel (Atuona, Puama'u und Hanaiapa).
Taxi: Ida Clark, Tel. 92 71 33. Sie bietet auch interessante Inseltouren an.
Mietfahrzeug: Beide Anbieter verleihen Geländefahrzeuge: Atuona Rent-A-Car, Tel. 92 76 07, Fax 92 76 07; David Location, Tel. 92 72 87, Fax 92 72 87, kmk@mail.pf.

Register

'Anahulu Beach 193
'Ano, Lake 205
'Arorangi 284, 285, 286
'Atata 181, 195
'Eua 181, **195, 196**
'Ikurangi, Mt. 284
'Ili'ili 263
'Oholei Beach 193
'Ohonua **195,**196, 197
'Ufilei Beach 195
'Uiha 203
'Upolu 220, 223, **224,** 231, 235
2-Dollar-Beach 259, 260
Abaca 133
Afaahiti 334
Afareaitu 338
Afono 259
Aganoa Beach 248
Aitutaki 267, 268, 271, **288**
Akaiami Island 289
Alafa'alava Road **238**
Alega Beach 259, 260
Alofau 260
Also 260
Amanave 263
Amerikanisch-Samoa **93, 216, 222, 252**
Amuri 289, 290, 292
Ana Aeo Cave 371
Anaho 376
Anaputa 301
Anaraura Beach 301
Anatakitaki Cave 297
Aorai, Mont 306, 332
Apia 224
Apolima 220, 238
Araara 350
Areora 297, 300
Ariiura Garden Paradise 350
Aro'a Beach 283, 284
Arue **322,** 329
Arutanga **288,** 291, 292, 293
Asau 245
Atimaono 326, 329
Atiu 268, 271, **296**
Atolle 12
Atuona 379
Atupa 289
Au'asi 259
Aua 259

Aunu'u 222, 252
Auslegerboote 49
Austral-Inseln 309, 368
Autofahren 232
Avana Stream 284
Avarua 268, **272,** 287
Ba 132
Baie de Cook 338, 339, 340
Balboa, Vasco Nuñez de 10
Batilamu, Mt. 133
Bisschop, Éric de 370
Black Rock 282
Blackbirding 30
Bligh Water 142
Bligh, William 113, 198
Bodenschätze 22
Bolo Loa 75
Bora Bora 11, 309, **344**
Botanischer Garten, Tahiti 325
Botschaften 65
Bougainville, Graf Louis-Antoine de 304, 314
Bouma 150
Brel, Jaques 379
Camping 68
Canyoning 319
Castle Rock 133
Colo-i-Suva-Forest Park 129
Cook Islands Cultural Village 271, 282
Cook-Inseln 24, **96, 264, 268, 270**
Cook, James 33, 113, 179, 190, 198, 266, 326, 333, 368
Coral Coast 136
Danielsson, Bengt 328
Danielsson, Marie-Th. 328
Denguefieber 71
Des Voeux Peak 151
Draiba 156
Eden Parc 350
Einreise 67
Ellington Wharf 130
Esia 214
Fa'a'ala 248
Fafa 181, 194
Faga'alu 260
Fagaloa 249, 237
Fagamalo 260, 245, 248, 249

Faganeanea 263
Fagatele Bay 260, 263
Fagatogo 254, 257
Faie 349
Fale 48, 246
Falealupo 247
Falefa 237, 241
Falehau 212
Faleu 240
Fangataufa 366
Fangatave Beach 195, 196
Fanuatapu 220
Fare 348
Fatuosofia, Cape 238
Fauna 15
Fautasi 42
Feiertage 41
Felemea 203
Feste 41
Fidschi 24, 29, 32, **82, 108,** 112, 114
Figiel, Sia 54
Fito, Mt. 237
FKK 73
Fletcher, Christian 368
Flora 15
Foa 200
Foi'ata 210
Fonuafo'ou 198
Französisch-Polynesien 24, 25, 31, 32, 48, 54, **100, 303**
Gambier-Inseln 309, **366**
Gauguin, Paul 46, 328, 379
Gebetszeit 76
Gesellschaftsinseln 308, **310**
Gesundheit 70
Golf 326, 331
Great Astrolabe Reef 160
Great White Wall 151
Ha'aluma Beach 196
Ha'amonga Maui Trilithon 48, **191**
Ha'apai-Inseln 181, 180, **198**
Ha'atafu **193,** 194
Haka'ui 373, 377
Hakaumama'o Reef 189
Handy 72
Hatiheu 373, 376
Hau'ofa, Epeli 54
Haveluliku 193
Hawaiki nui Va'a 43

382 Der Haupteintrag ist **fett** hervorgehoben.

Heilala Festival 42, 186
Heiva i Tahiti 41, 69
Heyerdahl, Thor 28, 328, 370
Hihifo 212
Hitiaa 325
Hiva Oa 379
Holonga 190
Hotels 68
Houma **193,**196
Huahine 348
Hufangalupe 193
Hunganga 212
Hurrikane 17, 20
I'a ota 56
Ika Mata 56
Îles de la Societé 308, 310
Inseln über dem Wind 308
Inseln unter dem Wind 308
Internet 64, 86, 90, 93, 96
Internetcafés 72
Ivirua 299
Jardin Botanique, Tahiti 325
Jardin Vaipahi 326
Jetlag 71
Kadavu **160,** 166
Kajak 351
Kanokupolu 193, 194
Kao 198
Kao (Vulkan) 178
Kapa 204
Kava 57
Kegelschnecken 74
Kimiangatau 300, 301
Kings Road 129
Kirikiti 69
Klima 17, 69
Kokosmilch 55
Kokosplame 26
Kolovai **193,** 194
Kopupooki Cave 301
Korallenriffe 12
Korolevu 142
Korotogo 140
Korovou **130**
Koroyanitu National Heritage Park **133**
Koulo 199
Krankenversicherung 71
Kuata 169
Kula Eco Park 136
Kulukulu 142

Labasa **144,**145, 146, 148
Lagoonarium, Mo'orea 340
Lagoonarium, Tahiti 327
Lalomalava 248
Lalomanu 237, 239, 240, 241
Landwirtschaft 22
Lano 249
Lanoto'o, Lake 234
Lapita-Kultur 28
Lata, Mt. 252
Laulea Beach 193
Lautoka **133,** 140, 141, 143
Laval, Honoré 367
Lavena 150, 152
Lavengatonga 193
Le Mafa Pass Road 237
Leone 260
Levuka 115, **154**
Lifuka 198
Likuliku Bay 169
Likuone Bay 205
Literatur 50, 64
Lokupo Track 195
Lomalagi, Mt. 132
London, Jack 372
Longomapu 205
Lotofaga 237
Lovoni 158
Luckner, Felix Graf von 314
Lupepau'u Airport 210
Ma'uke 268, 271, **300**
Maatea 338
Maeva 348
Mahaena 324
Maharepa 339, 340
Maison de la Vanille 358
Malaria 71
Malinoa Island 189
Mamanuca-Inseln 165
Manase **245,** 246, 248, 249
Mangaia 268, 271, **298**
Mangareva 366
Manihi 362
Manihiki 267, 268, 271
Maninoa 238, 241
Manono Island 220, **238,** 240
Manu 38
Manu'a-Inseln 219, 222, 252, 261

Manuae 266, 268
Mapumai 297
Mara'a, Grottes des 326
Marae 48
Marae Afareaito 338
Marae Anini 350
Marae Arahurahu 326
Marae Arai te-Tonga 284
Marae Fare Opu 345
Marae Mahaiatea 326
Marae Mareotetini 344
Marae Mata'ire'a Rahi 349
Marae Nu'utere 334
Marae o Mahine 338
Marae Orongo 296
Marae Paepae'a 300
Marae Taata 326
Marae Tainuu 352
Marae Taputapuatea 352
Marae Te Apiripiri 296
Marae Titiroa 338
Marae Umarea 338
Marae Vairakaia 296
Marquesas-Inseln 29, 308, **372**
Masa'usi 259
Masefau 259
Massacre Bay 262
Matafao 262
Matafoa, Mt. 254
Mataiea 326
Matana Airport 161
Mataoa 326
Mataura 368
Matavai 323
Matavanu, Mt. 249
Matavera 286, 287
Matawailevu 130
Matei 151, 152
Maungapu, Mt. 288
Maungatea Bluff 281
Me'ae Pa'eke 376
Melville, Herman 372, 376
Minerva-Riffe 192
Mitiaro 268
Mo'orea 309, **335**
Mo'ungalafa, Mt. 205
Moerai 370
Momi Guns 134
Moruroa 32, 328, 366
Motu Taeo'o 361

Register

Motuanga Cave 301
Mu Pagoa Fall 247
Mu'a 190
Mulifanua Wharf 238
Mulinu'u **225,** 247
Muri 283, 284, 285, 286, 287
Musée de la Perle **314,** 317
Musée de Tahiti et des Îles 327
Museé Paul Gauguin 325
Nabukelevu 160
Nacula 169
Nadarivatu 132
Nadi **134,** 138, 139, 140, 141, 143
Nafanua 195
Naiqoro-Passage 160
Naiserelagi 130
Namalata-Riff 160
Namu'a Island 240
Namu'a Nu'etele 220
Nananu-i-Ra 132
Nanuya Lailai 168, 169
Nanuya Levu 168
Napuka 145
Nassau 266
Natadola Beach **134,** 141, 142
Natovi 130
Natuvu 145
Nausori 129, **130**
Naviti 169
Navua **138,** 142
Neiafu **204,** 205, 206
New Jerusalem 289
Ngatangiia 284
Ngatiarua 300
Niua-Inseln 180, **212**
Niuafo'ou 213
Niuatoputapu 212
Niutoua 191
Noni-Frucht 25
Nu'ulua 220, 241
Nu'usafe'e 220
Nu'utele 241
Nu'uuli 263
Nuapapu 204
Nuku 204
Nuku Hiva 309, **372**
Nuku'alofa 182
Nukunamo 200

O Le Pupu-Pu'e National Park **235,** 237
O'otu Beach 292, 293
Ofu 222, 252
Olosega 223, 252
Oneroa 299
Opunohu 335, 338, 339, 343
Oravaru 296
Orchid Island Cultural Centre 138
Orofero-Tal 327
Orohena, Mont 306
Otiaroa 326
Ovalau 17, **154**
Pacific Harbour **138,** 139, 142
Paea 326
Paetoai 338
Pago Pago 218, 219, 223, 252, **254**
Palmerston 268
Palusami 56
Pangai 198, 199
Pangaimotu 181, 195, 209
Paopao 335, 340
Papa 247, 249
Papalagi 51
Papara 326, 329
Pape'ete 309, **311**
Papeno'o 323, 325, 333
Parasailing 347
Patio 358
Penrhyn (Tongareva) 267, 271
Perlen 314, 317
Perlenfarm 350, 354, 361, 363
Pihaena 338
Pioa, Mt. 254, 259
Piula Cave Pool 236
Poi 56
Pointe d'Arahoho 324
Pointe Vénus 33, **323,** 329
Politik 24
Poloa 263
Polynesien 11, 29
Pomare IV., Königin 307
Pomare V. 322
Popoti 326
Port Denarau 134, 141
Post 72

Pouvanaa a Oopa 314
Protektorate 31
Puama'u 380
Pufau 352
Pukapuka 268, 271
Pulemelei-Pyramide 247
Puna'auia 329, 330, 332
Qalito 166
Queens Road 134
Raemaru, Mt. 282
Raiatea 352
Rakahanga 268
Rakiraki **132,** 139, 143
Rangimotia 299
Rangiroa 309, 360
Rapa 368
Rarotonga 267, 268, 269, 270, **272**
Reiseapotheke 71
Religion 76
Return to Paradise Beach 238
Rikitea 366
Rimarau Burial Cave 297
Rock Garden 196
Rose-Atoll 219, 223
Rotui, Mont 338
Rukuruku 158
Rurutu 369
Sa'ilele 259, 260
Safotu 245
Safune 245
Sahul 28
Salamumu 237
Salani 237, 239
Saleapaga 239, 241
Salelologa 244
Samalae'ulu 245
Samoa 32, **90, 216,** 222
Saoluafata 239
Sapapali'i 244
Satoalepai 249
Savai'i 220, 223, **244**
Savusavu **144,** 145, 146, 147, 148
Sawa-i-Lau 169
Schouten, Willem 179
Seeschlangen 74
Si'ufaga 249
Si'umu 235, 237
Sigatoka **136,** 132, 139

Silisili, Mt. 249
Skorpionfisch 74
Society Islands 33, 310
Somosomo 150, 152
Sprachführer 77
Star Flyer 379
Steinfisch 74
Stevenson, Robert Louis 333, 372, 376
Sunshine Coast 132
Suva **116,** 142
Suwarrow 266, 268
Swains 219
Ta'a'oa 380
Ta'u 222, 252
Tafahi 213
Tafua **248,** 249
Tafuna 260, 263
Taga 247
Tagimaucia, Lake 151
Taha'a 309, **355**
Tahara'a 323
Tahiti 46, 309, **310**
Tahiti Ití 333
Tahiti Nui 320
Taioha'e 373
Taipi 373
Taipivai 376
Takutea 268
Takuva'ine Valley 281
Talau, Mt. 205
Tapa 50
Tapu 38
Tapuaetai 292
Tapuamu 358
Taputapu, Cape 260
Taravao 324, 331, 334
Tasman, Abel Janszoon 113, 179, 193
Tatauierung 52
Tatoonesia Festival 43
Tätowierung 52
Tauchen 68
Taunganui 298
Taungaroro Beach 298
Tautira 335
Tautu 289, 291
Taveuni 112, 115, **150**
Tavewa 169
Tavoro Falls 150
Tavua 132

Te Ana O Rakanui Burial Cave 297
Te Atakura 268
Te Ko'u 281
Te I'i Pona 380
Te Manga 268, 284
Te Pari 334
Te Rua Rere Cave 299
Te Vaipo-Wasserfall 373, 377
Te'enui 296, 297
Teahupoo 334, 335
Tefa'arumai 324
Teheuto-Petroglyphen 380
Telefon 72
Telekivava'u 203
Temehea 374
Tengatangi 296
Tetiaroa 318
Ti'avea 241
Tiare Festival 43
Tiavi Fall 235
Tiki 50, 368, 380
Tiki Theatre Village 335, 340
Tikioki 286
Tiputa 360
Titikaveka 283, 285, 286
Tivua 141
Tofua 198, 200
Togitogiga **237**
Tokoriki 166
Tomanivi (Mount Victoria) 112, 132
Tonga 24,32, **86, 172**
Tongareva (Penrhyn) 268
Tongatapu-Inseln 180, 181, **182, 190**
Toula 205, 206
Transvestiten 40
Tropenkrankheiten 71
Tuamotu-Inseln 308, 309, **360**
Tuasivi **245,** 248
Tuatini Cave 299
Tubuai 368
Tufuvai Beach 196
Tula 260
Turtle Island 168
Tutuila 222, 223, 252, **254**
Uafato 237

Uluda, Mt. 132
Uoleva 203
Uru's Waterfall 130
Utungake 211
Uturoa 352, 354
Vaea, Mt. 234
Vai Lahi 214
Vai Moti 301
Vai Ou 301
Vai Tango 300
Vaiafaufa 334
Vaianae 338
Vaihiria, Lac de 323, **326**
Vaileka 132
Vailima 233
Vailoa 247, 260
Vaimahuta 324
Vaipae 292
Vaipoiri, Grotte **326,** 335
Vairao 334, 335
Vaitape 344
Vaitogi 260, 262, 263
Vanua Levu 144
Vatia 259
Vava'u-Inseln 180, 181, **204**
Veramu, Joseph C. 54
Viseisei 133
Vitawa 132
Viti Levu 116
Vuda Point 133
Vudi Vakasoso 56
Vunisea 160
Wailotua Snake God Cave 130
Wainibau River 151
Waisali Rainforest Reserve 145
Waiyevo 150, 151, 152
Walbeobachtung 181,210, 301, 340, 371
Walfang 30
Wan, Robert 314, 321
Wandern 69
Waya 169
Wendt, Albert 54
Yanuca 142
Yasawa-Inseln 115, 141, **168,** 169
Zeit 76
Zoll 67
Zweiter Weltkrieg 32

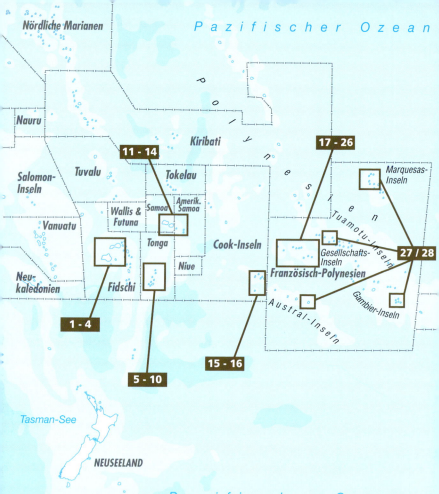

Legende

══○══	Schnellstraße mit Anschlussstelle
▬▬▬	Fernstraße
━━━	Hauptstraße
───	Nebenstraße
= = =	Straße in Bau; Straße in Planung
x x x x	Straße für Kfz gesperrt
—— - - -	Fahrweg, Piste; Fußweg
– – –	Fähre, Schiffsverbindung
┿┿┿┿┿	Staatsgrenze
/////////	Nationalpark; Naturpark
/////////	Sperrgebiet
wwwwww	Korallenriff
⚓	Hafen, Ankerplatz
✈	Internationaler Flughafen
⊕✈	Nationaler Flughafen; Flugplatz
★ ♟	Sehenswürdigkeit; Denkmal
∴	Archäologische Stätte
⛪ ⛪	Kloster; Kirche
🏠	Hotel, sonstige Unterkunft
⛽ 🗼	Tankstelle; Leuchtturm
⛳	Golfplatz
🌊 ∩	Wasserfall; Höhle
▲)(	Berggipfel; Pass
✪ ⊕	Polizei; Krankenhaus
ⓒ	Campingplatz
🌿	Aussichtspunkt
🏄 🏄	Windsurfen; Wellenreiten
🐟 🤿	Tauchen; Schnorcheln
🚢	Schiffswrack
⚑	Badestrand

Ostpazifischer Rücken

Pitcairn

Rapa Nui
(Osterinsel)

Reiseatlas Südsee

A
B
C
1
2
3
4
Bligh Waters
Tavua Bay
Macuata Is.
Vatia
Lailai Is.
Yanuca Is.
Drautana
369 m
Tavua
Nabuna
Korovou
Rabulu
Draun
Nase
Nawaqarua
Is.
Nanuya Is.
Koroqaqa
Votua
Sasa
Sorokoba
Nakilau Pt.
Vatukoula
Nasomo
Kings Road
Koroqele
480 m
Ba
Launavuga
603 m
Waikubukubu
Nadarivatu
Mt. Lomala
Vitogo
Bay
Nasolo
Lautoka
Vitogo
Vakabuli
977 m
Navai
Naikorokoro Pt.
Koroyanitu
National
Heritage Park
Nalotawa
Toge
Lewa
Beachcomber
Island
Dreketi Inlet
Lawaki
Naivuivui
673 m
Abaca
Nanuku
Balevuto
Koroyanitu (Mt. Evans)
1195 m
Navala
Vuda Pt.
Mt. Evans Range
Navilawa
Nagatagata
Viseisei
Lomolomo
Sabeto Range
Garden of the
Sleeping Giant
Nadrugu
Naloto Range
Koro
Nadrau
Nadi
Koroiyaca
Nadi Intern. Airport
Naboutini
Nadele
Mala
Raffles Gateway Hotel
Tanoa International
Hotel
Tabuquto
Vanualevu
Bay
Denarau Is.
Sheraton Fiji Resort
Narewa
Nadi Bay Resort Hotel
Nanoko
Nabutautau
Bukuya
Sikituru
Nadi
Nakavu
Namulomulo
Nausori
Sonaisali Island Resort
Naisali Is.
Nawaka
Vunayasi
Nausori
Nasivikoso
Navaga
Nandrau
Plateau
Nadevo
Highlands
Namoli
Nabila
Senilabu
Yako
Draiba
Korolevu
Vatubalavu
Navula
Pt.
229 m
Koroba
1075 m
Keiyasi
Natuatuacoko
Nubuyanitu
Monavatu
1130 m
Momi Guns
Momi Bay
Sawani
Nawaqadamu
Neihehe
Cave
Korovou
Draubuta
Nawau
Uto
Vunamoli
Tore
Nawairabe
Vunatoto
Bavu
Nalebaleba
Tuvu
Nakoro
Uverite
Pt.
Tau
Queens Road
Rararua
Naveyago
Bemana
Vunaqoru
Korokula
Vagadra
Narewa
Nanuku
Tikituru
936 m
Muani-
vanua Pt.
Matokana
Tubairata
Kubuna
Nanutu
Lomawai
Nasovatava
Mavua
Likuri
Harbour
Sigatoka
Kabisi
Emuri
Raiwaqa
Tuvutau (Mt. Gordon)
933 m
Korovou
Batiri
Nabau
Semo
Naduri
Navua
Vusama
Nalele
Tilivalevu
Nasogo
Natadola Beach
Natadola Harbour
Togevere
Vunatovau
Narata
Namsimasi
Sansana
Navo Is.
Nadroumai
Lawai
Vunayawa
Saru
Navua
Waiboigi
Vanubua
Nodaulau
Voua
Sigatoka
Kaba Is.
Cuvu
Volovolo
Nasama
Korotogo
Balenabelo
Natewa
Kalevu Cultural Centre
Yadua
Vatukarasa
Sigatoka Sand Dunes
National Park
Kulukulu
Kula
Eco Park
Tagaqa
Votualailai
Biausevu
Namada
Sovi Bay
Korolevu
Viti Levu
Votua
Komave
Korolevu Bay
Namatakula
Naboutini
Navutulevu
Vunaniu
Yarawa
Korovou
Matavura
Korovisilou
Somosomo Bay
Nama-
quaqua
Vuna-
nui
Bay
Galoa
Wain
South Pacific Ocean
Beqa
Yanuca Is.
Vatuele Is.
Neihehe
Cave
Ekubo

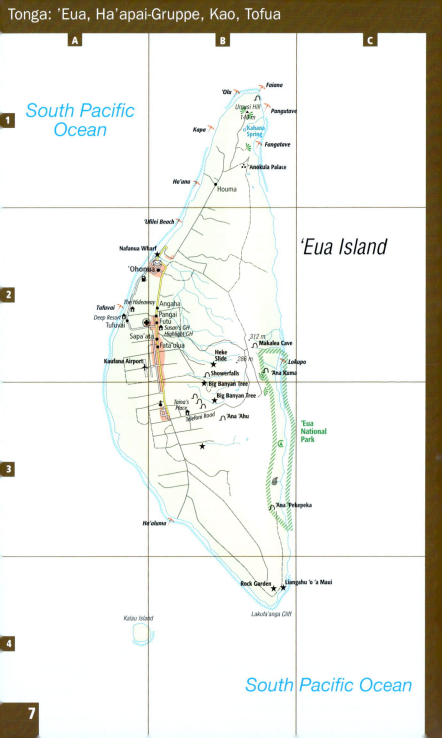

1 cm = 1,5 km   1 : 150.000
0   2,5 km   5 km

D — **E** — Inset Ha'ano S. 8 — **F**

South Pacific Ocean

Ha'ano Island
- Muitoa
- Ha'ano ★ Royal Tombs
- Setila
- Pukotala
- Fakakakai

Nukunamo Island

8

South Pacific Ocean

Nukunan Island

Foa Island
- Houmale'eia
- Malafonua Lodge / Sandy Beach
- ★ Burial Mound
- Faleloa
- Lotofoa
- Fotua
- Fangale'ounga

1

Point Port au Prince

Muikuku Point

Lifuka Island
- Koulo
- Salote Pilolevu Airport
- Mele Tonga
- Telefoni Sunset
- Holopeka
- Nui'akalo Beach
- Resort at Billy's Place
- Captain Cook's Anchorage 1777 ★
- Pangai
- Fifita's Guesthouse
- Hato'u
- Hihifo

Hulu'ipaongo Point ★ Hulu'ipaongo Tomb

Access Reef at Low Tide

Uoleva Island
- Taiana's Beach Resort

Kao Island
- Kao 1   1046 m
- Topuefio

2

South Pacific Ocean

- Hokula (abandoned)
- Tofua 1   507 m
- Lofia Volcano (active)

Tofua Island

Crater Lake

- Manaka

3

Tatafa Island

'Uiha Island
- Royal Tombs
- Makahokovalu
- 'Uiha
- Felemea
- si 'o Ma'afu

Bounty Landing ★ (1789)

4

8

Tonga: Niuafo'ou; Niuatoputapu; Vava'u-Gruppe

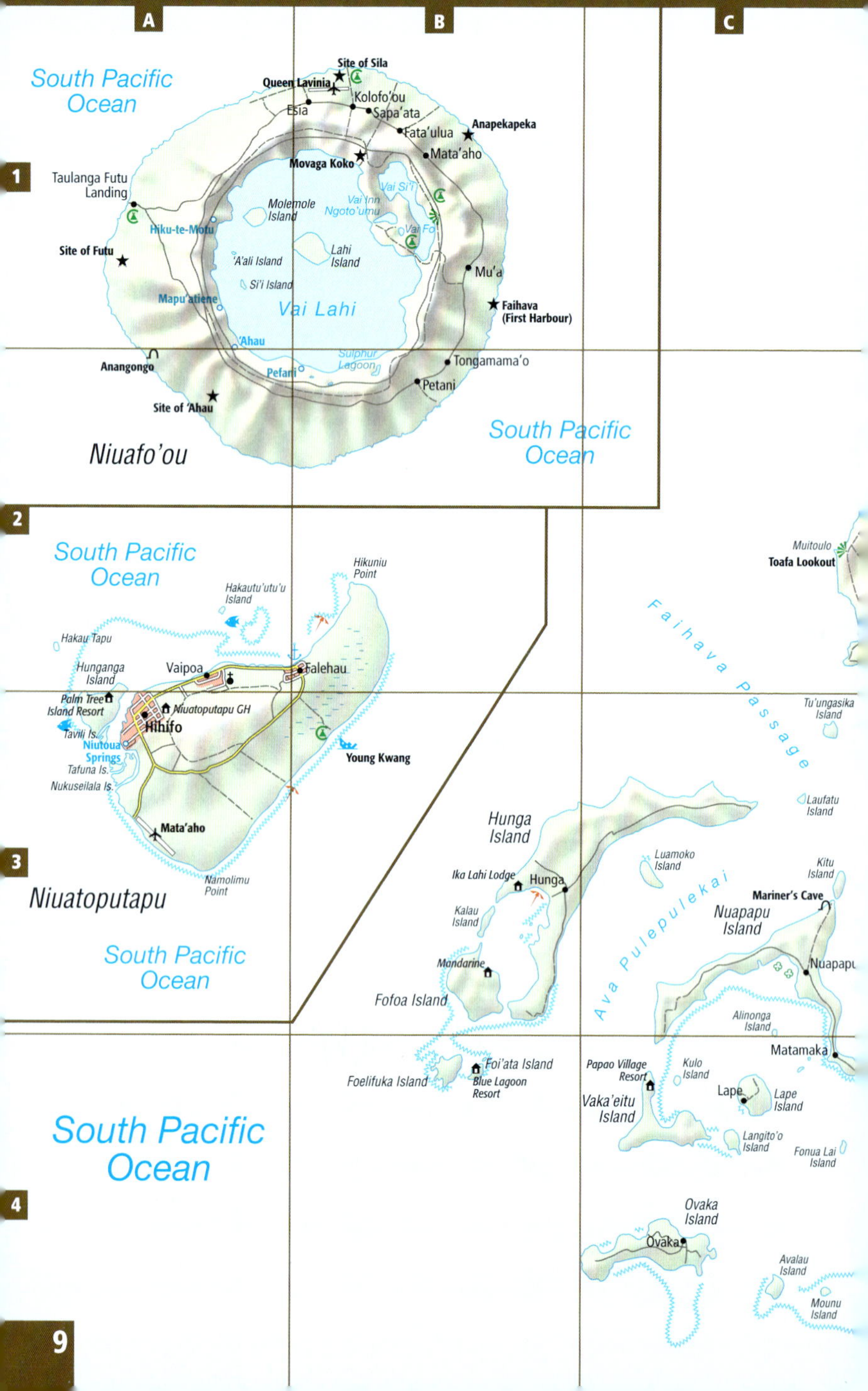

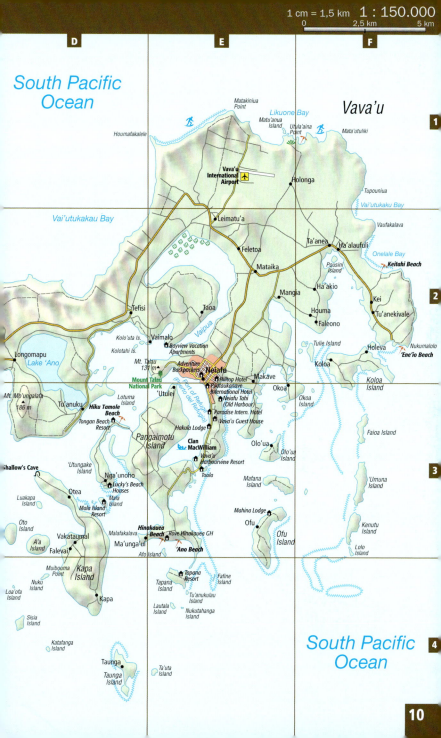

Samoa: 'Upolu; Amerikanisch-Samoa: Tutuila; Ofu, Ta'u

A

1

Aggie Grey's Lagoon Beach Resort & Spa
Faleolo International Airport
Mulifanua Wharf
Lapita Pottery
Lalovi
Tuailoloo
Main West Coast Road
Satuimalufilifi
Apolima-uta
Cape Tuosofia
Manono-uta
Samatau
Falealupo River
Siufaga
Falelatai

2

Fagaiofu Bay
Fagalei Bay
Matafaa
Cape Mulitapuili
Gagaifoolevao
Return to Paradise Beach
Matautu
Matareva Beach

B

Utualii
Fasitoouta
Malua
Leauvaa
Afega
Malie
Faleula
Faleasiu
Saleimoa
Tuanai
Puipaa
Main West Road
Tiamua
Nofolii
Leulumoega
Vailuutai
Satapaala
Cross Island Road
Alaoa'alava Road
Tanumapua Tropical Plantation
Aleisa
Papaseea Sliding Rocks
Mount Tatua Upolu 699 m

Mount Sigaele 686 m

Faleaseela
Safaatoa
Tafagamanu
Savaia
Main South Coast Road
Saanapu-uta
Lotofaga-uta
Sataoa-uta
Nuusuatia
Sataoa & Sa'anapu Conservation Area
Saanapu
Lotofaga
Vaiee
Sataoa
Fusi
Fausaga
Salamumu
Tafitoala
Maninoa
Mulivai
Siumu
Salamumu Beach

Aganoa Beach (Black Sand)
Cape Niuato'i

C

Mulinuu Point
Mulinuu Peninsula
Apia Harbour
Vaiusu Bay
Saina
Fale Fono 350 m
Faleata Golf Course
Vaitele
Vailoa
Apia
Vaiala
Lepea
Vaimoso
Catholic Cathedral
Fagalii
Mount Vaea
Robert Louis Stevenson Mus.
Vailima
National University of Samoa
Faga... Airp.

Bahai House of Worship

Lake Lanotoo
Mount Fiamoe 700 m
Mount Le Pu'e 840 m
Tiavi-Falls
Fall Viewpoint
Cross Island Road
Valsigano River

Pe'ape'a Cave
Saagafou
Coconuts Beach Club & Resort

Coastal Walking Trail

3

Cockscomb Point
Pola Tai Island
Tafeu Cove
Vatia
Vatia Bay
Amalau Bay
Nuusetoga Island
First Fine Mat
Cape Matatula
National Park of American Samoa
Mount Alava 518 m
Amalau Valley
Afono
Maseau
Onenoa
Sa'ilele
Mount Olomana 327 m
Tula
Aoa
Pago Pago
Mount Pioa 563 m
Afono Pass
Masa'usi
Alao
Matuli Point
Faga Itua
Tisa's Barefoot Bar
Alofau
Amouli
Au'asi

Tutuila

4

Fagasa Bay
Massacre Bay
Utulei
Lauli'i
Lauli'itua
Ma'a
Kamela Island
Faga Itua Bay
2-Dollar Beach
Sinafau Point
Alega Beach
Aunu'u
Aunu'u Island
Nafanua Bank
Square Head
A'asu
Fagatogo
Matafao Peak 653 m
Faga'alu
Breakers Point
Fagamalo
Fagali'i
Maloata
A'oloaufou
Mount Leala'alava
Mount Ototele 483 m
Flower Pot Rock
Faganeanea
Nu'uuli
Tafuna
Pala Lagoon
Taema Bank
Coconut Point
Cape Poloa
Taputapu
Amanave
Asili
Afao
Ataulooma
Leone Falls
Nua
Leone
345 m
Masepa
Pava'ia'i
Ta'alolo Lodge & Golf Resort
Tia Seu Lupe
Tafuna International Airport
Clarion Tradewinds Hotel
Ili'ili Golf Course
Palagi Beach
John Williams Church
Leone Bay
Malaeloa
Ili'ili
Vailoa
Tesepria's
Taputima Sliding Rock
Vaitogi
Freddie's Beach
Blowholes
Turtle & Shark Site
Fagatele Bay National Marine Sanctuary
Steps Point
Turtle & Shark Lodge
Sail Rock Point
Ogama'a Cove

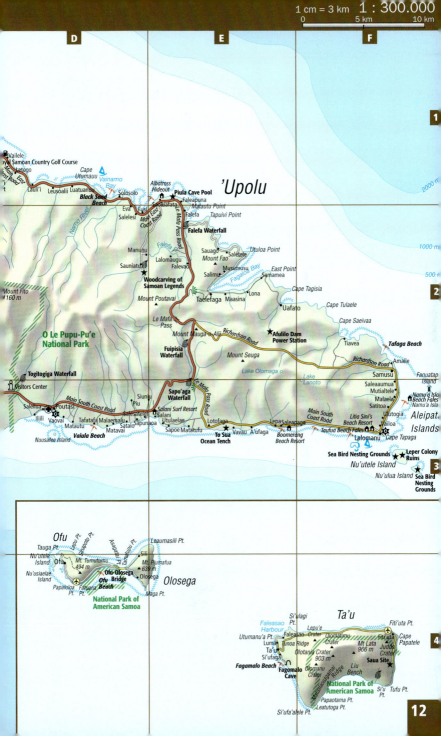

A
B
C
1
2
3
4
South Pacific Ocean
1000 m
500 m
Aveavai
Anini
Cape Lemu
Cape Vaitoloa
Fagalele Bay
Cape Puava
Falealupo Rainforest Preserve
Falealupo
House of Rock
Ancient Star Mound
Cape Mulinu'u
Swamp Forest
Tufutatoe
Banyan Tree
Canopy Walkway
Falealupo Road
Tufutatoe Road
Papa
Main North Coast Road
Papa-uta
Sataua
Vaisala
Vaisala Bay
Utuloa Point
Asau Harbour
Auala
Asau
Asau Airport
Main North Coast Road
A'opo
Falealupo-uta
Mount Afi Lava Flow
Mago Cave
Neiafu
Neiafu-uta
Main South Coast Road
Falelima
500 m
1000 m
2000 m
Mount Maugaloa 1181 m
Mount Elietoga
Mount Afi
Mount Silisili 1858 m
Cape Siuvao
Tuasivi
Cape Fatunea
Lovers Leap
Fagafau
Samata-i-uta
Samata-i-tai
Savai'i
Fogatuli
Faiaai
Vaipua
Fogasavaii
Sagone
Faiaai Beach
Foailalo
Satuiatua
Salailua
Siutu
Mount Fatuafie
Mount Olomanu
Lata
Fagaloa
Taga
Alofaaga Blowholes
Cape Asiusiu
Apolima Strait
11
Apolima
Apolima Island
Nuulopa Island
Laufiolo Point
Salua
Manono Island
Apai
Ancient Star Mound
Grave of 99 Stones
Vaotu'ua Beach Resort
Lepuiai
Faleu
Missionary Memorial
Cape Fatuosofia
Mulifanua Wha
Lapita Pottery
Lalovi
Satuimalufi
Apolima-uta
Cape Fatuosofia
Manono-uta
Cape Tulivae
Samatau

Cook Islands: Aitutaki; Atiu; Mitiaro; Mauke; Rarotonga; Mangaia

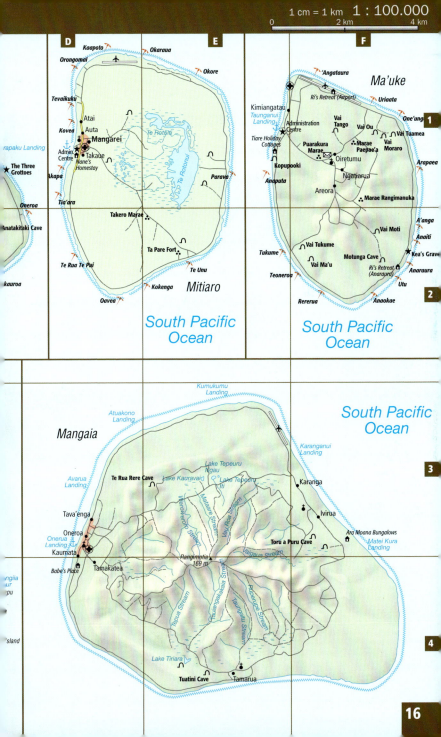

A
B
C
1
2
3
4
Tahiti
Pointe Venus
Banc du Dolphin
La Chaîne de Toatea
Baie de Matavai
Mahina
Motu Au
Haapape
Pointe Taharaa Tahara'a
Passe Taunoa
Pointe Iriti
Tombeau du Roi Pomare V
Pirae
Arahiri
Arue
Papaoa
Radisson Plaza Resort Tahiti
206 m
Vallée Opearahi
Vallée Ururoa
Pohaiatera Rivière
Mahinarama le Paradis
Rahere
Patutoa
PAPE'ETE
Taunoa
Passe de Papeete
Motu Uta
Port
Manuhoe
Mamao
Hamuta
Faufaua
Aute
Sheraton Hotel Tahiti
Ste-Amélie
Vallée Pirae
Nahoata Rivière
Vahiarahi 512 m
Vallée Hamuta
Motu Tahiri
Aéropoert international de Tahiti-Faa'a
Chez Myrna
Tipaerui
Mont Faiere 227 m
Pamatai
Pétroglyphe
Tavararo
Le Pic Rouge 351 m
Papehaua Rivière
Otue Oviri
Intercontinental Resort Tahiti
Fa'a'a
Puurai
Tavararo Rivière
Tepuna Bel Air
Ibis
Tefanaiahurai
Mont Papehiona 621 m
Maeva Beach
Vaitupa Riv.
Papearia Riv.
Vallée Tipaerui
737 m
855 m
Récif Veo
Marina Taina
585 m
479 m
Faaiti Rivière
1403 m
663 m
Faufiru Rivière
Récif Tepuahono
478 m
Massif du Pic Vert
Lagoonarium
Tihiute Rivière
Fare Ata
Passe de Taapuna
Maoeraura Rivière
Ruines
1742
488 m
Maveraura Rivière
Vallée Matatia
Mont Aorai 2066 m
Pitu
2110
Pointe Tainuu
Passe de Taipari
Punaruu Rivière
Mont Te Tara d'Maiao 1321 m
Mont Orohena 2241 m
1059
Solange
Baie de Puna'ania
Plateau
598 m
Tamanu
Vaiava 1696 m
Musée de Tahiti et des Îles
Puna'ania
Vallée Vairua
Pointe Nuuroa
Le Méridien Tahiti
Crête Aranuanua
Vaiohu
Vallée Maruapo
Mont Teamaa 1532 m
1247 m
836 m
Vaionohu
216 m
Vaiaoa Rivière
Mont Tahiti 368 m
Plateau Tafaatea
Plateau Terepo
Taaroa Lodge
Papehue Rivière
632 m
Tiapa Rivière
Vallée Hopuetamai
Mont Mahutaa 1501 m
Marae Taata
Mont Pataiva 304 m
Plateau Orofero
Plateau Teihomanono
909 m
Le Relais Fenua
Vallée Tehauparu
Vallée d'Orofero
Orofero Rivière
Tiamape
390 m
Passe Poohonu
Pointe Téoneahu
Paea
Passe Irihonu
Vaipoe Rivière
Mont Ivirairai 1696 m
Marae Arahurahu
Vallée Tafaaiti
Passe Tevaiti
Vaitupa Rivière
957 m
Toetoe
Vallée Temarua
944
Faerrea Rivière
598 m
Vaipuari Rivière
Crête Teovora
Crête Muanui
1018 m
Maruia Rivière
Papeiti Riv.
Taharuu Rivière
Tematahoa Rivière
Mara'a
Mont Tiarabi 131 m
Port de Pahiorepo
Pointe Maraa
Grottes de Mara'a
19
Baie de Maraa
Récif Taare
Hiti Moana Villa
59 m
Jardin de

A
B
C
17
1
2
3
4
Taaroa Lodge
216 m
Vaiaoa Riviére
632 m
Tiapa Riviére
Mont Tahiti
368 m
Plateau Tafaatea
Plateau Terepo
Marae Taata
Mont Pataiva
304 m
Vallée Hopuetamai
Plateau Orofero
Mont Mahutaa
1501 m
909 m
Plateau Teihomanono
Le Relais Fenua
Passe Poohonu
Vallée Tehauparu
Vallée d'Orofero
Orofero Riviére
Tiamape
390 m
Pointe Téoneahu
Paea
Passe Irihonu
Tahiti
Vaipoe Riviére
Mont Ivirairai
1690 m
Marae Arahurahu
Vallée Tafaaili
Vaitupa Riviére
957 m
Passe Tevaiti
Toetoe
Vallée Temarua
944 m
Faerrea Riviére
598 m
Vaipuarii Riviére
Crête Teovora
Crête Muanui
1018 m
Papeiti Riv.
Taharuu Riviére
Mara'a
Maruia Riviére
Tematahoa Riviére
Mont Tiarabi
131 m
Port de Pahiorepo
Pointe Maraa
Grottes de Mara'a
Baie de Maraa
59 m
Récif Taare
Hiti Moana Villa
Jardin de Mataoa
Vaiata Riv.
Pointe Tereia
Le Petit Mousse
Passe Teavaroa
Pointe Nuutere
Apomaoro
Récif Tevaiuri
Pointe Tepuniatae
Papara
Récif Tepuamono
Oropaa
Passe Topiro
Fare Ratere
Atimao
Passe Toapiro
Passe de Faarearea
Pointe Ufumanomano
Marae Mahaiatea
Tahiti
Passe de Teavaraa
Pointe Tepuatau
Maiao
Passe Avarei
Roto Iti
Ahu Tii
Pointe Vavatunu
180 m
Taora O Mere
Motu Momoa
Nuutapu
157 m
Roto Rahi
Pointe Auparirua
Pointe Paparoa
Pointe Marhaira
Passe Apootoo

1 cm = 1,6 km **1 : 160.000**
0   2,5 km   5 km

D | E | F

- Fare Fuene 1000 m
- Mont Urufau 1493 m
- Col Urufaau
- Mont Tetufera 1709 m
- Lac de Vaihiria
- Mont Tevaitoi 1368 m
- Viriviritérai
- Plateau de Téaufe
- 782 m — Crête Puaiti
- 730 m
- 23 m — Pointe Utuupai
- Banc Atavahine
- Récif Teauraa
- Pointe Taahue
- Faaone
- Passe Teauraa
- Pointe Poihahi
- Tefaufahiri Faareā

N u i

- Virioritérai
- Mapuaura 1059 m
- Site Pautuna
- Vaiharaha Rivière
- Vallée Tefaaiti
- Vaioo Rivière
- Paul Rivière
- Afeu Rivière
- Copu Rivière
- 630 m
- 253 m
- Mahuanu Rivière
- Mauaura Rivière
- Récif Teauroa
- Pointe Teotia
- Pointe Uturaufea
- Passe Putaimaru
- Baie de Tara...

- Faurahi Rivière
- Haamae Rivière
- Tahria Rivière
- Vaima Rivière
- Vallée Teamalea
- Vaipahi Rivière
- Vallée Maara
- Veirei
- Paatotara
- Anse de Tahipatai
- Port Phaëton
- Taravao
- Avaavatohora
- Afaahiti
- Umeamea Rivière
- 98 m

- Moaroa Rivière
- Mont Totini 126 m
- Collines Puarata
- Jardin Vaipehi
- Maara
- Jardin Botanique
- Musée Paul Gauguin
- Anse de Mitirapa
- Paea
- Trou de Lagon
- Pointe Ponicu
- Teohatu
- Passe Teputo
- Plateau Tutaee...
- Paea Rivière

- Crête Patilleavaro
- Nairiri
- Mataiea
- Otiaroa
- Pointe Motuovini
- Passe Otiaroa
- Pointe Uturaraa
- Îlot Puuru
- Pointe Riti
- Teparipari
- Vaihi
- Passe Haumatai
- Récif Tetopa
- Passe de Temarauri
- Pointe Rautu
- Caverne de M...

- Récif Teaavroa
- Bassin d'Atimaono
- Îlot Mapiti
- Récif Païa
- Passe Rautirare
- Récif Teafaapoo
- Récif Aaruru
- Récif Teeaino
- Récif de Temaino
- Récif Toatara
- Récif Tapaee
- Récif Turipahure

Tetiaroa

- Motu Iauini
- Motu Hiraanae
- Motu Aurora
- Motu Horoatera
- Motu Tiaraunu
- Motu Honuea
- Tetiaroa Village
- Motu Aie
- Motu Onetahi
- Motu Rimatiai
- Motu Tahuna Rahi
- Motu Tahuna Iti
- Motu Reiono

20

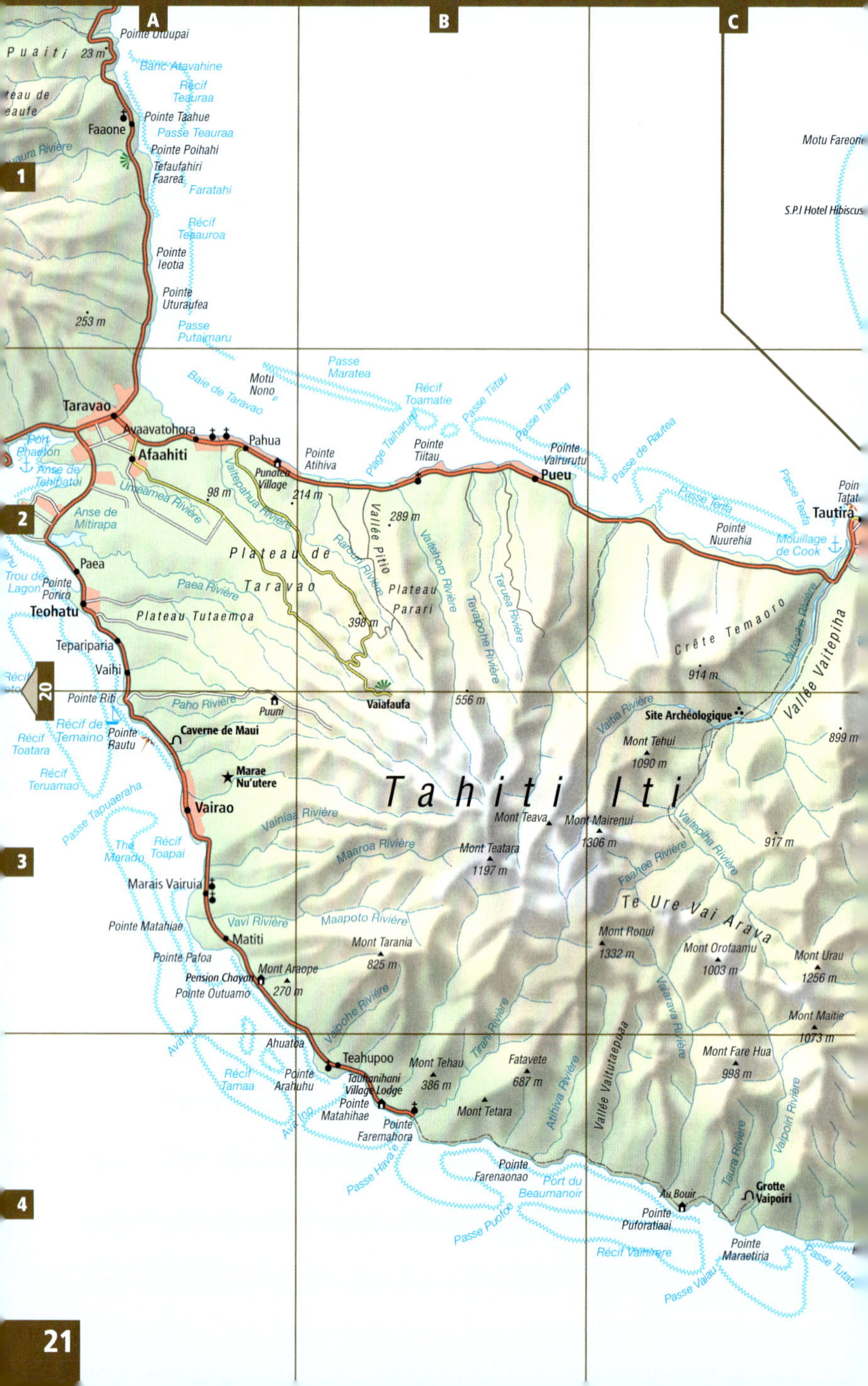
A
B
C
1
2
3
4
20
Pointe Otuupai
Puaiti
23 m
Banc Atavahine
Récif Teauraa
Pointe Taahue
Faaone
Passe Teauraa
Pointe Poihahi
Tefaufahiri Faarea
Faratahi
Récif Teauroa
Pointe Ieotia
Pointe Uturaufea
253 m
Passe Putaimaru
Motu Fareone
S.P.I Hotel Hibiscus
Passe Maratea
Motu Nono
Baie de Taravao
Récif Toamatie
Passe Tiitau
Passe Taharoa
Taravao
Avaavatohora
Pahua
Afaahiti
Port Phaeton
Anse de Tehipatoi
Punatea Village
Pointe Atihiva
Plage Taiharuru
Pointe Tiitau
Pointe Vairurutu
Passe de Rautea
Pueu
Umeamea Rivière
98 m
Vaitepahua Rivière
214 m
289 m
Vallée Pitio
Vaitehoro Rivière
Passe Teria
Passe Teafa
Tautira
Pointe Nuurehia
Mouillage de Cook
Anse de Mitirapa
Plateau de Taravao
Raroui Rivière
Plateau Parari
Paea
Trou de Lagon
Pointe Poriro
Teohatu
Paea Rivière
Plateau Tutaemoa
398 m
Teruea Rivière
Tevaipohe Rivière
Crête Temaoro
Vaitepiha Rivière
Vallée Vaitepiha
914 m
Tepariparia
Vaihi
Pointe Riti
Paho Rivière
Puuni
Vaiafaufa
556 m
Vaitia Rivière
Site Archéologique
899 m
Récif de Temaino
Récif Toatara
Pointe Rautu
Caverne de Maui
Mont Tehui
1090 m
Récif Teruamao
Marae Nu'utere
Tahiti Iti
Passe Tapuaeraha
Vairao
Vainiaa Rivière
Mont Teava
Mont Mairenui
1306 m
The Marado
Récif Toapai
Maaroa Rivière
Mont Teatara
1197 m
917 m
Faahee Rivière
Marais Vairuia
Te Ure Vai Arava
Vavi Rivière
Maapoto Rivière
Pointe Matahiae
Matiti
Mont Tarania
825 m
Mont Ronui
1332 m
Mont Orofaamu
1003 m
Mont Urau
1256 m
Pointe Pafoa
Pension Chayan
Mont Araope
270 m
Pointe Outuamo
Vaipohe Rivière
Tirahi Rivière
Vaiarava Rivière
Mont Maitie
1073 m
Ava Iti
Ahuatoa
Teahupoo
Mont Tehau
386 m
Fatavete
687 m
Vallée Vaitutaepuaa
Mont Fare Hua
998 m
Récif Tamaa
Pointe Arahuhu
Taumanihani Village Lodge
Pointe Matahihae
Ava Ino
Mont Tetara
Atihiva Rivière
Taura Rivière
Vaipoiri Rivière
Pointe Faremahora
Passe Hava'e
Pointe Farenaonao
Port du Beaumanoir
Au Bouir
Grotte Vaipoiri
Passe Puofoe
Pointe Puforatiaai
Récif Vaihirere
Pointe Maraetiria
Passe Tutataroa
Passe Vaiau

Französisch-Polynesien: Taha'a; Raiatea

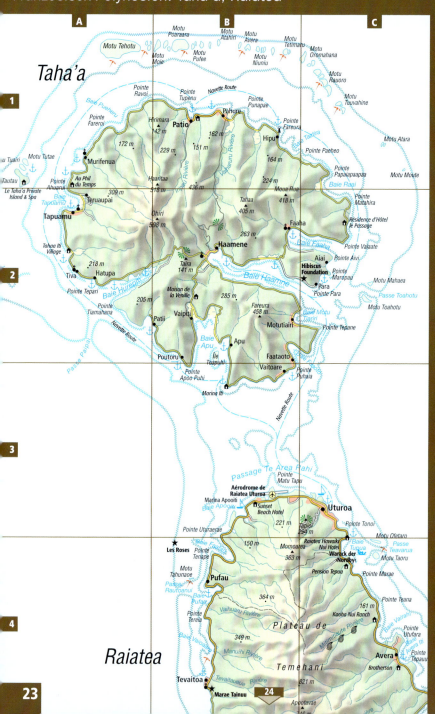

1 cm = 1,6 km   1 : 160.000
0   2,5 km   5 km

Raiatea

Passage Te Area Rahi
Pointe Matu Tapu
Aérodrome de Raiatea Uturoa
Marina Apooiti
Sunset Beach Hotel
Baie Apooiti
Uturoa
221 m
Tapioi 294 m
Pointe Uturaerae
Momoarea
Pointe Tonoi
Motu Ofetaro
Passe Teavarua
150 m
Raiatea Hawaiki Nui Hotel
363 m
Baie Turipa
Les Roses
Motu Taoru
Pointe Tenape
Warack der Nordby
Baie Faaroa
Pension Tepua
Motu Tahunaoe
Pufau
Pointe Marae
Passe Raufoanui
364 m
Baie Pufau
161 m
Pointe Tereia
Vaihuaru Rivière
Kaoha Nui Ranch
Pointe Teana
Plateau de
Manuihi Rivière
Pointe Utufara
Baie Vairahi
349 m
Baie Vaioaha
Temehani
Pointe Vairaih Iti
Avera
Tevaitoaue Rivière
Tevaitoa
Pointe Tepauu
Motu Tipaemaua
Marae Tainuu
821 m
Brotherson
Baie Avera Rahi
Motu Iriru
Apootavae 746 m
Yolande
Raiatea Village
Opunu
Pamapara Rivière
Pointe Pamatai
Baie Farepaiti
Baie Faaroa
Motu Horea
Matorea 161 m
Urutanu 618 m
Maufenua 361 m
Pointe Paparoa
Motu Tiano
Tefatua 1017 m
Pointe Poehae
Passe Tetuatare
Pavana
Pointe Fainu
Tehurui
Pohaarahi 353 m
344 m
Matapura 329 m
Opoa
Passe Te Ava Moa
Motu Toamaro
Vallée de Faaroa
Miere Rivière
Rauhotu
Pointe Atiapiti
Taputapuatea Marae
Passe Toamaro
Moai 233 m
Paahine 414 m
Vaitantoa Rivière
153 m
Vaiaau
Pointe Paparoa
258 m
468 m
Hotel Atiapiti
Baie Vaiaau
Vaihatarau Rivière
Oropiro 824 m
Tehoro
Baie Puutarape
Baie Hotopuu
Motu Taputa
289 m
Avaevae 470 m
337 m
Motu Paria
Maoraa Rivière
134 m
Teaetapu 772 m
Aahinui 577 m
Pointe Temaupua
Motu Nuutere
Falaise Teparepare
Mapehava 127 m
Pointe Faitairore
Motu Motu Roa
86 m
Pahonu 133 m
Puohine
Pointe Taihaa
Baie Vaihuti
Puumarama 426 m
Baie Faaternu
Pointe Pahuru
Baie Haararii
Passe Punaeroa
Pointe Rauroro
Pointe Haopapa
Pointe Tanere
62 m
Fetuna
Île Haaio
Baie Uaponuai
Pointe Tuanae
Pointe Pauto
Pointe Tahoata
Passe Nao Nao
Motu Nao Nao

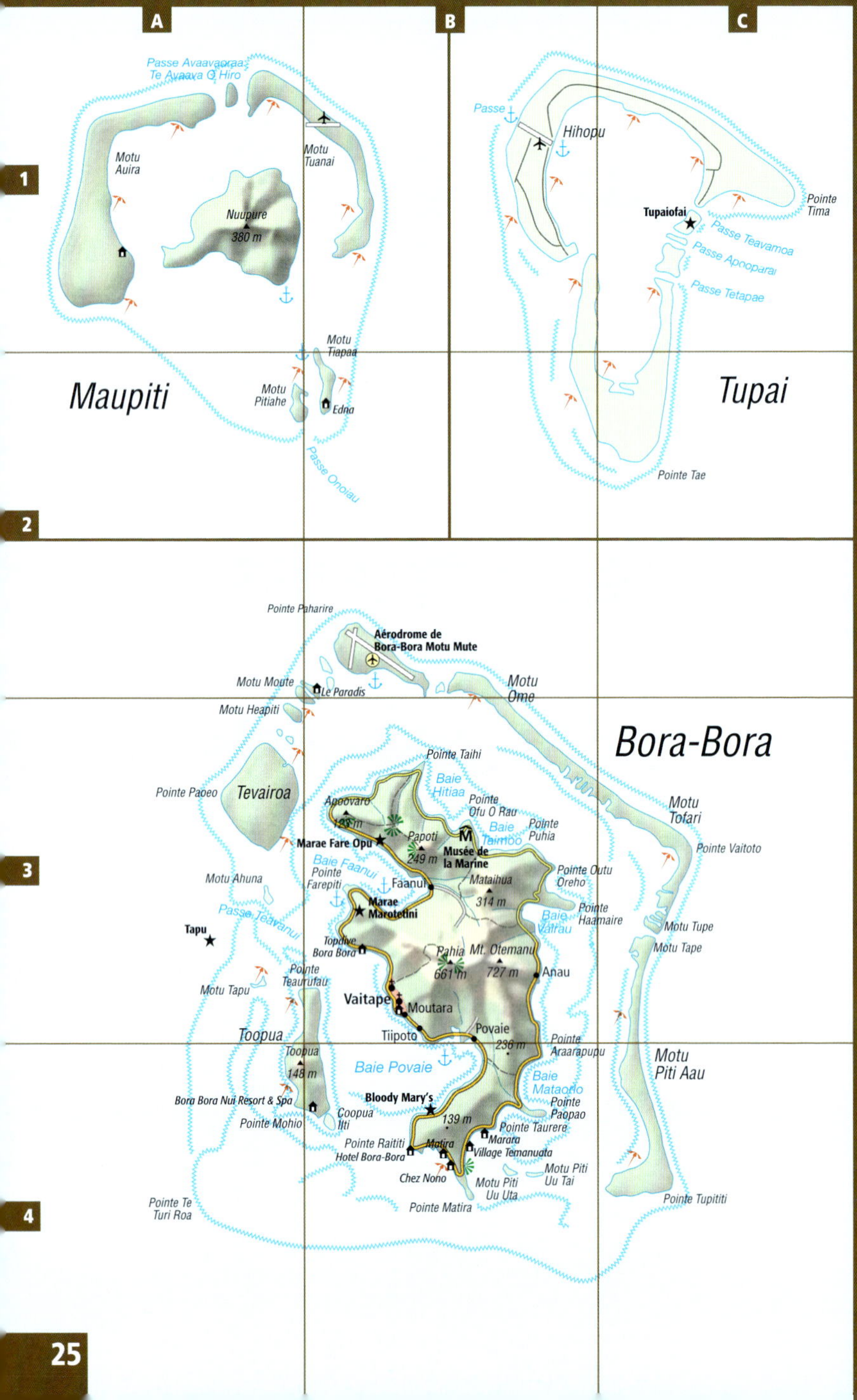

Französisch-Polynesien: Maupiti; Tupai; Bora Bora; Huahine

Maupiti

- Passe Avaavaoraa / Te Avaava O Hiro
- Motu Auira
- Motu Tuanai
- Nuupure 380 m
- Motu Tiapaa
- Motu Pitiahe
- Edna
- Passe Onoiau

Tupai

- Passe
- Hihopu
- Tupaiofai
- Passe Teavamoa
- Passe Apopparai
- Passe Tetapae
- Pointe Tima
- Pointe Tae

Bora-Bora

- Pointe Paharire
- Aérodrome de Bora-Bora Motu Mute
- Motu Moute
- Le Paradis
- Motu Heapiti
- Motu Ome
- Pointe Taihi
- Baie Hitiaa
- Pointe Ofu O Rau
- Apoovaro
- Papoti
- Baie Tairiroo
- Pointe Puhia
- Marae Fare Opu — 249 m
- Musée de la Marine
- Pointe Paoeo
- Tevairoa
- Motu Tofari
- Baie Faanui
- Pointe Farepiti
- Faanuu
- Pointe Vaitoto
- Motu Ahuna
- Mataihua 314 m
- Pointe Outu Oreho
- Passe Teavanui
- Marae Marotetini
- Pointe Haamaire
- Tapu ★
- Motu Tupe
- Topdive Bora Bora
- Pahia Mt. Otemanu 661 m / 727 m
- Baie Vaitrau
- Motu Tape
- Motu Tapu
- Vaitape
- Moutara
- Anau
- Toopua
- Povaie 236 m
- Toopua 148 m
- Tiipota
- Pointe Araarapupu
- Motu Piti Aau
- Bora Bora Nui Resort & Spa
- Baie Povaie
- Baie Mataono
- Coopua Iiti
- Pointe Paopao
- Bloody Mary's — 139 m
- Pointe Taurere
- Pointe Mohio
- Pointe Raitiii
- Marara
- Hotel Bora-Bora
- Matira
- Village Temanuata
- Chez Nono
- Motu Piti Uu Tai
- Pointe Te Turi Roa
- Motu Piti Uu Uta
- Pointe Matira
- Pointe Tupititi

1 cm = 1,6 km 1 : 160.000
0   2,5 km   5 km

D   E   F

1

Pointe Manua

Aérodrome de Huahine-Fare

Motu Oavarei

Lac Fauna Nui

Haumaru
Tefano   Maeva
         Pae Pae
Pahiaraea
240 m   Maua Tapu
        429 m   Mare Fare   Motu Papiti
Passe Avamoa   Mire
Boti Hai   Tarapapa   La Cité de Corail
Chez Guynette
Port Ferry Fare   Motu Mahare
Passe Avapeihi
         Faaini   Tahateano   Passe Tiare
Baie de Cook   Motu Vavaratea
Pointe Huiiroo   Fitii   Turi
                         669 m   Faie   Baie Faie
                                        Pointe Tetoaiahurei
         Tavahi   Huahine Nui   Belvédère
         347 m   Motu Topati
Baie Vaitou
         261 m   Baie Puravai
Te Tiare Beach Resort   Eden Parc   Motu Muri Mahora
         Faaua   198 m   180 m
Baie   186 m   Huahine Iti
Fareuoo   Baie Bourayne   Motu Taiahu
                                                  Tefarerii
         Valorea   Huahine Iti
                              409 m
2

Huahine   322 m
                Pointe Ripae   Pension
                              Mauarii   Meme   Temehuro
                Pointe   322 m   Parea
                Tereva   Ariiura Garden Paradise   Huahine   Safari Aquarium
                              Mahana   Beach
                              Ariiura Camping   Motu Araara
                              Pointe Tiva   Marae Anini
                                                        Passe Araara
3

4

26

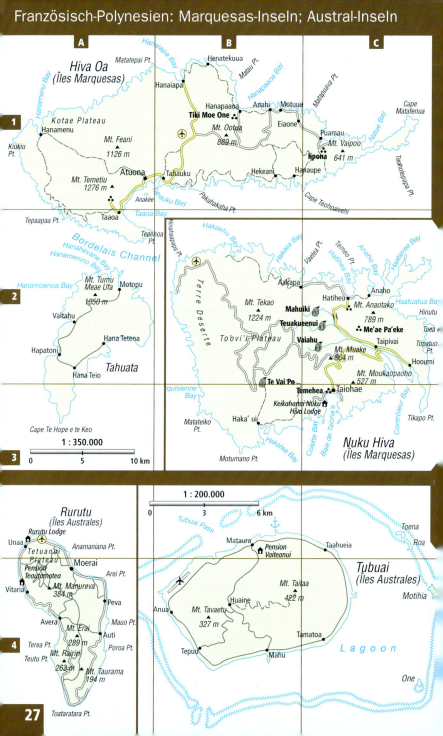

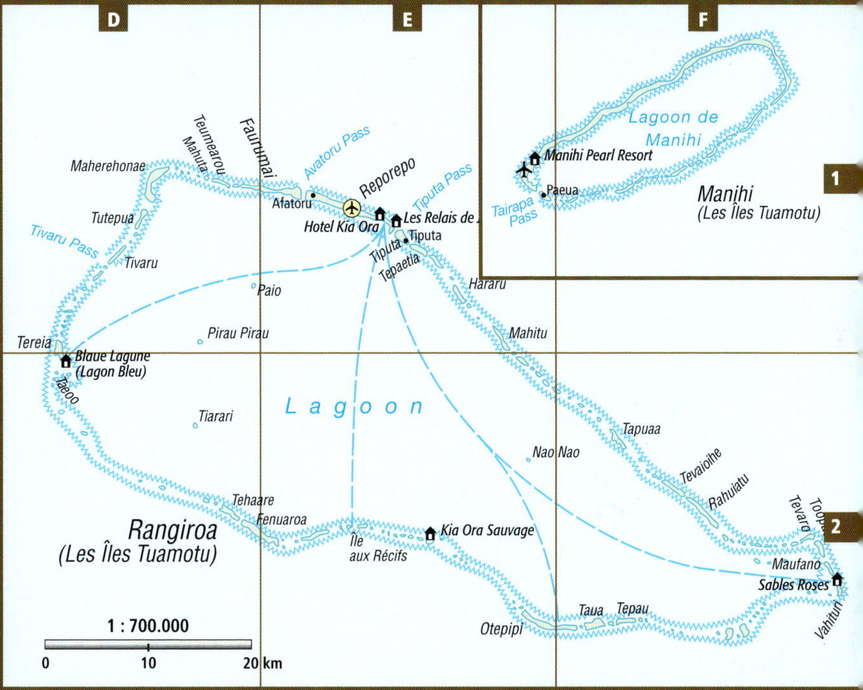
D
E
F
1
2
Lagoon de
Manihi
Manihi Pearl Resort
Paeua
Tairapa
Pass
Manihi
(Les Îles Tuamotu)
Teumearou
Mahuta
Faurumai
Avatoru Pass
Reporepo
Tiputa Pass
Maherehonae
Afatoru
Hotel Kia Ora
Les Relais de
Tiputa
Tutepua
Tivaru Pass
Tivaru
Tiputa
Tepaetia
Hararu
Paio
Pirau Pirau
Mahitu
Tereia
Blaue Lagune
(Lagon Bleu)
Taeoo
Tiarari
L a g o o n
Tapuaa
Nao Nao
Tevaioihe
Rahuiatu
Tehaare
Fenuaroa
Tevaro
Rangiroa
(Les Îles Tuamotu)
Île
aux Récifs
Kia Ora Sauvage
Maufano
Sables Roses
Vahituri
Taua
Tepau
Otepipi
1 : 700.000
0
10
20 km

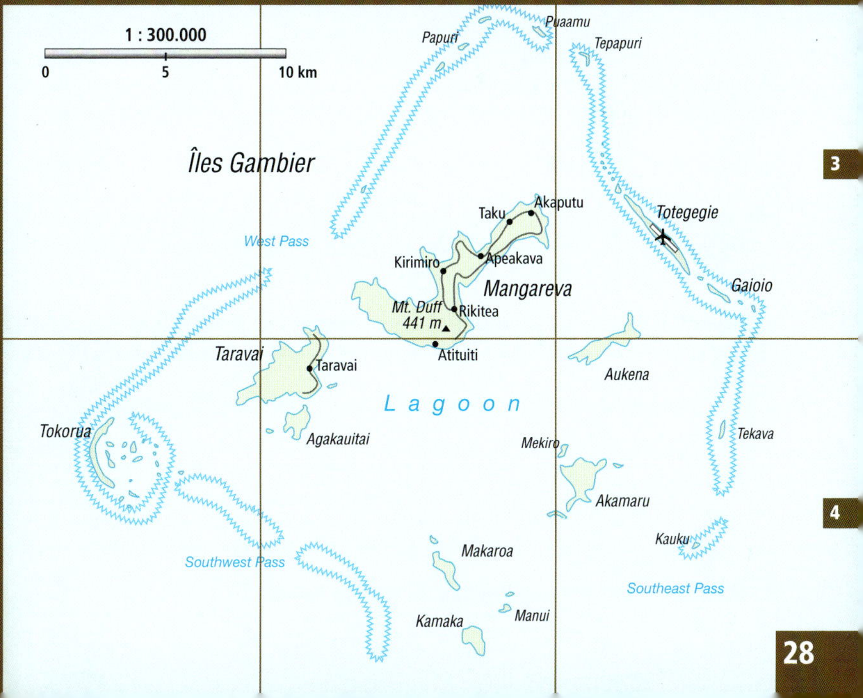
1 : 300.000
0
5
10 km
Puaamu
Papuri
Tepapuri
3
Îles Gambier
Akaputu
Taku
Totegegie
West Pass
Apeakava
Kirimiro
Mangareva
Gaioio
Mt. Duff
441 m
Rikitea
Atituiti
Taravai
Taravai
Aukena
L a g o o n
Tokorua
Agakauitai
Tekava
Mekiro
Akamaru
4
Kauku
Makaroa
Southwest Pass
Southeast Pass
Kamaka
Manui

Abbildungsnachweis/Impressum

Abbildungsnachweis
Fremdenverkehrsamt Fidschi (Fiji): 57, 128, 159
Fremdenverkehrsamt Samoa: 3ob, 5ob, 62/63, 228, 235, 239, 240/241, 243
Getty Images (München): 30/31 (Bridgement Art Library); 122/123 (Stanfield); 202 (Torckler); 332 (Psihoyos); 330/331 (Cobb)
HB Verlag/Fred Krüger (Ostfildern): 1mi, 42/43, 118/119, 186, 257, 262/263, 283, u4
Leue, Holger (Haunetal), 3mi, 6ob, 7ob, 44/45, 52/53, 59, 71, 96, 108/109, 140, 167, 170/171, 176/177, 201, 206/207, 316, 319, 341, 356/357, 374/375, 379
laif – Agentur für Photographie und Reportagen (Köln): Titel, 4u, 6u, 7u, 7mi, 51, 188/189, 191, 286/287, 305, 342, 364/365, 370 (Hemisphères); 1li, 8/9, 18/19, 322/323, 349, 352/353 (Le Figaro Magazine); 2ob, 4ob, 14, 16, 95, 156/157, 172/173, 194 197, 214/215, 236 (Westrich); 2u, 27, 40, 49, 61, 216/217, 250/251 (Zuder); 153 (Heuer); 211 (Aurora); 267 (Heeb); 279 (Langrock/Zenit); 5u, 302/303, 324/325, 327 (Emmler); 336/337, 344/345 (Kreuels)
LOOK-foto (München): 106/107 (Lohmann)
Mauritius Images (Mittenwald): 1re, 11, 136, 164, 380 (age); 23 (Westend61); 34, 89, 146/147, 259, 294/295 (Pacific Stock); 39 (Imagebroker); 47, 111, 134/135, 277 (Bibikow); 104/105 (Tondini/CuboImages); 3u, 162/163 (Oxford Scientific); 246 (Rothenborg); 5mi, 264/265 (Fidler); 290/291 (nordic photos)
Okapia (Frankfurt): 75 (NAS)
picture-alliance (Frankfurt, Main): 175 (dpa)
Schyma, Rosemarie (Berlin): 362/363

Kartografie
DuMont Reisekartografie, Fürstenfeldbruck
© DuMont Reiseverlag, Ostfildern

Umschlagfotos
Titelbild: Fischer in der Aitutaki-Lagune, Cook-Inseln

Über die Autorin: Rosemarie Schyma ist Ethnologin und arbeitete mehrere Jahre bei der Deutschen Stiftung für internationale Entwicklung als Tutorin für den pazifischen Raum. Seit Anfang der 1980er-Jahre zahlreiche Aufenthalte und Forschungsreisen im Pazifik. Sie veröffentlichte Reisebände und Artikel über Ozeanien und arbeitet als Lehrerin in der Erwachsenenbildung.

Danksagung: Für ihre großzügige und bereitwillige Unterstützung für dieses Buch möchte ich danken: Stefanie Dehler und Katharina Güthner, TravelMarketing Romberg TMR GmbH; Verly Atae, Tahiti Tourisme, Pape'ete; Air Tahiti Nui; Air Tahiti; Samoa Tourism Authority; Fiji Visitors Bureau Europe, Berlin; George Mow, Fiji Visitors Bureau, Suva; Air Fiji; Pacific Sun (früher Sunflower Airlines) – und Gudrun Lüneberg.

Hinweis: Autorin und Verlag haben alle Informationen mit größtmöglicher Sorgfalt geprüft. Dennoch sind Fehler nicht vollständig auszuschließen. Alle Angaben erfolgen ohne Gewähr. Bitte schreiben Sie uns! Über Ihre Rückmeldung zum Buch freuen sich Autorin und Verlag:
DuMont Reiseverlag, Postfach 3151, 73751 Ostfildern, E-Mail: info@dumontreise.de

1. Auflage 2009
© DuMont Reiseverlag, Ostfildern
Alle Rechte vorbehalten
Grafisches Konzept: Groschwitz, Hamburg
Druck: Rasch, Bramsche
Buchbinderische Verarbeitung: Bramscher Buchbinder Betriebe